DOIS TRATADOS
SOBRE O
GOVERNO

JOHN LOCKE

DOIS TRATADOS SOBRE O GOVERNO

EDIÇÃO PREPARADA POR PETER LASLETT

TRADUÇÃO
JULIO FISCHER

martins fontes
selo martins

Título original: *TWO TREATISES OF GOVERNMENT.*
O aparelho crítico que compõe esta edição foi preparado por Peter Laslett e publicado originalmente em: LOCKE: TWO TREATISES OF GOVERNMENT, por Syndicate of the Press of the University of Cambridge, Cambridge, em 1960.
© *Cambridge University Press, 1995, para o aparelho crítico.*
© *2020 Martins Editora Livraria Ltda.,*
São Paulo, para a presente edição.

Publisher *Evandro Mendonça Martins Fontes*
Coordenação editorial *Vanessa Faleck*
Produção editorial *Carolina Cordeiro Lopes*
Revisão técnica *Renato Janine Ribeiro*
Revisão da tradução *Eunice Ostrenski*
Revisões gráficas *Maria Luiza Favret*
Solange Martins

Dados Internacionais de Catalogação na Publicação (CIP)
Angelica Ilacqua CRB-8/7057

Locke, John, 1632-1704.
  Dois tratados sobre o governo / John Locke ; revisão da tradução de Eunice Ostrensky ; revisão técnica Renato Janine Ribeiro ; tradução Julio Fischer. – 3. ed. – São Paulo : Martins Fontes – selo Martins, 2020.
  656 p.

  ISBN: 978-85-8063-380-1
  Título original: Two treatises of government

  1. Ciência política I. Título II. Fischer, Julio III. Ostrensky, Eunice IV. Ribeiro, Renato

19-1185   CDD-320

Índices para catálogo sistemático:
1. Ciência política   320

Todos os direitos desta edição reservados à
Martins Editora Livraria Ltda.
Av. Dr. Arnaldo, 2076
01255-000 São Paulo SP Brasil
Tel.: (11) 3116 0000
info@emartinsfontes.com.br
www.emartinsfontes.com.br

AMICIS SUIS

A.A.S.	A.S.
J.P.C.	N.J.M.
W.G.R.	W.J.L.P.
MAII	MCMLVIII

IN STATU PUPILLARI

Sumário

Prefácio IX

INTRODUÇÃO

I. O livro 1
II. Locke, o homem, e Locke, o escritor 21
III. *Dois tratados sobre o governo* e a Revolução de 1688 65
IV. Locke e Hobbes 97
V. A teoria social e política dos *Dois tratados sobre o governo* 135
Adendo à introdução, 1987 179

Nota do editor 185

O TEXTO

O prefácio 197
Primeiro tratado 203
Segundo tratado 377
Leituras sugeridas 603
Bibliografia 609
Cronologia 631

Prefácio
(à Edição do Estudante, 1988)

Esta é uma versão ligeiramente reduzida da edição do estudante publicada originalmente em 1960, com uma segunda edição em 1967 e cuja última edição data de 1988. A maior parte do aparato acadêmico foi ora abandonado: as listas de livros em poder de Locke nas ocasiões relevantes à composição dos *Dois tratados*, a lista de edições, o cotejo e os sucessivos prefácios às sucessivas edições. Tudo isso foi conservado na versão da edição acadêmica de 1988, à qual devem recorrer aqueles para os quais os detalhes mais minuciosos sejam importantes.

A publicação do livro pela Cambridge Texts na série *History of Political Thought* foi propícia para que se efetuassem algumas alterações ainda inéditas na edição acadêmica. Os erros – extremamente parcos – no texto do próprio Locke foram corrigidos, muito embora não alterassem o sentido sob nenhum aspecto. A Introdução, suas notas de rodapé e as notas ao texto de Locke sofreram extensas correções, mas principalmente no sentido de incorporar os trabalhos elaborados entre a segunda edição, de 1971, e o final dos anos 70. Além disso, todas as contribuições referentes aos fatos acerca da redação e publicação da obra política de Locke surgidas a partir daí foram objeto de consideração. Não se pode afirmar, todavia, que este livro cubra toda a produção acadêmica remanescente sobre os *Dois tratados* de Locke, razão pela qual foi acrescida, antes da bibliografia, uma lista de leituras recomendadas. Outro acréscimo foi introduzido ainda, sob a forma de um Adendo à Introdução, no qual se comenta a recente tentativa do professor Richard Ashcraft de corrigir detalhadamente a versão aqui apresentada das datas de composição e da ordem em que foram escritos o *Primeiro* e o *Segundo* tratados.

Gostaria de registrar meus agradecimentos ao dr. Zbigniew Rau pela ajuda quanto às revisões efetuadas no texto. O dr. Rau, da Universidade de Lodz, e que já foi *fellow* – visitante não subvencionado – do Trinity College, é o mais recente dos lockeanos de Cambridge, uma linhagem que teve início nos anos 1950.

Peter Laslett
Trinity College, Cambridge
Março de 1988

O sistema adotado de referência às fontes e autoridades está descrito na p. 192.

I. O livro

"Em parte alguma encontrei uma descrição mais clara da *propriedade* do que em um livro intitulado *Dois tratados sobre o governo*." Esta observação foi feita por John Locke em 1703, pouco mais de um ano antes de sua morte. Deve ser raro um autor recomendar uma de suas próprias obras a um jovem cavalheiro ávido por adquirir "um entendimento da constituição do governo e do real interesse de seu país". Mais raro ainda deve ser que um homem disposto a tanto – a incluir seu próprio livro no panteão em que figuram a *Política* de Aristóteles e a *Ecclesiastical Polity* (Política eclesiástica) de Hooker – escreva como se a obra fosse de autoria de outra pessoa, de um desconhecido. Talvez seja algo ímpar na história, tratando-se de uma carta a um parente[1]. Qual poderia ser o propósito de mascarar esse fato para um homem que provavelmente já o conhecia?

Por estranho que possa parecer, tal declaração de Locke antecipa o julgamento da posteridade. Pouco tardaria para o reconhecimento universal de que os escritos de Locke acerca do *Governo* de fato pertenciam à mesma categoria que a *Política* de Aristóteles, e ainda o consideramos um

---
1. O reverendo Richard King. Carta de Locke enviada a ele, datada de 25 de agosto de 1703, publicada em *Works* (Obras), 1801, X, 305-9. Os dois tinham um primo em comum, sir Peter, futuro lorde King.

livro que trata da propriedade, sobretudo nos últimos anos. Foi impresso mais de cem vezes desde que apareceu sua primeira edição, que traz no frontispício a data de 1690. Foi traduzido para o francês, alemão, italiano, russo, espanhol, sueco, norueguês, hebraico, árabe, japonês, hindi e provavelmente para outros idiomas também. É um clássico consagrado da teoria política e social; talvez não figure entre os mais proeminentes de todos, mas mostrou-se familiar a oito gerações de estudiosos da política no mundo todo e foi objeto de um extenso cânone de literatura crítica.

A principal razão para a importância atribuída a este livro de Locke é sua enorme influência histórica. Não trataremos aqui do papel que desempenhou na maturação do liberalismo inglês ou no desenvolvimento dos movimentos inspirados na Revolução Americana, a Revolução Francesa e suas contrapartidas na América do Sul, Irlanda e Índia – em toda parte em que a ideia de governo por consentimento dos governados fez sentir seu impacto. Cabe-nos, sem dúvida, decidir se o livro merecia ou não o efeito que teve, ou talvez elaborar um critério que possibilite tal decisão. Nosso objetivo primeiro, contudo, deve ser um modesto exercício de historiador: estabelecer o texto de Locke tal como ele pretendia que fosse lido, situá-lo em seu contexto histórico, no contexto do próprio Locke, e demonstrar o vínculo entre seu pensamento e sua obra com o Locke conhecido por sua influência histórica.

Podemos começar pela atitude do próprio Locke para com sua obra sobre o governo. Nossos testemunhos diretos são escassos, pois contamos apenas com outras duas referências explícitas ao livro por parte do próprio autor. Uma delas é uma recomendação exatamente nos moldes da primeira, e que figura em *Some Thoughts Concerning Reading and Study for a Gentleman* (Algumas reflexões referentes à leitura e estudo, para um cavalheiro)[2]. Não há ali nenhuma

---

2. *Works*, 1801, III, 272.

alusão à propriedade, mas a tendência é clara o bastante e assinala o reconhecimento do autor quanto aos usos que teria a obra, tanto, aliás, os *Dois tratados sobre o governo* como tudo quanto ele publicou a mais. Eles viriam a se tornar parte da atmosfera assimilada pelo fidalgo inglês, pelo membro do Parlamento, pelo administrador e o político, em seu país natal ou além-mar, porém, acima de tudo, da atmosfera do proprietário de terras, o notável local.

Na terceira e mais importante referência de todas, Locke finalmente reconhece sua autoria. Dirigia-se não a seus contemporâneos, mas à posteridade – a nós, que apenas podemos lê-lo, não àqueles que poderiam tê-lo conhecido: foi redigida numa cláusula adicional de seu testamento, assinada apenas uma ou duas semanas antes de sua morte. Ao elaborar uma relação de suas obras anônimas visando ao benefício da Bodleian Library, escreveu:

"Por este instrumento, deixo para a biblioteca da Universidade de Oxford... *Dois tratados sobre o governo* (do qual o sr. Churchill publicou diversas edições, mas todas muito incorretas).[3]"

Sem esta última decisão tardia e quase acidental, não teríamos uma única prova direta de que ele houvesse escrito o livro[4]. Sua ansiedade por manter o segredo é ainda mais notável se levarmos em conta que havia fortes suspeitas quanto à sua autoria, desde a data da publicação. A questão fora comentada em Oxford em 1689 e, em 1690, Molyneux foi informado, em Londres, de que Locke escrevera o livro[5].

....
3. Testamento, datado de 7 de abril de 1704; cláusula adicional de 15 de setembro de 1704. A cláusula em questão está publicada em *Works*, 1ª edição, 1714, como parte do prefácio. Locke morreu em 28 de outubro de 1704.

4. Muito embora haja uma prova circunstancial conclusiva: na antiga Whitehouse Collection (atualmente MS. Locke b.8), há correções, redigidas com a sua caligrafia, para a edição de 1694.

5. De Tyrrell para Locke, 20 de dezembro de 1689, 30 de agosto de 1690 (ver adiante, pp. 74-6 e 116-7); Molyneux para Locke, 27 de agosto de 1692 (de Beer, 4, 508), e seu *Case of Ireland*, ed. 1698, 1720, 23 e 130), onde se refere

Em 1693, Bayle referiu-se à autoria de Locke como fato de conhecimento geral, até mesmo no continente. No início de 1695, um inglês mencionou numa carta particular, de forma totalmente casual, a segunda edição. "Eis um livro de autoria do sr. Locke que está causando grande furor, intitulado *Dois tratados sobre o governo*, preço 3s. 6d. O referido Locke se viu expulso de Christ Church College em razão de seus princípios presbiterianos e foi capelão do conde de Shaftesbury." Equivocado nos detalhes, mas válido no geral, é possível que tal julgamento se baseasse em informações próprias. Embora pareça que seu crítico mais hostil, John Edwards, ainda não estava a par do segredo em 1697, este era mencionado abertamente, em letra de imprensa, no ano seguinte[6]. Em seu *Essay on the Lacedaemonian Government* (Ensaio sobre o governo lacedemônio), Walter Moyle declarou: "Eu aconselharia a leitura, em primeiro lugar, da resposta dada a Filmer pelo sr. Locke e o seu *Ensaio sobre a origem, extensão e fim do governo civil*; obra esta que contém os primeiros rudimentos acerca do tema. Conheço um cavalheiro que o chame o ABC da Política."

Em 1698, Molyneux não seria tão franco, porém ainda mais elogioso; classificou-o como "um incomparável tratado (...), que dizem ter sido escrito por meu excelente amigo, o cavalheiro John Locke. Se é ou não verdade, desconheço; o que tenho por certo é que, quem quer que seja o Autor, o mais eminente gênio da Cristandade não precisaria renegá-lo". No mesmo ano, Leibniz seria informado, em termos bem menos entusiásticos, da "heroica" refutação de Filmer por Locke, como se seu anonimato não tivesse impor-

....
aos *"Tratados sobre o Governo de Locke"* (em sua resposta, Clement, 1698, se queixa do mau uso do "sr. Locke ou de quem quer que seja o autor daquele excelente tratado sobre o governo"); Bayle para Minutoli, 14 de setembro de 1693, 1725, IV, 731.

6. Comissão de Manuscritos Históricos, 12º Relatório, 1890, Fleming MSS, p. 335, de George Fleming para sir D.F., 29 de janeiro de 1694-5.

tância alguma, sob a forma de um pós-escrito a uma resenha a um volume bem mais conhecido de Sidney que acabava de ser publicado. Em 1701, o mais influente e importante dentre todos os amigos de Locke, John, lorde Somers, citou o livro com pronunciada deferência a seu autor: fica claramente implícito o fato de que ele sabia quem escrevera a obra, e o mesmo sabiam seus leitores[7].

Por essa época, Locke sem dúvida já revelara verbalmente ao grande homem ser ele o autor do livro, tal como o fizera a Tyrrell e Molyneux, implorando a todos e a quem quer que o interrogasse sobre o segredo que o guardasse para si, sem publicá-lo[8]. E persistia em todas as suas desesperadas tentativas de ocultá-lo de uma forma que só se pode classificar como anormal e obsessiva. Destruiu todos os rascunhos da obra e apagou de seus escritos toda e qualquer referência a sua existência, composição, publicação e reedição. Todas as negociações, quer com o impressor, quer com o editor, foram conduzidas através de um testa de ferro, instruído a referir-se ao autor como "o meu amigo". Isso embora o editor conhecesse pessoalmente tanto Locke como seu agente e tivesse se encarregado de praticamente todos os seus outros livros. Na biblioteca do próprio Locke, seu livro, em todas as suas edições, estava catalogado e guardado nas estantes como de autor anônimo, de modo que mesmo um eventual curioso nada encontraria capaz de comprometer o segredo.

---

7. O *Essay* de Moyle foi publicado em seu livro *Works*, em 1727 (ver pp. 83-4), e a data que figura na página de rosto é 1698, indicada pelo editor, a quem foi dedicado. Ver Robins, 1968, pp. 28 ss. Para a referência de Somers, ver nota II, § 139; sobre Leibniz e Jolley, 1972, p. 21. Outros exemplos poderiam ser encontrados em Cary, 1698; Leslie (?), 1698.

8. Locke obviamente revelou o fato a Tyrrell, entre agosto de 1691 e agosto de 1692 (ver adiante, 79), e a Molyneux, quando este o visitou na Inglaterra em 1698 (ver Molyneux para Locke, 15 de março de 1698, e Locke a Molyneux, 6 de abril de 1698, *Works*, 1801, IX 450-4, e compare-se com Bastide, 1907, 286).

Demonstrou Locke análoga cautela no tocante a algumas de suas outras obras. Dispôs-se a correr o risco de romper com seu amigo holandês Limborch porque este deixara transpirar que ele havia escrito sobre a tolerância, uma vez que tal fato, bem como sua responsabilidade pela *Racionalidade do Cristianismo*, também estava reservado para uma revelação final no codicilo de seu testamento[9]. Nada, porém, excedeu sua gélida fúria em relação a Tyrrell, parceiro de toda a sua vida, quando teve motivos, em 1690, para acreditar que este o traíra a propósito dos *Dois tratados*. Não há paralelo, nos escritos desse homem solitário, e talvez nem mesmo em toda a literatura, para os métodos labirínticos que empregou quando da reimpressão do livro em 1694[10].

Tudo isso revela uma peculiaridade no caráter de Locke como homem e em seu caráter como autor, particularmente como polemista e, em especial, como comentador de questões políticas. Tal aspecto será considerado em seu devido momento. A importância de que ora se reveste sua ansiedade em guardar o segredo acerca dos *Dois tratados* enquanto vivesse reside no efeito que isso teve sobre a transmissão do texto. A declaração que faz em seu testamento denuncia sua contrariedade com o fato de o livro haver sido deturpado pelo impressor, e deixa implícita sua preocupação em legar aos pósteros um texto autorizado. Há indícios que provam não ter ele poupado esforços para garantir que seus escritos políticos fossem lidos por nós exatamente com as palavras empregadas por ele, e devemos considerar a his-

---

9. Locke, cartas para Limborch, abril de 1690, em *Locke*, de King, 1830, II, 305-11. Jamais ele colocou seu nome nas edições inglesas de *Educação*, embora ele apareça na tradução francesa.

10. De Berr, 5, 29-36, e os originais, com alguns itens não publicados, na Whitehouse Collection (MS. Locke b.8). Rand pressupõe que o único livro mencionado nessas cartas entre Locke e Clarke seja o *Ensaio*. Mas Locke claramente se refere aos *Dois tratados* nas cartas datadas de 7, 12, 19 (bem como ao *Ensaio*) e 30 de março de 1694.

tória de sua impressão para verificar por que isso não ocorre. Nossas recentes reimpressões do *Governo* de Locke aviltam sua obra de uma forma que ele mesmo energicamente denunciou e tentou, ao máximo, evitar[11].

Nosso autor passou a maior parte da vida em meio aos livros. Tinha grande familiaridade com o trabalho editorial e de impressão, e a empresa de Awnsham e John Churchill, uma das grandes casas editoriais da época, passou a fazer parte de sua vida. Não obstante, chegou a escrever, em junho de 1704:

> Os livros me parecem algo pestilento, e que contamina a todos quantos participam de seu comércio (...) com alguma coisa altamente perversa e brutal. Editores, encadernadores, vendedores e outros que fazem dos livros comércio e fonte de ganho são tomados, todos, por um espírito de tal modo retorcido e corrupto que têm um modo de negociar que lhes é peculiar e que vai contra o bem da sociedade e aquela probidade geral que dá coesão à humanidade[12].

Essa profunda desconfiança em face dos negociantes de livros, mais que qualquer crença manifesta na liberdade de expressão, fez de John Locke um defensor da liberdade de imprensa. Sua amarga experiência com a publicação de suas obras foi um importante motivo para tanto. E, seguramente, foram os *Dois tratados sobre o governo* o que mais o irritou.

Dissemos que Locke eliminou cuidadosamente, de todos os seus registros, toda e qualquer menção explícita a esse livro. Não é de surpreender, portanto, que jamais tenha sido encontrada uma versão manuscrita da obra no todo ou em parte. Trata-se de outro indício de que sua ânsia em ocultá-lo excedia largamente a opinião que tinha de seus próprios escritos sobre a tolerância, por exemplo, uma vez que

----
11. Ver Laslett, 1952 (iv), 342, nota 2, e 1954 (ii), nota 1.
12. *Works*, 1801, X, 291, Locke para Anthony Collins.

conservava esboço após esboço de suas ideias a esse respeito. Mas, embora jamais tenha sido visto, sabemos que o manuscrito acerca do *Governo* enviado por Locke ao prelo, ou que talvez copiara para o impressor, no final do verão de 1689, trazia algumas interessantes peculiaridades. Tratava-se de um remanescente: mais da metade havia sido perdida. Provavelmente estivesse inteiramente rabiscado com correções e ampliações; algumas recentes, outras que remontavam a seis ou sete anos antes. Discutiremos esses aspectos do manuscrito original quando chegarmos à data da composição. O texto impresso da primeira edição, de 1690, tem um estatuto especial, devido a ter sido produzido a partir de um original manuscrito, ainda que o ardiloso autor tenha recorrido a um copista a fim de assegurar que o editor não reconheceria sua letra.

Esse é apenas o início de uma história que termina com as versões que se leem atualmente. O trabalho editorial torna-se complicado quando apenas se tem acesso a fontes impressas, sobretudo quando foram muitas as edições em vida do autor, isso para não falar nas dificuldades de impressão. A primeira edição foi remendada, o que não é de estranhar em face da qualidade da cópia e de uma comunicação tão tortuosa. Talvez jamais venhamos a conhecer em detalhes o que se passou, e o problema bibliográfico compete apenas aos especialistas. Locke seguramente interrompeu a impressão, e um de seus propósitos era o de modificar o título da obra e de cada tratado, de modo a alterar a relação entre ambos. A dificuldade é explicar o fato de haverem sido produzidos dois tipos de "estados"[13] do livro final.

....

13. Chamados, a título de referência, 1X e 1R – ver Laslett, 1952 (iv); Bowers, Gerritsen e Laslett, 1954; Johnson, 1956. Recentemente, o dr. Gerritsen apresentou uma explicação que, a meu ver, torna desnecessárias as conjecturas anteriores, mais complicadas. Embora seus efeitos sobre o texto não sejam importantes, implica o seguinte; o trecho que está presente em 1R e ausente em 1X foi perdido no prelo, e Locke não o reescreveu. Talvez pudesse ter

O primeiro estado não continha o § 21 do *Segundo tratado* e, algumas páginas antes do ponto em que deveria aparecer, a impressão normal dava lugar a três páginas impressas no corpo maior do Prefácio. O segundo estado foi produzido de modo a parecer normal; não há nenhuma lacuna evidente, nenhum tipo em corpo maior. Os apressados editores da atualidade, cuja limitada informação os leva a recorrer à primeira edição para reproduzi-la, por vezes depararam com uma versão, por vezes com a outra, donde um grande número de confusões e algumas referências mescladas[14].

Essa edição original, nossa primeira fonte de referência, resultou completamente insatisfatória para Locke. Para a presente edição, tivemos a oportunidade de utilizar seu exemplar pessoal daquela edição. Afora correções de erros de impressão, ela contém algumas alterações de próprio punho.

A trama da história começa a se desvendar; uma história de repetidas frustrações às tentativas de Locke de obter um texto depurado. A edição esgotou-se e, em 1694, se fez necessária uma nova impressão. Nessa época, podemos supor, tanto seu original como todos os exemplares manuscritos haviam sido destruídos. Assim, Locke enviou uma cópia revisada da primeira edição, à sua maneira esquiva, através de Edward Clarke, seu testa de ferro, a qual Churchill, o editor, enviou ao impressor. As alterações de sentido ou ampliações ultrapassavam 150, mas o texto final resultou pior do que nunca, de tão má qualidade que Locke se sentiu inclinado a abandonar o livro todo. Em 12 de março de 1694, escreveu a Clarke:

....

recorrido a um exemplar mais antigo do mesmo texto, ou talvez estivesse compondo um texto novo. É muito interessante, portanto, que o trecho em questão (ver II, 20-1, e em especial o § 20, 11-3 e nota) contenha afirmações que se referem de modo tão claro aos acontecimentos revolucionários de 1688. Espera-se que a explicação do dr. Gerritsen seja, finalmente, publicada.

14. Ver notas em II, § 16, I; § 17, 15. E sobre as extraordinárias liberdades tomadas com o texto na edição *Everyman*, ver II, § 20, 2; § 21.

Não há como combater uma negligência perpétua e imutável. Caso eu venha a receber aquele outro texto que mandei buscar, irei adiante com ele. Do contrário, não me deixarei importunar mais com ele. Sua sina, ao que parece, é ser o livro que mereceu a pior impressão jamais feita, e qualquer esforço contra tanto será vão[15].

Churchill, constrangido, se propôs a inutilizar a edição inteira. Mas não antes que Clarke fosse advertido a "corrigir um pouco sua imprevidência", pois aquela segunda edição era "dez vezes pior que a primeira". Eles por fim chegaram a um acordo no sentido de vendê-la a um preço bem barato, de modo que pudesse "perder-se em meio aos leitores comuns". Nesse ínterim, Locke a corrigiria com mais exatidão, sobretudo no tocante à pontuação, e Churchill voltaria a imprimi-la com um tipo mais adequado e em papel de boa qualidade. Aparentemente foi o que se deu, embora não disponhamos de mais correspondências que pudéssemos vincular ao caso[16]. A segunda edição, de 1694, de fato um livrinho barato e grosseiro, vendido a um preço mínimo, resistiu por quatro anos, quando também se esgotou. Foi lançada então a reimpressão de qualidade superior, tal como exigira Locke, à terceira edição, de 1698. As modificações da segunda edição e as alterações – mínimas – da terceira foram incorporadas ao presente texto[17].

....
15. De Berr, 5, 30. O "outro escrito" era uma página perdida de correções. O efeito das vãs tentativas de Locke para eliminar os erros mais gritantes pode ser encontrado nos números das páginas reimpressas dessa edição; ver Johnston, 1956.
16. As referências a um livro publicado em 1698, citado por Bowers, Gerritsen e Laslett, 1954, em que o impressor deixou de fora parágrafos inteiros "nas páginas anteriores desse mesmo livro", parecem ser a uma outra obra.
17. Havia duas páginas reimpressas. Sobre o efeito dessas sucessivas correções, ver Nota do Editor, p. 185. Nos casos em que foram conservadas por Locke em seu "texto para a posteridade" (ver adiante), figuram no presente texto, é claro, inclusive, ocasionalmente, nos casos em que ele deixou de tornar a inseri-las.

Mas nem isso satisfez Locke, cujo padrão de perfeição aparentemente se situava acima dos recursos dos impressores de sua época. Essa terceira edição, de 1698, tinha seus defeitos, mas é difícil não perceber que o desespero manifestado em seu testamento acerca de todas as edições dessa obra se originava, na verdade, numa ansiedade interior acerca do que ele escrevera, ao se evidenciar que nenhuma versão correta o bastante para satisfazer sua meticulosidade seria impressa durante sua vida[18]. Locke fez planos no sentido de garanti-lo para depois de sua morte. Corrigiu um exemplar da versão impressa nos mínimos detalhes, verificando minuciosamente palavra por palavra, os itálicos, a pontuação e até mesmo a ortografia, bem como o sentido geral. Ao que parece, pretendia efetuar esse processo em duas vias, o que corresponde perfeitamente ao que poderíamos esperar dele. Parece também que um dos exemplares corrigidos teria sido da segunda edição, de 1694, e não da terceira, de 1698, a qual, embora ligeiramente revisada, era uma reimpressão página a página da anterior. O outro exemplar, o texto da terceira edição corrigido no entrelinhamento, nas margens e guardas, é o que está reproduzido aqui. Locke não levou pessoalmente seu diligente processo de correção além das primeiras páginas, e o restante traz a caligrafia de seu amanuense, Pierre Coste, embora a escrita de Locke apareça vez por outra ao longo do livro. Há indícios de que Coste tenha feito sua cópia a partir do outro exemplar de referência.

Locke deve ter deixado instruções sobre a publicação desse texto para a posteridade, tal como procedeu no caso do *Ensaio sobre o entendimento*[19]. Presume-se que tais instruções tenham sido deixadas com Churchill, o editor, muito

18. Embora uma nova edição tivesse ingressado nos *Term Catalogues* em 1699.
19. A quinta edição, de 1706, obedeceu, é óbvio, às indicações do próprio Locke, presumivelmente transmitidas a Churchill; ver a edição *Everyman* de Yolton, 1961, Introdução.

embora seja um pouco difícil explicar o hiato de nove anos até o aparecimento do livro, enquanto a edição póstuma do *Ensaio* demorou apenas dois. É possível que Peter King, herdeiro e executor literário de Locke, e que viria a se tornar o primeiro lorde King, houvesse recebido tal incumbência, ou mesmo Pierre Coste[20]. Quem quer que tenha tomado a decisão, contudo, em 1713 esse texto definitivo apareceu, sob a chancela de Churchill, como a quarta edição e, no ano seguinte, estava incluído nas *Obras reunidas* de Locke, publicadas pela mesma casa. E o que quer que tenha se passado exatamente entre a morte de Locke, em 1704, e o ano de 1713, não há dúvidas de que se conseguiu alcançar o resultado por ele almejado. Um texto bastante confiável dos *Tratados* se viu estabelecido, e as imperfeitas edições anteriores foram deixadas para trás.

No decorrer do século XVII a obra foi enviada repetidas vezes ao prelo, aproximadamente uma vez a cada cinco anos. Cada nova edição se baseava, normalmente, em sua predecessora, de modo que a precisão do texto foi sendo inevitavelmente prejudicada, perdendo a obra o sabor original. Entretanto, na sexta edição, de 1764, esse processo foi detido. O digno e excêntrico republicano Thomas Hollis adquirira, "em seus passeios particulares", o exemplar de referência de Coste e publicou-o. Em seguida, apresentou o próprio volume ao Christ College de Cambridge, "onde Milton, o ini-

---

20. Ver, porém, uma carta de La Motte para Desmaizeaux, de novembro de 1709 (Museu Britânico, MSS de Sloane, 4286, f. 91), solicitando um exemplar daquela edição dos *Dois tratados* "qui a été faite après la mort de l'auteur, où l'on a inséré les corrections dans l'exemplaire laissé à Mr. Coste" ["produzida após a morte do autor e na qual foram inseridas as correções existentes no exemplar deixado para o sr. Coste"]. O pressuposto, no caso presente, é de que o texto para a posteridade já fora publicado, e parece sugerir que outra pessoa além de Coste estivesse incumbida da tarefa. O contexto revela que um grande número de pessoas, incluindo Barbeyrac, sabia da existência desse texto-base e que Coste possuía uma cópia do mesmo.

gualável John Milton", tinha sido criado[21]. O texto presente é uma reprodução desse documento, tornada possível pela generosidade dos atuais mestre e *fellows* da escola. Não se trata, porém, do "exemplar com base no qual o sr. L. espera que seu livro venha a ser impresso após sua morte"[22], ao qual o próprio Coste faz referência. Esse outro volume, o hipotético segundo exemplar de referência, até o momento vem frustrando as buscas por sua recuperação, iniciadas em 1949. Mesmo hoje, portanto, o trabalho editorial referente a essa obra poderia sofrer uma reviravolta, mediante a descoberta de uma versão ainda mais autêntica[23]. Aí terminam as tentativas de perfeição.

Conforme seu hábito de fidalgo erudito, Hollis fez algum trabalho editorial no livro, antes de enviar ao Christ's o exemplar de Coste[24]. Essa nova versão aprimorada foi seguida de subsequentes reimpressões. Coube aos estudiosos modernos, em particular aos editores das sucessivas reedições surgidas após 1884, retroceder nesse processo, recorrendo às insatisfatórias edições surgidas durante a vida de Locke e criando a confusão ora predominante que envolve o texto. Daí o imperativo de se refazer o trabalho de Hollis, de acordo com nossos próprios padrões de precisão textual, apresentando o livro tal como o autor pretendia que o lêssemos, mas registrando suas sucessivas correções. Estas têm seu significado próprio, pois revelam-nos que as ideias

....
21. Sobre Hollis, ver Robbins, 1950. O professor Robbins teve a gentileza de ceder-nos importantes excertos do diário completo de Hollis, não publicado.
22. "L'exemplaire sur lequel il [Mr. L.] souhaite que son livre soit imprime apres sa mort", nota manuscrita por Coste na segunda guarda do exemplar do Christ's College; ver nota em II, § 172.
23. Para uma discussão acerca do segundo exemplar de referência, ver Nota do Editor, p. 185.
24. *Memoirs* de Hollis, por Blackburne, 1780, 1, 224: Hollis cotejando esse exemplar com o terceiro, a edição reunida e a quinta edição, "com um trabalho considerável".

de Locke em 1694, 1698 e no período compreendido entre aproximadamente 1700 e 1704 diferiam, em detalhes microscópicos, daquelas originalmente publicadas em 1689[25]. Ademais, a informação de que ele trabalhou com tanto afinco e assiduidade nesse texto também é importante em si. Devemos, sem dúvida, supor que sua intenção fosse chegar ao que ele finalmente aprovou para nossa leitura. Locke seguramente aproveitou todas as oportunidades para revisar os pontos incoerentes e obscuros apontados em seu texto por tantos de seus comentadores.

Assim, John Locke não se furtou às consequências de singular atitude que adotou com respeito a seu livro sobre o *Governo*. Há uma pertinente ironia no fato de os estudiosos de nossa própria época se mostrarem confusos com a obra, e não os homens do século XVIII. Muito embora qualquer estudo da obra deva necessariamente partir dessa intrincada história de decidido anonimato e de frustração ante o prelo, há ainda mais a ser dito. Foi uma versão diferente, amplamente modificada, que se introduziu na corrente do pensamento político europeu, afetando o espírito revolucionário francês e até mesmo o americano. Desde sua tradução para o francês, menos de dezoito meses após sua publicação original, a primeira de suas obras inglesas a ser vertida para o nobre idioma universal da época, os *Dois tratados* tiveram duas vidas bastante independentes e que só viriam a se encontrar num ponto: em Boston, Massachusetts, no ano de 1773.

Em 1691, David Mazel, um dos pastores huguenotes que viviam na Holanda, incumbiu-se de traduzir o livro[26]. Pro-

....

25. Embora trouxesse a data de 1690, na verdade foi impresso em 1689 (ver, adiante, seção III) e posto à venda em novembro daquele ano. Tratava-se de um procedimento editorial de praxe na época, tal como é hoje para nossos fabricantes de automóveis.

26. Aparentemente, não há nada que possa confirmar, porém nada que contradiga, essa atribuição tradicional.

duziu uma excelente versão, tida em alta conta nos dias de hoje, embora a obra, além de traduzida, tenha sido modificada. O *Prefácio* de Locke, o *Primeiro tratado* na íntegra e o capítulo inicial do *Segundo*, que estabelecia o vínculo com o *Primeiro*, foram deixados fora. Foi incluída uma *Advertência* prévia, uma declaração bastante ponderada acerca da tendência e do propósito do texto. Os parágrafos foram renumerados por capítulo e não consecutivamente ao longo do livro todo; foram divididos de uma forma ligeiramente diversa[27]. Uma obra mais sucinta em idioma estrangeiro e com formato alterado, esse ensaio *Du Gouvernement Civil* foi sutilmente adulterado no rumo do Iluminismo e do Revolucionarismo setecentista. Nessa versão, foi reimpresso uma dúzia de vezes no século seguinte – com mais frequência, enquanto livro independente, na França do que na Inglaterra. Nessa versão o leram Montesquieu, Voltaire e Rousseau. Dessa versão, e não, até os dias de hoje, do original inglês, foram feitas as traduções para outros idiomas. Teria Locke conhecimento de que seu livro estivesse sendo adulterado dessa maneira? Seria ele responsável por isso, de algum modo?

É possível que sim. Presume-se que conhecesse pessoalmente o editor, Abram Wolfgang, pois este também publicava o periódico *La Bibliothèque Universelle*. Durante seu exílio na Holanda, Locke havia contribuído para essa publicação[28]. Jean Leclerc, o editor, era um dos amigos mais íntimos de Locke na Holanda, e sem dúvida mantinha relações com a maioria dos refugiados protestantes, talvez com o próprio Mazel, muito embora não tenhamos provas de tal ligação. *Du Gouvernement Civil* era uma obra anônima, tanto no que se referia ao autor como ao tradutor, mas o pre-

....
27. As divisões estão registradas nas notas de rodapé do texto.
28. Ver Laslett, 1952 (ii). Um estudo mais aprofundado dos livros de Locke, tornado possível desde então, mostra que, nesse artigo, as contribuições do autor foram confundidas com as de Leclerc.

fácio aproxima-se muito da doutrina de Locke e de seu objetivo ao escrever[29].

Em 1691, Leclerc publicou em seu periódico um sumário do conjunto dos *Dois tratados*, com base no original inglês. Não obstante, a forma da versão francesa pode sugerir que o próprio Locke tivesse aprovado que o *Segundo tratado*, independente do *Primeiro*, fosse lido na forma como se apresentava, mesmo por aqueles que tivessem o *Primeiro tratado* no volume em questão. Já vimos Locke enfatizando a separação entre os dois tratados ao modificar os títulos em estágio tão avançado, e sustentaremos a hipótese de que o *Segundo tratado* tenha sido composto em primeiro lugar. Estou inclinado a acreditar, com base nesses indícios, que a versão francesa, a forma europeia e amplamente apreciada do livro, tenha sido autorizada por Locke. Qualquer reconhecimento explícito da versão francesa viria a ferir, obviamente, seu ardente desejo de anonimato.

Essa tese tem suas dificuldades, pois implica perguntar por que não teria ele adotado o mesmo formato nas edições inglesas subsequentes e no texto que legou para a posteridade. Deixa em aberto a questão de até onde teria ele supervisionado a edição francesa. Não obstante, podemos acreditar que Locke se deleitasse em imaginar que a versão francesa, o *Segundo tratado* independente, viria a integrar o cânone dos clássicos da teoria política[30].

....
29. O frontispício desse volume, com o acréscimo *Pax ac Libertas*, manuscrito por Locke, foi reproduzido do exemplar do próprio autor em H. e L., 1971 (1965), juntamente com as cetras (sinais de autenticação) do autor na última página.

30. O exemplar de *Du Gouvernement Civil* pertencente ao próprio Locke traz escrito sobre o título, com sua caligrafia, as palavras *Pax ac Libertas*. Ver Harrison e Laslett, 1965, p. 33 e lâmina 6. Trata-se do único exemplo conhecido em que o autor incluiu um acréscimo ao título de um de seus próprios livros. Na última página, ele também acrescentou o sinal particular que usava para autenticar sua assinatura em documentos financeiros. Pode-se encontrar o sinal em uma dúzia ou mais dos livros de Locke, e talvez tivesse para ele um significado que ainda nos escapa.

Seja qual for o estatuto atribuído por Locke à versão francesa, esta não afetou suas correções às versões inglesas, e tampouco deu ele mostras de se aperceber da crescente influência da obra sobre um público leitor bem mais vasto que o inglês. Tal público, no decorrer do século XVIII, já não se restringia aos leitores de língua inglesa das Ilhas Britânicas, pois incluía os homens, alguns deles eminentes, que importavam os livros de Locke para as colônias britânicas da América do Norte nos setenta anos que se seguiram à sua morte. Contudo, o livro sobre o *Governo* não era o mais procurado pelos colonos, e sabe-se hoje que outros "clássicos do revolucionarismo liberal" dominavam a preferência. Sidney, ao que parece, contribuiu mais para legitimar a revolução americana do que tudo quanto Locke escreveu, e os *Dois tratados* foram usados tanto em favor do regime monárquico, tal como estabelecido na América do Norte, como contra o mesmo[31]. Apenas em 1773 a controvérsia acerca dos direitos dos americanos deu ocasião para uma reedição, em Boston.

Essa solitária primeira edição americana apresentava o texto padrão, seguindo o publicado por Hollis em 1764. Um fato singular, porém, é que o formato do livro obedecesse ao conjunto de convenções francesas estabelecidas por Mazel e não às inglesas: o *Primeiro tratado* estava excluído, bem como o capítulo I do *Segundo*. Que exemplo mais intrigante se poderia encontrar no tão conhecido caminho percorrido pelo pensamento radical desde suas origens na Inglaterra, passando pelos protestantes franceses da Holanda e a críti-

---
31. Ver Dunn, 1969 (ii). Outros trabalhos objetivando desfazer o mito da determinante influência de Locke sobre a revolução americana estão em curso. Thomas Jefferson pode ter sido lockeano, num sentido algo análogo ao atribuído pelos cientistas políticos ao termo, como evidencia a coincidência de frases entre a *Declaração de independência* e os *Dois tratados* (ver as notas ao texto pertinentes à questão). Mas a impressão que se tem é que poucos de seus contemporâneos o acompanhavam nesse aspecto.

ca política francesa na França, até os novos ingleses do Novo Mundo? Já falamos o bastante sobre o livro de Locke enquanto livro, e sua fortuna até se tornar um gigante de importância histórica. Poder-se-ia contar essa história de modo bem mais extenso. Há um notável exemplo da atitude de Locke diante da obra, de sua recusa a reconhecer sua autoria e a assumir a responsabilidade de seus efeitos, no fato de não haver ele tomado o menor conhecimento do *Case of Ireland*, de Molyneux. Aqui, um amigo íntimo fazia uso do livro da maneira como este sempre seria usado, para justificar o clamor de um povo por voz em seu governo. O nome de Locke veio à baila na controvérsia que se seguiu. Há indícios de que nosso autor tenha ficado preocupado, talvez houvesse mesmo considerado a hipótese de modificar o texto, mas não se manifestou sob forma alguma; suas correções finais ignoravam a questão por completo[32].

Poderíamos, ainda, observar a interação entre as edições de Locke e as crises de governo e de opinião. Não houve nenhuma edição americana de 1773 até o século XX; uma proposta de publicação mediante assinatura, em 1806, aparentemente não surtiu efeito. Mas durante "l'an III de la République Française" (1795), a obra apareceria na Paris revolucionária em quatro diferentes tamanhos, formando uma verdadeira pirâmide. Os tradicionalistas da Grã-Bretanha da época se mostraram incomodados com as formas pelas quais o grande filósofo do senso comum e da moderação estava sendo usado pelos revolucionários em seu próprio país. Assim, em 1798, o bispo Thomas Elrington produziu sua edição do livro, com uma introdução, notas e comentários dirigidos contra o cidadão Thomas Paine, de modo a estabele-

....
32. Informação prestada pelo professor John Dunn, do King's College, Cambridge. Ver referências da nota 5, p. 3, e compare-se com Laslett, 1957 (i). A reprodução dos trechos de Locke por Molyneux está registrada nas notas em II, § 4, 177, 178 etc.

cer a diferença "entre o sistema de Locke e as teorias dos modernos democratas"[33]. A primeira edição espanhola surgiu em 1821, o início da década crucial para a independência das comunidades hispano-americanas; em 1827, uma segunda edição foi destruída no prelo em Madri. Nesse ínterim, a teoria política dos *Dois tratados sobre o governo* conquistara seu lugar no pensamento de Montesquieu e Rousseau, de Burke e Jefferson. Devemos voltar agora nossa atenção para as qualidades pessoais e a experiência pessoal do homem responsável pela gênese de tal sistema, e cuja atitude para com sua própria criação era dotada de caráter tão singular.

....
33. Elrington foi o único editor a observar as peculiaridades da primeira edição; suas notas foram incorporadas ao presente texto.

II. Locke, o homem, e Locke, o escritor

1. Locke e Oxford

John Locke viveu de 1632 a 1704, do sétimo ano do reinado de Charles I ao terceiro ano do reinado da rainha Ana; 1632 foi o ano do nascimento de sir Christopher Wren, na Inglaterra, e de Pufendorf e Spinoza, no continente. No curso de seus setenta e dois anos, Locke viu o mundo em que vivia, seu mundo intelectual e científico, o mundo político e econômico se modificarem mais radical e velozmente do que qualquer um de seus antepassados jamais presenciara, e, na Inglaterra, de forma mais marcante do que em qualquer outra parte. Locke era tanto um simples inglês quanto poderia sê-lo um gênio universal, muito embora tenha passado dois períodos críticos de sua vida no exterior – na França, entre 1675 e 1679, e na Holanda, de 1683 a 1689. Era um homem de vida tão reservada e comum como se poderia esperar de um indivíduo que viria a ajudar a modificar os pressupostos filosóficos e políticos da Europa, mas em dois outros períodos foi uma influência política determinante por mérito próprio e, de certa forma, uma personalidade pública. Isso se deu entre 1667 e 1675 e, novamente, em 1679--82, quando esteve ligado àquele extraordinário líder político, o primeiro conde de Shaftesbury, e entre 1694 e 1700, na qualidade de confidente de lorde Somers, principal figura do governo. Morreu famoso, e desde então permaneceu com um dos grandes nomes ingleses.

Sua fama era de ordem intelectual e literária – e ainda o é. Contudo, era uma escritor relutante, declarado "inimigo da literatice destes tempos". Tinha cinquenta e sete anos quando as obras que lhe granjearam renome foram impressas pela primeira vez. Ao partir para a França, em 1675, esperava morrer do que chamaríamos tuberculose pulmonar. Não poderia supor que viveria para ver seus desordenados esboços filosóficos converterem-se no *Ensaio sobre o entendimento humano*, ou suas anotações acerca da sociedade religiosa e política tornarem-se as *Cartas sobre a tolerância* e os *Dois tratados sobre o governo*. Não poderia prever então, tampouco em ocasião alguma antes de seu sexagésimo aniversário, que suas anotações pessoais ganhariam notoriedade pública como nas *Reflexões sobre educação* e suas *Considerações* sobre a moeda e a economia. John Locke escreveu e editou na velhice, embora tivesse, moço, absoluta certeza de que não chegaria à idade avançada. Como qualquer outro homem, porém, formulou na juventude seus pensamentos importantes. O fascínio e a dificuldade de sua carreira estão em reconhecer as sementes e os arbustos que desabrocharam em sua juventude e meia-idade, e observar seu crescimento e desenvolvimento, até se tornarem as árvores robustas e frondosas que legou à posteridade.

No seleto grupo de eminentes ingleses do século de nossa grandeza intelectual, pode-se dizer que um apenas, John Locke, foi catedrático por opção. Bacon era advogado e político, Hobbes dedicava-se ao ensino de fidalgos, Newton foi acadêmico por necessidade até, ao termo de uma árdua luta, ver-se admitido nas esferas aristocráticas como administrador. Locke seguiu para Oxford em 1652, com a idade de vinte anos, e foi membro efetivo de sua faculdade, ainda que um residente apenas nominal nos últimos anos, pagando suas taxas e recebendo seus honorários até ser expulso, ilegalmente e contra a própria vontade, em 1684, aos cinquenta e dois anos. Empenhou-se ao máximo em reconquistar seu lugar e, a darmos crédito a suas próprias palavras, gostaria de ter passado a vida inteira na universidade. Era sua carreira; durante a maior parte de sua vida até então, imaginou ser aquele o único campo em que poderia destacar-se. Chegou a Oxford pelo mais convencional dos trajetos. Era um *scholar* [aluno bolsista], e um *scholar* de pouca expressão, da Westminster School, então sob a direção do formidável dr. Busby. Locke estava em Westminster naquela terrível manhã de 30 de janeiro de 1649 em que Carlos I foi executado, mantido na escola por seu diretor monarquista, mas sob o ruidoso clamor da aterrada multidão. Os chamados *scholars* do rei, de Westminster, tinham um caminho já traçado, quer para o Trinity College, de Cambridge, quer para Christ Church, em Oxford. John Dryden, de Northamptonshire, foi para Trinity, mas seu colega, John Locke, de Somerset, filho do Oeste, membro de uma rede puritana de famílias mesclada com os estratos realistas, predominantes naquela região legalista, seguiu para Christ Church. Na direção de sua escola estava John Owen, independente* em religião, defensor da tolerância, tudo quanto havia de melhor na atitude cromwelliana para com a educação e a Igreja. Em seu segundo ano de residência, Locke fez sua primeira aparição em letra impressa como autor; uma saudação ao lorde Proteto** por ocasião de sua vitória sobre os holandeses em 1653, num volume de poemas acadêmicos editado, com admiração, por Owen[1].

---

* Nome dado a puritanos, como Cromwell, que, ao contestarem o *Establishment* anglicano, também se negavam a endossar o que entendiam ser o autoritarismo presbiteriano. Um de seus traços marcantes era a tolerância com as assim chamadas seitas. (N. R. T.)
** Cromwell. (N. R. T.)
1. Cranston, 1957, 36. Havia muitos outros colaboradores, incluindo realistas clandestinos.

Muitos eram os aspectos a vincular esse acadêmico em modesta ascensão ao regime cromwelliano e à velha causa puritana e dos cabeças-redondas* contra o rei e seus partidários. Em Somerset, John Locke pai fora capitão das forças do Parlamento, o segundo na linhagem de uma família recentemente alçada à fidalguia por obra dos esforços e da boa sorte de seus membros. Nicholas Locke, seu avô, fizera o dinheiro que dera à família a qualidade de proprietários de alguma importância nos vilarejos de Cheru Magna, Pensford e Belluton: este último se tornaria o reduto da família Locke. Nicholas se fizera pela via usual, como fabricante de tecidos, um intermediário capitalista, recrutando para o trabalho os aldeões das áreas rurais em torno do grande porto de Bristol e vendendo seus produtos naquele florescente mercado. Mas seu filho, John Locke pai, ao que se conta, era mais um perdedor que um vencedor na corrida por riqueza e posição social, tão típica de sua classe e seu tempo. Advogado calvinista, escrivão do Tribunal de Justiça de Somerset, o pai de Locke dependia do patrocínio de uma família parlamentar muito mais poderosa, os Popham.

Foi a influência dos Popham que permitiu ao pai de Locke planejar uma carreira acadêmica para o filho em Westminster e em Christ Church. Era, reconhecidamente, um caminho de ascensão no mundo e, para o brilhante menino, o mais seguro. Eram dois filhos apenas, John e seu irmão menor, que morreu ainda jovem, ambos conduzidos com mão forte. Embora prestasse seu tributo ao rigor paterno, muitos anos mais tarde Locke viria a afirmar que "desejaria que o pai o tivesse designado para qualquer coisa, exceto o que lhe foi destinado"[2]. Em 1661, o cavalheiro de Belluton

---
* Em inglês *roundheads*, nome dado, inicialmente em tom pejorativo, aos defensores do Parlamento, que se opunham aos cortesãos ou *cavaliers* de Carlos I. Refere-se ao costume puritano de cortar o cabelo curto, renunciando à vaidade presente em penteados mais elaborados. (N. R. T.)

2. Lady Masham, 1705, *in* Colie, 1955, 17.

morreu, legando ao filho a condição de fidalgo de Somerset por direito próprio, proprietário de terras, casas de fazenda e até mesmo de uma pequena mina em Mendip. Embora jamais abandonasse sua condição de acadêmico, celibatário e homem independente, é muito importante o fato de John Locke ter sido sempre o representante titular de uma família inglesa terratenente.

Em Oxford, Locke era cordial, indolente, infeliz e pouco destacado, tudo isso ao mesmo tempo e obtendo apenas o êxito necessário. Galgou as etapas acadêmicas com desempenho satisfatório; *scholar* [aluno subvencionado], em seguida *student* [aluno não subvencionado] ou *fellow* [graduado que recebe subvenção para o desenvolvimento de estudos e pesquisas], como seria chamado em outras escolas; em seguida titular dos cargos docentes habituais. A etapa seguinte seria a ordenação na igreja, caso se mantivesse na universidade; mas Locke hesitou nesse ponto, oscilou e por fim recusou. Encontrou uma saída na medicina, uma das carreiras reservadas aos doutores. Tivera ligeira participação naquele notável despertar do interesse pela "filosofia natural" em Oxford, o qual em pouco tempo daria origem à Royal Society, e associou-se a Boyle em seu laboratório de High Street. Passou a dedicar-se à botânica, o lado herbóreo da medicina, de maneira sistemática, até obter, em seu devido tempo, o grau de bacharel em medicina. Embora tenha acabado por trilhar um caminho tortuoso, nas palavras de um contemporâneo hostil, para obter um cargo universitário e seguir o estudo da medicina em Christ Church, nunca chegou a se tornar doutor em Medicina, na plena acepção do termo. Sua carreira acadêmica foi interrompida em meados da década de 1660 e, da maneira como as coisas se passaram, interrompida para sempre.

Locke não começou como filósofo e jamais foi filósofo em Oxford. Podemos determinar, atualmente, com base no grande volume de escritos que nos deixou, quais foram seus interesses de juventude. A política certamente se incluía entre eles. Sua correspondência, leituras, anotações e esboços revelam que sua primeira preocupação foi com a autoridade do Estado na religião, em seguida com a lei natural que sancionava tal autoridade, e com o fundamento da lei natural na experiência. Somente depois disso, quando deixou de ficar todo o tempo de que dispunha em Oxford, foi que passou para a filosofia enquanto tal, para o problema do conhecimento. Afora seus poemas de congratulação, sua primeira obra escrita para publicação foi um polêmico escrito sobre o *Magistrado civil*, que jamais chegou a ser editado, mas do qual possuímos o manuscrito. Seus discursos como membro da faculdade e, sobretudo, como censor de Filosofia Moral em 1664 também chegaram até nós, e tratam da Lei Natural[3]. O surpreendente é que sua atitude no tocante à política fosse, então, tradicionalista e autoritária.

Aqui parecemos ter uma nítida ruptura com o legado que recebera e um vivo contraste com sua reputação final. Locke proclama firmemente sua submissão à autoridade. Sua posição é a de que, no âmbito das coisas indiferentes, o poder do magistrado é necessariamente absoluto, porquanto a natureza da sociedade civil assim o exige. Insiste em que todo e qualquer indivíduo transfere toda a sua liberdade ao poder legislativo supremo, que é um marco necessário de toda sociedade civil representante de todos. Suas decisões obrigam a consciência de todos, embora eles possam não alcançar aquilo que ele define como seu julgamento; em caso de conflito, não há outro remédio que não a obediência passiva. A liberdade é aquilo que não sofreu regulamen-

---

3. O dr. Von Leyden publicou esses escritos como os *Ensaios sobre a lei da natureza* de Locke (1954), com uma admirável introdução. As peças sobre o *Magistrado* (MS. e. 7 em inglês, MS c. 28 s. 3 ss. em latim com um esboço em e. 6) estão agora publicadas em *John Locke, Two Tracts on Government*, editado por Philip Abrams, Cambridge, 1967. As referências aqui utilizam a versão existente na dissertação do dr. Ambram, de 1961. O tratado inglês estava dirigido contra Edward Bagshaw, também de Christ Church.

tação. Quanto ao povo, o trecho abaixo exemplifica perfeitamente seu pensamento:

> Tampouco parecerá perigosa ou excessiva a extensão do poder de um governante se considerarmos que, quando a ocasião o exige, este é exercido sobre a multidão, tão avessa aos freios como o mar, e contra cujas tempestades e ressacas nunca se pode precaver o bastante... De quem é mais provável nos tornarmos presas? Daqueles aos quais a Escritura chama Deuses, ou daqueles a quem os sábios sempre tiveram por feras, e portanto assim os chamam?

Os reis são chamados deuses na Escritura, e o povo são as feras no entender dos doutos, assim no tempo de Locke como outrora; não se poderia encontrar conflito algum mais agudo com a doutrina dos *Dois tratados sobre o governo*. Os tumultuados e anárquicos meses que separam a morte de Oliver Cromwell e a Restauração dos Stuarts haviam convertido aquele estudioso de Oxford, ligeiramente cético e pouco confiante em si mesmo, num convicto defensor da autoridade, num homem disposto a não se deter diante de nenhum obstáculo para garantir a tranquilidade. Porém, era a autoridade legítima, e não a arbitrária, que ele defendia, "um corpo de leis tão primorosamente composto" que sua preservação "fosse a única garantia do equilíbrio desta Nação". Mesmo neste que para nós é o seu mais antigo e mais autoritário ponto de vista, Locke se mostra um constitucionalista, convencido da diferença fundamental entre poder secular e espiritual, entre autoridade política e religiosa. Não se sentiu tentado a abraçar a mais segura e eficaz das posições não-liberais, o direito divino dos reis, baseada no patriarcalismo, embora efetivamente o mencione[4]. Em todos esses papéis, na

---

4. Ver Abrams, 1961, 236-56, e sua afirmação na p. 255 sobre a relação entre a posição "constitucional" e a "arbitrária". Locke não ignorava as teorias patriarcais. Há indícios de que já conhecesse, e até mesmo respeitasse, os escritos de Filmer – ver, adiante, p. 47 e Schochet, 1966.

verdade, ele professa indiferença quanto à origem do poder político, "quer a coroa do magistrado lhe caia sobre a cabeça diretamente dos céus, quer seja colocada ali pelas mãos de seus súditos", que viria a se tornar uma preocupação central de seus escritos políticos da maturidade. Mas um exame minucioso desse manuscrito revela que tinha, na verdade, por pressuposto a origem popular do poder político; suas referências à possibilidade do direito divino eram evidentes concessões à explosão daquele sentimento, com o qual se saudava a Restauração[5].

Essas recentes descobertas, portanto, revelam algo bastante insuspeitado no desenvolvimento intelectual que redundaria na composição dos *Dois tratados*. Não sabemos a razão por que o polêmico escrito deixou de ser publicado, mas podemos supor que suas teorias se tenham tornado públicas, em certa medida, ao serem desenvolvidas num discurso em latim, para os membros de Christ Church, proferido entre 1661 e 1664[6]. É interessante em si mesmo que os alunos de Oxford tivessem escutado uma prédica sobre esse tema e, mais interessante ainda, imaginar se teriam reconhecido nela determinados elementos com um sabor que remetia ao arquiautoritário Hobbes. Ninguém que se dispusesse, como Locke, a defender a autoridade absoluta com base no consentimento poderia evitar que sua argumentação se alinhasse, em alguma medida, com o *Leviatã*, já então de má fama. As concepções hobbistas estavam no ar; Locke deve tê-las incorporado, talvez mais em função dos ataques a elas do que de um conhecimento direto. Os dois homens esti-

---

5. Ver, por exemplo, suas correções e sobrescritos na primeira página de seu tratado inglês, na p. 4 e o trecho suprimido na p. 33.

6. Von Leyden, 1954. Leyden não reconhece o tratado latino, sem dúvida o mais importante escrito de Locke antes dos *Dois tratados*, como um dos *Ensaios* por ele publicados. Também o dr. Abrams (1961, 50-1) sugere tratar-se de um dos *Ensaios* ou *Conferências* latinos e enfatiza (cf. nota no tratado inglês, p. 21) o contexto oxfordiano da política discutida em ambos os tratados.

veram mais próximos então do que em qualquer outra época, mas não devemos avançar além deste ponto, pois os testemunhos são insuficientes para tanto. Tratar-se-ia de uma submissão acrítica à forte tradição que decreta que Locke deve ser sempre considerado ao lado de Hobbes, e persistir na afirmativa de que nessa época fosse ele um hobbista consciente, cauteloso demais para revelar sua face[7].

Hobbes, contudo, não é o único contemporâneo do jovem Locke cujos escritos são importantes para seu desenvolvimento como pensador político. A semelhança entre as doutrinas finais de Locke e as dos escritos e ações dos radicais ingleses entre 1640 e 1660 é mais pronunciada. Tão próxima, sob determinados aspectos, é essa semelhança que parece óbvia a influência direta, quer através de seu convívio pessoal com os membros do "partido honesto", quer através de suas leituras. Conhecia Henry Stubber, por exemplo, e escreveu-lhe para elogiar seu *Essay on the Good Old Cause* (Ensaio sobre a boa e velha causa); através dele poderia ter mantido contato com Harrington e os membros da Rota*, e há muitas outras possibilidades análogas. Todavia, não dispomos de indicação alguma de que tenha tido contato com a literatura radical em Oxford, ou mesmo com muita litera-

....
7. Tem sido esta a tendência dos comentadores desses escritos até o presente – ver Gough, 1950, e Cranston, 1956, e 1957, 61-3. Von Leyden identifica, justificadamente, a absorção de alguns argumentos de Hobbes nas discussões acerca da lei natural, mas é ele quem sugere que tal influência provinha tanto da discussão que então ocorria a esse respeito quanto de um conhecimento direto da obra hobbesiana. Abrams considera que as semelhanças da frase citada por Cranston (1957, 62, ver tratado inglês, p. 21) com a célebre descrição da vida num Estado por Hobbes não são maiores do que com várias descrições congêneres da vida sem um governo, e cita uma delas, extraída de um livro que, sabe-se, estava presente no universo intelectual de Locke (Sanderson, *De Obligatione Conscientiae*, 1660, ed. de 1686, 43). Sobre Locke e Hobbes de maneira geral, ver capítulo IV.

* Clube de discussão política, particularmente ativo no final do período republicano (em 1659) e do qual James Hamington foi figura influente. (N. R. T.)

tura política, em absoluto, forma escritores acadêmicos altamente respeitáveis como Grócio e Pufendorf, seu contemporâneo, cuja primeira obra surgiu em 1660. Ocupava-se dos estudos clássicos e refinados, até mesmo dos romances franceses. O fato é que, até onde se sabe, Locke nunca leu Lilburne ou os outros Niveladores*, seja naquela época ou depois. Foi levado à tradição iniciada por eles através de uma inesperada reviravolta em sua vida pessoal. A partir de então, a política passou a significar algo muito diverso dos exercícios escolásticos sobre as coisas indiferentes**, e sobre o escopo e autoridade da lei natural.

Locke jamais avançaria muito enquanto teórico da lei natural, fato que apontaremos como decisivo para todo o seu desenvolvimento intelectual. Não obstante, esses primeiros escritos podem ser classificados, com justiça, como o típico produto de uma mente capaz de enormes voos, embora ainda incapaz de todo e qualquer voo. Parte dos fundamentos de sua teoria política fora erguida, e Locke poderia ter seguido quer uma via autoritária, quer uma liberal, mas sem nenhum efeito muito importante. Não se tratava apenas de desenvolver as implicações de um ponto de partida em particular; na verdade, esse jamais é o caso para nenhum pensador. Até então, Locke tinha uma compreensão limitada da realidade política, e da política propriamente dita. Na verdade, muito faltava àquele meticuloso bacharel de Oxford, hábil na arte da conversação, de mente aguçada e pontos de vista convencionais; isto é, muito faltava para chegar a *le*

----

* Em inglês, *Levellers*: os defensores de uma política que não se assentasse, como a monarquia, na desigualdade entre os homens. (N. R. T.)

** "Coisas indiferentes" é termo que remete à teologia luterana, em especial a Melanchthon. Significa que certas coisas em si mesmas não são boas nem más (são indiferentes), mas devem ser reguladas pelo poder político para a boa "polícia" do Estado: por exemplo, a liturgia, mas por vezes também o dogma. De modo geral, os puritanos são mais avessos a essa doutrina, que conta com o aval de igreja oficial. (N. R. T.)

Sage Locke [o sábio Locke], o ídolo de Voltaire, o filósofo universal com uma atitude perante todas as coisas. Algo viria a ocorrer, quase na metade de sua vida, algo que lhe daria aquela firmeza no caminho intelectual, responsável por sua colossal reputação, e que transformaria aquelas ideias incipientes, sobre autoridade, política e religiosa, no liberalismo lockeano que ainda hoje nos faz sentir o seu peso.

Oxford frustou-o, mas Locke não era ainda senhor de si mesmo o bastante para abrir seu caminho naquele mundo ou fora dele. Ele dava um nome aos debates nas escolas, o método então estabelecido de instrução e sabatinagem: chamava-o "interrogatório de porcos", o corte laborioso de minúsculos pelos da pele de animais vociferantes, que aparentemente não eram suínos, mas pequenos cordeiros. Locke odiava aquilo e fazia-o de mau grado; em certo sentido, todo o trabalho que desenvolveu em sua vida constituiu um protesto contra aquilo. Esta, afirmaria ele mais tarde, foi outra razão para "se lançar ao estudo da medicina", que lhe facultava ficar a distância das escolas, e "o mais longe possível de qualquer questão pública"[8]. Esse segundo objetivo, o de manter-se a distância das questões públicas, impediu que seguisse a carreira diplomática que se abrira a ele em 1665 e 1666.

Aquele seria um bafejo do mundo de Maquiavel, e poderia tê-lo convencido de ser dotado dos talentos e personalidade para outras atividades além do ensino, a prensagem de flores do Jardim Botânico da Universidade e o sistemático preenchimento de uma longa série de cadernos de anotações. Foi a Cleves, capital de Brandenburgo, como secretário de uma missão especial em 1665, e tamanho foi o êxito alcançado que lhe ofereceram, ao retornar, um cargo semelhante em Madri, e outro cargo depois deste[9]. Mas preferiu

---

8. De Locke para o oitavo conde de Pembroke, 3 de dezembro de 1684. De Beer, 2, 663.

9. Ver Cranston, 1957, cap. 7.

voltar a seus alunos e suas intermináveis misturas medicinais. Sua ligação com Shaftesbury viria a modificá-lo em profundidade, mas nunca a ponto de convencê-lo de que suas ambições acadêmicas eram despropositadas.

Quando a referida mudança ocorreu, Oxford o rejeitou. Na qualidade de instituição tradicionalista, desconfiava das posições políticas de Locke, e a originalidade que este imprimira a seu pensamento passou a ameaçar o currículo universitário. Tudo isso viria a acontecer vinte anos depois, ou mais tarde ainda, e a decisão de desalojá-lo de seu meio não partiu de sua escola nem da universidade, mas da Coroa, como um ato de retaliação política. Mas embora a pequena e fechada sociedade dos clérigos de Christ Church da década de 1680 não tenha sido efetivamente responsável pela expulsão da mais capacitada figura de seu seio, tampouco foi isenta de culpa na questão. O bom e erudito dr. Fell, diretor da casa desde 1660 e alguém em quem Locke confiava, escreveu o seguinte para o secretário de Estado:

> Sendo o dr. Locke um "estudante desta casa" (...) e "suspeito de más intenções para com o governo, tenho-o, há vários anos, mantido sob vigilância (...) Com grande frequência, foram-lhe propositadamente apresentados, tanto em público como em particular, discursos que empreendiam a detração de seu amo, o conde de Shaftesbury, seu partido e projetos, sem que jamais se pudesse provocá-lo a tomar o mínimo conhecimento ou revelar, nas palavras ou no olhar, o mínimo interesse; assim sendo, creio não haver no mundo mestre mais insigne na arte da taciturnidade e da paixão"[10].

....
10. De Fell para Sunderland, 8 de novembro de 1684; ver King, 1830, I, 279. Prideaux, um dos estudantes, naquela época estava passando informações sobre Locke ao círculos governamentais; ver *Letters*, 1875. Convém acrescentar que um exame do conjunto de sua correspondência com Sunderland revela que Fell estava fazendo o que podia para proteger Locke e que se sentia perturbado pela atitude que estava sendo obrigado a tomar. Ver Lady Masham (Colie, 1956, 83).

Introdução

A ordem régia para afastar Locke de sua carreira acadêmica, expedida em 1684, foi o primeiro passo contra as universidades no lance final dos Stuart em favor do governo pessoal, e que viria a tropeçar na obstinação dos *fellows* de Magdalen, em 1688. É terrível ver aqueles que se sentavam com ele à mesa agirem como *agents provocateurs*, mas é típico de Locke que nem sequer um piscar de olho pudesse ser usado contra ele. Meia geração mais tarde, os professores de Oxford causariam dano ainda maior a sua universidade ao recusarem admitir os livros de Locke em seu programa de ensino[11]. Bem pouco podem Oxford e Christ Church reinvindicá-lo com justiça como um dos seus, pois Locke já era uma autoridade em todo o mundo erudito quando essas instituições o reconheceram. Os últimos dias que passou entre eles ilustram, de forma dramática, o seu modo de portar-se.

Em 21 de julho de 1683, a Universidade de Oxford ordenou, através de Convocação, a realização, no Pátio das Escolas, atualmente o Quadrilátero Bodleiano, da última queima de livros na história da Inglaterra. O decreto, afixado nas salas e bibliotecas das faculdades, anatemizava doutrina após doutrina já escrita nos *Dois tratados*. Entre os autores condenados à fogueira estavam alguns cujos livros tinham lugar então nas prateleiras do aposento de Locke em Christ Church. Aparentemente, ele compareceu ao ato em pessoa, para assistir à acre fumaça elevando-se entre as torres, calado como sempre, e ocupado em despachar sua biblioteca para o campo. Algumas semanas mais tarde, com certeza havia partido de Oxford para a região campestre em que nascera, e no outono estava exilado na Holanda. Locke jamais pisaria novamente em Oxford[12].

....
11. Ver Cranston, 1957, 466-9 e referências, sobre a reunião dos diretores de escolas em 1703 para considerar a supressão da nova filosofia lockeana.

12. Pode-se consultar o Decreto de modo mais satisfatório em *Somers Tracts* (Tratados de Somers), 1812, viii. Os movimentos de Locke podem ser reconstituídos através de seu diário e dos endereços de suas cartas, embora

2. Locke e o primeiro conde de Shaftesbury

Anthony Ashley Cooper, de Wimborne St. Giles, em Dorset, mais tarde o primeiro lorde Ashley e, mais tarde ainda, primeiro conde de Shaftesbury, foi um dos homens mais capazes e extraordinários que viveram na Inglaterra de Locke. Era rico, rico em terras e em função de sua magistratura política, rico em função de investimentos em seu país e no exterior. Era poderoso, politicamente poderoso tanto no âmbito regional do sudoeste quanto em Londres, o centro do poder. Tal posição resultara de uma série de guinadas em suas adesões; primeiro ao rei e depois ao Parlamento; primeiro um ministro de Cromwell, depois seu grande oponente, e mais tarde arquiteto da Restauração. Era um daqueles homens pequenos e assertivos; um fenômeno de argúcia, penetrante, altamente sagaz e crítico, embora sujeito a delírios de grandeza e inescrupuloso em suas incoerências; soberbo como líder e administrador, embora sofresse de uma doença crônica, física, e não psicológica, pois tinha a mesma extroversão que o primeiro-ministro Walpole.

A doença em questão era uma hidátide, uma afecção hepática, fatal se der origem a um abcesso e este não for removido. Em julho de 1666, lorde Ashley, Ministro das Finanças, convalescia de uma de suas crises quando sua grande e ruidosa carruagem o levou para Oxford a fim de experimentar as águas de Astrop. Estas lhe eram trazidas em garrafas, e o homem que veio ter à sua presença com os doze frascos não era o médico que ele esperava, mas o amigo do médico, John Locke. Foi assim que os dois homens se conheceram: naquele momento, teve início uma célebre amizade.

Foi a conversação de Locke que atraiu o político arguto, bem como sua habilidade como médico. Gentil e modes-

ele se torne muito esquivo nas semanas que precedem sua partida para a Holanda. É impossível saber, com certeza, se ele não passou por Oxford no restante de sua vida.

to, pois Locke sempre conheceu seu lugar perante os grandes, era também penetrante e irônico, além de imensamente bem informado. Ao cabo de um ano, Locke já fixara residência no seio da família Ashley, com seu próprio apartamento em Exeter House, no Strand, em Londres, ali convidado para falar com o eminente homem, aconselhá-lo e oferecer seus préstimos médicos a ele e aos que o rodeavam. Realizou, no corpo de seu nobre patrono, um dos milagres da medicina da época. Aconselhou e orientou uma cirurgia, num tempo em que as cirurgias eram carnificinas, para remover um abcesso do fígado e inserir um pequeno tubo através da parede do estômago para atuar como um dreno, de modo a evitar a formação de novos abcessos. Ashley usou o tubo pelo resto da vida; os satiristas da década de 1689 fizeram dele uma grande torneira de madeira, alvo de zombaria, semelhante à torneira de um barril de cerveja. Na verdade, o patético e pequeno objeto foi feito inicialmente em prata e depois em ouro[13].

A operação granjeou fama a Locke e mudou por completo o rumo de sua vida. Ashley estava convencido, e tinha boas razões para tal, de que devia a vida a Locke. Uma ligação iniciada de maneira casual e conduzida nos moldes convencionais da época – uma vez que não era incomum os grandes homens introduzirem figuras do calibre de Locke em suas famílias – converteu-se numa relação de trabalho que, para ambos os homens, englobava todos os propósitos. Tudo quanto estava ao alcance da influência política foi mobilizado para a promoção profissional de Locke no campo da medicina acadêmica; também foi provido financeiramente, muito embora sua obstinada independência obviamente impedisse Ashley de ir tão longe quanto desejaria. Locke

13. Sobre a operação, ver Osler, 1914; um parecer médico mais recente conclui pela inutilidade do dreno, mas o fato de a cirurgia ter verdadeiramente salvo a vida de Shaftesbury, sendo um sucesso, foi quase milagroso.

ocupou diversos cargos, como o de secretário da associação dos proprietários da colônia da Carolina, secretário da Junta Comercial de Ashley, secretário do padroado eclesiástico quando Ashler, agora conde de Shaftesbury, tornou-se lorde chanceler em novembro de 1672. Não eram cargos importantes, e nenhum deles conduziu à grande carreira política que poderia ter resultado dessa ligação.

Desconhecemos a razão disso, embora possamos aceitar como mais provável que Locke se tenha mostrado reticente, e não que Ashley o julgasse inadequado para uma promoção mais significativa. Isso porque sabemos que recebeu o mais alto elogio que possa fazer um grande político.

> Sua Senhoria confiava-lhe regularmente todas as questões mais secretas que então se agitavam e, por meio dos frequentes discursos de Sua Senhoria acerca de questões de Estado, religião, tolerância e comércio, o sr. Locke adquiriu um prodigioso conhecimento dessas matérias (...) Escreveu seu livro sobre o entendimento humano enquanto vivia com Sua Senhoria.

E, ainda, de uma fonte da mais alta autoridade, o neto de Shaftesbury e pupilo de Locke, o terceiro conde:

> O sr. Locke cresceu de tal modo na estima de meu avô que, por mais apreço que lhe tivesse em medicina, não enxergava ele nisso senão a menor de suas habilidades. Encorajou-o, assim, a voltar suas faculdades intelectuais em outra direção (...) Fez com que se dedicasse ao estudo das questões religiosas e civis do país em tudo o que se relacionasse às atividades de um ministro de Estado, tarefa na qual logrou tanto êxito que meu avô não tardou a empregá-lo como amigo ao qual consultava em todas as ocasiões dessa natureza (...) Quando meu avô abandonou a Corte e passou a correr perigo por essa razão, o sr. Locke compartilhou com ele os riscos, tal como compartilhara antes as honras e as vantagens. Confiou a ele suas negociações mais secretas e fez uso do

auxílio de sua pena em questões que diziam estreitamente respeito ao Estado e eram próprias para se tornarem públicas, a fim de despertar na nação o espírito que se fazia necessário para combater o partido papal que dominava a cena política[14].

Devemos os *Dois tratados* ao prodigioso conhecimento das questões de Estado adquirido por Locke no curso de seus frequentes diálogos com o primeiro conde de Shaftesbury; com efeito, os indícios sugerem, como veremos, que ele, na verdade, escreveu o livro para atender aos propósitos de Shaftesbury. Talvez o encontro original não tenha sido inteiramente um acaso de consultório. O neto de Shaftesbury nos informa que Locke lhe fora recomendado pelo administrador do conde, uma peça importante no maquinário da influência local[15]. A política local, portanto, a associação de famílias no espaço de amplos territórios e por longos períodos de tempo, tornou esse encontro um evento nada improvável, embora ainda não se tenha descoberto vínculo algum entre os Locke de Somerset e a grande família política do vizinho condado de Dorset. Mas os resultados desse encontro não foram apenas políticos e tampouco se limitaram à teoria social e política. Eles se manifestam em

14. O primeiro trecho foi extraído de um documento de Shaftesbury Papers (P.R.O. 30/24 XLVII, 28, 3) endossado com a rubrica "F.C." e copiado, aparentemente com a caligrafia do terceiro conde, num relato mais abrangente. O segundo trecho foi extraído da carta escrita pelo terceiro conde para Jean Leclerc e baseada em documentos semelhantes a estes – datada de fevereiro de 1705, publicada por B. Rand, em sua vida e cartas do terceiro conde, 1900, p. 332.

15. "O sr. Bennet, da cidade de Shaftesbury"; ele e seu filho eram representantes do burgo no Parlamento. Até mesmo o médico, David Thomas, que encarregou Locke das garrafas d'água, possuía uma identidade política. Era um enérgico *whig* e, quando o *Ensaio sobre o entendimento humano* apareceu, teria preferido que saísse uma vida de Shaftesbury. Para uma ênfase ainda maior na associação entre Locke e o conde, ver Viano, 1960; Ashcraft, 1986, 1987.

tudo o que se refere à atividade intelectual de Locke; sem Shaftesbury, Locke não teria sido, em absoluto, Locke. Já vimos que Locke nunca foi um filósofo puro em Oxford, e citamos um testemunho segundo o qual sua principal obra filosófica foi escrita no lar de Shaftesbury. Sabemos hoje que isso realmente se deu, embora o trabalho efetivo de composição lhe tenha tomado tanto tempo, quase vinte anos, que Shaftesbury jamais pôde ver a obra concluída. Locke iniciou sua carreira de filósofo em sua câmara em Exeter House, nos primeiros meses de 1671, e, em julho, já produzira um esboço do *Ensaio* embrionário, num de seus cadernos de anotações. Antes do fim do ano, já o havia reescrito e ampliado, mas, nesse ínterim, incumbiu alguém de copiar partes do original e partes de seus esboços para a informação do próprio conde. Esse é um fato que conhecemos, e sabemos também que aquele manuscrito incompleto ora considerado por Shaftesbury um bem pessoal, pois o mesmo foi confiscado de seu gabinete, em meio a seus papéis mais particulares, quando da prisão do conde, em 1681; sugeriu-se, inclusive, que outro escrito dessa natureza representaria um esboço do próprio Shaftesbury, na tentativa de elaborar uma teoria do conhecimento[16]. Temos aqui os dois, o estadista e seu íntimo amigo médico e letrado, estimulando-se reciprocamente no tema mais abstrato de todos. Não foi o Locke catedrático de Oxford que se converteu em filósofo, mas o Locke confidente de um político eminente, mediante o contato com a vida política, social e intelectual de Londres à época da Restauração.

....
16. Ver Laslett, 1952 (i): a sugestão é do dr. Von Leyden e não pode ser investigada mais a fundo, pois contamos apenas com as primeiras palavras do manuscrito. O tema dos primeiros preparativos para o *Ensaio* é complexo; ver Cranston, 1957, 141-2; Aaron, Locke, 2ª ed. 1955, 50-5. Johnston, 1954, acertadamente corrige minha sugestão de que o esboço de Shaftesbury seria o mais antigo que chegou até nós. As duas outras versões de 1671 foram editadas por Aaron e Gibb, 1936, e Rand, 1931.

O mesmo se deu com o Locke economista, o pedagogo, o teórico da tolerância, e mesmo o Locke cientista e inovador da medicina. Tornou-se membro (*fellow*) da Royal Society em novembro de 1668, graças a Exeter House e não a Christ Church, com o patrocínio de sir Paul Neile, um dos fundadores da Royal Society, mas também amigo e aliado político de Shaftesbury. Em Londres, conheceu o grande Sydenham, a quem se associou em sua prática médica, ajudando-o em seu estudo da varíola. Ajudou-o também com seus escritos, deixando que a maioria de seus textos importantes se juntasse aos de Shaftesbury. Locke não publicou nada no campo da medicina enquanto tal, mas tanto suas opiniões sobre educação como economia apareceriam na década de 1690 em tratados impressos, e é bastante claro que estes tiveram origem no trabalho realizado para Shaftesbury e em colaboração com ele. Foi-lhe confiada a importante e delicada tarefa de encontrar uma esposa para o desajeitado herdeiro da casa de Ashley, e de assegurar que este, por sua vez, produziria um herdeiro. O que começara como um empreendimento médico converteu-se em experiência educacional, e o terceiro conde nos informa que ele e seus cinco irmãos e irmãs foram, todos, educados por Locke "de acordo com seus próprios princípios (posteriormente publicados por ele)"[17].

Locke não demonstrara o menor sinal de interesse pela educação infantil em Oxford, e tampouco o menor indício de preocupações com a economia. Entretanto, dois anos após sua ida a Londres, redigiu para Shaftesbury um estudo sobre a taxa de juros, no qual formulava a posição que

---

17. Ver Axtell, 1968, que discute toda a questão da experiência educacional de Locke em relação à casa de Ashley. Kelly, 1969, defende a hipótese de que Locke foi incumbido de tutelar de alguma forma o herdeiro de Shaftesbury em Oxford quando os dois homens se encontraram pela primeira vez, e que isso concorreu para aprofundar sua subsequente amizade.

sustentou coerentemente pelo resto da vida, e cujos resultados foram de considerável importância para a economia britânica[18]. No âmbito da economia, pode ser classificado como um tradicionalista, um aristotélico quase, mas, no tocante à questão da tolerância, sua relação com o reconhecido defensor da liberdade religiosa rapidamente transformou as concepções tradicionalistas e ortodoxas expressas no tratado de Oxford. Em 1667, durante os primeiros meses de sua residência em Exeter House, compôs um *Ensaio sobre a tolerância*[19], no qual transformava seus argumentos de juventude numa vigorosa defesa ao direito de dissensão, passando da análise do problema intelectual para recomendações expressas sobre a política nacional. Esse tipo de conselho era agora esperado de sua parte, e tudo indica que tenha escrito documentos políticos análogos a respeito de vários ou todos os objetivos da carreira pública de Shaftesbury. Entre esses recentes interesses, a administração colonial ocupava lugar importante[20].

Locke, o homem, e Locke, o escritor, formam uma personalidade intricada, muito difícil de distinguir da do próprio Shaftesbury nesses anos verdadeiramente de sua formação. Afora os esboços sobre a *Tolerância*, temos duas

....
18. Ver Laslett, 1957 (i), especialmente a nota 21. O rascunho, o primeiro de uma série, corresponde ao M. S. e. 8, datado de 1688; compare-se com Viano, 1960, 183 em diante e refs.

19. Versão manuscrita nos papéis de Shaftesbury editados por Fox Bourne, 1876, 1, 174-94. Existem três outras versões, e a relação entre elas não foi estabelecida de modo definitivo (ver as discussões a respeito em Cranston, 1957, 11; Gough, 1950, revisto por Von Leyden, 1954; Johnston, 1956; Brown, 1933). Mas a documentação implica um estreito relacionamento entre Locke e Shaftesbury na sua composição. Outras informações acerca de Locke, Ashley, economia e tolerância podem ser encontradas em Abrams, 1967; Haley, 1968; e Kelly, 1969.

20. Ver Laslett, 1969, revisto por Kelly, 1969, que conclui ter Locke recebido forte influência de seus companheiros e predecessores no círculo de Shaftesbury, sobretudo por parte de Benjamin Worsley e Henry Slingsby.

obras políticas suas publicadas que, afirmam alguns, seriam o resultado de uma parceria literária entre ambos. *As constituições fundamentais da Carolina*, lançadas particular e anonimamente em 1669, e a *Carta de uma pessoa de qualidade*, anônima, de 1675, figuram, ambas, numa coletânea autorizada das obras de Locke[21]. O manuscrito das *Constituições*, nos papéis de Shaftesbury, ostenta a caligrafia de Locke, e uma anotação sua escrita durante a composição ou antes dela foi encontrada num de seus livros[22]; em 1679-80, escreveu a seus amigos franceses como sendo o responsável pela obra. Nenhum indício do gênero surgiu com respeito à *Carta* e, em 1684, Locke parecia ansioso por repudiar sua autoria. Talvez jamais venhamos a saber com exatidão até que ponto as *Constituições* representavam as ideias de Locke ou de Shaftesbury sobre como uma sociedade recém-implantada nos ermos da América deveria ser constituída de forma ideal, ou se se tratava de um compromisso entre ambos e os demais proprietários. O contraste entre suas doutrinas e as dos *Dois tratados* é intrigante. Se Locke as aprovava em 1669, para a sociedade inglesa como para a colonial, então suas ideias sobre o povo, sobre quem era ele e qual sua relação com o governo, terão sofrido uma profunda mudança em 1679.

Mas talvez seja inócuo procurar coerência ou incoerência nesse aspecto, bem como comparar o Locke de Oxford com o Locke do ambiente de Shaftesbury. Essas publicações indicam uma das formas pelas quais ele atuou como "pena

---

21. *A Collection of Several Pieces of Mr. John Locke* (Uma coletânea de diversos escritos do sr. John Locke), 1720. Desmaizeaux e Collins, seus responsáveis, estavam em condições de saber em que textos havia à mão de Locke. Ambos os escritos foram reeditados em coletâneas de Locke a partir da quarta, de 1740.

22. Esse interessante fragmento, em poder do presente autor, traz a rubrica "Carolina, um esboço de algumas leis". Contém apenas duas frases, de teor altamente harringtoniano.

assistente" de seu senhor no primeiro período de sua associação, antes que partisse para a França em 1675. Também costumava preparar minutas de documentos oficiais, registrava conversas e negociações, e até mesmo assoprava para seu patrono por detrás da cadeira, como supostamente teria feito quando Shaftesbury, na qualidade de lorde chanceler, proferiu seu célebre discurso *Delenda est Carthago*, contra o inimigo holandês, em 1673. Mas sua função literária realmente importante era redigir, para o uso de Shaftesbury, estudos sobre tal ou qual problema político ou social, pondo o conde a par do que já se pensara ou escrevera sobre a questão, indicando os argumentos que poderiam, com maior probabilidade, convencer as pessoas inteligentes da correção de uma atitude ou outra em face da questão. Seus sucessivos esboços sobre temas como tolerância, economia, talvez até mesmo sobre educação e filosofia, se encaixam nesse contexto, além de constituírem registros do desenvolvimento intelectual do próprio Locke. Tais esboços são complementados pelas anotações feitas em seus diários, suas cartas e seus livros de citações. Com base nessas fontes, é possível montar um registro admiravelmente completo dos bastidores de praticamente todos os seus últimos livros – a notável exceção é a obra sobre o *Governo*.

Em certo sentido, obviamente, todo esse material é importante para o desenvolvimento de Locke como teórico político, sobretudo o arquivo sobre a tolerância. Veremos que deu início a suas leituras e anotações acerca da autoridade política e da origem do poder político tão logo passou a ser influenciado por Shaftesbury. Mas é possível que nenhum rascunho sobre esse tema jamais tenha sido composto por ele durante esse primeiro período, para ser destruído mais tarde.

Isso porque a questão da obrigação política como tal apenas surgiu de forma premente em 1679, quando Shaftesbury se viu necessitado de uma argumentação teórica mais genérica que justificasse uma mudança na constituição. Há poucas dúvidas de que Locke tenha sido chamado da França, no início de 1679, para ajudar seu senhor. Shaftesbury estava no poder uma vez mais, em caráter temporário, tentando utilizar o temor nacional quanto à chamada Conspiração Papal para impor ao rei Carlos II a exclusão de seu irmão e aparente herdeiro, o católico Jaime, duque de York, da linha sucessória[23]. É incontestável que Locke devia estar inteiramente a par do que se passava, e que não aproveitou nenhuma oportunidade para condenar as confissões obtidas pela força, os assassinatos jurídicos, a oratória populista e a agitação das multidões. Ignoramos se ele "acreditava" na Conspiração Papista, da mesma forma como o ignoramos com relação a Shaftesbury, mas o fato é que jamais, em oportunidade alguma, criticou as atitudes do conde. Foi sempre seu leal e dedicado admirador*.

....

23. "No ano 79, tendo o conde de Shaftesbury sido feito lorde presidente do Conselho, o sr. Locke (ao que se conta) foi chamado de volta à pátria", Lady Masham, 1705. Outro argumento pode ser baseado no fato de que, embora Locke tivesse se ausentado por quatro anos, envolveu-se de tal forma com os negócios de Shaftesbury imediatamente ao chegar a Londres que se passariam sete meses até que pudesse ir a Oxford e um ano para que fosse a Somerset visitar sua negligenciada propriedade. Há uma lista de julgamentos e confissões em M. S. b. 2, e Locke enviou toda uma série de livros do gênero a Thomas, em Salisbury, a pedido deste. Sobre Shaftesbury e a Conspiração, ver Haley, 1968; Ashcraft, 1987, 138 ss.

* A ameaça de uma sucessão católica ao trono inglês, na pessoa de Jaime, duque de York e irmão do rei Carlos II, leva à formação dos futuros partidos *whig*, defensor de sua exclusão da sucessão, e *tory*, partidário do direito divino e, portanto, do acesso do herdeiro legítimo do trono. Os *whigs* serão os futuros liberais, partido importante até a década de 1920, enquanto os *tories* são os conservadores, ainda existentes na Grã-Bretanha. A "conspiração papista", na verdade, foi um pretexto encontrado, de boa-fé ou não, pelos *whigs* para defender a exclusão de Jaime; Carlos II, porém, conseguiu vencer a oposição, que em 1681 estava esmagada.

Essa oposição *whig* sustentava que o filho bastardo do rei Carlos II, o duque de Monmouth, na verdade resultava de um casamento secreto entre o

Aproximou-se bem mais da revolução e da traição do que o souberam seus primeiros biógrafos, ávidos por retratá-lo como homem de ilibada virtude pessoal e política[24]. Quando o Parlamento foi convocado a reunir-se em Oxford, no início de 1681, num momento em que, tudo indica, seria decidida a resistência armada caso o projeto de lei de exclusão tornasse a fracassar, Locke tomou parte ativa na questão. Foi de casa em casa à busca de acomodações para o séquito de Shaftesbury, e até mesmo para Rumsey, o principal de seus extremistas. Correspondeu-se com Shaftesbury sobre como influenciar as eleições; é possível, inclusive, que tenha escrito as célebres "Instruções aos deputados do Condado de... para sua conduta no Parlamento", que se pode considerar com o primeiro documento partidário da história moderna[25]. Quando a tentativa parlamentar finalmente fracassou e Shaftesbury, após um período no cárcere, não teve outra saída senão persuadir seus aliados a participar de reuniões que beiravam a traição, Locke acompanhou a ele e aos demais.

Com seu diário aberto a nós, sabemos hoje que Locke passou todo o verão de 1682 na companhia de Shaftesbury,

....
então príncipe e uma moça protestante, sendo o herdeiro legítimo do trono. Carlos sempre negou esse matrimônio, do qual não há provas, mas a legenda assim constituiu Monmonth como o paladino protestante. Em 1685, pouco após a coroação de Jaime II, seu sobrinho Monmouth rebelou-se. Derrotado e preso, foi decapitado. (N. R. T.)

24. O professor Cranston demoliu por completo a crença dos biógrafos vitorianos de Locke em sua "inocência política"; ver especialmente os caps. 14 e 16 de sua obra. Bastide, 1907, ainda sustentava que ele "se manteve acima da contenda" (p. 68), mas suspeitava que pudesse ter ajudado Monmouth. Pessoalmente, estou disposto a acreditar que, na rebelião de Monmouth, Locke estivesse mais implicado até mesmo do que admite Cranston; Ashcraft, 1987, argumenta solidamente pelo envolvimento de Locke em conspirações, propaganda e subversão de caráter radical.

25. P.R.O. 30/24 VIB, item 399, com a rubrica "O original deste escrito de próprio punho pelo sr. Locke". Sobre essa questão, ver Christie, *Shaftesbury*, 1871; Haley, 1968.

enquanto ocorriam esses entendimentos. Em 15 de setembro, chegou a acompanhá-lo a Cassiobury, residência do conde de Essex, onde estava marcada uma reunião entre os líderes do partido *whig*, no auge do que por vezes recebe o nome de Conspiração da Insurreição. Mais significativo que tudo, por tratar-se da ação de um homem a manifestar, pela primeira vez, uma personalidade política independente, é o fato de ter voltado a esse lugar em 24 de abril de 1683, no exato momento em que, presume-se, armavam-se os preparativos para a Conspiração do Assassinato, ou de Rye House*[26].

Podemos admitir que, nessa segunda ocasião, tenha comparecido inteiramente por vontade própria, pois Shaftesbury já havia morrido – exilado na Holanda, após passar suas últimas horas, segundo conta a tradição, discutindo as heterodoxas doutrinas religiosas implícitas na última parte do *Ensaio sobre o entendimento humano*, de Locke. Outro visitante habitual do conde de Essex naqueles dias perigosos era Algernon Sidney, regicida e republicano, um homem a quem a participação na Conspiração de Rye House custaria a cabeça. Sidney escrevera exaustivamente em defesa de suas opiniões e para refutar sir Robert Filmer, autor cujas obras se haviam tornado a expressão oficial da noção monárquica e dos *tories* quanto à base do poder governamental. O manuscrito de Sidney, posteriormente publicado sob o

---

* Conspiração para prender o rei, em 1683, que, denunciada, levou à prisão de vários *whigs*. Monmouth foge e o conde de Essex se suicida na Torre de Londres, enquanto lorde Russell e Algernon Sidney são executados. (N. R. T.)

26. Não há documentação confiável quanto ao tema discutido em cada uma das ocasiões. Ashcraft (1987, 380) sustenta que, na segunda ocasião, Locke compareceu "na qualidade de representante do Conselho [revolucionário] dos Seis para convocar Essex (...) para uma reunião de emergência". Aparentemente, Essex era profundamente contrário à ideia de tiranicídio, embora tenha morrido na Torre de Londres, preso por haver tomado parte nesses preparativos. Locke preservou um manuscrito sustentando o ponto de vista *whig*, segundo o qual Essex não cometeu suicídio mas fora assassinado, e é de se presumir que tivesse grande proximidade com Essex.

título *Discourses Concerning Government* (Discursos referentes ao governo), foi uma peça fundamental no processo movido pela Coroa, durante o seu julgamento, que teve lugar antes do fim daquele mesmo ano[27]. Como pudemos evidenciar pelo ocorrido em Oxford, Locke já era um homem suspeito e, a partir da descoberta da Conspiração de Rye House, passou à condição de foragido e, em muito breve, de exilado. Nada de específico jamais chegou a se provar contra ele, mas por muito tempo se acreditou que sua atividade conspiratória consistira em escrever contra o governo, exatamente como o fizera Sidney.

Tentaremos demonstrar que, por essa época, Locke já havia escrito uma obra contra o governo, e que o estudo por fim publicado sob o título *Dois tratados sobre o governo* era o livro em questão. Será preciso expor o problema em sua totalidade, em razão do dogma estabelecido segundo o qual a obra teria sido composta em 1688 ou logo depois[28]. Será preciso recorrer agora aos documentos que ele nos deixou acerca de seu desenvolvimento como teórico político na companhia de Shaftesbury. Podemos acreditar, se o quisermos, que a linha de pensamento que deu origem aos *Dois tratados* teve início na seguinte citação, extraída de uma obra de sir Robert Filmer, registrada por Locke num caderno de anotações logo em seus primeiros tempos em Exeter House:

> Hobs
> É com grande alegria que leio o livro do sr. Hobs, *De Cive*, bem como seu *Leviatã*, sobre os direitos da soberania, tema o qual homem algum que conheci até hoje tratou de forma mais abrangente e judiciosa. Filmore. Observ. prefácio[29].

....
27. Ver Laslett, 1949, 36-7.
28. Ver capítulo III.
29. MS. f. 14, folio 16. A citação, é óbvio, foi copiada diretamente das *Observações referentes à origem do governo, sobre o Leviatã do sr. Hobs* (...) Londres, 1652, primeiras palavras do Prefácio.

A lista de livros sobre política, citações destes e julgamentos acerca de seu valor, de onde provém a citação acima, parece ter sido elaborada em presença de Shaftesbury, pois uma lista muito semelhante foi encontrada em meio aos papéis do próprio conde, com a caligrafia de Locke[30]. São vários os tópicos comuns a ambas as listas. Com base nesse testemunho, podemos concluir que o relacionamento intelectual entre Locke e Shaftesbury na esfera da teoria política era, como se poderia esperar, exatamente o mesmo que existia em questões como a economia, a tolerância e assim por diante. O relacionamento com o conde voltou a atenção de Locke para as obras de Milton, Campanella, Guicciardini, Adam Contzen, bem como para as de defensores ingleses da não Resistência, como Heylen, Dudley Digges e Filmer. Alguns desses autores já eram de seu conhecimento e podemos acreditar que tenha lido, e louvado, uma obra de Filmer já em 1659, embora fosse esta a primeira ocasião em que lhe informaram ser Filmer o autor[31]. É patente que a compa-

....
30. P.R.O. 30/24/47, nº 30, lista de livros classificados, seção *Politici*. Fato curioso é que, em ambas as listas, sir Robert Filmer, cujos tratados foram impressos anonimamente, é chamado sir Thomas Filmore. Esta é a única ocasião de meu conhecimento em que o nome "Filmer" foi associado a esses tratados antes de sua publicação reunida em 1679, externamente à família de sir Robert e seu círculo de amigos. Locke e Shaftesbury citaram cada um dos tratados políticos de Filmer, exceto seus escritos *Power of Kings* (O poder dos reis) e *Freeholder* (Proprietários absolutos). Maclean, 1947, reconheceu que Locke leu Filmer já em 1667, mas não se apercebeu do paralelo nos papéis de Shaftesbury.
31. Existem duas referências a outro conjunto das *Observations* (Observações) de Filmer, seu ensaio sobre Philip Hunton intitulado *The Anarchy of a Limited or Mixed Monarchy* (A anarquia de uma monarquia limitada ou mista) (1648), no caderno de anotações de Locke intitulado *Lemmata Ethica*. Nenhuma das duas referências está datada, e a maioria dos outros registros do caderno é posterior, e assinalada como tal. Contudo, sua posição e contexto sugerem que tenham estado entre as primeiras anotações de Locke no caderno. Uma delas cita a definição de monarquia absoluta que figura na p. 15 do tratado de Filmer, com a seguinte apreciação apensa: "hujusmodi monarchia optime defenditur". Não se menciona o autor. Fato curioso, observado por Kelly, 1969, é os escritos econômicos de Locke talvez terem sido influenciados pela obra de sir Robert Filmer acerca da usura, muito embora ele jamais se refira a esse título.

nhia de Shaftesbury o levava a defrontar-se com questões que havia deliberadamente deixado de lado em Oxford. Quais eram as origens do poder político? Como deve este ser analisado? Quais os seus limites? Quais são os direitos do povo? Que tais questões andavam preocupando Locke durante seu primeiro período com Shaftesbury, em especial a da possibilidade de uma origem patriarcal do poder político, está demonstrado por outra anotação, de 1669, em que levanta uma questão que ele viria a discutir, exaustivamente, nos *Dois tratados*[32]. Em 1672, fez um esboço sobre a *Sabedoria*, dividindo suas observações em três itens: "Prudência", "Teologia" e "Política" (*Politia*). O tema *Política*, por sua vez, divide-se nos itens: "Fundamentos", "Forma do Estado" e "Administração", sendo os dois fundamentos o *Jus Paternum* e o *Consensus Populi* [o direito paterno e o consentimento do povo][33]. Essa aceitação do patriarcalismo, juntamente com a ideia do consentimento popular, também será encontrada na obra final, mas sem a mesma importância fundamental.

Contudo, embora saibamos ser este o período de seu desenvolvimento como teórico político, o livro propriamente dito surge como uma revolução. O melhor exemplo disso é a importante questão da propriedade, pois nada de seu espólio literário referente a esses anos que antecederam sua obra sobre o *Governo* sugere que a propriedade viesse a se tornar um tema importante. A questão é mencionada – numa frase compatível com a declaração a esse respeito em seu *Ensaio sobre o entendimento* – em seus *Ensaios sobre a lei natural*, de Oxford; mas o que se lê em seus *Ensaios sobre a tolerância*, de 1667, parece apontar uma posição muito di-

....
32. M. S. c. 29 ss. 7-9, anotações em Samuel Parker, *A Discourse of Ecclesiastical Politie* (Um discurso de política econômica), 1670, editado na íntegra por Cranston, 1957, 131-2.
33. M. S. c. 28 s. 41: "Sapientia 72." Comparar com Abrams, 1961, 311, esquema de ? 1661.

versa daquela que será apresentada nos *Dois tratados*[34]. Estas não passam de referências isoladas. Tudo indica que a explicação esteja no fato – que se pode confirmar no tocante a vários outros temas – de que Locke simplesmente não se debruçara de maneira sistemática sobre a questão da propriedade antes de 1679. Não havia elaborado sua justificativa da propriedade com base no trabalho.

A pré-história dos *Dois tratados* envolve, portanto, um estudo complexo e que não pode se estender mais aqui. Já se disse o bastante no sentido de sugerir a atmosfera em que suas doutrinas foram formuladas, uma atmosfera de decisões políticas e de política propriamente dita, com Shaftesbury no papel de formulador político e Locke como seu confidente e assistente, um entre vários, porém o mais importante. Não é a atmosfera que costumamos associar à filosofia e, com grande frequência, ao pensamento político, mas foi este, não obstante, também o período da maturação filosófica de Locke. Os *Dois tratados* e o *Ensaio* foram gerados ao mesmo tempo, mas o escrito político chegou à sua forma quase definitiva em primeiro lugar, embora o trabalho sistemático sobre ele tenha sido iniciado sete ou dez anos mais tarde do que a outra obra.

Situaremos a parte importante do trabalho de composição entre os anos de 1679-80. Foi então, segundo acreditamos, que o livro tomou forma, o que se deu de maneira repentina para um autor de hábitos tão lentos e deliberados. Até aquele ponto, a linha de pensamento que estivera presente em sua mente desde o início se desenvolvera de modo desconexo, como um tema subordinado ao da tolerância. Deliberadamente a deixara de lado ao escrever sobre a lei natural, em Oxford, e ela apenas se vislumbra em detalhes, como no seu registro da concordância de Filmer com Hobbes. Já que Locke não nos deixou nenhum esboço, ne-

---

34. Ver pp. 152-3.

nhuma versão primitiva de qualquer parte do livro, não podemos saber quais eram suas opiniões mais antigas acerca de vários dos temas abordados, nem como elas se desenvolveram. Seguramente terá refletido sobre elas ocasionalmente, durante suas estadas na França entre 1676 e 1679. Em fevereiro de 1676, quando se encontrava em Montpellier, fez uma anotação em seu diário sobre a *Obrigação das leis penais*, tratando, de forma um tanto obscura, do problema da resistência. É forte a sua convicção de que as leis civis não obrigam necessariamente a consciência individual, mas sustenta Locke que há uma lei divina "que proíbe a perturbação ou a dissolução dos governos". A consciência se satisfaz se um homem "obedece ao magistrado a ponto de não pôr em risco ou perturbar o governo, seja qual for a forma de governo sob a qual ele viva"[35]. Dois anos e meio mais tarde, encontramos um esboço abreviado de uma teoria completa, relacionando homem e Deus, pai e filho, indivíduo e sociedade, em termos de família e patriarcado; não o patriarcalismo de Filmer, mas, não obstante, mais perto das anotações de 1669 e 1672 do que dos *Dois tratados*. O título que escolheu foi Lei Natural, *Lex Naturae*. O homem, observava, tem "um conhecimento de si mesmo que os animais não têm", conhecimento este que "lhe foi outorgado para que tenha algum uso e com alguma finalidade". Tal conhecimento mostra ao homem que o filho deve obediência ao pai (ainda que tenha sido gerado "pela simples busca de seu prazer, sem pensar no filho") e, por conseguinte, devem ambos obediência a Deus como supremo "autor de seu ser". Da mesma forma, é "razoável punir" um filho "que ofenda o direito do outro", donde se pode concluir que Deus espera dos filhos, bem como de todos os homens, o dever de "que ajudem uns aos outros". "Se concluir

....
35. Publicado em King, 1830, 1, 114-7; comparar com Lamprecht 1916, 142-3, que parece exagerar ligeiramente a insistência de Locke nessa passagem, na obediência passiva.

que Deus fez a ele e a todos os outros homens numa condição na qual não podem subsistir sem a sociedade, e dotou-os de raciocínio para discernir o que é capaz de preservar e manter tal sociedade, resta-lhe outra alternativa senão concluir que ele está obrigado, e que Deus exige que obedeça às normas que conduzem à preservação da sociedade?[36]"

As palavras acima foram escritas quando Locke subia o rio Loire em julho de 1678, muito distante de Londres, de Shaftesbury e da terrível Conspiração Papista – escreveu-as para si próprio. Afirmaremos que sua obra sobre o *Governo* foi um exercício sobre este mesmo tema, iniciado apenas cerca de um ano mais tarde, mas escrito para seu senhor e também para o público a que ambos pretendiam persuadir. Tal é a medida da diferença entre o Locke que escrevia na solidão e o Locke que escrevia para Shaftesbury.

Mas também escreveu para seu patrono de forma muito mais corriqueira e típica para sua época, visando honrá-lo e diverti-lo. Apresentou seu pequeno volume sobre *O crescimento das vinhas e dos olivais* a Sua Senhoria em 2 de fevereiro de 1680, e o eminente epicurista e cultivador encheu-se de alegria com o pequeno e extraordinário manuscrito. Na mesma ocasião, em que se comemorava o regresso de Locke da França, dedicou à condessa sua tradução dos *Essais*, de Pierre Nicole. Em nossa ansiedade por compreender a severa realidade política em meio à qual conviveram esses dois amigos, não podemos perder de vista sua graciosidade, nobreza e agudeza de espírito. Locke sentava-se à mesa do capelão no salão de jantar meticulosamente regulamentado de Shaftesbury, lorde chanceler; era obrigado a caminhar penosamente pela lama para segurar aquele megalomaníaco endiabrado, quando saía de carruagem

---
36. Diário referente a 1678, 201-2, grafia modernizada [no original inglês]: comparar 1, § 52 e nota. A nota II, § 58, cita outra anotação importante para a política, em seu diário, datada de Paris, março de 1679.

para alguma solenidade. Mas também tinha voz na decoração de suas residências, no desenho de seus jardins; educava os netos de seu amo nos moldes da aristocracia inglesa, aquela precisa e madura combinação do homem prático com a virtude estoica, moderação no expressar-se e um profundo respeito pela erudição. O ideal do gentil-homem inglês se mantém até hoje e é, em parte, uma invenção de Locke. Medrou de sua afeição por Shaftesbury.

A última produção literária de Locke foi uma biografia, defesa ou *Éloge*, como então diziam os franceses, de seu eminente senhor. Nada mais natural, pois era a dívida final que todo literato tinha em relação a quem lhe houvesse tornado possível uma vida dedicada às letras e ao pensamento. Seu próprio fim chegaria antes que pudesse ir além das primeiras páginas, mas o epitáfio em latim estava concluído:

> Comitate, acumine, suadela, consilio, animo, constantia, fide,
> Vix parem invenias, superiorem certe nillibi.
> Libertatis civilis, ecclesiasticae,
> Propugnator strenuus, indefessus.

Liberdade, portanto, é a última palavra que nos fica – um lutador incansável e ferrenho pela liberdade em religião, pela liberdade na política, pela liberdade da própria obra de Locke sobre o *Governo*.

3. Locke e Somers

O ano de 1689 representou o grande climatério na vida de Locke. Em decorrência da Revolução, o obscuro exilado tornou-se um homem de influência política, com amigos poderosos em altas posições. A figura menor na república das letras, espécie de jornalista na comunidade intelectual da Holanda, onde vivera, o multiplicador de notas e escritor de esboços, surgiu por fim como autor, inicialmente das *Cartas sobre a tolerância* e, mais tarde, dos *Dois tratados sobre o governo*, ambos impressos no outono daquele ano, porém ambos anônimos. Até que, em dezembro, o John Locke que assinava o prefácio do *Ensaio sobre o entendimento humano* se converteu, precisamente por aquele ato, no John Locke da história intelectual. Tornou-se, com isso, uma instituição nacional e uma influência internacional. Nos quinze anos que lhe restavam, tomou em suas mãos o eixo da vida intelectual inglesa, e com tal firmeza que terminaria por apontá-lo na direção por ele escolhida.

Era uma reputação filosófica que lhe agradava, e foi a posição fundamental da filosofia que tornou possível seu domínio intelectual. Tudo o mais que escreveu seria importante porque ele, o Locke do *Entendimento humano*, o escrevera. Assim sucedeu com seus *Pensamentos referentes à educação*, de 1694, com suas obras sobre o *Dinheiro*, de 1692 e 1695, e com a polêmica travada com Stillingfleet em defesa de seu *Ensaio*, em 1697 e 1699. As obras anônimas, as três *Cartas sobre a tolerância*, de 1689, 1690 e 1692, a *Racionalidade do Cristianismo* e suas *Defesas*, de 1695 e 1697, não podiam ser associadas à sua filosofia por seus contemporâneos, ou só por bem poucos. Sem dúvida é significativo que a obra sobre o *Governo*, a mais secreta de todas, tenha permanecido praticamente a salvo de quaisquer ataques até que sua autoria fosse, finalmente, revelada[37]. Desde a sua mor-

....
37. O professor Dunn encontra a primeira réplica em Leslie, 1703, e o que parece ser a segunda é *An Essay upon Government, wherein the Republican Schemes reviv'd by Mr. Locke are Refuted* (Um ensaio sobre o governo, em que se refutam os esquemas republicanos ressuscitados pelo sr. Locke), Londres, 1705, de autor desconhecido. Mas foi notado no exterior: *Du Gouvernement Civil* mereceu uma fria resenha por Basnage em sua *Histoire des Ouvrages Sçavans*, tomo VIII, junho de 1691, 457. "É uma pena", diz ele na p. 465, "que o autor nem sempre tenha conseguido expor de modo satisfatório suas ideias nem desenvolvido de maneira adequada seus sentimentos."

te, porém, a relação dos *Dois tratados* com o *Ensaio* tem sido sua principal característica. Eis um importante filósofo, reza a proposição, ocupando-se da política, de modo que seus escritos devem constituir uma importante filosofia política.

Esse modo de considerar os *Dois tratados sobre o governo* deu origem a uma convenção de análise que teremos de criticar. Há também um risco latente no próprio perfil da carreira literária de Locke: um aprendizado extraordinariamente longo, que desemboca num breve período final, marcado pela publicação de seis obras de vulto e nove de importância menor, a maioria delas em várias edições, todas de autoria de um homem que envelhece, ativamente envolvido com outras questões tanto em seu gabinete de trabalho quanto no mundo da política e da administração. Um tal quadro sugere haver ele deliberadamente planejado sua vida dessa forma – e, no caso da teoria política, é difícil evitar tal impressão. Trata-se, tudo leva a crer, de um espírito que se preparou de início na academia, depois no centro mesmo do poder político e, ao fim de dois importantes períodos de residência no exterior, na França e na Holanda, finalmente respondeu à Revolução de 1688-9 com uma obra sobre o *Governo*.

A impressão de um plano deliberado é obviamente ilusória, e acredito que ele não possa ter composto seu livro após 1683, mas há algum valor nesse comentário sobre o Locke escritor. Ele sentia a necessidade de amadurecer, particularmente como filósofo, antes de ser publicado, e sentia-se, ao mesmo tempo, ansioso por publicar livros e temeroso de ser criticado. No período final de sua vida, Locke superou esse medo e, ao perceber que os escritos que publicava alcançavam sucesso, passou a publicar mais. A crítica sempre o perturbou profundamente, sendo por certo esta uma das razões para sua recusa a reconhecer livros que sabia serem controversos. O efeito de todo esse quadro foi levá-lo a publicar tardiamente seus escritos e a entrar para a

História apenas na velhice, mas não se tratava apenas de uma questão de acumular experiências, e, sobretudo, isso não foi deliberado. Pode-se identificar uma estratégia calculada, porém, no modo como Locke se desincumbiu da tarefa de garantir que suas ideias e opiniões afetariam as políticas governamentais nesses seus anos de ascendência intelectual. Jamais almejou algum cargo político da espécie usual e, mais de uma vez, recusou-se a ocupar cargos diplomáticos. Hipocondríaco por natureza, sua primeira necessidade, segundo afirmava, era de um local "da maior conveniência para a vida de um celibatário em retiro". Deparou com obstáculos para reaver sua posição em Christ Church, mas viu surgir um retiro bem mais confortável e refinado para um celibatário de idade avançada. Em meados de 1691, estabeleceu-se nos domínios de sir Francis Masham, no pequeno solar deste em Essex, circundado de fossos, sob os zelosos cuidados de sua mulher, Damaris Masham, a amiga mais próxima de Locke. Ali, a vinte milhas de Londres, passou seus últimos e gloriosos anos, junto a sua extensa e crescente biblioteca, com sua cadeira e escrivaninha especiais, seu incômodo aparato científico, seu criado e ração para seu próprio cavalo, ao preço de um guinéu por semana[38]. Ocupava o tempo escrevendo, não apenas as obras tão numerosas que publicou, mas cartas, cartas ao mundo erudito, a editores, a especuladores da bolsa, além de políticos, ministros e servidores profissionais da Coroa. A influência política que exercia dessa maneira era verdadeiramente extraordinária e, nos cem dias mais quentes do ano britânico, exercia-a pessoalmente de seu endereço londrino em Lincoln's Inn Fields.

....
38. Sobre Locke em Otes, ver Laslett, 1954 (i), Harrison e Laslett, 1965. A partir de 1697, Locke contou com a assistência literária de Pierre Coste, que passou a viver em Otes como tutor do filho de lady Masham; donde o exemplar de referência dos *Dois tratados* em Christ Church.

Chegou mesmo a ocupar uma espécie de cargo público, pois foi comissário de Apelos a partir de 1689 e, quando se formou a Junta Comercial, em 1696, fizeram dele um membro remunerado. Na verdade, está provado que o próprio Locke influiu na criação desse segundo corpo, o arquiteto do antigo Sistema Colonial. Muito embora sua responsabilidade na Grande Recunhagem de 1695-6[39] tenha sido erroneamente interpretada, o caráter temporário do licenciamento de imprensa, bem como outras medidas, também podem, até certo ponto, ser creditados a ele[40]. Havia um núcleo de membros lockeanos no Parlamento, um grupo que passava por cima dos "vínculos" políticos, no sentido que começamos hoje a atribuir ao termo, "o único exemplo conhecido de uma união entre políticos em nome de um conjunto de políticas racionalmente concebidas, um programa baseado não apenas no sentimento comum, mas em informações de caráter superior e em pensamento abstrato". Tudo acontecia através de uma fundação tipicamente lockeana chamada o "Colégio", cuja principal função era a correspondência, mas que se reunia na qualidade de um clube, quando Locke se encontrava em Londres; seu patrono era John Somers, futuro lorde Somers, advogado dos Sete Bispos em 1688*, procurador geral em 1689, lorde guardião do

....

39. Kellu, 1969, mostra que a recunhagem foi realizada de forma contrária ao parecer de Locke, e que suas tentativas de influenciar diretamente as questões monetárias (por exemplo, mediante a obtenção do cargo na Casa da Moeda, que passou para Newton) não lograram grande êxito.

40. Ver Laslett, 1969. A íntegra desse caso aparece, em linhas gerais, em Kelly, 1969, e será publicada por ele em detalhes.

* Em maio de 1688, o rei Jaime II – católico romano – editou uma Declaração de Indulgência, em favor dos católicos e dos dissidentes, e mandou que fosse lida em todos os templos anglicanos do reino. Sete bispos, liderados pelo arcebispo Bancroft, rogaram ao rei que suspendesse sua ordem, já que a discriminação contra os católicos e dissidentes era matéria de lei, que um decreto do monarca não podia revogar. Jaime mandou prendê-los. Julgados em junho, foram absolvidos. Esse fato teve forte impacto nas consciências, concorrendo para desmoralizar o rei. (N. R. T.)

Selo Real em 1693, lorde chanceler em 1697 e a principal figura do governo de Guilherme III até 1700.

É possível que Somers tenha conhecido Locke no início da década de 1680, e em 1689 tinha-o de tal forma como seu mentor que chegou mesmo a aconselhar-se com ele para saber se deveria partir para sua viagem de rotina como juiz ou tomar parte no Parlamento; em 1690, os dois homens trocaram opiniões sobre o estado da moeda. Na verdade, embora com algumas diferenças, Somers ocupou o papel de Shaftesbury para Locke. Não é necessário estendermo-nos aqui acerca da importância e dos resultados dessa ligação para a política governamental da década de 1690, tampouco enumerar os outros nobres, ministros e parlamentares que o procuravam em busca de conselho e transformavam seus pareceres em ação política. O aspecto interessante de Locke enquanto teórico político reside na relação entre os princípios que publicara, mas não reconhecera, e as decisões práticas que aconselhava com tanta eficácia e muitas vezes ajudava a levar a cabo. Chega a parecer que, durante esses anos que se seguiram à Revolução, a filosofia liberal ou *whig*, num sentido muito vago, efetivamente informou o governo e afetou os políticos na pessoa de Locke, o filósofo *whig*.

Não se pode tomar tal interpretação de forma muito literal. Locke, conforme vimos, parecia indiferente às implicações dos *Dois tratados*, certamente no caso das comunidades sob o domínio inglês. Assistiu-se, nesses anos, a uma guinada geral em direção ao "racionalismo", e é significativo que a participação de Locke nesse quadro não se tenha limitado ao pensamento e à escrita: o sucesso e a reputação chegaram rapidamente a ele após 1688 porque, àquela altura, uma tendência secular que pairava no ar rapidamente se concretizou. Hoje, porém, os historiadores têm a cautela de não classificar os acontecimentos de 1688-9 como um triunfo *whig*, nem mesmo como uma revolução, no sentido em que o termo é empregado de ordinário. Não obstante, foi a nova situação geral, bem como seu próprio engenho e sorte, que capacitaram Locke a observar algo do que chamaremos seu "princípio da política" em ação. O interessante é que não se sentiu movido a revisar o texto de sua teoria política à luz dessa observação, muito embora tenha corrigido e recorrigido seus detalhes, e dificilmente não teria atentado para suas dificuldades enquanto orientação para ministros e administradores.

O extraordinário na atitude e no comportamento de Locke era sua insistência nos deveres do cidadão no governo; considerava sua atividade, bem como a de seu amigo Isaac Newton, responsável pela Casa da Moeda, como a justa contribuição devida por um intelectual à atividade de governo. Se pretendemos compreender Locke enquanto escritor político, devemos nos deter um pouco em seu peculiar relacionamento com os políticos.

Em dezembro de 1684, escreveu da Holanda uma carta de desagravo para o seu patrono na época, o conde de Pembroke: nela se defende das acusações que haviam sido utilizadas para justificar sua expulsão de Christ Church, e comenta de forma bastante clara vários temas aqui já discutidos. Referindo-se a suas atividades junto a Shaftesbury, e insinuando que poderia ter se beneficiado mais no plano material praticando a medicina, prossegue ele:

> Jamais pratiquei nenhum ato de insubordinação contra Sua Majestade ou o governo (...) Nunca pertenci a nenhum grupo de conspiradores ou de cabala. Fiz poucos conhecidos e com poucos convivi, numa residência a que tantos acorriam (...) Meu temperamento reservado (...) sempre buscou a tranquilidade e não inspirou em mim outro desejo, outro anseio, que não o de passar silenciosamente por este mundo na companhia de alguns bons amigos e livros (...) Muitas vezes me espantei com o modo como vivi, e como, tendo eu a natureza que reconheço em mim, cheguei a tor-

nar-me o autor de tantos panfletos; a única explicação que encontro é a de ter sido, entre toda a família de meu senhor, o que mais teve a oportunidade de haver sido crescido entre os livros (...) Afirmo solenemente aqui, na presença de Deus, que não sou o autor, não apenas de libelo algum, como tampouco de absolutamente nenhum panfleto ou tratado impressos, sejam estes bons, ruins ou indiferentes. A apreensão e as reservas que sempre nutri quanto a ter meus escritos publicados, mesmo em questões muito distantes de qualquer coisa difamatória ou sediciosa, é bastante conhecida por meus amigos[41].

Talvez nos cause surpresa a definição de Locke para a insubordinação ao governo e imaginemos que estivesse faltando à verdade no que se refere à sua autoria de obras políticas, mas devemos acolher essa visão de seu caráter como escritor e de sua atitude para com seus patronos políticos. Ela sugere um retrato delicado e preciso do intelectual em companhia de homens de ação. Obviamente fascinado com a rematada eficácia de tudo o quanto Shaftesbury pensou e escreveu, e ansioso, talvez em excesso, por identificar-se com o poder que ele exercia, Locke não conseguia fazer revelar o todo de sua personalidade aos políticos. Há uma sugestão aqui de sua apreensão diante da falta de escrúpulos destes e da enfadonha trivialidade da atividade política no cotidiano. Mas não era essa a razão intrínseca que o levava a ocultar-se, que o levara a apegar-se a sua carreira em Oxford enquanto esta durou, fazendo visitas simbólicas àquela cidade no verão, quando suas figuras eminentes se encontravam no campo, ou que o levara a insistir em sua personalidade paralela, como médico e pensador.

....
41. De Locke para Pembroke, 8 de dezembro de 1684, de Beer, 2, 663-4; provavelmente desconhecida por Pembroke, mas guardada por Edward Clarke, por intermédio de quem seria enviada e a quem Locke pediu que a destruísse. Ver sua carta para Clarke, datada de 1 de janeiro de 1685 (de Beer, 2, 671-5), na qual Locke também repete essas afirmações sobre sua inocência literária e política.

Locke jamais venceu suas inibições, muito embora sua situação na década de 1690 lhe facultasse fazer o que bem entendesse, a despeito delas. Não se poderia descrevê-lo, portanto, simplesmente pela expressão superficial *intellectuel engagé*; sua reticência quanto a seus escritos de importância para a política e para a vida intelectual torna tal definição impossível. Dotado de prodigiosa agilidade e eficiência como orador ou na exposição de ideias, um verdadeiro gênio na plácida clareza com que conseguia deslindar as coisas mais intricadas, Locke não era um homem capaz de perder-se no ato dos feitos políticos ou mesmo da criação intelectual. Sua eficácia situava-se em outro patamar, num poder de fascinar os homens de ação; em seus últimos anos, ele usufruiu plenamente a influência diretora que tal eficiência lhe conferira.

Locke morreu em 29 de outubro de 1704, em seu gabinete em Otes, um cômodo de paredes castanho-escuras gordurosas e de melancólico branco, as cores dos livros que haviam sido parte tão grande em sua vida. Está sepultado a grande distância de Oxford e de seus ancestrais em Somerst, numa companhia um tanto estranha, pois os Masham, que jazem por toda a sua volta em High Laver, foram *tories* e cortesãos na geração seguinte[42]. Morreu como fidalgo: "John

---

42. Ver Laslett, 1954 (i). Abigail Masham está ali, a lacrimosa camareira da Alta Igreja, por cujas artimanhas Sarah Churchill deixou de gozar a simpatia da rainha Ana. [A Alta Igreja é o nome que se dá à Igreja Anglicana em sua vertente mais conservadora, a dos bispos tradicionalistas. Ana (reinou de 1702 a 1714) foi a última monarca da dinastia Stuart. De início, continuou a política de seu predecessor, Guilherme III, o príncipe de Orange que derrubara Jaime II em 1688, e que entre outros traços implicava enfrentar as pretensões de Luís XIV, rei da França, a obter para sua família o trono da Espanha. O braço armado dessa política era o general John Churchill, duque de Marlborough, vencedor dos franceses em várias batalhas. Uma coligação *tory*, contudo, conseguiu fazer com que a duquesa de Marlborough, Sarah Churchill, perdesse as graças da rainha Ana, e que, com isso, seu marido também perdesse sua posição. (N. R. T.)]

Locke, *Gent.*" é o epíteto do autor que figura nas páginas de rosto das incontáveis reedições de seus livros que ocupavam as prateleiras das bibliotecas setecentistas[43]. Isso suscita a última pergunta que se deve formular a seu respeito enquanto figura da intimidade de grandes políticos e criador do princípio político do mundo moderno: será válido chamá-lo, como muitas vezes se faz, porta-voz de uma classe em ascensão, a classe média, os capitalistas, a burguesia?

Não nos cabe julgar aqui o sistema sociológico que considera de importância crucial esta questão. Locke certamente satisfaz alguns critérios estabelecidos por tal sistema. Veio ao mundo, conforme já apontamos, em meio à atmosfera clássica do capitalismo primitivo, no seio de uma família que se poderia classificar como de formação puritana, no sentido vago atribuído ao termo, pois foi criado entre os advogados, funcionários e comerciantes que haviam conseguido se introduzir na pequena nobreza de Somerset, e passou a vida como um seu membro ausente. Quando se juntou a Shaftesbury, poder-se-ia dizer que passara da *petite bourgeoisie* para a *haute bourgeoisie*. Acompanhou seu próspero patrono em seus investimentos – na Companhia da África, na Companhia Lustring e, por fim, no Banco da Inglaterra. Investia em hipotecas, emprestou dinheiro a juros aos amigos, para a conveniência destes, durante toda a sua vida, e, embora tenha declarado solenemente que "nunca me atraiu a especulação na Bolsa", encontra-se, em suas cartas de 1700-1, um claro exemplo de especulação no mercado de valores da Antiga e da Nova Companhias das Índias Orientais.

....
43. Locke tinha tal consciência da posição social, e da sua em particular, que chegou a suprimir o frontispício de um de seus livros porque este o descrevia como *Esq.* [abreviação de *Esquire*, ou fidalgo], bem como outro que o denominava *Gent.* [abreviação de *Gentleman*, ou cavalheiro]. Ver Kelly, 1969; sobre esses títulos no sistema honorífico, ver Laslett, *The World We Have Lost*, cap. 2.

Em suas obras publicadas, mostrava-se um resoluto inimigo dos mendigos e dos indigentes ociosos, cuja existência se devia, considerava ele, ao "afrouxamento da disciplina e à corrupção dos bons modos". Chegou mesmo a insinuar que uma família de trabalhadores não tinha o direito de admitir o ócio dos filhos após os três anos de idade[44].

Ao mesmo tempo, porém, Locke nutria uma profunda desconfiança com respeito ao comércio e aos comerciantes. Obviamente, aplaudiu a recusa de Somers a permitir o controle da política econômica nacional pelos homens do comércio, quando estes tentaram estabelecer uma Junta Comercial em 1695, e, embora tenha aprovado o Banco da Inglaterra, temos um curioso diálogo, escrito com sua caligrafia, em que expressa profundas suspeitas quanto aos capitalistas que o haviam fundado[45]. Embora fosse médico, é difícil fazer dele um representante das profissões em ascensão atualmente consideradas sintomáticas da nova ordem, pois desprezava os médicos exatamente na medida em que faziam de seu ofício uma profissão, e compartilhava o desdém de Shaftesbury pelos advogados. Pode ser que sua expulsão de Oxford simbolizasse o choque entre a nova visão de mundo e a antiga, mas a crise que efetivamente a suscitou foi um complexo conflito de interesses e visões de mundo, que redundaram em ações políticas violentas, e, na época, suas ideias filosóficas e gerais ainda não haviam vindo a lume.

Pode-se dizer, todavia, que o Locke individualista era um indivíduo, o que o coloca numa posição social mais excepcional do que parece à primeira vista. A coisa notável

---

44. Sobre esses detalhes, ver seu relatório para a Junta Comercial sobre os pobres, 1697; publicado por Fox Bourne, 1676, 11, 377-90; comparar com Cranston, 1957, 424-5. As recomendações de Locke dão a entender que as condições descobertas no início do século XIX não eram acidentais, porém o resultado de uma política deliberada.

45. Ver Laslett, 1969.

nele era sua liberdade em face dos compromissos: família, igreja, sociedade política, localidades. A liberdade em todos esses sentidos colocava-o diante de um dilema, o qual se pode observar em suas relações com Oxford e mesmo com a família de Otes. O fato de tal posição ser acessível a ele e um número crescente de outras pessoas constituía um avanço fadado a um longo futuro. Locke era tão livre, no que se refere à solidariedade com o grupo governante, quanto um homem o poderia ser na época e, no entanto, não pertencia ao grupo dos governados; esta é a única definição inteligível de "classe média" em que se pode enquadrá-lo, e deixa de fora vários aspectos que a expressão parece implicar. Em última análise, a possibilidade de viver dessa forma efetivamente surgiu em função de transformações econômicas, mas apenas se pode atribuir a Locke o papel de porta-voz de tais transformações mediante o uso de todo um aparato de motivações inconscientes e de racionalizações. Uma ordem de indivíduos livres não é um grupo harmônico, não é um estrato coeso a promover, de fato, alguma transformação; nenhuma concepção simples de "ideologia" conseguirá relacionar o pensamento de Locke com a dinâmica social.

Talvez a melhor descrição que lhe caiba seja a de um intelectual independente, um livre-pensador mais consciente que os demais da direção das mudanças sociais. Pode-se percebê-lo com clareza na questão central dos *Dois tratados*, que trata fundamentalmente da estrutura familiar e de sua relevância para a autoridade social e política. Se alguém jamais chegou a tratar de questões fundamentais, Filmer e Locke o fizeram nessa polêmica. Que Locke tenha sido inovador em sua justificação da propriedade pode parecer até mesmo mais significativo, porém isso na verdade dificulta ainda mais uma visão determinista de seu pensamento, porque as tentativas de converter sua doutrina numa justificação declarada do capitalismo devem ser complexas, extremamente complexas para que sejam convincentes.

Já falamos o suficiente sobre o papel determinante da estrutura social e de sua condição pessoal nos escritos de Locke. Devemos nos voltar agora para um exame detalhado de seus aspectos cronológicos determinantes, os fatos concretos que o impulsionaram a escrever os *Dois tratados sobre o governo*.

III. "Dois tratados sobre o governo" e a Revolução de 1688[1]

Enquanto aguardava em Roterdã um navio que o levasse de volta à Inglaterra após a Revolução, Locke recebeu a seguinte carta de Haia:

> Estive muito doente nas últimas duas semanas. O início foi o que se costuma chamar mal da terra natal, uma impaciência por estar ali, mas terminou ontem com violência, como termina tudo quanto é grande, exceto os reis. Nosso mal foi consumido como uma vela barata, e deu-nos, através dessa Convenção, uma oportunidade não apenas para corrigir o governo como também para dissolvê-lo e refazê-lo por inteiro, o que me leva a desejar que o senhor estivesse ali para propor um programa adequado de governo, inoculado que foi por aquele grande homem, lorde Shaftesbury[2].

A carta era de lady Mordaunt, esposa de seu amigo que viria a tornar-se conde de Monmouth e conde de Peterborough, e que já se encontrava na Inglaterra com Guilherme III.

---

1. Capítulo publicado sob forma ligeiramente diversa no *Cambridge Historical Journal*, vol. XII, n° 1, março de 1956, 40-45 (Laslett, 1956).

2. Parafraseado: o original parece dizer, por exemplo: "nosso mal foi consumido: como uma vela barata: & deu-nos através dessa Convenção uma oportunidade não apenas para corrigir o governo como também de dissolvê-lo e refazê-lo (...)", carta datada de 11 de janeiro de 1689 (de Beer, 3, 528-9), comparar com pp. 110-3.

A Convenção por ela mencionada é a Convenção do Parlamento, que traçava, na ocasião, o futuro constitucional da Inglaterra depois que Jaime II fora destronado. Em 11 de fevereiro, Locke estava em Londres; no dia 12, a Declaração de Direitos estava concluída[3]; no dia 13, Guilherme e Maria eram convidados a ocupar o trono.

A carta acima, excetuada, talvez, sua última frase, expressa de maneira adequada a ideia tradicional das razões que levaram Locke a escrever os *Dois tratados sobre o governo*. Fazia-se necessária, além de um programa de governo, uma argumentação – uma argumentação que empreendesse uma análise profunda, assentada em premissas teóricas, e mesmo filosóficas, mas convincente e irrefutável em sua expressão. Em sua segunda parte, pelo menos, os *Dois tratados* preenchem precisamente tais requisitos. Os objetivos do autor e as circunstâncias em que a obra foi escrita são estabelecidos, como se poderia esperar, no Prefácio. Locke tinha esperanças de que o livro fosse:

> suficiente para consolidar o trono de nosso grande restaurador, o atual rei Guilherme; para confirmar seu título no do Consentimento do Povo (...) e justificar perante o mundo o povo da Inglaterra, cujo amor por seus direitos justos e naturais e determinação em preservá-los salvou a Nação, quando esta se encontrava na iminência da escravidão e da ruína.

Os argumentos para se supor que a composição da obra está total e indissoluvelmente ligada a 1688, o ano da Revo-

---

3. A data torna praticamente impossível que Locke tenha participado de alguma forma de sua composição, ou de qualquer uma das propostas encaminhadas à Convenção, em que pese a semelhança de algumas delas com determinados trechos dos *Dois tratados* (compare-se, por exemplo, o documento *Proposals Offered to the Present Convention*, publicado em *State Tracts*, 1693, com II, §§ 217-9). Os papéis de Locke não contêm indício algum a sugerir que tivesse enviado da Holanda suas opiniões a tais autores ou aos membros da Convenção.

lução Gloriosa, são superficialmente convincentes, portanto. O livro contém uma declaração que estabelece aquele ano como data[4]. E efetivamente justificava a Revolução para a posteridade, bem como para seus contemporâneos. "É aceito por todos", escreveu Josiah Tucker em 1781, "e tem sido a constante convicção dos amigos e admiradores do sr. Locke que ele compôs seu *Ensaio sobre o governo* com vistas a justificar a Revolução.[5]" Nos livros de história e nas obras de teoria política, o Locke que escreve sobre a Revolução Inglesa ainda aparece como o supremo exemplo do modo como se dá a interação entre os acontecimentos políticos e o pensamento político. Trata-se de uma crença por demais enraizada, por demais útil, para ser facilmente abandonada. Não obstante, é errada.

Errada, diga-se de passagem, em sua forma mais utilitária. O escrito de Locke justificou, de fato, a Gloriosa Revolução *whig* de 1688, se é que se pode empregar tal expressão em absoluto. Parte do texto foi sem dúvida escrita em 1689, visando aplicar-se à situação corrente, e seu autor deve ter tido a intenção de que o conjunto da obra fosse lido como um comentário acerca de tais acontecimentos. Contudo, não se pode sustentar que o livro tenha sido originalmente concebido como uma justificação de uma revolução já consumada. Um exame detalhado do texto e das evidências nele contidas revela que não foi 1688 que fixou a atenção de

---

4. I, § 129, "O juiz Jeffries pronunciou sentença de morte nos últimos tempos", sendo a segunda parte da sentença uma elocução de uso corrente em 1689 como referência ao reinado de Jaime II.

5. Tucker, Josiah, *A Treatise Concerning Civil Government* (Um tratado referente ao governo civil), p. 72. Num pequeno manuscrito guardado por seu amigo parlamentar, Edward Clarke, e provavelmente escrito em abril de 1690, Locke pronunciava-se acerca da necessidade de que todos repudiassem publicamente as doutrinas do direito divino, pois estas provocavam uma cisão no país. Semelhante ao *Prefácio aos dois tratados* no tom, é marcadamente guilhermista no teor; MS Locke c. 18 (recuperado após estar perdido por trinta anos), editado por Farr and Roberts, 1985.

Locke sobre a natureza da sociedade e da política, a personalidade política e a propriedade, os direitos do indivíduo e os imperativos éticos que pesam sobre o governo. A conjunção de eventos que voltou seu pensamento para essas questões deve ser buscada num período anterior. Na verdade, os *Dois tratados* revelam um clamor por uma revolução a ser promovida, e não a racionalização de uma revolução necessitada de justificativas.

Já em 1876 suspeitava-se que o *Primeiro tratado* houvesse sido composto muitos anos antes de 1688, e que o *Segundo* não poderia ter surgido por completo subsequentemente à Revolução[6]. Mas a documentação disponível naquela época era ainda mais fragmentária e de difícil interpretação do que hoje e, em uma década ou duas, o dogma de que Locke escrevera com o intuito de racionalizar os acontecimentos de 1688-9 se tornou firmemente estabelecido na nascente disciplina da ciência política[7]. Outra razão para que a questão tenha vindo à baila foi o fato de serem altamen-

---

6. Fox Bourne, I, 466, e II, 166: ele acreditava que o *Primeiro* houvesse sido preparado em 1681 ou 1682 e que o *Segundo*, dado seu tom e seu método, parecia ter sido "composto antes e não depois da ascensão do rei Guilherme (...) Pode-se admitir perfeitamente que o conjunto da obra estivesse substancialmente completado por volta do último ano da estada de Locke na Holanda".

7. Sir Leslie e sir James Fitzjames Stephen, T. H. Green e sir Frederick Pollock formam o eminente grupo aparentemente responsável por isso, ignorando Fox Bourne e acatando, sem problematizá-lo, o dogma tradicional. Escrevendo no mesmo ano de 1876, sir Leslie Stephen limitou-se a dizer (II, 135) que "Locke expôs os princípios da Revolução de 1688", mas, em 1879, Green afirmava, em suas célebres *Conferências*, que "Locke escreveu com um objetivo político imediato (...) justificar a Revolução" (publicado em 1895, 1931, ed., 76). Fowler ainda seguia a opinião de Fox Bourne em 1880, mas Pollock mostrou-se bem mais específico ao identificar a Revolução nos *Tratados*, em sua *Introduction to the History os the Science of Polities* (Introdução à história da ciência política), publicada originalmente em 1890. Sir James Stephen baseou toda sua apreciação do livro no fato de ele ter a Revolução por fundamento: publicou essa visão em suas *Horae Sabbaticae*, II série, 1892. Em

te insatisfatórias as reedições do livro que circulavam desde aquela época[8]. Poucos estudiosos que mansearam o escrito de Locke sobre o *Governo* nas últimas gerações teriam oportunidade de saber que ele se explicava do modo como o fez em seu *Prefácio*, ou mesmo que o livro consiste em dois tratados e não um, o primeiro interrompido no meio de uma sentença, a três quartos, ainda, do fim do texto completo. Isso porque o *Prefácio* não era reimpresso na Inglaterra desde 1854, e o *Primeiro tratado* somente o fora uma vez, depois de 1884[9]. Quando tratamos dessa forma aqueles a quem chamamos, com satisfação, nossos grandes clássicos políticos, não é de surpreender que uma pequena mitologia se tenha criado em torno de um deles.

Embora em seu *Prefácio* de 1689 Locke expresse a esperança de que seu escrito sirva para justificar a Revolução, ele não aprofunda esse aspecto. Nada do que ali afirma se refere diretamente à época em que a obra foi composta, mas ele explica por que não teria valido a pena reescrever a maior parte – perdida – do manuscrito. Podemos ver nisso uma indicação de que o *Primeiro tratado*, descrito em seu frontispício como uma refutação de Filmer, fora composto algum tempo antes, e não era exatamente da maior atualidade no momento em que estava sendo redigido o *Prefácio*.

....

1904, Pollock desenvolveu o argumento em sua forma definitiva em seu pronunciamento à British Academy, e os comentadores mais recentes parecem ter aderido acriticamente a ele nesse aspecto, bem como em sua afirmação de que Locke estava real e conscientemente atacando Hobbes. Bastide, 1907, foi mais longe no sentido de identificar os acontecimentos de 1688-9 no *Segundo tratado*, embora se baseasse consideravelmente em Fox Bourne e aceitasse a data atribuída por este ao *Primeiro tratado* – ver especialmente pp. 255-72.

8. Ver capítulo I e Laslett, 1952 (iv), 1954 (ii).

9. Isto é, até a publicação do presente trabalho em 1960, pois a edição inglesa anterior com os dois tratados e o Prefácio data de 1824, mas presumivelmente foram publicados no último *Collected Locke*, em 1854, cuja existência, porém, é objeto de dúvida. Foram incluídos numa reedição americana de 1947 (Hafner).

É interessante reconhecer que Locke tenha começado por uma análise tão exaustiva da obra de um homem a quem pretendia considerar uma obscura nulidade[10], e que o livro planejado fosse análogo, em tamanho e propósitos, aos desmedidos *Discourses* (Discursos) de Sidney. É bastante compreensível, porém, que não estivesse disposto a repetir o feito. A grande voga de Filmer fora entre 1679 e 1681, e apenas um insistente apego a seus princípios, por parte do partido da obediência passiva, em 1689, justificaria a publicação do *Primeiro* e do *Segundo tratado* num único volume.

Estudiosos de Locke mais recentes usaram esse dado em favor de uma sugestão, proposta em 1876, acerca da data, ou datas, de composição. Admitiram sem reservas que o *Primeiro tratado* teria sido escrito antes de 1683, antes portanto da partida de Locke para a Holanda, e explicam o fato de conter aquela declaração isolada, sem dúvida posterior a 1688 (a referência ao "juiz Jeffries"), como uma inserção de 1689. O segundo livro, porém – parecem concordar eles –, deve ser bastante posterior e apenas se pode situá-lo nos meses que compreendem os próprios acontecimentos revolucionários, muito embora considerem difícil decidir quais trechos antecederam e quais sucederam ao triunfo de Guilherme sobre Jaime. Observou-se que todos os livros mencionados diretamente no texto por Locke, embora bem pouco numerosos, foram publicados antes de 1683. Mas, na ausência de qualquer conhecimento detalhado acerca das edições e exemplares utilizados por ele para escrever qualquer parte de seu texto, não se considerou tal fato como indicando uma data anterior para a composição da obra inteira. Esses lockeanos admitem que a tendência das afirmações de Locke faz parecer que a Revolução ainda estava por vir. Não obs-

....
10. Sobre Filmer, ver Laslett, 1948 (i) e (ii), Daly, 1979, Ezell, 1987. Se Locke parece em certa medida desculpar-se por criticá-lo, no *Prefácio*, talvez isto se deva a ter ele conhecido a família de Filmer, em Kent.

tante, não veem nada de impossível na suposição de que o *Segundo tratado* tenha sido escrito na íntegra após tal acontecimento, isto é, presumivelmente entre a volta de Locke à Inglaterra, em fevereiro de 1689, e agosto do mesmo ano, quando devia estar concluída para receber o selo do licenciador[11].

Em vista de todo o trabalho realizado sobre esta questão nos últimos oitenta anos, parece extraordinário que ainda subsista a tradicional falácia de que não apenas um, mas ambos os *Tratados* tenham sido escritos para justificar a Revolução de 1688-9. Antes que seja abandonada, porém, cumpre ressaltar que existem em seu favor indícios que jamais foram trazidos à luz. Sob determinados aspectos, trata-se de uma explicação mais adequada do que aquela que acabamos de sintetizar. Se examinarmos atentamente as palavras empregadas por Locke no *Prefácio*, veremos que ele se refere ao livro como um todo. É impossível concluir, dali, que a obra tenha sido escrita em duas partes, em duas ocasiões distintas separadas por alguns anos[12], embora a confissão de que uma parte tão considerável do manuscrito tenha sido perdida pareceria um convite a tal interpretação. Trata-se de um "Discurso referente ao governo", com um início, um meio (ora desaparecido) e um fim, e não de dois

---

11. Em 3 de agosto de 1689, a data limite para a finalização do texto. Entre os estudiosos de Locke aqui referidos estão Gough, 1950, seguindo Maclean, 1947 (i) e (ii), e Barker, 1948. Vaughan, 1925, argumenta – com base na hipótese da incongruência entre o *Ensaio* e os *Dois tratados*, uma hipótese indefensável em vista da história do *Ensaio* tal como se veio a conhecer desde então – que "o *Governo civil* (...) foi escrito (...) em 1680 ou pouco depois" (163, cf. 130). Driver, 1928, chega a uma hipótese análoga, com base em premissas análogas, embora não mais consistentes que as de Vaughan. Hinton, 1974, pretende situar a composição original do *Segundo tratado* numa data ainda anterior, em meio à década de 1670.

12. Compare-se com o *Epistilo*, que introduz o *Ensaio sobre o entendimento*, em que se explica que a obra foi "escrita em partes incongruentes; e, ao cabo de longos intervalos (...), retomada novamente" etc.

ensaios distintos, como querem os comentadores recentes a que aludimos.

As remissões recíprocas de Locke tendem a confirmar que era esta a visão que ele tinha da obra. Elas ocorrem, todas, no primeiro livro, o que é um aspecto interessante, conforme se verá. No § 66, refere-se a uma questão que irá examinar "em seu devido lugar", que resulta ser o segundo livro, §§ 52-76; no § 87, menciona a aquisição de propriedade por parte de um homem, "e o modo como ele (...) logrou fazê-lo será mostrado alhures", o que ocorre no segundo livro, capítulo 5; o § 100 contém as palavras "para o qual remeto o leitor para o Segundo Livro". Esse segundo livro inicia-se com as palavras "Tendo sido mostrado no discurso anterior", o que se refere ao texto das páginas anteriores e não a algum discurso anterior à parte, pois, quando não qualificada, a palavra se refere à obra completa. Quando Locke redigiu essas frases, seguramente tinha bastante claro o conteúdo de seu livro como um todo, e o contexto de cada uma torna bastante improvável que sejam inserções posteriores.

Podemos acrescentar a esses detalhes a descoberta muito interessante do dr. Gerritsen. Utilizando-se dos métodos precisos e sutis da bibliografia analítica, ele demonstrou que o frontispício do segundo livro constituía uma inserção posterior, que data do momento da impressão. O título do conjunto, obviamente impresso mais tarde ainda, teria, presume-se, sido adaptado para acomodar-se a tal inserção[13]. Segue-se que Locke em absoluto concebera originalmente seu livro em duas partes, mas apenas como uma obra apresentada em dois volumes. A palavra "Tratado", a expressão "Dois tratados" e o título "Um ensaio sobre o governo civil", aplicados ao segundo livro, foram todos inseridos tardiamente, terminando por figurar nos frontispícios, mas nunca

---
13. Ver Bowers, Gerritsen e Laslett, 1954.

empregados no próprio texto, nem mesmo nas remissões recíprocas. A ideia de Locke era que estava escrevendo um discurso completo, apresentado em dois volumes em função de seus próprios objetivos literários.

O livro, portanto, foi escrito como um todo. É admissível inferir daí que tenha sido composto num período de tempo relativamente curto, como também é possível um raciocínio cronológico quanto ao trabalho que dedicou a ele, o trabalho da criação original, isto é, afora os adendos e a revisão. Uma vez havendo provas de que qualquer porção considerável da obra somente pode incluir-se na situação de alguns meses em particular, digamos em 1688-9, o todo, portanto, terá sido composto nesses meses.

Entretanto, por maior que fosse o empenho de alguns em identificar no texto de Locke os acontecimentos de 1688-9, há indícios convincentes de que os meses de composição da obra não podem coincidir com tal época. O *Primeiro tratado*, conforme vimos, pretendia-se uma refutação cabal de Filmer, inclusive o *Patriarcha*, e é bem possível que sua forma original cobrisse todas as suas proposições, com a possível exceção de sua argumentação especificamente histórica acerca das instituições inglesas. Além disso, a exaustiva contestação do patriarcalismo atravessa também o *Segundo tratado* inteiro; talvez seja este o mais importante resultado de editar a obra criticamente. Se acreditarmos que o livro todo foi escrito de uma única vez, seremos obrigados a acreditar que tenha sido redigido entre 1679 e 1681, ou no máximo em 1683, dada sua vinculação mais que evidente com a controvérsia daqueles anos acerca da reedição de Filmer. Já vimos que foi essa mesma controvérsia que impulsionou Sidney a trabalhar em seus *Dircourses*, que devem ter sido completados em meados de 1683, e muito provavelmente antes. É bem sabido que, ao reeditarem Filmer, os *tories*, os defensores da monarquia contra Shaftesbury e os exclusionistas *whigs*, obtiveram uma notável vitória em termos de propaganda, e Sidney foi apenas um dentre um grande número de autores que assumiram o risco de escrever para combater esse quadro[14]. Se o *Primeiro tratado* pertence a esses anos anteriores e o *Segundo tratado* é parte e parcela do mesmo, o conjunto da obra estava escrito antes de 1683, e isso encerra a questão.

Embora uma prova simples desse tipo possa ser convincente para seu editor, a suposição de que o livro tenha sido escrito num período de tempo relativamente breve está sujeita a objeções. É possível argumentar que a obra resulte de dois impulsos distintos oriundos das respectivas circunstâncias históricas, embora tenha sido composta como um todo. Admitindo-se que estivesse concluída de alguma forma quando o nome de Filmer estava na boca de todos, ainda assim se poderia supor que tivesse sido reescrita mais tarde, e alterada em tal profundidade a ponto de converter-se numa obra composta em duas ou várias circunstâncias. Foi dessa forma, como vimos, que Locke escreveu sobre o entendimento, sobre a tolerância e a educação. Poder-se-ia colocar em dúvida, inclusive, a tese de que a vinculação com Filmer necessariamente situa a obra no início da década de 1680, pois o nome dele ainda estava vivo em 1688, e mesmo mais tarde. Portanto, o livro foi composto como um todo, talvez se pudesse argumentar ainda, mas nos meses anteriores a agosto de 1689; um autor apressado talvez pudesse ter iniciado o trabalho até mesmo em fevereiro daquele ano.

Essas possíveis objeções fazem necessário examinar os indícios em mais profundidade. Alguns deles seguramente podem ser usados para refutar a posição aqui adotada. O argumento de que ainda se fazia necessário que um autor *whig* se desse ao trabalho de refutar Filmer em 1689 não é isento de peso. As obras dele foram reeditadas em 1696, e

---

14. Ver Laslett, 1948 (ii) e 1949; sobre os exclusionistas *whig*, ver Furley, 1957; Procock, 1957; Ashcraft, 1986, 1987.

mesmo uma familiaridade mínima com a literatura política inglesa até 1714 mostrará que Locke não estava desperdiçando o dinheiro de seu editor ao incluir o *Primeiro tratado* – a própria correspondência de Locke deixa-o claro. James Tyrrell, que o conhecia melhor como autor político, publicou *Patriarcha non Monarcha* contra Filmer em 1681, mas considerou necessário voltar à carga em 1691[15]. Ao primeiro contato com os *Dois tratados* em dezembro de 1689, pensou neles como um ataque ao patriarcalismo: "um tratado muito sólido e racional, chamado de Governo, no qual os princípios do sr. R. Filmer são refutados com muita propriedade". Em junho do mesmo ano, Furly, o quacre inglês, que fora hóspede de Locke em Roterdã e encontrava-se então na Inglaterra, escreveu-lhe: "Conheci um escrupuloso erudito de Cambridge que tinha para si que nada poderia desobrigá-lo de seu Juramento de Lealdade para com Jaime II e seus sucessores. Diverti-me, disputando com ele sobre as excentricidades do sr. Filmer"[16]. A carta recebida por Leibniz em 1698 informando-o sobre o livro de Locke também era absolutamente inequívoca a esse respeito:

"Le livre de Monsy. Lock sur le gouvernement repond par tout son traité à celui de Chevalier Filmer." [O livro do sr. Locke sobre o governo refuta, ao longo de todo o seu tratado, o do Cavaleiro Filmer.[17]]

Tudo isso, porém, serve mais para mostrar por que Locke publicou em 1689 o que escrevera contra Filmer do que para demonstrar que ele efetivamente compôs sua refutação naquela época. Não é impossível que um homem encontras-

---

15. *Bibliotheca Politica*, Diálogo I e *passim*.
16. De Tyrrell para Locke, c. 19 de dezembro de 1689; de Benjamin Furly para Locke, 10 de junho de 1689; comparar com sua carta de 26 de outubro de 1690, que confirma seu conhecimento da autoria dos *Dois tratados* (de Beer 3, 638-9, 763-4; 4, 144-5). O livro estava em circulação pouco antes de Tyrrell tê-lo conhecido. Foi anunciado no *London Gazette* de 14-9 de novembro.
17. Gerhardt, *Leibniz*, vol. 3, 1887, p. 243.

se tempo para fazer tudo quanto Locke sabidamente fez entre fevereiro e agosto, e também começasse e concluísse uma obra tão extensa contra os extremistas patriarcais. Os escritos por ele adquiridos deixam claro seu interesse em tudo quanto estava sendo lançado a favor e contra a nova ordem das coisas naquele momento decisivo[18]. Contudo, é de fato muito difícil acreditar que aceitasse a imposição de ter seu escrito impresso com tamanha urgência. Se isso aconteceu, Locke deve ter perdido mais da metade do manuscrito imediatamente depois de concluído, o que é quase inconcebível.

Isso porque jamais podemos perder de vista sua personalidade. "Leitor: tens aqui o início e o fim de um discurso que diz respeito ao Governo; o destino imposto pela fortuna às páginas que deveriam compor a parte central, mais numerosas que todo o resto, não merece ser-te relatado" são as palavras textuais que ele usa para explicar a natureza fragmentária de seu texto. Fosse qual fosse esse misterioso destino, está excluída a hipótese de que Locke, o purista, houvesse simplesmente deixado extraviar-se toda uma resma de seus manuscritos uma ou duas semanas antes, e ele não era homem que permitisse a um agente, impressor ou editor fazer tal coisa[19]. Tampouco era homem de fazer as coisas apressadamente: já vimos como era longo e complicado o processo por que tiveram de passar todos os seus outros livros antes de aparecerem em letra impressa. Imaginá-lo ca-

....
18. Locke comprava panfletos políticos apenas esporadicamente. Um número significativo destes que figuram no catálogo de sua biblioteca data de 1679-82, embora não haja dúvidas de que, na época, utilizava-se de alguns dos exemplares de Shaftesbury de tais obras. Um exame superficial revela que a quantidade em que os comprou para si em 1689 equivale à soma das obras adquiridas em todos os outros anos. Ashcraft, 1987, 294-5, tem outra interpretação para o interesse de Locke por panfletos políticos e a compra dos mesmos.

19. Essa proposição óbvia pode ser ilustrada por seu comportamento ao saber que um manuscrito com suas correções fora extraviado em 1694; ver pp. 8 e 9 e nota 15.

paz de escrever, com vistas à publicação, uma racionalização de acontecimentos que mal se haviam concretizado é enxergá-lo sob um prisma totalmente deformado. Basta isso para se contestar a interpretação tradicional, em todas as suas versões possíveis.

Terá ele composto a obra, ou no mínimo o segundo livro, na pausada maneira que lhe era peculiar, durante seu exílio na Holanda, trazendo o escrito em sua volta à Inglaterra para uma revisão final e a resultante edição? Tal é a corrente adotada nos últimos tempos pelos estudiosos lockeanos, ao menos no que diz respeito ao *Segundo tratado*, e há indícios nesse sentido. Tal interpretação explicaria o fato de seus comentários políticos indicarem, na maior parte, terem sido elaborados antes e não depois da ascensão de Guilherme de Orange[20]. Ela permite supor uma data muito anterior para a elaboração da obra. A ligação de Locke com arquitetos da Revolução, como Mordaunt, naturalmente deu origem à expectativa de que ele pudesse escrever sobre a mesma. Já em 1687 fora pressionado a publicar uma obra

....
20. O trecho do Prefácio citado à p. 66 revela que Locke se referia unicamente a Guilherme, e não à sua cossoberana, Maria. O fato pode denotar seu apoio à soberania exclusiva de Guilherme, uma atitude típica dos *whigs* que haviam conhecido o exílio, mas que deixara de ser defendida à época correspondente à última data em que o Prefácio pode ter sido escrito: outubro de 1689. [Guilherme, príncipe de Orange e comandante do exército que depôs Jaime II, era seu genro, casado com a filha mais velha do rei, Maria. Tanto esta quanto sua irmã, a futura rainha Ana, haviam sido educadas como protestantes, antes da conversão do pai ao catolicismo. Convidado a depor o sogro, Guilherme o conseguiu sem dificuldades, mas irritou-se diante da atitude – assumida basicamente pelos *tories*, que se revoltaram contra Jaime mas tentavam preservar o que pudessem do princípio hereditário – segundo a qual a coroa, quando muito, caberia a Maria, restando-lhe a mera posição de príncipe consorte. Finalmente, a instâncias de Maria e por pressão *whig*, o casal foi coroado enquanto tal (Guilherme III e Maria II), o que significava, não estando o príncipe de Orange entre os primeiros na sucessão ao trono, uma vitória do princípio eletivo ou do consentimento popular na escolha do governante, e uma clara derrota das doutrinas de direito divino. (N. R. T.)]

sobre a *Tolerância*[21], e, se foi possível editá-la ao discorrer sobre esse tema, por que não escreveria sobre política? Qualquer indício de que estivesse verdadeiramente empenhado nos *Dois tratados* em sua estada na Holanda, ou pouco antes de 1688, tornaria essa interpretação fortemente plausível.

Há um registro em seu diário, datado de fevereiro de 1687, que, à primeira vista, parece fornecer exatamente o detalhe necessário para validar tal interpretação. Trata-se de um excerto de Garcilaso de la Vega, que também pode ser encontrado no *Segundo tratado*, § 14[22]. Mesmo este dado, contudo, resulta bastante inconclusivo, dado que a passagem em questão aparece apenas na segunda versão da primeira edição e, portanto, poderia facilmente ter sido incluída quando Locke fez as modificações que converteram a primeira versão na segunda, em outubro de 1689[23]. Não obstante, as possíveis implicações desse dado isolado e a necessidade de encontrar provas que confirmem a interpretação aqui apresentada tornam muito importante a existência de toda uma

....

21. De Tyrrell para Locke, 6 de maio de 1687: "o seu discurso sobre a liberdade de consciência não seria impróprio agora para preparar o espírito das pessoas a aprová-lo quando o Parlamento se reunir". O "Discurso" em questão não era a última *Epístola*, que foi composta na Holanda em 1684-5 e que nem Tyrrell nem ninguém conhecia, salvo Limborch; ver Fox Bourne, 1876, II, 34. Laslett, 1956, cita documentação referente a uma obra que Locke buscava editar em 1687. O professor Cranston convenceu-me, depois, que tal obra não poderia ser os *Dois tratados*.

22. Ver II, § 14, 12-7 e nota, e o diário de Locke no dia 2 de fevereiro de 1687.

23. Sobre as duas versões, ver Laslett, 1952 (iv) e 1954 (ii). O trecho seria ou um acréscimo manuscrito no exemplar do autor, mal interpretado pelo tipógrafo na primeira versão, ou uma alteração ocorrida entre as duas versões. Caso a primeira hipótese seja verdadeira, a citação pode datar de 1689, quando Locke modificou seu manuscrito em vários outros aspectos. Na verdade, esse detalhe pode confirmar a ideia de que Locke não estivesse em poder de seu manuscrito em 1687, quando fez o registro em seu diário, mas tenha copiado o registro nele dois anos mais tarde.

classe de fontes que ainda está para ser usada. Nas anotações de Locke referentes a suas leituras, em suas relações de livros, nos próprios livros e no local onde se encontravam estes nas datas em discussão, encontramos indícios muito mais específicos e confiáveis do que os mencionados até o momento.

Antes de abordarmos esse material, porém, devemos examinar algumas peculiaridades óbvias do teor da obra. Afora suas inconfundíveis ligações com a controvérsia de 1679-81 envolvendo Filmer, há referências políticas que fazem sentido no contexto daqueles anos, e somente daqueles. Em 1689, as palavras "rei Jaime" seguidas de nenhum algarismo podiam referir-se a Jaime II e a ninguém mais. Contudo, o texto impresso naquele ano traz duas referências de Locke ao "rei Jaime", em que a referência é a Jaime I, certamente um anacronismo muito significativo que ele corrigiu em edições posteriores[24]. Parece estranho que esse fato não tenha sido percebido antes, porém mais estranho ainda é que as questões parlamentares relativas à Controvérsia da Exclusão não tenham sido percebidas na discussão constitucional do *Segundo tratado*.

Com exceção, talvez, do último capítulo, a preocupação fundamental de Locke era a convocação e a dissolução do Parlamento. Ali residia, no seu entender, o relacionamento crucial entre o Legislativo e o Executivo. Era o fator que podia conduzir a "um estado beligerante" (isto é, com o povo) quando o "Poder Executivo fizer uso da força para impedir a reunião e a atuação do Legislativo" (II, § 155). Ora, não era essa a questão central de 1688 e tampouco do reinado de Jaime II. Mas estava na ordem do dia nos anos entre 1678

---

24. *Segundo tratado*, §§ 133 e 200, corrigidos em 1694 e 1698 respectivamente – ver Cotejo. Talvez não se deva dar importância demasiada ao fato. Jaime I também era uma figura literária, e a omissão do algarismo jamais confundiria o leitor nos contextos de conteúdo obviamente literário.

(ou mesmo 1675) e 1681, quando Shaftesbury, com Locke tantas vezes a seu lado, empreendeu tentativa após tentativa de forçar Carlos II a dissolver um parlamento de longa data obsoleto, ou de convocá-lo ao cabo de uma intolerável série de prorrogações. A "longa série de abusos, prevaricações e artifícios" mencionada no § 225 tornou-se uma frase da Declaração de Independência dos Estados Unidos. Incluía um favorecimento sorrateiro do catolicismo "(embora combatido energicamente em público)" (§ 210). Tais abusos devem ser creditados a Carlos II e não a Jaime II. Este não julgava necessário nem favorecer "sorrateiramente" o catolicismo, nem combatê-lo de público.

Não podemos nos aprofundar mais nos resultados dessa redução das teorias de Locke a seu contexto histórico revisado. Passemos a considerar, agora, os dados que ora nos oferecem os livros de Locke e suas leituras mediante um exemplo claro e direto. Seu diário nos informa que estava em Londres em agosto de 1681, na residência de Shaftesbury, na ausência deste, que se encontrava na Torre de Londres. No dia 29, comprou *Knox, R^t, Historical Relation of Ceylon, fol. London 81* por oito xelins (ou seja, o relato de Robert Knox sobre o Ceilão, 1681). No § 92 do *Segundo tratado* Locke refere-se a "recente *Relato do Ceilão*", onde o termo recente presumivelmente significa recém-publicado. Sabemos hoje que Locke guardou esse livro em Londres e perdeu-o de vista em 1683 ao partir para a Holanda. Não há o menor indício de que o mesmo estivesse no acervo à parte que mantinha em Oxford e que foi transportado para a residência de Tyrrell em 1684, quando Locke foi expulso de Christ Church. Knox não figura em nenhum documento referente ao período de seu exílio, seja seu diário, contas de livraria, listas de livros ou cadernos de anotações. Não temos a menor prova de que ele jamais tenha visto esse exemplar, ou qualquer outro, até o aparecimento do título no catálogo que elaborou de seus livros que se encontravam em Londres, no verão de 1689[25]. Os livros de Oxford não lhe foram entregues por Tyrrell senão em 1691. Logo, é bastante improvável que tenha escrito a frase no *Segundo tratado* entre 1683 e 1689, e bastante provável que o tenha feito entre 1681 e 1683.

Poderíamos substituir o "bastante provável" por "seguramente" apenas se pudéssemos excluir a possibilidade de acesso posterior a outro exemplar, e se contássemos com provas cumulativas. É da natureza das coisas que não possamos excluir por completo a hipótese de um acesso posterior[26], embora no caso presente, e em muitos outros casos, seja altamente improvável. Mas, no que se refere a provas cumulativas, são exatamente elas o que temos. Embora sejam por demais escassas as referências diretas a livros no texto de Locke, podemos elaborar uma considerável relação daqueles que ele poderá ter consultado e compará-la com três outras listagens. Uma delas é o recenseamento dos livros em suas dependências em Christ Church, registrado em seu diário em julho de 1681, outra é a listagem de 1689 referente a Londres, e a terceira é o catálogo dos livros restituídos por Tyrrell em 1691. No início da década de 1680, a biblioteca de Locke, dividida entre a residência de Shaftesbury e Christ Church, continha aparentemente quase todas as obras que utilizou para escrever os *Dois tratados*.

Tais informações podem ser complementadas a partir dos registros efetuados por ele de suas leituras e aquisições

---

25. A complexa história do destino dos livros de Locke enquanto ele se encontrava na Holanda, e as atitudes de Tyrrell com respeito aos mesmos, é contada em Harrison e Laslett, 1965, parte I, capítulo II.

26. Maclean, 1947 (ii), engenhosamente argumenta que um livro que reputa vital para os *Dois tratados* (Lawson, 1657, ver adiante) poderia ter sido utilizado por Locke na residência de Furly em Roterdã. Mas, embora contenha tal obra de Lawson e outros textos relevantes, o catálogo da biblioteca de Furly (*Bibliotheca Furleina*, 1714) não contém os títulos corretos em quantidade suficiente para configurar como provável que a leitura do livro houvesse ocorrido nela. Sobre essas questões, ver Ashcraft, 1969 (ii), 1987, e Adendo, pp. 179 ss.

durante os anos relevantes a nosso estudo. Revelam eles que, entre 1679 e 1682, Locke estava mais interessado em publicações sobre a teoria política e a lei natural do que nunca antes ou depois. Um ou dois dos títulos importantes, como veremos, podem ser encontrados entre aqueles para os quais Shaftesbury lhe chamou a atenção em 1679, e que lhe foram emprestados ou postos a seu alcance em Londres. Foi somente no período anterior a 1683 que Locke teve acesso adequado aos livros específicos de que necessitava para escrever sua obra sobre o *Governo*. Qualquer outra data de composição sugerida pressupõe que Locke tenha ido, penosamente, de amigo em amigo e de biblioteca em biblioteca para consultá-los um a um.

Podemos tomar outro exemplo particular a título de confirmação, um livro muito mais determinante para seu pensamento político que o de Knox – a *Ecclesiastical Polity*, de Hooker. Sabemos que Locke já lera Hooker anteriormente, embora talvez não tenha avançado muito na leitura daquele volumoso fólio[27]. Mas não foi senão em 13 de junho de 1681 que comprou, em Londres, o *Hooker Ecclesiasticall Politie fol Lond. 66*. Leu o livro durante o resto daquele mês, copiando extensos trechos do mesmo em seu diário, alguns dos quais importantes para seu pensamento filosófico. Ora, ocorrem dezesseis citações de Hooker no *Segundo tratado*[28] e, no § 239, Locke explica as razões que o levaram a utilizar a obra. Quando confrontadas as citações de seu diário e as do *Segundo tratado*, percebe-se que elas se alternam, sem jamais coincidirem. A conclusão deve ser que, em ju-

....

27. Em seu ensaio mais antigo sobre o *Magistrado civil*, Locke afirma ter lido apenas o Prefácio – ver Abrams, 1961, p. 32 –, embora alguns meses depois tivesse lido no mínimo o primeiro livro, e Hooker figura ocasionalmente em seus cadernos de anotações até 1681.

28. Quatro no texto (§§ 15, 60, 61), onze nas notas de Locke (ver §§ 74, 90, 91, 94 (duas), 111, 134 (dois trechos citados conjuntamente), 135, 136 (mesmo trecho citado em 134)).

nho de 1681, Locke estava trabalhando no *Segundo tratado*, incorporando-lhe excertos de Hooker, ao mesmo tempo em que copiava em seu diário outras passagens, de interesse filosófico[29]. A importância desses detalhes reside não apenas na conclusão de que as citações de Hooker foram acrescidas ao texto quando este já fora iniciado, mas também no fato de revelarem Locke a trabalhar nos *Dois tratados* e no *Ensaio sobre o entendimento* ao mesmo tempo.

Escolhemos esses exemplos a partir dos livros citados no *Segundo tratado* apenas, e já se disse o suficiente para estabelecer uma presunção contrária à suposição de que somente o *Primeiro tratado* pudesse existir em 1681. Para indicações mais precisas de que é possível admitir que a composição do livro como um todo tenha ocorrido numa série específica de meses, podemos recorrer aos exemplares utilizados por Locke das obras de Filmer, que estão presentes em ambos os tratados.

Tais obras haviam sido publicadas separadamente pela primeira vez em 1648, 1652 e 1653, mas o escrito original de Filmer, o célebre *Patriarcha*, do qual elas derivam em última instância, jamais fora publicado[30]. Por volta de meados de 1679, as obras publicadas foram reeditadas às pressas, sob a forma de uma coletânea intitulada *The Freeholders Grand Inquest*, em que cada obra aparecia paginada em separado. Em janeiro de 1680, a mesma coletânea foi reimpressa, agora com paginação corrida. Pela mesma época, ocor-

....
29. Uma edição de Hooker datada de 1666 figura na lista de Londres, num registro algo intrigante, em seu último catálogo (Harrison e Laslett, 1491), que também contém a edição de 1676 (Harrison e Laslett, 1490) ainda entre seus livros. É possível, portanto, que tais volumes fossem o mesmo. Ele possuía ainda outro Hooker, datado de 1632, em Oxford (Harrison e Laslett, 1492), embora seja interessante o fato de que não o tenha utilizado para concluir a obra ao visitar seus quartos no mês de julho. Continuou o trabalho ao regressar a Londres.
30. Ver Laslett, 1949, especialmente 47-8, *Concise Bibliography of Filmer's Works* (Bibliografia concisa das obras de Filmer).

reu a primeira publicação do *Patriarcha*. Locke adquiriu essa coletânea de 1680 encadernada juntamente com o *Patriarcha* por quatro xelins e meio, em 22 de janeiro de 1680[31], e, em seu Prefácio aos *Dois tratados*, informa-nos terem sido essas as edições que utilizou. Assim explica ele as referências a Filmer: "O [significa] suas Observações sobre Hobbs, Milton etc. (...) Uma simples citação de página refere-se sempre às páginas de seu *Patriarcha*, ed. 1680"[32]. O volume em questão era provavelmente aquele intitulado com a abreviação "Filmer", que se encontrava em suas dependências em julho de 1681, pois foi sem dúvida o que ficou sob a guarda de Tyrrell, enquanto Locke se exilava, e que lhe foi devolvido em 1691.

Como se poderia esperar do meticuloso Locke, tais convenções são rigorosamente observadas. Nas mais de duzentas referências a Filmer no *Primeiro tratado*, uma passagem assinalada "O 245" será sempre encontrada na p. 245 da Coletânea de 1680, e uma assinalada "13" será sempre encontrada na p. 13 do *Patriarcha*. Contudo, na única ocasião em que ele cita o autor pelo número da página no *Segundo tratado*, a convenção é violada.

Ele discute a liberdade como sendo "para cada um agir como lhe aprouver" no § 22, e refere-se "ao que sir R. F. afirma em *O. A.* 55". Neste caso, a indicação não se aplica à Coletânea de 1680. Nada semelhante à sua citação pode ser encontrado à p. 55 daquele volume. Mas aplica-se à p. 55 da Coletânea de 1679, a p. 55 das *Observations on Aristotle* (Observações sobre Aristóteles), que se torna p. 143 na reedição de 1680, a qual efetivamente contém essa afirmação em particular de Filmer acerca da liberdade. É como se,

---

31. Esse volume está em poder do presente autor. Algumas folhas estão dobradas para indicar certos trechos, mas não há anotações nas margens.

32. "Observações sobre Hobbs" etc. refere-se coletivamente às obras do volume, à exceção do *Freeholder*, publicado antes; como sabemos, Locke não faz menção alguma a essa última obra nos *Dois tratados*.

ao escrever o § 22 do *Segundo tratado*, Locke utilizasse o volume de 1679, observando, por conseguinte, uma convenção diversa de referência. E é como se ele chegasse àquele parágrafo antes mesmo de ler o *Patriarcha*: ainda que tenha sido escrito para combater o patriarcalismo, é possível, com efeito, que o *Segundo tratado* tenha sido originalmente composto sem que seu autor houvesse lido o *Patriarcha* em absoluto.

Temos indícios independentes de que Locke estava de fato lendo a Coletânea de 1679 no ano de sua publicação, e de que copiava trechos do livro quase precisamente na forma que se encontra no *Segundo tratado*. Um bloco de anotações desse período chegou até nós, usado para apontamentos e referências, alguns feitos na residência de Shaftesbury. Na p. 119 escreveu, com a indicação "79" (referente a 1679): "Filmer sobre a resolução da consciência O p. 59"[33]. A p. 59 das *Observations on Aristotle* de Filmer, na Coletânea de 1679, discute a resolução da consciência, juntamente com o consentimento do povo ao governo, um dos temas centrais do *Segundo tratado*. Trata-se de um bom indício, tanto quanto pode sê-lo um indício assim circunstancial, de que Locke talvez estivesse empenhado na primeira parte desse ensaio em 1679[34].

....

33. A resolução da consciência era uma questão crucial nos anos em que durou a querela da Exclusão. Ashcraft nega que tal anotação tenha sido feita necessariamente em 1679, pois era o primeiro registro na página.

34. O bloco de notas corresponde ao MS. f. 28. Na página 40, ele anota, também em data de 1679: "Shaftesbury; livro de Lawson sobre o governo inglês", um registro posteriormente riscado, contudo, mostrando claramente que Shaftesbury havia emprestado o livro a Locke, que riscou a anotação ao devolvê-lo (ou é possível que tenha sido Locke quem emprestou, e Shaftesbury quem devolveu). É de presumir que os dois homens estivessem lendo Lawson na ocasião, de modo que a suposição de Maclean de que Locke o leu em 1687 na Holanda é ociosa. Se foi Shaftesbury quem emprestou o livro a Locke, é possível que também lhe tenha passado a coletânea de 1679 das obras de Filmer. Locke tinha Lawson, 1660, na Holanda, e por fim comprou a reedição de 1689. Ashcraft discorda dessa interpretação do caderno de notas de Locke.

Estou disposto a arriscar uma tese geral com base nesta análise. Já em 1679 Locke começara a preparar uma obra sobre o governo, e uma obra com o objetivo imediato de refutar Filmer. Ele a iniciara, tudo leva a crer, com a conivência de Shaftesbury, talvez a seu pedido e com sua assistência no tocante às fontes. Porém o trabalho em que se lançara não era o *Primeiro tratado* e sim o *Segundo*. Parece que teria chegado ao parágrafo de número 22 daquele *Tratado*, talvez ao de número 57 e quem sabe mesmo o 236, praticamente no final, quando mudou de ideia em algum momento do ano de 1680, decidindo escrever também o *Primeiro tratado*[35]. Não é preciso investigar a fundo para encontrar as razões que o levaram a isso. Foi a publicação do *Patriarcha*, em janeiro de 1680, juntamente com o enorme crescimento da influência de Filmer, que prosseguiu por todo aquele ano. A refutação que originalmente planejara se mostrava insuficiente, pois deixava de abordar a obra mais importante do homem a quem se propunha criticar e não continha a refutação frase a frase que, reconhecia, agora se fazia necessária. É possível, ainda, que seu amigo James Tyrrell tenha trilhado um caminho algo parecido, ao compor seu próprio ensaio em refutação ao de Filmer, *Patriarcha non Monarcha,* publicado em 1681.

Locke e Tyrrell eram amigos desde os tempos de Oxford e nutriam um interesse comum por povos primitivos, pela lei natural e pela tolerância, bem como por política; trocavam livros entre si, correspondiam-se e, de tempos em tempos, discutiam[36]. Não era uma amizade tranquila e sere-

---

35. Ver notas a esses parágrafos. No § 57 ele repete, sem dar referências, a frase extraída de Filmer usada no § 22; no § 236, insere outra citação anotada em seu bloco, dessa vez datada de 1680. O *Primeiro tratado*, § 14, traz uma frase talvez indicativa de que tivesse lido primeiro o *Patriarcha* e as outras obras mais tarde, porém as afirmações em I, §§ 6 e 11, confirmam a interpretação aqui adotada.

36. Sobre Locke e Tyrrell, ver J. W. Gough, 1976.

na, pois Tyrrell, como se verá, não era um homem notável pelo tato. "Nunca se poliu ele a ponto de perder a sinceridade", como admite seu epitáfio.

Nos anos da crise de 1680-3, Locke passou grande parte de seu tempo na residência de Tyrrell em Shotover, a algumas milhas de distância de seu desconfiado colégio, e os dois se lançaram num escrito a quatro mãos: um comentário crítico da *Unreasonableness of Separation* (Irracionalidade da Separação), de Stillingfleet (1681)[37]. Contudo, é possível que cada qual estivesse trabalhando, também, em outra obra literária. Em janeiro de 1680, Tyrrell escreveu uma carta a um eminente historiador *whig*, em que apontava: "Chegou recentemente a esta cidade um novo tratado de sir Robert Filmer, intitulado *Patriarcha*."[38] A observação sugere que já estivesse trabalhando em seu *Patriarcha non Monarcha*, utilizando as obras previamente reeditadas de Filmer, na edição de 1679[39]. Possivelmente precisou incluir a nova publicação em suas considerações, modificando seu texto. O livro publicado começa com uma refutação página a página do *Patriarcha*, da mesma forma como a obra de Locke, em sua forma final, se inicia com o *Primeiro tratado* também voltado especificamente contra o *Patriarcha*.

Locke e Tyrrell, portanto, estavam em estreita comunicação quando, segundo estou inclinado a acreditar, os dois

---

37. MS. c. 34; as caligrafias de Locke, Tyrrell e um terceiro (um amanuense?) intercaladas. Na verdade, Tyrrell fez anotações sobre temas de importância para a teoria política no diário de Locke referente a 1680; ver nota em II, § 108, 6.

38. MS de Inner Temple 583 (17), f. 302, de Tyrrell para Petyt, com a data "12 de jan.", obviamente de 1680. Ver Pocock, 1957, 187-8; devo esta referência ao professor Pocock.

39. Livro dividido entre diferentes compositores tipográficos, de modo a gerar três paginações incoerentes entre si. Nas edições anteriores, minha *Introdução* sugeria que a origem das descontinuidades estaria no fato de Tyrrell haver enviado um exemplar anexo que tratava do *Patriarcha*. Aparentemente não foi o que se deu, mas sim o que está relatado em uma carta a mim enviada em janeiro de 1972 pelo sr. J. Atting e publicada, em 1978, por J. W. Gough.

se puseram a refutar Filmer, e a estrutura de seus escritos obedeceu a um padrão notadamente semelhante. Tamanha era a proximidade de ambos, com efeito, que pareceria possível, ou mesmo provável, algum tipo de colaboração. O notável, porém, é que os testemunhos de que dispomos indicam que Locke, com toda certeza, não permitiu que Tyrrell lesse seu manuscrito ou mesmo que soubesse de sua existência, e que, de sua parte, Tyrrell aparentemente teria sido quase tão reservado com relação ao seu[40]. O fato tem certo interesse, uma vez que grande número das posições de Tyrrell contrárias a Filmer coincidiam com as de Locke, em especial a interpretação do direito de propriedade[41]. Qualquer que tenha sido o relacionamento exato entre os dois homens durante a feitura de seus respectivos livros, no entanto, não há dúvidas de que, quando Locke decidiu abordar o *Patriarcha* de Filmer da maneira como o abordou, fê-lo da maneira como o fez Tyrrell e segundo o exigiam as circunstâncias.

Somente no *Patriarcha,* e após janeiro de 1680, a tese autoritária e patriarcal dos *tories* passou a atuar no espírito das figuras politicamente importantes como um todo coeso

....
40. Locke adquiriu um exemplar do *Patriarcha non Monarcha* "para o sr. Tyrrell" pouco depois de sua publicação, em junho de 1681. Ora, ninguém compra um livro para oferecê-lo a seu autor anônimo, se sabe quem o escreveu. Posteriormente, Tyrrell enviou a Locke um exemplar corrigido a mão (H. e L. 2999, ver nota a II, 74, 14-37).

41. Ver notas ao longo do texto, em especial a II, § 25. O *Patriarcha non Monarcha* é mencionado em tom elogioso, pelo título senão pelo autor, em I, § 124. Os fatos aqui apresentados permitem argumentar que Tyrrell, e não Locke, deve ser considerado o criador da "teoria do valor baseada no trabalho", a menos que se aceitem as duas afirmativas que se seguem. A primeira é que Locke escreveu, ou formulou, a essência de seu texto em 1679; a outra é que transmitiu suas ideias a seu amigo. É bem possível aceitar a primeira das duas teses, mas a segunda não está determinada com clareza, e qualquer avaliação da "originalidade" de qualquer parte dos *Dois tratados* deverá levar esses fatos em consideração.

e influente. Em suas obras, Filmer comentara a constituição e a origem do governo em contextos separados, de tal modo que muitos acreditavam que o *Freeholders Grand Inquest*, sua obra especificamente constitucional, fosse de outro autor[42]. É possível que Locke tenha modificado, reorganizado e talvez reescrito significativamente o *Segundo tratado* ao tomar conhecimento de que haveria também um *Primeiro*; já o vimos trabalhando no texto dessa forma em 1681, quando acrescentou as citações de Hooker. Como insiste Ashcraft, o Parlamento de Oxford, em que a Lei de Exclusão terminou por fracassar, imprimiu uma grande urgência a essas questões e é possível que tenha tido uma repercussão considerável no texto de Locke. Além disso, Locke seguramente fez outras inclusões e, supostamente, modificações em 1689, e a decisão de imprimir os tratados em sua forma final pode ter sido tomada nessa época. Boa parte, porém, foi deixada em sua forma original, incluindo a referência no § 22, que sobreviveu a todas as repetidas correções do autor. Do ponto de vista de nossa discussão sobre o livro enquanto resposta a circunstâncias políticas e literárias, sua origem pertence ao outono e inverno de 1679-80, exatamente uma década antes da data tradicionalmente atribuída para sua composição. Os *Dois tratados* são um ensaio da Exclusão, e não um panfleto da Revolução.

Da forma como se apresenta, o livro de Locke é enfadonho e pouco convidativo: duzentas páginas de impossível leitura introduzindo um ensaio vivo e convincente, ainda que um pouco elaborado em excesso e repetitivo. Não é difícil perceber o que o levou a organizá-lo dessa forma, embora possamos lamentar sua pouca sensibilidade. Mas não há razão alguma para supor que tivesse concebido seus pen-

---

42. Ver Allen, 1928, um ponto de vista enfaticamente retomado por C. C. Weston em 1980.

samentos numa ordem tão improvável, ou que os tenha posto no papel dessa forma.

Cada uma de suas posições é assumida no *Primeiro tratado*, mas, quando ali se refere a elas, o autor nos remete ao *Segundo*. Quem deliberadamente optaria por iniciar a exposição de um tema complicado com a refutação do pensamento de outrem, sem estabelecer suas próprias premissas? Parece inegável que o *Segundo tratado* é, por uma questão de lógica, anterior ao primeiro, pois em nenhuma ocasião o autor cita o *Primeiro* ao longo do *Segundo*. Acredito que uma explicação satisfatória acerca da fatura do livro deve admitir que o *Segundo tratado*, o enunciado afirmativo, já existia sob alguma forma quando o *Primeiro*, o comentário negativo, foi iniciado.

Isso é tudo quanto se pode deduzir com segurança a partir do que se sabe com certeza a respeito da data e do modo de composição dos *Dois tratados*. O quadro dá margem a uma série de conjecturas, e este interlúdio dará lugar a uma delas. Não se fará mais que uma única suposição, mas, se estiver correta, muita coisa será explicada.

Existe um documento, mencionado tanto nos papéis de Locke como nos de Shaftesbury, cuja história corresponde quase exatamente à do manuscrito, ou manuscritos, dos *Dois tratados*, tal como vem sendo desenvolvida aqui. O documento tem um título cifrado. *De Morbo Gallico* (Mal francês), um eufemismo para designar a sífilis. Pode parecer vulgar, mas não se pode esquecer o lado médico de Locke, e eram comuns os títulos cifrados nesse tipo de documento, sobretudo aqueles de conteúdo perigoso, sigiloso ou constrangedor. Além disso, Locke e Shaftesbury consideravam realmente o despotismo como um mal francês e, quando escreveu o documento, em 1679, Locke acabava de voltar da França, após estudar o mal francês enquanto sistema político.

Quando Shaftesbury foi preso, em julho de 1681, Locke presumivelmente estava na residência. Mas na época em que se fizeram as listas dos documentos apreendidos, Locke se encontrava em Oxford, preparando o catálogo de seus livros que ali ficaram. Entre seus fólios, perto de Hooker e do alentado volume de anotações encadernado contendo seu primeiro esboço sobre o *Entendimento*, registrou o *Tractatus de Morbo Gallico*[43]. Enquanto isso, em Londres, os homens do governo investigavam os papéis de Shaftesbury, e entre eles depararam com diversos itens de Locke. Estes incluíam a cópia para Shaftesbury do rascunho sobre o *Entendimento*, a carta sobre o Parlamento de Oxford e "o livro do sr. Locke sobre árvores frutíferas". "Anotações extraídas do *Mors Gallicus* na caligrafia do senhor conde" foi outro documento por eles registrado[44]. Shaftesbury deve ter tido algum motivo para ter-se dado ao trabalho de copiar tais anotações: não é impossível que sofresse de sífilis, embora tal suspeita nunca tenha sido levantada antes. Seja como for, Locke levou o documento com esse título à residência de Tyrrell em 17 de julho e, ao partir para Londres no dia seguinte, escreveu com caracteres estenográficos em seu diário: "*De Morbo Gallico* confiado a ele".

Um ano mais tarde, o dr. Thomas, de Salisbury, seu médico e aliado político, escreveu-lhe dizendo: "Pode enviar suas *Observações de Morbo Gallico*", e deu o nome de um portador[45]. Caso se tratasse do mesmo documento, deve ter sido algo escrito pelo próprio Locke. O nome aparece novamente, em novembro de 1683, numa carta escrita a Clarke da Holanda, pouco depois de sua chegada àquele país, repleta de enigmáticas alusões a pertences deixados para trás.

....

43. Provavelmente não é o mesmo que seu velho e substancial livro *Morbus Gallicus. Omnia quae extant de eo*, Veneza, 1566 (Harrison e Laslett, 2041), que também era um fólio.

44. P.R.O. Shaftesbury Papers, 30/24 Livro VIA, item 349, documento 3.

45. De Thomas para Locke, 25 de julho de 1682: em 5 de agosto acusou a chegada do mensageiro, que iria trazer "sua opinião sobre *De Morbo Gallico*" (de Beer, 2, 534, 537).

O honesto Adrian escreveu-me contando que a arca que ora se encontra sob a custódia da sra. ... não foi aberta, embora ele tivesse a chave e instruções para fazê-lo. Tampouco vou perguntar se algo mais sob a custódia dela foi aberto, apenas me permita dizer-lhe que penso, ou talvez sonhei, que o senhor me havia indagado quanto ao título de um tratado, parte do qual se encontra em poder do sr. Smith, que é o *Tractatus de Morbo Gallico*. Caso exista outro exemplar do mesmo, ficaria feliz em obtê-lo por qualquer soma razoável, pois me foi bem recomendado e pretendo dedicar-me com afinco aos estudos médicos junto à lareira neste inverno. A esse respeito, porém, escrever-lhe-ei posteriormente, quando tiver notícia da existência de mais de um exemplar, pois, do contrário, será insensato desejá-lo. Gostaria de saber também se o dr. Sydenham publicou alguma coisa este ano[46].

Aparentemente, Locke está solicitando outro exemplar de um tratado, parte do qual está em poder de alguém cujo nome ele indica, talvez a sra. Smithsby, sua senhoria em Londres. Mas é evidente sua apreensão de que o cauteloso Clarke houvesse destruído o exemplar inteiro. É bem possível que isso tenha acontecido, caso se trate do manuscrito que estamos buscando, pois naquele mesmo mês Sidney estava diante do tribunal de Old Bailey por escrever contra Filmer: em sua carta anterior, Locke pedira "notícias de Old Bailey".

Embora mutilado, o último contexto é mais claro. Numa carta bem posterior a Clarke, de 18 de fevereiro de 1687, Locke escreve: "Peço também que a metade de... *De Morbo*

------

46. De Locke para Clarke, 21 de novembro (1683), de Beer, 2, 606. É possível que a "sra." cujo nome se perdeu fosse a sra. Smithsby, que também seria o "sr. Smith"; "Adrian" é o dr. Thomas; as referências médicas parecem um subterfúgio. Infelizmente, tanto esta carta como a seguinte estão ausentes do acervo (atualmente nos papéis de Locke guardados na Bodleian Library), tal como Rand o conhecia, e sua pouco confiável transcrição não pôde ser verificada.

Gallico, que deixei com R. Smith, selado numa pequena [caixa] de cerca de um palmo de comprimento e cerca de [meio] palmo de largura, seja enviada para (...)". E, um pouco adiante na mesma carta: "Não é difícil [perceber] por que preciso daquela obra *De Morbo Gallico* (...)"[47]. Aparentemente não foi possível encontrar o exemplar em questão, pois este, sabemos com certeza, não lhe foi enviado para a Holanda. É tentador imaginar que o motivo por que queria o outro meio exemplar era de ordem política, e apenas pouco tempo antes Locke se queixara de receber poucas notícias políticas[48]. Nada com esse título ou sobre um tema que pudesse se encaixar nessas referências chegou até nós nos volumosos papéis de Locke, embora outros escritos que encontrou em poder da sra. Smithsby ao regressar a Londres, em 1689, até hoje não tenham sido localizados.

Se o presente exercício de suposição puder ser comprovado, implicará uma série de coisas. A primeira versão dos *Dois tratados*, sob o título *De Morbo Gallico*, foi originalmente escrita num fólio de anotações, da mesma forma que o primeiro esboço feito por Locke de seu *Ensaio*. Shaftesbury conhecera o escrito e o anotara antes de sua prisão, em julho de 1681, quando já estava nas prateleiras de Locke em Christ Church entre os livros que usou para escrevê-lo. Tyrrell ficou encarregado do mesmo por um certo tempo depois disso, embora desconhecesse o teor do manuscrito; Thomas, que o leu em 1682, e também Clarke tiveram acesso ao segredo. Havia dois exemplares do trabalho em 1683, mas, antes que Locke partisse para a Holanda, um deles foi dividido em dois e deixado com a sra. Smithsby; Clarke recebeu ordens para destruir o outro exemplar por completo

---

47. De Beer, 3, 132. As reticências representam os trechos desaparecidos quando Rand viu a carta, e as palavras em colchete, as interpretações por ele sugeridas.
48. De Locke para Limborch, 14 de fevereiro de 1687, de Beer, 3, 128.

caso isso parecesse aconselhável, segundo os rumos que o julgamento de Sidney estivesse tomando[49].

Clarke terminou por se desfazer do exemplar integral, e Locke não readquiriu nenhuma parte desse escrito, até onde sabemos, antes de 1689, seguramente não antes de 1687. Podemos identificar a metade do manuscrito que deixou em poder da sra. Smithsby com a obra completa de que dispomos hoje. É fácil deduzir as razões que o levaram a destruir o restante – supostamente, tratava-se de um terreno perigoso. Estava situado, convém lembrar, no final e não no meio do manuscrito, uma vez que era uma continuação do *Primeiro tratado*. Continha as passagens que ele e os amigos temiam pudessem ser úteis a um advogado da Coroa no sentido de persuadir uma corte de justiça de que, ao escrever tal livro, John Locke fora um traidor, exatamente como Algernon Sidney. Tal, portanto, fora, nas palavras do Prefácio, o "destino imposto pela fortuna às páginas que deveriam compor a parte central".

Suposições à parte, os indícios aqui apresentados, e analisados com maior profundidade nas notas ao texto de Locke[50], permitem a seguinte reconstituição hipotética dos estágios de composição da obra: no inverno de 1679-80, o *Segundo tratado* estava escrito, talvez apenas em parte, talvez

---

49. Locke encontrava-se em profundo estado de ansiedade nessa época e destruiu grande parte do escrito; foi provavelmente então que apagou de seus papéis as referências à composição do livro. Campbell (*The Chancellors*, 1845, III, 374) afirma que Locke fez destruir a autobiografia de Shaftesbury em função do destino de Sidney. Na década de 1680, as cartas enviadas por Locke a Clarke continham uma folha com o número 185, exibindo códigos a serem usados, que Clarke aparentemente recebeu em fevereiro de 1684-5 (de Beer, 2, 685). Esse documento não foi objeto de menção subsequente.

50. Tentou-se atribuir cada capítulo do *Segundo tratado* a um dos períodos hipotéticos de sua composição; ver notas ao parágrafo inicial de cada capítulo. Nos casos em que qualquer parágrafo ou trecho em particular pareça ter sido escrito em uma data diferente daquela de seu contexto, o leitor encontrará um comentário nesse sentido.

completo. No início de 1680, o *Primeiro tratado* foi acrescido a ele, e, se Shaftesbury chegou a ler o livro, provavelmente o fez nesse estágio. É possível que ele ou outrem tenha sugerido revisões a Locke, pois este novamente se debruçou sobre a obra no verão de 1681, acrescentando as referências e citações de Hooker, além, provavelmente, dos capítulos XVI, XVII, XVIII e parte do VIII no *Segundo tratado*, num total de cerca de cinquenta parágrafos. O processo de revisão e as ampliações avançaram por 1682 adentro, é possível, e há partes do capítulo XVIII que aparentemente pertencem a 1683, incluindo talvez parte ou a maioria do último capítulo. Entre fevereiro e agosto de 1689 novas revisões e ampliações foram efetuadas, conforme vimos, ao longo de todo o volume, e que prosseguiram até o último momento possível antes da impressão. No conjunto, porém, apenas o Prefácio, os títulos e cerca de vinte e cinco novos parágrafos parecem ter sido escritos nessa ocasião, incluindo a íntegra dos capítulos I, IX e XV do *Segundo tratado*. Apenas por essas passagens, além do número considerável de acréscimos e alterações bem mais sucintos, é possível situar o livro no ano da Revolução Gloriosa.

Tal como aqui está reconstituída, a composição dos *Dois tratados sobre o governo* só pode estar vinculada à relação de Locke com Shaftesbury, ligação esta que chegou ao fim de maneira traumática. A necessidade de partir para o exílio, a perda de sua posição em Christ Church, o fantasma de um julgamento e até mesmo de uma execução estavam completamente associados, na mente daquele homem cauteloso, introvertido e tímido, ao fato de haver escrito sobre política. Quando retornou, em 1689, e decidiu publicar o que escrevera, não estava num país cujo futuro político parecesse estável. A volta de Jaime II foi uma possibilidade que pairou por toda a década de 1690; caso isso acontecesse, significaria o exílio para Locke e, talvez, teria ponderado ele, uma sorte mais cruel para o conhecido autor daquele livro.

Sua própria experiência e o destino de seus amigos e aliados não lhe deixavam dúvidas de que um monarca católico Stuart jamais hesitaria em usar contra ele o que quer que fosse encontrado em seus papéis pessoais. Começamos a entender, com isso, sua atitude extraordinariamente furtiva com respeito à autoria dos *Dois tratados* e sua persistente recusa em admitir que os escrevera.

É possível, contudo, que haja outro motivo ainda, muito mais interessante em termos do pensamento político e de sua relação com a filosofia. É possível que Locke não quisesse deixar transpirar que o mesmo homem que redigira o *Ensaio sobre o entendimento humano* também escrevera os *Dois tratados sobre o governo*, pois tinha perfeita consciência de não ser nada fácil reconciliar as doutrinas de ambas as obras. Descrevemos acima um homem com aversão pela crítica e que fugia de controvérsias. Não pode haver dúvidas de que ele seria obrigado a enfrentar essas duas adversidades caso seus contemporâneos fossem convidados a comparar os pressupostos de sua teoria do conhecimento com os de seus princípios políticos. A questão crucial era sua concepção da lei natural. A reputação de Thomas Hobbes fora irremediavelmente destruída, e uma das razões para tal foi ele haver se exposto dessa forma. É chegado o momento de examinarmos a relação entre Hobbes e Locke como um tema à parte.

IV. Locke e Hobbes

1. Filmer, Locke e Hobbes
Os "Dois tratados" e a literatura política contemporânea

Se Locke escreveu seu livro para refutar as ideias de sir Robert Filmer, não pode tê-lo escrito para refutar Thomas Hobbes. É quase tão equivocado supor que estivesse argumentando deliberadamente contra o *Leviatã* como acreditar que tenha escrito no intuito de racionalizar a Revolução. Não haveria o menor sentido em que o defensor intelectual dos exclusionistas *whigs* produzisse mais uma crítica a Hobbes. O professor Skinner[1] demonstrou que Hobbes teve realmente um contexto intelectual e um conjunto de seguidores; que não surgiu do nada, e que exerceu uma influência que não se limitava a seus opositores. Do ponto de vista político, porém, foi ele o menos importante de todos os autores absolutistas. Filmer, por outro lado, era o homem do momento – uma influência formidável e crescente junto àqueles cujas opiniões políticas contavam, além de um representante, por si só, das *ipsissima verba* da ordem estabelecida. Por conseguinte, Locke se viu impelido a escrever sobre esse

---

1. Ver seus três artigos muito interessantes e persuasivos, 1965 (ii), 1966 (i) e (ii).

tema, razão pela qual o pensamento de Filmer está diretamente na base de suas doutrinas políticas. Além disso, sua controvérsia com o patriarcalismo tem um significado decisivo na história do pensamento político e social, para o desenvolvimento estrutural da sociedade moderna[2].

Locke obviamente rejeitava o absolutismo de Hobbes, bem como o de Filmer: o vocábulo "Leviatã" ocorre em seu *Segundo tratado*, e há frases e argumentações inteiras que lembram a posição hobbesiana, e devem ter sido pensadas como comentários a esta[3]. Mais que isso, o pensamento de Hobbes tinha uma importância sistemática para Locke e se introduz em suas doutrinas de uma forma bem mais profunda que uma simples divergência de opiniões políticas. Isso, porém, não pode alterar o fato de que as obras de Filmer ocupam, no tocante ao *Segundo tratado*, a posição tradicionalmente atribuída às doutrinas de Hobbes. Esse fato acarreta algumas consequências que passaram desapercebidas.

Filmer influenciou Locke à maneira como todos os homens influenciam aqueles que elegem refutá-los. Foi ele, e não o próprio Locke, e decididamente não Hobbes, quem estabeleceu os termos de sua argumentação. Sem dúvida, Locke teria encontrado alguma oportunidade para afirmar sua crença na liberdade e na igualdade de todos os homens, mas ocorreu que se viu forçado a fazê-lo logo no início de sua obra sobre o governo, pois Filmer as havia negado diretamente, contra Hobbes, entre outros. É bem possível que

---

2. Ver Laslett, *The World We Have Lost*, em especial o capítulo 9. Bastide, 1907, particularmente nas pp. 208-9, sustenta que Hobbes constituía uma importante influência política em razão de sua influência sobre a corte de Carlos II. Pollock, de sua parte, parece ter dedicado grande empenho a comprovar a tese de que Locke estava realmente escrevendo contra Hobbes: ver 1904, 238, e também Vaughan, 1925; Gough, 1950. A análise mais interessante das relações de Locke com Hobbes, e das razões pelas quais os *Dois tratados* não estavam dirigidos contra o *Leviatã*, encontra-se em Dunn, 1969 (i), capítulo 7.

3. Ver notas em II, §§ 19, 21, 98, 133, 211, 212.

alguns dos argumentos de Locke jamais houvessem sido desenvolvidos não fosse por Filmer. Já vimos que Locke não dava mostra de nenhum interesse na teoria da propriedade antes de se dedicar a essa polêmica, e viu-se diante de uma argumentação em favor do comunismo primitivo, a qual era muito difícil refutar, a menos que uma nova justificação da propriedade fosse formulada[4]. O patriarcalismo influenciou-o de forma mais inequívoca e, em suas concessões a este, podemos vislumbrar em seu pensamento alguns indícios de que reconhecia as limitações de seu próprio racionalismo intelectualista[5].

Se o alvo dos *Dois tratados* fosse de fato Hobbes, e não Filmer, a obra seria de muito menor interesse e influência. Não se pretende, com isso, afirmar que Locke tenha logrado aniquilar Filmer tão completamente quanto ele próprio acreditava e como a história subsequente parece confirmar. Enquanto peça de dialética formal, seu escrito é menos completo e, sob determinados aspectos, menos convincente, ao menos para seus contemporâneos, do que a obra idêntica de seu amigo Tyrrell[6]. É verdade que Locke superou por completo, em intelecto e erudição, o oponente que escolheu. Depois de acrescentar a detalhada argumentação do *Primeiro tratado* ao *Segundo*, percebemos facilmente como seria impossível a quem quer que fosse continuar acreditando que

---

4. Ver pp. 46-8 e nota em II, § 25, 16-9. De forma análoga, Tyrrell desenvolveu muitas de suas argumentações unicamente em função de Filmer. Viano, 1960, especialmente da p. 209 em diante, também insiste na importância de Filmer e do patriarcalismo para a compreensão de ambos os *Tratados*.

5. Ver nota em II, § 74, 14-37 e referências, e comparar com Schochet, 1969, 1975.

6. O *Patriarcha non Monarcha* trata com mais propriedade a posição contrária e considera-a no âmbito de todo o seu contexto literário, o que não ocorre nos *Dois tratados*. Sua leitura é bem mais difícil, naturalmente, e não contém nada comparável a uma teoria política positiva, mas eu gostaria de retratar-me do que afirmei em Laslett, 1949, 38-9.

os textos do Antigo Testamento, que Filmer utilizara para justificar a realeza patriarcal, pudessem se aplicar de alguma forma aos monarcas contemporâneos. Mas como deveria o leitor consciencioso considerar o conteúdo da Revelação e sua relação com o mundo político em que vivia, e também a origem dos governos? Isso porque Locke admitia que a história do Antigo Testamento se aliava, de alguma forma, à sua interpretação dos fatos ocorridos, mas, ao contrário de Filmer, nunca se mostrava disposto a explicar como, exatamente, isso se dava[7]. "Não devemos negar a verdade da história da criação", clamava Filmer contra Hobbes. Locke não admitiria estar lançando mão desse expediente, quando, na realidade, utilizava argumentos racionalistas que simplesmente não podiam ter lugar no mundo filmeriano da política bíblica.

Locke não apenas se recusou a enfrentar Filmer em seu próprio terreno e foi incapaz de reconhecer toda a força, ancestralidade e importância da tradição patriarcal[8], como também ignorou, decididamente, os penetrantes contra-argumentos críticos que fazem a força da exposição de Filmer. Ora, como seria possível defender a tímida afirmação de Locke acerca da historicidade de um estado de natureza, de um acordo ou pacto na base de todo governo estabelecido, da possibilidade de justificar a pertinência de conceitos universais a propósito das instituições políticas, contra o comentário cético de Filmer? Foi Tyrrell, e não Locke, quem reconheceu a instigante eficácia de Filmer e admitiu que não havia, na verdade, uma separação entre o terreno que ele e Locke ocupavam e o individualismo lógico, a democracia final, a divisão do poder político com mulheres, crianças e criados[9]. Tudo isso para não falar da incapacidade de Locke

....
7. Ver notas em II, § 130, e I, § 136.

8. Ver, por exemplo, nota em I, § 64, 11-6.

9. Tyrrell, 1681, 83-4; seu único comentário é que jamais existira uma tal forma de governo. O silêncio de Locke a esse respeito deu margem às interpretações extremistas dos partidários ingleses da Revolução Francesa; ver as

em partilhar a visão defendida por Filmer da comunhão emocional implícita em todos os relacionamentos políticos, o elemento física e psicologicamente natural que, tal como argumentamos alhures, o pensamento político a partir de Locke tem interpretado de maneira equivocada, para o risco de todos nós[10].

Locke certamente absorveu algo do patriarcalismo. Já mostramos acima que houve um tempo em que essa concepção tradicional teve uma forte presença em seu pensamento. Mas ele não aprendeu o bastante para compreender instituições como a família, a nação, a sociedade política de determinada área, tal como imaginamos que devam ser compreendidas. E Hobbes não podia fazer nada com a atitude patriarcal. Para ele, as sociedades patriarcais eram aquelas "cuja harmonia depende da luxúria natural", e isso era tudo. Não se dispunha a estabelecer a diferença entre a autoridade paterna e o exercício nu da força. Sob todos esses aspectos, portanto, Hobbes, Locke, Tyrrell, Sidney e os demais estavam de um lado, e Filmer e a tradição por ele defendida, de outro. Leibniz aparentemente incluía numa mesma classificação os *Dois tratados* e o *Leviatã*, em contraste com o *Patriarcha*, e não tinha a menor dúvida de que Filmer era o alvo de Locke no livro todo. Uma controvérsia entre Locke e Hobbes se produziria no âmbito de uma mesma facção, e jamais poderia dar origem à atitude política característica do mundo moderno. Já o confronto entre dois homens como

....
notas de Elrington ao *Segundo tratado*. Foi seu caráter obtuso, sua inadvertência ou prudência que tornaram legítimo descrevê-lo, em termos eloquentes, como o "pai da democracia", do nosso tipo de democracia. Comparar com Laslett, *The World We Have Lost*, 221-2.

10. Laslett, 1949, 42-3; Dunn, 1969, pp. 113-4, rejeita a suposta inferioridade de Locke com relação a Filmer nesses aspectos. Hoje me sinto inclinado a concordar com sua tese de que Locke e Filmer estavam de acordo no tocante às "verdades banais" acerca da família e da sociedade; comparar com Schochet, 1969 (i).

Locke e Filmer foi um fato simbólico e necessário: modificou o espírito dos homens[11].

Não obstante, Hobbes e Filmer compartilhavam praticamente todos os atributos do absolutismo, do modo como era rejeitado pelos partidários do Parlamento inglês – a vontade como fonte de toda lei e forma de toda autoridade, a necessidade de uma perpétua e absoluta submissão aos ditames arbitrários de um soberano indivisível, a impossibilidade de um governo misto. No que tange ao propósito de Locke em combater esses aspectos, pouca importância haveria, aparentemente, no fato de ser Hobbes ou Filmer quem ele tivesse em mente. Mas, quando examinamos cuidadosamente suas afirmações, percebemos que a forma das proposições absolutistas que ele rejeitava era quase sempre a defendida por Filmer[12]. Caso seu objetivo fosse examinar o conteúdo preciso e a força das afirmações de Hobbes, ele as teria citado textualmente.

Podemos dizer isso com alguma segurança, pois Locke era um polemista meticuloso e experiente. Já vimos que conhecia a concordância de Filmer com Hobbes, havia mais de uma década, ao escrever os *Dois tratados*[13]. Quando comentou Bagshaw na primeira obra que escreveu, e quando, bem mais tarde, defendeu-se de Stillingfleet e Proast, Locke citou cuidadosamente os parágrafos e sentenças dos livros que estava discutindo. Fez o mesmo, ao custo de um exasperante enfado, no *Primeiro tratado*, ao tratar de Filmer. Não há razão para supor que agisse de modo diferente no *Segundo tratado*, se Hobbes fosse o alvo de sua crítica ali.

....

11. O conteúdo da argumentação patriarcalista na Inglaterra, e do significado para o liberalismo de sua rejeição, está integralmente exposto em Schochet, 1966. Sobre Leibniz, Locke e Filmer, ver Jolley, 1975.

12. Ver, por exemplo, notas em II, § 92, 7 e II, § 95, 9.

13. Ver pp. 46-7. A frase de Filmer ali citada segue nos seguintes termos: "Concordo com ele [Hobbes] quanto aos direitos de se exercer o governo, mas não posso concordar com os meios por ele defendidos para adquiri-lo".

Introdução

Os hábitos de Locke ao lidar com polêmicas, bem como os fatos já mencionados acerca da importância do patriarcalismo nessa época, tornam impossível sustentar que Filmer fosse simplesmente o bode expiatório de Locke, sua oportunidade para atacar Hobbes através de um terceiro. Sem dúvida, havia algo vagamente ridículo em Filmer, mesmo no ano de 1679. Mas já vimos que tanto Locke como Shaftesbury pareciam tomá-lo muito a sério pouco tempo antes. Mais equivocado ainda é supor que o objetivo dessa flagelação pública fosse humilhar os hobbistas* existentes entre os espectadores, com uma ou duas chicotadas dirigidas diretamente a eles. Locke nunca classificou Filmer como hobbista, nem disse coisa alguma no sentido de vincular os dois pensadores, embora Sidney não hesitasse em fazê-lo e também Tyrrell houvesse comentado as posições hobbistas ao tratar de Filmer[14].

Na verdade, é impossível provar que, ao escrever a obra, Locke havia tido algum contato recente com o *Leviatã* ou qualquer outra obra de Hobbes em primeira mão[15]. Não fossem as passagens de sabor hobbesiano ou que parecem particularmente dirigidas contra Hobbes no *Segundo tratado*, jamais saberíamos de algum interesse de Locke por Hobbes enquanto pensador na época, pois suas anotações, diários, cartas, listas de livros e aquisições não revelam o menor sinal de tal interesse. Sua única menção explícita ao termo *Leviatã*, no § 98 do *Segundo tratado*, está muito longe de ser específica; se tomada em sentido literal, com efei-

....
* Nome mais ou menos pejorativo atribuído aos simpatizantes das doutrinas de Hobbes. (N. R. T.)

14. Ver, por exemplo, Sidney, 1772, 5, e Tyrrell, 1681, 138-41, segunda paginação. Na p. 209, ele acusa Filmer de haver copiado Hobbes diretamente, o que, do ponto de vista histórico, é quase impossível.

15. Ele emprestou seu *Leviatã* em 1674 e não o obteve de volta senão em 1691. Não possuía nenhuma outra obra política ou filosófica de Hobbes.

to, pareceria indicar um grande equívoco, ou uma lembrança equivocada, quanto à doutrina de Hobbes[16].

O fato encontra um interessante paralelo no *Ensaio sobre o entendimento*. Locke também menciona o *Leviatã* uma única vez no curso dessa alentada obra, que cobre grande parte do terreno tratado anteriormente por Hobbes e que muitos comentadores também supuseram ter sido escrita com Hobbes em mente. E, também ali, confunde a tese hobbesiana numa passagem cujo claro propósito era igualmente sarcástico e genérico[17]. Não obstante, o *Ensaio* revela nítidos indícios de proximidade com Hobbes, mesmo na questão crucial da propriedade e da justiça. "A proposição 'Onde não há propriedade não há injustiça' é tão certa quanto qualquer demonstração de Euclides", assevera Locke em seu ensaio[18]. "Onde não há um próprio, ou propriedade, não

...

16. "Uma tal constituição imporia ao formidável *Leviatã* um duração mais breve que a da mais frágil das criaturas." A "constituição" enfocada exigiria um consentimento universal para todos os atos de um corpo político, muito embora Hobbes aceitasse a decisão tomada pela maioria numa assembleia. A passagem é claramente irônica e genérica; não é um comentário de alguma passagem precisa de Hobbes. Ver nota ao parágrafo mencionado.

17. I, iii, 5 (ed. Nidditch, 68), em que afirma que um hobbista cumpria sua promessa porque o público o exigia e pelo medo de ser punido por *Leviatã*. Na verdade, é claro, o cumprimento de acordos era a terceira das leis da natureza, tal como Hobbes as compreendia. Alguns comentadores de Hobbes poderiam alegar que tal reflexão de Locke estaria correta em última análise, mas ele certamente não teria formulado essa crítica fundamental de uma forma tão negligente, caso sua intenção fosse séria.

18. IV, iii, 18 (ed. Nidditch, 549). Locke fizera uma afirmação muito semelhante vários anos antes: *"Quid enim justitia ubi nulla proprietas aut dominum"*, oitavo *Ensaio sobre a lei da natureza*, Von Leyden, 1954, p. 212, e desenvolveu-a em sua obra sobre *Educação*, § 110: "É impossível às crianças compreenderem corretamente o que é a injustiça antes de compreenderem a propriedade" (*Works*, 1801, IX, 101, trecho acrescentado nas edições posteriores). No *Ensaio*, Locke chega a sugerir essa justificação da propriedade em termos de esforço: "O mesmo se dá com o conhecimento moral; que um homem conceba tomar a outros, sem o consentimento destes, o que se tornou posse deles pelo esforço próprio, e chame a isso *justiça* se assim ele quiser" (ed. Nidditch, 567).

há injustiça", diz o *Leviatã*[19], e Hobbes disso infere a conclusão – resolutamente rejeitada por Locke, não no *Ensaio*, mas nos *Dois tratados* – de que não pode haver propriedade antes do governo e à parte este. Teria Locke, ao escrever esse surpreendente eco de uma afirmação de Hobbes, consciência de sua fonte? Os exemplos ora mencionados sugerem que não. Tudo indica que se encontrava na curiosa posição de haver incorporado as ideias hobbesianas, a fraseologia hobbesiana, a ponto de já ignorar suas origens: suas leituras da juventude, jamais repetidas, talvez; ou livros de outros autores e as discussões genéricas em torno de Hobbes – ou ambas as possibilidades.

A exata relação literária entre os dois homens, portanto, constitui um estudo interessante e intricado. Locke nunca se viu livre da sombra do *Leviatã*. Como veremos, havia figuras em Oxford que suspeitavam que ele estivesse pendendo para o hobbismo no início da década de 1690 e, em 1693, o próprio Isaac Newton desculpou-se com Locke por ter agido da mesma forma. Newton encontrava-se num estado neurótico ou mesmo psicótico no período em questão, mas, durante a controvérsia sobre suas concepções do cristianismo, que tomaria um rumo tão violento no final da década de 1690, Locke viu-se diretamente acusado por outros eminentes intelectuais de reproduzir as posições de Hobbes. Em 1697, Richard Willis, futuro bispo de Winchester, afirmou que a tese de Locke intitulada *A racionalidade do Cristianismo* (1695) era "consoante às palavras do *Leviatã*, de onde é extraída sua doutrina, parte IV, cap. 43"[20], enquanto John

---

19. Capítulo 15, 1904, 97-8. É provável que tanto Locke como Hobbes estivessem empregando aqui o termo "propriedade" em sua acepção mais ampla, da qual as posses materiais constituem apenas uma parte. Ver adiante, pp. 148-50.

20. *Occasional Paper nº 1*, 1697. Sobre a acusação de Newton, ver Dunn, 1969 (i), p. 81, em que também reproduz, de um dos cadernos de anotações de Locke da década de 1680, um trecho de uma interessante apreciação sobre Hobbes e, de Cranston, 1957, 133, uma referência à "doutrina do sr. Hobbes".

Edwards, mais incisivo, descrevia seus escritos teológicos como inteiramente impregnados da doutrina de Hobbes. Quando comparamos os dois trechos, a semelhança é gritante: há uma pequena correspondência verbal, e é de esperar o uso em comum de alguns textos da Escritura, mas a doutrina é quase idêntica. Locke respondeu a esse crítico nas últimas linhas de *Uma segunda defesa da racionalidade do Cristianismo*, de 1697: "Afirmo a ele (...) que desconhecia que aquelas palavras por ele citadas do *Leviatã*, ou qualquer coisa análoga a elas, constassem daquela obra. Tampouco tenho conhecimento hoje, mas apenas posso acreditar, com base em sua citação, que constem da obra"[21].

Isso pode insinuar que ele jamais houvesse lido o *Leviatã*, como sem dúvida transparece em sua pouca disposição de nem sequer se dar ao trabalho de abrir o livro e conferir uma referência quando confrontado com um desafio. Na verdade, a semelhança neste caso pode ter sido uma coincidência, resultante daquela atitude racionalista que os dois homens tinham em comum, aplicada aqui à Revelação cristã. É possível, ainda, que seja esse o caso de um homem que leu algo muitos anos antes e o esqueceu, mas que veio a reproduzi-lo mais tarde como uma ideia própria. Essa interpretação, a mais complacente, me parece também a mais provável. Quando compunha seus escritos filosóficos, Locke "recusava-se terminantemente a ler quaisquer livros sobre o mesmo tema", de modo a manter sua mente afastada das ideias alheias[22]. Dizia, com respeito à política, que "esse tema (...) exige mais meditação do que leitura"[23], e é possível que quando se dedicasse a seus escritos sobre teoria políti-

---

21. *Works*, 1801, VII, 420. É possível que Locke aqui não estivesse usando da verdade, pois, na mesma obra, nega todo e qualquer conhecimento da literatura sociniana, a qual ele seguramente possuía e quase com certeza teria lido; um ano ou dois mais tarde ele faria citações dela em suas anotações bíblicas.

22. Trata-se de um testemunho independente – de Tyrrell para Locke, em 18 de março de 1690 (de Beer 4, 36).

23. *Works*, 1801, X, 308.

ca envidasse o mesmo esforço consciente para extrair tudo de seu próprio intelecto, para não se valer de nenhum pensamento alheio. Como resultado, terminou por reproduzir algumas ideias dos livros que lera, mesmo daqueles lidos para os rejeitar.

"São escassas minhas leituras de Hobbes e Spinoza", afirmou em 1698, acrescentando um comentário irônico acerca "daqueles nomes justificadamente execrados"[24]. Não obstante, chegou a ler Hobbes, embora seja extremamente difícil determinar quando ou em que medida. O conjunto dos cadernos de anotações de Locke é bastante considerável e consiste, em grande parte, de citações de livros de terceiros, referidas e organizadas com monumental meticulosidade. Muito notável é o fato de que não tenha sido possível encontrar um único excerto das obras de Hobbes em todo o cânone de anotações lockeanas. Apenas uma citação veio à luz até o momento, e não se encontra num caderno de anotações, mas na guarda de um volume de sua biblioteca, publicado em 1668 – mesmo neste caso, a famosa passagem do *Leviatã* ali transcrita aparece sem referências à fonte, o que, para o leitor incauto, poderia passar por uma reflexão do próprio Locke[25]. Já vimos que, em sua juventude, quando sua

---

24. *Works*, 1801, IV, 477; comparar com Strauss, 1953, p. 211.

25. Está no exemplar de Locke do *Sylloge Observationum Medicinalium*, de Velschius, Ulm, 1668 (H. e L. 3062): "É nas definições equivocadas ou nulas que reside o primeiro aviltamento da linguagem, donde decorrem todos os dogmas falsos e ociosos; o que coloca os homens que obtêm sua instrução da autoridade dos livros e não de sua própria reflexão muito abaixo da condição de ignaros, assim como os homens investidos da verdadeira ciência acham-se num nível superior. Pois, entre a verdadeira ciência e as doutrinas equivocadas, a Ignorância é o termo médio." [*Leviatã*, capítulo IV (I ed., 1651, 15).] Em seu estudo sobre os comentários das Escrituras, aos quais Locke se dedicou em seus últimos anos de vida, Arthur Wainwright descobriu semelhanças nos conceitos teológicos dos dois pensadores (Wainwright, 1987). Com essas exceções, a exaustiva pesquisa dos papéis de Locke empreendida nos últimos vinte anos não conseguiu encontrar provas que confirmassem um estreito relacionamento literário entre os dois homens.

tendência era autoritária e sua análise chegou ao máximo de proximidade com Hobbes, sua familiaridade com este advinha em iguais medidas, talvez, da literatura sobre ele e de leituras diretas[26].

É bem possível que o jovem Locke houvesse passado por uma experiência bastante comum após 1651, quando o *Leviatã* foi publicado, e era muito procurado, segundo Pepys, a despeito de sua má reputação. Hobbes fascinou-o, não apenas então, mas pelo resto de sua vida. Era para ele um custo rejeitar sua doutrina, embora o tenha feito muito cedo. Quando escreveu os *Dois tratados*, portanto, o *Leviatã* era uma influência presente; uma constante gravitacional exercida por um grande corpo através de uma grande distância. Não obstante, uma influência positiva em seus efeitos, muito diversa da influência de Filmer, que, embora negativamente direcionada, era próxima e bem documentada.

Sob tais circunstâncias, é inútil procurar uma fonte direta, ou a fonte, do pensamento político de Locke em Hobbes ou em qualquer outro autor. Contudo, dentre os autores por ele consultados ao se debruçar sobre seu livro, talvez tenha sido Samuel Pufendorf o de maior utilidade para ele, em que pese o grande contraste entre as ideias de ambos em matéria constitucional. Locke soube tirar partido dos argumentos de Pufendorf, reproduziu suas posições e descreveu sua principal obra como "o melhor livro do gênero", melhor que o do grande Grócio, *War and Peace* (Sobre o direito da guerra e da paz)[27]. Pois bem, esse livro de Pufendorf, *De Jure Naturae*

....
26. Ver pp. 27-8. Cox, 1960, relaciona uma série de referências indiretas. A leitura de Locke reserva ainda outras surpresas: por exemplo, o fato de não ter conseguido ler Hooker muito adiante do primeiro livro (pp. 83-5), e sua confissão de que jamais lera Sidney (*Works*, 1801, III, 272).
27. *Works*, 1801, III, 272, *Thoughts Concerning Reading and Study*. Também recomendou Pufendorf em sua outra listagem (X, 308). Sobre Pufendorf como foi usado por Locke, ver notas em II, 58, 65, 74 (Pufendorf e Tyrrell), 105 etc. Em 1702, Barbeyrac começou a corresponder-se com Locke, pedindo-lhe conselhos e dizendo de sua intenção de traduzir Pufendorf.

(1672), tinha muito a dizer sobre Hobbes. Ali, bem como em seus *Elementa*, de 1660, Pufendorf criticava a doutrina hobbesiana, embora aceitasse e apreciasse parte da análise proposta por Hobbes. Locke possuía outras críticas de Hobbes[28]. Talvez seja nessa direção que devamos buscar os vínculos documentais entre Hobbes e o Locke dos *Dois tratados*.

A presente interpretação não pode se pretender definitiva, e talvez pareça insatisfatória àqueles que esperam que um tal relacionamento se enquadre numa estrutura claramente configurada em termos de "influência" e "rejeição", que se configure como uma questão absolutamente independente e consciente. Isso jamais acontecerá. Hobbes e Locke estavam emaranhados no tecido vivo, composto pelos incontáveis fios e fibras que crescem juntos e que ligam uma geração intelectual àquela que a sucede num mesmo país, numa mesma e pequena sociedade. Já vimos que foi dessa fonte, dos diálogos e contatos casuais e não de estudos literários, que Locke herdou o fruto dos escritos radicais da Guerra Civil[29]. Com seu interesse e experiência, jamais poderia furtar-se ao impacto hobbesiano.

Devemos descrever os *Dois tratados*, portanto, como uma refutação deliberada e polemicamente eficaz dos escritos de sir Robert Filmer, importante do ponto de vista intelectual e histórico por esse fato e não apesar do mesmo, relacionando-se com a obra de Hobbes apenas da maneira indireta por nós discutida, embora a ela se opusesse em sua

....
28. Clarendon, 1676 (adquirido em dezembro de 1681); Tenison, 1670; Lawson, 1657. Locke também tinha uma obra expressamente hobbista, *Monarchy Asserted* (Defesa da Monarquia) de Matthew Wren, a qual conhecia desde a época de sua publicação, em 1659, e que estava em suas prateleiras em 1681. Von Leyden (1954, p. 39) assevera que Locke lera os *Elementa* de Pufendorf já em 1660.

29. Ver pp. 26-7. O sr. Abrams chama atenção para o estreito vínculo pessoal entre Hobbes, Henry Stubbe a talvez outros alunos de Christ Church no final da década de 1650, e cita as cartas de Stubbe a Hobbes; Museu Britânico, Add. MSS. 3²553.

doutrina política e constitucional. A obra não se resume nisso, é claro, e constitui um tratado político independente, que exerceu sua influência, muito embora seu vínculo com Hobbes tenha sido alvo de frequentes distorções e exageros. Seu propósito era afetar, e sem sombra de dúvida efetivamente afetou, as convicções políticas e constitucionais dos ingleses que forjaram a constituição e os hábitos políticos que ainda hoje norteiam nossa vida. Algo, porém, o tratado não continha; algo que todo tratado do gênero incluía corriqueiramente: havia um certo conjunto de interesses ardentemente perseguidos pelos homens que o liam e que aceitavam suas doutrinas, mas o qual a obra não se propunha em absoluto defender; existia uma tradição intelectual *whig*, "liberal", ou antiabsolutista acerca da qual a obra nada tinha a dizer. Essa tradição, esses interesses, essa argumentação, formavam o fundamento histórico da liberdade inglesa, do Direito consuetudinário, da Câmara dos Comuns, da "antiga constituição"; um fundamento que mobilizara todos os antecessores de Locke de orientação análoga desde os dias de sir Edward Cooke, e que sofrera sério revés nas mãos do próprio sir Robert Filmer.

Nos *Dois tratados*, assim como chegaram até nós, a doutrina constitucional de Filmer jamais é sequer mencionada. Locke não faz referência alguma à última parte do *Patriarcha* e ao *Freeholders Grand Inquest*, em que tal argumentação é apresentada, apesar do fato de, no entender de Locke, o *Freeholder* ocupar o primeiro lugar na ordem das obras de Filmer. Ao expor seu método de referência às obras de Filmer[30], ignorou solenemente a existência do *Freeholder*. O

30. Ver pp. 84-6: Locke cita em uma oportunidade o trecho do *Patriarcha* que trata da constituição (edição de Laslett, 106-26: a citação encontra-se em I, § 8, 30-2, e menciona um trecho da p. 133), mas sem comentá-lo. É interessante que 60% de todas as referências a Filmer no livro, tal como o temos hoje, se concentram nas páginas 53-64 do *Patriarcha*, e 80% tratam deste e de apenas outros quatro trechos.

pouco que Locke chegou a tratar da tese histórica pela qual ele, Shaftesbury e os exclusionistas estavam se batendo parece ter sido num capítulo inserido posteriormente no intuito de refutar a tese adversária que se sustentava na conquista. Ocorre que Filmer não usara tal argumentação, e é possível conceber que o alvo neste caso fosse Hobbes, uma vez que este, ao contrário de Locke, tentou efetivamente demonstrar sua tese em termos de fatos históricos ingleses[31]. No que diz respeito a Locke, Filmer poderia não ter nunca afirmado que a Câmara dos Comuns não fazia parte originalmente do Parlamento, que fora convocada pela primeira vez no quadragésimo nono ano do reinado de Henrique III e que devia sua existência, como todo o direito inglês, mesmo o Direito Consuetudinário, ao arbítrio régio[32]. Para os constitucionalistas da época de Locke, bem como da nossa, esse tipo de argumentação era de extrema importância – para Locke, aparentemente, não tinha importância alguma.

Devemos dizer "aparentemente" pois nunca se pode esquecer que mais da metade do texto de Locke se perdeu. É possível que na parte desaparecida ele argumentasse contra a posição constitucional de Filmer e comentasse diretamente as questões legais suscitadas pela controvérsia da Exclusão. Se é justificável supor que Locke tenha destruído exatamente essa parte do texto porque a mesma continha

---

31. Ver nota em II, § 175 (capítulo XVI) e no próprio § 175. Não há provas de espécie alguma de que Locke tenha lido as obras menores de Hobbes aqui relacionadas. Skinner, 1966 (ii) apresenta uma convincente hipótese de que a conquista seria um argumento mais comum do que acima admitimos; comparar com Goldie, 1977.

32. Ver *Patriarcha*, pp. 106-26, especialmente a p. 117, e o *Freeholder*, *passim*. Foi o professor Pocock, em seu importante livro *The Ancient Constitution and the Feudal Law*, 1957, quem demonstrou como eram profundos os efeitos dessas afirmações e como parecia difícil aos oponentes de Filmer responder a elas. Seliger, 1968, 233 ss., sugere que o descaso de Locke pela história se devesse a seus objetivos polêmicos e não a uma possível indiferença sua; a argumentação histórica factual deixara de ser eficaz.

declarações que poderiam custar-lhe a cabeça, parece provável que de fato tratasse de questões bem mais próximas à lei da traição do que o restante do *Primeiro tratado*[33]. Contudo, na breve sentença em que se refere à história constitucional e jurídica no *Segundo tratado*, Locke se limita a "remeter seus leitores" a um grupo de escritores cujas obras ele não possuía e, evidentemente, jamais lera. Repetiu esses títulos em bibliografias recomendadas em 1703, além de relacionar um ou dois "antigos juristas", livros de consulta de exclusiva coloração *whig*. Incluiu os escritos de alguns autores que haviam estado engajados na controvérsia como partidários dos *whig*. Chegou mesmo a usar uma frase deles: "onde se encontrará a antiga constituição do governo da Inglaterra"[34].

Embora fosse muito difícil sustentar de modo convincente que, em sua forma integral, os *Dois tratados* continham uma extensa argumentação constitucional, ora desaparecida, sem dúvida a constituição estava presente no espírito de Locke em 1689. Pouco antes de partir para a Holanda, quando devia estar meditando acerca da publicação ou não de sua obra sobre o *Governo*, escreveu o seguinte para Clarke: "O estabelecimento da nação sobre um firme solo de paz e segurança (...) não pode ser realizado de forma mais adequada do que pela restauração de nosso antigo governo – o melhor que jamais existiu, se tomado e reunido solidamente em sua constituição original. Se ela não foi violada, os homens fizeram muito mal em se queixar (...)

....
33. Ver pp. 93-4.
34. Ver II, 239, 42-3 e nota: *Obras*, 1801, III, 272-3, e X, 308. Dentre os títulos que compunham essas listas bibliográficas, Locke possuía as obras de Tyrrell, bem como sete de Atwood, o pior dos autores constitucionalistas *whig*; *Direitos do Reinado*, de Sadler, 1682, o *Escritos sobre o Estado*, de 1689; *Anglia Noitia* de Chamberlayn, 1700 (Ver Harrison e Laslett, 1965; não possuía nenhum título importante de Coke, Spelman, Bracton, Petyt ou Brady, e tampouco o *Espelho, Fleta* ou o *Modus Tenendi*.)

É-lhes facultada agora a oportunidade de encontrar remédios e estabelecer uma constituição, que possa ser duradoura, para a segurança dos direitos civis, da liberdade e propriedade de todos os súditos da nação"[35].

A ausência de uma discussão especificamente constitucional em seu texto, portanto, não é extraordinária apenas em vista do que fora escrito anteriormente e em vista da atitude e das expectativas de seus primeiros leitores. O fato torna o livro singular. Tratava-se, ao mesmo tempo, de uma resposta a uma situação política particular e de uma declaração de princípios universais, elaborada com esse espírito e lida até hoje como tal. Essa obra, a declaração autorizada dos fundamentos políticos anglo-saxões, tida normalmente como um dos marcos da trajetória histórico-constitucional inglesa, refere-se à Inglaterra como "um reino vizinho", e ao Direito Consuetudinário como "a lei municipal de algumas nações"[36]. Nem Maquiavel, nem Hobbes, nem Rousseau conseguiram conferir à discussão política uma independência tão completa com relação ao exemplo histórico, convertendo-a numa área de discurso inteiramente autônoma, muito embora Locke talvez tenha afetado mais profundamente a atividade cotidiana dos políticos profissionais do que qualquer um deles.

Este é um tributo tanto à eficiência da técnica empregada pelo teórico político em geral como ao modo particular como Locke a exerceu. Somente um homem de tal modo dotado para o pensamento abstrato poderia converter as questões envolvidas em uma controvérsia predominantemente histórica e de âmbito extremamente local como esta em uma teoria política geral. O fato de que isso se tenha dado, antecipando, em certo sentido, os acontecimentos, de modo que, olhando em retrospecto, sempre parecesse a

....
35. Carta a Clarke, de 8 de fevereiro de 1689; de Beer, 3, 545.
36. Ver I, § 90, 29-31; II, § 205, 11.

racionalização de algo que ainda não ocorrera quando da composição do texto, enfatiza ainda mais essa qualidade e confere-lhe, talvez, o sinal distintivo dessa particular disciplina do raciocínio e da imaginação. O instinto de Locke, ao deixar de lado toda a controvérsia jurídica, histórica e constitucional, ao decidir, quando o texto pedia algo nesse sentido, colocá-lo à parte de sua argumentação analítica, estava eminentemente correto e coerente. Tal é a razão por que o livro mantém seu interesse junto a nós, enquanto Tyrrell, Petyt, Brady, e mesmo Filmer e Sidney, mergulharam no limbo de nossa tradição intelectual e literária. Seria de esperar que um homem com essa capacidade fosse um filósofo, ainda que resultasse um filósofo avesso a admitir a autoria de uma teoria política.

Mas em que sentido deveríamos esperar que sua filosofia estivesse relacionada a sua teoria política? Se dirigirmos essa pergunta a nós mesmos, poderemos descobrir um agudo contraste entre a Filosofia Civil de Hobbes e o Princípio Político de Locke.

2. Locke, o filósofo, e Locke, o teórico político

Em agosto de 1692, Tyrrell enviou a Locke um exemplar de seu livro recém-publicado sobre a lei natural, com o seguinte comentário:

> Espero que este tratado possa proporcionar suficiente satisfação ao mundo, ou no mínimo, estimular-vos, ou a algum outro pensador, a oferecer ao mundo um estudo mais apropriado da Lei da Natureza e de seu caráter soberano do que até hoje se conseguiu, bem como a refutar, com raciocínios mais próprios, os princípios epicuristas do sr. Hobbes. Não conheço, para essa tarefa, homem mais capaz que vós, caso vos dispusésseis a empreendê-la, o que tampouco me deixaria mais desgostoso do que a publicação dos *Dois tra-*

tados sobre o governo em seguida ao *Patriarcha non Monarcha*. Pois, se é possível representar melhor e aprimorar a verdade por uma mão mais capaz, não terei meus humildes feitos [em menor conta se estes] servirem para realçá-lo[37].

A carta é bastante sugestiva do relacionamento entre uma proeminente figura literária e seu amigo menos destacado e bem-sucedido, ao mesmo tempo em que revela que, por essa época, Tyrrell era um dos poucos que sabia com certeza ter sido Locke o autor dos *Dois tratados*. Mas também deixa clara a insatisfação de Tyrrell com o que constava sobre a lei natural naquela obra ou no *Ensaio sobre o entendimento humano*, e sua opinião de que Hobbes ainda deveria ser refutado, pelo próprio Locke. E essa carta vem ao termo de uma correspondência entre dois homens que quase pôs fim a uma amizade da vida toda.

Entre dezembro de 1689 e abril de 1690, Tyrrell escreveu seis vezes de Oxford para Locke, que se encontrava em Londres, informando-o da acolhida que seu *Ensaio* vinha obtendo e relatando as críticas que lhe eram feitas. Em três dessas cartas indagava também o nome do autor dos *Dois tratados* e, embora Locke aparentemente tenha respondido quatro vezes, defendendo-se das críticas, recusou-se a responder a essa pergunta. Quando Tyrrell informou-o de que "os colegas de Oxford descobriram agora um autor mais adequado para a obra do que eu, ou seja, vós, respondestes que, uma vez que não reconheciam em vós o autor de um livro que escrevestes" (referência ao *Ensaio*, que, no entender dos críticos, era um plágio de Descartes), "acháveis que não valia a pena dar a eles satisfação alguma quanto a obras

---

37. De Tyrrell para Locke, 9 de agosto de 1692 (de Beer, 4, 79), palavras entre colchetes acrescidas ao original. A obra em questão era *Breve dissertação sobre a lei da natureza*, 1692, uma paráfrase da obra de Richard Cumberland, *De Legibus Naturae Disquisitio Philosophica*, 1672, com especial ênfase em sua polêmica contra Hobbes.

que não eram em absoluto de vossa autoria". Em abril, Tyrrell foi a Londres e expôs diretamente suas suspeitas quanto à obra sobre o governo, mas Locke "declinou conversar sobre o assunto", ao que Tyrrell afirmou que o amigo deveria "dar graças à própria discrição" se os resultados fossem adversos[38]. Em seu regresso, em junho, Tyrrell leu novamente o *Ensaio* e discutiu-o "com alguns pensadores de Oxford"; constatou a "insatisfação deles com o que dissestes da lei da natureza (ou a razão), pela qual distinguimos o bem moral do mal, e o vício da virtude".

A coincidência desses dois fatos – a suspeita de ser ele o autor dos *Dois tratados* e as deficiências apontadas em sua abordagem da lei natural – parece ter enfurecido Locke, mas a explosão foi um tanto retardada. Esteve novamente com Tyrrell em julho, e entregou-lhe um texto explicativo que, ao que tudo indica, sustentava que a lei natural, "uma vez que não procede de Deus na qualidade de legislador (...), não poderia ser corretamente chamada de lei, e o fato de haver excluído Deus de sua hipótese foi a grande razão para o equívoco do sr. Hobbes, ao afirmar que as leis da natureza não são propriamente leis e tampouco obrigam a humanidade a observá-las, senão no âmbito de um estado civil ou sociedade política"[39]. Em agosto, Locke aparentemente encontrou motivos para supor que Tyrrell estivesse divulgando sua autoria dos *Dois tratados* e perdeu a cabeça: enviou-lhe uma carta fria, repudiando as críticas ao *Ensaio*, e anexou outra, atualmente destruída, exigindo uma explicação sobre os *Dois tratados*.

A carta em defesa do *Ensaio* sempre foi considerada a fonte mais importante para se conhecer a atitude de Locke

....
38. Aparentemente, Leibniz fora informado por um correspondente de Londres que Locke seria o autor de *Patriarcha non Monarcha*.
39. De Tyrrell para Locke, 30 de junho, 17 de julho, 30 de agosto de 1690 (de Beer, 4, 108, 118).

para com seus críticos[40], mas ignorava-se o seu contexto. Se confrontarmos as afirmações referentes à lei natural dos *Dois tratados* com tais referências no *Ensaio* – o objeto de discussão dessa correspondência – descobriremos os motivos de ele estar contrariado com Tyrrell nessa época. Ao longo de toda a obra política, a expressão "lei natural" é usada com tranquila segurança, como se não pudesse haver dúvida quanto à sua existência, seu significado e seu conteúdo nas mentes do autor e do leitor. Ela é "clara e inteligível a todas as criaturas racionais" (II, § 124), é de tal modo um código positivo que governa o estado da natureza (II, § 6), mas suas obrigações "não cessam na sociedade"; todos os homens, em toda a parte, devem "submeter-se à lei da natureza, *i.e.*, à vontade de Deus" (II, § 135). O *Ensaio* admite, entre parênteses, que a lei natural independe da existência de ideias inatas: não obstante, os homens não podem negar "a existência de uma lei passível de ser conhecida pela luz da natureza" (I, ii, 13). Mas, quando se chega (II, xxviii, 7) à descrição da lei ou das regras que efetivamente norteiam as ações humanas, nenhuma lei natural é mencionada. Nessa troca de cartas, Locke não consegue convencer Tyrrell de que seja possível identificar ou incorporar a lei natural à lei divina, à lei civil (a lei dos tribunais de justiça) ou à "lei filosófica" (em edições posteriores, a "lei da opinião ou da reputação") que, sustenta ele, são verdadeiramente os padrões de que se utilizam os homens para julgar o certo e o errado. Não há lugar, no *Ensaio*, para a lei natural.

É tão pronunciado, nesse aspecto, o contraste entre duas obras quase contemporâneas de um mesmo autor que, nu-

---

40. Publicada por King (1930, 366-73), a partir de uma cópia preservada por Locke, sua única carta a Tyrrell que chegou até nós; está agora na Bodley; data de 4 de agosto de 1690 (de Beer, 4, 110-3). É possível, na verdade, que a carta jamais tenha sido recebida por Tyrrell nessa forma – talvez Locke lhe tenha enviado uma versão mais branda. Aarsleff, 1969, propõe uma leitura diferente dessa carta.

ma passagem dos *Dois tratados*, e talvez numa segunda também, Locke trata da lei natural utilizando-se de uma linguagem que parece incoerente com suas próprias afirmações sobre as ideias inatas no *Ensaio*[41]. Não podemos nos aprofundar muito no questionamento desse aspecto, pois somos informados de que "estaria além de meu objetivo presente incursionar aqui pelas particularidades da lei da natureza, ou seu *grau de punição*; entretanto, é certo que existe tal lei e também que ela é tão inteligível e clara para uma criatura racional e um estudioso daquela lei como os direitos positivos das sociedades políticas, ou melhor, possivelmente mais clara" (II, § 12). Aparentemente, estava sempre "além dos objetivos presentes" de Locke demonstrar a existência e o conteúdo da lei natural. Não o fez em seu *Ensaio*, nem sequer na segunda edição, em que reescreveu o trecho criticado por Tyrrell. Não o fez publicando seus antigos *Ensaios sobre a lei da natureza*, como Tyrrell lhe solicitara no curso de sua correspondência[42]. Conforme demonstrou o dr. Von Leyden, esses primeiros ensaios não conseguiriam formar uma doutrina da lei natural capaz de reconciliar a teoria do conhecimento exposta no *Ensaio* de Locke com a doutrina ética dessa obra e dos *Dois tratados*. Talvez resida aqui, sugere-se, uma das razões por que Locke não quisesse se dar a conhecer como autor de ambas as obras.

Locke talvez seja o menos coerente de todos os grandes filósofos, e apontar as contradições latentes, quer no âmbito de qualquer uma de suas obras isoladamente, quer

---

41. Ver nota em II, § 11, 30-1 ("tão claramente estava inscrito no espírito de toda a humanidade"), I, § 86, 20-1 e referências, em que está registrado que nem Yolton nem Kemp se inclinam a aceitar que Locke estivesse se contradizendo literalmente.

42. De Tyrrell para Locke, 27 de julho de 1690; comparar com Von Leyden, 1954, 8-10. Aarsleff, 1969, pp. 128-9, entende essa carta de modo bem diferente do meu e se empenha em negar a tese de que o *Ensaio* de Locke não continha nenhuma doutrina da lei natural.

entre estas, não é uma tarefa difícil. Por vezes, parece bastante claro que não era consciente de sua incoerência; em outras ocasiões, e parece ser esta uma delas, se apercebia do dilema em que se encontrava, mas não conseguia encontrar uma solução. A existência objetiva de um corpo de leis naturais constitui um pressuposto essencial de sua teoria política e, quando deparamos com ele usando tal expressão, talvez devêssemos considerar que estivesse assumindo o que poderíamos considerar uma atitude tomada por impulso, dentre uma série de outras explicações possíveis. No sistema por ele exposto nos *Dois tratados*, a lei natural era ao mesmo tempo um mandamento divino, uma norma da razão, e uma lei presente na natureza mesma das coisas assim como são, por meio da qual elas funcionam, bem como nós. Talvez esta ideia de que Locke, mais ou menos conscientemente, adotasse uma saída conservadora permita uma compreensão mais profunda do problema criado pelas teses éticas do autor, que apontam para várias direções ao mesmo tempo, fato este já bastante discutido pela literatura a respeito[43]. Este enfoque nos convidará a considerar os *Dois tratados* como algo muito distinto de um prolongamento da filosofia geral do *Ensaio* pelo campo político, e nos faz lembrar que havia uma significativa diferença entre Locke e Hobbes no caráter mesmo de seu pensamento. Locke não contestou o *Leviatã*, porque isso seria irrele-

....
43. Ver, por exemplo, Leslie Stephen, 1876; James Stephen, 1892; Lamprecht, 1918; Vaughan, 1925; Kendall, 1941; Von Leyden, 1954 e 1956; Strauss, 1953; Simon, 1951; Yolton, 1955; Brogan, 1958; Polin, 1960; Singh, 1961; Abrams, 1961; Aarsleff, 1969; Ashcraft, 1969, 1987. O problema era que Locke fundamentava o certo e o errado nas determinações e castigos divinos, mas a par disso também adotava uma ética hedonista, uma ética de tipo hobbesiano. Ao mesmo tempo, acreditava ardentemente na possibilidade de uma demonstração matemática da ética, embora complicasse continuamente tudo com seu relativismo antropológico, atentando para a multiplicidade dos valores éticos entre os povos do mundo e dando a entender que o vício e a virtude eram simples questões de costumes.

vante para seus propósitos enquanto pensador de princípios políticos.

É natural que a posteridade optasse por considerar a obra filosófica e a política como complementares. O próprio Locke, porém, como pudemos mostrar, admitia perfeitamente que fossem consideradas em separado; e, na verdade, era grande seu empenho nesse sentido. Há documentação atestando que nem mesmo os leitores de orientação verdadeiramente teórica, dentre os que conheceram as duas obras, verificavam continuidade entre ambas – ou talvez eles considerassem os *Dois tratados* de interesse filosófico tão limitado que jamais lhes ocorresse considerá-los no mesmo contexto que o *Ensaio*. Referindo-se a Leibniz, o sr. Jolley afirma que "ele jamais vinculou os *Dois tratados* ao *Ensaio*, embora (...) os considerasse uma importante obra de filosofia política, digna de figurar ao lado de Aristóteles e Hobbes. É possível deduzir que a ideia de verificar a coerência entre os dois livros jamais ocorreu a Leibniz"[44].

A análise cuidadosa de texto revelou um único exemplo em que Locke se utilizou de material idêntico em ambas as obras[45], e isso numa passagem provavelmente acrescentada em data posterior à redação inicial. O estilo, o tipo de argumentação e o contexto permitem reconhecer um único autor para os dois livros, mas, em todos os demais aspectos, a diferença entre eles é marcante. Os *Dois tratados* não

....
44. Ver Jolly, 1972. Esse autor indaga por que razão Leibniz, de modo algum avesso a descobrir incoerências no pensamento de Locke, jamais atentou para as incoerências entre os *Dois tratados* e o *Ensaio* que, com base no que escreveu acerca dos pontos em questão, deveriam soar-lhe evidentes. Talvez o medo de Locke de ser censurado pela descontinuidade entre as obras fosse na verdade desnecessário, pois, mesmo em seu tempo, a teoria política gozava de uma autonomia como uma arena de discussões, e as obras a ela pertencentes não eram tidas de pronto como filosóficas, quer em seus propósitos, quer em suas implicações.
45. Ver nota em I, § 57.

foram escritos segundo o "claro método histórico" do *Ensaio*. Não fosse assim, poderíamos esperar, em primeiro lugar, que insistissem nas limitações de nosso entendimento social e político, pois tal é a principal empresa de Locke no *Ensaio*, ou seja, retratar o caráter de nosso conhecimento expondo seus limites. Em seguida, as situações, os direitos e os deveres discutidos seriam claramente apresentados como as "ideias complexas" ou "modos mistos" do sistema lockeano de conhecimento, como produto do raciocínio e, portanto, fixos e definidos, capazes de fazerem parte de uma moral matematicamente demonstrável. É precisamente esse tipo de discussão que está implícita, ou mesmo tem início, na declaração sobre a propriedade que citamos, e há vários outros exemplos[46].

Os estudiosos mais recentes bem poderiam elaborar uma interpretação nesses moldes, na tentativa de criar uma teoria política a partir do *Ensaio* de Locke, se – como por tão pouco não aconteceu – jamais viéssemos a saber com certeza que os *Dois tratados* eram também de autoria de Locke[47]. Tal exercício poderia trazer resultados reveladores, embora não possamos nos dedicar a ele aqui, já que as implicações da teoria lockeana do conhecimento para a política e o pensamento político foram muito consideráveis e atuaram de modo bastante independente da influência dos *Dois tratados*. A célebre doutrina da "tábula rasa", por exemplo, a

---

46. Ver pp. 104-6, e mesmo um exemplo melhor na nota em II, § 22, 8-9, citando uma passagem do *Ensaio* de Locke referente às ideias sobre a liberdade absoluta e sobre o governo. O capítulo 8 de Yolton, 1970, intitula-se *Property: an example of mixed-mode analysis*, e examina exaustivamente as noções de Locke acerca desse modelo. Não afirma, contudo, que seja possível explicar dessa forma todos os temas do livro de Locke. Para uma leitura diferente dos *Dois tratados* e do *Ensaio*, ver Polin, 1960, e comparar com Dunn, 1967, e Edwards, 1969.

47. Em 1983, Neal Wood, adotando uma perspectiva neomarxista, publicou uma tentativa exatamente nesse sentido: *The politics of Locke's philosophy*, uma reinterpretação impressionante e importante.

folha em branco da mente sobre a qual a experiência, e apenas esta, pode escrever, levou os homens a começarem a considerar que para cada indivíduo o mundo inteiro é uma novidade, e que somos todos absolutamente livres com respeito ao que aconteceu antes de nós.

Os resultados políticos dessa atitude foram enormes. Foi ela, talvez, o solvente mais eficaz para atitude jusnaturalista. Em certo sentido, tais resultados foram planejados. Pois, embora Locke investigasse no *Ensaio* o modo como o homem adquire conhecimento das coisas, seu objetivo final, o objetivo que tinha em mente ao começar, era ajudar os homens a saber como agir. "Nossa empresa aqui não é conhecer todas as coisas", reza o seu clássico enunciado, "mas aquelas que dizem respeito à nossa conduta." Ao longo do livro todo ele se reporta constantemente a essa perspectiva, mas a única obra que efetivamente produziu sobre o modo como os homens se deveriam conduzir foi os *Dois tratados*. E não se pode afirmar que eles constituam seu exame das implicações – para o modo de conduta e para a política – das doutrinas expostas no *Ensaio*. Os *Dois tratados* foram escritos com um propósito inteiramente diverso, e num estado de espírito inteiramente diverso.

Nenhum dos elos está presente. É extraordinário, por exemplo, que se nota na obra política um mínimo de definições, enquanto o *Ensaio*, como é de se esperar, se dedica largamente a estas e critica Filmer por abster-se de apresentá-las. Os *Dois tratados* se apoiam amplamente na lei natural, mas, como vimos, jamais se analisa esse termo. O livro trata da liberdade e do consenso, mas em parte alguma essas questões são discutidas enquanto tais. O mesmo se verifica com a lei, com a razão, com a vontade e mesmo com o governo. O poder político é definido, bem como a propriedade (embora o termo seja empregado alternadamente em duas acepções distintas e sem qualquer advertência a respeito), mas não em termos filosóficos e sem baseá-los em princípio algum análogo aos expostos em seu *Ensaio* e pelos quais Locke se batia desde seus primeiros escritos[48]. O professor Dunn demonstrou ser a justiça um tema lockeano, porém ele está, em larga medida, ausente dos *Dois tratados*. A questão da justiça e da propriedade jamais é suscitada, muito embora haja referência a ela na obra sobre a *Educação*. Mais singular ainda, talvez, seja o modo como Locke põe de lado a questão da consciência e da obrigação política, que o havia preocupado na juventude, tal como preocupara todos os seus predecessores e contemporâneos[49].

Se tentarmos passar de uma obra para a outra e usar as definições propostas no *Ensaio* para a discussão política, descobriremos que elas não se adéquam muito bem; ao menos um termo importante, *consenso*, não é sequer definido aqui. A argumentação política não é apresentada como parte de uma filosofia geral, e aparentemente não pretende ser interpretada como tal. Há uma anotação no diário de Locke datada da época, segundo nossa suposição, em que trabalhava nos *Dois tratados* e lhes acrescentava as citações de Hooker. Parece quase um comentário consciente sobre a relação entre a filosofia, a ética e a política. Locke acabava de expressar sua crença na possibilidade de demonstração dos princípios éticos e seu ceticismo quanto às potencialidades da ciência natural. Prossegue:

> Sendo a boa administração das questões públicas ou privadas dependente dos diversos e desconhecidos humores, interesses e capacidades dos homens com os quais estamos relacionados no mundo, e não de quaisquer ideias estabelecidas acerca das coisas físicas, a política e a prudência não

---

48. Sobre Filmer, e sobre a questão das definições, ver nota em I, § 23, 22-5, e referências; sobre os significados de propriedade, pp. 148-50.

49. Sobre a questão da propriedade em *Alguns pensamentos referentes à educação*, ver pp. 104-5, nota 18; sobre a furtiva referência de Locke à consciência, ver nota em I, § 105. Sobre a justiça, ver Dunn, 1967 (ii).

são passíveis de demonstração. Mas um homem recebe ajuda nessas questões principalmente pela história dos fatos acontecidos* e por sua sagacidade em descobrir alguma analogia em sua operação e efeitos. [As verdades das matemáticas são seguras.] Mas somente a experiência nos ensina se determinado rumo na condução das questões públicas ou privadas terá êxito, se o ruibarbo conseguirá purgar ou o quinino curar o sezão, sendo que tudo o que a experiência pode fundamentar é tão somente a probabilidade ou o raciocínio analógico, mas nenhum conhecimento ou demonstração seguros[50].

Mais que a filosofia, a medicina empírica parece servir de modelo para o homem que se põe a comentar questões políticas. Mais que Locke, o epistemologista, é Locke, o médico, o homem que devemos ter em mente ao lermos sua obra sobre o *Governo*. Chamá-la "filosofia política" ou considerá-lo um "filósofo político" será inadequado[51]. Locke foi,

....
* No original, *matter of fact* – a esfera dos fatos, enquanto se opõe à opinião, aos princípios, aos juízos e valores. (N. R. T.)

50. Diário de 1681, dia 26 de junho; anotação publicada na íntegra por Aaron e Gibb, 1936, 116-8. Dugald Steward parece ter sido o primeiro a enfatizar a importância da experiência e atitude médicas de Locke para seu pensamento ético e político.

51. Comparar com Strauss, 1953, 220-1. Não consigo concordar com ele, todavia, quando afirma serem os *Tratados* a apresentação "civil" de uma doutrina política que poderia ter sido apresentada "filosoficamente". O trecho por ele citado do *Ensaio* (III, ix, 3) parece postular muito claramente que o uso civil das palavras nas questões cotidianas apenas pode ser discutido através do uso filosófico das palavras e, que portanto, os *Dois tratados*, se não constituem uma "filosofia política", só podem ser filosóficos nesse sentido. O trecho extraído de II, § 52, 1-3, citado por Strauss, me parece repetir tal asserção, embora ele evidentemente acredite que o mesmo caracteriza o livro como tendo sido escrito em linguagem "civil". A exemplo de outras afirmações de Locke (ver nota em I, § 23, 22-5 e referências), esta insiste em que a linguagem da discussão política deve ser coerente e claramente definida – "filosófica", na verdade. É possível que Locke tenha contradito suas próprias regras na prática, mas não pode haver dúvidas quanto a quais eram estas e como definiram elas o seu livro.

antes, o autor de uma obra de intuição, percepção e imaginação, se não de profunda originalidade, que também era um teórico do conhecimento.

Foi também um autor voltado para a economia, a tolerância e a educação, ativo em diversas áreas em que as generalizações políticas se faziam necessárias. Quando se confronta o texto dos *Dois tratados* com essas outras obras, descobre-se uma relação literária mais próxima do que no caso do *Ensaio*[52]. A liberdade religiosa era uma questão fundamental para Locke e os pressupostos em que a baseava são comuns aos escritos em defesa dela e aos escritos políticos – e no entanto ela não é sequer mencionada nos *Dois tratados*[53]. Sua teoria econômica tem alguns pontos em comum com seu princípio político, e sua teoria educacional mais ainda; é possível identificar como certos detalhes do texto político são desenvolvidos em escritos posteriores, sobretudo nas sucessivas edições da sobre a *Educação*. Contudo, as incoerências são mais perceptíveis ainda. Seria difícil, com efeito, mostrar que um escrito implica outro, ou que todos eles surgem, com necessidade lógica, de sua teoria do conhecimento. Mesmo entre o *Ensaio* e a obra sobre a educação, em que a barreira do anonimato está ausente de ambos os lados e o vínculo é estreito, Locke se abstém de referências recíprocas. Não há sentido em encarar sua obra como um corpo integrado de generalização e especulação, em cujo centro existiria uma filosofia geral, que constituiria também seu arcabouço arquitetônico.

Esse aspecto distingue marcadamente Locke dos outros teóricos políticos de sua geração, e mesmo da atitude tradi-

---

[52]. Sobre a tolerância, ver notas em II, §§ 3, 87, 108, 134, 35. Sobre economia, ver II, §§ 45-7.

[53]. Tampouco é mencionada a liberdade de expressão. Aparentemente, Locke contribuiu para criar a liberdade de imprensa sem jamais considerá-la um direito político.

cional que dominava o pensamento político antes e depois dele. Distancia-o, com enorme nitidez, de Thomas Hobbes. Os alentados volumes de Grócio, Pufendorf, Hooker e os demais, que ocupavam as estantes de Locke e dominavam a atividade intelectual nesse campo, eram todos exposições de um sistema único e sintético, uma visão de mundo que partia de uma interpretação da realidade para uma interpretação do conhecimento, e também para uma ética e a política. Variavam em abrangência e na extensão em que se apoiavam em uma revelação cristã para preencher a grande cadeia do ser, ou no uso que faziam dos exemplos históricos e das situações políticas concretas. Entretanto, a lei natural era seu pressuposto comum e era em termos dela que buscavam descobrir um sistema fechado, um sistema que fosse idealmente completo e de total coerência. A bem poucos deles nos disporíamos a dar o nome de "filósofo", mas a tarefa a que se lançaram era de ordem filosófica. E, no entender do mais capaz de todos eles, filosofia era sinônimo de filosofia civil: Hobbes criara um sistema geral determinista em que a obrigação política, e mesmo a forma e a função do Estado, decorriam de uma nova definição da lei natural. Locke era também filósofo, mas, para ele, o sistema era aberto.

Não podemos explorar os diversos caminhos que esta posição nos abre. Ela atribui um precedente algo inesperado para o pensamento de Locke, pois tanto em Maquiavel como nos autores de livros de conselho político, como nas memórias dos próprios estadistas, existia uma tradição contrária à lei natural, uma convenção de se discutir a política e sua teoria fora da seara filosófica. O relacionamento entre Shaftesbury, o estadista, e Locke, o pensador, aqui quase aflora à superfície, e é recordado por uma frase no *Ensaio* de nosso filósofo. Locke está discutindo os eruditos doutores medievais e afirma: "Não obstante esses doutos contendores, todos esses sábios doutores, foi aos estadistas não formados por escola alguma que os governos do mundo deveram sua paz, sua segurança e liberdades"[54].

Isso nos convida para um estudo de natureza totalmente diversa, acerca da extensão que, por seu próprio caráter incompleto, a real doutrina do *Ensaio* de Locke concedia à peculiar relação entre a teoria política e a investigação filosófica em geral, sugerindo que, para além de seus limites escolhidos, seu sistema era, de fato, aberto. Nesse sentido, de sua qualidade antissintética, poder-se-ia dizer que a filosofia de Locke dá forma a todo o seu pensamento, mas num sentido totalmente oposto ao de Hobbes e dos teóricos da lei natural. Talvez ele, e não Hobbes, pudesse ser considerado o filósofo de Maquiavel, mas, com toda a certeza, não porque o conteúdo de sua filosofia estivesse vinculado ao conteúdo da doutrina política do pensador florentino.

Muito mais se poderia dizer, portanto, a respeito de Locke, o filósofo, e Locke, o teórico político, para iluminar sua posição na história do pensamento, bem como a lógica do problema implicada pelas relações entre filosofia e política. A descrição convencional do pensamento de Locke como uma peculiar e fecunda mescla de empirismo e racionalismo sugere os termos da discussão. Em sua atitude intelectual, esses dois elementos eram mantidos, por assim dizer, em solução, apenas para serem precipitados por aqueles que o seguiram, em especial por Berkeley e Hume. Portanto, se não houve uma filosofia lockeana em sentido hobbesiano, houve uma atitude lockeana, a qual é possível identificar em tudo quanto ele escreveu. A lei natural constituía, nessa análise, parte de seu racionalismo, de sua convicção de que o universo deve ser compreendido racionalmente, incluindo as operações da divindade e as relações entre os seres humanos, mas, em todos os pontos, é preciso compa-

....
54. III, X, O: ed. Nidditch, 495.

rá-la e adequá-la aos fatos empíricos observados acerca do mundo criado e do comportamento humano.

Não é uma posição fácil de se manter, ainda que assumida enquanto uma postura diante do problema, tal como foi sugerido[55]. Tal posição levaria Locke, mais tarde, a sua tentativa de complementar o racionalismo e empirismo através da revelação. Embora as leis dos pagãos racionais contivessem suficiente virtude natural para "garantir a coesão da sociedade", as Escrituras Sagradas, interpretadas racionalmente, deviam ser usadas como que fornecendo fatos empiricamente comprovados, com finalidades morais e políticas. Isso se fazia necessário devido à patente insuficiência da razão: "É, de fato, inegável que a razão humana, desassistida, foi insuficiente ao homem em sua grande e digna questão da moralidade. Jamais conseguiu formar, com base em princípios inquestionáveis e por meio de deduções claras, um corpo completo da 'lei da natureza'"[56]. Esse ceticismo acerca da lei natural e da própria razão contrasta estranhamente, uma vez mais, com a serena confiança dos *Dois tratados*. É nesse estado de espírito que Locke pôs em dúvida a eficácia da razão, não apenas porque esta não conseguia demostrar a moralidade, como também pelo pouco que os homens a obedeciam. Nesse particular, portanto, a atitude lockeana conduziu à dúvida e à autoinvestigação da qual temos tantos indícios na atualidade. Em outros aspectos, porém, conduziu às cômodas certezas do pensamento setecentista.

....
55. Van Leyden que sugere a dificuldade se origina na ambiguidade da lei natural, mas, a exemplo de Polin, tem uma visão oposta à minha quanto à atitude de Locke nesse sentido: comparar com Edwards, 1969. Dunn, 1969 (i), rejeita a distinção entre "atitude" e "filosofia" (p. 199) e considera improvável que os *Dois tratados* pudessem pretender-se uma obra de "política".

56. *A racionalidade do Cristianismo*, 1697, *Works*, 1801, VII, 139-40; comparar com Strauss, 1953, 205, em que é ignorada a ressalva de Locke com respeito às sociedades pagãs, bem como sua distinção implícita (embora talvez confusa) entre lei natural e lei moral.

Se é lícito estabelecer uma distinção entre a filosofia e a atitude de Locke, poderíamos completar seu perfil enquanto pensador; poderíamos explicar, por exemplo, sua relutância em levar qualquer discussão às últimas consequências. Isso, porém, não significa transferir partes do conteúdo de sua filosofia para sua teoria política – afirmar, por exemplo, que existe mais que uma simetria acidental, uma coerência estética, entre sua visão atomística da matéria e sua visão atomística da sociedade, ou sugerir a existência de uma relação de causa e efeito entre seu conceitualismo (ou nominalismo, diriam alguns) e sua crença na tolerância[57]. Significa admitir que seu pensamento político estava relacionado com sua filosofia, como a parte se relaciona com o todo. É pressupor que num pensador sempre se deva buscar uma consistência formal, um inter-relacionamento puramente lógico entre as partes, devendo ele ser julgado a partir disso; onde se constata alguma deficiência nesse sentido, é preciso encontrar algum princípio de reconciliação mais remoto e pouco realista, a fim de se defender sua reputação. Ora, assim se perde de vista a possibilidade de que, quanto mais bem sucedido um homem for na qualidade de pensador político, mais difícil lhe parecerá administrar sua visão do mundo como um todo. Na verdade, pode-se chegar, por esse caminho, ao princípio de que todo pensamento político é um pensamento metapolítico, uma análise formal do modo como os homens discutem a política, e jamais, além disso, uma investigação intuitiva de suas ações. Se adotamos essa linha de raciocínio, a distinção entre Locke e Hobbes torna-se um pouco obscura, e Locke poderá até mesmo se converter num

---

57. Ver Simon, 1951: mais extraordinária ainda parece ser a questão por ele suscitada quanto às razões para que o otimismo de Locke tenha sobrevivido a sua conversão à hipótese copernicana, como se fosse literalmente verdadeiro que as ideias dos homens acerca das estrelas exerçam, de modo inevitável, uma influência diretiva em suas crenças.

hobbesiano confuso[58]. Para completar nossa análise da relação entre esses dois homens, será preciso examinar mais de perto tais termos.

Mas, antes de passarmos a essa análise, podemos examinar o que já foi dito à luz – a infalível luz do próprio Locke – do senso comum. Já se enfatizaram bastante, talvez em excesso, as incoerências de Locke. Não se deve esquecer, porém, que todos os pensadores são incoerentes, sendo que um notável expoente dos estudos hobbesianos diz, simplesmente, o seguinte quanto à questão da coerência: "Hobbes não é, obviamente, mais contraditório que Locke"[59]. Optamos por expor a questão nesses termos porque ela emerge mais facilmente dos testemunhos documentais e porque a incoerência, a dúvida e a hesitação parecem decisivas para a postura de Locke, como se pode evidenciar no *Ensaio* e nos *Dois tratados*, em suas fontes e nas circunstâncias de sua redação e publicação. Enfatizamos, assim, talvez em demasia, a distinção entre Locke filósofo e Locke teórico político. Mas não é correto afirmar que compreender seu escrito político como obra filosófica significa, necessariamente, compreendê-lo de modo equivocado. Sua influência como autor político, conforme dissemos[60], provavelmente

....

58. Polin, 1960, alega, contrariamente, que a doutrina de Locke forma um todo coerente, e que apenas um empirista radical, um historiador, poderia argumentar nesses termos.

59. Warrender, 1957, *Preface*. O tema desse livro, a grande dificuldade em se encontrar uma continuidade entre o estado de natureza hobbesiano e seu estado de sociedade, revela uma incoerência em Hobbes muito mais grave do que qualquer incoerência em Locke.

60. Pp. 54-5. Em seus últimos anos de vida, Locke obviamente considerava a política como estando vinculada à filosofia da maneira tradicional. Podemos percebê-lo em diversas cartas em que sugere leituras para os mais jovens. "Considero a legítima política parte da filosofia moral, que nada é senão a arte de conduzir os homens na sociedade com acerto e sustentar uma comunidade entre seus vizinhos", escreveu ele em 1697 a lady Mordaunt, então condessa de Peterborough. "Um moço deve começar por Aristóteles e, se o desejar, ler depois os modernos."

se originou em sua reputação filosófica. Todavia, é importante perceber em Locke, apesar de constituir ele o reconhecido ponto de partida do liberalismo, o dilema liberal sempre vivo, o dilema de manter uma fé política sem aderir a uma visão totalizadora, holística, do mundo.

A visão de mundo de Hobbes pode ter tido suas dificuldades lógicas, mas não pode haver dúvidas de que fosse totalmente hobbesiana. Foi ele o maior de todos os escritores metapolíticos, aqueles que refinam e analisam a linguagem política e convertem axiomas em axiologias. Por essa razão, sua influência no pensamento político foi enorme, mas sua influência sobre as ações políticas dos homens foi mínima. Seus escritos transformaram por completo essa disciplina, mas os hábitos políticos de seus conterrâneos não se alteraram ao mínimo, salvo na medida em que, aclarando-se o pensamento de alguns homens, se pode modificar a atitude de toda uma sociedade, o que, no resignado entender do próprio Hobbes, é de bem pouco alcance. Não é preciso investigar a fundo para encontrar a razão dessa ineficácia histórica. Um homem capaz de dizer, como ele o fez, que "a habilidade para se formar e manter sociedades políticas consiste em certas regras, tal como ocorre na aritmética e na geometria, e não (como no jogo de tênis) na simples prática"[61] se ressente da falta do que poderíamos chamar um senso político. A habilidade, a coerência, a imaginação e a intuição de que ele se mune para empreender a descoberta das regras e de como estas se relacionam entre si e com o conhecimento em geral deve atrair seus leitores, mas eles o lerão apenas como literatura, não como uma literatura que é também conselho. Sua obra está condenada a não passar de uma racionalização, e o paradoxo da relação entre Locke e Hobbes é que o *Leviatã* é bem mais datado do que os *Dois tratados*; é a racionalização até mesmo de

---

61. *Leviatã*, capítulo 20, última sentença.

uma situação histórica. O total fracasso de Hobbes como realista político, contrariamente a seu valor como realista literário e filosófico, revela-se no fato de haver imaginado que o *Leviatã* seria adotado como programa político.

O segredo de seu sucesso em transformar o modo pelo qual os homens estudam e escrevem acerca da política reside no fato de que toda teoria política deve, necessariamente, ser uma racionalização; deve aspirar, em alguma medida, à condição de filosofia. Uma obra de cunho exclusivamente político, que negasse *in toto* o aforismo por nós citado do *Leviatã*, jamais poderia ser escrita. Portanto, quando John Locke se propôs, em 1679, a expor a seus leitores a "verdadeira extensão original e a finalidade do governo civil", produziu um livro semelhante ao *Leviatã*, sob certos aspectos, embora não fosse uma refutação deste.

Sua doutrina diferia bastante daquela do *Leviatã*, e por duas razões Locke rejeitara as premissas psicológicas de Hobbes, bem como sua visão inteiramente racionalista e não empírica da lei natural, de resto considerada sofística por muitos[62]. Com seu instinto contrário ao pensamento sintético, portanto, Locke não estava submetido a nenhuma necessidade lógica de considerar as conclusões autoritárias do sistema hobbesiano, e já demonstramos que não havia nenhum motivo político possível para que o fizesse. Os *Dois tratados* diferiam de modo bastante considerável do *Leviatã* em sua forma de argumentação, tanto por essas razões, como em razão de Filmer e da atitude lockeana já discutida por nós, que contrastavam tanto com a atitude de Hobbes. Continham exatamente o ingrediente que faltava no *Leviatã*: prática política; uma orientação declarada acerca daquilo que os homens devem aceitar, responder e perseguir; a consideração dos limites de sua lealdade e dos limites a toda generalização possível de seu comportamento. Mas o es-

---

62. Ver a carta de Tyrrell citada a pp. 114-5.

crito de Locke sobre o *Governo* era também a exposição de uma tese meditada, uma peça de persuasão intelectual produzida por uma mente com vários pontos em comum com Hobbes, plenamente consciente da mudança que este havia provocado.

Pode não ter sido, como vimos, uma questão de derivação direta, uma vez que é bastante provável que Locke tivesse desbravado sozinho o mesmo caminho percorrido por Hobbes antes dele, ajudado apenas pelo conhecimento indireto da doutrina hobbesiana. Locke foi um pós-hobbesiano, em que pese o fato de que grande parte das crenças de Hobbes eram de tal modo irrelevantes para seu objetivo de discorrer sobre a política que não precisava refutá-las. Será correto considerar os *Dois tratados* uma obra de importância maior que o *Leviatã* em razão de sua fecunda diferença no tocante à relação com a filosofia; foi por essa razão que essa obra pôde tornar-se parte dos hábitos políticos e gerar, eventualmente, o paradoxo de que, até onde Hobbes conseguiu o mesmo, fê-lo através de Locke.

Nas doutrinas políticas que passaremos agora a examinar, Locke expôs um conjunto de princípios mais eficaz e persuasivo do que qualquer outro escrito até então em língua inglesa.

V. A teoria social e política dos "Dois tratados sobre o governo"

Quando os homens pensam sobre si próprios como tendo uma vida comum organizada, devem necessariamente lembrar-se de quem são. Eles não criam a si próprios, não são donos de si mesmos, não dispõem de si próprios – eles são artefato de Deus. São Seus servidores, enviados no mundo por Sua ordem; são, até mesmo, Sua propriedade (II, § 6). Para John Locke, esta era uma proposição ditada pelo senso comum, a proposição inicial de uma obra dirigida o tempo todo para o senso comum. É uma proposição existencialista, que os homens não consideraram que merecesse ser seriamente questionada até os tempos presentes, e que se baseia não tanto na comprovada existência de uma divindade, mas na possibilidade de se adotar o que se poderia chamar uma visão sinóptica do mundo – mais vulgarmente falando, a visão que Deus teria do que acontece entre os homens na Terra. Se admitirmos a possibilidade de se observar o homem do alto, poderemos dizer que admitimos essa posição inicial de Locke.

Desse ponto de partida baseado no senso comum, ele passa a duas inferências, a de que somos livres e a de que somos todos iguais; livres uns dos outros, bem entendido, e iguais uns aos outros, porquanto não estamos livres da superioridade de Deus e tampouco somos iguais a Ele. Caso se pudesse demonstrar que Deus houvesse conferido a qualquer homem, ou a qualquer ordem de homens, uma superioridade com relação aos demais, tais inferências seriam inviáveis. Por sir Robert Filmer ter afirmado ser possível encontrar na Revelação uma prova de que Deus havia estabelecido a superioridade de alguns homens com relação a outros, os pais acima dos filhos, os homens acima das mulheres, os mais velhos acima dos mais jovens e os monarcas acima de todos os demais, sua doutrina era a tal ponto perigosa e precisava ser refutada. Tornou-se necessário demonstrar nos mínimos detalhes, analisando texto após texto das Escrituras, que tal interpretação era totalmente equivocada.

Tal é a função lógica do *Primeiro tratado* na obra de Locke sobre o governo, embora o autor não diga nada, nele, que não esteja também exposto no *Segundo tratado*. A polêmica contra Filmer tinha de dar-se na forma de uma argumentação baseada nas Escrituras, mas é necessariamente uma argumentação baseada também na observação e na razão, pois as Escrituras não se autointerpretam[1]. A observação nos ensina, afirma Locke, o empirista, que a superioridade dos pais é apenas temporária, e a observação combinada com a razão nos ensina por que: tal superioridade é necessária à preservação da humanidade, e sua duração é determinada pelos fatos zoológicos (II, §§ 80, 81). Filmer, seguindo Grócio, interpretara esses fatos para demonstrar que a procriação, com um indivíduo criando outro indivíduo através da progênie, conferia um direito de superioridade, de sujeição da vontade a outra vontade, e até mesmo de propriedade. Mas, no entender de Locke, esta não é apenas uma observação errônea, é também totalmente irracional, e fere, ademais, o princípio fundamental de que o ho-

....
1. Essa é uma posição importante e fundamental de Locke, talvez mais conhecida por sua rejeição ao "entusiasmo". Repetidas vezes, a argumentação do *Primeiro tratado* tem por base, de um lado, as Escrituras e, do outro, a razão – ver, por exemplo, §§ 4 e 60 (Razão e Revelação).

mem é artefato e propriedade de Deus, e não de si próprio. Para Locke, portanto, os homens nasceram pura e simplesmente livres, da mesma forma como haviam nascido pura e simplesmente cativos no sistema de Filmer e segundo a tradição patriarcal.

Não, diz Locke: "o Senhor e amo de todos eles" não colocou "mediante qualquer declaração manifesta de sua vontade um acima do outro" (II, § 4), de modo que somos todos dotados das mesmas faculdades, das mesmas vantagens naturais; o poder e a jurisdição são e devem ser recíprocos entre nós. Mais uma vez, não é preciso aceitar uma teologia para concordar que tudo isso é uma questão de simples senso comum. O que acontecerá se quisermos discordar é que depararemos com a incômoda posição de nos caber todo o ônus da prova.

Mas, se é verdade que Deus nos deixa livres, que não é possível encontrar na ordem natural fator algum que sujeite um homem a outro, mesmo à parte a vontade revelada de Deus, ainda assim pode ser relevante indagar o que nos faz verdadeiramente livres e em que consiste essa liberdade. Isso porque a liberdade absoluta não tem significado algum; ela deve ser definida – "Onde não há lei, não há liberdade" (II, § 57). É a lei da natureza que estabelece os limites da liberdade natural (II, § 4) e, uma vez que a lei da natureza é expressão da vontade de Deus, é possível reconciliar a onipotência de Deus com a liberdade humana[2]. Ademais, a direção positiva de Deus nos é conhecida de todos através de nossa razão, uma vez que esta, no dizer dos platônicos do tempo de Locke, é "a Voz de Deus" no homem (I, § 86, ver nota respectiva). Mas na postura, como nós a chamamos, assumida por Locke diante da lei natural, "a lei da natureza

---

2. Como, exatamente, jamais é indicado. É proverbial a confissão de Locke a esse respeito – esse problema, dizia, estava além de suas capacidades –, e é típico dele não tê-lo suscitado em sua obra sobre teoria política.

(...) é a lei da razão" (I, § 101). É nossa razão, portanto, que promulga para nós a lei da natureza e é nossa razão que nos faz livres. "Nascemos livres, assim como nascemos racionais" (II, § 61), e a liberdade de agir segundo nossa própria vontade, e jamais por imposição da vontade alheia, está fundamentada na posse da razão (II, § 63).

A razão, porém, significa até mesmo mais que isso e tem consequências maiores para a liberdade e a igualdade naturais. Concebida como uma lei (a lei da natureza), ou quase como um poder, é soberana sobre todas as ações humanas. Pode ditar as ações de um homem, como o faz a consciência (II, § 8), e de mais de um homem na situação social, uma vez que é concedida por Deus para ser a regra entre homem e homem (II, § 172). É também um atributo, na verdade é o atributo humano que coloca o homem acima dos seres irracionais e, quando presente em sua plenitude, alça-o quase ao nível dos anjos (I, § 58). Essa linguagem é tradicional; a distinção entre o homem e os seres irracionais com base na presença ou ausência do atributo da razão remonta a antes do cristianismo, aos estoicos e a Aristóteles; mas ela adquiriu particular significado para a geração de Locke, como atesta o curioso debate quanto a se os irracionais, que são capazes de trabalhar no mundo, embora não sejam humanos por não possuírem esse atributo, devem, por conseguinte, ser máquinas. E Locke faz amplo uso dessa questão, a seu modo peculiar, quando considera o Estado e a sociedade.

Justifica-se, dessa forma, a posição subordinada dos filhos, que, embora venham ao mundo destinados à plena igualdade, não nascem nessa condição (II, § 55). Somente alcançam elas a liberdade quando atingem o que ainda hoje denominamos idade da razão. Tudo isso é por demais óbvio, e apenas mereceu ser exposto por Locke minuciosamente em razão de Filmer, mas cumpre observar que mesmo as crianças de menos idade não estão sujeitas à vontade dos pais a ponto de serem desprovidas de vontade própria, pois os pais exercem essa vontade por elas – a razão detém ainda a soberania sobre o pai e sobre o filho. Esse é um dos raríssimos sentidos em que a idade, o processo ou o desenvolvimento é importante para as relações humanas, muito embora Locke admita que a virtude, a inteligência e o sangue (nenhum dos quais, ao que parece, pode ser facilmente descrito como uma diferença de racionalidade), de certa forma desimportantes para seus propósitos, podem infringir a igualdade natural (II, § 54). A consequência seguinte, porém, é mais surpreendente. Quando olhamos para nós mesmos como artefatos de Deus, reconhecemos sermos todos dotados de razão porque Ele a outorgou a nós e, portanto, qualquer homem que proceda de forma irracional é, nessa medida, um animal, e como tal poderá ser tratado. Especificamente falando, qualquer homem que procure submeter outrem a seu poder, a sua vontade, negando que esse outro indivíduo é tão livre quanto ele porque também é detentor de razão, assim se recusando a reconhecer na razão a regra entre os homens, tal homem "torna-se passível de ser destruído pela pessoa prejudicada e pelo resto da humanidade, como qualquer outra besta selvagem ou fera nociva que proceda do modo destrutivo para com seus pares" (II, § 172).

Trata-se de um raciocínio incisivo e podemos considerá-lo um tanto rudimentar. Serve para enunciar em alto e bom som a crença total e absoluta de Locke de que a razão é o modo de cooperação entre os homens; a razão, acabava ele de afirmar, é "o vínculo comum pelo qual o gênero humano se une numa única irmandade e sociedade". Não é uma afirmação isolada e sim um tema várias vezes recorrente, talvez desenvolvido de modo mais detalhado numa inserção posterior (ver nota em II, § 172), mas essencial ao modo como Locke entende a conservação da justiça dentro e fora da sociedade organizada. Pode-se considerar que é esta sua avaliação última das consequências, para as relações concretas entre os homens, da sintética filosofia civil de Hobbes, pois o *Leviatã*, a exemplo do patriarca monárquico, subordinava efetivamente toda vontade humana a uma única vontade; convertia o direito e o governo numa questão de vontade e, portanto, tratava efetivamente os homens como animais, e qualquer um que almejasse os direitos e poderes do soberano poderia ser tratado como animal. Aparentemente, porém, o verdadeiro objetivo que tinha em mente era de ordem muito mais pessoal e política. Quando examinamos atentamente as passagens que apresentam esse raciocínio, Carlos e Jaime Stuart se encaixam com grande facilidade no papel daqueles "animais selvagens com os quais os homens não podem ter sociedade ou segurança"[3], pois tentaram governar a Inglaterra com déspotas, se não de tipo hobbesiano, seguramente de molde patriarcal.

Em perfeita liberdade, iguais uns aos outros, capazes de um comportamento racional e, portanto, capazes de compreender e colaborar uns com os outros – é assim que nascemos. É preciso enfatizar que nascemos todos dessa forma, cativos ou livres, selvagens ou civilizados, dentro ou fora da sociedade ou do Estado, pois é essa uma doutrina verdadeiramente universal em Locke e que não o leva, por exemplo, a argumentar, com base nessa dogmática posição racionalista, que a base da vida política seja o poder dos homens racionais sobre seus semelhantes irracionais[4]. Não pode ha-

....
3. II, § 11, 25-6. Trata-se de uma referência a um agressor no estado de natureza, mas a última frase também aparecia no texto final do II, § 172, 16. O tema de II, §§ 171 e 172, é claramente o governo estabelecido de um país, do país de Locke, e são essas as palavras aplicadas a ele quando reivindica o direito ao "poder absoluto e arbitrário" ("tendo renunciado à razão", para o fazer).

4. Embora admita uma ampla disparidade em termos de capacidade, mais especificamente, de raciocínio – ver nota em II, § 4, 11 e referências. Locke tem uma visão sóbria, quase sombria, da capacidade da maior parte da raça humana para seguir uma argumentação, para tomar parte na "sociedade racional" em sua sofisticada definição; textos que o ilustram podem ser encontrados por todas as suas obras, em especial no *Ensaio*; o título de "racionalista otimista" assenta-lhe bastante mal. Todavia, não me parece justificável iden-

ver nenhuma fonte arbitrária para o poder de um homem sobre outro, nem mesmo uma fonte na revelação, pois o direito divino já descartado por falta de provas. Como explicar, então, a existência de uma governança no mundo? Como pode haver governo?

Locke responde a essa pergunta fundamental, e é significativo de seu individualismo radical que ela fosse suscitada de forma tão premente, com a apresentação do que denomina uma "estranha doutrina". É possível que pretendesse, com isso, advertir-nos de que estava inovando[5], mas suas palavras não causam nenhuma grande surpresa: "cada um", declara, "detém o poder executivo da lei da natureza" (II, §§ 6, 7, 8, 9, 13). Se alguém vem a ferir a lei da natureza, todos os demais têm o direito de puni-lo por isso e de reclamar uma retribuição, não apenas em nome dos danos próprios sofridos como para defender a autoridade "da razão e a equidade comum, que é a medida fixada por Deus às ações dos homens, para a mútua segurança destes" (II, § 8). É possível fazê-lo individualmente, mas podemos e devemos colaborar com outros indivíduos contra essa "agressão contra toda a espécie". É nesse direito natural, que se origina na própria humanidade, que se baseia não apenas o direito de governar como também o seu poder, pois consiste num poder coletivo, utilizado contra um ofensor, ainda que

....

tificar em suas teses, em especial nas dos *Dois tratados*, qualquer doutrina de uma diferença de racionalidade entre os homens, como por vezes se faz. Rigorosamente falando, o homem não racional não seria um homem de forma alguma, e Locke jamais nega que qualquer indivíduo possa ser racional segundo sua capacidade; apenas insiste em que, caso não o seja, é digno de opróbrio. É possível que não seja um otimista coerente, mas está longe de ser cético a esse respeito: ver Polin, 1961, 40n.

5. Strauss, 1953, dá uma certa ênfase ao uso dessa expressão por Locke; a meu ver, porém, isso não é muito mais que um recurso literário de sua parte. Como observa Strauss, a doutrina de Locke nesse ponto difere de Pufendorf e Cumberland apenas numa questão de ênfase.

exercido por um único homem. O direito de governar, bem como o poder para governar, são um direito e um poder naturais, fundamentais e individuais, equiparados aos de conservar a si próprio e ao resto da humanidade (II, §§ 128-30). São de natureza judicial, já que consistem no pronunciamento e na aplicação da lei – a lei da natureza, que é a da razão.

Já nos é possível divisar a teoria política de Locke em sua totalidade, inclusive o conceito de confiança [*trust*] e da separação dos poderes. Generalizaremos as implicações dessa posição acerca do poder executivo da lei da natureza sob o título de uma doutrina, a doutrina lockeana da virtude política natural. Apresentada dogmaticamente como uma "estranha doutrina", nenhuma demonstração de sua verdade é apresentada, mas esta fica implícita num dispositivo particular da lei da natureza, distinguindo-se da lei da natureza em geral. Trata-se do direito e dever de cada homem de preservar a si próprio e a todos os demais o máximo possível, que é a única lei da natureza utilizada dessa forma[6]. O governo, quando é enfocado pela primeira vez, desse viés, é simplesmente um "magistrado, que por ser magistrado teve o direito comum de punir depositado em suas mãos" (II, § 11). Contudo, não chegamos ainda ao estágio do governo estabelecido. Todas as características dos homens, e a relação entre eles, objeto de nossa discussão até aqui, pertencem ao estado de natureza.

O estado de natureza é simplesmente a condição na qual o poder executivo da lei da natureza se mantém exclusivamente nas mãos de indivíduos e não se tornou comu-

---

6. Em razão de sua atitude particular que descrevemos ante a lei da natureza, Locke jamais arrola as leis propriamente ditas, e jamais relaciona uma lei da natureza com outra, embora a lei da conservação seja denominada "fundamental"; ver nota em II, § 16, 9-10 e referências, incluindo uma passagem de sua obra sobre a *Educação*. Sob todos esses aspectos, é ele um escritor bastante anticonvencional no que se refere à lei natural, bem mais que Hobbes.

nal. Pode-se deduzir que tenha sido esta a condição original de toda a humanidade, pois, onde quer que se encontre uma autoridade coletiva estabelecida e permanente, descobre-se sempre que se trata do resultado da reflexão dos homens e das medidas que deliberaram a fim de garantir e estabelecer o domínio da racionalidade e os dispositivos da lei natural. Não será uma réplica adequada a essa afirmação dizer que é possível observar, de fato, que todos os homens vivem sob governos, uma vez que "o governo é, por toda a parte, anterior aos registros históricos" (II, § 101; comparar com I, §§ 144 e 145) e que é sabido que as tribos primitivas da atualidade vivem sem, ou praticamente sem, governo. Contudo, embora esses fatos históricos e antropológicos sejam importantes, por de fato demonstrarem que os homens individuais conviveram e convivem ainda hoje no estado de natureza, muito mais significativo é o fato de não ser possível relacionar de nenhuma outra forma os próprios estados, e os chefes de Estado entre si, na atualidade ou em tempo algum. O rei da França e o rei da Inglaterra podem colaborar para manter a paz mundial, de modo a conservar a humanidade. Na maior parte das ocasiões eles o fazem, mas cada qual executando individualmente a lei da natureza: não há instituição ou autoridade alguma para essa finalidade. Esse fato, e a persistência de certas regiões da Terra no estado de natureza, também podem colocar indivíduos particulares nessa relação, mesmo hoje. Tal é o caso do suíço e do índio negociando acordos de troca nas florestas americanas (II, § 14)[7].

----

7. As esparsas referências a sociedades primitivas nos *Dois tratados*, bem como a discussão mais aprofundada no *Ensaio*, apontam uma enorme quantidade de leituras, a preocupação de toda uma vida e um dilema intelectual (ver Laslett, 1965 (ii)). Pode-se afirmar que Locke fez mais do que qualquer outro para fundar o estudo da antropologia comparada, e que tinha absoluta consciência de não haver comprovação da existência de um "estado de natureza" do tipo descrito em sua teoria política. Novamente, portanto, foi preciso

O estado de natureza, portanto, apresenta algumas desvantagens óbvias; é de esperar que os homens se empenhem ao máximo para substituí-lo, e já vimos que eles são constituídos de modo a poderem, perfeitamente, fazê-lo. Isso porque o estado de natureza faz de cada homem o juiz de sua própria causa (II, § 13). Ele tem a lei da natureza por guia, mas essa lei não é escrita, "não se podendo encontrá-la senão no espírito dos homens", de modo que "não é possível convencer com facilidade, na falta de um juízo autorizado, de seu equívoco aqueles que – movidos pela paixão ou o interesse – venham a citá-la ou aplicá-la erroneamente" (II, § 136). Isso não significa, porém, que o estado de natureza seja um estado de guerra, "por mais que alguns homens", entenda-se Hobbes, os "tenham confundido" (II, § 19). A guerra, com efeito, não é um estado, mas um incidente, embora um "desígnio firme e sereno" com respeito à vida permita utilizar o tempo "estado" para descrevê-lo (II, § 16). Na verdade, a guerra é um incidente aparentemente inseparável da vida humana, por ser o apelo a Deus nos casos em que os homens se mostram incapazes de acomodar as coisas de forma razoável, e devemos reconhecer que um apelo tão extremo constitui sempre uma possibilidade, mesmo no âmbito de uma sociedade política altamente desenvolvida – uma possibilidade que traz importantes consequências. É de esperar que a guerra esteja bem mais perto da superfície no estado de natureza, como atestam a frequência e a importância da guerra no estado internacional de natureza, porém isso não pode significar que a guerra defina o estado de natureza, ou que ela seja de algum mo-

....
assumir uma postura diante do problema. Podemos acreditar que fosse a seguinte sua posição: não é possível provar que os homens primitivos vivessem universalmente numa paz comparativa, numa sociabilidade imanente, porém os indícios não invalidam tal pressuposto e seguramente não obrigam a admitir que vivessem em um estado beligerante.

do relevante para distinguir o estado de natureza do estado social.

"No princípio, o mundo todo era a América" (II, § 49): uma descrição completa do desenvolvimento humano revelaria que, no primitivo estágio patriarcal, como no do Antigo Testamento, os europeus viveram como os índios americanos da atualidade (ver notas em I, §§ 130 e 144, 27-34). Na verdade, essa condição de vida comunitária orientada pela razão, sem um superior comum na Terra, em assistência mútua, paz, boa vontade e preservação (II, § 19), é o pano de fundo universal contra o qual é preciso compreender o governo. Ela nos revela o que é e como procede o governo, mostrando-nos o que ele não é e como não procede[8]. Permite, inclusive, distinguir as formas próprias e impróprias de governo. A "monarquia absoluta", por exemplo, é "incompatível com a sociedade civil e, portanto, não pode ser, de modo algum, uma forma de governo civil" (II, § 90). Isso necessariamente é verdade, já que o monarca absoluto julga em causa própria, tal como devem fazer os homens no estado de natureza. Em relação a ele, portanto, a própria sociedade que ele governa vive, como um todo, no estado de natureza; ademais, ele substitui a lei da razão, expressa na lei natural, pela lei da força e do arbítrio – de sua força e seu arbítrio. Porém, isso não significa que não haja paz, justiça ou meios de cooperação social e política no seio da sociedade por ele governada, da mesma forma que o estado internacional de natureza não impõe obstáculos à paz e

---

8. Tal é a função analítica desse conceito na teoria política do início dos tempos modernos, e pode-se criticá-lo como o equívoco de pressupor que o antecedente lógico seja anterior historicamente e fundante no plano institucional. O desconforto de Locke quanto a suas consequências é ilustrado por sua relutância em ir além de insinuar algum paralelo entre a história do Antigo Testamento e a condição da América em seu tempo. Em todo caso, o caráter incompleto do contraste por ele estabelecido entre os dois estados torna-o algo menos vulnerável que seus predecessores.

à cooperação internacional. Pois não é esse o feitio dos homens. O estado de natureza já é social e político. O estado de sociedade nunca chega a transcender totalmente o estado de natureza: o contraste nunca se completa.

Essas considerações sem dúvida complicam a visão lockeana do estado de natureza, mas a complicação demonstra o realismo superior do autor e abre espaço, em seu sistema, para elementos normalmente tidos como ausentes dele e da atitude individualista de modo geral[9]. Contudo, no ponto que atingimos agora, em que surge a pergunta acerca da razão que leva o homem a passar efetivamente de um estado de natureza para um estado de sociedade, Locke subitamente se afasta de todos os seus predecessores clássicos e medievais. Embora seu estado de natureza seja inconveniente, e embora seu indivíduo seja perfeitamente capaz de transcendê-lo e já possamos entrever por que ele e seus semelhantes desejariam fazê-lo, Locke introduz aqui um motivo para o estabelecimento de uma sociedade política o qual poucos haviam considerado no contexto das origens políticas e ao qual ninguém dera grande relevo. Abruptamente, ele introduz na discussão o conceito de propriedade.

De modo geral, a justificação ética da propriedade no sistema de Locke se dá por meio de argumentos que pouco diferem daqueles os demais pensadores da época. O direito da humanidade aos bens da natureza provém da concessão divina, relatada nas Escrituras, da racionalidade do homem e da lei natural fundamental da autoconservação (II, §§ 25 em diante, I, §§ 86 e 87). Nesses termos, porém, é ao

....
9. O estado de natureza lockeano, com sua sociabilidade imanente e sua aceitação da dependência humana com respeito a seus semelhantes, incorpora, em certo sentido, a atitude aristotélica. Sobre o estado de natureza teórico em oposição ao estado de natureza de fato, ver Polin, 1961, 174, e comparar com Jenkins, 1967 (que não aceita sua sociabilidade); Seliger, 1968, pp. 108, 122 etc.; Ashcraft, 1968, 1969. Rau, 1987, usa de forma engenhosa a posição de Locke para objetivos políticos de nosso tempo.

homem enquanto espécie que é facultado o direito a possuir coisas, e não ao homem individual. Isso significa que os bens da natureza eram originalmente comuns, seja porque a Bíblia o afirma, seja porque a liberdade e a igualdade universais devem significar um comunismo original. Locke e seus colegas enfrentavam certa dificuldade para explicar o fato de que esse comunismo original dera lugar à propriedade privada. Podiam, como de fato o fizeram, valer-se do argumento da ocupação, do "achar é apossar-se", mas, no final, esse raciocínio deveria implicar um consentimento. Na verdade, como argumentara Filmer com habilidade e persuasão, a única saída para a questão do comunismo original era admitir que, de uma forma ou de outra, cada indivíduo sobre a face da terra consentira a cada ato de aquisição de propriedade.

A solução de Locke para o problema foi postular que "cada homem tem uma propriedade em sua própria pessoa", de modo que "o trabalho de seu corpo e a obra de suas mãos" são seus. Por conseguinte, tudo quanto ele "retire do estado em que a natureza o proveu e deixou, mistura-a com o seu trabalho (...), transformando-a em sua propriedade" (II, § 27). Essa célebre passagem, que quase contradiz o princípio fundamental de que os homens pertencem a Deus e não a si mesmos, juntamente com a afirmação geral de que "é o trabalho, com efeito, que estabelece a diferença no valor de cada coisa" (II, § 40) são, talvez, as afirmações de maior repercussão que Locke já proferiu[10]. A propriedade adquirida

---

10. Ver nota em II, § 27, sobre passagem bastante análoga em Tyrrell, que porém, possivelmente, lhe terá sido sugerida por Locke, e nota em II, § 28, para uma discussão mais aprofundada sobre Locke como inovador nessa questão. Não se pode provar que tenha esta sido uma ideia inteiramente original de Locke, e ela guarda uma afinidade com o dogma tradicional de que o trabalhador teria um direito inalienável a suas ferramentas. Polin, 1960, 255, apresenta outra referência à propriedade e à justiça, enquanto Olivecrona, 1974 (i) (ii), insere a teoria de Locke em seu contexto jusnaturalista.

dessa forma não era ilimitada, pois restringia-se originalmente àquilo que um homem e sua família pudessem consumir ou usar, e que não devia ser desperdiçado (II, § 36). Estendia-se à terra, bem como a seus frutos (II, §§ 32-40), mas, mesmo sob essa forma, jamais deveria ser utilizada como instrumento de opressão, como meio para obter a submissão dos outros à nossa vontade (I, §§ 42-3). O objetivo da argumentação como um todo é demonstrar que a propriedade não se originou no consentimento comum de toda a humanidade, embora no final se atribua sua distribuição efetiva ao dinheiro, que depende do consentimento, talvez mesmo de um consentimento em nível mundial[11]. No estado de natureza, portanto, o esforço dos homens e, sobretudo, a invenção que fizeram do dinheiro estabeleceram entre todos eles relações mútuas, que não eram as da cooperação racional e consciente, mas originavam-se de seus diferentes contatos, contatos quase físicos, com o mundo das coisas materiais – originavam-se de sua propriedade, definida nesses termos.

Na verdade, os homens foram levados a abandonar o estado de natureza e a estabelecer uma fonte de poder "para regular e conservar a *propriedade*" (II, § 3). À medida que avança o *Segundo tratado*, cada vez maior é a ênfase depositada no "maior e *principal fim* (...) da união dos homens em sociedade políticas, e da submissão deles a um governo, *é a conservação de sua propriedade*. Para tal fim, o estado de natureza carece de uma série de fatores"[12]. Já se pode claramente perceber que a explicação lockeana para a origem da propriedade não pode aspirar a cobrir todas as acepções da palavra. Isso porque ela não é definida em termos de posses materiais, nem em unidades de comodidades ou necessidades da vida, mas de uma forma mais geral,

....
11. II, § 45; ver especialmente nota em II, § 50 etc.
12. II, § 124; comparar com II, § 94, nota, sobre uma afirmação análoga de Tyrrell; também II, §§ 127, 134, 138 etc.

como as "vidas, as liberdades e os bens imóveis, aos quais atribuo o nome genérico de *propriedade*" (II, § 123)[13]. Salvo no capítulo sobre a propriedade e em outros casos em que não há dúvidas de que se esteja referindo a posses materiais, o termo "propriedade", no *Segundo tratado*, deve ser normalmente compreendido nesse sentido. É o sentido em que os contemporâneos de Locke podiam se referir à religião protestante estabelecida pela lei como sua "propriedade", e Richard Baxter sustentava que as "vidas e liberdades dos homens constituem a parte principal de sua propriedade", muito embora, como Locke, também ele buscasse a origem da "propriedade no esforço humano"[14].

A propriedade, ademais, parece conferir qualidade política à personalidade. O escravo carece de todo direito político porque é incapaz de deter propriedade – sobre quem não tem propriedade só é possível exercer um poder despótico, jamais um poder propriamente político (II, § 174). Será lícito nos queixarmos de que Locke não deixa suficientemente claro qual definição de propriedade ele utiliza em

....
13. As ocorrências dessa definição mais abrangente estão relacionadas na nota em II, §§ 87, 123, 173; talvez seja digno de nota o fato de que no mínimo dois dos contextos (aqueles dos §§ 123 e 173) sejam, provavelmente, acréscimos de 1689.

14. Ver Baxter, 1680, passagem citada em nota em II, § 27. Original: "propriety in man's industry" – ao que parece, os termos *"propriety"* [hoje: propriedade, qualidade do que é próprio] e *"property"* [hoje: propriedade, patrimônio, posse] exibem o mesmo significado, ou conjunto de significados, em Locke e em Baxter, embora Locke tenha por vezes substituído o primeiro pelo segundo ao corrigir seu livro (por exemplo, no título do capítulo VII do *Primeiro tratado*). Já se observou, ocasionalmente, que *"property"* tem sentido mais amplo (Gough, 1950; Brogan, 1959), mas devo ao professor Viber, de Princeton, a demonstração de que esse sentido ampliado deve ser considerado de uso corrente por parte tanto de Locke como de seus contemporâneos. O professor Viner permitiu-me o acesso a um estudo inédito sobre o assunto, reproduzido em parte, mas não na íntegra, em Viner, 1963. A extraordinária imprecisão de Locke quanto ao emprego desse termo está bem exemplificada na frase usada em II, § 131.

cada contexto. Mas o fato de ele admitir que a propriedade material, a propriedade dos objetos naturais misturados com o trabalho, representasse vários ou todos os direitos abstratos do indivíduo, ajuda-nos a compreender por que esse conceito entrou de forma tão integral e decisiva em sua leitura da origem da sociedade civil.

Pois a propriedade, para Locke, parece simbolizar os direitos em sua forma concreta, ou talvez, melhor que isso, estabelecer o tema tangível dos poderes e atitudes de um indivíduo. É porque podem ser simbolizados enquanto propriedade, enquanto algo que o homem pode conceber como distinguível de si próprio – embora faça também parte de si próprio –, que os atributos de um homem, tais como sua liberdade, sua igualdade, seu poder de executar a lei da natureza, podem tornar-se tema de seu consentimento, tópico de qualquer negociação com seus semelhantes. Não podemos alienar parte alguma de nossas personalidades, mas podemos alienar aquilo com que escolhemos misturar nossas personalidades[15]. Pouco importa se era exatamente isso o que Locke tinha em vista; evidencia-se, daquilo que em outro lugar ele afirma sobre a sociedade civil, em oposição à sociedade espiritual, que ela apenas pode se ocupar dos "interesses civis", expressão que, quando examinada, parece equivaler ao termo "propriedade", na acepção mais ampla que recebe no *Segundo tratado*[16]. De certa forma, portanto,

....
15. A leitura convencional da tese lockeana sobre a propriedade – segundo a qual esta descreveria um direito natural e inalienável – parece, por essa perspectiva, totalmente equivocada. A propriedade é precisamente aquela parte de nossos atributos (ou, talvez, para ser pedante, aquele atributo de nossos atributos) que podemos alienar, mas somente, é claro, por nosso próprio consentimento. Divirjo nesse aspecto de Olivercrona, que considera a propriedade como uma extensão da personalidade.

16. Ver passagens citadas da *Carta sobre a tolerância*, de Locke, na nota em II, § 3. Toda a sua argumentação a esse respeito pretende provar que o mundo subjetivo da convicção religiosa é completamente inacessível ao mundo objetivo dos "interesses civis" – da propriedade, com efeito.

é através da teoria da propriedade que os homens podem passar do mundo abstrato da liberdade e igualdade, baseado na relação deles com Deus e a lei natural, para o mundo concreto da liberdade política garantida por acordos políticos.

Atribuir um sistema simbólico a um autor tão terra a terra como Locke, entretanto, talvez seja ler mais do que se deve num simples expediente a ele imposto pela necessidade de replicar a sir Robert Filmer. A propriedade, seja em sua acepção restrita ou mais ampla, é insuficientemente protegida e inadequadamente regulamentada no estado de natureza, e é essa inconveniência crítica que induz os homens a "ingressar na sociedade, para formar um povo, um corpo político sob um único governo supremo (...), estabelecendo um juiz na Terra, investido de autoridade para resolver todas as controvérsias" (II, § 89). Tal inconveniência é crítica apenas em sentido cumulativo, pois deve ser acrescida ao amor e à falta de sociedade (II, § 101) e aos riscos de agressão externa (II, § 3), bem como a todas as demais inconveniências surgidas do fato de serem os homens juízes de suas próprias causas, e que são tão consideráveis que se poderia dizer que "Deus certamente designou o governo para conter a parcialidade e a violência dos homens" (II, § 13). Uma vez alcançado esse estágio, é possível expor claramente o princípio político de Locke de forma abrangente. Antes de fazê-lo, entretanto, talvez devêssemos examinar um pouco mais a teoria lockeana da propriedade, uma vez que foi alvo de tantas críticas e de muitas interpretações equivocadas[17].

"Deus deu o mundo (...) para o uso dos diligentes e racionais", diz ele (II, § 34); concedeu-o a eles no estado de

----

17. A doutrina lockeana da propriedade foi amplamente discutida: ver, por exemplo, Larkin, 1930; Czajkowski, 1941; Kendall, 1941 (o primeiro a criticar a interpretação "individualista"); Gough, 1950; Strauss, 1953; Cherno, 1957; Pietrane, 1957; Monson, 1958; Polin, 1960; Viano, 1961 (a teoria de Locke e a política de Shaftesbury); Macpherson, 1951 e 1962; Dunn, 1967 (ii) e 1969; Milam, 1967; Olivecrona, 1974 (i), (ii) e 1975; Tully, 1980; Wood, 1984.

natureza, é claro, e também designou o governo como um remédio para as inconveniências de tal estado. Pois por obra de sua própria diligência e racionalidade essa gente criou inconveniências para si mesma e para o resto da humanidade, instaurando relações entre os homens por meio do contato cada vez mais complicado deles com as coisas materiais, relações essas que escapavam ao controle de indivíduos que agissem como meros executores solitários da lei da natureza. Estabeleceu-se, portanto, um controle consciente e cooperativo, através de governos em que "as leis regulamentam o direito de propriedade, e a posse da terra é determinada por legislações positivas" (II, § 50).

Não é fácil, com base no texto de Locke, interpretar tal regulamentação da propriedade e tal determinação da posse de terra pela autoridade política. Seu objetivo parece ser garantir a posse segura e mansa, por maior que seja o bem imóvel e o que quer que este contenha. Apesar de suas frases defendendo uma "teoria do valor baseada no trabalho", seria extremamente difícil sustentar que Locke tivesse em mente algum tipo de doutrina que pudéssemos remotamente chamar socialista. Não obstante, ele jamais renega sua tese de 1667, segundo a qual o magistrado pode designar maneiras de transferir propriedade de um homem para outro, e editar as leis que quiser referentes à propriedade, contanto que sejam justas[18]. No § 90 do *Primeiro tratado*, até dá claramente a entender que a comunidade sempre detém um interesse residual na propriedade e mesmo um direito original a ela, pois as posses de um indivíduo intestado sem herdeiros revertem para a comunidade.

É possível conciliar com a doutrina dos *Dois tratados* até mesmo o mais minucioso controle da propriedade por parte da autoridade política. A propriedade que neles se de-

---

18. O *Ensaio sobre a tolerância*, de 1667; ver nota em II, § 120. Dunn, 1960 (i) p. 36, discorda dessa utilização do escrito lockeano de 1667.

fende jamais se restringe a posses materiais, nem é tida como o que nós (e não Locke) denominamos capital. Locke sugere que mesmo a mais pobre das criaturas possui o bastante para necessitar que a sociedade salvaguarde suas posses (II, § 94 e nota). Se não o comunismo absoluto, seguramente a taxação redistributiva e talvez até a estatização poderiam ser justificadas com base nos princípios que vimos discutindo: seria necessário tão somente o consentimento por parte da maioria da sociedade, expresso de forma regulamentar e constitucional, e tal lei seria válida até mesmo se todos os proprietários ficassem na minoria vencida.

Por outro lado, o teor de sua argumentação é totalmente em favor daqueles que muito têm a perder. Pode-se julgar que sua ansiedade em assegurar que os direitos proprietários não dependam do consentimento universal de toda a humanidade, ainda que a distribuição da propriedade por meio do dinheiro esteja sujeita a esse consentimento[19], representa um interesse mais convincente do que a mera necessidade de responder a Filmer. A mesma preocupação com a segurança absoluta da propriedade material se pode notar na confusão implicada por sua definição desse conceito em duas vertentes. Se Locke pretendia que todas as suas referências fossem tomadas no sentido de posses materiais, sua posição acaba parecendo uma intransigente defesa da riqueza e seu poder. Mas, se cabe considerar seu emprego do conceito "propriedade" como simbólico, conforme sugerimos, o sistema simbólico parece expressar todos os direitos humanos como bens de mercado. Locke aceita perfeitamente a contínua ou permanente apropriação do produto do trabalho de um homem por outro, de um servo por um senhor[20]. O trabalho escravo não o perturba em absoluto: a

---

19. Ver nota 10, a pp. 147.

20. Macpherson, 1951, 560. Todavia, parece um exagero interpretativo afirmar que um homem possa vender seu trabalho no sentido da propensão ao trabalho, e não posso concordar com a afirmação (p. 564) de que "Locke separou

leitura do § 130 do *Primeiro tratado* trará, para os que hoje consideram a servidão pessoal uma atrocidade, enorme desconforto, ou mesmo indignação. Locke deixa de tomar qualquer medida preventiva contra as evidentes consequências da acumulação ilimitada de pedras preciosas, metais e dinheiro em todas as suas formas, tão logo o consenso lhes tenha atribuído valor.

Não obstante, será injustificado transformar a doutrina lockeana da propriedade na doutrina clássica do "espírito do capitalismo", seja lá o que isso for. Somente é possível fazê-lo descartando, como obstáculos a seu genuíno significado, o que ele diz acerca da origem e limitações da propriedade. Tudo quanto Locke afirma da "regulamentação" da propriedade, mesmo sendo esta a primeira palavra que usa com respeito à mesma ao introduzi-la no *Segundo tratado* (II, § 3), deverá ser ignorado. É preciso um tradicionalismo semiconsciente ou uma franca hipocrisia para explicar a descrição da aquisição ilimitada por Locke como "amor *sceleratus habendi*, a perversa concupiscência" (II, § 111). Acima de tudo, para fazê-lo, é preciso uma negação categórica de que a tese tão coerente de Locke, segundo a qual "as obrigações da lei de natureza não cessam na sociedade, mas, em muitos casos, apenas se tornam mais rigorosas" (II, § 135), seja aplicável à propriedade[21]. Se estamos

....

vida e trabalho". Quando Locke escreve sobre a relação de salário em II, § 85, emprega o termo "serviço", e não "trabalho", e embora pareça suficientemente preciso em II, § 28, ao fazer do patrão o proprietário do trabalho de seu servidor, não é óbvio que se trate de uma relação assalariada; ver Laslett, 1964.

21. Strauss, 1953, 240: sobre sua referência ao espírito do capitalismo, ver p. 246. A hipótese de Locke como um criptocapitalista é sustentada com exatidão e argúcia bem maiores por Macpherson, 1962, de um ponto de vista que só mostra desdém pelo "socialismo pequeno-burguês". Por interessante que seja, a visão de Strauss parece baseada numa leitura dos textos tão arbitrária, tão empenhada em descobrir um significado "real" (em geral hobbesiano ou capitalista), que é totalmente inaceitável para um editor dos *Dois tratados*; para uma crítica, ver Yolton, 1958. A minuciosa e reveladora análise de Macpherson esclareceu notavelmente as questões, mas pareceu que só chegou a suas conclusões tão irrealistas e, ocasionalmente, tão pouco históricas porque estava

dispostos a tratar textos históricos dessa forma, poderemos usá-los para provar tudo o que quisermos.

Na verdade, é claro, Locke não era "socialista" nem "capitalista", embora seja fascinante encontrar elementos de ambas estas atitudes nossas em sua doutrina da propriedade – mais ainda, talvez, no que ele deixou de fora ou simplesmente deixou de tratar em suas afirmações. Não era sequer um defensor da terra e da propriedade fundiária enquanto base do poder político, a ser "representada" nas assembleias de um país. Apesar de toda a influência intelectual e política que exerceu no século XVIII, ele foi, sob esses aspectos, de nenhuma serventia para justificar o que em tempos se chamou a oligarquia *whig*. Mas ele efetivamente utilizou sua doutrina da propriedade para dar continuidade a uma sociedade política, para unir uma geração a outra.

A doutrina lockeana da propriedade era incompleta, não pouco confusa e inadequada para o problema tal como este foi analisado desde a sua época, faltando-lhe a humanidade e o senso de cooperação social presentes nos canonistas que o precederam.

Na verdade, não deveríamos esperar que fosse plenamente desenvolvida e coerente uma doutrina da propriedade em sentido amplo, pois uma cuidadosa análise de seu texto parece confirmar o que muitos comentadores sugeriram – ou seja, que o interesse fundamental e predominante de Locke residia na taxação, na taxação arbitrária e em sua iniquidade, e não na propriedade como um tema em si. Ele é naturalmente levado a discutir a natureza da propriedade, mas não era seu objetivo formular uma teoria geral

....
empenhado em demonstrar que o único objetivo de Locke apenas poderia ser o de fornecer a base ideológica para a apropriação capitalista. Ryan, 1965, analisa com grande perspicácia a posição de Macpherson, e Dunn, 1965 (ii), publica novos documentos sobre a tese lockeana do preço justo.

da mesma. Isso, apesar da observação citada no início desta Introdução. Devemos por certo reconhecer, porém, que a doutrina da propriedade que efetivamente esboçou era original, importante sobretudo em seu impacto no modo como os homens analisavam as origens sociais e políticas, e o juízo do próprio Locke a esse respeito deve ser válido ainda hoje – nenhum homem jamais o fez antes ou depois dele.

Estamos agora em condições de seguir o princípio político de Locke até sua conclusão. Os homens podem ingressar na vida social de forma bastante abrupta, e talvez seja melhor admitir que qualquer grupo dado possa de fato ter decidido, em algum momento, converter sua condição para esse novo estado. Pode haver, porém, graus de "comunidade", uma variedade de modos pelos quais se possa fundar a autoridade política, e mesmo condições aparentemente permanentes, que não podem ser classificadas como sendo um estado ou outro. A evolução mais comum é, na verdade, a patriarcal; uma grande família cresce até se tornar uma sociedade política, e seu chefe hereditário dá origem a uma linhagem real. Isso, porém, não deve induzir-nos ao equívoco de supor que o poder patriarcal seja de natureza política, ou a confundir a relação entre marido e mulher, pai e filho, senhor e servo com a relação política. Seja qual for o modo pelo qual o poder político passa a existir, somente é possível considerá-lo como a formação de uma comunidade por um grupo de criaturas racionais, todas com o poder de punir a transgressão à lei da natureza e à sua propriedade. Qualquer número desses indivíduos pode exercer o poder coletivamente, pode substituir seus patriarcas ou transformar seus generais em reis eletivos como, e quando, o desejarem. O sinal inequívoco do surgimento da sociedade civil é quando todos os indivíduos transferiram para a sociedade ou para o corpo coletivo seu poder individual de exercer a lei da natureza e de proteger sua propriedade. Esse é o pacto social, que é justo para todos, uma vez que todos fazem o mesmo sacrifício com vistas aos mesmos benefícios. Instaura-se, com ele, um juiz terreno, dotado de autoridade para resolver todas as controvérsias e reparar os danos que venham a atingir qualquer membro da sociedade política, como passa a ser denominada.

Tudo isso ocorre através do consentimento, o consentimento de cada indivíduo interessado. O juiz assim estabelecido será um poder legislativo, capaz de proferir sentenças acerca de infrações, já que tem o poder de baixar regras estabelecidas e válidas de acordo com a lei da natureza; regras, ou leis, de caráter imparcial e, portanto, justas para todos, garantindo, definindo e dando concretude à liberdade de todos. Para sancionar essas leis e julgamentos, esse "legislativo", como o podemos chamar, terá a seu dispor a força amalgamada de todos os membros da sociedade – e o poder "executivo" de fato. Terá um terceiro poder em virtude da condição em que se encontra a comunidade, um poder de proteção contra inimigos estrangeiros e de comunicação com outras comunidades semelhantes, bem como com indivíduos vivendo no estado de natureza. Trata-se do poder "federativo".

Não se exigirá um poder judiciário à parte, pois já vimos que proferir sentenças fazia parte de sua função geral. Esses três poderes são distintos em si mesmos, e o ideal é manter o executivo e o legislativo em mãos distintas, salvo quando o chefe do executivo pode ser parte do legislativo, com o poder de convocá-lo e de colocá-lo em recesso. Contudo, não pode haver dúvidas quanto à supremacia fundamental do legislativo na constituição.

Seu estabelecimento e a forma geral do governo constituem a "escolha fundamental da sociedade", a Constituição, como a chamaríamos nós (II, § 214). O pacto original que a estabeleceu implicará o governo da maioria, pois o Estado não é simplesmente um poder legítimo, mas um corpo coletivo, e um corpo que apenas se pode movimentar do lado da massa mais numerosa. Sua lógica gravitacional exige que os que fazem parte desse corpo não resistam a sua direção final. O poder político, uma vez instaurado, não será especial no sentido de se diferenciar do poder que cada homem segue exercendo na preservação da lei da natureza nas instâncias em que os governos não podem, ou consensualmente não devem, interferir. Será especial apenas no sentido de que é coletivo, e não pode ser um atributo – e muito menos ainda a propriedade – de um único homem ou família. É preciso envidar todos os esforços para garantir que os que o exercem jamais venham a desenvolver qualquer interesse não condizente com o da comunidade, do povo. Qualquer indivíduo nascido fora da comunidade é livre para agregar-se a ela, e qualquer indivíduo nascido na comunidade pode decidir abandoná-la para viver em outra comunidade, ou mesmo viver em alguma parte do mundo ainda em estado de natureza. Mas, quando estiver no âmbito da comunidade, terá de acatar as medidas de seus governantes e obedecer a suas leis.

Contudo, os governantes detêm apenas o poder que lhes é confiado*. Os governos surgem ao mesmo tempo em que se estabelece a sociedade civil, e talvez pelo mesmo ato, mas seu poder é conferido para a realização de uma meta e a tanto se restringe. Caso tal meta venha a ser negligenciada, o governo é dissolvido e o poder retorna ao povo, ou à comunidade, que forma um todo. Tal movimento, porém, não restaura o estado de natureza, ou não necessariamente. Sob tais circunstâncias, o povo pode agir por conta própria como um "legislativo" e, dessa forma, manter o governo, mas é provável que, após um período muito breve,

---

* No original, *trust*. Esse termo, decisivo para Locke, pode também ser traduzido, no caso do *trustee*, como "fiel depositário". O governante não é proprietário, mas fiel depositário do que seus súditos lhe confiam. Outras traduções também cabem, como *encargo* ou *encargo confiado, mandato* etc. (N. R. T.)

venha a estabelecer novos fiéis depositários para governá-lo ou modificar a forma e as condições de governo. Cabe exclusivamente ao povo decidir se ou quando seus mandatários agiram contrariamente à confiança neles depositada, ou seu legislativo se modificou, e ao povo como um todo agir como árbitro em qualquer conflito entre os governantes e uma parte de seu corpo. Se os governantes resistem a tal julgamento, ou se comportam de qualquer modo que ameace tal julgamento, o povo deixará de ser uma comunidade e se converterá em multidão confusa, ficando então próximo o estado de natureza, com todas as suas desvantagens. Isso raramente sucede, talvez nunca, pois se pode reputar o povo como paciente e capaz de suportar prolongados sofrimentos. Caso uma situação tão extremada efetivamente se configure, e surja a questão de quem será o árbitro supremo, a resposta nos remeterá ao ponto em que Locke começou. Não existe um juiz supremo dessas questões sobre a Terra; o apelo último apenas pode ser dirigido a Deus.

Esse é o tema fundamental do escrito de Locke sobre o *Governo*[22], o qual se estende por uma discussão da conquista, da tirania e outros temas correlatos. Veremos que o tema como um todo se desenvolve a partir da tese de que cada indivíduo detém o poder executivo da lei da natureza. Podemos considerar que a intenção fosse a de expor uma doutrina dessa forma, uma doutrina que denominaremos a da virtude política natural. Parece ser essa a interpretação mais provável e elucidativa do livro, embora nem tudo o que nele está escrito seja totalmente coerente com ela.

A doutrina em questão assevera que todos os indivíduos, quer agrupados formal ou informalmente, quer mesmo isoladamente, terão alguma inclinação[23] para admitir a existên-

....
22. Foi preciso simplificá-lo em certa medida para maior clareza na exposição; sobre o *trust*, a dissolução de governo etc., ver adiante.

23. Quase o *nisus* aristotélico, embora Locke não quisesse apresentar sociedade como algo natural, no sentido aristotélico.

cia, os desejos, ações e necessidades de outros homens – é o que se espera se a cada um forem confiados meios de manter a humanidade de todos. Ela explica o caráter quase social do estado de natureza e permite falar de "todos os privilégios" dessa "má condição" (II, § 127). Permite que um número qualquer de homens estabeleça uma sociedade política: "quando um número qualquer de homens formou, pelo consentimento de cada indivíduo, uma comunidade" (II, § 96); esse "número qualquer de homens pode fazê-lo, pois não fere a liberdade dos demais" (II, § 95). Isso é importante porque nega que um corpo de homens precise ter alguma forma especial antes de assumir uma unidade ética, o que afirmara Filmer ao insistir que se deve formar uma família submetida a uma vontade patriarcal.

A doutrina da virtude política natural contribui, de alguma forma, para justificar em termos éticos a defesa que parece quase superficial, e em termos mecânicos, que Locke faz do domínio da maioria. Pois uma maioria, que é tão somente uma amostragem aleatória daqueles que votaram, tenderá, segundo essa doutrina, a atuar com certa responsabilidade para com os que pertencem à minoria[24]. Podemos percebê-lo com toda a clareza na insistência de Locke em que, "nas sociedades políticas bem ordenadas", os homens que exercem o poder legislativo devem ser cidadãos comuns, oriundos do corpo principal daqueles para os quais eles legislam e que retornam àquela condição quando não exercem seu ofício (II, § 143 – ver nota e referências). Aplicada dessa forma, a doutrina converte-se num pressuposto essencial do governo representativo assim como este se desenvolveu após a obra de Locke, essencial para algumas coisas

---

24. Kendall, 1941, parece incapaz de admitir tal doutrina em Locke, e interpreta suas teses de modo a fazer dele um defensor "autoritário do governo da maioria"; ver, porém, seu último capítulo, "The Latent Premise", para a crítica a Laslett, 1966.

como representação virtual, subentendida por ele em todos os pontos, e para o governo dos partidos, que ele jamais contemplou. Endossa o direito de um grupo de líderes empreender uma ação revolucionária, e está sempre pressuposta por todo indivíduo que aja sozinho numa situação política – seja ele um juiz, um rei ou presidente da câmara legislativa[25].

Podemos observar que, ao expor sua doutrina, Locke mais uma vez ocupa uma posição que aponta simultaneamente para duas direções diversas, em vez de selecionar uma definição unitária e perseguir suas implicações. Todos nós possuímos uma virtude política natural, seja por estarmos favoravelmente dispostos uns para com os outros em nossa própria formação e nossa natureza, seja porque, ao cooperarmos, ao discutirmos as coisas em conjunto, a tendência do que fazemos e dizemos inevitavelmente será no rumo do politicamente eficaz, daquilo que traga bons resultados para todos nós. Podemos distinguir essas duas facetas respectivamente como "naturalista" e "intelectualista", e convém insistir em que Locke reconhecia ambas. Nesse sentido, encontrava-se muito perto de Hooker, o que, portanto, facultava-lhe fazer um uso bastante eficaz desse nome respeitado, de tanta autoridade junto a seus opositores[26]. Porém, de modo algum ele vê no amor e na sociabilidade as bases da vida social, pois sua rejeição do patriarcalismo dificulta tal perspectiva, muito embora ele chegue a fazer concessões até mesmo nesse aspecto. Somos dotados de uma virtude política natural, parece dizer ele, fundamentalmente em razão de uma simetria na racionalidade de todos nós.

Até onde ele as elaborou em detalhe, as teorias lockeanas da obrigação social e da liberdade política podem ser con-

---

25. Salvaguardado em todos os casos, é claro, pelo conceito de encargo (*trust*) – ver adiante.

26. Ver notas ao *Segundo tratado*, especialmente ao § 5; ver Polin, 1961, 105 etc.

sideradas desdobramentos dessa virtude política natural. A virtude que todos possuímos está voltada para fora; poderíamos utilizar uma expressão mais tardia, utilitária, e chamá-la "referida ao outro". Devemos enfatizar que, no sistema de Locke, é o poder dos homens sobre os outros e não o poder sobre si mesmos que dá origem à autoridade política. Não se deve considerar o governo organizado como uma forma de autogoverno. Não dispomos de nós mesmos e, portanto, não temos o menor direito de entregar-nos ao que, ou a quem quer que seja. Tudo quanto a cooperação racional nos capacita a fazer é abdicar de nossos poderes referidos ao outro, a fim de fundar uma autoridade política. Fazemos isso por um ato de consentimento, e pode-se mesmo dizer que "os julgamentos da sociedade política" são nossos próprios julgamentos, quer tenham partido de nós ou de nosso "representante" (II, § 88).

Não podemos, portanto, estar submetidos a nenhum governo ao qual não demos algum sinal de consentimento – sendo que percorrer uma estrada já é o bastante (II, § 119), mas ter uma propriedade fundiária sob sua jurisdição é algo bem mais palpável. E somente isso pode conferir ao homem a condição de membro perpétuo de uma sociedade, nos casos em que não tenha havido uma declaração expressa de lealdade. Não obstante, há certo equívoco em dizer que somos verdadeiramente governados mediante nosso próprio consentimento. Podemos nos colocar sob a jurisdição dos poderes referidos ao outro de nossos concidadãos quando deixamos de agir de forma racional e social, o que, em sociedade, significa que devemos nos submeter ao poder executivo comum, ao poder do Estado que sanciona a lei natural e àquelas normas por ele estabelecidas. A instauração desse poder executivo contou com nosso consentimento e, através de seu caráter como legislativo, pode-se dizer que tivemos voz na codificação de tais normas, mais especialmente nos casos em que o corpo legislativo é um corpo representativo. Seja qual for o caso, entretanto, devemos nos colocar sob o poder executivo da lei da natureza assim como outros a exercem sobre nós. Não estivéssemos submetidos dessa forma, como poderia qualquer governo punir os crimes dos estrangeiros sob sua jurisdição (II, § 9)[27]?

A propriedade, por outro lado, é de tal natureza que, "sem o próprio consentimento do dono, não lhe pode ser tomada" (II, § 193). Em todas as questões de propriedade, portanto, o mandato para a ação de um governo deverá estar sempre no consentimento. Considerando a grande ênfase conferida por Locke à conservação da propriedade como motivo para o estabelecimento do Estado, como finalidade do governo, e considerando o grande número de funções sociais e políticas que ele atribui à posse de propriedade, pode parecer que o consentimento constitua a única base da obrigação em seu sistema. Seu texto, aliás, vem sendo interpretado quase exclusivamente nesse sentido, mas, na verdade, a obrigação tem uma fonte à parte, em sua doutrina da virtude política natural.

Podemos considerar essa posição sob outro ângulo e dizer que a passagem do estado de natureza para o estado de sociedade e governo torna possível governar por consentimento, o que não é possível no estado de natureza. Esse aspecto é importante pois enfatiza o fato de que, na teoria de Locke, a liberdade não é mera ausência de restrições, mas tem um caráter positivo. Ela é algo que se amplia com a criação da sociedade e do governo, que ganha concretude pela existência de leis, as leis das cortes de justiça. É possível defini-la negativamente, portanto, como a condição de

---

27. Ver Lewis, 1940, e, para críticas a Locke, ver Plamenatz, 1936, Gough, 1950, e, sobretudo, a interessantíssima análise de Dunn, 1967 (ii) e 1969 (i). É estranho que Locke não insista na necessidade de uma legislatura representativa para conferir legitimidade a um governo, embora aparentemente admita isso e, em II, § 176, se refira ao "direito natural" de um povo a ter um poder legislativo aprovado pela maioria.

não se estar submetido a poder legislativo algum senão aquele estabelecido na sociedade política através do consentimento (II, § 22) e, positivamente, como a progressiva eliminação da arbitrariedade da regulamentação política e social. Locke insiste muito nesse caráter positivo, apoiando-o originalmente no direito de conservação e na impossibilidade de dispor o indivíduo de si mesmo (II, §§ 22-3). Ele desenvolve tal caráter até negar que o governo possa ser questão pessoal, questão de vontade – deve ser sempre questão institucional, questão de lei. A lei torna livres os homens na arena política, da mesma forma que a razão liberta o homem no universo como um todo. É progressivamente codificada por um poder legislativo criado pelo consentimento; expressa a lei da natureza e está em harmonia com ela, que continua vigendo, é claro, em sociedade (II, § 135). Pois a "lei (...) é (...) a direção de um agente livre e inteligente rumo a seu interesse adequado", e sua finalidade é "conservar e ampliar a liberdade" (II, § 57). Locke se aproxima aqui, muito mais do que se reconheceu no passado, da posição de Rousseau, para quem o homem pode ser obrigado a ser livre, obrigado pela lei do legislativo que ele concordou em estabelecer[28].

Os homens não podem, todavia, ser obrigados pela vontade, seja essa a vontade individual de um governante ou a vontade geral de uma sociedade. A insistência de Locke em que o governo é definido e limitado pela finalidade para a qual se estabelece a sociedade política, que ele jamais pode ser arbitrário ou simples questão de vontade, jamais pode ser uma posse, vê-se expressa numa aplicação particular e precisa de sua doutrina da virtude política natural – o conceito de fiel depósito ou de encargo confiado

---

....
28. Ver Gough, 1950, 32, ao comentar Kendall, 1941; Abrams, 1961 (o governo é uma questão de vontade), e Selliger, 1963 (ii) (consentimento e lei natural).

(*trust*). Ele tende a empregar esse conceito sempre que se refere ao poder de um homem sobre outro, mesmo sendo o dos pais sobre os filhos (II, § 59). "Alguma confiança mútua" é um pressuposto de todos quantos se unem para formar uma sociedade (II, § 107). Assim deve ser, se a tendência dos homens é serem responsáveis, se as posições de governantes e governados forem passíveis de troca; se a virtude política natural é uma realidade, podemos e devemos confiar uns nos outros. Existe, porém, um limite facilmente descoberto ao encargo que se pode confiar ou assumir, limite este que está implícito no próprio conceito de *trust*. A confiança é, ao mesmo tempo, o corolário e a salvaguarda da virtude política natural.

O conceito de encargo confiado é bastante característico de Locke, embora não tenha surgido com ele[29]. Se pretendemos perceber claramente sua função, é preciso examinar as palavras que efetivamente emprega e, ainda, não torná-lo mais preciso do que ele pretendeu. Podemos perceber que a palavra "contrato" ocorre, no máximo, cerca de dez vezes em seu livro, e muito raramente se vê aplicada a questões políticas[30]. É o "pacto" ou, de ordinário, o simples "acordo" que cria uma sociedade, uma comunidade (II, §§ 14, 97, 99 etc.) ou poder político (I, §§ 94, 113; II, §§ 95 Pacto original; 102, 173 etc.), ou mesmo a lei (II, § 35). Ora, pacto e acordo são termos mais genéricos do que contrato; estão mais afastados da linguagem jurídica. Por mais vago que Locke seja, aparentemente temos aqui uma tentativa deliberada de evitar a precisão e de esquivar os modelos legais. Isso pode implicar que a mudança rumo à condição social

---

29. Ver a proveitosa análise desse conceito em Gough, 1950, capítulo VII.

30. Salvo para os acordos legais ou semilegais, como o casamento (I, §§ 47, 98, e II, §§ 81, 82); mas chama o casamento de *pacto* em II, §§ 78, 84, ou as transações envolvendo a propriedade, p. ex., em II, 194. Em I, § 96, há, todavia, uma referência ao "poder [político] fundamentado num contrato".

e política não deva ser considerada por um viés legal; ela é algo variável e, também, muito impreciso.

O vocábulo "*trust*" é bem mais frequente do que "contrato" ou "pacto", e é um termo judicial[31]. Mas, embora Locke o empregasse com conotações jurídicas, e tivesse sempre grande empenho em tirar partido de todas as conotações do termo para seus leitores, não é preciso admitir, como geralmente se faz, que ele pretendesse descrever um documento formal de confiança depositada no governo. Ao aplicar o termo *confiança* aos diversos poderes políticos do Estado, à constituição, Locke traça uma importante distinção, para nós, talvez até mesmo duas. Ele separa o processo de pacto, que cria uma comunidade, do processo subsequente pelo qual a comunidade confia o poder político a um governo – embora possam ocorrer ao mesmo tempo, trata-se de dois processos distintos. Com isso, seu sistema inclui-se entre aqueles que distinguem o "contrato de sociedade" do "contrato de governo", embora o segundo, em Locke, não seja em absoluto um contrato. E talvez seja esse seu segundo objetivo: acentuar que a relação entre governo e governados não é contratual, pois confiança não é contrato.

Para que se firme, ou se compreenda, um contrato, é preciso que as partes envolvidas obtenham dele alguma vantagem, o que, aplicado à política, significaria que o governo deve obter do exercício da governança alguma vantagem que os governados estariam obrigados a conceder. Ora, é exatamente isso o que Locke pretendia evitar a todo custo. Embora as pessoas estejam contratualmente vinculadas uma à outra, o povo não está contratualmente submetido ao governo, e os governantes se beneficiam do exercício da go-

----

31. O termo técnico que designa o instrumento de um advogado, de uso corrente, como podemos observar, no Tribunal do lorde chanceler quando o próprio Locke foi seu secretário – ver pp. 35-6.

vernança apenas na qualidade de pares do "corpo político" (I, § 93). São meros delegados do povo, fiéis depositários que podem ser afastados caso não correspondam à confiança neles depositada (II, § 240). Os fideicomissos de propriedade a que seus leitores proprietários de terras estavam tão habituados tinham algo dessa característica, embora não contivessem dispositivo algum definindo os fideicomissários como delegados, passíveis de serem afastados por aqueles em cujo nome e benefício se estabelecia o fideicomisso. Isso deveria convencer-nos de que Locke não pretendia, com suas referências à confiança, ir além de uma simples conotação jurídica[32]. Ele não descreve *um* encargo confiado; a própria expressão está ausente do texto. É sempre "esse", "aquele" encargo confiado, o "encargo confiado por eles" – o "encargo da prerrogativa", "esse encargo expresso ou tácito", ou mesmo "encargo duplo". A ênfase recai exclusivamente na natureza fiduciária de todo poder político, "um poder fiduciário" (II, § 149), um "encargo fiduciário" [*Fiduciary Trust*] (II, § 156). Ele poderia até mesmo se referir em outro lugar aos bispos como delegados da religião em nome de todos os cristãos do país. O conceito pretende deixar claro, obviamente, que todas as ações dos governantes estão limitadas à finalidade do governo, que é o bem dos governados, e a demonstrar, por contraste, que nisso

---

32. Gough, 1950, e sir Ernest Barker, 1948, entre outros (comparar com Vaughan, 1935), identificam uma confiança [*trust*] formal na teoria de Locke, em que o povo é ao mesmo tempo o que deposita a confiança e o seu beneficiário, agindo como beneficiário defraudado quando o governo abusa do encargo. Locke menciona efetivamente o abuso do encargo (II, § 222), porém com mais frequência, e de maneira mais vaga, sobre o agir contrariamente ao encargo confiado pelo povo (II, §§ 149, 155, 6; 221, 226, 240). Quando os governantes procedem dessa forma é o governo, e não o encargo, que é dissolvido e, embora ele se refira, uma única vez, à perda do encargo em si (II, § 149), é muito difícil compreender seu texto interpretando as ações de um povo mediante o abuso de confiança como aquelas de beneficiários defraudados submetidos a um encargo formal.

não há qualquer contrato – trata-se, exclusivamente, de uma relação fiduciária[33].

Quando o encargo confiado substitui assim o contrato, as mudanças constitucionais, e mesmo as revoluções, são endossadas; assegura-se a soberania do povo – embora seja preciso cautela no uso da expressão –, um perpétuo poder residual para afastar os governantes e remodelar o governo. "Os governos são dissolvidos (...) quando quer o legislativo, quer o príncipe agem contrariamente ao encargo que lhes foi confiado" (II, § 221), os poderes retornam para o povo, que poderá então estabelecer um novo legislativo e um novo executivo (II, § 222). É o povo (a comunidade, o público) que decide quando ocorre um abuso do encargo confiado, pois somente aquele que delega poder pode determinar quando este sofreu um abuso (II, § 240) e, no caso de um conflito, o apelo final será dirigido a Deus – a revolução. O povo está apto a tomar todas essas medidas porque sua capacidade de agir enquanto comunidade sobrevive à dissolução do governo, o que, por si só, não reinstitui o estado de natureza.

O teor das teses de Locke sobre o direito fundamental do povo à revolta é absolutamente inconfundível. Contudo, um exame cuidadoso revela que tal tendência não foi formulada com muita precisão, e cabe a nós deduzir o vínculo desse direito com o conceito de encargo confiado. No capítulo "Da dissolução do governo" (II, cap. XIX), ele de modo algum é explícito quanto ao que de fato ocorre quando o povo se vê em liberdade para confiar o governo a novas mãos. Embora sejamos expressamente alertados (II, § 211) a distinguir entre dissolução do governo e dissolução da sociedade, e informados de que uma força irresistível vinda de fora é praticamente o único fator capaz de destruir

---

33. Dunn, 1948, traz a melhor análise recente do conceito lockeano de encargo confiado.

a sociedade política em si, Locke com frequência dá a impressão de falar como se a dissolução do governo acarretasse o estado de natureza. Jaime II, pois apenas pode estar-se referindo a ele, é condenado por "verdadeiramente pôr-se em estado de guerra com seu povo", dissolvendo o governo e deixando o povo à mercê "daquela defesa que pertence a cada indivíduo no estado de natureza" (II, § 205). Tal estado de natureza, ademais, por vezes se assemelha menos à condição lockeana que à hobbesiana, àquela deplorável condição de guerra contra todos, em que não é possível a existência de nenhuma comunidade organizada, uma vez que "o povo se torna uma multidão confusa, destituída de ordem ou conexão" (II, § 219)[34].

Não há nisso tanta incoerência quanto possa parecer, pois já vimos que Locke não traçou nenhuma distinção muito rígida entre a condição natural e a política, e seria possível manipular sua doutrina da virtude política natural de modo a cobrir esses casos. Pode ser que seu propósito na argumentação – um tanto confusa – desse capítulo fosse o de insistir na eficácia de uma ameaça de retorno ao estado de natureza – uma sanção presente, devemos crer, tanto quando existe um governo como quando ele não existe e, em particular, naquele ponto de crise no qual ninguém está absolutamente convicto se ele existe ou não, que é o ponto máximo que aquilo que chamamos anarquia chega efetivamente a atingir. Mas essa interpretação é mais sugerida por todo o teor de sua doutrina do que demonstrada pelo que ele explicitamente afirma.

E isso não nos ajuda a compreender exatamente como, ou exatamente quando, a relação de confiança entre o po-

....
34. Talvez seja significativo que ambas as passagens, bem como outras que apontam na mesma direção, sejam, muito provavelmente, acréscimos de 1689. Comparar com a análise de Vaughan, 1925, e Strauss, 1953, 234, nota 100. Sobre o povo, ver Polin, 1961, 157-61 e, sobre sua função como árbitro, 272ss (também Seliger, 1963 (i), 1968).

vo e seu governo passa a existir. Um acordo original sem dúvida transformou em questão de confiança o fato de que uma forma específica de governo fosse conservada, porém não ficamos sabendo se esse acordo faz sempre parte do pacto social, ou não[35]. Na verdade, Locke parece satisfazer-se em sugerir um entendimento contínuo entre governados e governantes. Tal entendimento deve remeter, em sua origem, ao pacto de sociedade, pois foi este que conferiu identidade aos governados, mas é mantido já que os governados continuam existindo e continuam confiando encargos. É mais uma questão de sugestão do que de demonstração, cuja plausibilidade se apoia na linguagem do encargo confiado, no encargo confiado enquanto conceito.

Tal característica não é atípica em Locke enquanto escritor político e, embora dificulte uma análise precisa, contribui para a força do seu texto. A imprecisão de Locke sobre a dissolução do governo não conduziu a nenhum equívoco quanto a seus princípios, e muito menos o causou sua metáfora do encargo confiado. Homem algum, país algum, colônia alguma em desespero e em vias de livrar-se do domínio insensível de homens desprovidos de qualquer política aceitável para os governados poderiam jamais ter parado para indagar se o estado de natureza havia regressado e, em caso afirmativo, como seria ele. Mas eles reagiram às teses de Locke tendo em mente aquela situação hipotética, mas

....
35. Ver, por exemplo, II, §§ 239, 10, e 227; comparar com I, § 96 (no qual o poder é baseado em contrato). Em outros lugares (II, §§ 134, 136, 142, 167, 171, 242), Locke parece supor uma ação de outorga de confiança, que terá ocorrido no passado, levada a cabo pelos "primeiros organizadores do governo" (II, § 156). Em sua *Segunda carta sobre a tolerância* (1690), Locke se refere a Deus como o árbitro supremo dos encargos confiados aos magistrados (*Works*, 1801, VI, 133). O mais das vezes, porém, ele fala do encargo confiado como uma relação continuada entre governante e governados, da forma acima descrita.

vagamente concebida. E foram influenciados pela imagem do encargo confiado. Esse certificado de responsabilidade paira ainda hoje sobre as escrivaninhas dos administradores, sobretudo dos administradores internacionais da política e do bem-estar; um certificado mantido – em certa medida, pelo menos – por obra da influência do precedente judiciário e constitucional britânico, e pela reputação do próprio Locke. Mais uma vez, é uma questão da ética do senso comum na política. Se confiamos no povo, ele confiará em nós, e ambos conseguiremos realizar feitos conjuntos, mas sobretudo se todas as nossas ações partirem do reconhecimento de que o poder de que dispomos não é nosso, mas sim um encargo a nós confiado por ele.

Tentamos demonstrar que o tema principal do livro de Locke era o desenvolvimento das implicações de sua doutrina da virtude política natural, definida, verificada e salvaguardada pelo conceito de encargo confiado. De tempos em tempos, especialmente quando discutíamos as maiorias, vimo-nos fazendo referência a uma linha diferente de argumentação, uma argumentação em termos de poder, até mesmo de vontade. Talvez seja incorreto afirmar que essas linhas sejam distintas em seu pensamento ou que o próprio Locke as considerasse em separado; suas referências ao poder são um complemento a suas outras declarações, não uma explicação diferente e paralela. Não obstante, será proveitoso considerar essa parte de suas afirmações como independente da outra, uma vez que sua consequência mais importante, a vinculação de Locke à doutrina histórica da separação dos poderes, jamais poderia ter surgido com base nas teorias que discutimos até aqui.

A definição inicial de Locke é em termos de poder (II, § 3) e, ao longo de todo o livro, dá-nos ele a impressão de estar conscientemente discutindo um sistema de poder. Talvez se possa sugerir que a razão para isso residisse em sua percepção de que existiam, em sua atitude, elementos anarquistas identificáveis, uma disposição, encontrada em todos os anarquistas, a considerar o Estado, a sociedade e o governo como desnecessários, acidentais, ou simplesmente como uma infelicidade. É possível identificar tal disposição no aparte em que declara que somente a corrupção, o vício e a degeneração de alguns homens haviam tornado necessário a humanidade estabelecer comunidades "separadas dessa comunidade vasta e natural" formada pela espécie humana como um todo (II, § 128). A doutrina da virtude política natural é anarquista em suas implicações genéricas, e já vimos que Locke precisava responder com certa urgência à questão por que os homens erigem Estados. Seus contemporâneos, e sir Robert Filmer sem dúvida alguma, obviamente teriam considerado anárquica a mais importante de suas afirmações, e a de que em questões políticas extremas não existe um apelo final a não ser Deus – o que significa combate, revolução.

Isso, porém – Locke está ansioso por convencer-nos –, não significa que o Estado que instauramos e ao qual obedecemos, que garante nossa propriedade sob todas as suas formas e definições, careça de unidade, direção e poder. Quando nos reunimos para estabelecer artificialmente aquele árbitro supremo que nos falta no estado de natureza, criamos uma autoridade legislativa legítima, cuja natureza é ética e à qual somos obrigados a obedecer, por fracas que sejam suas sanções. Mas criamos algo mais também; criamos um princípio de unidade, um "corpo vivo", a partir de nossos eus separados. Na passagem em questão (II, § 212), Locke passa então a referir-se, numa linguagem que de sua parte pode causar-nos estranheza, ao legislativo como a "alma que dá forma, vida e unidade à sociedade política", à "essência e união da sociedade consistindo em ter uma só Vontade, o Legislativo", o qual, quando rompido, deixa cada um "à mercê de sua própria vontade" pois "a vontade pública" fica suspensa[36]. Nesse ponto, podemos imagi-

---

36. Comparar com a linguagem da "vontade" usada em II, § 151.

nar que Locke esteja a ponto de negar seu próprio princípio de que o governo não é uma questão de vontade, ou mesmo de abraçar conceitos pertencentes a um sistema político totalmente diverso –, o de uma análise da vontade geral. Na verdade, porém, ele apenas parece estar insistindo em que, quando os homens se unem politicamente, criam poder, o qual lhes está disponível sob forma institucional para os propósitos de sua associação, e que encontrará sua primeira e supressa expressão na edição de leis.

Portanto, quando Locke se refere aos diversos poderes da sociedade política, da supremacia de um deles e do caráter derivativo dos demais, é preciso tomá-lo, ao menos de início, no simples sentido de força. O poder supremo, o legislativo, deve sua supremacia ao fato de representar virtualmente a força conjunta da sociedade política e, para que esta se mantenha como corpo coeso, tem de haver um único poder supremo. Logo, o poder executivo é inevitavelmente inferior. Distingue-se do legislativo porque não pode baixar leis e porque seu poder é, basicamente, apenas delegado. O legislativo, sendo preferencialmente um corpo representativo, não precisa nem deve ter existência permanente (II, § 135). Mas isso não exclui a possibilidade de que ambos os poderes sejam exercidos pelo mesmo corpo ou pessoa. Até supõe, na verdade, que o executivo tenha um papel a desempenhar no legislativo, como no caso da constituição inglesa, a qual Locke, sem sobra de dúvida, tinha em mente[37].

O fato de que considerasse tais poderes dessa forma direta é ilustrado pela própria natureza do terceiro poder, o

---

37. A exaustiva insistência nesses pontos (em especial nos referentes à convocação do legislativo pelo executivo, as condições que a constituição pode estabelecer acerca dos intervalos em que este deva se reunir, e assim por diante) se deve ao fato, como já sugerimos, de que Locke escrevia com Carlos II e seus parlamentos em mente.

federativo. Este era simplesmente o poder dirigido pela comunidade para o exterior, para outras comunidades, quer em relações amigáveis, quer na proteção contra agressões. É um poder distinto, sem dúvida, mas essa direção externa constitui sua única característica. É praticamente essencial, portanto, que resida nas mesmas mãos que o poder executivo e que lhe seja facultada a maior autonomia possível de ação a fim de que possa tomar decisões rápidas e arbitrárias. Deve gozar da maior liberdade possível com relação ao controle cotidiano por parte do legislativo ou de suas leis – em relação aos quais ele é obviamente responsável, em ultima instância[38].

Sem dúvida já é óbvio, com base nisso, que não se pode afirmar que Locke tivesse uma doutrina em mente. Não há nele uma teoria da importância ou da desejabilidade de que esses poderes permaneçam perpetuamente em mãos distintas a fim de se preservar a liberdade, garantir os direitos ou manter a constituição em harmonia, concórdia e boa forma. Isso é confirmado por duas considerações adicionais. A primeira é que o judiciário, aquele poder separado cuja independência é reconhecida como essencial ao governo constitucional tanto pelos antecessores de Locke como por todos os seus sucessores, quer tenham advogado a separação dos poderes ou não, jamais é mencionado por Locke no mesmo plano dos outros três. Como dissemos, o judiciário não era nenhum poder separado, mas o atributo geral de um Estado. Seria desproposidado colocá-lo ao lado do executivo e do legislativo. Locke reconhecia que o judiciário deveria ser imparcial e probo (II, § 131), conhecido e

---

38. Sobre o poder federativo, ver Laslett, 1957 (i), 396, e a análise de Cox, 1960, em que defende, com exagero, a primazia da política externa em Locke. Dunn discute a interpretação que Laslett propõe para a relação entre o governo da Virgínia, na década de 1690, e a doutrina de Locke, e propõe uma leitura diferente dessa questão.

autorizado (II, § 136), do contrário nenhum dos propósitos do autor se concretizaria. Mas isso é tudo. A segunda consideração, por fim, é que Locke advoga o funcionamento adequado e o justo exercício desses poderes, mas não por meio de alguma doutrina que exija a separação deles, e sim em função do conceito de encargo confiado, que se aplica ao legislativo em sua força máxima, mas também ao executivo e ao federativo.

Locke compartilhava a opinião tradicional de um equilíbrio no poder governamental a ser obtido depositando-se suas diversas partes em mãos distintas (II, § 107). Ao que parece, atribuía alguma importância às naturezas distintas do legislativo, do executivo e do federativo, pois estes são apresentados pela função, se não pelo nome, imediatamente após sua primeira exposição formal de como se dá a criação do Estado (II, § 88). Uma das razões pelas quais uma monarquia absoluta não pode ser uma autoridade política adequadamente constituída é que ela institui um governante que concentra "tudo, tanto o poder legislativo como o executivo unicamente em si próprio", de modo que "não existirá nenhum juiz" (II, § 91). Até esse limite, e só até aí, ele avança.

Talvez seja historicamente interessante o fato de Montesquieu, e posteriormente os fundadores da nação americana, terem-no tomado num sentido do qual não se pode afirmar que ele houvesse contemplado, da mesma forma que é interessante descobrir que Locke ignorou solenemente a mais clara controvérsia sobre a separação dos poderes surgida na história constitucional inglesa, e isso apesar de seu envolvimento pessoal na mesma[39]. Este é apenas um exemplo do modo extraordinário como o pensamento de Locke e a prática constitucional dos ingleses bem cedo co-

---

39. Laslett, 1969; trata-se de saber se caberia à Coroa ou à Câmara dos Comuns designar a Junta Comercial de 1696, da qual Locke era membro.

meçaram a se confundir, aos olhos de uma posteridade determinada a tirar partido de ambos. O resultado foi uma mescla de equívocos, com as maiores consequências históricas possíveis.

Não podemos nos deter nesse tema e tampouco em Locke como um expoente da constituição inglesa de seu tempo. Em sua análise da política, em termos tanto de força como de autoridade legítima, Locke está mais perto das ideias de nossos tempos sobre a soberania do que dos pressupostos de sua própria época. Em seu sistema, por trás do poder superior do legislativo, é possível sempre divisar o poder absolutamente supremo e decisivo do próprio povo, também concebido enquanto força, embora suas intervenções sejam justificadas, uma vez mais, pelo conceito de encargo confiado. Tratava-se de um poder que raramente se manifestava e, conforme tentamos mostrar, há uma considerável obscuridade acerca das circunstâncias efetivas em que poderia entrar em ação e, mais ainda, a respeito dos resultados que poderia alcançar. Não obstante, devemos entender esse poder residual como a ideia que tinha Locke sobre o que hoje entendemos por soberania popular.

A impressão que se tem é que as reflexões de Locke sobre a verdadeira extensão e finalidade originais do governo civil estavam voltadas para universais políticos e não para a situação altamente específica de seu próprio partido, num momento particular e no contexto altamente preciso da política inglesa. Descrevemos essa característica como um grande feito, o grande feito de uma mente filosófica a escrever, num certo sentido, contra sua própria inclinação filosófica. Tal característica inevitavelmente o levaria a ser criticado por criar expectativas que não cumpriu, por propor teorias cujas implicações finais jamais contemplou. Algumas dessas críticas foram objeto de consideração aqui, porém ainda resta uma. Costuma-se dizer que Locke é o supremo representante daqueles pensadores individualistas que enfatizam direitos em vez de deveres. Já em 1789, o bispo Elrington censurou-o por não declarar que o homem tinha por dever erigir o Estado e abandonar a condição da mera natureza. Mas se seu sistema, tal como o analisamos, for considerado de forma abrangente, parecerá ser este o maior equívoco a seu respeito. A virtude política natural apenas poderá ser eficaz se obedecermos à tendência interior a todos nós, pois trata-se de uma tendência e não da descrição integral do que somos. O encargo é uma questão de consciência, que pode ter suas sanções finais e improváveis, mas que produz efeito em virtude do sentido de dever que Locke dogmática e automaticamente pressupõe em cada homem que contempla.

Talvez a percepção psicológica de Locke seja imperfeita, sua lógica muitas vezes estranha, seu enfoque geral ingrato demais para nossa geração e de difícil compreensão mesmo em seu próprio contexto histórico pessoal. Sua sociologia racionalista pode parecer fantástica, mesmo em comparação com o tradicionalismo acrítico de uma figura como Filmer. Mas depois do que escreveu, e do enorme impacto que teve o que ele escreveu sobre o espírito europeu, não era mais possível acreditar que a política avançasse numa esfera moral em que o bom homem seria o bom cidadão. A cidadania passou a ser um dever específico, um desafio pessoal num mundo no qual cada indivíduo tinha a escolha entre reconhecer sua responsabilidade para com todos os demais ou desobedecer a sua consciência. E os deveres políticos não se modificaram desde então.

Adendo à introdução, 1987

A data da elaboração dos Dois tratados *e a questão se o* Segundo *foi elaborado ou não antes do* Primeiro.

Em seu recente livro, *Locke's Two Treatises of Government*, de 1987, o professor Richard Ashcraft rejeita categoricamente a versão apresentada nesta Introdução quanto à elaboração e à data do livro de Locke. Em seu parecer, o *Primeiro* só foi escrito em 1680-1 e o *Segundo*, em 1681-2, nenhum deles em 1679, no todo ou em parte.

Nem nesse livro nem na análise extremamente detalhada que empreendeu em *Revolutionary Politics and Locke's Two Treatises of Government*, de 1986, o professor Ashcraft faz referência nova a elementos anteriormente desconhecidos para fundamentar sua nova interpretação. Tinha minhas esperanças de que na exaustiva análise, interessante e valiosa que é sob tantos aspectos, por ele empreendida dos livros e documentos dos radicais que rodeavam Shaftesbury na década de 1680, que conspiraram contra Jaime II após a morte do conde e que se envolveram na tentativa de Monmouth para derrubar o rei, pudesse vir a lume alguma alusão ao texto dos *Dois tratados*. Talvez fosse improvável, considerando os hábitos cautelosos de Locke e sua atitude para com o que escrevera, que qualquer alusão do gênero aparecesse em linguagem explícita. Contudo, seria bem possível que uma ou outra das figuras ligadas a Locke houvesse escrito sobre o manuscrito *De Morbo Gallico* (ver pp. 105-10). Nesse caso, a hipótese de que *De Morbo Gallico* fosse realmente a forma manuscrita e não publicada do livro se tornaria menos arriscada do que me pareceu ao sugeri-la no início dos anos 1950, conferindo, portanto, a um grande número de afirmações da Introdução original uma segurança maior do que tinham quando foram escritas, e do que têm até hoje.

Ashcraft aparentemente não tem a menor dificuldade com *De Morbo Gallico* (1986, p. 536), e são os indícios circunstanciais por mim utilizados para vincular a elaboração do *Segundo tratado* ao ano de 1679 o alvo de seu descrédito. Existe um aspecto, é preciso admiti-lo, um aspecto anteriormente apontado por dois outros estudiosos (Gough, 1976, e Menake, 1982), em que Ashcraft tem absoluta razão. Cometi um erro ao afirmar que Locke teria comprado *Patriarcha non Monarcha* em 2 de junho de 1680: o ano deve ter sido 1681 (1ª e 2ª edições, p. 61). Essa confusão – pois, em outras partes de minha edição, aparece a data correta – certamente afeta a hipótese de que Locke e Tyrrell estivessem empenhados em escrever contra Filmer ao mesmo tempo e que a cada um parecesse necessário compor um "primeiro tratado" após o surgimento do *Patriarcha* em janeiro de 1680. Contudo, embora a fundamentação original de minhas hipóteses para as datas e a ordem dos *Dois tratados* talvez seja um pouco menos persuasiva por essa razão, ela certamente não cai por terra. E as outras considerações apresentadas por Ashcraft não parecem sólidas o bastante a ponto de exigirem que eu retire minha hipótese.

Uma exposição completa das razões pelas quais não estou convencido de que Ashcraft tenha razão facilmente se mostraria complicada, extensa e tediosa. É preciso apontar, porém, que seu raciocínio com respeito ao pequeno caderno de anotações de Locke (MS. f. 28) não parece mais sólido que o meu, mas sim bastante frágil. É possível que o caderno em questão fosse de cunho confidencial e que Locke pretendesse utilizá-lo com outros propósitos, mas é evidente que efetivamente o utilizou para anotar títulos de livros, para trocar e emprestar livros e, ainda, para copiar passagens de algumas obras. A inscrição que Ashcraft põe em questão não é a única relevante para o caso; ver nota em II, § 236. Não consigo compreender como Ashcraft pode saber que a data no cabeçalho de uma página daquele caderno "geralmente" se refere única e exclusivamente ao primeiro registro daquela página, argumento que utiliza para descartar a possibilidade de que Locke estivesse debruçado sobre o § 22 do *Segundo tratado* em 1679. Se esse é "geralmente" o caso, como podemos conhecer as exceções?

Com respeito à anotação do endereço de Furly sob o cabeçalho 79, parece não haver a menor justificativa para Ashcraft afirmar que Locke deveria encontrar-se na Holanda quando fez a anotação e, portanto, não poderia ter escrito no ano de 1679 e somente mais tarde. Se de fato o caderno de anotações se destinava a reunir endereços, como quer Ashcraft, não seria mais provável que tivesse anotado o nome e a cidade de Furly para seu uso futuro? Quando Ashcraft contesta veementemente que Locke pudesse ter elaborado o *Segundo tratado* em resposta à coletânea das obras de Filmer publicada em 1679 por não possuir o livro, parece-me estar cometendo um duplo equívoco. O primeiro é que Shaftesbury poderia perfeitamente ter-lhe emprestado seu exemplar, o qual ele teria devolvido ao adquirir o seu, em 1680, ou teria descartado mais tarde sem deixar registro a respeito. O segundo é que não é possível comprovar, pela simples falta de registro, que Locke não estivesse de posse de algum título particular em qualquer momento dado. O célebre bloco de anotações mostra que Shaftesbury efetivamente emprestou a Locke livros que este utilizou na elaboração dos *Dois tratados*, e o estudo de sua biblioteca confirma o que é de esperar, ou seja, que ele deve ter comprado, emprestado, destruído e perdido vários e vários títulos sem deixar nenhum registro para o nosso conhecimento.

Utilizei o bloco de anotações de Locke, a descrição que ele mesmo fez do MS. f. 28, para levantar uma hipótese sobre a época em que teria escrito o *Segundo tratado*, da mesma forma que levantei a hipótese de que ele e Shaftesbury teriam intitulado o manuscrito *De Morbo Gallico*. O objetivo perseguido nas décadas de 1650 e 1660 era o de contestar a posição, até então reverenciada, de que se tratava de um livro escrito e publicado em 1690, e assim qualquer dedução baseada num documento externo à própria obra que pudesse situá-la dez anos antes era importante. As deduções que fiz a partir dos diários de Locke, seu bloco de anotações e assim por diante, com respeito à ordem de seus escritos, estavam todas subordinadas à tese interna, e literária, da relação entre as duas partes do livro, uma tese à qual Ashcraft não faz referência alguma, mas que ainda me soa convincente. Podemos repetir aqui uma frase: "Parece incontestável que o *Segundo tratado* tenha antecedido logicamente o *Primeiro tratado*, pois em ocasião alguma o autor cita o *Primeiro* ao compor o *Segundo*".

O restante da exposição de Ashcraft gira em torno de um ponto no qual ambos concordamos, ou seja, que é perfeitamente possível que Locke houvesse escrito, em certo sentido, para atender aos propósitos de Shaftesbury. A seu ver, no entanto, tais propósitos eram exclusivamente políticos, ao que parece inteiramente propagandísticos. É assim que interpreta a função de Locke como "pena assistente" de Shaftesbury. Locke não poderia ter escrito justificação alguma da rebelião a menos que Shaftesbury, seu senhor, houvesse atingido o ponto em que esta se mostraria o experiente político mais adequado a seguir.

Por importante que seja considerar as obras de teoria política em seu contexto, por interessante e significativo que seja reconhecer que os *Dois tratados* fossem, em certa medida, uma *pièce d'occasion*, a interpretação de Ashcraft da influência desses fatores sobre Locke não me parece convincente. Sem dúvida ele escrevia com o fito de informar Shaftesbury, de provê-lo com argumentos, e assim por diante. Isso, porém, não faz de Locke o *ghost-writer* de Shaftesbury. Seja como for, a possibilidade, e com efeito a probabilidade, de ter havido vários períodos de elaboração e várias inserções subsequentes é por demais escorregadia para permitir afirmações tão categóricas. Quanto à determinação das datas dos *Dois tratados*, o professor Ashcraft se pronuncia com uma segurança que me surpreende, considerando a natureza dos testemunhos e a fragilidade de sua hipótese, e na verdade de qualquer hipótese baseada em tais fontes. Dessa forma, dei a minhas afirmações originais sobre esse tema um tom menos eloquente na presente edição, uma vez que se baseiam, como é inevitável, em inferências e deduções. Corrigi os erros factuais que me foram observados, e deixei ao leitor a escolha entre as argumentações. Considero os argumentos apresentados pelo professor Olivecrona na *Locke Newsletter* razoavelmente persuasivos, mas não o bastante para me levarem a abrir mão da opinião de que Locke escreveu seu livro como um todo, tanto o *Segundo tratado* como o *Primeiro*, contra Filmer. De modo geral, portanto, conservo meu ponto de vista de que a conclusão mais correta que podemos tirar das fontes de que dispomos é que Locke escreveu as duas partes de seu livro nas épocas e na ordem aqui sugeridas.

Nota do editor

1. O texto

Geral. Procurou-se apresentar aqui a versão classificada por Locke como sendo seu "texto para a posteridade" (ver pp. 11-3) com base no exemplar corrigido de Christ Church. O texto foi composto a partir de uma fotografia daquele documento. Os linotipistas se basearam, na verdade, num exemplar do impressor preparado para o prelo entre 1689 e 1704 pelo próprio Locke e por Coste. A caligrafia de Locke aparece apenas ocasionalmente após as primeiras páginas, e tudo indica que Coste estivesse copiando e não anotando as palavras ditadas por Locke; parece possível que estivesse copiando de outro exemplar, muito análogo, o hipotético segundo exemplar de referência discutido abaixo.

A decisão de reproduzir o exemplar de Christ Church, modificado apenas nos casos particulares absolutamente necessários, foi a solução mais simples e coerente para um intricado problema editorial. O leitor tem diante de si a versão que teria satisfeito Locke à época de sua morte, ou algo tão perto dessa versão quanto é possível ao editor. Tem também um registro, completo em todos os pontos essenciais porém não absolutamente exaustivo, de todas as variantes daquela versão final examinadas por Locke e por ele rejeitadas num estágio ou outro de revisão.

Documentos empregados. Para se compreender por que o editor se aventurou a alterar o exemplar de Christ Church sob qualquer aspecto, é necessário registrar os documentos com base nos quais ele trabalhou. São eles:

(i) O exemplar do próprio Locke da 1ª edição de 1689-90. Trata-se de um 2º estado (IR, ver pp. 8-10 e referências), completado com uma página avulsa contendo as erratas. Locke incorporou as erratas ao texto e fez outras modificações por conta própria.

(ii) A 2ª edição, de 1694, com sua relação de erratas.

(iii) O exemplar de Christ Church da 3ª edição, de 1698, com sua relação de erratas e as exaustivas correções com a caligrafia de Locke e Coste.

(iv) A 4ª edição, de 1713, que reproduz o texto de Locke para a posteridade, possivelmente com base no hipotético segundo exemplar de referência – pode ter sido, é claro, o resultado da comparação entre o exemplar de Christ Church e aquele exemplar, ou outras fontes autorizadas que desconhecemos.

(v) A publicação na 1ª edição das *Obras reunidas*, de 1714, aparentemente uma reimpressão de (iv), mas possivelmente também influenciada por outras fontes autorizadas desconhecidas (ver abaixo).

(vi) A 5ª edição, de 1727, reimpressão da 4ª, apresentando pequenos esclarecimentos editoriais, importantes para (vii).

(vii) A 6ª edição, de 1764, em que Hollis tentava reproduzir o exemplar de Christ Church, cotejando-a (assim o afirmou) com (i), (ii) e (iii), mas aparentemente não com (iv) ou (v). O texto de base é (vi).

(viii) O exemplar do próprio Locke da primeira edição francesa, de 1691, desprovida, porém, de toda e qualquer anotação sua.

Os pontos obscuros de (iii), o texto utilizado, foram elucidados por meio de comparação com os sete outros documentos, embora alguns destes (em especial (i), (ii), (iv), (v)) sejam obviamente bem mais importantes que os demais. Em alguns casos, o editor foi levado a optar por uma interpretação própria, em detrimento de todas essas fontes. Os pontos obscuros em questão são aqueles que necessariamente se apresentam num texto com essa idade e história e, embora sejam bastante numerosos, é preciso enfatizar que apenas afetam o sentido de Locke em aspectos de menor importância. Suas principais fontes são:

1. Falhas no manuscrito original de Locke, que aparecem nas edições de 1689-90, 1694, 1698, não tendo sido corrigidas no exemplar de Christ Church.

2. Falhas nessas edições, não corrigidas no exemplar de Christ Church.

3. Falhas, de incompletude, ilegibilidade etc., nas correções manuscritas no exemplar de Christ Church.

Correções. A correção desses detalhes no exemplar de Christ Church por parte do editor obedeceu a um princípio óbvio: a suposição de que eles só aparecem ali porque Locke não os percebeu em sua correção final, de modo que ele, editor, os corrigiu do modo como presumiu que o teria feito o autor. A comparação com as três primeiras edições dirimiu a maior parte dos pontos obscuros, sendo que a primeira edição mereceu a devida deferência, por ser a mais próxima ao manuscrito original – sobretudo na forma do exemplar particular em poder do autor e por ele corrigido. Tendo em vista, porém, o fato de Locke haver corrigido o livro com amplitude tamanha novamente em 1694 e 1698, preferiu-se sempre uma versão posterior a uma anterior, salvo nos casos em que pareceu claro que a diferença se devesse a um erro do linotipista. Tais erros foram costumeiros nas duas últimas edições e muitas vezes passaram para o exemplar de Christ Church sem correção.

Para dar conta das obscuridades restantes, o editor recorreu à orientação da 4ª edição, da edição das *Obras reu-*

nidas e da 6ª edição, uma vez que constituíam tentativas análogas com a mesma finalidade, qual seja, reproduzir o "texto para a posteridade" de Locke. O estatuto dessas versões depende, em larga medida, da possibilidade de que uma, algumas, ou todas derivem (total ou parcialmente) de outra fonte que não o exemplar de Christ Church, quem sabe mais fiel às intenções textuais de Locke. A dúvida particular a ser respondida é a seguinte: representará a 4ª edição, na qual todas essas versões parecem basear-se, o hipotético segundo exemplar de referência, cuja existência parece claramente sugerida pela anotação de Coste na última guarda do exemplar de Christ Church? Restam outras dúvidas subsidiárias quanto à possível existência de outras fontes autorizadas (e possíveis ligações entre estas e as edições que se seguiram à 4ª), porém não dispomos de indício algum quanto a essas questões, e apenas essa dúvida crucial pode ser aqui discutida.

O *segundo exemplar de referência*. Os indícios a sugerir que a 4ª edição não se baseara necessária (ou exclusivamente) no exemplar de Christ Church são os seguintes. Em primeiro lugar, Coste deixa absolutamente claro que esse documento particular *não* era aquele que Locke pretendia fosse utilizado nas edições póstumas. Um editor de 1713, portanto, ansioso por seguir as orientações de Locke, não teria medido esforços para obter o outro exemplar que Coste parece ter em mente, e basear nele sua edição[1]. Em segundo lugar, a comparação revela a existência de pequenas par-

---

1. A carta de La Motte citada na nota 20, pp. 11-3, supostamente sugere a real existência de um segundo exemplar, mais autêntico, do contrário o exemplar de Christ Church jamais teria sido legado a Coste após a morte do autor. O sr. John Biddle, que foi de Trinity College, Cambridge, está preparando uma edição da *Racionalidade do Cristianismo*, de Locke, e encontrou elementos para suspeitar que Locke tivesse deixado para a posteridade dois exemplares corrigidos também dessa obra.

ticularidades nas quais a 4ª edição, e aquelas baseadas nela, diferem do exemplar de Christ Church (e por vezes entre si).

Todos esses detalhes variantes estão registrados na 2ª edição (reimpressão de 1988), porém alguns podem ser citados aqui. Há variações com relação ao exemplar de Christ Church em I, § 154, que parecem originar-se de um documento diferente. Uma correção a II, § 50, parece não poder ser referida ao exemplar de Christ Church. Uma correção em II, § 13, presente no exemplar de Christ Church e também na 6ª edição, foi omitida da 4ª edição e dos textos baseados nesta. Por outro lado, há uma palavra que ocorre em II, § 230, na 4ª edição, etc., que está ausente da edição de Christ Church, mas que, não obstante, parece uma genuína inserção lockeana. Existem outros detalhes a sugerir que a fonte alternativa para todas essas variações, se é que existiu, foi um exemplar corrigido da 2ª e não da 3ª edição; um erro ortográfico, por exemplo, em II, § 16, e uma passagem em II, § 36.

Com base nesses indícios, é possível levantar a hipótese de que a 4ª edição fosse, na verdade, a reimpressão do outro exemplar mencionado por Coste, uma cópia da edição de 1694 com correções mais autorizadas, e que uma edição crítica deveria basear-se nesse texto, corrigido, por meio de comparação, com outros documentos autorizados e não com o exemplar de Christ Church. Porém, as dificuldades dessa hipótese são de tal monta que se considerou difícil aceitá-la. Pois, se a 4ª edição e os textos dela originados correspondem de fato ao outro exemplar de referência de Coste, deveriam conter exatamente aquela passagem por ele extraída daquele outro exemplar como uma variante de sua própria versão, em sua nota em II, § 172. Ora, nem a 4ª edição, nem a das *Obras reunidas* ou qualquer texto baseado nestes contêm essa versão do referido trecho[2]. Assim,

....
2. O informe sobre os textos empregados, que aparece no final do comunicado "Ao Leitor" na primeira edição reunida, de 1714, parece sugerir

embora os indícios possam ser convincentes em seus detalhes quando citados em separado, eles simplesmente não bastam. O número de variantes que se pode esperar entre as impressões dessa época é tão grande que as semelhanças, omissões e acréscimos que fundamentam a hipótese de segundo exemplar poderiam ser meras coincidências. Por fim, ainda que a 4ª edição e os textos dela originados se baseassem em outra fonte autorizada, é impossível determinarmos de que fonte (ou fontes) se trataria. Não dispomos de coisa alguma, senão de inferências não confirmadas, para convencer-nos de que se tratava do autêntico segundo exemplar de referência.

Por essas razões, portanto, foi preciso deixar a questão em aberto na presente edição[3]. O editor está convencido de que um texto baseado na hipótese que acabamos de discutir não resultaria diferente, sob nenhum aspecto muito importante, daquele aqui apresentado. A autenticidade do exemplar-guia de Christ Church é inconteste; não foi publicado com base no original desde 1764, e jamais comparativamente; representa claramente para nós, hoje, a mais óbvia e autêntica fonte do chamado "texto para a posteridade" de Locke. Há indícios, inclusive, de que algumas de suas cor-

....

uma fonte diferente da que foi utilizada para a 4ª edição do ano anterior. "Pretendo com isso advertir o leitor de que a maioria deles foi impressa a partir de exemplares corrigidos e ampliados pela própria mão do sr. Locke e, em particular, que os *Dois tratados sobre o governo* nunca, até esta data, foram publicados a partir de um exemplar corrigido por ele próprio." O autor desse informe (cuja identidade ainda é desconhecida, mas que poderia tratar-se perfeitamente de Peter King, herdeiro e testamenteiro literário de Locke) confirma o fato de que Locke deixou, efetivamente, "textos para a posteridade". Mas a versão por ele editada diverge tão pouco da 4ª edição que não parece diferente desta. É possível que essa 4ª edição (1713) tenha sido lançada separadamente por John Churchill, sem prefácio ou explicação, e casualmente tenha aparecido antes das *Obras reunidas*, 1714.

3. Não cheguei a empreender uma análise detalhada, estatística, que poderia fornecer outros indícios.

reções são posteriores à de sua fonte hipotética. Foi, portanto, adotado como texto-base, com o uso dessas outras fontes autorizadas para fins de elucidação[4].

Outras modificações do texto-base. Surgiram, inevitavelmente, problemas que precisaram ser resolvidos sem referência a esses outros documentos autorizados, alguns dos quais presumivelmente devidos a obscuridades no manuscrito original de Locke. Nos casos em que o editor se arriscou a uma interpretação própria, ou incluiu alguma palavra, foram utilizados colchetes, sendo o fato apontado no Cotejo. Além disso, as citações de Locke extraídas dos clássicos, da Bíblia, das obras de Filmer e assim por diante foram conferidas e corrigidas. Duas únicas liberdades a mais foram tomadas com relação ao "texto para a posteridade" de Locke. Após suas indicações dos números de página em Filmer, e onde quer que cite ou se refira a Filmer de uma forma que poderia exigir do leitor atual uma consulta ao original, foram acrescentados, em colchetes, os números de página correspondentes na edição moderna de Filmer[5]. As citações de Hooker feitas por Locke foram removidas das margens laterais e inferiores, onde aparecem nas três primeiras edições sem sinais de referência precisos no corpo do texto. Tais citações foram impressas no pé da página,

---

4. O professor Bowers observou que seria possível obter-se um texto perfeito, ou supertexto, utilizando a 1ª edição como padrão e modificando-o segundo as correções de 1694, 1698, do exemplar de Christ Church e da 4ª edição e textos derivados desta. Chegaríamos, dessa forma, a uma versão mais próxima do manuscrito de 1689, mas dificilmente se poderia dizer que correspondesse ao "texto para a posteridade" deixado por Locke. O estilo de impressão, por exemplo, seria predominantemente o de 1690, e não há dúvidas de que, nos anos que antecederam a 1698, a ortografia e o estilo de impressão se alteraram, em sentidos que parecem responder por algumas das correções de Locke.

5. *Patriarcha, and other Political Writtings of Sir Robert Filmer, edited from the Original Sources*, de Peter Laslett. Blackwell's Political Texts, Oxford, 1949.

com a inserção de sinais de referência nos pontos em que o editor julgou que Locke pretendia que houvesse os mesmos. Afora esses fatores – e é preciso repetir que são eles, em sua maioria, de importância mínima para o sentido do texto – manteve-se o tipo da 3ª edição com a máxima fidelidade possível, até o ponto em que este poderia converter-se em dificuldade para o leitor do século XX. As correções manuscritas foram reproduzidas precisamente como planejadas, ou seja, como parte integrante do texto corrido.

2. As notas de rodapé

As notas do editor visam elucidar o texto e a chamar a atenção para variações, por vezes reproduzindo-as, nos casos em que são indicativas de mudanças de sentido. Elas explicam as alusões de Locke[6], chamam a atenção para suas fontes, fornecem remissões mútuas e contêm grande parte dos indícios que fundamentam os pontos de vista expressos na Introdução, sobretudo acerca da história e das datas de elaboração do livro[7]. Tais notas não se pretendem um comentário acerca das ideias sociais e políticas de Locke. O editor absteve-se de numerosas observações desse tipo, salvo, talvez, no que se refere ao tratamento de Filmer por Locke e à relação deste com Hobbes. Houve um esforço determinado no sentido de limitar a quantidade e a extensão das notas, de modo a tornar a leitura e a consulta o mais cômodas possível.

....

6. Inclusive no sentido de traduzir frases simples em latim e descrever as figuras conhecidas da mitologia antiga. A justificativa do editor é que procurou ter em mente o leitor estudante de todas as partes do mundo.

7. Poucas são as referências ao uso do livro de Locke por seus sucessores; sua influência é tão vasta que qualquer tentativa de figurá-la seria obviamente impossível. A única exceção é a citação dos comentários de Elrington, de 1798, a única edição inglesa até então a apresentar qualquer tipo de notas.

3. Referências a fontes e autoridades

Grande parte das complicações envolvidas nas referências de rodapé origina-se de expressões como *op. cit.*, *ibid.*, *loc. cit.*, e assim por diante, as quais foram eliminadas aqui, na medida do possível. As referências internas ocorrem predominantemente por número de página no livro todo, exceto no que se refere ao texto propriamente dito, em que ocorrem pelo número do parágrafo em questão (I corresponde ao *Primeiro tratado* e II, ao *Segundo tratado*). As referências a outras obras obedecem a um sistema mais corriqueiro nos livros e documentos científicos, ou seja, por autor e data apenas, seguidos por um algarismo romano entre parêntesis caso o autor tenha publicado mais de uma obra aqui utilizada. A Bibliografia, no fim do volume, contém uma referência detalhada de cada livro ou artigo. O diário de Locke, as cartas referidas apenas pela data e as fontes manuscritas indicadas apenas com o prefixo "MS" encontram-se, todos, na Lovelace Collection da Bodleian Library, de Oxford. Essa coleção de documentos está descrita em detalhe, com o código de catalogação de cada um, em Long, O., 1959. As letras H. e L. em seguida a um título de livro e antecedendo um número referem-se à obra de John Harrison e Peter Laslett, *The Library of John Locke*, Oxford (1965), 1971, e a referência a Beer seguida por um número de 1 a 7 indica os volumes da obra de Esmond de Beer, *The Correspondence of John Locke*, Oxford, 1976-82.

TWO TREATISES OF Government:

In the Former,
The False Principles and Foundation
OF
Sir *Robert Filmer*,
And His FOLLOWERS,
ARE
Detected and Overthrown.

The Latter is an
ESSAY
CONCERNING
The True Original, Extent, and End
OF
Civil-Government.

LONDON: Printed for *Awnsham* and *John Churchill*, at the *Black Swan* in *Pater-Noster-Row.* 1 6 9 8.

Um inglês, amante da liberdade, cidadão do mundo, anseia pela honra de depositar este livro na Biblioteca do Christ College, Cambridge.

Ao Dr. THOMAS
REITOR DO CHRIST COLLEGE, CAMBRIDGE
20 de abril de 1764.

....

Carta de Thomas Hollis. O original encontra-se hoje encadernado juntamente com a obra no exemplar da biblioteca do Christ College. É típico de Hollis descrever a si mesmo dessa forma, sem identificar-se pelo nome; ver pp. 11-4 e nota 21. Ele entregou um exemplar de sua edição, impressa a partir desse texto, a William Pitt, o velho, em 26 de maio de 1764, e ao Museu Britânico em 8 de junho do mesmo ano. Hugh Thomas dirigiu o Christ College de 1764 a 1780.

Quod si nihil cum potentiore juris humani relinquitur inopi, at ego ad Deos vindices humanae superbiae confugiam: et precabor ut iras suas vertant in eos, quibus non suae res, non alienae satis sint quorum saevitiam non mors noxiorum exatiet: placari nequeant, nisi hauriendum sanguinem laniandaque viscera nostra praebuerimus.

Liv. Lib. ix. c. i.

....

Nota ao frontispício. Reprodução a partir do exemplar de Christ College, ou seja, da edição de 1698. Uma frase adicional, *Pax ac Libertas*, aparece no frontispício do exemplar de Locke da primeira edição francesa, grafada com sua caligrafia (ver pp. 14-6 e nota). A dita citação, extraída de Lívio, está inscrita na guarda que antecede o frontispício no volume do Christ College, e aparece (em uma versão mais precisa) no título da 4ª edição, de 1714, e da 5ª edição, de 1728, mas em parte alguma além destes (ver a edição Loeb, IV, 164, em que há uma ligeira variação). Seu significado geral é o seguinte: "Mas se, ao lidar com os poderosos, os fracos se veem privados de seus direitos humanos, buscarei, contudo, proteção nos deuses, que sabem castigar o orgulho humano. E a eles suplicarei que dirijam sua ira contra aqueles que não se satisfazem com o que é seu e tampouco com o que é dos outros, que não serão saciados com a morte dos condenáveis. Não deverão ser eles aplacados, salvo se lhes permitirmos sorver-nos o sangue e dilacerar-nos as vísceras." A surpreendente ferocidade desses sentimentos pode perfeitamente ser outra expressão da selvagem aversão de Locke ao despotismo em geral, e a Carlos II e Jaime II em particular. Comparar com nota em II, § 172 e referências.

O prefácio[1]

Leitor:
Tens aqui o início e o fim de um discurso[2] que diz respeito ao governo; o destino imposto pela fortuna às páginas que deveriam compor a parte central, mais numerosas que todo o resto, não merece ser-te relatado. Espero que estas, as restantes, sejam suficientes para consolidar o trono de nosso grande restaurador[3], o atual rei Guilherme; para confirmar seu título[4] no consentimento do povo, o único de todos os governos legítimos, e o qual ele possui mais plena e claramente que qualquer príncipe da Cristandade*: E para justificar perante o mundo o povo da Inglaterra, cujo amor por*

---

1. *O prefácio* (comparar com MS Locke c. 18 escrito para Clarke, pp. 65-7, nº 5). Presumivelmente escrito em 1689, por volta do mês de agosto, após a preparação do texto para o prelo, mas antes da revisão dos títulos – ver notas referentes aos títulos e à Introdução no capítulo III. Da linha 39 em diante, contudo, assemelha-se ao Prefácio a *Patriarcha non Monarcha* de Tyrrell, de 1681, a tal ponto que é possível que os trechos finais tenham sido escritos antes.

2. Discurso – talvez o termo original que designava o livro – ver Introdução, pp. 72-4, e II, §§ 15, 16; II, § 52. Comparar com Olivecrona, 1976, que apresenta uma interpretação diametralmente oposta.

3. Grande restaurador – numa carta a Mordaunt, datada de 21 de fevereiro de 1689, recusando o convite do rei para ocupar um cargo de embaixador, Locke refere-se a Guilherme como "nosso grande libertador".

4. Comparar com I, § 95, e nota.

seus direitos justos e naturais e determinação em conservá-los salvou a Nação, quando esta se encontrava na iminência da escravidão e da ruína. Se estas páginas contêm tal testemunho (evidence)*, segundo quero crer que contenham, não será grande a falta daquelas que se perderam, e meu leitor poderá satisfazer-se sem elas. Pois imagino que jamais virei a dispor do tempo e tampouco da inclinação para repetir meu esforço e completar a parte faltante de minha resposta, seguindo novamente o curso de sir Robert ao longo de todos os desvãos e obscuridades que se devem enfrentar nas diversas ramificações de seu espantoso sistema. O rei e o corpo da nação refutaram de modo tão cabal sua hipótese desde então, que, presumo, doravante nenhum corpo terá quer o atrevimento de se posicionar contrariamente a nossa segurança comum – fazendo-se novamente de advogado da escravidão –, quer a fragilidade de se deixar lograr pelas contradições mascaradas num estilo popular e uma retórica habilmente construída. Pois, se alguém se dispuser por conta própria a despojar os discursos de sir Robert, naquelas partes que aqui não foram tocadas, do floreio de suas duvidosas expressões e a reduzir suas palavras a proposições diretas, positivas e inteligíveis, comparando-as em seguida entre si, rapidamente concluirá que jamais tantos eloquentes disparates foram reunidos no belo idioma* inglês[5]*. Se considerar desmerecido examinar todo o cânone de suas obras, que faça ele uma experiência naquela parte em que trata da usurpação, e verifique se consegue, com todo o seu engenho, tornar sir Robert inteligível e coerente consigo próprio e com o nosso senso comum. Não me disporia eu a falar com franqueza tamanha de um fidalgo já há muito privado da*

---

5. Comparar I, §§ 20, 110 etc. e a referência de Tyrrell ao "estilo gentil" de Filmer. Esses elogios a Filmer como estilista causam perplexidade ao leitor moderno; pois, embora tenha seus méritos como beletrista, não é mais atraente que nenhum de seus contemporâneos enquanto autor de prosa contínua e controvertida.

possibilidade de defender-se não houvesse o púlpito se apossado publicamente de sua doutrina nos últimos anos, convertendo-a na teologia corrente de nossos tempos[6]. É necessário mostrar claramente àqueles que se arvoraram mestres e, tão perigosamente, desencaminharam a outros, que autoridade representa esse seu patriarca, o qual eles tão cegamente seguiram, de sorte que possam quer retratar-se do que propagaram com tão pouco fundamento e que é impossível sustentar, quer justificar os princípios que professaram como um Evangelho, ainda que seu autor nada mais fosse que um cortesão inglês[7]. Pois não me disporia a escrever contra sir Robert, ou a dar-me ao trabalho de apontar seus equívocos, incoerências e falta de provas nas Escrituras (das quais provas ele tanto se jacta e nas quais tem a pretensão de fundamentar toda sua argumentação), não houvesse, entre nós, homens que, por enaltecerem seus livros e abraçarem sua doutrina, livram-me de qualquer censura por escrever contra um adversário morto[8]. Tal é o desvelo destes nesse aspecto que, caso cometesse eu algum agravo contra ele, não poderia esperar ser poupado. Espero que estejam igualmente prontos a reparar os danos que causaram à verdade e ao público e concedam o devido valor à reflexão que se segue – que não se pode infligir dano maior a um príncipe e a um povo do que propagar noções equivocadas sobre o governo –, de modo que, por fim, os tempos vindouros não tenham motivos para se queixar do Tambor Eclesiástico[9]. *Se alguém, imbuído de um legítimo interesse pela verdade, empreender a refutação de minha hipótese, prometo-lhe quer reparar meu erro, me-*

---

6. Comparar com II, § 112.

7. Trecho modificado e ampliado em 1698, com a inserção do termo "cortesão". Filmer nunca frequentou, porém, a corte; ver nota em I, § 5.

8. Filmer havia morrido em 1653; ver nota e referência às pp. 82-4 da Introdução, e comparar com a escusa, muito semelhante, de Tyrrell.

9. Tambor Eclesiástico (*Drum Ecclesiastick*) – o púlpito: Tyrrell menciona o "teólogo bafejado pelo vento".

diante uma justa condenação, quer responder a suas dificuldades. Duas coisas, porém, deverão ser lembradas:

Em primeiro *lugar, que contestar capciosamente aqui e acolá alguma expressão ou pequeno detalhe de meu discurso não constitui uma réplica a meu livro.*

Em segundo, *que não acatarei vitupérios como argumentos e tampouco os considerarei dignos de atenção; não obstante, hei de considerar-me sempre obrigado a dar satisfações a todo aquele que se mostre conscienciosamente escrupuloso no tocante a esse tema e que exponha qualquer fundamento justificado para suas dúvidas.*

Nada mais tenho a acrescentar, exceto advertir o Leitor que a letra A. se refere a nosso Autor, a letra O, a suas observações sobre Hobbes, Milton etc., e uma citação simples de páginas se refere sempre às páginas de seu *Patriarcha,* edição de 1680[10].

Sumário do livro I

Cap. I. A introdução 203
Cap. II. Do pátrio poder e do poder real 207
Cap. III. Do direito de Adão à soberania pela criação . 217
Cap. IV. Do direito de Adão à soberania pela doação, Gn 1, 28 224
Cap. V. Do título de soberania de Adão pela submissão de Eva 246
Cap. VI. Do título de soberania de Adão por paternidade 252
Cap. VII. Da paternidade e da propriedade consideradas conjuntamente como fontes da soberania 279

---

10. Sobre o método de referência a Filmer adotado por Locke, ver Introdução, pp. 83-5. As palavras "edição de 1680" foram acrescentadas em 1698.

Cap. VIII. Da transmissão do soberano poder monár-
quico de Adão 285
Cap. IX. Da monarquia por herança de Adão 289
Cap. X. Do herdeiro ao poder monárquico de Adão 309
Cap. XI. Quem é o herdeiro? 312

Sumário do livro II

Cap. I. A introdução 379
Cap. II. Do estado de natureza 381
Cap. III. Do estado de guerra 395
Cap. IV. Da escravidão 401
Cap. V. Da propriedade 405
Cap. VI. Do poder paterno 429
Cap. VII. Da sociedade política ou civil 451
Cap. VIII. Do início das sociedades políticas 468
Cap. IX. Dos fins da sociedade política e do governo 494
Cap. X. Das formas de uma sociedade política 500
Cap. XI. Da extensão do poder legislativo 502
Cap. XII. Do poder legislativo, executivo e federati-
vo da sociedade política 514
Cap. XIII. Da subordinação dos poderes da socieda-
de política 517
Cap. XIV. Da prerrogativa 528
Cap. XV. Dos poderes paterno, político e despótico,
considerados em conjunto 537
Cap. XVI. Da conquista 542
Cap. XVII. Da usurpação 559
Cap. XVIII. Da tirania 560
Cap. XIX. Da dissolução do governo 571

Livro I

CAPÍTULO I

1. A escravidão é uma condição humana tão vil e deplorável, tão diametralmente oposta ao temperamento generoso e à coragem de nossa Nação, que é difícil conceber que um inglês, muito menos um fidalgo, tomasse a sua defesa. E, na verdade, eu consideraria o *Patriarcha*, do sr. Robert Filmer, bem como qualquer outro tratado que pretendesse persuadir todos os homens de que eles são escravos, e de que assim devem sê-lo, como um exercício de engenho semelhante ao daquele que escreveu o Encômio de *Nero*[1], e não como discurso sério e que a tal se pretenda, não me houvessem a gravidade do título e da epístola, a gravura no frontispício do livro e o aplauso que conquistou o mesmo[2] forçado a crer que o autor e o editor estavam sendo since-

....
§ 1   1. O "Encômio de Nero" – *Encomium Neronis*, de Jerome Cardan, 1546. Locke possuía as *Opera* de Cardan, na edição de Leyden, 1663 (H. e L. 587)
2. O título do livro de Filmer era *Patriarcha, ou o Poder natural dos reis*, e tinha por introdução uma epístola de seu amigo Peter Heylyn, o teólogo monarquista. O retrato de Carlos II na gravura de Van Hove era seu frontispício, assinalando o vínculo de sua publicação com a Corte Real. Comparar I, § 14, 5, com I, § 129, I, e, sobre Heylyn, ver Laslett, 1948, 1949: sobre a publicação do *Patriarcha* e o exemplar pessoal de Locke, ver Introdução, pp. 22-5 e nota 31.

ros. Assim sendo, tomei-o nas mãos[3] com a máxima expectativa e o li por completo com toda a atenção devida a um tratado que causou tal furor ao vir a público, e apenas posso confessar-me extremamente surpreso de que, num livro dedicado a prover de grilhões a humanidade inteira, coisa alguma se pudesse encontrar além de uma corda de areia, talvez útil àqueles cuja habilidade e ocupação consistem em levantar a poeira e que cegariam o povo para melhor iludi-lo, mas que, na verdade, não dispõem de força alguma para atar os que têm os olhos abertos e suficiente sensatez para considerar que grilhões nada mais são que um incômodo adorno, por mais cuidado com que hajam sido forjados e polidos.

2. Se alguém imaginar que estou tomando demasiada liberdade ao falar com tamanho descomedimento de um homem que é o grande paladino do poder absoluto e o ídolo daqueles que a este idolatram, rogo-lhe que faça essa pequena e única concessão a quem, mesmo depois de ler o livro de sir Robert, não pode deixar de considerar-se – como lhe facultam as leis – um homem livre. E não percebo falta alguma em proceder dessa forma, a menos que a alguém, mais versado no destino da obra que eu, houvesse sido revelado que o referido tratado, que por tanto tempo esteve adormecido[1], estava destinado, ao surgir no mundo, a expulsar dele toda a liberdade pela força de seus argumentos, e que, a partir de então, o modesto sistema de nosso A. haveria de constituir o modelo do Monte[2], a norma política perfeita para o futuro. Seu sistema se encerra num pequeno círculo, que não vai além do seguinte:

....
3. Locke não está sendo sincero ao sugerir ser aquele seu primeiro contato com as obras de Filmer; ver Introdução, pp. 82-4.
§ 2   1. O *Patriarcha* foi escrito em *c.* 1637-8, sendo publicado apenas em 1680: ver Introdução, pp. 82-4, e Laslett, 1949.
2. "Modelo do Monte", *Hebreus*, viii., 5: referência aos mandamentos de Deus no Sinai.

Todo governo é uma monarquia absoluta.

E a proposição em que alicerça todo o seu sistema é:

Nenhum homem nasce livre[3].

3. Nesses últimos tempos, brotou entre nós uma geração de homens dispostos a adular os príncipes com a opinião de que têm eles um direito divino ao poder absoluto, sejam quais forem as leis pelas quais são constituídos e devem governar, ou as condições pelas quais chegaram ao poder, e por mais que seus compromissos de observar tais leis hajam sido ratificados por solenes juramentos e promessas. No intuito de abrir caminho para essa doutrina, negaram à humanidade o direito à liberdade natural, de tal modo que não apenas, no que deles dependeu, expuseram todos os súditos à máxima desgraça da tirania e da opressão, como também desalojaram os títulos e abalaram os tronos dos príncipes (porquanto também eles, segundo o sistema desses homens, nascem escravos salvo um único, e estão submetidos, pelo direito divino, ao herdeiro legítimo de Adão); como se tivessem por propósito alicerces da sociedade humana, a fim de servir a sua presente disposição.

4. Devemos, todavia, dar-lhes crédito com base em suas simples palavras, quando nos dizem que nascemos todos escravos e assim devemos prosseguir, não havendo remédio para tal: ingressamos a um só tempo na vida e na escravidão, e somente podemos nos libertar desta quando abandonamos aquela. Nem a Escritura nem a razão, estou seguro, afirmam tal coisa em parte alguma, apesar do furor dos que advogam o direito divino, como se a autoridade divina nos houvesse submetido ao ilimitado arbítrio de outrem. Um ad-

---

3. O sistema de Filmer, sintetizado por ele na p. 229 da edição de Laslett.

mirável estado da humanidade, e o qual eles não tiveram perspicácia suficiente para descobrir senão nesses últimos tempos. Pois, conquanto sir Robert Filmer pareça condenar a novidade da opinião contrária (*Patr.*, p. 3 [53]), acredito que seria difícil a ele encontrar qualquer outra época ou nação do mundo afora esta que tenha declarado ser a monarquia *jure divino*. E ele próprio confessa (*Patr.*, p. 4 [54]) que Heyward, Blackwood, Barclay[1] e outros, que defenderam o direito dos reis em muitos pontos, jamais pensaram nisso, mas admitiram, de comum acordo, a liberdade natural e a igualdade da humanidade.

5[1]. Deixo aos historiadores o encargo de relatar, ou à memória dos que foram contemporâneos de Sibthorp e Manwering[2] relembrar, por obra de quem essa doutrina foi introduzida pela primeira vez e posta em voga entre nós, bem como a que tristes efeitos deu ensejo. Minha presente empresa é apenas a de considerar o que sir R. F., a quem se admite ter levado essa argumentação mais longe que ninguém, conduzindo-a supostamente à perfeição, disse a esse respeito; pois, por obra sua, todo aquele que anseia estar tão na moda como o era o francês na corte[3], aprendeu e car-

----

§ 4 1. Sobre esses autores, ver *Patriarcha* (Laslett, 1949), p. 54, e comparar com I, § 67. Barclay é citado em II, §§ 232, 235-9: em 1681, Locke catalogou o *De Potestate Papae* de Barclay e seu *De Regno et Regali Potestate* – ver notas em II, §§ 232 e 239.

§ 5 1. Número do parágrafo omitido na 1ª edição, em ambas as versões.

2. Refere-se aos célebres sermões exaltando a prerrogativa real, proferidos e publicados em 1627 por Robert Sybthorpe (*Of Apostolique Obedience*) e Roger Manwaring (*Religion and Allegiance*); ver Allen, 1938, 176-80. Os dois são também mencionados por Sidney de forma mais ou menos análoga: 1772, 5.

3. Comparar com o Prefácio 39 (acrescentado em 1698): O irmão de sir Robert Filmer, Edward, fazia parte da corte de Carlos I e era francófilo, amigo da rainha Henriqueta Maria. Seu filho Edward foi fidalgo do Conselho Privado de Carlos I e de Carlos II (ver Laslett, 1948 (ii)), embora ele próprio jamais tenha sido cortesão. O termo "era", nessa frase, aparentemente é uma modificação, introduzida em 1689, do verbo "é".

rega consigo esse pequeno sistema político, a saber, que os homens não nascem livres e, por conseguinte, jamais poderiam dispor de liberdade para escolher quer os governantes, quer as formas de governo. Os príncipes detêm um poder absoluto, ao qual fazem jus por direito divino, pois nunca poderia ser facultado a escravos o direito de estabelecer pactos ou de consentir. Adão era um monarca absoluto, tal como o são todos os príncipes desde então.

CAPÍTULO II
Do pátrio poder e do poder real

6. A grande tese de sir R. F. é a de que os *homens não são livres por natureza*. Tal é o alicerce sobre o qual sua monarquia absoluta repousa, e a partir do qual se eleva a uma altura tamanha que seu poder paira acima de qualquer outro poder, *Caput inter nubila*[1], tão acima de todas as coisas terrenas e humanas que mal o pode alcançar o pensamento, e as promessas e juramentos, que atam a divindade infinita[2], não podem confiná-lo. Mas, se esse alicerce cai por terra, toda a edificação também ruirá, e os governos deverão voltar ao antigo sistema, pelo qual são formados por obra do artifício e pelo consentimento dos homens[3] (Ἀνθρωπίνη κτίσις), usando de sua razão para se unirem em sociedade. A fim de provar sua grande tese, afirma ele a pp. 12 [57]: *Os homens nascem submetidos a seus pais* e, por conseguinte, não podem ser livres. A essa autoridade dos pais ele denomina *régia autoridade* (pp. 12, 14 [57, 58]), *autoridade paterna* e *direito de paternidade* (pp. 12, 20 [57, 61]). Seria de esperar

---

§ 6   1. *Caput inter nubila* – cabeça nas nuvens.

2. Comparar com II, § 195.

3. I Pd 2-13, "submetei-vos a toda autoridade dos homens" (ἀνθρωπίνη κτίσει). Comparar com a segunda *Carta acerca da tolerância* (*Works*, 1801, VI, 121).

que, ao início de uma obra dessa natureza, da qual o autor pretende fazer depender a autoridade dos príncipes e a obediência dos súditos, nos informasse ele expressamente o que vem a ser a autoridade paterna, que a definisse embora não a limitasse, pois que em alguns outros tratados de sua autoria[4] afirma ser a mesma ilimitada e ilimitável(*). Deveria ao menos ter-nos fornecido uma descrição dela, de modo que pudéssemos ter uma noção completa dessa *paternidade* ou *autoridade paterna* cada vez que deparássemos com ela em seus escritos. Era o que eu esperava encontrar no primeiro capítulo de seu *Patriarcha*. Em lugar disso, todavia, após ter: 1. dirigido suas vênias, *en passant*, aos *Arcana Imperii* (p. 5 [54]); 2. feito seu elogio aos *direitos e liberdades desta ou qualquer outra nação* (p. 6 [55]), os quais se dedicará a anular e destruir; e 3. reverenciado aquelas sábias figuras que não investigaram a matéria com a mesma profundidade que ele (p. 7 [55]), o autor investe contra Belarmino[5], p. 8. [56], e, mediante uma vitória sobre este, estabelece sua *autoridade paterna* como ponto pacífico. Derrotado Belarmino fragorosamente por sua própria confissão (p. 11 [57]), o caminho está aberto e não é necessário despender mais força alguma: pois observo que, uma vez efetuado isso, o autor não enuncia a questão nem expõe argumento algum que comprove sua opinião, mas, em lugar disso, considera conveniente contar-nos a história dessa estranha espécie de fan-

(*) As concessões e os dons que têm sua origem em Deus ou na natureza, como o teve o poder do pai, nenhum poder humano inferior pode limitar e tampouco forjar lei alguma de prescrição contra eles. (O. 158 [233]).

A Escritura ensina que o poder supremo residia originalmente no pai, sem limitação de espécie alguma (O. 245 [234]).
....
4. Sugestão de que Locke estudara os "Outros Tratados" quando decidiu analisar o *Patriarcha*; ver pp. 84-6, nota 35 e referências.

5. Belarmino. Filmer dedicou grande parte de sua argumentação para contestar a subordinação do poder secular ao papado, defendida pelo cardeal em seu *De Potestate Summi Pontifici*, 1610 – ver Laslett, 1949; McIlwain, 1918.

tasma dominador chamado *paternidade*, o qual todo aquele que pudesse capturar teria nas mãos, prontamente, o império e um poder absoluto e ilimitado. Assevera-nos que essa paternidade teve início com Adão, seguiu seu curso e manteve a ordem do mundo por toda a era dos patriarcas até o dilúvio, desceu da Arca com Noé e seus filhos, criou e sustentou todos os reis da Terra até o cativeiro dos israelitas no Egito, quando a pobre paternidade viveu sob grilhões, até que *Deus, dotando de reis os israelitas, restabeleceu o antigo e primordial direito de sucessão linear no governo paterno*[6]. É disso que se ocupa da p. 12 à 19 [57-60]. E então, precavendo-se de uma objeção e elucidando uma ou duas dificuldades com meio raciocínio (p. 23 [62]), *a fim de confirmar o direito natural do régio poder*, conclui o primeiro capítulo[7]. Espero que não seja injurioso chamar meio raciocínio a uma meia citação, porquanto Deus proclama *honra a teu pai e tua mãe*, mas nosso A. contenta-se com a metade e deixa de fora os termos *tua mãe* por terem pouca utilidade para seus propósitos. Contudo, falaremos mais a esse respeito alhures[8].

7. Não considero nosso Autor tão pouco versado na arte de escrever discursos dessa natureza e tampouco negligente para com o tema abordado para que haja cometido, por descuido, a falta que ele próprio, em sua *Anarchy of mix'd Monarchy* (Anarquia de uma monarquia mista) (p. 239 [280]) imputa ao sr. Hunton[1] com as seguintes palavras: *Mi-*

---

6. Não se trata de uma citação, e sim de um resumo do *Patriarcha*, 57-8.

7. "Primeiro capítulo", *i.e.*, §§ i-viii do *Patriarcha* na edição de Laslett, na qual não existem capítulos, uma vez que reproduz o manuscrito de Filmer, que não está dividido dessa forma.

8. "Alhures" – ver I, § II, nota e referências.

§ 7 1. *Observations upon Mr. Hunton's Treatise of Monarchy, or, the Anarchy of a Limited or Mixed Monarchy* (Observações acerca do tratado do sr. Hunton sobre a monarquia, ou a anarquia de uma monarquia limitada ou mista), de Filmer (Laslett, 1949, 277-313). Sobre *Treatise of Monarchie* (Tratado sobre a monarquia), de Hunton (1643), e Locke, ver nota em II, § 168.

nha primeira objeção contra o A. é o não nos haver fornecido nenhuma definição ou descrição da monarquia em geral; dado que, segundo as regras do método, deveria tê-la definido antes de mais nada. E, segundo a mesma regra do método, sir Robert deveria ter-nos explicado o que entende por *paternidade* ou *autoridade paterna*, antes de nos indicar em quem se haveria de encontrá-la, e de discorrer tão longamente a seu respeito. Mas talvez sir Robert considerasse que sua *autoridade paterna*, esse poder dos pais e dos reis, porquanto faz de ambos uma e a mesma coisa (p. 23 [63]), resultaria numa figura muito estranha e aterradora, além de extremamente discorde da imagem que os filhos têm dos pais, e os súditos, dos reis, caso nos fornecesse uma representação completa daquela forma gigantesca que havia pintado em sua própria imaginação; assim, procede qual o médico que, no intuito de levar seu paciente a engolir algum licor corrosivo ou acerbo, mistura-o a uma grande quantidade de substância própria para diluí-lo, a fim de que as partes dispersas possam descer de modo mais desapercebido e causar menos aversão[2].

8. Procuremos, então, determinar que descrição nos fornece de sua *autoridade paterna*, dispersa que se encontra entre as várias partes de seus escritos. Em primeiro lugar, quando dela estava investido Adão, diz o autor, *não apenas Adão como os patriarcas que o sucederam tinham, por direito de paternidade, régia autoridade sobre seus filhos* (p. 12 [57]). *Esse domínio exercido por Adão sobre o mundo todo, mediante mandato, e que por direito dele legado os patriarcas gozaram, era vasto e amplo como o domínio absoluto*[1] *de qualquer monarca que tenha existido desde a Criação* (p. 13 [58]). *Domínio sobre a vida e a morte, para fazer a guer-*

....
2. Temos aqui um toque profissional do Locke médico.
§ 8 1. "Absoluto" [*absolute*], no original *absolutest* [o mais absoluto]; as citações, em sua maior parte, são precisas, embora dois trechos tenham sido fundidos em um só.

ra e firmar a paz (p. 13 [58]). *Os reis, por direito de pais, lograram alcançar o exercício da suprema jurisdição* (p. 19 [61]). *Como o régio poder existe pela lei de Deus, não havendo lei inferior alguma a limitá-lo, Adão era o senhor de tudo* (p. 40 [78]). *O pai de família governa segundo nenhuma lei a não ser a de sua própria vontade* (p. 78 [96]). *A superioridade dos príncipes está acima das leis* (p. 79 [96]). *A ilimitada jurisdição dos reis está amplamente descrita em* Samuel (p. 80 [96]). *Os reis estão acima das leis* (p. 93 [103]). E, perseguindo a mesma finalidade, vejamos o tanto que nosso A. acrescenta, nas palavras de Bodin[2]: *É certo que todas as leis, privilégios e direitos dos príncipes apenas têm força durante sua vida, caso não venham a ser ratificados pelo expresso consentimento ou sanção do príncipe seguinte, sobretudo os privilégios* (O. p. 279 [304]). *A razão pela qual as leis também foram baixadas por reis foi a seguinte: como os monarcas estavam ora ocupados em guerras, ora absortos nas questões públicas, de modo que era impossível a cada homem privado ter acesso a suas pessoas, conhecer suas vontades e desejos, inventaram-se as leis por necessidade, de modo que cada súdito particular pudesse ver decifrado o belprazer de seu príncipe nas tábuas de suas leis* (p. 92 [102]). *Numa monarquia, o rei deve, por necessidade, estar acima das leis* (p. 100 [105]). *Um reino perfeito é aquele em que o rei governa todas as coisas segundo seu próprio arbítrio* (p. 100 [105]). *Nem as leis costumeiras nem as editadas* são, ou podem ser,*

---

2. As obras de Filmer estão repletas de citações da *République*, de Jean Bodin. Aparentemente, Locke não possuía nenhuma obra de Bodin, embora demonstre estar familiarizado com ele – comparar com nota em I, § 56.

* *Common laws*, ou leis costumeiras ou consuetudinárias, são as que se revelam mediante o costume e a tradição, usualmente sendo registradas pela iniciativa dos juízes: daí a importância delas no sistema legal anglo-saxão. *Statute laws* são as leis baixadas por um rei ou assembleia, e que devem sua eficácia legal a essa edição. Na tradição inglesa, eram reputadas inferiores, arbitrárias, contrastando com as primeiras, que seriam mais capazes de respeitar a natureza das coisas. (N. R. T.)

diminuição alguma daquele poder geral que têm os reis sobre seu povo por direito de paternidade (p. 115 [113])³. *Adão era o pai, o rei e o senhor de sua família; um filho, um súdito e um servo ou escravo eram uma e a mesma coisa no princípio. O pai detinha o poder de dispor de seus filhos e servos ou vendê-los; donde descobrimos que, no primeiro inventário de bens na Escritura, o criado e a criada são relacionados entre as posses e os recursos do proprietário, tal como os demais bens* (O. Pref.⁴ [188]). *Deus também concedeu ao pai um direito ou liberdade de transmitir a qualquer outro seu poder sobre os filhos; donde descobrimos que a venda e a doação de filhos era uma prática largamente difundida no início do mundo, quando os homens tinham seus servos como propriedade e herança, tal como os demais bens, em consequência do que descobrimos que o poder de castrar e de fazer eunucos era amplamente difundido nos idos antigos* (O. p. 115 [231]). *A lei nada mais é do que o arbítrio daquele que recebeu o poder das mãos do Pai Supremo* (O. p. 223 [72]). *Foi por determinação de Deus que a supremacia de* Adão *era ilimitada e tão vasta quanto os atos ditados por sua vontade; o mesmo se dá com todos quantos detenham o poder supremo* (O. p. 245 [248]).

9. Fui forçado a aborrecer meu leitor com esse grande número de citações nas palavras de nosso próprio A., a fim de que se pudesse enxergar nelas sua descrição da *autoridade paterna*, uma vez que a mesma se encontra dispersa ao longo de seus escritos, a qual, supõe o A., foi outorgada pela primeira vez a Adão e pertence, por direito, a todos os príncipes desde então. Portanto, tal *autoridade paterna* ou *direito de paternidade*, na acepção de nosso A., é um inal-

---

3. Única citação que Locke faz de um trecho de Filmer referente à constituição; ver Introdução, pp. 109-11.
4. "Pref." indica o Prefácio às "Formas" de Filmer.

terável direito divino de soberania, mediante o qual um pai ou um príncipe detém um poder absoluto, arbitrário, ilimitado e ilimitável sobre as vidas, liberdades e propriedades de seus filhos e súditos, de tal modo que lhe é facultado apossar-se de tais propriedades ou aliená-las, vender, castrar ou fazer o uso que desejar de suas pessoas, pois que são todos seus escravos e ele, o senhor ou proprietário de tudo quanto há, sendo sua ilimitada vontade lei para os demais.

10. Tendo nosso A. depositado tão imenso poder em Adão e fundamentado nessa suposição todo o governo e todo o poder dos príncipes, seria razoável esperar que o provasse através de argumentos claros e evidentes, próprios à envergadura da tese; que, uma vez que nada mais restou aos homens, pudessem eles encontrar na escravidão tais provas irrefutáveis da necessidade desta, que suas consciências pudessem ser convencidas e os obrigassem a submeter-se pacificamente àquele domínio absoluto, o qual seus governantes teriam direito de exercer sobre eles. Sem isso, que benefício poderia nosso A. trazer, ou pretender trazer, ao erigir um poder de tal modo ilimitado, exceto adular a vaidade natural e a ambição humana, já por si só propensa a crescer e ampliar-se através da posse de qualquer poder? E ao persuadir aqueles que, pelo consentimento de seus concidadãos, se alçaram a elevados porém limitados graus de poder, de que, por aquela parte que lhes foi concedida, têm eles o direito ao todo que não lhes foi dado, e que, por conseguinte, podem proceder como bem quiserem, pois estão investidos da autoridade para fazer mais que os outros, tentando-os, assim, a fazer o que não lhes cabe e o que contraria o bem dos que se encontram sob seus cuidados, donde apenas podem advir grandes prejuízos.

11. Sendo a soberania de Adão o alicerce seguro sobre o qual nosso A. edifica sua poderosa monarquia absoluta,

seria de se esperar que, em seu *Patriarcha*[1], esse seu pressuposto básico fosse comprovado e estabelecido com todas as evidências argumentativas exigidas por tão fundamental princípio, e que esse ponto, sobre o qual repousa a parte principal da questão, fosse exposto com razões suficientes para justificar a confiança com a qual o mesmo foi admitido. Contudo, muito pouco se pode encontrar nesse sentido em todo aquele tratado; o fato é de tal modo tomado por dado, sem provas, que mal pude acreditar em mim mesmo quando, ao ler atentamente o tratado, deparei com uma estrutura tão colossal erguida sobre a mera suposição que constitui seu alicerce. Pois dificilmente se pode crer que, num discurso que pretende refutar o *errôneo princípio* da *liberdade natural* do homem, o A. empreenda essa tarefa baseado numa mera suposição da *autoridade de Adão*, sem apresentar nenhuma prova de tal autoridade. Com efeito, afirma ele, com convicção, que *Adão tinha régia autoridade* (pp. 12 [56] e 13 [57]); *absoluto senhorio e domínio sobre a vida e a morte* (p. 13 [58]); *uma monarquia universal* (p. 33 [75]); *poder absoluto de vida e morte* (p. 35 [76]). Tais asserções são muito frequentes, mas o estranho é ser impossível encontrar, em todo o seu *Patriarcha*, uma única pretensão racional a confirmar esse seu grande alicerce do governo – nada que se assemelhe a um argumento, salvo as seguintes palavras: *Para confirmar esse direito natural do régio poder, verificamos no Decálogo que a lei que ordena obediência aos reis está expressa nos termos "Honra a teu pai", como se todo o poder residisse originalmente no Pai* [62]. E por que não poderia eu acrescentar também que, no *Decálogo*, a lei que ordena obediência às rainhas está expressa nos termos *Honra a tua mãe*, como se todo o poder residisse original-

....
§ 11   1. Referências ao *Patriarcha* – ver Introdução, pp. 84-6. Locke considerava que Filmer não provara a soberania de Adão em seus tratados, o que está discutido no *Segundo tratado*, e agora considera que o *Patriarcha* se esquiva da questão.

mente na mãe? O argumento, do modo como sir Robert o pretende, será válido tanto para um como para a outra. Contudo, falaremos mais a esse respeito em seu devido tempo[2].

12. Tudo a que me atenho por ora é que nisso se resume tudo o quanto diz nosso A., nesse primeiro ou em qualquer dos capítulos que se seguem, no intuito de provar o *poder absoluto de Adão*, que constitui o seu grande princípio; e, no entanto (como se o houvesse provado mediante uma sólida demonstração), começa seu 2º capítulo[1] com as seguintes palavras: *Ao expor essas provas e razões, extraídas da autoridade da Escritura* [63] (...). Confesso que não consigo encontrar onde estão tais *provas e razões* da soberania de Adão, afora a exportação *Honra a teu pai*, já mencionada, a não ser que o que ele diz a pp. 11 [57] – *Temos, nestas palavras, uma evidente confissão* (de Belarmino), *de que a Criação fez do homem príncipe de sua descendência* – deva ser tomado como provas e razões extraídas da Escritura ou como qualquer espécie de prova. Não obstante – através de um novo método de inferência –, ele conclui daí, nas palavras que se seguem imediatamente, que *a régia autoridade de Adão* está suficientemente estabelecida.

13. Caso tenha ele, no capítulo em questão ou em qualquer parte de todo o seu tratado, fornecido alguma outra prova *da régia autoridade de Adão* além de sua frequente reiteração – o que, entre alguns homens, faz as vezes de demonstração –, desejo que alguém, em nome dele, me indique o local e a página, de modo que eu possa convencer-me de meu equívoco e reconhecer meu descuido. Caso não seja possível encontrar tais provas, rogo aos homens que

....
2. "Em seu devido tempo" – comparar com I, § 6, ver I, § 52, § 55, § 60 em diante e II, § 64 em diante.
§ 12   1. "Capítulos", 2º capítulo – ver nota em I, § 6.

tanto aclamaram esse livro que considerem se não estão dando ao mundo razões para suspeitar de que não é a força ou a razão de uma argumentação que os leva a defender a monarquia absoluta, e sim algum outro interesse velado, em nome do qual estão decididos a aplaudir qualquer autor que escreva em favor dessa doutrina, esteja baseado na razão ou não. Espero, porém, que não contem com que os homens racionais e imparciais sejam atraídos para a opinião deles, pois que esse seu eminente doutor, num discurso elaborado com o propósito de estabelecer o *poder monárquico absoluto de Adão*, em oposição à *liberdade natural* da humanidade, disse muito pouco no sentido de comprová-lo, donde será absolutamente natural concluir que pouco há que ser dito.

14. Contudo, para não abster-me de esforço algum no sentido de informar-me acerca do pleno sentido das palavras de nosso A., consultei suas *Observations on Aristotle, Hobs* etc.[1], no intuito de verificar se, ao contestar outros autores, fez uso de qualquer argumento em favor de sua dileta tese da *soberania de Adão*, uma vez que se mostrou tão econômico nesse sentido em seu *Natural Power of Kings* (Tratado sobre o poder natural dos reis)[2]. Em suas observações sobre o *Leviatã*, do sr. Hobbes, creio que reuniu de forma sucinta todos os argumentos de que o vemos fazer uso em qualquer parte de seus escritos – com as seguintes palavras: *Se Deus criou somente Adão, e de uma parte deste fez a mulher, e se, pela geração de ambos, como parte deles, toda a humanidade se propagou; se, outrossim, Deus outorgou a* Adão

....
§ 14   1. *Observations* – uma referência coletiva às obras de Filmer afora o *Patriarcha* e o *Freeholder*, isto é, na edição de Laslett, 185-326. A frase poderia ser usada para contestar a perspectiva que aqui adotamos acerca da finalidade com que foram escritos os *Dois tratados* e da ordem em que isso se deu; comparar com nota a I, § II, e referência.
   2. *Natural Power of Kings* – o subtítulo do *Patriarcha*.

não apenas o domínio sobre a mulher e os filhos que deles haveriam de originar-se, como também sobre a Terra inteira para subjugá-la e sobre todas as criaturas sobre sua face, de sorte que, enquanto Adão *estivesse em vida homem algum pudesse reclamar ou usufruir coisa alguma salvo por doação, transmissão ou permissão de sua parte, me pergunto etc.* (O. 165 [241]). Eis aí o resumo de todos os argumentos em favor da *soberania de Adão* e contra a *liberdade natural* que encontramos por toda parte em seus outros tratados, e que são os seguintes: *a Criação de Adão por Deus*, o *domínio* que lhe outorgou *sobre Eva*; e o *domínio* que tinha, *na qualidade de pai, sobre seus filhos*, argumentos estes que passarei a considerar um a um[3].

CAPÍTULO III
Do direito de Adão à soberania pela criação

15. No prefácio às suas observações sobre a *"Política"* de Aristóteles, sir Robert afirma: *É impossível pressupor uma liberdade natural da humanidade sem negar a criação de Adão* [188]; todavia, não consigo perceber por que meios a criação de Adão, que nada mais foi que o receber a vida diretamente da onipotência e da mão de Deus, terá conferido a Adão *uma soberania* sobre o que quer que seja e, consequentemente, não consigo compreender de que modo o *pressuposto de uma liberdade natural constituiria a negação da criação de* Adão, e ficaria grato se algum outro (dado que nosso A. não nos concedeu esse favor) em seu lugar me fizesse compreendê-lo. Pois não encontro a menor dificuldade em tomar a *liberdade do homem* por pressuposto, muito embora haja sempre acreditado na *criação de Adão*. Este foi criado, ou passou a existir, pelo poder imediato de

----
3. Locke trata desses três pontos nos capítulos 3, 5 e 6 de seu tratado.

Deus, sem a intervenção de pais ou a preexistência de ser algum de mesma espécie que o gerasse quando a Deus aprouve que fosse gerado; o mesmo se deu com o leão, o rei dos animais, antes dele, surgido por obra do mesmo poder criador de Deus; e se a mera existência por obra de tal poder e daquela forma pode conferir um domínio pura e simplesmente, o argumento de nosso A. levará à conclusão de ter o leão o mesmo direito à soberania que ele, e um direito seguramente mais antigo que o de Adão. Não, pois Adão recebeu esse direito pela *designação de Deus*, assevera nosso A. alhures [289]. Então, não foi a simples *criação* que lhe conferiu o domínio, e é possível supor a *liberdade do homem* sem negar a *criação de Adão*, uma vez que foi a *designação* de Deus que o fez monarca.

16. Vejamos, porém, de que modo conjuga ele sua *criação* com essa *designação*. *Pela designação de Deus*, diz sir Robert, *tão logo foi criado, Adão se fez monarca do mundo, embora não tivesse súditos, pois, embora não pudesse haver nenhum governo de fato antes que houvesse súditos, coube a Adão, por direito de natureza, não obstante, ser o governante de seus descendentes; embora não em ato, ao menos em hábito foi Adão rei desde sua criação* [289]. Gostaria que nos houvesse informado aqui o que entende por *pela designação de Deus*. Pois tudo quanto ordena a Providência, a lei de natureza comanda ou a Revelação positiva declara pode ser atribuído à *designação de Deus*, mas creio que não se pode tomar a expressão em seu primeiro sentido, *i.e.* a Providência, pois tal equivaleria a dizer simplesmente que, *tão logo foi criado*, Adão tornou-se monarca *de fato*, dado que, *por direito de Natureza, coube* a ele *ser o governante de seus descendentes*. Entretanto, não podia ser constituído *de fato* governante do mundo pela providência numa época em que, na verdade, não existiam governos ou súditos a serem governados, tal com nosso A. confessa nesse ponto. Também a expressão *monarca do mundo* é empregada de

modos distintos por nosso Autor, pois por vezes designa um proprietário do mundo todo, excluindo o resto da humanidade, tal como o faz na mesma página de seu prefácio supracitado, onde se lê: *Tendo sido ordenado a Adão multiplicar-se, povoar a Terra e dominá-la, e tendo-lhe sido outorgado o domínio sobre todas as criaturas, fez-se, com isso, monarca do mundo todo, e ninguém entre seus descendentes tinha o direito de possuir o que quer que fosse salvo por sua concessão ou permissão, ou ao sucedê-lo* [187-8].

2.[1] Entendamos por *monarca*, pois, proprietário *do mundo* e, por *designação*, a verdadeira doação e concessão positiva e revelada por Deus a Adão (Gn 1, 28), como o faz o próprio sir Robert nesse trecho paralelo, em cujo caso seu argumento assumirá a seguinte feição, *pela concessão positiva de Deus: tão logo foi criado, fez-se* Adão *proprietário do mundo, porquanto coube a ele, por direito de natureza, ser o governante de sua descendência.* Tal forma de argumentação contém duas falsidades manifestas. Em primeiro lugar, é falso que Deus tenha efetuado essa concessão a Adão tão logo este foi criado, pois, embora figure no texto imediatamente após sua criação, é evidente que não poderia ter sido comunicada a Adão antes que *Eva* fosse criada e apresentada a ele[2]. Como, pois, poderia ser ele *monarca por designação tão logo foi criado*, especialmente tendo em vista que chama, se não estou equivocado[3], *a concessão original de governo* às palavras de Deus a Eva (Gn 3, 16), as quais, ocorridas somente depois da Queda – quando Adão se encontrava no mínimo algo distante de sua criação em termos

....
§ 16   1. "2." presumivelmente indica a segunda parte do argumento deste parágrafo, embora não exista um número "1".

2. Comparar com I, § 29. Tyrrell apresenta exatamente o mesmo argumento em seu *Patriarcha non Monarcha*, 1681, 101 (segunda paginação).

3. "Se não estou equivocado" – Hunton, e não Filmer, utilizou esse texto com essa finalidade, embora a frase citada a seguir apareça na p. 283 de Filmer.

de tempo, e muito distante em termos de sua condição –, não vejo como pode nosso A. afirmar nesse sentido, que, *pela designação de Deus, tão logo foi criado,* Adão *se fez o monarca do mundo.* Em segundo lugar, ainda que fosse verdade que a efetiva doação de Deus *designasse* Adão *monarca do munto tão logo este foi criado,* a razão aqui apresentada para tal não conseguiria prová-lo, mas seria sempre uma falsa inferência de que Deus, por meio de uma doação positiva, *designou Adão monarca do mundo, dado que cabia a ele, por direito de natureza, ser o governante de seus descendentes*: pois, conferindo-lhe o direito de governo por natureza, não haveria necessidade de uma doação positiva; de todo modo, jamais será isto uma prova de tal doação.

17. Por outro lado, a questão pouco mudará de figura se por *designação de Deus* entendermos a lei de natureza (embora seja uma forma bastante imprópria de expressá-la, nesse contexto) e, por *monarca do mundo,* soberano governante da humanidade, caso em que a sentença que ora consideramos deverá rezar: *Pela lei de natureza, tão logo foi criado, Adão foi governante da humanidade, dado que cabia a ele, por direito de natureza, ser o governante de sua descendência,* o que redunda na asserção de que Adão foi *governante por direito de natureza porquanto era governante por direito de natureza.* Supondo, porém, que admitíssemos que um homem é, *por natureza, governante* de seus filhos, Adão não poderia ter sido feito, dessa forma, *monarca tão logo foi criado,* pois, estando esse direito de natureza alicerçado em sua paternidade, parece difícil conceber de que modo poderia ter Adão um *direito natural* a ser *governante* antes de ser pai, quando apenas o sendo teria tal *direito,* a menos que admitamos que fosse pai antes de ser pai e que tinha um direito antes de o ter.

18.[1] A tal objeção prevista replica nosso A. com muita lógica que *era ele governante em hábito e não em ato* – uma forma muito curiosa de se ser um governante sem governo, um pai sem filhos e um rei sem súditos. Assim, sir Robert seria um autor antes de haver escrito seu livro, não em *ato*, é verdade, mas em *hábito*, pois que, ao publicá-lo, coube a ele *pelo direito de natureza* ser um autor, tanto quanto coube a *Adão ser o governante de seus filhos* quando os gerou. E se tal condição de *monarca do mundo*, monarca absoluto *em hábito mas não em ato*, for válida, eu pouco invejaria a qualquer um dos amigos de sir Robert a quem ele considerasse próprio atribuir generosamente tal título; e ainda que esse *ato* e esse *hábito* significassem algo mais que a habilidade de nosso A. em traçar distinções, não serviriam aqui para seus propósitos. Pois a questão aqui não se refere ao exercício de fato da governança, mas ao fato de ter o direito de ser governante; o governo, afirma nosso A., coube a Adão pelo *direito de natureza*. O que é esse direito de natureza? Um direito que os pais têm sobre os filhos pelo fato de gerá-los; *Generatione jus acquiritur parentibus in liberos*, afirma nosso A. citando Grócio (O. 223 [71]). Portanto, o direito segue-se à geração como que dela surgido, de modo que, segundo esse modo de raciocínio ou distinção adotado por nosso A., tão logo foi criado, Adão tinha um direito *somente em hábito e não em ato*, o que, em linguajar claro, significa que, na verdade, não tinha direito algum.

19. Falando de modo menos erudito e mais inteligível, pode-se dizer que Adão tinha a possibilidade de ser *governante*, uma vez que era possível que engendrasse uma pro-

§§ **18-20** 1. Esses parágrafos são típicos das características menos atraentes de Locke ao discorrer sobre Filmer: ele tem a gentileza de se desculpar. Algumas partes desse trecho, especialmente no § 20, lembram o *Preface*, e é possível que tenham sido escritas em 1689. Na 1ª edição, o § 19 é quase incompreensível em razão dos erros de impressão, corrigidos por Locke em seu exemplar.

gênie, adquirindo, dessa forma, tal direito de natureza, o que quer que isso signifique, para governá-la, direito resultante da geração; mas que relação tem isso com a *Criação de Adão*, para levar o autor a afirmar que, *tão logo foi criado, tornou--se monarca do Mundo*? Pois pode-se alegar perfeitamente que Noé, tão logo nasceu, foi monarca do mundo, dado que tinha a possibilidade (a qual, no entender de nosso A., é suficiente para fazer um monarca, *um monarca em hábito*) de sobreviver à humanidade inteira, exceto a seus próprios descendentes. De minha parte, confesso que não percebo que relação existe entre a *criação de Adão* e seu *direito de governança*, de sorte que seja *impossível pressupor uma liberdade natural da humanidade sem negar a criação de Adão*. Tampouco percebo de que modo essas palavras, *pela designação* etc. (O. 254 [289]), por mais que sejam explicadas, possam ser reunidas a fim de adquirirem algum sentido aceitável ou ao menos estabelecer a proposição com a qual se encerram, a saber, *Adão foi rei desde sua Criação*; um rei, assevera nosso A., *não em ato, mas em hábito*, ou seja, na verdade, absolutamente rei nenhum.

20. Receio ter cansado a paciência de meu leitor ao deter-me mais longamente no trecho em questão do que o pareceria exigir o peso de qualquer um de seus argumentos, mas vi-me inelutavelmente obrigado a isso pelo modo como escreve nosso A., o qual, amontoando diversas suposições – e em termos duvidosos e genéricos –, promove tal desordem e confusão que se torna impossível assinalar seus equívocos sem que se examinem os diferentes sentidos em que suas palavras podem ser tomadas, e sem que se perceba como, em qualquer um desses vários significados, podem elas concordar entre si e encerrar alguma verdade; pois como é possível contestar sua proposição, no trecho que ora examinamos, de que *Adão foi rei desde a sua criação*, a menos que se investigue se as palavras *desde a sua criação* devem ser

entendidas, como é bem possível, como a época do início de seu governo, como o sugerem as palavras precedentes, *tão logo foi criado foi monarca*, ou como a causa de tal, conforme afirma a pp. 11 [57], *a criação fez o homem príncipe de sua descendência?* Até onde se pode julgar, de modo mais profundo, a verdade dessa sua condição de rei, antes de se examinar se (como nos poderiam persuadir as palavras iniciais desse trecho) se deve considerar – com base na suposição de seu *domínio privado* – que sua condição de rei era devida à doação positiva de Deus, que fez dele *um monarca do mundo por designação*, ou – com base na suposição de seu *pátrio poder* sobre sua progênie – que sua condição de rei era devida à natureza, ao *direito de natureza?* Em outras palavras, devemos entender o termo rei em ambos ou apenas um desses dois sentidos? Ou em nenhum deles, mas apenas no sentido de que a criação fê-lo príncipe, de um modo diverso de um e de outro? Pois muito embora a asserção de que *Adão foi rei desde sua criação* seja inverídica em todos os sentidos, figura ela aqui como uma conclusão evidente extraída das palavras precedentes, apesar de não passar de uma asserção reunida a outras asserções de mesmo feitio, as quais, formuladas de maneira segura, com palavras de significado indeterminado e dúbio, tomam a aparência de uma espécie de argumentação, quando, na realidade, não há provas ou conexão entre elas; um expediente muito familiar a nosso A., e ao qual, tendo dele ora oferecido uma amostra ao leitor, evitarei abordar doravante tanto quanto me permita a argumentação, e não o teria abordado aqui não fosse para fazer ver ao mundo como um certo número de incoerências referentes a determinada questão, reunidas com elegância, palavras adequadas e um estilo plausível a algumas suposições sem provas, podem passar por raciocínios sólidos e bom senso, até o momento em que são examinados com atenção.

CAPÍTULO IV
Do direito de Adão à soberania pela doação, Gn 1, 28

21. Tendo, por fim, concluído o trecho anterior, em que tão longamente nos detivemos – não por força de argumentos e opiniões, mas pelo intricado das palavras e seu duvidoso significado –, passemos ora ao segundo argumento em favor da soberania de Adão. Diz nosso A., nas palavras do sr. Selden[1], que *Adão, por doação de Deus* (Gn 1, 28), *foi feito senhor geral de todas as coisas, com um domínio a tal ponto pessoal que, a não ser por concessão sua, dele ficavam excluídos seus filhos. Tal afirmativa do sr. Selden*, assevera nosso A., *é consoante com a História bíblica e com a razão natural* (O. 210 [63, 64]). Afirma, ainda, no prefácio a suas *Observações sobre Aristóteles*: *O primeiro governo do mundo foi monárquico, na pessoa de* Adão, *o pai de toda carne; tendo-lhe sido ordenado multiplicar-se, povoar a terra e subjugá-la, e tendo-lhe sido outorgado o domínio sobre todas as criaturas, fez-se, dessa forma, o monarca do mundo todo e nenhum de seus descendentes tinha direito algum a possuir o que quer que fosse, salvo por concessão ou permissão sua, ou por sucedê-lo; a terra, diz o salmista, foi dada aos filhos dos homens, o que comprova que o direito provém da paternidade* [187, 188].

22. Antes de examinar esse argumento, e o texto que lhe serve de fundamento, será necessário ao leitor observar que nosso A., de acordo com seu método habitual, começa numa direção e conclui noutra: começa aqui afirmando a propriedade ou *domínio privado* de Adão através da doa-

---

§ **21** 1. "Selden" – sobre Filmer e Selden, ver Laslett, 1949. As citações de Filmer foram extraídas do *Mare Clausum*, tradução de M. Nedham, 1635, texto que Locke não possuía, ao contrário de outras obras do autor.

ção e conclui da seguinte forma: *o que mostra que seu direito provém da paternidade.*

23. Examinemos, porém, o argumento. São as seguintes as palavras que se leem no texto: *E Deus os abençoou e lhes disse: "sede fecundos e multiplicai-vos, enchei a terra e a subjugai, exercei o domínio sobre os peixes do mar, as aves do céu e sobre tudo quanto vive e se move sobre a Terra"* (Gn 1, 28). Donde nosso A. conclui que, *tendo sido outorgado a Adão o domínio sobre todas as criaturas, foi ele, por conseguinte, monarca do mundo todo,* o que pode significar quer que essa doação de Deus conferiu a Adão a propriedade – (ou, como nosso A. o chama, *domínio privado*) sobre a Terra e todas as criaturas inferiores ou irracionais em consequência do que se fez *monarca* –, quer que tal doação lhe conferiu governo e domínio sobre toda e qualquer criatura sobre Terra e, por conseguinte, sobre seus filhos, de sorte que *foi* monarca. Pois se, como o sr. *Selden* o expressou com muita propriedade[1], *Adão foi feito senhor geral de todas as coisas,* pode-se compreender, de modo perfeitamente claro, que o sentido pretendido aqui é o de que nada foi concedido a Adão afora a propriedade e, portanto, não diz ele uma única palavra sobre a *monarquia* de *Adão*. Afirma nosso A., todavia, que *Adão foi, dessa forma, monarca do mundo,* o que, expresso em linguajar próprio significa soberano governante de todos os homens do mundo, de modo que, por essa concessão, Adão deve ser concebido como tal governante. Se o sentido pretendido por nosso A. é diverso, poderia ele ter dito, com muito mais clareza, que *Adão foi, dessa forma, proprietário do mundo todo*. Mas é preciso perdoá-lo nesse aspecto: dado que o

....
§ **23** 1. Para a fraseologia de Selden, ver *Mare Clausum*, tradução de Nedham, 1635, 20 – aparentemente, Locke não recorreu ao original. Tyrrell utiliza argumentos muito semelhantes contra Filmer; 1681, 98-116 (segunda paginação).

expor claramente² nem sempre atende a seus propósitos, não se deve esperá-lo de nosso A., tal como no caso do sr. Selden e outros escritores semelhantes.

24. Em oposição, pois, à doutrina de nosso A., de que *Adão foi monarca do mundo todo*, fundamentada no trecho em questão, pretendo demonstrar:

1º Que mediante tal concessão (Gn 1, 28) Deus não outorgou a Adão nenhum poder imediato sobre os homens, sobre seus filhos ou sobre os de sua mesma espécie, de sorte que não se fez governante ou *monarca* por tal decreto.

2º Que, mediante tal concessão, Deus não lhe outorgou o *domínio privado* sobre as criaturas inferiores, mas um domínio comum a toda a humanidade; tampouco se fez *monarca* com base na propriedade que aqui se lhe atribui.

25. 1.¹ Se considerarmos as palavras dessa doação, tal como relatada em Gn 1, 28, nos parecerá que não conferiu ela a Adão poder algum sobre os homens. Pois se é válido que todas as concessões positivas não contêm mais significado que o dos termos exatos em que são formuladas, vejamos quais desses termos compreenderão a humanidade ou a descendência de Adão. Se existirem tais termos, imagino que sejam os seguintes: *tudo quanto vive e se move*, que correspondem

----

2. O vínculo mais claro entre essa polêmica contra Filmer e a obra filosófica de Locke está nessa insistência sua nas definições fixas e na distinção dos termos. Comparar com o *Ensaio*, III, ix, 10 (1894, 11, 110), em que Locke se refere aos autores de suas próprias opiniões: "se não empregam suas palavras com a clareza e a precisão devidas podemos deixá-los de lado e, sem que tal constitua a menor injúria contra eles, solucionar assim a questão por conta própria, *Si non vis intelligi, deves negligi*". Comparar com I, § 108; I, § 109; II, § 52; sobre a negligência do próprio Locke, exatamente nesta obra, no tocante a definições, ver Introdução, p. 122.

§ 25   1. "1" – o número "2" aparece na primeira linha do § 29.

às palavras hebraicas חיה הרמשת[2], *i.e.*, *bestiam reptantem*, das quais a própria Escritura é a melhor intérprete. Tendo Deus criado os peixes e as aves no quinto dia, ao início do sexto criou os habitantes irracionais da terra firme, os quais são descritos com as seguintes palavras no *v.* 24: *que produza a Terra as criaturas vivas segundo suas espécies, reses, répteis e animais selvagens da Terra segundo sua espécie*, e, no *v.* 2, *e Deus fez os animais da Terra segundo suas espécies, e as reses segundo suas espécies, e cada ser rastejante sobre a Terra segundo sua espécie*. Quando se trata aqui da criação dos habitantes selvagens da Terra, atribui-se a todos a denominação genérica de *criaturas viventes*, para serem depois divididos em três categorias: 1. Reses, ou as criaturas domesticadas ou que o poderiam ser, tornando-se, dessa forma, a posse privada de homens particulares; 2. חיה, que, nos *vv.* 24 e 25 de nossa Bíblia é traduzido por animais e, na versão dos *Setenta*, θηρία, *animais selvagens*, termo que em nosso texto (*v.* 28), onde encontramos a magna carta de privilégio concedida a Adão, está traduzido por *coisas viventes*, e que é o mesmo termo empregado em Gn 9, 2, onde tal concessão é renovada para Noé e onde é igualmente traduzido por *animais*; 3. A terceira categoria é composta pelos animais rastejantes, compreendidos, nos *vv.* 24 e 25, pela palavra הרמשת, a mesma utilizada aqui, no *v.* 28, e traduzida por *que se movem,* mas, nos versículos anteriores, por *rastejantes*, e, pelos *Setenta*, por (ἑρπετὰ), ou répteis, em todos esses trechos – donde se afigura que as palavras que aqui traduzimos por *criaturas viventes que se movem*, no trecho

....
2. O sr. D. W. Thomas, *Regius Professor* de hebraico na Universidade de Cambridge, afirma que o hebraico de Locke, utilizado aqui e nos §§ 26 e 27, é adequado à finalidade do autor. Pouco contribui, todavia, para sua argumentação. Apenas na 1ª edição foram as referidas palavras impressas corretamente. Para um exame detalhado, ver a edição crítica italiana de Pareyson, de 1948.

que trata da doação de Deus (*v.* 28), correspondem às mesmas que, no trecho referente à história da criação (*vv.* 24, 25), significam duas classes de criaturas terrestres, ou seja, os *animais selvagens* e os *répteis*, e é dessa forma que as interpretam os *Setenta*.

26. Quando estavam criados os animais irracionais do mundo, Deus dividiu-os em três classes segundo os locais que habitavam, ou seja, *os peixes do mar, as aves do céu e as criaturas viventes da terra*, e esta última dividiu ainda em *reses, animais selvagens e répteis*, e meditou sobre a criação do homem e o domínio que haveria de caber a este sobre o mundo terrestre (*v.* 26), e então enumera os habitantes desses três reinos, mas deixa de fora, no terrestre, a segunda classe, חיה, ou animais selvagens. Contudo, ali onde ele efetivamente leva a cabo seu projeto (*v.* 28) e outorga-lhe esse domínio, o texto menciona *os peixes do mar, as aves do céu e as criaturas terrestres* em palavras que significam *animais selvagens e répteis*, ainda que estejam traduzidas por *coisas vivas e que se movem*, ficando excluídas as reses. Em ambos esses trechos – embora num seja omitida a palavra que designa *animais selvagens* e, no outro, aquela que designa *reses* –, dado que Deus certamente executa num o que declara haver projetado no outro, somente podemos entender a mesma coisa e tomá-los como um mesmo relato de como os animais irracionais terrestres – que já haviam sido criados e enumerados, em sua criação, em três categorias distintas, quais sejam, *reses, animais selvagens e répteis* –, foram aqui (*v.* 28) efetivamente colocados sob o domínio do homem, segundo o projeto anterior (*v.* 26); e não contêm essas palavras a menor aparência de algo que permita ser deturpado no sentido de significar haver Deus concedido a um homem o domínio sobre os outros, a Adão o domínio sobre seus descendentes.

27. Podemos percebê-lo novamente em Gn 9, 2, onde Deus, renovando seu privilégio, agora para Noé e seus filhos, concede-lhes o domínio sobre *as aves do céu, os peixes do mar* e as *criaturas terrestres*, expresso através das palavras חיה e הרמש, animais selvagens e répteis, as mesmas que no texto ora em consideração, Gn 1, 28, são traduzidas por *todas as coisas moventes sobre a terra*, que, de modo algum, podem compreender o homem, sendo a concessão feita a Noé e a seus filhos, a todos os homens que então viviam e não a uma parte dos homens sobre a outra – o que se torna ainda mais evidente nas palavras imediatamente seguintes (*v*. 3), em que Deus entrega todo רמש, *todas as coisas moventes* (as mesmas palavras usadas no cap. I, 28) para sua alimentação. Tudo isso deixa claro que a doação de Deus a Adão (cap. I, 28), sua designação (*v*. 26) e sua nova concessão a *Noé* e seus filhos não se referem a outra coisa, nem contêm em si nada mais nada menos que as obras do quinto dia da Criação e o início do sexto, tal como enumeradas nos versículos 20 a 26, inclusive, do *capítulo primeiro*, de sorte que compreendem todas as espécies de animais irracionais do globo terrestre, embora nem todas as palavras por cujo intermédio são expressadas na história de sua criação sejam utilizadas em todas as concessões seguintes, sendo algumas omitidas em uma, e outras, em outra. O que me leva a considerar fora de dúvida o fato de que não podia estar o homem compreendido nessa concessão, e que nenhum domínio sobre os de sua própria espécie foi concedido a Adão. Todas as criaturas irracionais terrestres são enumeradas quando de sua criação (*v*. 25) através das denominações *animais da terra, reses e coisas rastejantes*, mas, por não haver sido criado então, nenhum desses nomes compreende o homem. Por conseguinte, quer interpretemos corretamente ou não os termos hebraicos, não se pode presumir que compreendam o homem nessa mesma história e nos versículos que imediatamente se seguem, sobretudo tendo-se em vista que o ter-

mo hebraico רמש, o único em que, na doação a Adão (cap. 1, 28), poderia compreender o homem, é, com toda a clareza, empregado em oposição a ele, como o atestam Gn 6, 20; 7, 14, 21 e 23 e Gn 8, 17, 19. E, se Deus fez a toda a humanidade escrava de Adão e seus herdeiros, ao conceder-lhe o domínio sobre *todas as coisas viventes que se movem sobre a terra* (cap. 1, 28), como pretende nosso A., creio que sir Robert deveria ter levado seu poder monárquico mais longe e convencer o mundo de que os súditos devem servir de comida ao príncipe também, uma vez que Deus concedeu a Noé e seus herdeiros o pleno poder (cap. 9, 2) de fazer de comida *todas as coisas viventes que se movem*, tal como concedera a Adão o domínio sobre elas, sendo as mesmas as palavras hebraicas empregadas em ambos os trechos.

28. Davi, que podemos supor tão versado quanto nosso A. na doação de Deus no texto em questão (e também no direito dos reis), não reconhece, em seu comentário a esse trecho – como chama o douto e judicioso Ainsworth[1] o Salmo VIII –, tal concessão de poder monárquico. Diz ele: *Tu o fizeste*, i.e., ao homem filho do homem, *um pouco inferior aos anjos; tu lhe concedeste o domínio sobre as obras de tuas mãos; tu colocaste tudo aos seus pés, todas as ovelhas, os bois, os animais selvagens, as aves do céu, os peixes do mar e tudo quanto percorre os caminhos do mar.* Se alguém puder concluir que tais palavras indicam o poder monárquico de um homem sobre outro e não apenas o domínio de toda a espécie humana sobre as espécies inferiores de cria-

....
§ **28** 1. "Ainsworth" – ver Henry Ainsworth, *Annotations upon the Five Books of Moses, the books of the Psalmes*... (Anotações sobre os cinco livros de Moisés, os livros dos Salmos) (...), 1622 (1639). Locke comprou o referido livro no leilão de Cooper, em dezembro de 1681: tratava-se da edição de uma coletânea de comentários inicialmente publicados em separado. A propósito de Gn 1, 28, Ainsworth diz: "Sobre esse estado do homem (...) Davi enalteceu o Senhor no Salmo VIII".

turas, esse alguém será merecedor, segundo me parece, de ser um dos *monarcas em hábito* de sir Robert, pela raridade de sua descoberta. E espero que seja evidente, nos tempos que correm, que *aquele que concedeu o domínio sobre todas as coisas viventes que se movem sobre a Terra* não outorgou a Adão nenhum poder monárquico sobre os de sua própria espécie, o que se verá com mais clareza no que vou mostrar a seguir.

29. 2.[1] O que quer que Deus tenha outorgado através das palavras dessa concessão (Gn 1, 28), não o outorgou para Adão em particular, à exclusão de todos os demais homens: qualquer que tenha sido o domínio que lhe outorgou mediante tal concessão, não se tratava de um *domínio privado*, mas um domínio em comum com o restante da humanidade. Que essa doação não teve por alvo Adão em particular revela-se claramente nas palavras do texto, onde se lê que foi feita para mais de um, pois foi proferida no plural: Deus os abençoou e disse a eles que exercessem o domínio. Deus diz a Adão e Eva: dominai; assim, afirma nosso A., Adão foi *monarca do mundo*. Todavia, sendo a concessão dirigida a ambos, ou seja, tendo Deus se dirigido também a Eva – como consideram, justificadamente, muitos intérpretes, que tais palavras não foram proferidas antes que Adão tivesse uma esposa –, não deveria ser ela senhora do mundo da mesma forma como ele era o senhor?[2] Se alguém disser que Eva estava submetida a Adão, não parece que estivesse tão submetida a ponto de ter obliterado seu *domínio* ou *propriedade* sobre as criaturas. Ou iremos afirmar que Deus outorgou uma concessão conjunta a duas pessoas para que dela apenas uma se beneficiasse?

....
§ 29   1. O número "2" reporta-se ao "1" da primeira linha do § 25.
2. Comparar com I, § 16, pp. 49-52.

30. Poder-se-ia alegar, porém, que Eva foi criada somente mais tarde. Ainda que assim fosse, que vantagem traria isso à tese de nosso A.? O texto apenas o contradiria mais diretamente, mostrando que, em sua doação, Deus concedeu o mundo à humanidade como um todo e não a Adão em particular. A palavra *eles*, no texto, deve incluir a espécie humana, pois é certo que não pode significar unicamente Adão. No versículo 26, em que Deus declara seu propósito de outorgar tal domínio, é patente que se refere à feitura de uma espécie de criaturas que teria o domínio sobre as demais espécies do globo terrestre. Reza o texto: *E disse Deus: Façamos o homem à nossa imagem e semelhança, e que tenham eles o domínio sobre os peixes* etc. A eles seria concedido o domínio. *Eles* quem? Todos quantos houvessem de ser a *imagem* de Deus, os indivíduos da espécie humana que ele estava prestes a criar, pois que o termo *eles* se referisse a Adão apenas, à exclusão dos demais que habitariam o mundo com ele, contradiz tanto a Escritura como toda razão. Seria um total contrassenso que o termo *homem*, na primeira parte do versículo, não tivesse o mesmo significado que o termo *eles*, na última – o que se dá é que o termo *homem* refere-se ali, como de costume, à espécie, e o termo *eles*, aos indivíduos dessa espécie. E encontramos uma razão para tal no próprio texto[1]. Deus o faz *à sua imagem e semelhança*, faz dele uma criatura intelectual, capaz, por esse motivo, de exercer um *domínio*. Pois fossem quais fossem as demais qualidades que formavam a *imagem de Deus*, seguramente a natureza intelectual era parte desta, e um atributo de toda a espécie que lhe facultava o *domínio* sobre as criaturas inferiores. Assim, quando, no *Salmo* VIII

....
§ 30 1. Pareyson comenta que Locke está correto e os patriarcalistas equivocados neste ponto, dado que no idioma hebraico, ao qual a versão autorizada da Bíblia é extremamente fiel, e também no inglês, uma palavra no singular pode denotar um coletivo.

supracitado², Davi diz: *Tu o fizeste um pouco inferior aos anjos; tu lhe concedeste o domínio,* não se está referindo ele a Adão – percebe-se claramente no versículo 4 –, mas ao *homem e ao filho do homem*; à espécie humana.

31. E que essa concessão feita a Adão se destinava a ele e a toda a espécie humana, percebe-se claramente na prova que nosso próprio A. extrai do Salmista. *A Terra,* diz o Salmista, *deu-a Ele aos filhos dos homens, o que mostra que o direito advém da paternidade* – são as palavras de sir Robert no Prefácio já citado¹, e é estranha a inferência que faz: *Deus deu a Terra aos filhos dos homens,* logo *o direito advém da paternidade.* É uma lástima que a justeza do idioma *hebraico* não permitisse empregar a expressão *pais dos homens* em lugar de *filhos dos homens* para designar a humanidade, pois, neste caso, nosso A. talvez pudesse apoiar-se nas feições das palavras para atribuir o *direito* à *paternidade.* Todavia, concluir que a *paternidade* tinha direito à Terra porque Deus outorgou esse direito *aos filhos dos homens* é um modo peculiar a nosso A. de argumentar. E é preciso ser um homem fortemente decidido a contradizer as feições e o sentido das palavras para chegar a tal conclusão. O sentido, porém, é ainda mais esquivo e distante do propósito de nosso A., o qual, segundo formulado em seu Prefácio [187--8], é provar a condição monárquica de Adão, e o raciocínio de que se vale para tal é: *Deus concedeu a Terra aos filhos dos homens,* logo, *Adão* foi *monarca do mundo.* Desafio quem quer que seja a chegar a uma conclusão mais curiosa que essa, para cujo absurdo tão manifesto não há justificativa até que se possa provar que, por *filhos dos homens,* deve-se entender apenas aquele não teve pai, *Adão.* Entre-

....
2. "Supracitado" – I, § 28, p. 230.
§ **31** 1. "Prefácio" – o Prefácio às "Formas", de Filmer, citado pela última vez no § 21.

tanto, diga o que disser nosso A., a Escritura não contém contrassensos.

32. No intuito de sustentar sua tese da *propriedade e do domínio privado de* Adão, nosso A. esforça-se, na página seguinte [64], por lançar por terra a comunidade outorgada a Noé e seus filhos, tal como vem relatada naquela passagem paralela de Gn 9, 1-3. Persegue, nesse intento, dois caminhos distintos:

1º Sir Robert pretendia convencer-nos, contrariamente às expressas palavras da Escritura, que o que ali foi outorgado a Noé não se estendia a seus filhos em comunidade com ele. Diz ele: *No que toca à comunidade entre* Noé *e seus filhos, a qual o sr. Selden defende tenha-lhes sido concedida* (Gn 9, 2), *o texto não o garante* [64]. Não é fácil conceber que garantia poderia almejar nosso A., uma vez que as palavras claras e expressas da Escritura (que não comportam outro significado) não o satisfazem, e uma vez que pretende, ao mesmo tempo, basear-se totalmente na Escritura. Reza o texto: *Deus abençoou a* Noé *e seus filhos, e disse a eles*, i.e., como quer o nosso A., *a ele; pois*, afirma, *embora no relato da bênção os filhos sejam mencionados juntamente com* Noé, *pode-se compreendê-lo, com mais justeza, como uma subordinação ou bênção mediante sucessão* (O. 211 [64]). Evidentemente, *com mais justeza* significa, para nosso A., compreender do modo que melhor atenda a seus propósitos; para qualquer outro, porém, *compreender com mais justeza* significa, na verdade, interpretar o trecho do modo mais acorde com a expressa construção das palavras e que emerge de seu significado óbvio; dessa forma, será impróprio *compreender com mais justeza* como *subordinação* e *mediante sucessão* uma concessão de Deus, quando o próprio não impôs nem menciona nenhuma limitação tal. Entretanto, nosso A. tem razões para que seja compreendido *com mais justeza* dessa forma. *A bênção*, assevera-o nas seguintes palavras, *seria cumprida em sua plenitude se os filhos, quer submetidos ao pai ou ao sucedê-lo, dispusessem de um domínio privado* (O. 211 [64]), o que equivale a dizer que uma concessão, cujos termos expressos conferem um direito conjunto no presente (pois que o texto diz: em vossas mãos são entregues), deverá ser *compreendida com mais justeza como uma subordinação* ou *mediante sucessão*, pois é possível que tal concessão seja desfrutada em *subordinação* ou mediante *sucessão*. O que é o mesmo que afirmar que a concessão de uma posse qualquer no presente pode ser *compreendida com mais justeza* como um direito a posse futura, dado que é possível que aquele que a recebeu viva o bastante para usufruí-la como herança. Se a concessão é de fato outorgada a um pai e a seus filhos em sucessão, o pai é generoso a ponto de permitir que os filhos a gozem no presente em comum com ele, pode-se dizer verdadeiramente que, neste caso, uma interpretação será tão justa quanto a outra; todavia, jamais poderá ser verdade que o que as palavras outorgam expressamente como posse, e em comum, possa ser *compreendido com mais justeza* como algo a ser usufruído mediante sucessão. O resumo de todo esse raciocínio é o seguinte: Deus não concedeu aos filhos de Noé o mundo em comum com o pai, porquanto era possível que pudessem usufruir tal concessão mediante submissão a ele ou ao sucedê-lo. Uma boa argumentação contra um texto expresso da Escritura – contudo, não se deverá dar crédito a Deus, ainda que fale por si próprio, quando Ele diz proceder de uma forma discordante da hipótese de sir Robert.

33. Pois é patente, por mais que ele pretenda excluí-los, que parte dessa *bênção*, a qual ele quer interpretar em termos de *sucessão*, deve necessariamente ser destinada aos filhos e de modo algum ao próprio Noé. *Sede fecundos, multiplicai-vos e povoai a Terra toda*, diz Deus nessa bênção. Essa parte da bênção, como se pode constatar pela sequên-

cia, não se referia em absoluto ao próprio Noé, pois a Escritura não menciona nenhum filho seu nascido após o dilúvio e, no capítulo seguinte[1], em que são relacionados seus descendentes, não é mencionado nenhum, de sorte que essa *bênção mediante sucessão* apenas se concretizaria 350 anos mais tarde[2] e, para resguardar a *monarquia* imaginária de nosso A., seria preciso retardar em 350 anos o povoamento do mundo; pois não se pode compreender essa parte da *bênção* como *subordinação*, a não ser que nosso A. pretenda dizer que os filhos precisavam solicitar a permissão do pai Noé para se deitar com suas esposas. Este, porém, é um ponto em que nosso A. é coerente consigo próprio em todos os seus discursos, pois é grande sua preocupação em que houvesse monarcas no mundo e muito pequena em que houvesse povos[3]; e, com efeito, a forma de governo que defende não é adequada para povoar o mundo. Pois até que ponto a monarquia absoluta ajunda a cumprir essa grande e fundamental bênção de Deus todo-poderoso, *Sede fecundos, multiplicai-vos e povoai a Terra toda* – que contém em si também o progresso das artes, das ciências e das comodidades da vida –, pode-se avaliá-lo naqueles vastos e prósperos países que vivem afortunadamente sob o governo turco, em que não se pode encontrar atualmente um terço – ou, em muitos, se não na maioria deles, um trigésimo e, talvez se possa dizer, mesmo um centésimo – da população que existia no passado, como facilmente poderá constatar qualquer um que compare os cômputos populacionais de que dispomos atualmente com a história antiga. Mas isso incidentalmente.

....
§ 33   1. "Capítulo seguinte" – Gn 10.
   2. "350 anos", o tempo que Noé viveu após o dilúvio.
   3. A questão da monarquia absoluta e do despovoamento é levantada novamente em I, § 41, e II, § 42, um acréscimo que data do final da década de 1690. É possível que também este trecho [isto é, desde o início deste período até o fim do parágrafo] seja um acréscimo de 1689. O aumento populacional constituía uma importante meta política para Locke, na qual ele insiste em seus escritos econômicos.

34. As outras partes dessa *bênção* ou concessão são expressas de tal maneira que necessariamente se deve compreendê-las como referentes a Noé e seus filhos em igual medida, e não aos filhos em *subordinação* ou *mediante sucessão*. *O medo e o terror de vós*, diz Deus, *estarão sobre cada animal* etc. Haverá alguém, afora nosso A., que alegue que as criaturas temiam e se aterrorizavam apenas diante de Noé e não de seus filhos, salvo com sua permissão e após sua morte? Devem, ainda, as palavras seguintes, *em vossas mãos são entregues*, ser compreendidas, como afirma nosso A., como "se a vosso pai aprouver" ou como "em vossas mãos serão entregues no futuro"? Se é possível argumentar dessa forma a partir da Escritura, ignoro o que não se possa provar com base na mesma, e mal consigo distingui-lo daquela *ficção* e *fantasia*[1], ou saber até que ponto são mais sólidos seus fundamentos que aquelas opiniões de *filósofos e poetas*, que nosso A. tanto condena em seu prefácio.

35. Porém, nosso A. se põe a provar que *pode-se compreendê-lo, com mais justeza, como uma subordinação ou bênção mediante sucessão,* pois, afirma, *não é provável que o domínio privado outorgado a Adão por Deus, e por sua doação, designação ou cessão a seus filhos fosse revogado, e instituída uma comunidade de todas as coisas entre Noé e seus filhos – se Noé restou como o único herdeiro do mundo, por que haveríamos de pensar que Deus o despojaria de seu direito de nascença e faria dele, entre todos os homens do mundo, o único proprietário em comum com os filhos?* (O. 211 [64]).

36. As predisposições de nossas opiniões mal fundamentadas, ainda que as afirmemos *prováveis*, não nos podem auto-

....
§ 34   1. Em seu prefácio às "Formas", Filmer afirma (188) que "nunca houve uma multidão independente que tivesse, de início, um direito natural a uma comunidade: tal não passa de ficção ou fantasia de muitos nos dias que correm, que se comprazem em seguir as opiniões de filósofos e poetas". Ver I, § 154.

rizar a julgar a Escritura contrariamente ao significado claro e direto das palavras. Admito não ser provável que o *domínio privado de Adão* tenha sido *revogado* ali, dado que é mais que improvável (pois *jamais* se poderá prová-lo) que *Adão jamais* tenha disposto de tal *domínio privado*. E uma vez que passagens paralelas da Escritura com grande probabilidade nos dão a conhecer o modo como deve-se *compreendê-las com mais justeza*, não é necessário senão comparar a referida bênção a Noé e seus filhos após o dilúvio com aquela a Adão após a Criação (Gn 1, 28), para fazer ver a qualquer um que Deus não concedeu a Adão tal domínio privado. É *provável*, confesso, que Noé tivesse, após o dilúvio, o mesmo direito, a mesma propriedade e domínio que tivera Adão antes do mesmo. Contudo, uma vez que não é possível conciliar um *domínio privado* com a bênção e a concessão outorgada por Deus a ele e aos filhos em comum, esta é uma razão suficiente para concluir que Adão não dispunha de tal domínio, especialmente tendo em vista que, na doação feita a ele, não consta palavra alguma que o expresse ou que o sugira o mais remotamente. Assim, que ao meu leitor seja dado julgar se é possível compreendê-lo *com mais justeza* dessa maneira, quando num trecho não há uma única palavra a seu favor – para não dizer, como o provamos anteriormente, que o próprio texto prova o contrário – e, em outro, as palavras e o sentido contradizem-no frontalmente.

37. Porém, afirma nosso A. que, se *Noé era o único herdeiro do mundo, por que se haveria de imaginar que Deus o despojaria de seu direito de nascença?* Na Inglaterra, com efeito, *herdeiro* é sinônimo de primogênito, ao qual, segundo a lei inglesa, cabe ter todas as terras de seu pai; contudo, seria prudente que nosso A. nos assinalasse em que passagem Deus teria designado, em algum momento, um tal herdeiro do mundo, como Deus o teria despojado de seu direi-

to de nascimento ou qual seria o prejuízo de Noé em que Deus concedesse a seus filhos o direito de fazer uso de uma parte da Terra para o sustento deles e de suas famílias – tendo em vista que o conjunto excedia não apenas o que Noé poderia utilizar, mas excedia infinitamente o que o poderiam utilizar todos, e as posses de um em nada poderiam prejudicar, ou restringir, as do outro.

38. Prevendo, provavelmente, que talvez não lograsse grande êxito em persuadir os leitores a abdicar da própria razão e que, por muito que pudesse dizer, os homens continuariam dispostos a acreditar nas palavras literais da Escritura e a pensar, segundo o que podem ver, que a concessão expressa destinava-se a Noé e a seus filhos conjuntamente, nosso autor se põe a insinuar que tal concessão a Noé não compreendia propriedade ou domínio algum, pois *são omitidos ali o domínio sobre a Terra e as criaturas, e a Terra não é mencionada uma única vez*. Por conseguinte, afirma ele, *há uma considerável diferença entre esses dois textos: a primeira bênção concedeu a Adão um domínio sobre a Terra e todas as criaturas, e a segunda facultou a* Noé *liberdade para utilizar as criaturas vivas como alimento; não existe ali alteração ou diminuição alguma de seu direito de propriedade sobre todas as coisas, mas tão somente uma ampliação dos bens (commons) dele* (O. 211 [64]). No entender de nosso A., portanto, nada do que foi dito ali a Noé e seus filhos conferiu-lhes algum domínio ou propriedade, mas apenas *ampliou* os *bens* (commons) *dele*. Os bens *deles*, diria eu, dado que Deus diz *a vós são entregues*, embora nosso A. diga *dele*, pois, no que toca aos filhos de Noé, estes, por decreto de sir Robert, aparentemente deveriam guardar jejum enquanto o pai estivesse em vida.

39. Sobre qualquer um, salvo nosso A., cairiam grandes suspeitas de estar cegado por suas preconcepções ao não

conseguir perceber, em toda essa bênção a Noé e seus filhos, mais que uma ampliação de bens. Pois no que toca ao *domínio*, o qual nosso A. considera omitido, *o medo e o terror de vós*, diz Deus, *estará sobre cada animal*, o que, presumo eu, expressa o domínio ou superioridade destinados ao homem sobre todas as criaturas vivas, no sentido mais pleno possível, porquanto em tal medo e terror parece consistir principamente o que a Adão foi concedido sobre os animais inferiores, uma vez que ele, por mais monarca que fosse, não podia atrever-se a dispor de uma cotovia ou uma lebre para satisfazer sua fome e não possuía as ervas senão em comum com os animais, como se vê claramente em Gn 1, 29 e 30. No trecho seguinte é manifesto que, nessa bênção a Noé e seus filhos, a propriedade não apenas é concedida em termos claros, como numa extensão mais ampla que o fora a Adão. *Em vossas mãos são entregues*, diz Deus a Noé e seus filhos, e se tais palavras não outorgam propriedade, ou melhor, propriedade em possessão, será difícil encontrar palavras que a outorguem, dado que não há uma forma mais natural ou segura de declarar um homem em posse de alguma coisa do que dizer que a mesma é *entregue em suas mãos*. E o versículo 3 mostra que tal concessão os proveu da máxima propriedade de que o homem pode dispor, que é o direito de destruir qualquer coisa mediante o seu uso: *Todas as coisas vivas e moventes*, disse Deus, *vos servirão de alimento*, o que não coube a Adão em sua concessão. A isso nosso A. chama *liberdade de utilizá-las como alimento; apenas uma ampliação de seus bens*, mas *nenhuma alteração da propriedade* (O. 211 [64]). É difícil compreender de que outra propriedade pode dispor um homem sobre as criaturas que não a *liberdade de utilizá-las*; dessa forma, se a primeira bênção, como afirma nosso A., conferiu a Adão *o domínio sobre todas as criaturas* e a bênção a Noé e seus filhos concedeu-lhes uma *liberdade de fazer uso delas* de que Adão não dispunha, necessariamente concedeu a eles algo que, em que pese toda a sua soberania, faltava a Adão, algo que se poderia considerar uma propriedade mais vultosa; porquanto é certo que não dispõe de um domínio absoluto sequer sobre a classe mais bruta das criaturas, e tem sobre elas uma propriedade muito exígua e escassa, aquele que não pode fazer delas o mesmo uso que é facultado a outrem. Houvesse o senhor absoluto de um país qualquer determinado a nosso A. *dominar a Terra* e concedido a ele o domínio sobre as criaturas ali existentes, mas não lhe permitisse tomar um cabrito ou um cordeiro do rebanho para saciar a fome, acredito que ele dificilmente se consideraria o senhor ou o proprietário daquela terra ou das reses ali existentes, mas se aperceberia da diferença entre *ter domínio*, como um pastor o pode ter, e dispor de plena propriedade como senhor (*owner*). De modo que, caso se encontrasse nessa situação, acredito que sir Robert consideraria que houvesse aí uma *alteração*, ou melhor, uma ampliação da *propriedade*, e que a Noé e seus filhos fora outorgada, mediante essa concessão, não apenas a propriedade, mas uma propriedade sobre as criaturas de que Adão não dispunha; pois ainda que aos homens, com respeito uns aos outros, seja facultado ter propriedade sobre suas distintas parcelas de criaturas, com respeito a Deus, o artífice do Céu e da Terra, o único senhor e proprietário do mundo todo, a propriedade dos homens sobre as criaturas nada mais é do que a *liberdade para fazer uso delas*, liberdade concedida por Deus, de modo que a propriedade do homem pode ser alterada e ampliada, como percebemos neste caso, após o dilúvio, em que foram autorizados outros usos das criaturas até então interditos. Tudo isso permite concluir claramente, suponho, que nem *Adão* nem *Noé* dispunham de *domínio privado* algum, nenhuma propriedade sobre as criaturas à exclusão de seus descendentes, uma vez que estas iriam sucessivamente crescendo, necessitando delas e adquirindo a capacidade de utilizá-las.

40. Examinamos, assim, a argumentação de nosso A. em favor da *monarquia de Adão*, fundamentada na bênção pronunciada em Gn 1, 28, onde creio ser impossível a qualquer leitor sensato encontrar qualquer coisa além do estabelecimento da superioridade do gênero humano sobre as outras classes de criaturas nesta nossa Terra habitável. Nada mais existe ali senão a concessão ao homem, a toda a espécie humana – na qualidade de principal habitante e que é a imagem de seu artífice – do domínio sobre as demais criaturas. Tão obviamente está isso expresso nas palavras chãs do texto que somente nosso A. teria considerado necessário mostrar como tais palavras, que pareceriam dizer exatamente o oposto, concediam a Adão um *poder monáquico absoluto* sobre os demais homens ou a *propriedade exclusiva* sobre todas as criaturas; e creio que, em se tratando de uma questão de tal importância – e na qual alicerça ele tudo quanto edifica a seguir –, deveria ter feito mais que apenas citar palavras que aparentemente[1] o contradizem; pois confesso não conseguir perceber nelas nada no sentido da *monarquia* ou *domínio privado* de Adão, mas sim no sentido exatamente oposto. E tanto menos tenho a lamentar minha obtusa apreensão neste caso quanto julgo que o apóstolo tem uma noção tão escassa quanto a minha de qualquer *domínio privado* de Adão quando diz: Deus *nos provê de tudo quanto há em abundância para nosso usufruto*[2], o que ele não poderia afirmar se tudo quanto há já tivesse sido entregue ao monarca Adão e os monarcas seus herdeiros e sucessores. Concluindo, o texto em questão está tão longe de provar que Adão tenha sido proprietário único que, pelo contrário, é uma confirmação da comunidade

....
§ 40 1. Aqui, "aparentemente" significa "obviamente".

2. "Deus nos provê de tudo quanto há em abundância para nosso usufruto", 1 Tm 6, 17, também citado em II, § 31. Locke em parte alguma cita textos bíblicos *comprobatórios* de um comunismo original.

original de tudo quanto há entre os filhos dos homens, comunidade esta que, surgida dessa doação de Deus, bem como em outras partes da Escritura, lança por terra a soberania de *Adão*, edificada sobre esse *domínio privado*, destituída que está de todo e qualquer alicerce para sustentá-la.

41. Mas se, ainda assim, alguém insistir em que, por obra dessa doação de Deus, Adão se fez o único proprietário de toda a Terra, de que modo isso implicaria sua soberania? E como fazer parecer que a *propriedade* da Terra confira a um homem o poder sobre a vida de outrem? Ou como a posse, mesmo da Terra toda, haveria de conferir a alguém uma autoridade soberana e arbitrária sobre as pessoas dos homens? O que de mais capcioso se pode dizer é que o proprietário do mundo todo pode negar alimento a todo o resto da humanidade, e assim matá-la de fome a seu bel-prazer caso não reconheça sua soberania e obedeça sua vontade. Fosse isso verdade, seria um bom argumento para se provar que semelhante *propriedade* jamais existiu, que Deus jamais concedeu a alguém semelhante *domínio privado*, dado que é mais sensato considerar que Deus, que determinou à humanidade crescer e multiplicar-se, teria, antes, concedido a todos um direito de fazer uso do alimento, do vestuário e outras comodidades da vida de cujos materiais ele os proveu com tal abundância, e não fazê-los dependentes, para sua subsistência, da vontade de um homem com o poder de aniquilar a todos quando assim lhe aprouvesse e que, não sendo melhor que nenhum outro homem, seria mais provável que os submetesse, a seguir, ao serviço árduo por meio da necessidade e da dependência a uma escassa fortuna, do que promovesse, por meio de uma liberal concessão das comodidades da vida, o grande desígnio de Deus, *crescei e multiplicai-vos*. Que aquele que ponha isso em dúvida examine as monarquias absolutas do mundo e veja em

que se convertem as comodidades da vida e as multidões dos povos[1].

42. Sabemos, porém, que Deus não deixou um único homem à mercê de outrem de modo que este pudesse fazê-lo morrer de fome se assim o desejasse. Deus, o Senhor e o Pai de todos, a nenhum de seus filhos concedeu semelhante propriedade em sua peculiar repartição das coisas deste mundo, mas deu, a seu irmão necessitado, o direito ao excesso de seus bens[1], de sorte que não se pode negar-lho quando sua premente necessidade o reclama. Por conseguinte, homem algum jamais poderia dispor de um justo poder sobre a vida de outrem por direito de propriedade sobre a terra ou outros bens, dado que sempre seria um pecado, para qualquer homem de posses, deixar perecer seu irmão ao não se valer de sua abundância para aliviar a condição dele. Tal como a *justiça* confere a cada homem o direito ao produto de seu esforço honesto e as legítimas aquisições se seus ancestrais são transmitidas a ele, a *caridade*[2] confere a cada homem o direito àquela porção da abundância de outrem que possa afastá-lo da extrema necessidade quando não dispõe de outros meios para subsistir; e tão injusto é que um homem faça uso da necessidade de outrem para forçá-lo a converter-se em seu vassalo – ao reter aquele alívio às necessidade de seu irmão que Deus lhe exige proporcionar – como um homem mais forte dominar

....
§ **41** 1. Comparar com I, § 33, nota e referências: o trecho pode ser um acréscimo de 1689. Os §§ 41-3 assinalam uma importante limitação nos direitos dos homens à propriedade; ver Introdução, pp. 147-50, e comparar com Polin, 1960, 195 em diante.

§ **42** 1. É possível que Locke tenha em mente a injunção de Lc 9, 41.

2. Sobre a justiça e a caridade, ver II, § 5. O trecho sugere a teoria da propriedade baseada no trabalho, formulada exaustivamente no *Segundo tratado*, cap. V, § 27 em diante: o "esforço honesto" é mencionado em II, § 42.

um mais fraco, obrigá-lo a obedecê-lo e, com um punhal no pescoço, fazer que escolha entre a morte e a escravidão.

43. Ainda que alguém fizesse um uso assim perverso das bênçãos derramadas por Deus sobre sua cabeça com mão liberal, que alguém fosse cruel e desprovido de caridade a esse extremo, não estaria comprovado que a propriedade da terra, mesmo neste caso, conferisse alguma autoridade sobre as pessoas dos homens, o que somente pode ocorrer mediante um pacto; pois a autoridade do rico proprietário e a submissão do mendigo necessitado originaram-se não das posses do senhor, e sim do consentimento do pobre, que preferiu ser súdito a morrer de fome. E o homem que se submete dessa forma não pode pretender estar submetido a um poder maior do que aquele em que consentiu mediante pacto. Com base nessas premissas, o fato de um homem ter os armazéns abarrotados em período de escassez, ou dinheiro no bolso, ou estar numa embarcação no mar sabendo nadar etc., pode ser também a origem de um governo e domínio, tal como se detivesse a posse de toda a terra do mundo, dado ser qualquer uma dessas circunstâncias suficiente para permitir a ele salvar a vida de um homem que pereceria caso tal assistência lhe fosse negada – e, segundo esta regra, tudo quanto possa constituir uma oportunidade para se valer da necessidade de outrem para salvar-lhe a vida ou algo que lhe seja caro, ao preço de sua liberdade, pode converter-se numa fundação de soberania, bem como de propriedade. Tudo isso deixa claro que, ainda que Deus houvesse concedido a Adão um *domínio privado*, tal *domínio privado* não poderia conferir-lhe *soberania* alguma. Mas já provamos suficientemente que Deus não concedeu a ele *domínio privado* algum.

CAPÍTULO V
Do título de soberania de Adão pela submissão de Eva

44. O trecho seguinte da Escritura em que vemos nosso A. alicerçar sua tese da monarquia de Adão é Gn 3, 16. *E teu desejo será para teu esposo e ele exercerá o governo sobre ti.* Temos aqui (diz ele) *a concessão original de governo*, donde conclui ele, na parte seguinte da página (O. 244 [283]), que *o poder supremo assenta na paternidade e limita-se a um único tipo de governo, qual seja, a monarquia*[1]. Pois, sejam quais forem suas premissas, a conclusão é sempre a mesma; basta que a palavra *governo* seja mencionada uma única vez, em qualquer trecho, para que tenhamos estabelecida aqui, por direito divino, a *monarquia absoluta*. Se alguém se puser a ler com atenção o raciocínio do próprio A. a partir dessas palavras (O. 244 [283]) e considerar, entre outras coisas, a *linhagem e a descendência de Adão*, tal como ele as introduz ali, encontrará alguma dificuldade em compreender o sentido de suas palavras; contudo, admitiremos por ora seu modo peculiar de escrever a fim de considerar a força do texto em questão. As palavras constituem o anátema de Deus dirigido à mulher, por haver sido ela a primeira e a precursora na desobediência, e, se considerarmos as circunstâncias das palavras ali proferidas por Deus a nossos primeiros pais, que estava Ele pronunciando seu julgamento e proclamando sua ira contra ambos pela desobediência destes, jamais poderemos supor que, nesse momento, Deus estivesse concedendo prerrogativas e privilégios a Adão, investindo-o de dignidade e autoridade, alçando-o ao domínio e à monarquia. Pois embora, na qualidade de colaboradora na tentação e parceira na transgres-

....
§ 44   1. Citação não exatamente literal – Locke dobrou essa página de seu Filmer.

são, *Eva* tenha sido lançada abaixo dele, de modo que Adão acidentalmente conquistou uma superioridade sobre ela – o que aumentou o castigo desta –, também ele tinha sua parte na queda, e bem assim no pecado, e foi degradado, como se pode constatar nos versículos seguintes, o que torna difícil imaginar que Deus fizesse dele, no mesmo instante, *monarca* universal sobre toda a humanidade e trabalhador braçal por toda a vida; que o expulsasse do *paraíso para lavrar a terra* (*v.* 23) e, a um só tempo, o elevasse a um trono e a todos os privilégios e benesses do poder absoluto.

45. Não era aquele um momento em que Adão pudesse esperar nenhum favor, nenhuma concessão de privilégios por parte de seu ofendido Criador. Caso tenha sido esta a *concessão original de governo*, como o afima nosso A., e Adão tenha sido feito então *monarca*, como sir Robert o pretende, é evidente que Deus o terá feito tão somente um monarca muito pobre, um monarca de tal ordem que sua condição não seria considerada privilégio nem mesmo por nosso autor. Deus o põe a trabalhar por seu sustento e mais parece haver colocado em suas mãos, para dominar a Terra, uma pá do que um cetro para governar seus habitantes. *Comerás o pão com o suor de teu rosto*, diz Deus a ele (*v.* 19). Isso era inevitável, talvez se possa replicar, pois ainda não contava com súditos e ninguém que trabalhasse para ele – posteriormente, contudo, tendo vivido 900 anos, seria possível que dispusesse de um contingente bastante numeroso ao qual pudesse ordenar que trabalhasse em benefício dele. Não, diz Deus, viverás do teu esforço não apenas enquanto careces de outra ajuda afora tua mulher. *Comerás o pão com o suor de teu rosto, até retornares à terra da qual foste feito, pois que tu és pó e ao pó hás de voltar* (*v.* 19). Talvez se possa replicar ainda, em favor de nosso A., que tais palavras não são dirigidas pessoalmente a Adão, mas em sua pessoa, como seu representante, a toda a humani-

dade, pois trata-se de uma maldição à humanidade em razão da queda.

46. Deus, creio eu, fala diferentemente dos homens, pois seu falar contém mais verdade e mais certeza; quando, porém, concede dirigir-se aos homens, não creio que se pronuncie diferentemente destes, violando as regras de linguagem vigentes entre eles. Não seria condescender à capacidade dos homens – quando Deus tem a humildade de dirigir-se a eles – mas renunciar a seus propósitos ao dizer algo que, dito dessa forma, eles não poderiam entender. Ainda assim, dessa forma precisaríamos pensar em Deus se as interpretações da Escritura necessárias a sustentar a doutrina de nosso A. devessem ser aceitas em definitivo. Pois seria sobremodo difícil, segundo as regras ordinárias da linguagem, compreender o que Deus pretende dizer se o que ele diz aqui no singular para Adão deve ser tomado como dirigido à humanidade toda, e o que diz no plural, em Gn 1, 26 e 28, há de ser tomado como dirigido unicamente a Adão, à exclusão de todos os demais, e o que diz a Noé e aos filhos conjuntamente deve ser tomado como dirigido, unicamente, a Noé (Gn 9).

47. Ademais, cumpre observar que as palavras de Gn 3, 16, às quais nosso A. qualifica como a *concessão original de governo*, não foram ditas para Adão e tampouco contêm elas, na realidade, nenhuma concessão a Adão, mas sim uma punição que recai sobre Eva; e se as tomarmos como dirigidas em particular a ela – quer pessoalmente, quer enquanto representante de todas as outras mulheres –, elas se referirão, no máximo, ao sexo feminino apenas, e implicarão tão somente aquela submissão que elas de ordinário deveriam ter com relação a seus maridos. Contudo, não existe ali uma lei que obrigue a mulher a tal submissão se as circunstâncias de sua condição ou do contrato com seu

esposo a isentarem da mesma, assim como não há lei que a obrigue a dar à luz com sofrimento e dor caso se puder encontrar um remédio para tal, que é também parte da mesma maldição lançada sobre ela – pois reza a íntegra do versículo: *Para a mulher*, disse ele: *em muito multiplicarei teu sofrimento e tua concepção; entre dores dará à luz os filhos, e teu desejo será para teu esposo e ele exercerá o governo sobre ti*. Penso que seria tarefa difícil para qualquer um, exceto nosso A., encontrar uma concessão de *governo monárquico* nessas palavras, que não foram ditas nem se referem a ele; tampouco acredito que alguém possa imaginar, com base nessas palavras, que o sexo frágil se encontre, como por lei, submetido de tal modo à maldição nelas contida que seja seu dever não buscar evitá-la. E haverá alguém que diga que Eva, ou qualquer outra mulher, teria pecado caso desse à luz sem aquelas múltiplas dores com que Deus a ameaça ali? Ou que se houvesse qualquer uma de nossas rainhas, Maria ou Isabel[1], desposado algum de seus súditos, passaria ela, com base nesse texto, a uma submissão política com relação a ele? Ou que, mediante as referidas palavras, teria o esposo um *poder monárquico* sobre ela? Até onde posso perceber, Deus, nesse texto, não concede nenhuma autoridade a Adão sobre Eva ou aos homens sobre suas esposas, mas apenas prediz o quinhão que caberia à mulher, tendo Ele, em sua providência, deliberado que ela estivesse submetida ao esposo, tal como vemos que, geralmente, as leis da humanidade e os costumes das nações assim deliberam; e existe, admito-o, fundamento para tal na natureza.

....
§ 47 1. A referência é claramente a Maria e Isabel Tudor, e parece improvável que Locke escrevesse nesses termos depois de abril de 1689, quando Maria Stuart foi coroada soberana juntamente com Guilherme III; comparar com as referências a Jaime II em II, § 133; II, § 200, e Introdução, pp. 78-80. A atitude de Locke para com a maldição dirigida às mulheres envolvendo o parto é típica de seu racionalismo progressivo e humanitário.

48. Assim, quando Deus diz a Jacó e a Esaú que o *mais velho servirá ao mais jovem* (Gn 25, 23), ninguém imagina que, mediante essas palavras, Deus houvesse feito de *Jacó* o soberano de *Esaú*, mas que predisse o que viria a se passar *de facto*.

Mas, se as palavras dirigidas a Eva no texto em questão devem ser necessariamente compreendidas como uma lei a impor submissão a ela e a todas as outras mulheres, não pode tratar-se de outra submissão que não aquela que toda esposa deve ao marido e, portanto, se é esta a *concessão original de governo* e o *fundamento do poder monárquico*, haverá tantos monarcas quantos maridos houver. Se, portanto, tais palavras conferem algum poder a Adão, não poderá tratar-se senão de um poder conjugal e não político, o poder de que cada esposo dispõe para deliberar sobre as questões privadas de sua família, como proprietário dos bens e das terras familiares e para que sua vontade tenha precedência sobre a da esposa em todas as questões de seu comum interesse. Não se trata, porém, de um poder de vida e morte sobre ela e muito menos sobre qualquer outra pessoa.

49. De uma coisa estou certo: se nosso A. pretende tomar esse texto por uma *concessão, a concessão original de governo*, de governo político, deveria tê-lo provado através de alguns argumentos melhores do que pela simples afirmação de que as palavras *teu desejo será para teu esposo* constituam uma lei por força da qual Eva e *todos quantos dela proviessem* estariam submetidos ao poder monárquico absoluto de Adão e seus herdeiros. *Teu desejo será para teu esposo* é uma expressão por demais dúbia – sobre cujo significado há discordância entre os intérpretes –, para servir de alicerce, com tamanha segurança, a uma questão de tal importância e de tão grande e geral alcance. Seguindo seu modo de escrever, entretanto, nosso A., tendo uma vez citado o texto, conclui em seguida, sem mais delongas, que o

significado é aquele por ele pretendido. Basta que se encontrem as palavras *governar* e *submissão* no texto ou nas margens¹ para que nosso autor veja nelas o dever de um súdito para com seu príncipe, de modo que a relação se altera e, embora Deus diga *esposo*, sir Robert pretende que esteja dizendo *rei*; instantaneamente, Adão detém um *poder monárquico absoluto* sobre *Eva*, e não apenas sobre Eva, mas sobre *todos quantos dela proviessem*, muito embora a Escritura não diga uma única palavra nesse sentido nem nosso A. uma única palavra que o comprove. Apesar de tudo isso, porém, é imperativo que Adão seja um monarca absoluto, e o será até o fim do capítulo². Neste ponto, deixo ao meu leitor a incumbência de considerar se minha simples afirmativa, sem apresentar nenhuma razão para demonstrá-lo, de que o texto em questão não conferiu a *Adão o poder monárquico absoluto* que supõe nosso A., não é tão suficiente para destruir tal poder quanto o é sua simples asserção para estabelecê-lo, dado que o texto não menciona nem *príncipe* nem *povo*, e não faz menção alguma a um *poder absoluto* ou *monárquico*, mas sim à submissão de Eva a Adão, da mulher a seu esposo. E aquele que acompanhar nosso A. em toda sua extensão encontrará uma resposta breve e suficiente à maior parte dos fundamentos em que se apoia e os refutará amplamente mediante uma simples negação; pois é uma resposta suficiente a asserções sem provas negá-las sem apresentar razões. E, portanto, caso não houvesse eu dito nada além de simplesmente negar que, por obra do referido texto, *o poder supremo foi estabelecido e fundamentado, pelo próprio Deus, na paternidade, limitado à monarquia e na pessoa de* Adão *e seus herdeiros* –

....
§ 49   1. "Margens" – presumivelmente refere-se às margens da Versão Autorizada, com suas referências e subtítulos; comparar com I, § 66 e nota.
   2. "Até o fim do capítulo", isto é, o primeiro capítulo do *Patriarca* (ver nota em I, § 6), que termina no meio da parte VII (p. 63).

tudo quanto nosso A. notavelmente deduz dessas palavras, como se pode constatar na mesma página (O. 244 [283]) –, a resposta teria sido suficiente; não houvesse eu feito mais que pedir a qualquer homem sensato que lesse o texto e considerasse a quem e em que ocasião foi pronunciado, ele sem dúvida haveria de indagar de que modo nosso A. encontrou ali um *poder monárquico absoluto*, salvo se contasse com uma extraordinária faculdade para encontrar o mesmo por si próprio, ali onde não poderia demonstrar aos demais. Assim, examinamos até aqui os dois trechos da Escritura que resumem, segundo me recordo, tudo quanto nosso A. apresenta para provar a *soberania de Adão*, aquela *supremacia* que, segundo ele, *Deus determinou fosse ilimitada em* Adão, *e tão extensa quanto todos os atos de sua vontade* (O. 245 [284]), a saber, Gn 1, 28 e Gn 3, 16, a primeira passagem das quais traduz tão somente a submissão das espécies inferiores de criaturas à humanidade e, a segunda, a submissão que é devida por uma esposa a seu marido, ambas muito distantes da submissão devida pelos súditos aos governantes das sociedades políticas.

CAPÍTULO VI
Do título de soberania de Adão por paternidade

50. Resta ainda um ponto, ao fim do qual creio haver exposto tudo quanto nosso A. apresenta como prova da soberania de Adão, qual seja, o pressuposto de um direito natural de domínio sobre seus filhos por sua condição de pai; e tanto se compraz nosso A. com esse título de paternidade que o encontramos quase em cada página. Afirma ele, em particular, que: *Não apenas Adão, como os patriarcas que o sucederam, dispunham, por direito de paternidade, de régia autoridade sobre seus filhos* (p. 12 [57]). E, na mes-

ma página: *sendo tal submissão*[1] *dos filhos a fonte de toda régia autoridade* etc. Por ser esta, como se pode inferir pelo fato de sua menção tão frequente, a principal base de toda a sua estrutura, seria de se esperar uma razão clara e evidente para a mesma, dado que afirma, como uma proposição necessária ao fim que tem em vista, *que todo homem que nasce está tão longe de ser livre*[2] *que, por seu próprio nascimento, converte-se em súdito daquele que o gerou* (O. 156 [232]), de modo que sendo Adão o único homem criado, ao passo que todos, desde então, são gerados, ninguém nasce livre. Se indagarmos como adquiriu Adão tal poder sobre seus filhos, nosso A. responderá que o adquiriu pelo fato de havê-los gerado, acrescentando ainda (O. 223 [71]): *pode-se comprovar o domínio natural de Adão*, afirma, *com base no próprio Grócio, que ensinou que "generatione jus acquiritur parentibus in liberos"*[3]. E, com efeito, sendo o ato de gerar aquele que converte um homem em pai, tal direito do genitor sobre seus filhos não poderá, naturalmente, ter outra procedência[4].

51. Grócio[1] não nos diz ali até onde se estende esse *jus in liberos*, esse poder dos pais sobre os filhos, mas nosso A., sempre muito claro nessa questão, assegura-nos que se

....
§ 50 1. "Submissão" – em Filmer, "subordinação".

2. "Livre" – em Filmer, "livre por nascimento".

3. "Grócio" – "por geração, os pais adquirem um direito sobre os filhos", citado por Filmer naquela parte de seu *Original* dedicada a Grócio e no trecho desse escrito extraído do manuscrito original do *Patriarcha*, tal como editado por Laslett. Ver pp. 102-6.

4. Comparar com II, § 52, nota e referências.

§ 51 1. Grócio analisa os direitos dos pais sobre os filhos em *De Jure Belli ac Pacis*, II, V (ed. de 1712, 234); a frase em discussão ocorre na seção I. Sua preocupação, entretanto, ali está voltada para os três períodos em que o relacionamento entre pai e filho deveria ser dividido, e é patente que Locke tem razão em acusar Filmer de, ao se valer de Grócio, apresentar o que bem lhe aprouvesse à guisa de argumento (*pro ratione voluntas*).

trata de um *poder supremo* e, a exemplo daquele dos monarcas absolutos sobre seus escravos, um poder absoluto de vida e morte. Aquele que perguntasse a ele como e por que razão gerar um filho confere ao pai tão absoluto poder sobre ele, não encontraria resposta alguma: devemos aceitar suas palavras nesta questão assim como em muitas outras, e é com base nas mesmas que as leis de natureza e as constituições dos governos deverão manter-se ou cair por terra. Houvesse sido ele um monarca absoluto, essa forma de expressar lhe seria bastante adequada: a expressão *pro ratione voluntas* talvez tivesse força em sua boca, mas, enquanto prova ou argumento, é muito pouco convincente e pouco contribui para sua defesa da monarquia absoluta. Sir Robert reduziu excessivamente a autoridade de um súdito para que possa conservar a esperança de definir alguma questão com uma simples afirmação sua; a opinião sem provas de um escravo não tem peso suficiente para dispor da liberdade e dos bens de toda a humanidade. Se, ao contrário do que penso, todos os homens não são naturalmente iguais, estou seguro que todos os escravos o são, o que me faculta, sem presunção, expor uma opinião contrária à sua, e confiar em que minha afirmação de que *gerar os filhos não torna a estes escravos de seus pais* liberta a toda a humanidade, tão seguramente quanto a afirmação oposta a escraviza. Mas para tratar com toda equidade sua tese, que é o fundamento de toda a doutrina daqueles que pretendem seja a monarquia *jure divino*, ouçamos as razões apresentadas por outros a seu favor, uma vez que nosso A. não expõe nenhuma.

52. Segundo percebo, o argumento adotado pelos outros para provar que, ao gerá-los, os pais adquirem poder absoluto sobre seus filhos é o que se segue: *os pais dispõem de poder sobre a vida dos filhos porque lhes deram vida e existência* – que é a única prova possível para tal causa, uma

vez que não há razão alguma pela qual um homem tenha, por natureza, algum direito a reivindicar ou pretender sobre o que é de outrem, que nunca foi seu nem que ele concedeu, mas que foi recebido pela generosidade de outro. A isso respondo, em primeiro lugar, que aquele que deu alguma coisa a outro nem sempre tem, por esse fato, o direito de tomá-la de volta. Mas, em segundo lugar, aqueles que alegam que o *pai* dá a vida aos filhos estão de tal modo ofuscados pelas ideias da monarquia que, ao contrário do que deveriam, se esquecem de Deus, que é *o autor e o doador da vida: Nele apenas vivemos, nos movemos e existimos.* Como se pode pensar que dá a vida a outrem aquele que ignora em que consiste sua própria vida? Os filósofos, ao fim das mais diligentes investigações acerca da matéria, deparam-se com a incerteza; e os anatomistas, após dedicarem toda sua vida e seus estudos a dissecções e ao diligente exame dos corpos humanos, confessam sua ignorância acerca da estrutura e do funcionamento de muitas partes do corpo e acerca daquele processo em que consiste a vida como um todo. E seria possível ao rude lavrador ou ao mais ignaro libertino idealizar ou construir uma tal admirável máquina e, em seguida, introduzir nela vida e razão? Poderá algum homem afirmar haver formado as peças necessárias à vida de seu filho? Ou poderá supor-se doador da vida ainda que ignore qual sujeito está apto a recebê-la, e que ações ou órgãos são necessários para recebê-la e preservá-la[1]?

....
§ 52 1. Este parágrafo, e aqueles que se seguem até o número 55, contêm evidentes indícios dos estudos médicos de Locke e de seu ceticismo científico, voltados, no presente caso, para a embriologia, assim como, no *Ensaio*, para a constituição da mátería. Sua resposta a Filmer nesta passagem é bem mais impressionante do que no resto do *Tratado*, muito embora não seja estritamente relevante enquanto refutação, e contraste com os comentários de Tyrrell sobre a mesma questão, *pois* este simplesmente nega que a procriação confira aos pais um poder absoluto *pois* as mães obteriam, com base nisso, um direito maior. A ideia do homem como artefato de Deus ocorre novamen-

53. Dar vida ao que ainda não tem existência é formar e construir uma criatura viva, forjar suas partes, moldando-as e adequando-as para suas funções, e, após havê-las proporcionado e agregado, introduzir nelas uma alma vivente. Aquele que for capaz de tal efeito poderá, de fato, ter alguma pretensão de destruir seu próprio artefato. Existirá, porém, alguém tão imprudente que ouse arrogar a si mesmo as incompreensíveis obras do Todo-Poderoso? Somente aquele que criou inicialmente uma alma vivente e segue criando-as ainda pode nelas insuflar o sopro da vida. Se alguém se considerar capaz desse feito, que enumere as partes do corpo de seus filhos por ele forjadas, que me diga quais são suas funções e processos, quando a alma vivente e racional começou a habitar essa curiosa estrutura, quando teve início a razão e de que modo essa máquina por ele construída pensa e raciocina; se ele a fez, que a repare quando não funciona a contento, ou que ao menos revele onde reside o defeito. *Não haverá de enxergar aquele que plasmou o olho?* pergunta o salmista (Sl 94, 9). Vejamos essas vaidades humanas: a estrutura daquela única parte é suficiente para convencer-nos da existência de um artífice onisciente, o qual tem um direito tão evidente sobre nós, enquanto seus artefatos, que uma das denominações usuais de Deus na Escritura é *Deus, nosso Criador* (Maker) e o *Senhor, nosso Criador*. E portanto, ainda que nosso A., para engrandecer sua

....
te no *Primeiro tratado* (ver § 86) e é um tema fundamental do *Segundo tratado* – ver II, §§ 6, 56 etc., e Introdução, pp. 137-40. Pufendorf (1672, VI, ii 4) contesta Grócio e insiste, como Locke (ver também anotação no diário de 1678, Introdução, pp. 51-3, e I, § 54), em que, na procriação, de ordinário os pais buscam tão somente seu próprio prazer, sendo, portanto, a ocasião e não o fundamento do poder parental. Nozick (1974) sustenta que, nestes parágrafos, Locke explica, embora de modo não muito satisfatório, a razão por que os pais não são donos dos filhos, aos quais eles fizeram e dos quais, conforme a teoria apresentada no *Segundo tratado*, deveriam ser consequentemente os proprietários.

paternidade, se compraza em afirmar (O. 159 [233]) que *mesmo o poder exercido pelo próprio Deus sobre a humanidade é por direito de paternidade*, essa paternidade é tal que exclui totalmente qualquer pretensão de direito por parte dos pais terrenos, porquanto Deus é rei em virtude de ser verdadeiramente o criador de todos nós, o que nenhum genitor pode pretender ser com respeito a seus filhos.

54. Contudo, ainda que os homens tivessem a capacidade e o poder de forjar (*make*) seus filhos, não se trata de uma obra tão insignificante que nos permita imaginar que pudessem eles levá-la a cabo sem a projetarem. Que pai, entre mil, pensa, ao gerar um filho, em outra coisa senão na satisfação de seu apetite presente[1]? Deus, em sua infinita sabedoria, depositou na constituição dos homens prementes desejos de cópula a fim de perpetuar, assim, a raça humana – o que, na maioria dos casos, Ele promove sem a intenção e muitas vezes contrariamente ao consentimento e o desejo do genitor[2]. E, com efeito, aqueles que almejam e projetam ter filhos não são mais que a ocasião da existência destes e, quando projetam ou almejam gerá-los, pouco mais contribuem para sua criação do que Deucalião e sua esposa, na fábula[3], cuja contribuição para que se criasse a humanidade consistiu em atirar pedregulhos para o alto.

55. Admitamos, porém, que os pais forjassem os filhos, dotassem-nos de vida e existência e que daí decorresse um

§ 54 1. Comparar com I, § 52, nota e referências.
2. Comparar com II, § 66.
3. A história de Deucalião corresponde, na mitologia grega, à saga de Noé. Ele e a mulher construíram um arca para sobreviver ao dilúvio, e depois foram orientados pelo oráculo a lançar pedras por seu trajeto. As pedras lançadas por Deucalião converteram-se em homens e as pedras lançadas por sua esposa, em mulheres, e assim foi repovoado o mundo.

poder absoluto. Isso não daria ao pai senão um domínio sobre eles em comum com a mãe, pois ninguém haverá de negar que à mulher cabe uma parcela igual, se não maior, dado que nutre o filho por longo tempo no próprio corpo e com sua própria substância. Ali é moldado o filho e dela recebe as matérias e princípios de sua constituição; e é tão difícil imaginar que a alma racional possa habitar já o embrião ainda informe, tão logo o pai tenha cumprido sua parte no ato de geração, que, caso se deva supor que algo derive dos pais, será preciso, com toda a certeza, atribuí-lo principalmente à mãe. Seja como for, porém, não se pode negar à mãe uma parcela igual na geração do filho, de modo que daí não se pode derivar a autoridade absoluta do pai. Nosso A., na verdade, é de outra opinião, porquanto afirma: *sabemos que, na Criação, Deus conferiu ao homem soberania sobre a mulher, por ser o mais nobre e o principal agente da geração* (O. 172 [245]). Não me lembro de haver lido semelhante coisa em minha Bíblia, e quando chegamos ao trecho em que Deus, no ato da Criação, conferiu ao homem a soberania sobre a mulher por ser ele *o mais nobre e o principal agente da geração*, haverá tempo suficiente para o considerarmos e respondermos. Mas não será a primeira vez que nosso A. nos apresenta suas próprias fantasias como verdades seguras e divinas, muito embora haja uma grande diferença entre a revelação sua e a divina, porquanto na Escritura Deus diz: *o pai e a mãe que o geraram*[1].

56. Aqueles que se reportam à prática da humanidade de *enjeitar ou vender* seus filhos como prova do poder sobre eles incluem-se, ao lado de sir Robert, entre os argu-

....
§ 55   1. "O pai e a mãe que o geraram" – extraído de Zc 13, 3, em que os pais punem com a morte os filhos que profetizarem.

mentadores superficiais (*happy*)¹, e apenas podem recomendar sua opinião fundamentando-a na ação mais vergonhosa e no homicídio mais antinatural de que é capaz a natureza humana. As covas dos leões e os covis dos lobos ignoram semelhante crueldade – esses selvagens habitantes do deserto obedecem a Deus e à natureza na ternura e cuidado com sua prole: eles caçam, vigiam, lutam e quase morrem de fome pela preservação de seus filhotes; nunca se apartam deles, nunca os abandonam antes que sejam capazes de prover a si próprios. E será privilégio exclusivo dos homens agir contrariamente à natureza mais do que a parte selvagem e mais indômita da Criação? Haveria Deus de proibir-nos – sob a mais severa das penalidades, a da morte – tirar a vida de qualquer homem, seja este um estranho e mediante provocação, e permitir-nos destruir aqueles que deixou a nossos cuidados e aos quais os ditames da natureza e da razão, bem como seu mandamento revelado, exigem que preservemos? Em todas as partes da Criação, preocupou-se Ele de maneria especial com o propagar e perpetuar as diferentes espécies de criaturas, e faz os indivíduos

§ 56 1. "Argumentadores superficiais" – Filmer mostra no *Patriarcha* (77-8), com um exemplo da história romana, que os pais podem punir os filhos com a morte e, em *Directions* (231), afirma: "Deus também concedeu ao pai o direito (...) de alienar o poder sobre seus filhos (...) com base no qual encontramos a venda e a doação de filhos (...) muito comum no início do mundo (...) o poder de castrar (...) muito comum." Tais afirmativas foram extraídas, sem alteração alguma, da *République*, de Bodin, onde se lê que é "necessário restituir aos pais (...) o poder de vida e morte destes sobre seus filhos". Certamente Bodin se incluía entre os "argumentadores superficiais", mas houve outros, chegando talvez até mesmo a Montesquieu (ver *L'Esprit des Lois*, v. 7). Tyrrell é mais direto que Locke nesse particular e ataca Bodin sem rodeios, da mesma forma que Sidney. É notável ter sido Locke o único que, ao refutar Filmer, deixou de perseguir o pensamento deste até sua fonte, pois Bodin é da mais alta importância para tudo quanto Filmer escreveu – ver Laslett, 1949.

perseguirem com tamanha tenacidade tal fim que, em nome deste, eles por vezes chegam a negligenciar seu próprio bem pessoal e parecem esquecer aquela regra geral de autoconservação ensinada pela natureza; e a conservação de sua prole, como o princípio mais forte neles existente, governa, em caráter supremo, a constituição de suas naturezas particulares. Vemos assim que, quando sua prole o necessita, o temeroso torna-se valente, o feroz e selvagem torna-se manso, o voraz torna-se terno e liberal[2].

57. Mas, se o exemplo do que se fez fosse a regra do que deve ser, a história haveria fornecido a nosso A. exemplos desse *poder paterno absoluto* em seu grau e perfeição máximos, e ele poderia mostrar, no Peru, pessoas que geravam filhos com o propósito de engordá-los e devorá-los. Tão notável é o relato que não me resta outra alternativa senão transmiti-lo nas palavras do autor: "Em algumas províncias, *afirma*, eram tão ávidos de carne humana que não tinham paciência de esperar que o sopro vital abandonasse o corpo, mas sugavam o sangue à medida que escorria das feridas dos moribundos; possuíam matadouros públicos de carne humana, e chegava a tal ponto essa sua loucura que não poupavam eles os próprios filhos, gerados em *estrangeiras aprisionadas* em guerra; pois que faziam de suas cativas suas concubinas e alimentavam com as melhores iguarias os filhos que tinham com elas até que, aproximadamente aos treze anos, matavam-nos e devoravam-nos. Dispensavam às mães o mesmo tratamento quando estas passavam da idade de procriar e deixavam de proporcionar-lhes carne

---

2. Há um eco do bestiário medieval neste parágrafo; sobre o amor natural pelas crianças, comparar com II, § 60; II, § 63; II, § 67, e II, § 170. Sobre a autoconservação ou a conservação da prole, comparar com I, § 88, e Strauss, 1953, 227, onde a ligeira vacilação de Locke nesse ponto é transformada numa insistência hobbesiana na primazia de si mesmo.

para assar." (Garcilaso de la Vega, *Historia de los Incas de Peru*, I. I. c. 12)¹.

58. Tal é o extremo de brutalidade, abaixo do nível dos animais, a que pode a mente em desassossego do homem conduzi-lo quando abdica ele da razão, a qual o coloca quase em igualdade com os anjos. Nem poderia ser de outra forma, tratando-se de uma criatura cujos pensamentos são mais numerosos que os grãos de areia e mais vastos que o oceano, e a qual a fantasia e a paixão conduzem necessariamente por estranhos caminhos quando não é guiada pela razão, sua única estrela e bússola. A imaginação vive em eterna inquietude e sugere uma variedade de pensamentos – e a vontade, uma vez posta de lado a razão, está pronta para os mais extravagantes projetos; nesse estado, aquele que mais se desencaminha é julgado o mais apto a conduzir e pode estar seguro de contar com numerosos seguidores; uma vez estabelecido pelo uso corrente o que o desvario ou a astúcia iniciaram, o costume torna-o sagrado e será julgado imprudência ou insensatez contradizê-lo ou questioná-lo. Aquele que se puser a investigar as nações do mundo com olhos imparciais, verá que tanto de seus governos, religiões e costumes foram introduzidos e perpetuados por esses meios que pouca reverência conservará pelas práticas em uso e creditadas entre os homens; e terá razão para pensar que os bosques e as florestas, cujos incultos ha-

....
§ **57** 1. A tradução francesa de *Commentarios Reales* de Garcilaso de la Vega, publicada em 1663, parece ter sido um livro predileto de Locke e estava presente, em 1681, no seu gabinete em Oxford. É frequentemente citado em seus diários e obras publicadas; com efeito, pode-se encontrar exatamente o trecho aqui utilizado, numa tradução algo diferente, em seu *Ensaio acerca do entendimento*, I, iii, 9 (1984, 1, 73). Provavelmente, a passagem foi acrescentada a ambas as obras em 1689: no caso presente, não tem particular relevância e parece ter sido introduzida de maneira forçada, no intuito de causar sensação. Ver, contudo, Introdução, pp. 78-80, e comparar com I, § 153 e nota.

bitantes mantêm o direito seguindo a natureza, estão mais aptos a ditar-nos normas do que as cidades e os palácios, onde aqueles que se autointitulam civis e racionais se desviam de seu caminho pela autoridade do exemplo[1]. Se os precedentes são bastantes para estabelecer uma regra no presente caso, nosso A. poderia ter encontrado, nas Sagradas Escrituras, o sacrifício de filhos pelos próprios pais, e isso em meio ao povo mesmo de Deus – diz-nos o salmista (Sl 106, 38): *Verteram sangue inocente, até mesmo o sangue de seus filhos e filhas, os quais sacrificaram para os ídolos de Canaã*. Mas Deus não o julgou segundo a norma de nosso A., nem concedeu autoridade àquela prática contrária à sua justa lei, mas, como se lê na sequência, *a terra viu-se profanada com o sangue; por isso, a ira do Senhor inflamou-se contra o seu povo, a tal ponto que abominou sua própria herança*. Embora fosse de uso corrente, a matança dos próprios filhos foi-lhes imputada como *sangue inocente* e, no juízo de Deus, foi condenada como assassinato, da mesma forma como o oferecê-los a ídolos foi condenado como idolatria.

59. Seja, pois, como afirma sir Robert, que *antigamente* era *usual* que os homens *vendessem e castrassem os filhos* (O. 155 [231]). Admitamos que os abandonassem; acrescentemos, se tal vos aprouver – pois que este é um poder ainda

....
§ **58** 1. Este parágrafo forma uma importante declaração da integridade essencial do "homem natural" e seu sentido se assemelha muito ao de Rousseau, o Rousseau do *Discours sur l'Inegalité*; comparar com II, § 6. Ao discorrer aqui sobre a força do uso corrente, Locke toca um viés determinista que marca todo o seu pensamento acerca da sociedade: comparar com o *Ensaio*, II, XXVIII, especialmente o capítulo 12 – "a maior parte da humanidade é governada principalmente, senão exclusivamente, por essa *lei do uso corrente* (*fashion*)" –, que, no capítulo 10, era a "*lei da opinião ou reputação*"; nas edições mais antigas do *Ensaio*, até mesmo "*lei filosófica*" (ed. de Nidditch, 357; comparar com Introdução, pp. 116-8).

maior –, que eles gerassem os filhos com vistas à mesa, para engordá-los e devorá-los: se isso prova algum direito de o fazer, podemos, com o mesmo argumento, justificar o adultério, o incesto e a sodomia, pois existem exemplos também dessas práticas, tanto antigos como modernos – pecados estes cujo principal agravante, segundo creio, é o transgredirem a intenção fundamental da natureza, que desejou o crescimento do gênero humano, a perpetuação da espécie em sua mais elevada perfeição e a distinção das famílias, com a segurança do leito matrimonial como necessária para esse fim.

60. Em confirmação a essa autoridade natural do pai, nosso A. aduz uma prova insatisfatória, extraída do mandamento positivo de Deus relatado na Escritura. São as seguintes suas palavras: *para confirmar o direito natural do régio poder, verificamos no Decálogo que a lei que impõe a obediência aos reis é enunciada nos termos "honra a teu pai"* (p. 23 [62]). *Embora muitos aleguem que apenas em termos abstratos é o governo um mandato divino, não são capazes de provar tal mandato com base na Escritura, mas apenas no pátrio poder; por conseguinte, encontramos o mandamento que impõe a obediência aos superiores expresso nos termos "honra a teu pai", de modo que não apenas o poder e o direito de governar, mas a forma do poder governante e da pessoa que detém o poder são, sem exceção, mandatos de Deus. O primeiro pai tinha não apenas poder mas poder manárquico, pois sua paternidade provinha diretamente de Deus* (O. 254 [289]). Com o mesmo propósito, a mesma lei é citada por nosso A. em várias outras passagens[1], e seguindo o mesmo uso, qual seja, o de sempre rele-

....
§ 60 1. As citações diferem do texto de Filmer em alguns detalhes; "várias outras passagens" refere-se, provavelmente, a 188, 283.

gar as palavras *e tua mãe*[2], como se apócrifas – um sólido argumento em favor da engenhosidade de nosso A. e da probidade de sua causa, que exigiu, por parte de seu defensor, tão ardente zelo a ponto de levá-lo a distorcer a sagrada lei da palavra de Deus de modo a fazê-la concordar com seu objetivo imediato. Essa forma de proceder não é insólita para aqueles que não abraçam as verdades porque manifestadas pela razão e a revelação, mas adotam dogmas e facções para fins que diferem da verdade, decidindo então defendê-las a qualquer custo. Assim, agem com as palavras e intenções dos autores que podem adequar-se a seus propósitos da mesma forma que agia Procusto[3] com seus convidados: mutilam-nas ou estiram-nas para melhor se adaptarem às dimensões de suas ideias, de modo que resultam elas, tal como aqueles submetidos a esse suplício, deformadas, aleijadas e inúteis.

61. Pois houvesse nosso A. exposto tal mandamento sem mutilá-lo, como Deus o proferiu, e ajuntado ao pai a *mãe*, qualquer leitor veria a franca contradição do referido mandamento com a proposição dele, e que tão longe está de estabelecer o *poder monárquico do pai* que coloca a mãe em pé de igualdade com este, e nada impõe senão o que era devido em comum tanto ao pai como à mãe – porquanto é este o teor constante da Escritura: *honra teu pai e tua mãe* (Ex 20). *Aquele que ferir pai ou mãe será punido com a morte* (21, 15). *Aquele que amaldiçoar pai ou mãe*

---

2. "É tua mãe" – essa discussão acerca da omissão da "mãe" por Filmer no quinto mandamento ocupa a atenção de Locke até o § 66 e cumpre a promessa feita com I, §§ 6 e 11. O argumento é enunciado em II, §§ 52 e 53. Sidney e Tyrrell não fazem o mesmo uso desse evidente equívoco; Sidney chega a sugerir que Filmer tenha omitido o termo "mãe" por acidente.

3. "Procusto" – o legendário assaltante de Elêusis, que mutilava ou estirava suas vítimas para forçá-las a assumir as dimensões de uma cama.

será punido com a morte (*v*. 17, repetido em Lv 20, 9 e por nosso Salvador em Mt 15, 4). *Há de temer cada um a sua mãe e seu pai* (Lv 19, 3). *Se um homem tiver um filho rebelde, que não obedeça a voz de seu pai ou a voz de sua mãe, seu pai e sua mãe hão de detê-lo e dirão: este nosso filho é obstinado e rebelde e recusa-se a obedecer a nossa voz* (Dt 21, 18; 19, 20, 21). *Amaldiçoado seja aquele que ultrajou seu pai ou sua mãe* (27, 16). *Ouve, filho meu, as instruções de teu pai e não abandones a lei de tua mãe*, são as palavras do rei Salomão, que não era ignorante quanto ao que a ele cabia como pai ou como rei e, não obstante, reúne *pai e mãe* em todas as instruções que ministra aos filhos em seu *Livro de Provérbios*. *Pobre daquele que diz a seu pai: "por que geraste?", ou à mulher: "por que deste à luz?"* (Is 45, 10). *Em ti ultrajaram ao pai ou à mãe* (Ez 22, 7). *E sucederá que quando alguém ainda venha a profetizar, o pai e a mãe que o geraram lhe dirão: "tu não hás de viver", e o pai e a mãe que o geraram o transpassarão quando ele profetizar* (Zc 13, 3). Aqui não apenas o pai, mas o pai e a mãe conjuntamente, tinham, nessa questão, o poder de vida e de morte. Assim reza a lei do Antigo Testamento, e no Novo pai e mãe estão reunidos da mesma forma na obediência dos filhos (Ef 6, 1)[1]. O mandamento é: *Filhos, obedecei vossos pais*, e não me recordo de haver lido em parte alguma *Filhos, obedecei vosso pai* e nada mais. A Escritura inclui também a mãe naquela reverência que cabe aos filhos, e existisse algum texto em que a honra ou a obediência dos filhos fosse dirigida unicamente ao pai, é improvável que nosso A., que se pretende alicerçado na Escritura, o tivesse omitido. Mais ainda, a Escritura iguala a tal ponto a autoridade do pai e da mãe com respeito àqueles a quem geraram que, em al-

---

§ **61** 1. Quatro dos textos aqui citados o são também, com menos exatidão, em II, § 52; ver nota ali.

guns trechos, chega mesmo a negligenciar a prioridade de ordem, que se considera caber ao pai, e a *mãe* é colocada em primeiro lugar, como no Lv 19, 3². Dessa constante união de pai e mãe, tal como encontradiça por toda a Escritura, podemos concluir que a honra a que fazem jus por parte dos filhos é um direito comum, pertencente em tão igual medida a ambos que nenhuma das partes pode reivindicá-lo inteiramente para si ou dele ser excluída.

62. Podemos nos indagar, portanto, como nosso A. infere, do quinto mandamento, que todo o *poder residia originalmente no pai*; como pode considerar o *poder monárquico de governo estabelecido e determinado pelo mandamento "Honra teu pai e tua mãe"*. Se toda a honra exigida pelo mandamento, qualquer que seja este, for um direito que cabe unicamente ao pai, porquanto este, no dizer de nosso *autor, detém a soberania sobre a mulher, por ser o agente mais nobre e principal da geração* [245], por que Deus, afinal, reúne a ele em toda parte a *mãe* para compartilhar sua honra? Poderá o pai, com base nessa soberania, dispensar os filhos de render essa *honra à mãe*? Não concedeu a Escritura tal permissão aos hebreus e, no entanto, grandes rupturas houve entre marido e mulher, até mesmo divórcios e separações, e creio que ninguém dirá que um filho pode negar-se a honrar sua mãe ou, como diz a Escritura, *ultrajá-la*, ainda que o pai ordenasse que o fizesse¹, da mesma forma que a mãe não pode permitir a ele desdenhar a *honra* devida ao pai – donde se vê claramente que o referido mandamento de Deus não conferiu ao pai soberania ou supremacia alguma.

....

2. "Lv 19, 3" – "Há de temer cada homem sua mãe e seu pai", citado em II, § 52.
§ 62 1. A questão é considerada novamente em II, § 69.

63. Concordo com nosso A. em que o direito a essa honra é conferido aos pais por natureza, que se trata de um direito que provém do fato de haverem eles gerado seus filhos e que Deus o confirmou a eles por intermédio de diversas declarações positivas. Também admito a regra de nosso A. de que *as concessões e doações que têm sua origem em Deus e na natureza, como o poder do pai* (permitam-me acrescentar e *da mãe*, pois o que Deus uniu não há o homem de separar), *nenhum poder humano inferior pode limitar, ou formular contra elas alguma lei de prescrição* (O. 158 [233]). Assim, tendo a mãe, com base nessa lei de Deus, o direito de ser honrada pelos filhos, direito que não está submetido à vontade do marido, vemos que esse *poder monárquico absoluto do pai* não pode estar fundamentado na referida lei nem ser compatível com esta; e o poder do pai está muito longe de ser *monárquico*, muito distante do caráter absoluto sustentado por nosso A., quando há quem tenha sobre seus súditos o mesmo poder que ele, e com base no mesmo direito. Por conseguinte, o próprio autor não pode se abster de dizer que *não compreende como os filhos de qualquer homem podem livrar-se da sujeição aos pais* (p. 12 [57]), o que, no linguajar comum, significa *mãe* tanto quanto *pai*, ou, se o termo *pais* significa aqui somente o *pai*, é a primeira vez que me deparo com tal significado, e é possível dizer qualquer coisa com tal uso das palavras.

64. Segundo a doutrina de nosso A., o pai, por ter absoluta jurisdição sobre seus filhos, tem a mesma jurisdição também sobre a descendência destes – e a conclusão seria válida se fosse verdade que o pai dispõe de tal poder. Todavia, pergunto a nosso A. se o avô, com base em sua soberania, poderia eximir o neto de honrar a seu pai, tal como a este é devido de acordo com o quinto mandamen-

to[1]. Tivesse o avô, por *direito de paternidade*, um poder soberano exclusivo, e a obediência que é devida ao supremo magistrado fosse prescrita através das palavras *honra a teu pai*, é certo que o avô poderia eximir os netos de honrarem seu pai; entretanto, como é evidente, segundo o senso comum, que não pode fazê-lo, segue-se que o mandamento *honra a teu pai e tua mãe* não pode significar uma sujeição absoluta a um poder soberano, mas algo distinto. Por conseguinte, o direito conferido aos pais por natureza, e que lhes é confirmado pelo quinto mandamento, não pode ser o de um domínio político[2], como dele pretenderia derivar nosso A., pois aquele que é soberano numa dada sociedade civil pode eximir qualquer súdito de obediência política a qualquer outro súdito. Mas que lei de um magistrado pode conferir ao filho a liberdade de não *honrar seu pai e sua mãe*? Trata-se de uma lei eterna, adscrita tão somente à relação entre pais e filhos e que, portanto, não contém em si nada referente ao poder de um magistrado e tampouco está submetida a este.

65. Afirma nosso A. que *Deus concedeu ao pai o direito ou a liberdade de alienar a outrem qualquer o poder sobre seus filhos* (O. 155 [231]). Duvido que possa ele *alienar*

....
§ **64** 1. O mesmo argumento foi utilizado contra Filmer tanto por Sidney (capítulo 1, seção 15) como por Tyrrell (1681, 3), embora não de forma tão incisiva.

2. Ao negar, como parece estar fazendo aqui, que o quinto mandamento tivesse alguma relação com a obediência política, Locke estava repudiando muito mais do que os princípios de Filmer: combatia uma tradição da cristandade e, em particular, da cristandade protestante. Lutero, por exemplo, desenvolve toda a sua doutrina da autoridade política e social como um comentário ao quinto mandamento (*Von den Guten Werken*, 1520 (1888)), e Tyndale argumenta de forma precisamente análoga em seu *Obedience of a Christian Man* (Obediência de um cristão), 1528 (1848). Ver discussão em Laslett, 1949, 20-33, e especialmente Schochet, 1969 (ii).

por completo o direito à *honra* que estes lhe devem, mas, seja como for, de uma coisa estou seguro: ele não pode *alienar* e reter o mesmo poder. Se, por conseguinte, a soberania do magistrado *nada mais é senão a autoridade de um pai supremo,* como pretende nosso A. (p. 230 [62]), é inevitável que, se o magistrado possui todo esse direito paterno – como o deve possuir se for a *paternidade* a fonte de toda autoridade –, os súditos, ainda que pais, não haverão de ter nenhum poder sobre os próprios filhos e nenhum direito a serem honrados por estes: pois não pode ser que tudo esteja destinado a outras mãos, e uma parte permaneça com os pais[1]. Segundo a própria doutrina de nosso A., portanto, é impossível interpretar o preceito *honra a teu pai e tua mãe* como uma sujeição ou obediência políticas, pois que as leis, tanto do Antigo como do Novo Testamento, que determinavam aos filhos *honrar e obedecer os próprios pais* foram decretadas àqueles cujos pais estavam submetidos a um governo civil, e eram súditos, como eles, das sociedades políticas; e o ordenar a eles *honrar seus pais* teria significado, no entender de nosso autor, ordenar-lhes que fossem súditos daqueles que não tinham direito para tal, pois que outro estava investido de todo o direito à obediência por parte dos súditos; e, em lugar de ensinar a obediência, seria isso um estímulo à sedição, erigindo poderes que não eram tais. Se, por conseguinte, o mandamento *Honra a teu pai e tua mãe* se refere ao domínio político, lança-se frontalmente por terra a monarquia de nosso A., uma vez que, devendo ser cumprido por todo filho para com seu pai, inclusive na sociedade, todo pai deve necessariamente ter um domínio político, e haverá tantos soberanos quantos pais existirem[2]. Além disso, também a mãe teria seu direito, o que destrói a sobera-

....
§ 65   1. Comparar com II, § 71.

2. Comparar com Sidney, 1772, 21: "Esse poder paterno deve necessariamente pertencer a cada pai, que será rei com base no mesmo direito que os filhos de Noé." Ver também Tyrrell, 1681, por exemplo, 38.

nia de um monarca supremo e único. Mas, se o preceito *honra a teu pai e tua mãe* significa algo distinto do poder político, como é necessariamente o caso, não se inclui ele no tema de nosso A. e em nada serve a seus propósitos.

66. *A lei que impõe a obediência aos reis*, afirma nosso A., *é enunciada nos termos "Honra a teu pai", como se todo o poder residisse originalmente no pai* (p. 23 [62]¹). E a referida lei também é enunciada, afirmo eu, nos termos *Honra a tua mãe*, como se todo o poder originalmente residisse na mãe. Pergunto se o argumento não é igualmente válido para uma parte e para outra, dado que *pai e mãe* estão sempre juntos em todas as partes do Antigo e do Novo Testamento em que se impõe aos filhos honrar e obedecer. Afirma também nosso A. (O. 254 [289]) que o *dito mandamento, "Honra a teu Pai", confere o direito de governar e estabelece a monarquia como forma de governo*. A isso respondo que se o preceito *Honra a teu pai* alude à obediência ao poder político do magistrado, não se refere a nenhum dever de nossa parte para com nossos pais naturais, que são súditos, pois que estes, segundo a doutrina de nosso A., estão destituídos de todo e qualquer poder, o qual recai inteiramente no príncipe; assim, sendo nossos pais súditos e escravos como os filhos, não podem ter eles direito algum baseado nesse preceito a nenhuma *honra ou obediência* tal como as comporta a sujeição política; se o mandamento *honra a teu pai e tua mãe* significa o dever que temos para com nossos pais naturais, como é evidente na interpretação de nosso Salvador (Mt 15, 4) e em todos os demais trechos mencionados², não po-

....
§ **66** 1. "P. 23" – Locke escreveu "O. 254", incorporando a indicação à referência seguinte. Há uma negligência em suas citações e referências nesta parte do texto.

2. Ver Mt 15, 4: "Pois Deus ordenou: 'Honra a teu pai e tua mãe', e 'seja morto aquele que amaldiçoar pai ou mãe'"; comparar com I, § 49, nota 1. A versão autorizada tem onze "trechos mencionados" à margem, todos do Antigo Testamento.

de referir-se à obediência política, mas a uma obediência que é devida às pessoas que não possuem nenhum título de soberania ou autoridade política como o que os magistrados têm sobre os súditos. Pois a pessoa de um pai privado e o direito à obediência devida ao supremo magistrado são coisas incompatíveis entre si e, portanto, esse mandamento, que deve necessariamente abranger as pessoas de nossos pais naturais, deve significar uma obediência que a eles devemos, distinta de nossa obediência ao magistrado, e da qual nem mesmo o mais absoluto poder dos príncipes pode-nos eximir. Em que consiste esse dever, examinaremos em seu devido lugar[3].

67. E assim concluímos, por fim, o exame de tudo quanto tem a aparência, em nosso A., de uma argumentação em favor daquela *soberania absoluta e ilimitada*, descrita na Seção 8[1] e a qual ele atribui a Adão, de sorte que todos os homens nascem *escravos* desde então, destituídos de todo e qualquer direito à liberdade. Mas se a *criação*, que nada outorgou senão uma existência, não fez de *Adão príncipe de sua descendência*; se *Adão*, em Gn 1, 28, não foi constituído senhor da humanidade nem lhe foi dado nenhum *domínio privado* com a exclusão de seus filhos, mas tão-somente um direito e um poder sobre a terra e as criaturas inferiores em comum com os filhos dos homens; se tampouco em Gn 3, 16 Deus conferiu a Adão algum poder político sobre sua mulher e filhos, mas apenas sujeitou Eva a Adão como castigo ou predisse a submissão do sexo frágil na administração dos interesses comuns das famílias, sem que conferisse com isso a Adão, como esposo, o poder de vida e morte que necessariamente pertence ao magistrado;

---

3. O "devido lugar" é evidentemente o *Segundo tratado*, capítulo VI (§§ 52-76); ver Introdução, pp. 72-4.

§ 67   1. "Seção 8", isto é, seção V (60-1) do *Patriarcha* na edição de Laslett.

se, por gerarem os filhos, não adquirem os pais semelhante poder sobre eles; e se o preceito *Honra a teu pai e tua mãe* não confere tal poder, mas apenas impõe um respeito devido em igual medida a todos os pais, quer sejam estes súditos ou não, assim à *mãe* como ao *pai*; se tudo isso é como tal, segundo julgo ser muito evidente por tudo quanto foi dito, o homem dispõe de uma *liberdade natural*, não obstante tudo quanto nosso A. afirma convictamente em contrário; pois[2] todos aqueles que compartilham a mesma natureza comum, as mesmas faculdades e poderes, são iguais por natureza e devem participar dos mesmos direitos e privilégios comuns, até que se produz uma designação manifesta de Deus, que é *Senhor de tudo, bendito para sempre*[3], a demonstrar a supremacia de alguma pessoa particular ou que, por seu próprio consentimento, um homem consinta em submeter-se a um superior. Tão claro é isso que nosso A. confessa que *sir John Hayward, Blackwood e Barclay, os grandes defensores do direito dos reis*, não poderiam negá-lo, mas admitem, de comum acordo, *a liberdade natural e a igualdade dos homens* como uma verdade inquestionável[4]. E tão ao largo passa nosso A. de expor qualquer coisa que pudesse validar sua proposição fundamental, de que *Adão era um monarca absoluto* e de que, por conseguinte, *os homens não são naturalmente livres*, que mesmo as provas por ele próprio apresentadas depõem contra ele; de tal modo que, para usar o seu próprio método de argumentação, *ao cair por terra esse primeiro princípio errôneo, toda a estrutura dessa vasta construção* do poder absoluto e da

----

2. O que se segue é um surpreendente paralelismo com a linguagem de II, § 4, expondo os fundamentos da igualdade humana; ver Introdução, pp. 6-7.

3. Rm 9, 5: "Cristo (...) que está acima de todos, o Deus abençoado para sempre."

4. *Patriarcha*, 54: sobre esses autores, ver a citação anterior, em I, § 4, nota e referências.

tirania *desmorona por si só* e não é preciso dizer mais nada para contestar tudo aquilo que erige ele sobre tão falso e frágil alicerce[5].

68. Contudo, a fim de poupar a outros esse trabalho, caso houvesse alguma necessidade, não se abstém ele de mostrar, por suas próprias contradições, a fragilidade de sua doutrina. O domínio absoluto e exclusivo de Adão está presente em cada página e sobre ele erige nosso autor toda sua doutrina; todavia, afirma ele à p. 12 [57] que, *da mesma forma que Adão era senhor de seus filhos, assim os filhos sob seu domínio tinham um comando e um poder sobre seus próprios filhos*. A ilimitada e indivisível soberania da *paternidade de Adão* se manteve, segundo o cômputo de nosso A., apenas por um período muito breve – somente durante a primeira geração –, mas, a partir do nascimento de seus netos, sir Robert logrou apenas fornecer um relato muito insatisfatório do fato. *Adão, como pai de seus filhos*, diz ele, *tinha um régio poder, absoluto e ilimitado, sobre eles e, em virtude do mesmo, sobre aqueles gerados pelos filhos e assim sobre todas as gerações* [57]; e, no entanto, *seus filhos*, isto é, *Caim* e *Set*, tinham um pátrio poder sobre seus filhos ao mesmo tempo, de modo que são eles, ao mesmo tempo, *senhores absolutos* e, no entanto, *vassalos e escravos*: Adão detém toda a autoridade como *avô do povo*, e seus filhos detêm uma parte dela enquanto pais de uma parte do povo; ele tem a soberania absoluta sobre eles e sua descendência, por havê-los gerado, e, no entanto, eles são absolutos sobre seus filhos pela mesma razão. *Não*, diz nosso A., *os filhos de*

---

5. Locke está refutando Filmer nas próprias palavras deste, substituindo "sedição popular" por "poder absoluto e tirania". A frase utilizada por Locke ocorre na p. 4 da edição de 1680, mas, no manuscrito, Filmer escrevera que "o principal fundamento da sedição popular seria removido" – edição de Laslett, p. 54.

Adão sob seu domínio tinham poder sobre seus próprios filhos, mas sempre subordinados ao pai original [57]. Uma boa distinção e que soa bem, mas é uma lástima que não signifique coisa alguma, nem possa conciliar-se com as palavras de nosso A. Admito prontamente que, pressuposto o *poder absoluto de Adão* sobre sua descendência, qualquer um de seus filhos poderia obter dele um poder delegado e, portanto, *subordinado* sobre uma parte ou sobre todo o resto, mas não pode ser este o poder a que nosso A. alude aqui; não se trata de um poder por concessão ou comissão, mas o poder natural que, supõe ele, um pai tem sobre seus filhos. Pois que diz ele: 1º) *Da mesma forma que* Adão *era senhor de seus filhos, assim os filhos sob seu domínio tinham um poder sobre seus próprios filhos*: eram pois senhores de seus próprios filhos da mesma forma e pelo mesmo direito que o era Adão, *i.e.*, por direito de geração, por direito de *paternidade*; 2º) está claro que se refere ele ao poder natural dos pais, porquanto limita seu exercício somente *sobre os próprios filhos* – um poder delegado não conhece limitações tais como a de ser exercido apenas sobre os próprios filhos, mas pode estender-se sobre outros assim como os próprios filhos; 3º) caso se tratasse de um poder delegado, o mesmo deveria constar da Escritura, mas esta não fornece fundamento algum para se afirmar que os filhos de Adão dispusessem de algum outro poder sobre eles além daquele naturalmente conferido a eles como pais.

69. Mas está fora de qualquer dúvida que ele se refere ali ao pátrio poder e a nenhum outro, como se vê pela inferência que faz nas palavras que se seguem imediatamente: *não percebo, pois, como os filhos de Adão ou de qualquer outro homem podem estar livres da submissão a seus pais* [57] – donde se depreende que o *poder*, por um lado, e, pelo outro, a *submissão* de que fala nosso A. são aquele *po-*

der natural e a *submissão* existentes entre pais e filhos. Pois não poderia ser outra coisa o que é devido pelos filhos de todo homem, e que nosso A. afirma ser absoluto e ilimitado. Esse *poder* natural dos pais sobre seus filhos tinha-o Adão sobre sua descendência, afirma nosso A., e esse *poder* dos pais sobre os próprios filhos tinham-no os filhos sobre os filhos destes durante a vida de Adão, afirma também nosso A., de modo que Adão, por um direito paterno natural, tinha um poder absoluto e ilimitado sobre toda sua descendência, ao mesmo tempo em que seus filhos, pelo mesmo direito, tinham poder absoluto e ilimitado sobre sua própria descendência. Temos aqui, pois, a coexistência de dois poderes absolutos e ilimitados, e não creio que seja possível a qualquer um conciliá-los entre si ou com nosso senso comum. Pois a *ressalva* introduzida por ele à *subordinação* torna o caso ainda mais absurdo, porquanto dispor de um *poder absoluto e ilimitado*, mais ainda, *ilimitável*, em subordinação a outrem constitui tão flagrante contradição que nada pode ser mais contraditório. Adão é *príncipe absoluto com a ilimitada autoridade da paternidade sobre toda sua descendência*; todos os seus descendentes são, pois, absolutamente súditos seus e, no dizer de nosso A., seus escravos, filhos e netos encontram-se em igual medida nesse estado de submissão e cativeiro e, no entanto, afirma nosso A., *os filhos de* Adão têm um *poder paterno*, *i.e.*, absoluto e ilimitado, *sobre os próprios filhos*, o que, trocando em miúdos, significa que são escravos e príncipes absolutos ao mesmo tempo e no mesmo governo, e uma parte dos súditos tem sobre a outra, por direito natural de progenitura, um poder absoluto e ilimitado.

70. Se alguém supuser, em favor de nosso A., que ele, neste ponto, pretendia dizer que os pais – embora submetidos, eles próprios, à autoridade absoluta do pai deles –

têm um certo poder sobre seus filhos, confesso que estaria um pouco mais perto da verdade, mas em nada ajudará com isso a nosso A., pois, não tendo este se referido em parte alguma ao pátrio poder, salvo como uma autoridade absoluta e ilimitada, será ilícito supor que designe aqui qualquer coisa diversa, a não ser que ele próprio o houvesse limitado e indicado o alcance que atribui a tal poder. E o fato de que ele aqui designa a autoridade paterna em sua mais ampla extensão fica claro nas palavras que imediatamente se seguem: *sendo essa submissão dos filhos*, diz ele, *a fonte de toda autoridade régia* (p. 12 [57]). A submissão, pois, na qual – afirma ele na linha anterior – *se encontra cada homem com respeito a seus filhos* e, consequentemente, na qual se encontravam os netos de Adão com respeito a seus pais, era aquela que constitui a origem de toda *autoridade régia*, *i.e.*, segundo nosso A., autoridade *absoluta e ilimitável*. E, portanto, os filhos de Adão tinham *autoridade régia* sobre seus filhos, ao mesmo tempo em que eles próprios estavam submetidos a seu pai e eram tão súditos como seus filhos. Seja qual for o sentido de suas palavras, porém, é evidente que admite que *os filhos de Adão dispõem de um pátrio poder* (p. 12 [57]), da mesma forma como dispõem todos os outros pais de um *pátrio poder sobre seus filhos* (O. 156 [232]). Donde se seguirá das duas coisas uma: ou bem os filhos de Adão, mesmo durante a vida deste, tinham – e todos os outros pais têm igualmente, no dizer do próprio autor (p. 12 [57]) – *por direito de paternidade, autoridade monárquica sobre seus filhos*, ou bem *Adão, por direito de paternidade, não dispunha de autoridade régia*. Pois ou o *pátrio poder* confere ou não *autoridade régia* àqueles que o possuem: se não a confere, nem Adão nem ninguém poderia ser soberano por esse título, o que prontamente poria um fim a toda a política de nosso A.; se a confere, todo aquele investido de *pátrio poder* dispõe de *auto-*

ridade régia e, segundo o governo patriarcal de nosso A., haverá tantos reis quantos são os pais.

71. Assim sendo, deixemos que ele e seus discípulos considerem que classe de monarquia logrou instituir. Certamente os príncipes terão razões de sobra para agradecê-lo por essa nova política, que instituiu tantos monarcas absolutos em cada nação quantos são os pais existentes. E, no entanto, quem poderá censurar nosso A. por tal, dado ser essa a conclusão inevitável a que chegará todo aquele que se ponha a discorrer segundo os princípios dele? Pois que tenho investido os pais de um *poder absoluto, por direito de geração*, intricada tarefa seria determinar em que proporção tal poder pertenceria a um filho sobre os filhos gerados por este; assim sendo, verificou-se que era muito difícil conferir todo o poder, como ele o faz, a Adão e, ao mesmo tempo, conceder uma parte aos filhos deste durante sua vida quando eles se tornavam pais, parte que não soube muito bem como negar-lhes. Isso é o que o torna tão ambíguo em suas expressões e tão incerto quanto a onde depositar esse poder natural absoluto que ele denomina *paternidade*: por vezes Adão é o detentor exclusivo de todo esse poder, como na p. 13 [58], O. 244, 245 [282/3] e no Pref. [188].

Por vezes, os *pais* detêm esse poder, termo que dificilmente poderá significar apenas o pai (pp. 12 [57] e 19 [61]).

Por vezes o detêm os *filhos*, durante a vida dos pais, como na p. 12 [57].

Por vezes, os *pais* de *famílias*, como nas pp. 78 [96] e 79 [96].

Por vezes, os *pais* em geral (O. 155 [231]).

Por vezes, o *herdeiro de Adão* (O. 235 [289]).

Por vezes, a *descendência de Adão* (244 [283]), (246 [284]).

Por vezes, *os primeiros pais, todos os filhos ou netos de Noé* (O. 244 [283]).

Por vezes, *os pais ancestrais* (p. 12 [57]).
Por vezes, todos os reis (p. 19 [60]).
Por vezes, todos quantos detêm o poder supremo (O. 245 [281]).
Por vezes, *os herdeiros daqueles primeiros progenitores que foram, no princípio, os pais naturais de todo o povo* (p. 19 [61]).
Por vezes, um rei eletivo (p. 23 [62]).
Por vezes, aqueles, sejam eles poucos ou uma multidão, que governam a *comunidade* (p. 23 [62]).
Por vezes, aquele que consegue dele apoderar-se, ou seja, em usurpador (p. 23 [62]), (O. 155 [232]).

72. Portanto, esse *novo nada*[1], que deve carregar consigo todo o poder, autoridade e governo, essa *paternidade* que deve designar a pessoa e estabelecer o trono dos monarcas aos quais os homens deverão obedecer, podem, segundo sir Robert, cair nas mãos de quem quer que seja, de uma forma qualquer, e, assim, segundo sua política, conferir autoridade régia a uma democracia ou fazer de um usurpador um príncipe legítimo. E se isso der lugar a todos esses nobres feitos, um grande bem terão promovido nosso autor e todos os seus seguidores com sua onipotente *paternidade*, que não pode ter outra utilidade senão a de convulsionar e destruir todos os governos legítimos do mundo e estabelecer, em seu lugar, a desordem, a tirania e a usurpação.

....
§ 72 1. "Novo nada" [*new nothing*] – expressão convencional que designa uma novidade desprovida de substância. No período vitoriano, empregava-se em Oxford a expressão "A silver new nothing and a tantadling tart" ("Um novo nada de prata e uma torta flã").

CAPÍTULO VII
Da paternidade e da propriedade[1] consideradas conjuntamente como fontes da soberania

73. Verificamos, nos capítulos precedentes, o que era a monarquia de Adão no entender de nosso A. e em que direitos ele a fundamentou. Os fundamentos em que se apoia com mais força, aqueles com base nos quais julga poder derivar com mais eficácia o poder monárquico dos príncipes futuros, são dois, quais sejam: a *paternidade* e a *propriedade*. Por conseguinte, o método por ele proposto a fim de *eliminar os absurdos e as inconveniências da doutrina da liberdade natural* consiste em *manter o domínio natural e privado de Adão* (O. 222 [71]). Em conformidade com tal, afirma ele, os *fundamentos e princípios do governo dependem necessariamente da origem da propriedade* (O. 108 [204]). *A submissão dos filhos em relação aos pais é a fonte de toda autoridade régia* (p. 12 [57]). E *todo poder existente sobre a Terra deriva ou é usurpado do pátrio poder, de modo que não se pode encontrar outra origem para nenhum tipo de poder* (O. 158 [233]). Não pretendo deter-me aqui para examinar como se pode afirmar, sem incorrer em contradição, que os *primeiros fundamentos e princípios do governo dependem necessariamente da origem da propriedade* e, ao mesmo tempo, que *não há outra origem para nenhum tipo de poder senão o pai*, pois é difícil compreender como *não pode haver outra origem* senão a *paternidade* e, ao mesmo tempo, que os *fundamentos e princípios do governo dependem da origem da propriedade* – sendo proprie-

....
§ **73** 1. Título do capítulo VII no original – o termo "*property*" [propriedade, posse] foi introduzido por Locke em substituição a "*propriety*" [propriedade, qualidade do que é próprio] após 1698, uma correção que aparece com frequência em outras partes, muito embora seja difícil identificar a razão, exceto por alguma mudança ocorrida na linguagem entre 1680 e 1700.

dade e *paternidade* coisas tão distintas quanto o senhor de um solar e um pai de família. Tampouco consigo perceber de que modo qualquer uma dessas asserções pode conciliar-se com a afirmação de nosso A. (O. 244 [283]) acerca da sentença divina contra Eva (Gn 3, 16), de que se trata da *concessão original de governo*, pois, fosse essa a *origem*, não se teria o governo originado, segundo o admite nosso A. mesmo, quer da *propriedade*, quer da *paternidade*; e esse texto, que ele aduz como prova do poder de Adão sobre Eva, necessariamente contradiz sua afirmação acerca da *paternidade*, ou seja, que é esta a *única fonte de todo o poder*. Pois se Adão dispunha de tal régio poder sobre Eva, conforme sustenta nosso A., o mesmo deve basear-se em algum outro direito que não o de geração.

74. Mas deixarei a ele a tarefa de conciliar essa contradição bem como numerosas outras, as quais qualquer um poderá encontrar com abundância em seu escrito, bastando para tal que o leia com um pouco de atenção, e ora passarei a considerar de que modo é possível conciliar duas origens do governo – o *domínio natural e o domínio privado* de Adão – e como podem servir para forjar e estabelecer os títulos dos sucessivos monarcas que, segundo os obriga nosso A., devem todos derivar seu poder da referidas *fontes*. Suponhamos, pois, que Adão, por *doação divina*, foi feito senhor e único proprietário de toda a Terra, num sentido tão vasto e amplo quanto sir Robert pudesse desejar; suponhamos que ele, *por direito de paternidade*, fosse também governante absoluto de seus filhos com ilimitada soberania. Pergunto, então, que destino haveriam de ter, com a morte de Adão, tanto seu *domínio natural* quanto seu *domínio privado*, e a resposta, estou certo, seria a de que estes passariam às mãos de seu herdeiro mais próximo, conforme assevera nosso A. em diversas passagens. É evidente, porém, que não é possível transmitir dessa maneira seu *domínio na-*

tural e seu *domínio privado* a uma mesma pessoa; pois mesmo que admitíssemos que toda a propriedade, todos os bens de raiz do pai devessem ser transmitidos ao primogênito (princípio cuja demonstração exigiria algumas provas), que receberia, por esse título de primogenitura, todo o *domínio privado* do pai, ainda assim o *domínio natural* do pai, o pátrio poder, não se lhe poderá transmitir por herança, porque, sendo este um direito que provém unicamente da *geração*, homem algum pode ter tal domínio natural sobre ninguém a quem não tenha *gerado*, a não ser que seja lícito presumir que um homem possa ter direito a uma certa coisa sem fazer aquilo sobre o qual assenta exclusivamente tal direito. Pois, se um pai tem sobre os próprios filhos um *domínio natural* pelo fato de havê-los *gerado*, e não por outro fato, aquele que não os gerou não poderá ter sobre eles esse *domínio natural* e, portanto, seja verdadeira ou falsa a afirmação de nosso A. (O. 156 [232]) de que *todo homem que nasce converte-se, por seu próprio nascimento, num súdito daquele que o gerou*, disso necessariamente se segue que um homem não pode converter-se, por nascimento, em súdito de seu irmão, o qual não o gerou; a menos que se possa supor ser possível a um homem, com base nesse mesmo direito, estar submetido ao *domínio natural e absoluto* de dois homens distintos ao mesmo tempo, ou que houvesse razão em se dizer que um homem está submetido, por nascimento, ao *domínio natural* de seu pai unicamente porque este o gerou e que está submetido, por nascimento, ao *domínio natural* de seu irmão mais velho, embora este não o tenha gerado.

75. Se, portanto, o *domínio privado de Adão, i.e.*, sua propriedade sobre as criaturas, passou, após sua morte, às mãos de seu primogênito, seu herdeiro (pois, não fosse assim, toda a monarquia de sir Robert cairia prontamente por Terra), e seu *domínio natural*, o domínio que tem um pai

sobre seus filhos pelo fato de havê-los gerado, passou, imediatamente após a morte de Adão, igualmente a todos os seus filhos que tinham filhos, pelo mesmo direito que o pai deles tivera, a soberania fundamentada na *propriedade* e a soberania fundamentada na *paternidade* haveriam de ser divididas, dado que a Caim, na qualidade de herdeiro, caberia, com exclusividade, aquela da *propriedade*, enquanto a Set e aos demais filhos caberia a da *paternidade*, em igualdade com ele. Isto é o máximo que se pode tirar da doutrina de nosso A. e, dos dois títulos de soberania que atribui a Adão, ou bem um deles nada significa ou, se ambos devem manter-se, apenas poderão servir para confundir os direitos dos príncipes e desordenar a sucessão ao governo. Pois ao apoiar-se em dois títulos de domínio que não podem ser transmitidos conjuntamente, e os quais ele admite que podem separar-se (pois concede que *os filhos de Adão possuíam seus territórios distintos por direito de domínio privado* – O. 210 [54], p. 40 [78]), lança uma perpétua dúvida sobre seus princípios, sobre onde reside a soberania ou a quem devemos nossa obediência, uma vez que *paternidade* e *propriedade* são títulos distintos e que passaram a pertencer, imediatamente após a morte de Adão, a pessoas distintas. E qual destas, então, haveria de ter a precedência?

76. Vejamos, porém, como ele próprio explica a questão. Afirma ele, citando Grócio[1], que, *antes da morte de Adão, tinham os filhos deste – por doação, designação ou algum tipo de cessão – seus territórios distintos por direito de domínio privado: Abel tinha seus rebanhos e os pastos onde apascentá-los; Caim tinha seus campos de grãos e a terra de*

....
§ 76 1. "Grócio" – um equívoco. Na passagem citada, Filmer se vale do *Mare Clausum*, de Selden, para contradizer Grócio. Tyrrell corrigiu o erro em 1681, 101 (segunda paginação).

Nod, onde edificou uma cidade (O. 210 [63/64])[2]. Será óbvio indagar, neste ponto, qual desses dois terá sido soberano após a morte de Adão. *Caim*, responde nosso A. (p. 19 [61]). Por que título? *Como herdeiro; porque os herdeiros dos progenitores que foram os pais naturais de seu povo são não apenas senhores de seus próprios filhos, mas também de seus irmãos,* afirma nosso A. (p. 19 [61]). De que era herdeiro Caim? Não de todas as posses, não de tudo sobre o qual tinha Adão *domínio privado*, pois admite nosso A. que Abel, por um título derivado do pai, *possuía seu território distinto para pastorear, por direito de domínio privado*. Portanto, o que Abel possuía por *domínio privado* era subtraído do domínio de Caim, pois não poderia ter este um *domínio privado* sobre algo que se encontrava sob domínio privado de outrem e, portanto, sua soberania sobre o irmão cai por terra juntamente com tal *domínio privado*, de modo que existem agora dois soberanos, e o imaginário direito de *paternidade* a que se refere nosso autor não se sustém, e Caim não é príncipe de seu irmão; ou, se Caim mantém sua soberania sobre Abel, não obstante o *domínio privado* deste, segue-se que os *primeiros fundamentos e princípios do governo* nada têm a ver com a *propriedade*, diga o que disser nosso autor em contrário. É verdade que Abel não sobreviveu ao pai Adão, mas o fato em nada afeta o argumento, que se mantém válido contra sir Robert no tocante à descendência de Abel, de Set ou qualquer dos descendentes de Adão não provenientes de Caim.

77. Incorre o A. nas mesmas contradições quando trata dos *três filhos de Noé*, entre os quais, segundo afirma (p. 13

---

2. Ver Gn 4, 16-7. O mesmo argumento é utilizado em II, § 38, e esta parte do texto tem alguma importância no tocante à explicação que o próprio Locke propõe para a relação entre propriedade e governo. A incoerência de Filmer nesse tema é maior que a de Locke, porém dificilmente se poderá justificar a precipitada superioridade deste.

[58]), *dividiu o pai a Terra inteira*. Pergunto, então, em qual dos três haveremos de encontrar o *estabelecimento do régio poder* após a morte de Noé. Se nos três, como nosso A. parece dizer, segue-se que o régio poder está fundamentado na propriedade de terra, ou seja, no *domínio privado* e não no *pátrio poder* ou no *domínio natural*, de modo que chega ao fim o princípio do poder paterno como a fonte da autoridade régia e a tão glorificada *paternidade* praticamente desaparece. Se o *régio poder* foi transmitido a Sem como primogênito e herdeiro de seu pai, a *divisão do mundo em partes empreendida por Noé entre os filhos ou seus dez anos de navegação pelo Mediterrâneo a fim de designar a cada filho a sua parte* a que se refere nosso A. (p. 15 [59]) foi um trabalho perdido – e a divisão do mundo entre eles foi vã ou despropositada: pois sua concessão a Cam e Jafé teria pouco valor caso Sem, apesar de tal concessão, devesse tornar-se senhor dos demais com a morte de Noé. Ou, se tal concessão de *domínio privado* a eles sobre os territórios designados foi válida, instituíram-se então duas classes distintas de poder, não subordinada uma à outra, com todos aqueles inconvenientes que nosso autor arrola contra o *poder popular* (O. 158 [233]), os quais passo a expor em suas próprias palavras, apenas substituindo *povo* por *propriedade*. *Todo poder terreno ou é derivado ou usurpado do poder paterno, e não se pode encontrar nenhuma outra origem para qualquer poder que seja; pois, se se admitisse a existência de duas classes de poder, sem nenhum tipo de subordinação de um com relação ao outro, estariam ambos em perpétua disputa pela supremacia, porquanto dois poderes supremos não podem concordar: se couber a supremacia ao poder paterno, o poder* fundamentado no domínio privado *deve estar subordinado e depender deste; e se couber a supremacia ao poder* fundamentado na propriedade, *deverá o poder paterno submeter-se a este, e o mesmo não poderá ser exercido sem a autorização dos proprietários, o que*

destruirá por completo a estrutura e o curso da natureza. Esta é sua própria argumentação contra a existência de dois poderes independentes, a qual expus em suas próprias palavras, apenas introduzindo o *poder fundamentado na propriedade* em lugar do *poder popular*; e agora que o A. nos deu a resposta, com as palavras que ele próprio emprega aqui contra a existência de dois poderes distintos, encontramo-nos em melhores condições para inquirir de que modo e em que sentido admissível pode ele derivar toda régia autoridade do *domínio natural e do domínio privado de* Adão ao mesmo tempo da *paternidade* e da *propriedade*, que são direitos distintos e que nem sempre convergem na mesma pessoa; vê-se claramente, segundo a confissão de nosso A., que tais poderes se separam tão logo a morte de Adão e de Noé deram lugar à sucessão, ainda que nosso A. os confunda frequentemente em seus escritos e não se abstenha de fazer uso de um e de outro ali onde julga mais proveitoso para suas finalidades. Porém o absurdo de tudo isso se mostrará com mais clareza no capítulo que se segue, em que examinaremos por que meios teria sido transmitida a soberania de Adão aos príncipes que haveriam de reinar depois dele.

CAPÍTULO VIII
Da transmissão do soberano poder monárquico de Adão

78. Sir Robert, que não foi muito feliz nas provas que aduz em favor da soberania de Adão, tampouco é mais feliz ao tratar da transferência da dita soberania aos príncipes futuros, que, a darmos crédito a sua política, deveriam, todos, fazer derivar seus títulos daquele primeiro monarca. Passo a expor agora, em suas próprias palavras, as formas que assinalou para tal e que se encontram espalhadas aqui e acolá

em seus escritos: diz ele, em seu Prefácio [188], que, *sendo Adão monarca do mundo todo, nenhum de seus descendentes tinha direito algum a possuir coisa alguma, salvo por sua concessão ou permissão, ou ao sucedê-lo.* Estabelece ele ali, pois, duas formas de transmissão de qualquer coisa cuja posse coubesse a *Adão*, e são elas a *concessão* ou a *sucessão*. Diz ele, ainda, que *todos os reis são ou podem ser reputados os herdeiros diretos daqueles primeiros progenitores que foram, no princípio, os pais naturais de toda a gente* (p. 19 [60, 61]). *Não pode haver multidão de homens, seja de que espécie for, sem que em meio a ela, considerada em si mesma, exista um homem que detenha, por natureza, o direito de ser o rei de todos os demais, por ser o herdeiro direto de Adão.* (O. 253 [288, 289]). Nos trechos ora referidos, a *herança* é a única forma admitida por ele para transferir o poder monárquico aos príncipes. Em outra passagens, afirma ele (O. 155[1] [232]) que *todo poder terreno ou deriva ou é usurpado do poder paterno* (O. 158 [233]). *Todos os reis ora existentes ou que jamais existiram são ou foram pais de seu povo ou os herdeiros desses pais ou usurpadores do direito dos mesmos* (O. 253 [288]). E aqui faz ele da *herança* e da *usurpação* as únicas vias pelas quais obtêm os reis seu poder original; também afirma, contudo, que *esse pátrio império, porquanto era por si mesmo hereditário, também era alienável por patente*[2] *e sujeito a ser apoderado por um usurpador* (O. 190 [256]). As formas de transmissão, portanto, seriam aqui a herança, a concessão e a usurpação. E por último, o que é mais admirável, afirma ele (p. 100 [106])

....

§ 78   1. "O. 155" – referência redundante. As palavras que precedem são uma inserção de Locke no exemplar de Christ Church, mas ele não riscou a referência. É evidente, com base em fatos como este, que não fez sua revisão final, após 1698, com o livro de Filmer à mão.

2. "Por patente" – Filmer escreveu "*pela patente*" em seu manuscrito (ed. 1949, p. 256).

que *não importa o caminho pelo qual chegam os reis a seu poder, se por eleição, doação, sucessão ou outro meio qualquer, pois será sempre a forma de governar com base no poder supremo que os torna propriamente reis e não os meios por que obtêm suas coroas.* O que, me parece, é uma refutação cabal de toda a sua *hipótese* e discurso acerca da autoridade régia de Adão como a fonte da qual viriam todos os príncipes a derivar a sua, e nosso A. poderia ter-nos poupado o incômodo de falar tanto, como ele o faz, às voltas com herdeiros e heranças, se para tornar alguém *propriamente um rei* é necessário tão somente *governar por supremo poder, e não importa por que meios ele o conseguiu*[3].

79. Por esse notável caminho, nosso A. pode fazer Oliver[1] tão *propriamente rei* quanto qualquer um que pudesse imaginar; e houvesse ele tido a felicidade de viver sob o governo de *Masaniello*[2], não poderia abster-se, com base em sua própria regra, de prestar-lhe homenagem com a saudação

....
3. Isso invalida toda a tese de Filmer: cf. Salmon, 1959, III n.

§ 79 1. *Oliver* – Oliver Cromwell. Talvez seja conveniente observar que Filmer efetivamente escreveu sua justificação para a obediência aos usurpadores no tempo do governo de Cromwell, em particular suas *Directions* (231-5). É um tanto implacável da parte de Locke censurá-lo constantemente por afirmações formuladas em tais circunstâncias, tendo em vista, sobretudo, que a única obra efetivamente publicada por ele nessa época era seu elogio poético a Cromwell – ver Introdução, pp. 23-4; comparar com I, § 121, 12.

2. Ver *Cambridge Modern History* (1906), IV, 656-7. A revolta de Tommaso Aniello (Masaniello) em Nápoles, contra o governo espanhol, em 1647, converteu-se em símbolo do governo da multidão, para toda a Europa, por algumas gerações. No trimestre legal que se iniciava em janeiro (*Hilary Term*) de 1682/3, por exemplo, publicou-se em Londres um poema intitulado *Massinello, ou um sátiro contra a sociedade* (Wing, M 1043). [Deve-se recordar, para a data, que no tempo de Locke ainda vigorava na Inglaterra o calendário juliano; além disso, o ano começava em 25 de março – de modo que é praxe hoje, para referir as datas entre 1º de janeiro e 24 de março daquela época, marcar ao mesmo tempo o ano como era dito e como hoje é lembrado: por exemplo, "1682/3". (N. R. T.)]

Vida eterna ao rei!, pois que seu modo de governar por supremo poder fez *propriamente* rei a quem no dia anterior não era *propriamente* mais que um pescador. E houvesse Dom Quixote ensinado seu escudeiro a governar com autoridade suprema, sem dúvida seria nosso A. um súdito dos mais fiéis da ilha de Sancho Pança[3]; e haveria necessariamente de merecer algum posto em tais governos, pois acredito ser ele o primeiro político que – no intuito de erigir o governo sobre suas verdadeiras bases e estabelecer os tronos dos príncipes legítimos – disse que *é propriamente rei aquele cujo modo de governar estava baseado no supremo poder, sejam quais forem os meios por que o obteve*, o que, em língua de todos os dias, significa dizer que o poder monárquico e supremo pertence própria e verdadeiramente àquele que é capaz, por qualquer meio, de apoderar-se dele; e se isso é ser *propriamente um rei*, me pergunto como foi possível a ele conceber, ou onde haveria de encontrar, um *usurpador*.

80. É esta uma doutrina tão estranha que a surpresa que me causou me fez passar ao largo, sem a devida reflexão, das contradições em que incorre nosso autor ao fazer por vezes unicamente a *herança*, por vezes unicamente a *concessão* ou a *herança*, por vezes unicamente a *herança* ou a *usurpação*, por vezes essas três juntas, e, por último, a *eleição* ou *qualquer outro meio* a elas acrescido, os modos pelos quais a *autoridade* régia de Adão, ou seja, seu direito ao governo supremo, poderiam ser transmitidos aos reis e governantes futuros, de modo a conferir-lhes o direito à obediência e a submissão do povo. Essas contradições, porém, são de tal modo flagrantes que a simples leitura das próprias

---

3. Ver Cervantes, *Dom Quixote*, Parte II, capítulos 37, 38, 42, 45 etc. Locke possuía quatro edições da obra, sendo duas em francês e duas em inglês.

palavras de nosso A. as tornará manifestas a qualquer intelecto comum; e embora o que citei de seu escrito (com muito mais sentido e coerência do que se pode encontrar nele) pudesse perfeitamente dispensar-me do incômodo de empreender novos esforços contra essa argumentação, contudo, uma vez que me propus a examinar as partes principais de sua doutrina, considerarei um pouco mais detidamente de que modo a *herança*, a *concessão*, a *usurpação* ou a *eleição* podem, com base em seus princípios, constituir de alguma forma um governo no mundo ou fazer derivar em favor de quem quer que seja um direito de império a partir dessa régia autoridade de Adão, admitindo que houvesse sido perfeitamente demonstrado ter sido ele monarca absoluto e senhor do mundo inteiro.

CAPÍTULO IX
Da monarquia por herança de Adão

81. Embora nunca tenha ficado tão patente a necessidade de um governo no mundo, e mesmo que todos os homens compartilhassem a opinião de nosso A. segundo a qual o decreto divino determinou fosse ele *monárquico*, ainda assim, dado que os homens não podem obedecer a algo que não possa ordenar nem possam as ideias fantasiadas acerca do governo, por mais perfeitas e retas que sejam, outorgar leis ou prescrever normas que regulem as ações dos homens, não teria a dita ideia utilidade alguma para a instauração da ordem e o estabelecimento do governo em sua função e uso entre os homens, a menos que se ensinasse também um meio para se conhecer a pessoa a quem pertence esse poder e a quem cabe exercer esse domínio sobre os demais. Será vão, pois, discorrer de submissão e obediência sem que se diga a quem devemos obedecer – uma vez que, conquanto possa eu estar plenamente conven-

cido da necessidade da magistratura e da lei no mundo, sigo, não obstante, em liberdade até que venha à luz quem é a pessoa que tem direito à minha obediência; pois se não há marcas pelas quais ela se dê a conhecer e que permitam distinguir entre os demais aquele que tem o direito de governar, este poderá ser eu mesmo, bem como qualquer outro. E, por conseguinte, embora a submissão ao governo seja dever de cada um, dado que tal não significa senão a submissão às diretrizes e às leis dos homens que dispõem de autoridade para comandar, não basta converter um homem em súdito para convencê-lo da existência de um *régio poder* no mundo, mas deve haver meios de designar e conhecer a pessoa a quem esse *régio poder* pertence de direito; e nunca pode um homem ser obrigado em consciência a submeter-se a poder algum, salvo se lhe for dado saber quem é a pessoa que tem o direito de exercer esse poder sobre ele. Não fosse assim, não haveria distinção alguma entre os piratas e os príncipes legítimos: aquele que tivesse a força deveria ser obedecido de pronto, e as coroas e cetros se converteriam na herança apenas da violência e da rapinagem. Ademais, os homens poderiam trocar seus governantes com a mesma frequência e inocência com que trocam de médico se não for dada a conhecer a pessoa que tem o direito de dirigir-me e cujas prescrições sou obrigado a seguir. Para submeter, pois, a consciência dos homens a uma obrigação de obediência, é necessário que eles saibam não apenas da existência de um poder em alguma parte do mundo, como também qual é a pessoa que está, por direito, investida desse poder sobre eles.

82. Até que ponto teve êxito nosso A. em suas tentativas de instaurar um *poder monárquico absoluto* em Adão, o leitor poderá julgar mediante o que foi dito até o presente. Contudo, ainda que essa *monarquia absoluta* fosse tão clara quanto desejaria nosso A. – e presumo não o seja –,

não teria ela utilidade nenhuma para o governo dos homens no mundo atual, a menos que elucidasse também os dois pontos seguintes:

Em primeiro lugar, que esse *poder de Adão* não estava destinado a perecer com ele, mas foi, após sua morte, transmitido integralmente a alguma outra pessoa entre seus descendentes, e assim sucessivamente.

Em segundo lugar, que os príncipes e governantes atuais existentes sobre a terra estão de posse desse *poder de Adão*, a eles outorgado por uma forma lícita de transmissão.

83. Se a primeira asserção não se confirma, *o poder de Adão*, por mais vasto e certo que tenha sido, nada significará aos governos e sociedades (*societies*) do mundo atual, e deveremos buscar, para o governo das sociedades políticas (*politys*), uma origem do poder diversa daquele de Adão, do contrário não haverá poder algum no mundo. Se não se confirma a segunda asserção, temos destruída a autoridade dos atuais governantes e o povo se verá liberto da submissão a eles, porquanto, não tendo eles mais direito que outros a esse poder, que é a fonte exclusiva de toda autoridade, não poderão ter direito algum de governá-los.

84. Nosso A., após haver fantasiado uma soberania absoluta em Adão, menciona diversas formas pelas quais a mesma poderia ser transferida aos príncipes que viriam a ser seus sucessores, porém aquela na qual insiste principalmente é a *herança*, que ocorre com grande frequência em seus diversos discursos e, uma vez que já citei várias dessas passagens no capítulo precedente, não será necessário repeti-las. Tal soberania ele a erige, conforme já foi dito, apoiando-se em duplo alicerce, qual seja, o da *propriedade* e o da *paternidade*. A primeira consiste no direito que supostamente teria ele sobre todas as criaturas, o direito de possuir a terra com seus animais e demais classes inferiores de

seres para seu uso privado, à exclusão de todos os outros homens. A segunda consiste no direito que supostamente teria para reger e governar os homens, reger e governar todo o resto da humanidade.

85. Dado que esses direitos pressupõem a exclusão de todos os outros homens, deve haver uma razão peculiar para que estejam ambos alicerçados em Adão.
Supõe nosso A. que o direito de *propriedade* provém de uma *doação* direta de Deus (Gn 1, 28) e o de *paternidade*, do ato de gerar. Ora, em toda herança, se o herdeiro não sucede ao pai na razão em que se alicerçava o direito deste, não poderá sucedê-lo no direito que deriva de tal razão. Por exemplo, Adão tinha um direito de propriedade sobre todas as criaturas mediante a *doação* e a *concessão* de Deus todo-poderoso, que era senhor e proprietário de todas elas; ainda que o fato fosse tal como diz nosso A., seu herdeiro, quando da morte de Adão, não poderia ter título algum sobre elas, nenhum direito semelhante de propriedade, salvo se a mesma razão, a saber, a *doação* de Deus, conferisse o mesmo direito também ao *herdeiro*. Pois, se fosse interdito a Adão ter qualquer propriedade sobre as criaturas ou direito de usá-las sem essa *doação* positiva de Deus, e se tal *doação* se referia única e pessoalmente a Adão, seu *herdeiro* não teria direito algum a ela, de modo que, quando de sua morte, a mesma deveria retornar às mãos de Deus, novamente senhor e proprietário, pois o título conferido pelas concessões positivas não vai além dos termos expressos em que elas são transmitidas e em nome unicamente dos quais são mantidas. Por conseguinte, se nosso A. mesmo sustenta que tal *doação* (Gn 1, 28) foi dirigida apenas e pessoalmente a Adão, seu herdeiro não poderia sucedê-lo na propriedade sobre as criaturas; e se foi uma doação dirigida a outro que não Adão, que se demonstre que tenha sido dirigida a seu herdeiro, no *sentido* pretendido

por nosso A., *i.e.*, a um de seus filhos à exclusão de todos os demais.

86. Mas, para não seguir nosso A. muito ao largo do caminho, é a seguinte a essência de sua tese: Deus, depois de haver criado o homem, implantando nele, bem como em todos os outros animais, um forte desejo de autoconservação e provendo o mundo das coisas adequadas à alimentação, ao vestuário e a outras necessidades da vida, para que servissem a seu desígnio de que o homem vivesse e habitasse por algum tempo sobre a face da Terra e que tão curioso e esplêndido artefato[1] não viesse a perecer de pronto, ao cabo de alguns instantes de subsistência, por sua própria negligência ou falta do que necessitasse, Deus, digo eu, após haver criado o homem e o mundo dessa forma, falou a ele, isto é, orientou-o através de seus sentidos e sua razão – tal como o fez para com os animais através dos sentidos e instinto destes, os quais introduzira neles com essa finalidade – quanto ao uso das coisas que eram úteis à sua subsistência e que lhe eram dadas como meios de sua conservação. Por conseguinte, não duvido de que antes que essas palavras tenham sido pronunciadas (Gn 1, 28, 29) (caso se deva entender literalmente que foram pronunciadas), e sem a necessidade de tal *doação* verbal, tivesse o homem direito ao uso das criaturas, pela vontade e a concessão de Deus. Pois, implantado que foi nele pelo próprio Deus como um princípio de ação, o desejo, o forte desejo de conservar sua vida e existência[2], a razão, *que*

---

§ 86   1. "Artefato" – ver nota em I, § 52, e referências.

2. Estas linhas levantam uma série de importantes problemas acerca da relação entre a teoria política de Locke e sua filosofia (ver Introdução, Capítulo VI, 2). A preservação, de si mesmo e de toda a humanidade, é uma lei natural para Locke, talvez a lei natural, aqui apresentada como um "Princípio de Ação" implantado no homem por Deus. Isso pareceria contradizer o capítulo III do Livro 1 de seu *Ensaio*, intitulado "Da inexistência de princípios práticos ina-

era a voz de Deus nele, não poderia senão ensiná-lo e assegurá-lo de que, ao perseguir aquela sua inclinação natural para conservar sua existência, seguia ele o desígnio de seu artífice e tinha, portanto, o direito de fazer uso das criaturas que a razão e os sentidos lhe indicavam ser úteis para tal fim. Assim, pois, a *propriedade* do homem sobre as criaturas estava fundamentada no direito que tinha ele de fazer uso das coisas necessárias ou úteis para sua existência[3].

87. E essa razão e fundamento da *propriedade de Adão* conferiu o mesmo direito, alicerçado na mesma base, a todos os seus filhos, não apenas após sua morte, mas estando ele em vida, de modo que não se tratou de um privilégio de seu *herdeiro* sobre seus outros filhos e que pudesse excluí-los de um direito equitativo ao uso das criaturas inferiores para a cômoda conservação de suas existências – em que se resume toda a *propriedade* que têm os homens sobre elas –; e assim, a soberania de Adão, edificada sobre a *propriedade* ou, como nosso A. a chama, *domínio privado*, se reduz a nada. Todo homem tinha direito às criaturas, pelo mesmo título que tinha Adão, ou seja, pelo direito facultado a cada um de cuidar e prover à própria subsistência – portanto, os homens tinham um direito em co-

....
tos", mas a linguagem aqui utilizada se aproxima muito da exceção que ele apresenta naquela obra (ed. Nidditch, 1975, 67) em favor do "desejo de felicidade" enquanto um "princípio prático inato", ver Yolton, 1956. A "razão" como "*a voz de Deus*" é um célebre neoplatonismo; ver II, § 56, e a *Racionalidade do Cristianismo* (1695), de Locke, em que a razão é chamada "centelha da natureza divina", "lume do Senhor" (*Works*, 1801, VII, 133); sobre a razão em geral, ver Polin, 1960, 25 etc.

3. Este parágrafo e o seguinte apresentam a justificação fundamental da propriedade por Locke, aqui tipificada pela propriedade de animais; ver Introdução, pp. 147-9. Comparar com II, § 30, em que a teoria do trabalho é chamada "lei da razão"; e comparar e confrontar com seu oitavo *Ensaio sobre a lei da natureza*, em que afirma que a posse da propriedade privada (*res sua, res privada*) é protegida pela lei da natureza (Von Leyden, 1954, 206-7).

mum, e os filhos de Adão um direito em comum com ele. Mas, se alguém houvesse iniciado e atribuído a si mesmo uma propriedade sobre qualquer coisa particular (e veremos adiante como esse alguém, ou qualquer outro, poderia fazê-lo[1]), essa coisa, essa posse, caso dela não dispusesse por meio de concessão positiva em favor de outrem, seria naturalmente transmitida a seus filhos, os quais teriam o direito de suceder-lhe e possuí-la.

88. Não seria desarrazoado indagar, neste ponto, como obtêm os filhos esse direito de possuir, preferencialmente a todos os demais, as propriedades dos pais à morte destes. Pois, pertencendo estas pessoalmente aos pais, por que razão, quando eles morrem sem transferir de fato seu direito a outrem, não retornam ao patrimônio comum da humanidade? Talvez se possa responder que o consentimento comum dispôs de tais propriedades destinando-as aos filhos. A prática comum – como de fato se vê – assim o dispõe, porém não podemos afirmar que seja por um consentimento comum da humanidade, porquanto este nunca foi solicitado, nem efetivamente concedido; e se o consentimento tático o estabeleceu, dele resultará tão somente um direito positivo, e não um direito natural dos filhos a herdar os bens de seus pais – mas, quando se tem uma prática universal, é razoável pensar que sua causa seja natural. Penso, portanto, que o fundamento para tal resida no seguinte: sendo o desejo de autoconservação o primeiro e mais poderoso desejo implantado por Deus nos homens, inserido por Ele entre os próprios princípios de sua natureza, constitui o fundamento do direito às criaturas para o sustento e uso particular de cada pessoa individual. Ao lado disso, porém, Deus também implantou no homem um forte desejo de

---

§ 87   1. Uma clara referência ao quinto capítulo do *Segundo tratado*; ver Introdução, pp. 71-3.

propagar sua espécie e perpetuar-se em sua descendência, o que confere aos filhos o direito de participar da *propriedade* de seus pais e o direito de herdar suas posses. Os homens são proprietários de seus bens não meramente para si próprios: seus filhos têm direito a uma parte, e uma espécie de direito, associado ao direito dos pais, às posses que virão a pertencer-lhes por inteiro quando a morte, ao pôr termo a seu uso pelos pais, os despojar de suas posses – e a isso chamamos herança. Por estarem os homens obrigados a conservar aqueles a quem geraram, bem como a si mesmos, sua descendência adquire um direito aos bens dos quais estão eles de posse. Que os filhos têm esse direito está claro pelas leis de Deus; e que os homens estão convencidos de que os filhos têm esse direito está evidenciado pela lei da terra; ambas as leis exigem que os pais provenham seus filhos.

89. Porquanto os filhos, segundo o curso da natureza, nascem débeis e incapazes de prover a si mesmos, têm eles, por decreto do próprio Deus – que ordenou dessa forma o curso da natureza – direito a serem alimentados e mantidos pelos pais, e um direito não apenas à mera subsistência como também às comodidades e confortos da vida, tanto quanto o possam permitir as condições dos pais. Segue-se daí que, quando os pais deixam o mundo e cessa, com isso, o cuidado devido aos filhos, os efeitos desse cuidado hão de prolongar-se o mais possível, e entende-se que as provisões que fizeram eles durante a vida sejam destinadas aos filhos, cujas necessidades devem eles prover depois da morte; ainda que os pais mortos nada tenham declarado, em palavras expressas, com respeito a essa questão, a natureza determina a transmissão de suas propriedades aos filhos, que passam a dispor, dessa forma, de um título e um direito natural à herança dos bens dos seus pais que o resto da humanidade não pode almejar.

90. Não fosse esse direito de ser alimentado e mantido pelos pais conferido aos filhos por Deus e pela natureza e imposto aos pais como um dever, seria razoável que o pai herdasse o patrimônio de seu filho e tivesse, na herança, a primazia sobre o neto; pois que o avô é credor de uma extensa dívida de cuidados e despesas dedicados à criação e à educação do filho – dívida a qual é justo considerar que deva ser paga. Porém, como isso foi feito em obediência à mesma lei pela qual ele recebeu alimento e educação por parte dos pais, essa dívida da educação que um homem recebe de seu pai é paga cuidando-se dos próprios filhos e provendo-os; é paga, digo-o, tanto quanto é exigido pela alteração da propriedade, a não ser que a necessidade presente dos pais exija um retorno dos bens para o sustento e a subsistência que lhes são necessários. Pois não nos estamos referindo agora àquela reverência, reconhecimento, respeito e honra sempre devidos aos pais pelos filhos, mas das posses e comodidades da vida que se podem adquirir com dinheiro[1]. Embora caiba aos pais criar e prover seus filhos, essa dívida para com os filhos não anula a dívida destes para com os pais – apenas a natureza confere à primeira uma primazia sobre a segunda; pois a dívida de um homem para com seu pai confere a este o direito de herdar os bens do filho quando, por falta de descendência, o direito dos filhos não exclua o do pai. Por conseguinte, como cada homem tem o direito de ser mantido pelos filhos quando o necessita, bem como de gozar os confortos da vida com a aju-

---

§ 90 1. Interessante expressão da concepção lockeana acerca das relações éticas entre as gerações; comparar com Laslett, 1977. Viner, 1963, cita o trecho para referir-se à distinção de Locke entre a propriedade como uma categoria geral, que poderia incluir "a reverência (...), o respeito e a honra", e a propriedade especificamente definida como "as posses e comodidades da vida que se podem adquirir com dinheiro". Confrontar com II, § 87, nota e referências.

da deles – quando o permitirem a necessária provisão devida a eles e a seus filhos – se o filho morre sem deixar descendentes o pai terá, por natureza, direito a possuir seus bens e herdar seu patrimônio (ainda que as leis municipais de certos países possam, absurdamente, deliberar de outro modo²), seguindo-se seus filhos e depois destes sua descendência, ou, na falta desta, seu pai e seus descendentes. Mas ali onde isso não se verifica, isto é, onde não haja parentes, vemos que as posses de um homem privado retornam para a comunidade e, assim, nas sociedades políticas, recaem nas mãos do magistrado público; no estado de natureza, porém, voltam a ser absolutamente comuns e ninguém tem o direito de herdá-las ou de ter propriedade sobre elas mais do que sobre outras coisas comuns por natureza e das quais falarei em seu devido lugar³.

91. Se me estendi para mostrar sobre que fundamentos repousa o direito de sucessão dos filhos sobre as posses dos pais, eu o fiz não apenas porque com isso se verá claramente que, se tinha Adão propriedade (propriedade nominal, insignificante e inútil, pois que outra coisa não poderia ser, dado que estava obrigado a alimentar e manter com ela seus filhos e sua descendência) sobre a Terra inteira e seus produtos, todavia – como todos os seus filhos haviam recebido, pela lei de natureza e o direito de heran-

---

2. Locke dá a clara impressão de ter em mente as "leis municipais" do seu próprio país (comparar com II, § 205), que determinavam que a terra ["*Estate*": "patrimônio", nesta passagem] não podia ser herdada pelo pai de um indivíduo ou por qualquer um em linha ascendente, embora o mesmo não se aplicasse aos bens móveis. Ver Holdsworth, *History of English Law*, 1923, II, 171-85, em especial p. 175, e comparar com I, § 123, e II, § 12. É possível que nessa discussão, bem como em I, § 89, Locke tivesse Grócio (1625, III, iii) em mente.

3. Uma referência ao capítulo V do *Segundo tratado*; ver I, § 87, e referência.

ça, um título conjunto e um direito de propriedade sobre ela após a morte dele –, a nenhum de seus descendentes poderia ser transmitido direito de soberania sobre os demais, pois que, tendo cada um o direito de herança sobre seu quinhão, poderiam eles usufruir sua herança ou qualquer parte da mesma em comum, ou reparti-la no todo ou em parte por uma divisão, segundo melhor lhes aprouvesse. Mas ninguém poderia almejar a herança inteira ou alguma soberania supostamente ligada a ela, pois o direito de herança conferia a cada um dos demais, de forma equânime, o direito de participar dos bens de seu pai. Não foi esse o único motivo, digo eu, por que fui eu tão minucioso ao examinar a razão pela qual os filhos herdam a propriedade dos pais, mas também porque tal permitirá examinar com mais clareza a questão da herança de *governo* e *poder*, com respeito à qual, nos países em que as leis municipais[1] conferem a inteira posse da terra exclusivamente ao primogênito e a transferência de poder se dá, de costume, nas mesmas bases, alguns se deixaram enganar pela opinião de que existiria um direito natural ou divino de progenitura, referente tanto à *propriedade da terra* quanto ao *poder*, e que a herança, tanto do *governo* sobre os homens como da *propriedade*, teria a mesma origem e deveria ser transmitida segundo as mesmas regras.

92. A propriedade, cuja origem se encontra no direito que tem o homem de utilizar qualquer uma das criaturas inferiores para a subsistência e conforto de sua vida, destina-se ao benefício e vantagem exclusiva do proprietário, de forma que este poderá até mesmo destruir, mediante o uso, aquilo de que é proprietário, quando o exija a neces-

---

§ 91   1. Locke, é óbvio, também aqui tem em mente o direito consuetudinário inglês; comparar com I, § 90, e nota em I, § 37.

sidade¹; já o governo, cuja finalidade é a preservação do direito e da propriedade de cada um, preservando-o da violência ou injúria* dos demais, destina-se ao bem dos governados². Pois, sendo a espada dos magistrados para *aterrorizar os malfeitores* e, por meio desse terror, obrigar os homens a observar as leis positivas da sociedade, formuladas de conformidade com as leis da natureza, para o bem público, isto é, o bem de cada membro individual daquela sociedade, tanto quanto o podem prover as normas comuns, tal espada não é entregue ao magistrado apenas para o seu bem pessoal³.

93. Como foi mostrado, portanto, os filhos – em razão de sua dependência em relação aos pais – têm um direito de herança à propriedade do pai, como algo que lhes pertence para seu próprio bem e proveito, razão pela qual são apropriadamente chamados "bens", à qual não tem o primogênito um direito exclusivo ou peculiar por nenhuma lei de Deus ou da natureza, de modo que os filhos menores têm o mesmo direito que ele, alicerçado naquele direito que todos têm o mantimento, o sustento e o conforto por parte dos pais, e a nada mais. Destinado que está o governo, porém, ao benefício dos governados e não à vantagem exclusiva dos governantes (para a vantagem destes apenas conjuntamente à dos demais, enquanto partes daquele corpo político do qual cada parte e cada membro são obje-

....
§ **92** 1. Aqui Locke assimila toda propriedade aos direitos sobre os animais, justificados em I, § 86, e II, § 6 e nota.

* O termo *injúria* deve ser entendido, literalmente, como o desrespeito ou desacato a um direito (latim *jus*) alheio, e não no sentido usual hoje em nossa língua, qual seja, o de ofensa *verbal.* (N. R. T.)

2. Um importante tema do *Segundo tratado*; ver, por exemplo, II, § 124.

3. Frases extraídas do célebre capítulo 13 de Romanos, versículos 3 e 4: "Pois os magistrados não inspiram o terror às boas obras, mas sim ao mal (...) pois ele não leva consigo a espada em vão".

to de cuidado e que está voltado, em suas funções peculiares, ao bem do todo, segundo as leis da sociedade), não pode ele ser herdado com base no mesmo direito que têm os filhos aos bens paternos. O direito que tem um filho de ser mantido e provido em suas necessidades e comodidades da vida através do patrimônio paterno confere a ele o direito de herdar a *propriedade* dos pais para bem próprio, porém o mesmo não lhe pode conferir o direito de suceder também de herdar *o governo* exercido pelo pai sobre outros homens. Tudo quanto está no direito de um filho reclamar de seu pai é alimento e educação, bem como as coisas que a natureza fornece para o sustento da vida; todavia, não tem ele o direito de reclamar do pai *governo* ou *domínio*, porque pode subsistir e receber dele a porção de benesses e vantagens da educação que lhe são naturalmente devidas, sem ter nenhum *império* ou *domínio*. Estes (caso os possua o pai) a ele foram outorgados para o bem e a vantagem de outros e, portanto, não pode o filho reclamá-los ou herdá-los por um título inteiramente fundamentado em seu bem e vantagem pessoais.

94. É necessário que saibamos de que forma o primeiro governante, ao qual todos se reportam, obteve sua autoridade, em que se fundamenta o *império* de qualquer um e qual o seu título para o possuir, antes que possamos saber a quem cabe o direito de suceder-lhe no comando e de herdá-lo. Se foram o acordo e o consentimento dos homens que primeiro depuseram um cetro na mão de alguém ou colocaram uma coroa sobre sua cabeça, os mesmos deverão regular sua transmissão, porquanto a mesma autoridade a estabelecer o primeiro *governante* legítimo deve estabelecer também o segundo e conferir, assim, o direito de sucessão. Nesse caso, nem a herança nem a primogenitura podem ter a menor pretensão a tal, salvo na medida em que o consentimento, que estabeleceu a forma do governo,

haja estabelecido essa forma de sucessão. Vemos, assim, que, em países diversos, a sucessão coloca a coroa sobre diferentes cabeças, de tal modo que alcança o principado em um lugar, por direito de sucessão, aquele que em outra parte não passaria de um súdito.

95. Se Deus, por sua concessão positiva e declaração revelada, conferiu pela primeira vez o *governo* e o *domínio* a algum homem, aquele que pretenda reclamá-los com base nesse título deverá ter, para obter a sucessão, a mesma concessão positiva de Deus; pois, se esta não regulou o curso de sua transmissão a outros, a ninguém poderá recair o título do primeiro governante. Os filhos não têm direito algum de herança a isso, e não pode a primogenitura estabelecer semelhante direito, a não ser que Deus, autor dessa constituição, assim o haja determinado. Vemos, assim, que as pretensões da família de Saul, o qual recebeu sua coroa por designação direta de Deus, puseram fim a seu reinado; e com base no mesmo título por que reinou Saul, isto é, a designação de Deus, sucedeu-o no trono Davi, à exclusão de *Jônatas* e de toda pretensão à herança paterna. E, se Salomão tinha direito de suceder a seu pai, deve ter sido por algum título que não o de primogenitura. Um caçula ou o filho de uma irmã deverão ter a preferência na sucessão[1], caso tenham o mesmo título que tinha o primeiro príncipe legítimo; e num domínio fundamentado apenas na designação positiva do próprio Deus, ao Benjamim, o mais jovem, deve caber o direito de herdar a Coroa,

....
§ 95   1. Este trecho pode indicar que os §§ 93, 94 e 95 (no todo ou em parte) constituam uma inserção de 1689. Guilherme era um "caçula ou filho da irmã", no que diz respeito à linhagem real inglesa, sendo sua mãe irmã de Carlos II e Jaime II. Se a intenção é essa, o direito de Guilherme ao trono é elevado ao mesmo nível do "primeiro príncipe legítimo". Comparar com o Prefácio e Lamprecht, 1918, 140.

se Deus assim determinar, da mesma forma como alguém daquela tribo a possui pela primeira vez.

96. *Se o direito paterno,* o ato de *gerar,* confere a um homem *governo* e *domínio,* a herança ou a primogenitura não podem conferir título algum, pois aquele que não pode herdar o direito de seu pai, ou seja, o de *geração,* não pode herdar aquele poder que tinha o pai sobre seus filhos por direito paterno. Contudo, terei oportunidade para discorrer mais sobre esse tema em outra parte[1]. O evidente, entretanto, é que qualquer governo, quer se suponha fundamentado no *direito paterno,* no *consentimento popular* ou na *designação positiva do próprio Deus,* que pode sobrepujar os outros dois e iniciar assim um novo governo sobre um novo alicerce, cada governo, pois, iniciado por qualquer uma dessas formas, somente pode ser transmitido por direito de sucessão aos que tenham o mesmo título daquele a quem sucedem. O poder fundamentado num *contrato* somente pode ser transmitido àqueles que tenham direito pelo mesmo contrato; o poder fundamentado na *geração* apenas pode passar àquele que *gera;* e o poder fundamentado na *concessão* ou doação positiva de Deus só pode caber, por direito de sucessão, àquele designado por tal concessão.

97. Por tudo quanto disse até aqui, penso estar claro que, estando o direito ao uso das criaturas fundamentado origi-

---

§ 96   1. "Em outra parte" – na 1ª edição lê-se "mais adiante". Aparentemente, portanto, o autor refere-se a alguma parte posterior do *Primeiro tratado* e não do *Segundo,* pois o capítulo VI deste, "Do pátrio poder", não contém nenhuma discussão específica acerca dos direitos políticos de um irmão mais velho. A parte mais provável do texto é I, §§ 110-9, embora seja perfeitamente cabível que Locke estivesse se referindo a algum trecho da passagem que se perdeu.

nalmente no direito do homem a subsistir e usufruir as comodidades da vida[1], e estando o direito natural dos filhos a herdarem os bens dos pais fundamentado no direito deles à mesma subsistência e comodidades da vida, a eles facultadas pelas provisões dos pais, os quais são, por essa razão, orientados pelo amor e a ternura naturais a provê-los como uma parte de si mesmos; e por estar destinado tudo isso unicamente ao bem do proprietário ou de seu herdeiro, não pode haver razão alguma para que venham os filhos a herdar o *governo* ou o *domínio*, que têm uma origem e um fim diversos. Tampouco pode a primogenitura pretender o direito de herdar quer a *propriedade*, quer o *poder*, exclusivamente para si, conforme se verá mais plenamente em seu devido lugar[2]. É o bastante haver mostrado aqui que a *propriedade* ou o *domínio privado* de Adão não poderiam conferir soberania ou governo alguns a seu herdeiro, o qual, desprovido do direito de herdar todas as posses do pai, não poderia obter por meio delas nenhuma soberania sobre os irmãos; e, por conseguinte, mesmo que tivesse Adão sido investido de alguma soberania por conta de sua *propriedade* – o que verdadeiramente não houve –, tal soberania teria perecido com ele.

98. Assim como a soberania de Adão – caso ele, em virtude de ser o proprietário do mundo todo, tivesse alguma autoridade sobre os homens – não poderia ser herdada por nenhum de seus filhos em detrimento dos demais, *pois* que estes tinham o mesmo direito de repartir a herança, e cada um tinha o direito a uma parte das posses do pai, tampouco a sua soberania por direito de *paternidade*, admitindo que a tivesse, poderia ser transmitida a nenhum de

....
§ 97   1. Ver I, § 92, nota e referências.

2. Comparar com nota em I, § 96, embora a referência aqui, pareça provável, seja a I, § 111 em diante.

seus filhos. Pois que sendo esse, no entender de nosso A., um direito a governar aqueles a quem se gerou, adquirido pelo ato de *gerar*, não é um poder que se possa herdar, *pois* o tratar-se de um direito consequente de um ato absolutamente pessoal, e nele fundamentado, faz com que o poder seja assim também, e impossível de ser herdado. *Pois*, sendo o pátrio poder um direito natural originário tão somente da relação entre pai e filho, é tão impossível herdá-lo quanto à própria relação; e um homem pode pretender tanto herdar o poder conjugal que o marido, de quem é o herdeiro, tinha sobre a esposa, como herdar o pátrio poder de um pai sobre seus filhos. *Pois*, fundamentado que está o poder do marido em contrato e o pátrio poder, no *gerar*, o mesmo pode pretender tanto herdar o poder obtido por contrato conjugal, que era exclusivamente pessoal, como o poder obtido pela geração, o qual não pode se estender para além da pessoa que gerou, a menos que a geração possa constituir um título de poder para aquele que não gera.

99. O que torna razoável indagar se, ao morrer Adão antes de Eva, caberia a seu herdeiro (fosse ele Caim ou Set), pelo direito de herdar a *paternidade de Adão*, um poder soberano sobre Eva, sua mãe. Pois não sendo a *paternidade de Adão* senão o direito de governar seus filhos, por havê-los gerado, aquele que herda a *paternidade de Adão* não herda coisa alguma, mesmo no entender de nosso A., senão o direito que tinha Adão de governar os próprios filhos por havê-los gerado. Assim, a monarquia do herdeiro não compreenderia Eva ou, caso a compreendesse, por não se tratar de outra coisa senão da *paternidade de Adão* transmitida por herança, caberia ao herdeiro o direito de governar Eva pelo fato de que Adão a gerara, pois que em nada mais consiste a *paternidade*.

100. Talvez se diga, como diz nosso A. [231], que um homem pode alienar seu poder sobre os próprios filhos, e que o que pode ser transferido por pacto pode ser possuído

por herança. Reponde que um pai não pode alienar seu poder sobre os próprios filhos: pode talvez, até certo ponto, perder o direito a esse poder*, mas não transferi-lo, e se outro homem qualquer o adquire não será por concessão do pai, mas sim por algum ato próprio. Por exemplo, um pai que, contrariamente à natureza, é negligente para com o filho, vende-o ou oferta-o a outrem, o qual, por sua vez, o abandona; um terceiro o encontra, o cria, dá-lhe carinho e o provê como se fora seu¹. Penso que, nesse caso, ninguém duvidará que a maior parte da obediência e da sujeição filial se deva ao pai adotivo, e se ao filho algo pode ser reivindicado pelos outros dois, apenas o poderá fazer o pai natural, que talvez haja perdido seu direito a boa parte do dever compreendido no mandamento *Honra a teus pais*, mas não poderia transmiti-lo a outrem. Aquele que comprou e abandonou o filho não adquiriu mediante essa compra e a concessão do pai nenhum direito à obediência e a ser honrado por parte do filho; somente o adquiriu aquele que, por sua própria autoridade, ao desempenhar o ofício e ministrar os cuidados de um pai para com a criança abandonada e destinada a perecer, construiu ele próprio, por meio do cuidado paterno, o direito a uma parte proporcional do poder paterno. Será possível admitir isso mais facilmente se considerada a natureza do pátrio poder, para o qual remeto meu leitor ao Segundo Livro².

....
* "Perder o direito": em inglês, *forfeit*, que é termo que reaparecerá em outras passagens do *Segundo tratado*, e procede do direito inglês medieval. (N. R. T.)

§ 100   1. Comparar com II, § 65, e Tyrrell, 1681, 16. Toda a discussão acerca do direito dos pais, legítimos, adotivos e assim por diante, baseado no seu dever de *educar* os filhos é muito semelhante em Locke e Tyrrell, e talvez tenha uma fonte comum em Grócio, que nega que se possa alienar o *jus paternum* por completo (1625, II, V, 26), muito embora admita, na seção V, que, sob determinadas condições, se possa penhorar ou vender um filho.

2. A única referência nominal ao *Segundo tratado* no *Primeiro tratado*, e é muito significativo que seja chamado segundo *Livro* e não *tratado*. Ver Introdução, pp. 71-3.

101. Para voltar ao argumento em questão, é evidente que, derivado que é o poder paterno apenas de *geração*, pois somente a ela o atribui nosso A., não pode ele ser *transferido* ou *herdado*, e aquele que não gera não pode ter o poder paterno que dali procede, assim como não pode ter direito a coisa alguma aquele que não preenche a condição à qual a mesma está exclusivamente vinculada. Se alguém perguntar em que lei se baseia o poder de um pai sobre os filhos, a resposta, sem dúvida, será que se baseia na lei de natureza, a qual confere tal poder sobre eles àquele que os gera. Se igualmente alguém perguntar com base em que lei adquire o herdeiro de que fala nosso A. o direito de herdar, penso que a resposta será que também se trata da lei de natureza: pois não vejo nosso A. aduzir uma única palavra da Escritura a comprovar o direito de um herdeiro como o que ele descreve. Por que, então, a lei de natureza confere aos pais, por haverem *gerado*, o pátrio poder sobre os filhos e a mesma lei de natureza confere ao herdeiro, que não os *gerou*, o mesmo pátrio poder sobre seus irmãos? Donde se segue que ou bem o pai não obtém seu poder paterno por haver gerado, ou bem o herdeiro não o obtém em absoluto – pois é difícil compreender de que modo a lei de natureza, que é a lei da razão, pode conferir ao pai o pátrio poder sobre seus filhos pela única razão de havê-los *gerado*, e ao primogênito sobre seus irmãos sem essa única razão, ou seja, sem razão alguma; e se o filho mais velho pode herdar, pela lei de natureza, esse pátrio poder sem a única razão que dá direito a ele, poderá herdá-lo igualmente o mais jovem ou um estranho; pois ali onde não se encontra razão em favor de qualquer um, como no presente caso, afora aquele que gera, a todos caberá idêntico direito. Estou seguro de que nosso A. apresenta razão alguma e, se alguém o fizer, veremos se será válida ou não.

102. Por ora, terá o mesmo sentido dizer que, pela lei de natureza, o homem tem o direito de herdar a proprie-

dade de outrem por ser seu parente e por ter sabidamente o mesmo sangue e que, por conseguinte, pela mesma lei de natureza, um completo estranho a seu sangue tenha o direito de herdar seu bem de raiz, como dizer que, pela lei de natureza, aquele que os gera tem o pátrio poder sobre os filhos e, por conseguinte, pela lei de natureza, o herdeiro que não os gerou terá mesmo pátrio poder sobre eles. Ou, se a lei de um país conferisse um poder absoluto sobre os filhos somente a quem os cuidasse e alimentasse, poderia alguém alegar que a dita lei confere, a quem não procede dessa forma, poder absoluto sobre aqueles que não são seus filhos?

103. Se, portanto, for possível demonstrar que o poder conjugal pode pertencer a quem não é esposo, creio que será possível demonstrar também que o pátrio poder de nosso A., obtido mediante a geração, pode ser herdado por um filho e que um irmão, na qualidade de herdeiro do poder de seu pai, pode ter pátrio poder sobre os irmãos e, pela mesma norma, também o poder conjugal. Por ora, creio que podemos estar convencidos de que, admitindo que tivesse existido o pátrio poder de Adão, essa autoridade soberana da *paternidade* não poderia ser transmitida a seu herdeiro imediato nem ser herdado por este. Concedo sem dificuldade a nosso A., caso isso lhe tenha alguma serventia, que o *pátrio poder* jamais se poderá perder, pois permanecerá no mundo enquanto houver pais; nenhum destes, porém, terá o pátrio poder de Adão ou dele derivará o seu poder, mas terá o seu próprio, pelo mesmo direito que Adão obteve o seu, isto é, por haver *gerado* e não por herança ou sucessão, da mesma forma que os maridos não obtêm seu poder por herança de Adão. Vemos, portanto, que tal como Adão não dispunha de uma *propriedade* ou de um *pátrio poder* tais que lhe conferissem uma jurisdição *soberana* sobre a humanidade, assim sua soberania, edifi-

cada sobre qualquer um desses títulos, não poderia ser transmitida a seu herdeiro, mas deveria terminar com ele. Como foi demonstrado, portanto, não tendo sido Adão monarca nem sua imaginária monarquia herdável, o poder ora existente no mundo não é aquele que tinha Adão, pois tudo quanto poderia ter Adão, no entender de nosso A., em termos de *propriedade* ou *paternidade* necessariamente morreu com ele, e não poderia ter sido transferido a seus descendentes por herança. Examinaremos, na parte seguinte, se teve Adão um tal herdeiro, conforme afirma o nosso A., para herdar seu poder.

CAPÍTULO X
Do herdeiro ao poder monárquico de Adão

104. Diz nosso A. (O. 253 [288, 289]) *que é uma verdade inegável que não pode haver multidão alguma de homens, grande ou pequena, ainda que reunida desde os diversos rincões e das regiões mais remotas do mundo, sem que exista na dita multidão, considerada em si mesma, um homem que tenha, por natureza, o direito de ser rei sobre todos os demais, na qualidade de herdeiro direto de* Adão, *e todos os demais sejam seus súditos, pois que cada homem é, por natureza, rei ou súdito*. E, ainda (p. 20 [61]), *se o próprio* Adão *ainda estivesse em vida e à beira da morte, é certo que existe um homem, e apenas um no mudo, que é seu herdeiro imediato*. Seja essa *multidão de homens*, se nosso A. assim o permitir, composta por todos os príncipes sobre a Terra: haverá, segundo a norma de nosso A., *um homem que tenha, por natureza, o direito de ser rei sobre todos os demais, na qualidade de herdeiro direto de Adão* – um excelente modo de se consolidar o trono dos príncipes e assegurar a obediência dos súditos, lançando uma centena ou talvez um milhar de títulos (se houver tantos príncipes no

mundo) contra qualquer monarca ora reinante, cada qual tão legítimo, segundo os argumentos de nosso A., como aquele investido da coroa. Se esse direito do *herdeiro* carrega alguma força, se é um *mandato de Deus*, como nosso A. parece afirmar (O. 244 [283]), não devem estar todos submetidos a ele, do mais alto ao ínfimo? Poderão aqueles que levam o nome de príncipes, sem que tenham o direito de *herdeiros de* Adão, reclamar, por esse título, obediência de seus súditos em lugar de estarem obrigados a prestá-la, por essa mesma lei? Ou bem não se pode reclamar e deter os governos do mundo mediante esse título de herdeiro de Adão – e nesse caso o ponto de partida não terá nenhuma serventia, dado que o ser ou não ser herdeiro de Adão nada significará no que toca ao título de domínio – ou bem, se realmente é, como afirma nosso A., o verdadeiro título de governo e soberania, a primeira coisa a fazer será encontrar esse legítimo herdeiro de Adão e sentá-lo no trono, após o que todos os reis e príncipes do mundo devem acudir e diante dele depor suas coroas e cetros, como objetos a que não têm mais direito do que qualquer um de seus súditos.

105. Pois ou bem esse direito natural que tem o herdeiro de Adão a ser o rei de toda a raça humana (porque a reunião de todos os homens forma uma *multidão*) é um direito desnecessário para se constituir um rei legítimo, de modo que sem isso pode haver muitos reis legítimos, e disso não dependem o título e o poder real, ou bem todos os reis do mundo, à exceção de um só, são ilegítimos e não têm direito à obediência. Ou bem é por esse título de herdeiro de Adão que os reis detêm suas coroas e têm direito à submissão de seus súditos – e, nesse caso, somente um pode ter tal título, e não podem os demais, súditos que são, requerer obediência de outros homens, que nada mais são que seus companheiros de sujeição –, ou bem não é por esse título que os reis governam e têm direito à obediência dos

súditos, e, nesse caso, os reis são reis sem o referido título, e essa quimera da soberania natural do herdeiro de Adão de nada serve no que toca à obediência e ao governo. Pois, se os reis que não são nem podem ser herdeiros de Adão têm direito ao domínio e à obediência de seus súditos, que utilidade há em ter esse título se somos obrigados à obediência sem ele? Se os reis que não são herdeiros de Adão não têm direito à soberania, estamos todos livres até que nosso A., ou alguém em seu lugar, nos indique quem é o legítimo herdeiro de Adão. Caso não exista mais que um herdeiro de Adão não poderá existir mais que um rei legítimo no mundo, e ninguém pode ser obrigado em consciência a obedecer, antes que se resolva de quem se trata[1]; pois pode ser qualquer um de quem não tenhamos a certeza de pertencer a um ramo secundário, e todos os demais têm os mesmos títulos. Se existe mais de um herdeiro de Adão, cada um é seu herdeiro e, por conseguinte, todos têm poder monárquico; pois, se dois filhos podem ser herdeiros ao mesmo tempo, segue-se que todos os filhos são igualmente herdeiros, de modo que todos são herdeiros, por serem todos filhos ou filhos dos filhos de Adão. Entre essas alternativas, o direito do herdeiro não pode sustentar, dado que, com

....
§ 105   1. Sobre a argumentação deste parágrafo, comparar com os *Discourses*, de Sidney, 1, 12, 24-5. Comparar também com o *Primeiro tratado*, §§ 81, 110, 119, 120, 122, 125, 126. Em todos esses contextos, o tema da consciência e do governo está circunscrito à questão objetiva de identificar a quem o cidadão deve obedecer, e toda a discussão mais complexa e difícil, tão importante para os predecessores de Locke e para sua própria geração, é deixada de lado. Tal aspecto marca um acentuado contraste com pensadores como Pufendorf, e mesmo com o jovem Locke, que em seu ensaio latino acerca do magistrado civil desenvolvera complicados argumentos referentes à consciência e à obrigação. "Resolver a consciência" é um ponto abordado mesmo nas anotações que fez sobre Filmer em 1679 (ver pp. 83-5). Há três outras referências no *Segundo tratado* (§§ 8, 21, 209), mas que pouco acrescentam: o livro não define nem discute a consciência; comparar com Introdução, pp. 125-7.

base no mesmo, ou um único homem é rei ou todos os homens são reis. Qualquer alternativa que se escolha implicará o rompimento dos vínculos de governo e de obediência; portanto, se todos os homens são herdeiros, não podem eles dever obediência a ninguém; se um único homem o é, ninguém pode ser obrigado a prestar-lhe obediência antes que se reconheça a ele e seu título se revele.

CAPÍTULO XI
Quem é o herdeiro?

106. A grande questão que conturbou em todas as épocas a humanidade e atraiu sobre ela a maior parte dos flagelos que arruinaram cidades, despovoaram nações e perturbaram a paz no mundo não é se existe um poder no mundo nem de onde ele provém, mas a quem há de pertencer. Dado que a determinação desse ponto não é de importância menor do que a segurança dos príncipes e a paz e bem-estar de seus Estados e reinos, é de se presumir que todo reformador político deva defini-lo de maneira segura e ser muito claro a esse respeito: pois que, se a referida questão permanece obscura, todo o resto terá muito pouca serventia, e o engenho utilizado para revestir o poder com todo o esplendor e sedução que o caráter absoluto pode acrescentar-lhe servirá, se não for mostrado a quem cabe o direito de possuí-lo, tão somente para dar largas à ambição natural do homem, que já é por si própria bastante pronunciada. Que consequência pode ter isso senão a de impulsionar os homens a disputar com mais avidez e estabelecer, dessa forma, um alicerce sólido e duradouro para intermináveis contendas e desordem, em lugar daquela paz e tranquilidade, que é o papel do governo e o fim da sociedade humana?

107. A designação dessa pessoa é uma tarefa que compete sobremodo a nosso A., pois, *ao afirmar que a atribuição do poder civil se dá por instituição divina*, conferiu ele um caráter sacro tanto à transmissão do poder quanto ao poder mesmo, de tal modo que nenhuma consideração, nenhum ato ou artifício humano pode subtraí-lo àquela pessoa a quem foi atribuído por tal direito divino; e nenhuma necessidade ou expediente pode colocar outra pessoa em seu lugar. Pois se *a atribuição do poder civil se dá por instituição divina*[1] e o herdeiro de Adão é aquele a quem o dito poder é atribuído dessa forma, conforme afirma nosso A. no capítulo anterior[2], o fato de qualquer um ser rei sem ser herdeiro de Adão constituiria idêntico sacrilégio ao de, entre os *hebreus*, alguém ser *sacerdote* sem descender de Aarão: pois, dado que *não apenas o sacerdócio em geral era de instituição divina, como a atribuição do mesmo* exclusivamente à linhagem e aos descendentes de Aarão, impossibilitava que fosse desfrutado ou exercido por quaisquer pessoas não pertencentes à estirpe de Aarão, cuja sucessão, por conseguinte, era cuidadosamente observada, sendo dessa forma conhecidos com segurança aqueles que tinham direito ao sacerdócio.

108. Vejamos, pois, com que cuidado nosso A. se dedicou a fazer-nos conhecer quem é esse *herdeiro, que tem, por instituição divina, o direito de ser rei de todos os homens*. Encontramos a primeira notícia a seu respeito à p. 12 [57], nas seguintes palavras: *Sendo tal submissão dos filhos a fonte de*

....
§ **107**   1. Neste ponto se encerra um trecho que se estende por cinco páginas na 1ª edição (suas páginas 133-7, começando no § 104), minuciosamente corrigido por Locke para a 2ª edição.

2. O autor não pode estar se referindo a um capítulo anterior do *Patriarcha*, uma vez que Locke discutiu apenas o primeiro capítulo e, na forma como o texto chegou até nós, não vai adiante. Deve referir-se, portanto, ao capítulo anterior do próprio Locke, o capítulo X. A referência é resultado de uma correção para a 2ª edição, de 1694.

toda régia autoridade, por disposição do próprio Deus, segue-se que o poder civil é de instituição divina, não apenas em geral, mas mesmo em sua atribuição específica aos progenitores mais velhos. Questões de envergadura tal como esta deveriam ser expressas em termos claros, de modo a dar margem ao mínimo possível de dúvidas ou equívocos, e parece-me que, se a linguagem é capaz de expressar alguma coisa de modo claro e preciso, uma delas é a questão do parentesco e dos diferentes graus de proximidade do sangue. Seria desejável, portanto, que nosso A. houvesse utilizado, nesse ponto, expressões um pouco mais inteligíveis, de modo que pudéssemos saber melhor quem é aquele ao qual a *atribuição do poder civil* se dá por *instituição divina*, ou que ao menos nos informasse o que designa ele por *progenitores mais velhos*; pois creio que se houvesse sido atribuída ou concedida a ele ou aos *progenitores mais velhos* de sua família uma gleba, careceria ele de um intérprete e dificilmente haveria de saber a quem pertenceria, depois dele, a dita gleba.

109. Falando com propriedade [*propriety*], e certamente a propriedade de linguagem se faz necessária num discurso dessa natureza[1], a expressão *progenitores mais velhos* significa ou os homens e mulheres mais velhos que tiveram filhos ou aqueles que os têm há mais tempo; e, neste caso, a afirmação de nosso A. seria que os pais e mães que estão no mundo há mais tempo, ou que há mais tempo são fecundos, têm, por *instituição divina*, direito ao *poder civil*. Se tal afirmação encerra algum absurdo, cabe a nosso A. responder a ela; e, se o sentido pretendido por ele não corresponde a minha explicação, caberá censurá-lo por não ter-se expressado de maneira clara. De uma coisa estou certo: o termo *progenitores* não pode designar os herdeiros varões, nem *progenitores mais velhos*, uma criança pequena – mui-

----

§ **109** 1. Sobre isso e sobre I, § 108, comparar com I, § 23 e nota.

to embora por vezes, quando não pode existir mais que um, esta possa ser o verdadeiro herdeiro. Por conseguinte, seguimos tão desorientados quanto a quem pertence *o poder civil*, não obstante essa *atribuição por instituição divina*, como se tal *atribuição* não tivesse se dado em absoluto ou não tivesse nosso autor dito uma só palavra a seu respeito. A expressão *progenitores mais velhos* deixa-nos mais às escuras, quanto a quem, por *instituição divina*, tem direito ao *poder civil*, do que aqueles que nunca ouviram coisa alguma com respeito a herdeiros ou transmissão – de que tanto se ocupa nosso A. E embora o propósito central de seus escritos seja o de ensinar a obediência àqueles que a ela têm direito – direito este, segundo ele, transmitido por herança –, ele deixa fora do alcance de qualquer um, como a pedra filosofal[2] da política, descobrir, em suas páginas, a quem pertence esse direito por herança.

110. Tal obscuridade não se pode imputar a uma deficiência de linguagem em tão eminente mestre do estilo como sir Robert, uma vez que tinha definido para si o que pretendia dizer. Por conseguinte, temo que – percebendo quanto seria difícil instituir normas de transmissão por instituição divina, e como isso contribuiria tão pouco para seus propósitos ou para esclarecer e estabelecer os títulos dos príncipes – ele tenha preferido contentar-se com termos duvidosos e genéricos, que não pudessem ferir os ouvidos dos homens que desejassem agradar-se com elas, em vez de apresentar alguma norma clara de transmissão dessa *paternidade* de Adão que pudesse dar a conhecer à consciência dos homens a quem fora transmitido e quem são os que têm direito ao régio poder, bem como à obediência dos homens.

....
2. "Pedra filosofal": substância capaz de transformar materiais inferiores em ouro e prata; o objetivo supremo da alquimia. Em que pese todo o seu desdém racionalista por Filmer, Locke interessava-se pela alquimia, e é notável o fato de Robert Boyle ter deixado a ele e a Newton uma receita para dilatar ouro, na qual Locke aparentemente trabalhou. Ver Cranston, 1957.

111. De outra forma, como é possível que, dedicando tal ênfase à *transmissão*, ao *herdeiro de Adão*, o *herdeiro próximo*, o *legítimo herdeiro*, jamais ele nos revele o que entende por *herdeiro* e tampouco o modo de se conhecer quem é o *herdeiro próximo* ou *legítimo*? Ao que me recordo, em ponto algum se dedica ele a esclarecer expressamente essa questão, mas, quando se depara com ela pelo caminho, trata-a em termos muito cautelosos e ambíguos, embora fosse tão necessário definir esse ponto que, sem isso, todos os discursos sobre o governo e a obediência com base nos princípios de nosso A. seriam vãos, e o *pátrio poder*, conquanto bem explicado, não teria serventia alguma para ninguém. Assim, pois, afirma ele (O. 244 [283]) que *não apenas a constituição do poder em geral, como a limitação do mesmo a um único gênero (i.e.) a monarquia e sua atribuição à pessoa individual e à linhagem de Adão constituem, as três, disposições de Deus; nem Eva nem os filhos dela poderiam quer limitar o poder de Adão, quer a este associar outros; e o que foi concedido a Adão foi concedido em sua pessoa à sua descendência.* Novamente nos informa aqui nosso A. que a *disposição divina* limitou a transmissão do poder monárquico de Adão. A quem? *À linhagem e aos descendentes de Adão*, informa nosso A. Uma notável *limitação*, uma *limitação* a todo o gênero humano. Pois, se nosso A. puder encontrar entre os homens um único indivíduo que não seja da *linhagem* e *posteridade* de Adão, talvez possa revelar a ele quem é o herdeiro próximo de Adão; no que diz respeito a nós, todavia, não tenho muitas esperanças de que tal *limitação* do império de Adão a sua *linhagem e descendência* possa ajudar-nos a encontrar esse herdeiro único. Seguramente essa *limitação* de nosso A. poupará trabalho àqueles – se é que existem – que o procuram entre a raça dos irracionais, mas pouco contribuirá para a descoberta do *único herdeiro próximo* entre os homens, embora proponha uma solução breve e fácil para a

questão da transmissão do poder monárquico de Adão, ao afirmar que a *linhagem* e a *descendência* de Adão devem obtê-lo, o que, trocando em miúdos, significa que qualquer um pode obtê-lo, dado que não existe um único homem vivente desprovido do título de ser da *linhagem* e um *descendente* de Adão, e tudo quanto esse título compreende está compreendido na limitação atribuída por nosso A. à disposição de Deus. Na verdade, afirma ele à p. 19 [61] que *tais herdeiros são senhores não apenas dos próprios filhos, mas dos próprios irmãos também*, palavras estas, bem como as que se seguem e as quais consideraremos em seguida, que parecem insinuar ser o *herdeiro* o filho mais velho; ao que eu saiba, todavia, em nenhuma parte ele o afirma expressamente, ainda que, baseados nos exemplos de Caim e Jacó que se seguem, pudéssemos admitir que sua opinião no tocante aos herdeiros vá até o ponto, ali onde existem diversos filhos, de atribuir ao mais velho o direito de ser *o herdeiro*. Ora, que a primogenitura não pode conferir nenhum direito ao poder paterno, já demonstramos. Que um pai possa ter direito natural a alguma espécie de poder sobre os próprios filhos, é facilmente admissível; mas que um irmão mais velho tenha o mesmo poder sobre os próprios irmãos, ainda está por demonstrar. Nem Deus nem a natureza jamais concederam, ao que eu saiba, jurisdição semelhante ao primogênito e tampouco pode a razão encontrar uma superioridade natural desse gênero sobre os irmãos. A lei de Moisés concedia uma parcela dobrada dos bens e das posses ao filho mais velho, mas em parte alguma encontramos que, por natureza ou por *instituição divina*, a superioridade ou o domínio pertencesse a ele, e os exemplos apresentados por nosso A. não passam de provas frágeis em favor de um direito do primogênito ao poder e o domínio civil, e, na verdade, demonstram o contrário.

112. São as seguintes suas palavras no trecho acima mencionado [61]: *E, portanto, vemos que Deus disse a Caim*

com respeito a seu irmão Abel: o desejo dele estará submetido a ti, e tu o governarás. Ao que eu respondo:

1. Essas palavras dirigidas por Deus a Caim são, com muita razão, interpretadas por grande número de estudiosos num sentido totalmente diverso daquele em que nosso A. as utiliza.

2. Seja qual for o significado delas, não pode ser o de que tivesse Caim, *na qualidade de primogênito,* um domínio natural sobre Abel, pois as palavras estão no condicional: *se agires bem* e, portanto, dirigidas pessoalmente a Caim e, qualquer que seja seu significado, este dependia de sua conduta e não era consequência de seu direito de nascimento; assim, de modo algum poderiam significar a instituição de um domínio por parte do primogênito em geral, pois, antes disso, Abel possuía seus *próprios territórios por direito de domínio privado,* como nosso A. mesmo confessa (O. 210 [64]), os quais não poderia ter em prejuízo dos direitos do herdeiro *se, por divina instituição,* Caim estivesse destinado a herdar todo o domínio de seu pai.

3. Se Deus pretendia fazer dessas palavras a carta de privilégio da primogenitura e a concessão de domínio aos irmãos mais velhos como tais em geral, seria de se esperar que incluísse a todos os seus irmãos; pois podemos perfeitamente supor que Adão, por intermédio de quem o mundo haveria de ser povoado, tinha, ao tempo em que Caim e Abel já eram homens feitos, outros filhos além desses dois – enquanto o próprio Abel é apenas nomeado, e dificilmente as palavras do original, segundo qualquer interpretação válida, poderão ser aplicadas a ele.

4. É além da conta edificar uma doutrina de tamanha envergadura sobre uma passagem tão ambígua e obscura da Escritura, que pode muito bem – com mais propriedade, aliás – ser interpretada em sentido totalmente diverso, revelando-se, dessa forma, não mais que uma prova inconsistente, por ser tão ambígua quanto a tese que deveria com-

provar, sobretudo quando não se pode encontrar mais coisa alguma na Escritura ou na razão que a favoreça ou confirme.

113. Segue o autor, dizendo (p. 19 [61]): *Portanto, quando comprou Jacó o direito de primogenitura de seu irmão, Isaac o abençoou assim: sê o senhor de teus irmãos e que diante de ti se curvem os filhos de tua mãe.* Outro exemplo, presumo, apresentado por nosso A. para demonstrar o direito de primogenitura, e um exemplo admirável, porquanto não é um raciocínio normal para quem esta advogando em favor do direito natural dos reis e contra todo pacto aduzir como prova um exemplo que, tal como ele próprio o expõe, fundamenta todo direito num pacto, e estabelece o império no irmão menor, a menos que a compra e a venda não constituam um pacto, pois são suas palavras: *quando comprou Jacó o direito de primogenitura de seu irmão.* À parte isso, porém, consideremos a história em si e o uso que dela faz nosso A., e encontraremos os seguintes equívocos:

1. No relato que nosso A. faz da história afigura-se como se *Isaac* houvesse proferido essa bênção a Jacó imediatamente após a compra do *direito* de *primogenitura**, porquanto afirma: *quando comprou Jacó (...) Isaac o abençoou*; o que difere claramente da narração encontrada na Escritura, pois vê-se ali que existiu um intervalo de tempo entre ambos os fatos e, se tomarmos a narrativa na ordem em que se apresenta, veremos que não se tratou de um intervalo breve, entremeado que foi por toda a estada de Isaac em Gerar e suas transações com Abimelec (Gn 26), quando Rebeca era bela e, portanto, jovem, ao passo que, quando aben-

---

* No original, *birth-right*, literalmente o "direito de nascença", termo corrente e relevante no pensamento inglês do século XVII. No caso, deve-se entender como o direito, por nascença, a uma primazia – ou seja, como o direito que chamamos de primogenitura. (N. R. T.)

çoou Jacó, Isaac estava velho e decrépito; também Esaú se queixa de que Jacó duas vezes o suplantara (Gn 27, 36): *tomou-me ele meu direito de primogenitura*, diz ele, *e vê agora como tomou-me minha bênção* – palavras que, penso, denotam uma distância no tempo e uma diferença de ação.

2. Outro equívoco de nosso A. é o de supor que Isaac abençoou Jacó e determinou que fosse *senhor de seus irmãos* por ter ele o *direito de primogenitura* – pois nosso A. apresenta esse exemplo no intuito de provar que aquele que tem o *direito de primogenitura* tem, por consequência, o direito de ser *senhor de seus irmãos*. Entretanto, é igualmente manifesto no texto que Isaac não levou em consideração o fato de Jacó haver comprado o direito de primogenitura, pois, quando o abençoou, não o considerou como Jacó, mas tomou-o por Esaú. Tampouco via Esaú vínculo semelhante entre o *direito de primogenitura* e a *bênção* porquanto diz: *duas vezes suplantou-me ele; tomou-me ele meu direito de primogenitura, e vê agora como tomou-me minha bênção;* ao passo que se a *bênção*, que conferia a condição de *senhor sobre os irmãos*, estivesse incluída no *direito de primogenitura*, não haveria Esaú de queixar-se desse segundo fato como uma fraude, conquanto Jacó não teria adquirido coisa alguma além do que lhe vendera Esaú ao vender seu *direito de primogenitura*, donde é claro que se essas palavras designam algum domínio, este não era considerado incluso no *direito de primogenitura*.

114. E o fato de que naqueles tempos dos patriarcas não se considerava o domínio um direito do herdeiro, mas tão somente uma porção maior de bens, está claro em Gn 21, 10, pois Sara, ao tomar Isaac como herdeiro, diz: *Expulsa essa escrava e seu filho, pois o filho de uma escrava não há de ser herdeiro com meu filho* – o que não pode significar outra coisa senão que não poderia pretender uma porção igual do patrimônio de seu pai após a morte deste, mas

que deveria receber de pronto sua parte e ir embora. Assim, lemos em Gn 25, 5 e 6, que *Abraão deu tudo quanto possuía a Isaac, enquanto aos filhos das concubinas que tinha fez, ainda em vida, algumas doações e os mandou para longe de seu filho, Isaac*. Ou seja: depois de haver dado partes de seus bens a todos os seus outros filhos e de mandá-los embora, a parte que reservara, e que era a maior de seu patrimônio, após sua morte passou às mãos de Isaac, mas o fato de ser herdeiro não conferia a ele direito algum de ser *senhor de seus filhos* – do contrário, por que haveria Sara de se empenhar para subtrair-lhe um de seus *súditos* ou diminuir-lhe o número de *escravos* ao pretender expulsar Ismael?

115. Segundo a lei, pois, o privilégio do *direito de progenitura* nada mais era do que uma porção dupla; vemos, assim, que antes de Moisés, no tempo dos patriarcas, de onde nosso A. pretende extrair seu modelo, não havia nenhum conhecimento ou ideia de que o direito de primogenitura conferisse domínio ou império, autoridade pátria ou régia a qualquer um sobre seus irmãos. Se isso não resulta claro o bastante na história de Isaac e Ismael, aquele que consultar Cr 5, 12 poderá ler as seguintes palavras: *Ruben era o primogênito, mas por haver profanado o leito de seu pai, seu direito de primogenitura foi transferido aos filhos de José, o filho de Israel, e a genealogia não deve ser enumerada segundo o direito de primogenitura; pois que Judá prevaleceu sobre seus irmãos, e dele proveio o principal governante, embora o direito de primogenitura pertencesse a José*. Em que consistia esse direito de primogenitura revela-nos Jacó ao abençoar José com as seguintes palavras (Gn 48, 22): *Ademais, dei-te uma porção a mais que teus irmãos, a qual tomei das mãos dos amorreus, com minha espada e meu arco* – com o que, não apenas fica claro que o direito de primogenitura nada mais era senão uma porção dupla, como o texto de Crônicas contradiz expressamente a doutrina de nosso A. e mostra que o domínio não estava incluído em

tal direito, pois afirma que José tinha o direito de primogenitura, mas que Judá tinha o domínio. É de se cogitar que nosso A. estivesse tão embevecido com a própria expressão *direito de primogenitura* que apresentou esse exemplo de Jacó e Esaú para provar que o herdeiro possui o domínio sobre seus irmãos.

116. Em primeiro lugar, porque é um exemplo infeliz para demonstrar que o domínio, por disposição divina, cabia ao filho mais velho, pois, no caso, este pertencia a Jacó, o mais jovem, fosse qual fosse o método pelo qual o obtivera. Assim, se o referido exemplo prova alguma coisa, apenas pode ser, contrariamente a nosso A., que a *atribuição do domínio ao mais velho não é por instituição divina*, que seria, então, inalterável, pois se, pela lei de Deus ou de natureza, o poder absoluto e o império pertencem ao filho mais velho e seus herdeiros, de tal forma que eles são monarcas absolutos e todo o resto de seus irmãos, escravos, nosso A. nos dá razões para duvidar de que o filho mais velho tenha o poder de desfazer-se de suas prerrogativas em prejuízo de sua descendência, porquanto afirma (O. 158 [233]) que *às concessões e doações que têm sua origem em Deus ou na natureza, nenhum poder humano inferior pode apor limites ou contra elas impor leis ou prescrições.*

117. Em segundo lugar, porque a passagem referida por nosso A. (Gn 27, 29) de modo algum se refere ao domínio de um irmão sobre o outro e tampouco à submissão de Esaú e Jacó, pois é evidente na história que Esaú jamais esteve submetido a Jacó, mas viveu à parte no monte Seir[1], onde fundou um povo e um governo distintos, no qual ele

§ 117 1. "Monte Seir" – comparar com II, § 38. A fundação de um "povo e um governo distintos" por um homem e sua família é descrita em detalhe no capítulo VIII do *Segundo tratado*, "Do início das sociedades políticas"; ver especialmente do § 105 em diante.

próprio foi príncipe, da mesma forma como o era Jacó em sua família. Se devidamente considerado, não se poderá interpretar o texto em questão como referente ao próprio Esaú ou ao domínio pessoal de Jacó sobre ele, pois as palavras *irmãos* e *filhos de tua mãe* não poderiam ser empregadas literalmente por Isaac, que sabia possuir Jacó um único irmão: tão longe estão essas palavras de serem verdadeiras em sentido literal ou de estabelecerem em Jacó qualquer domínio sobre Esaú que a história nos revela exatamente o oposto, pois, em Gn 32, várias vezes Jacó se refere a Esaú como senhor e a si próprio como seu servo, enquanto em Gn 33 lemos que *sete vezes inclinou-se em direção à terra diante de Esaú*. Assim, deixo ao leitor a incumbência de julgar se Esaú era súdito e vassalo, ou mesmo (segundo afirma nosso A. que o são todos os súditos) escravo de Jacó, e Jacó, seu príncipe-soberano por direito de primogenitura; e acredite ele, se puder, que as seguintes palavras de Isaac: *sê o senhor de teus irmãos e que diante de ti se curvem os filhos de tua mãe*, confirmaram Jacó como soberano sobre Esaú com base no *direito de primogenitura* que obtivera deste.

118. Aquele que leia a história de Jacó e Esaú verá que nunca houve qualquer jurisdição ou autoridade que um deles exercesse sobre o outro após a morte de seu pai; viveram eles em amizade e igualdade fraternas, nenhum deles *senhor* ou *escravo* do irmão, mas independentes um do outro, ambos chefes de suas respectivas famílias, nas quais não estavam sujeitos a leis impostas pelo outro, mas viviam separadamente e constituíram-se nas raízes de que brotaram dois povos distintos, submetidos a dois governos distintos. Por conseguinte, essa bênção de Isaac na qual nosso A. pretenderia fundamentar o domínio do irmão mais velho não significa outra coisa senão o que Rebeca ouviu de Deus (Gn 25, 23): *Duas nações trazes no ventre e dois povos distintos se dividirão de tuas entranhas, e um dos povos será*

mais forte que o outro, e o mais velho servirá ao mais jovem. E dessa forma abençoou Jacó a Judá (Gn 49) e deu a ele o cetro e o domínio, donde nosso A. poderia ter argumentado tanto que a jurisdição e o domínio pertencem ao terceiro filho sobre os seus irmãos, como argumentar, com base nessa bênção de Isaac, que pertencessem a Jacó – porém ambas as passagens contêm apenas vaticínios do que viria a suceder muito mais tarde com suas descendências, e nenhuma delas é uma declaração do direito à herança do domínio. Vimos, assim, os dois grandes e únicos argumentos aduzidos por nosso A. para demonstrar que *os herdeiros são senhores de seus irmãos.*

1º Porque Deus diz a Caim (Gn 4) que, ainda que o pecado estivesse à sua espreita, ele deveria e poderia dominá-lo, pois os intérpretes de maior erudição consideram que as palavras dizem respeito ao pecado e não a Abel, e tão sólidas são as razões que apresentam que nada se pode inferir de modo convincente, em favor de nosso A., de um texto tão ambíguo.

2º Porque nessa passagem de Gn 27 Isaac prediz que os *israelitas*, os descendentes de Jacó, deveriam ter domínio sobre os *edomitas*, os descendentes de Esaú, razão pela qual nosso A. afirma que *os herdeiros são senhores dos próprios irmãos* – e que cada um julgue essa conclusão.

119. Vejamos agora como nosso A. estabelece a sucessão e a transmissão do poder monárquico ou domínio paterno de Adão para a posteridade, que recai sobre seu *herdeiro*, o qual sucederá o pai em toda a sua autoridade e se converterá, após sua morte, em senhor em igual medida que o pai, *não apenas dos próprios filhos como também dos próprios irmãos*, e assim ao herdeiro seguinte *in infinitun*. Quem é esse herdeiro, contudo, não nos diz ele uma única vez, e toda a elucidação que nos fornece acerca desse ponto tão fundamental se reduz a que no exemplo de Jacó, ao adotar a expressão *direito de primogenitura* para designar aquilo que

passou de Esaú a Jacó, dá-nos a entender que o termo herdeiro indica o filho mais velho, embora não me recorde de vê-lo mencionar expressamente o direito do primogênito em parte alguma, mas refugia-se ele o tempo todo no termo indefinido *herdeiro*. Admitindo, porém, que o termo *herdeiro* signifique filho mais velho (pois se não fosse o mais velho não haveria pretexto algum para que todos os filhos não fossem igualmente herdeiros) e que tenha, por direito de primogenitura, o domínio sobre os próprios irmãos, este será apenas um passo rumo ao estabelecimento da sucessão, e as dificuldades persistem como antes, até que nosso A. consiga mostrar-nos quem é considerado o legítimo herdeiro em todos os casos em que um possuidor atual não tenha filhos. Nosso A. passa ao largo dessa questão silenciosamente[1], e talvez com sabedoria também, pois após haver afirmado que *a pessoa que detém aquele poder, bem como o próprio poder e a forma de governo, são por determinação de Deus e por instituição divina* (vid. O. 254 [289] p. 12 [57]), o que pode ser mais sábio do que ter o cuidado de não introduzir nenhuma questão referente à pessoa, a determinação na qual certamente o levaria a confessar que Deus e a natureza nada determinaram a tal respeito. E se nosso A. é incapaz

....
§ 119 1. "Passa ao largo dessa questão silenciosamente" – Pareyson comenta aqui que, na verdade, Filmer aborda essa questão em sua parte *Da sucessão dos reinos* (61-2), onde se lê que "os chefes de família e os príncipes das províncias (...) têm o poder de consentir na unificação ou na concessão de seu direito paterno". Sidney comenta esse trecho em seus *Discourses* 1, 19, bem como Tyrrell (1681), 54, ao contrário de Locke no texto de que dispomos atualmente, muito embora levante toda a questão entre o natural e o convencional na origem do poder político. Não parece improvável que Locke tenha chegado a comentar, e de forma exaustiva, a admissão, por parte de Filmer, da eleição e do consentimento neste caso, mas somente na parte que se perdeu de sua obra. Aqui, ele está simplesmente registrando a pouca disposição de Filmer a ser específico acerca das normas que regem a herança, fato este também apontado por Tyrrell: "em parte alguma ele responde expressamente a essa importante questão" (1681, 45).

de mostrar quem, por direito de natureza ou uma clara e positiva lei de Deus, tem o direito imediato de herdar o domínio daquele monarca natural a que tanto se dedicou, quando este morre sem deixar filhos, poderia ter-se poupado do esforço com respeito a todo o resto, pois é mais necessário, para fixar a consciência dos homens e determinar sua submissão e obediência, mostrar-lhes quem é aquele que, por direito original superior e anterior à vontade ou a qualquer ato humano, tem direito a essa *jurisdição paterna* do que seria mostrar que tal *jurisdição* existe por natureza – de nada me serve conhecer a existência desse *poder paterno*, ao qual estou obrigado e disposto a obedecer, a menos que, nos casos em que haja vários pretendentes, eu saiba também quem é a pessoa legitimamente investida e dotada do mesmo.

120. Pois, como o principal tema em discussão diz respeito a meu dever de obediência, e à obrigação que tenho, em minha consciência, de prestar tal obediência a quem é, por direito, meu senhor e governante, devo conhecer a pessoa em quem esse direito ao poder paterno reside e a quem ele autoriza a exigir minha obediência. Porque, admitindo que seja verdade o que nosso A. afirma à p. 12 [57] – que *é de instituição divina não apenas o poder civil em geral como também a designação específica do mesmo aos progenitores mais velhos*, e que (O. 254 [280]) *não apenas o poder ou o direito de governar, como também a forma do poder de governar e a pessoa que detém esse poder são por determinação divina* – todavia, a menos que ele nos mostre em todos os casos quem é a pessoa *determinada* por Deus, quem é esse *progenitor mais velho*, todas as suas noções abstratas acerca do poder monárquico não terão absolutamente significado algum quando se tratar de reduzi-las à prática, e os homens devam conscientemente prestar obediência. Pois, como não é a *jurisdição paterna* o objeto da obediência, porquanto ela não pode dar ordens, mas é apenas

o que confere a determinado homem um direito que outro não tem – e que não poderá ter, se for transmitido por herança – a ordenar e a ser obedecido, é ridículo dizer que presto obediência ao *poder paterno* quando obedeço a quem o poder paterno não confere direito algum à minha obediência: pois não pode ter direito divino à minha obediência aquele que não puder demonstrar seu direito divino ao poder de governar-me ou que, por direito divino, exista semelhante poder no mundo.

121. Por conseguinte, incapaz que é de apontar o direito de governo de príncipe algum enquanto herdeiro de Adão – o que, portanto, não tem utilidade alguma e melhor seria deixar de lado –, nosso A. se contenta em resolver tudo na posse presente e considera a obediência civil igualmente devida a um *usurpador* e a um rei legítimo, de modo que o título do primeiro será igualmente válido. São as seguintes as palavras (O. 253 [289]) e merecem ser lembradas: *se um usurpador depõe o legítimo herdeiro, a obediência dos súditos ao poder paterno deve continuar e aguardar a providência divina*. Mas deixarei esse título dos usurpadores a ser examinado no devido lugar[1], e desejo que meu sensato leitor considere quanta gratidão devem os príncipes a uma política como esta, capaz de supor o *poder paterno*, (*i.e.*) o direito de governar, nas mãos de um Cade ou um Cromwell[2], de modo que, como ca-

---

§ 121 1. O "devido lugar" era quase com certeza uma parte da sequência do *Primeiro tratado* que se perdeu; conferir a referência à usurpação no Prefácio de Locke, onde ele dá a entender que esse assunto teria sido examinado naquela parte. Nos dois parágrafos do capítulo XVII do seu *Segundo tratado*, "Da usurpação", Locke não examina "esse", isto é, "O título dos usurpadores" de Filmer.

2. Examina-se "Cromwell" na nota em I, § 79; Jack Cade foi o líder da rebelião de Kent, de 1450, a qual veio a se tornar, também ela, símbolo da revolta popular; conferir a nota relativa a Masaniello, I, § 79. Em 1680 John Crowne publicou uma peça sobre Cade, *The Misery of Civil War*, encenada em 1681.

be ao poder paterno toda a obediência, caberá a eles a obediência dos súditos pelo mesmo direito, e com base em fundamentos tão válidos como no caso dos príncipes legítimos; e, no entanto, essa doutrina de tal modo perigosa é a consequência necessária do reduzir-se todo poder político meramente ao poder paterno de Adão por direito e *instituição divina*, herdado a partir dele, sem que se consiga mostrar a quem deve ser transmitido, ou quem é seu herdeiro.

122. Para estabelecer o governo no mundo e impor à consciência de qualquer homem a obrigação da obediência (supondo, com nosso A., que todo poder nada mais seja que o estar de posse da *paternidade de Adão*), é tão necessário dar-lhe a conhecer quem tem o direito a esse poder, a essa *paternidade*, quando o possuidor morre sem deixar filhos que o sucedam de imediato, quanto o foi dizer-lhe que, mediante a morte do pai, caberia ao filho mais velho o direito a ela; pois devemos sempre ter presente que a questão central é (e seria de se esperar que nosso A. se batesse por ela, caso por vezes não se esquecesse disso) sabermos que pessoas têm direito a serem obedecidas e não se existe no mundo um poder a que se deva chamar *paterno*, sem que se saiba em quem resida; pois, se existe um poder, *i.e.*, um direito de governar, pouco importa que se lhe dê o nome de *paterno* ou *monárquico, natural* ou *adquirido*; será indiferente ser denominado *paternidade suprema* ou *suprema fraternidade*, contanto que saibamos quem a possui.

123. Passo, pois, a perguntar se, ao herdar esse *poder paterno,* essa *paternidade suprema*, o neto nascido em uma filha tem precedência sobre um sobrinho nascido de um irmão. Se o neto nascido do filho mais velho, se é um menino, tem precedência sobre o filho menor, adulto e capaz. Se a filha tem precedência sobre um tio ou qualquer outro varão descendente por uma linhagem masculina. Se um neto nascido de uma

filha mais jovem tem precedência sobre uma neta nascida de uma filha mais velha. Se o filho mais velho nascido de uma concubina tem precedência sobre o filho mais moço nascido da esposa. Donde podem surgir muitas outras questões acerca de legitimação e sobre qual é a diferença entre uma esposa e uma concubina, pois, no que diz respeito às leis municipais ou positivas dos homens, nada podem significar aqui. É possível indagar ainda se, acaso o filho mais velho for um insensato, caberá a ele a primazia na herança desse *poder paterno*, de preferência ao mais jovem, que é sensato; e que grau de insensatez será necessário para excluí-lo. E quem será o juiz da questão. E se o filho de um insensato excluído por sua insensatez tem a primazia sobre o filho de seu irmão mais sensato, que reinou. Quem tem o *poder paterno* enquanto a rainha viúva espera o filho do rei morto e ninguém sabe se há de ser um menino ou uma menina. Quem será o herdeiro entre dois gêmeos varões que vieram à luz mediante uma cirurgia. Se uma meia-irmã tem primazia sobre a filha de um irmão de pai e mãe[1].

....

§ **123** 1. As objeções expressas no parágrafo parecem algo forçadas, dado que Filmer e seus defensores haviam admitido a validade das normas que regiam efetivamente a sucessão da Coroa inglesa. A questão importante é sugerida quando Locke deixa implícito que, com base nas premissas de Filmer, tais normas não podem ser meramente as "leis municipais ou positivas" de uma nação (comparar com nota em I, § 90), mas devem ser parte da lei natural; Tyrrell (1681, 54 em diante) dedica um tempo razoável a demonstrar que "nada existe senão o costume nesse caso", e Sidney (*Discourses*, 1, 18) aborda Filmer a partir desse aspecto. Tais pontos constituíam um tema corrente dos teóricos da lei natural, a essas questões de Locke poderiam praticamente ter sido traduzidas dos títulos das seções XXX-XXXVII do capítulo VII do Segundo Livro de Grócio, *De Jure Belli*. Cumpre lembrar que as questões do "filho mais velho de uma concubina" e da "diferença entre uma esposa e uma concubina" eram cruciais para Locke quando escreveu isso, pois o pretendente ao trono defendido por Shaftesbury contra o futuro Jaime II era o duque de Monmouth, o filho mais velho de Carlos II com uma concubina. Para estabelecer a primazia de Monmouth sobre todos os demais pretenden-

124. Estas dúvidas e muitas outras semelhantes podem-se formular acerca dos títulos de sucessão e do direito de herança, e não se tratará de especulações ociosas mas de questões que, como nos mostra a história, dizem respeito à herança de Coroas e reinos; e se quisermos exemplos famosos não será preciso buscar mais longe do que no outro reino desta mesma ilha, sobre os quais não será necessário dizer mais nada, porquanto foram exaustivamente relatados pelo engenhoso e douto autor de *Patriarcha non Monarcha*[1]. A menos que nosso A. tenha resolvido todas as dúvidas que podem surgir acerca do próximo herdeiro e demonstrado que sua resposta está claramente formulada na lei de natureza ou na lei revelada de Deus, todas as suas suposições de um *poder monárquico absoluto, supremo* e *paterno* de Adão e a transmissão desse poder a seus herdeiros não terão a menor utilidade para estabelecer a

....
tes, Shaftesbury possibilitou a William Lawrence publicar, em 1681, a segunda parte de seu escrito *Marriage by the Moral Law of God* (O casamento segundo a lei moral de Deus) (ver Furley, 1957, 21, nota II). Locke possuía esse livro (H. e L., 1693).

§ **124** 1. Evidentemente, era James Tyrrell o autor do *Patriarcha non Monarcha* (1681), publicado em meados de 1681 e adquirido por Locke a 2 de junho; sobre esse livro e o relacionamento entre Locke e Tyrrell quando de sua elaboração, ver Introdução, pp. 82-91. Embora seja esta a única referência específica ao livro, as passagens paralelas entre essa obra e a de Locke, apontadas na presente edição, revelam o grau de afinidade entre os dois homens. Na carta de Tyrrell datada de 20 de setembro de 1680 e em que menciona os *Dois tratados* (ver Introdução, pp. 74-6), afirma ele – com essa referência em mente, é óbvio – que Locke "fala do autor do *Patriacha non Monarcha* de modo mais respeitoso do que ele merece" e, ao escrever a Locke em 30 de agosto de 1690, acrescenta que o autor dos *Dois tratados* "concordava perfeitamente com as concepções que expus no *Patriacha non Monarcha* (ao qual ele havia citado)".

Locke presumivelmente refere-se aqui às pp. 54-60 do livro de Tyrrell, em que se trata de sucessão pelo tio ou sobrinho, filho ou neto, bastardo ou legítimo, em Navarra, Castela, Portugal, entre os mongóis da Índia e, sobretudo e exaustivamente, a Escócia – "o outro reino desta mesma ilha", também uma fonte dileta de exemplificação para Lawrence –, ver nota em I, § 123.

autoridade ou determinar o título de príncipe algum ora existente sobre a terra, mas, antes, minarão os fundamentos de tal autoridade e título, e a tudo colocarão em questão. Pois, por mais que nosso A. afirme, e que todos os homens igualmente acreditem, que Adão teria um poder *paterno* e, por conseguinte, *monárquico*, que esse poder (o único existente no mundo) teria sido *transmitido a seus herdeiros* e que não haveria no mundo outro poder senão esse; admitamos que tudo isso tenha sido demonstrado de forma tão clara quanto é um erro manifesto: ainda assim, se não estiver fora de dúvida a quem foi *transmitido* esse *poder paterno* e a quem pertence no momento, ninguém poderá estar submetido a nenhuma obrigação de obediência, a não ser que se diga que estou obrigado a prestar obediência ao *poder paterno* de um homem cujo *poder paterno* não excede ao meu próprio, o que é o mesmo que dizer que obedeço a um homem porque este tem o direito de governar e, quando me perguntam como sei que ele tem o direito de governar, respondo que é impossível saber se ele o tem. Pois a razão de minha obediência não pode ser aquilo que não sei determinar ao certo e muito menos aquilo que ninguém pode determinar ao certo.

125. Por conseguinte, todo esse alarde em torno da *paternidade de Adão*, da grandeza de seu poder e da necessidade de supô-lo em nada contribui para estabelecer o poder daqueles que governam, ou para determinar a necessária obediência dos súditos, se a eles não se puder dizer a quem devem obedecer, ou se não se der a conhecer a quem cabe governar e a quem cabe obedecer. No estado em que se encontra o mundo nos tempos correntes, irremediavelmente ignorante sobre quem é o herdeiro de Adão, essa *paternidade*, esse *poder monárquico de Adão* transmitido a seus herdeiros seria de tão pouca utilidade para o governo dos povos quanto se, para aquietar a consciência dos homens ou preservar-lhe a saúde, nosso A. afiançasse que Adão

teria o *poder* de perdoar os pecados ou curar enfermidades, poder este transmitido a seu *herdeiro* por instituição divina e, no entanto, fosse impossível determinar quem seria o referido herdeiro. E agiria com idêntica racionalidade aquele que, mediante essa afirmação de nosso A., pusesse-se a confessar seus pecados na expectativa de uma absolvição válida ou que tomasse um medicamento, na expectativa da saúde, ministrado por qualquer um que arrogasse a si próprio o nome de sacerdote ou médico, ou houvesse nomeado a si próprio para tais encargos dizendo: "submeto-me ao poder de absolver transmitido por Adão" ou "serei curado pelo poder medicinal transmitido por Adão", como aquele que diz: "submeto-me e obedeço ao *poder paterno* transmitido por Adão", contanto seja admitido que tais poderes são transmitidos a um único herdeiro apenas, e que este é ignorado.

126. É verdade que os juristas civis tiveram a pretensão de determinar alguns desses casos referentes à sucessão dos príncipes[1], mas, de acordo com os princípios de nosso A., intrometeram-se em matéria que não lhe diz respeito; pois, se todo poder político deriva unicamente de Adão e é transmitido unicamente a seus sucessivos herdeiros, por *disposição de Deus* e *divina instituição*, trata-se de um direito que antecede e é superior a todo governo, e, portanto, não podem as leis positivas dos homens determinar aquilo que constitui por si o fundamento de toda lei e todo governo e cujas normas devem proceder tão somente da lei de Deus e de natureza. E uma vez que estas silenciam no caso

---

§ **126** 1. "Juristas civis" [*civil lawyers*] – os professores de direito civil ou romano dos tempos de Locke, e remontando até a era justiniana; provavelmente o autor inclui neste rol autores como Grócio e Pufendorf. Filmer faz frequentes citações do direito civil, mas não ao tratar o tema da sucessão. Locke era indiferente ao direito romano como tal, muito embora possuísse seus exemplares das *Institutas* e do *Corpus Juris Civilis* (H. e L., 1598 e 1599). Sobre esse parágrafo, comparar com Tyrrell (1681), 54, e Sidney, I, § 18.

em questão, estou inclinado a acreditar que não existe um direito a ser transmitido dessa forma e, caso existisse, estou seguro de que não serviria a nenhum propósito e os homens se mostrariam mais desorientados no tocante ao governo e à obediência aos governantes do que se tal direito existisse; pois com base nas leis positivas e no pacto, que a *instituição divina* (se é que existe) logra excluir, é possível precaver-se com segurança contra todas essas infindáveis e inextricáveis dúvidas; porém jamais se poderá compreender de que modo um direito natural divino, e de tal importância como toda a ordem e a paz no mundo, há de ser transmitido para a posteridade sem nenhuma norma clara, natural ou divina, a seu respeito. E seria o fim de todo governo civil se a *atribuição* do poder civil ao herdeiro fosse de *instituição divina* e, no entanto, *com base nessa instituição divina*, a pessoa do herdeiro não pudesse ser conhecida. Sendo esse *poder paterno e monárquico* exclusivamente dele por direito divino, não há lugar para que a prudência ou o consentimento humanos o atribuam a qualquer outro; pois, se um único homem tem o direito divino à obediência da humanidade, ninguém poderá reivindicar a dita obediência, salvo aquele que possa ostentar esse direito, e tampouco pode a consciência dos homens ser obrigada a tal sob nenhum outro pretexto. E, assim, a presente doutrina termina por ceifar todo governo pela raiz.

127. Vemos, assim, como nosso A., dando por solidamente estabelecido o princípio de que a *pessoa* mesma a quem cabe governar é *designada* por Deus e por *instituição divina*, diz-nos extensamente apenas que tal pessoa é o *herdeiro*, mas deixa a nosso encargo imaginar quem haveria de ser esse herdeiro; assim, essa *instituição divina* que atribui o poder a uma pessoa para cuja determinação não dispomos de norma alguma, tem o mesmo valor que atribuição alguma. Entretanto, por maior que seja o empenho

de nosso A., *a instituição divina* não opera tão ridícula atribuição, e tampouco se pode supor que Deus estabeleça, como uma lei sagrada, que determinada pessoa tenha direito a determinada coisa sem apresentar as regras que permitam identificar e reconhecer essa pessoa, ou conferir a um *herdeiro* o direito divino ao poder sem indicar quem é esse *herdeiro*. Será mais plausível imaginar que o *herdeiro* não recebeu esse direito por *instituição divina* do que cogitar que Deus tenha conferido semelhante direito ao *herdeiro*, deixando, todavia, obscuro e indeterminado quem é esse herdeiro.

128. Houvesse Deus dado a Abrãao a terra de Canaã e, em termos gerais, a alguém depois dele, sem nomear sua progênie, para que esse alguém pudesse ser conhecido, tal atribuição haveria de ser tão válida e útil para determinar o direito da terra de Canaã quanto o seria, para determinar o direito às coroas, conferir um domínio a Adão e a seus sucessivos herdeiros sem dizer quem é esse herdeiro; pois o termo *herdeiro*, desprovido de uma regra que permita determinar de quem se trata, não significa mais que "alguém que desconheço". Deus, ao estabelecer como *instituição divina* que os homens não devem unir-se em matrimônio com *parentes próximos*, julga insuficiente admoestar que *nenhum de vós há de se aproximar de um parente próximo e descobrir-lhe a nudez*, mas, além disso, fornece as normas que permitem determinar quem são aqueles *parentes próximos* excluídos por *instituição divina*[1] – de outro modo, tal lei não teria utilidade alguma, pois que é despropositado impor limites ou conferir privilégios aos homens em termos de tal modo genéricos que não permitem identificar por seu intermédio nenhuma pessoa a que dizem respeito. Todavia, como Deus não disse em parte alguma que o her-

....
§ **128** 1. Ver Lv 18: o texto citado é extraído do versículo 6, e o restante do capítulo se ocupa em especificar os relacionamentos proscritos.

deiro imediato há de herdar toda a propriedade e todo o domínio de seu pai, não nos devemos intrigar por não haver Ele assinalado em parte alguma quem haveria de ser esse herdeiro; pois, como nunca pretendeu semelhante coisa e nunca designou herdeiro algum nesse sentido, não podemos esperar que em alguma parte Ele o nomeasse ou assinalasse alguma pessoa como tal, conforme poderíamos esperar em caso contrário. Por conseguinte, embora o termo *herdeiro* esteja presente na Escritura, nada existe ali semelhante a um herdeiro no sentido pretendido por nosso A., de alguém a quem por direito natural cabe herdar todas as posses do pai, à exclusão dos irmãos. Assim, Sara presume que se Ismael permanecesse na casa, para partilhar a propriedade de Abraão após sua morte, esse filho nascido de uma escrava poderia ser herdeiro junto com Isaac e, por essa razão, diz: *expulsa a essa escrava e ao seu filho, pois que o filho de uma escrava não há de ser herdeiro com meu filho*[2]. Isso, porém, não pode isentar nosso A., que, ao asseverar que em todo agrupamento humano existe um que é o *herdeiro legítimo* e mais próximo de Adão [288-9], deveria ter-nos dito que leis regem a sucessão; todavia, por ser tão parco de informações acerca das normas que nos permitiriam saber quem é o *herdeiro*, será prudente examinarmos a seguir o que a história por ele extraída da Escritura – e sobre a qual pretende fundamentar inteiramente seu governo – tem a dizer acerca dessa questão necessária e fundamental.

129. A fim de justificar o título de seu livro[1], nosso A. começa a relatar (p. 13 [58]) a história da transmissão do poder

....
2. Ver Gn 21, 10, citado anteriormente em I, § 114.
§ 129 1. O autor apenas pode estar se referindo ao título *Patriarcha, or the Natural Power of Kings*, e é uma das indicações de que, ao contrário do *Segundo*, o *Primeiro tratado* tinha por objeto especificamente o *Patriarcha* – ver Introdução, pp. 90-2, e comparar com I, § 1 e nota.

monárquico de Adão (p. 13) com as seguintes palavras: *Esse senhorio que tinha Adão por decreto[2] sobre o mundo todo e do qual, por um direito por ele transmitido, gozavam os patriarcas, era tão vasto etc*. Como prova que os patriarcas o gozavam por transmissão? No que toca ao *domínio sobre a vida e a morte*, diz ele: *vemos que Judá, o pai, pronunciou sentença de morte contra Tamar, sua nora, por haver se prostituído* (p. 13 [58]). Em que o fato de haver *pronunciado sentença da morte* prova que Judá tinha autoridade soberana e absoluta? Pronunciar sentença de morte não é um sinal seguro de soberania, mas, de ordinário, a atribuição de magistrados inferiores. O poder de baixar leis de vida e morte é, na verdade, um sinal de soberania, mas o pronunciar sentenças segundo essas leis pode ser atribuição de outros, de sorte que dificilmente será prova de que tivesse ele autoridade soberana[3] – como se disséssemos que o juiz Jefferies pronunciou sentença de morte nos últimos tempos, portanto o juiz Jefferies tinha autoridade soberana[4]. Dir-se-á, porém, que Judá não o fez por encargo de outrem e, portan-

....

2. "Por decreto" – segundo a edição do *Patriarcha* de 1680; no original de Locke lê-se "por criação" (58).

3. Ao afirmar que o poder de deliberar sobre a vida e a morte constituía um certo sinal de soberania, Filmer seguia a definição clássica de Bodin: em seu tratado *Methodus ad Facilem Historiarum Cognitionem*, que provavelmente está por trás das referências à soberania no escrito latino de 1664 (ver p. 6 e nota na edição de Abrams; comparar com Von Leyden, 1954, p. 20). "O poder de vida e morte quando a própria lei não dá lugar para atenuação" era o quinto e último sinal de soberania. A comparação entre passagens como I, § 131; II, § 3; II, § 11 (ver nota ali); e II, § 65, revela que Locke discutiu efetivamente os "sinais de soberania" de uma forma algo semelhante a Bodin. Parece totalmente injustificável sustentar, como faz Green, que Locke jamais tenha empregado o termo "soberania" no sentido que o empregavam seus contemporâneos (1931, 75) ou que Locke o evitasse em função do uso que Hobbes dele fizera (ver Gough, 1950, 41).

4. A referência ao juiz Jeffreys "nos últimos tempos" deve ter sido acrescentada após o término do reinado de Jaime II, e é a única frase nos *Dois tratados* que revela sua data, o ano de 1689. Ver Introdução, pp. 65-7.

to, fê-lo por direito próprio. Quem pode saber se tinha ele algum direito em absoluto? O ardor da paixão poderia tê-lo conduzido a praticar algo que não tinha autoridade alguma para fazer. *Judá tinha domínio de vida e morte* – onde aparece isso? Exerceu-o, segundo nosso A., ao *pronunciar sentença de morte contra Tamar* – o que ele considera uma excelente prova, pois se assim procedeu tinha direito a tal. Também se deitou com ela: segundo esse modo de provar, tinha igualmente direito a tal. Se é lícito concluir do ato um direito, também Absalão poderia incluir-se entre os soberanos de nosso A., porquanto pronunciou sentença de morte análoga contra seu irmão Amnon[5], em circunstâncias muito semelhantes, e a fez executar também – se isso for suficiente para provar um domínio de vida e de morte.

Admitindo, porém, que tudo isso fosse uma clara demonstração de poder soberano, quem detinha esse *senhorio por direito, a ele transmitido desde Adão, tão vasto e amplo quanto o mais absoluto domínio de qualquer monarca* [58]? Judá, assevera nosso A., Judá, um dos filhos mais jovens de Jacó, estando o seu pai e os irmãos mais velhos em vida, de modo que, a acatarmos a prova aduzida por nosso próprio A., pode um irmão mais moço, estando seu pai e irmãos mais velhos em vida, *por direito de herança, possuir o poder monárquico de Adão*; e, se alguém com tal qualificação pode ser monarca por herança, por que não o poderá ser qualquer homem? Se Judá, estando seu pai e irmãos mais velhos em vida, era um dos herdeiros de Adão, ignoro quem poderá ser excluído de tal herança: todos os homens podem, a exemplo de Judá, ser monarcas por herança.

130. *No que respeita à guerra, vemos que Abraão comandou um exército de 318 soldados de sua própria famí-*

---

5. Sobre Absalão e Amnon, ver Sl 2, 13.

lia, e Esaú enfrentou seu irmão com 400 homens em armas; no que respeita à paz, Abraão estabeleceu uma aliança com Abimelec etc. (p. 13 [58]). Não será possível a um homem contar com 318 homens em sua família sem ser herdeiro de Adão? Um colono das *Índias Ocidentais*[1] conta com um número maior e poderia, se o quisesse (e quem haverá de duvidar?) reuni-los e conduzi-los contra os *índios* a fim de buscar a reparação de algum direito seu ferido, e isso sem implicar o *domínio absoluto de um monarca, a ele transmitido a partir de Adão*. Não seria um admirável argumento para demonstrar que todo poder por instituição divina é transmitido a partir de Adão por herança, e que a pessoa mesma e o poder desse agricultor eram *disposições de Deus*, porquanto tinha ele no âmbito familiar poder sobre os servos nascidos em sua casa e comprados com dinheiro? Pois era precisamente este o caso de Abraão: aqueles que viviam em abastança no tempo dos *patriarcas*, tal como nas *Índias Ocidentais* da atualidade, compravam servos e servas e, mediante a reprodução destes, bem como pela aquisição de novos, chegavam a formar vastas e numero-

....
§ 130 1. "Um colono das Índias Ocidentais" – comparar com I, § 131. Locke fala aqui baseado em sua experiência pessoal como secretário dos proprietários da Carolina, que era tida como uma extensão das Índias Ocidentais (comparar com I, § 144 e nota), e como secretário da Junta Comercial e Colonial de Shaftesbury; ver Introdução, pp. 34-6. É interessante o fato de tanto Locke como Filmer, cujo irmão era colono na Virgínia, aceitarem o caráter político da família sob tais circunstâncias, da mesma forma que Tyrrell, que fala de uma forma muito semelhante à de Locke, só que seu colono está em Barbados (1681, 105). Em graus diferentes, todos eles sugerem, desta forma, que a posição de um agricultor colonial pode ser associada àquela dos patriarcas bíblicos. É admissível conjecturar que os próprios colonos, muito embora adquirissem seus súditos (escravos e servos contratados) mediante compra, como diz Locke, considerassem seu poder como patriarcal, conforme a visão de Filmer, e não como assente em última instância no consentimento, e que os argumentos bíblicos de Filmer agradassem a eles muito mais do que admitia Locke.

sas famílias, e, ainda que fizessem uso das mesmas na guerra e na paz, será lícito pensar que o poder que tinham sobre elas fosse herança oriunda de Adão, quando haviam sido adquiridas com dinheiro? Um homem a cavalgar em uma expedição contra um inimigo, tendo adquirido seu cavalo em uma feira, seria uma prova tão válida de que o proprietário *gozava, por direito de transmissão, o senhorio que tinha Adão, por decreto, sobre o mundo todo* quanto o fato de haver Abraão conduzido os servos de sua família o é de que os patriarcas detinham esse senhorio por transmissão a partir de Adão; pois o direito ao poder que cabe ao amo em ambos os casos, quer sobre escravos ou cavalos, decorre tão somente da compra – e a obtenção de *um domínio* por parte de alguém sobre qualquer coisa mediante acordo ou dinheiro seria uma forma inusitada de provar que tal domínio foi obtido por transmissão ou herança.

131. *Mas a promoção da guerra e a da paz são sinais de soberania* [58][1]. Admitamos que assim seja nas sociedades políticas: não poderá então um homem das *Índias Ocidentais*, que tem a seu lado os próprios filhos, amigos ou companheiros, soldados a sua paga ou escravos comprados com dinheiro, ou talvez um contingente formado por todos estes, promover a paz e a guerra, caso haja ocasião para tal, *e também ratificar por juramento os termos* desta [58], sem que seja soberano, rei absoluto daqueles que o seguem? Aquele que responder pela negativa deverá admitir, pois, que muitos capitães de navios e muitos colonos privados são monarcas absolutos, porquanto procederam exatamente dessa forma. Nas sociedades políticas, a guerra e a paz apenas podem ser promovidas pelo poder supremo das mesmas, pois, como a guerra e a paz imprimem um movimen-

....
§ **131** 1. A declaração da guerra e da paz era o terceiro sinal de soberania enumerado por Bodin; *Methodus*, 1945, 172; comparar com I, § 129 e nota.

to diverso à força de tal corpo político, nada pode promover a guerra e a paz, a não ser o que detém a direção da força do corpo todo e que, nas sociedades políticas, é apenas o poder supremo. Nas sociedades voluntárias temporárias, aquele que detém tal poder por consentimento pode promover a guerra e a paz, e o mesmo pode um homem sozinho no que a ele se refere, dado que o estado de guerra não depende do número de combatentes, mas da inimizade das partes, quando estas não dispõem de uma instância superior para a qual apelar[2].

132. A promoção efetiva da guerra e da paz não é prova de nenhum outro poder, senão o de dispor aqueles que estão sob seu poder a exercer ou cessar atos de hostilidade, poder este que, em muitos casos, qualquer um pode ter, independentemente de deter a supremacia política. Por conseguinte, a promoção da guerra ou da paz não prova que aquele que as pratica seja governante político e muito menos rei, pois, do contrário, também as repúblicas deveriam ter reis, tudo em vista que promovem guerra e paz exatamente da mesma forma que os governos monárquicos.

133. Admitindo, porém, que seja este um *sinal de soberania de Abraão*, acaso será prova de que a ele foi transmitida a *soberania de Adão* sobre o mundo todo? Em caso afirmativo, por certo será esta uma prova igualmente válida da *transmissão do senhorio de Adão* a outros também. E,

---

2. A falta de uma instância superior comum, característica do estado de natureza, é discutida em pormenor no *Segundo tratado*, capítulo II, "Do estado de natureza", e as referências à guerra contidas nesse parágrafo complementam o capítulo que se segue, "Do estado de guerra"; ver especialmente §§ 20-1. Temos, nas relações intrafamiliares e entre as diferentes famílias de colonos na América, um modelo da origem e natureza do estado lockeano, e de seu contraste com o estado de natureza – ver Introdução.

neste caso, as repúblicas, bem como Abraão, serão *herdeiros de Adão*, porquanto, assim como ele, fazem guerra e paz. Se me disserdes que o *senhorio de Adão* não é transmitido por direito às repúblicas[1], embora estas promovam a guerra e a paz, o mesmo direi com respeito a Abraão, e o argumento ruirá por terra; e se persistirdes em vosso argumento, alegando que aqueles que de fato promovem a guerra e a paz, como sem dúvida é o caso das repúblicas, *herdam* de fato o *senhorio de Adão*, essa monarquia ruirá por terra, a menos que digais que as repúblicas, *possuidoras, por transmissão, do senhorio de Adão*, são monarquias – o que, sem dúvida, seria uma forma original de converter em monárquicos todos os governos do mundo.

134. Para deixar a nosso A. a honra dessa nova invenção – pois confesso não ter sido o primeiro a descobri-la ao seguir seus princípios e a atribuir a ele –, será conveniente que meus leitores saibam (por absurdo que possa parecer) que ele próprio a professa (p. 23 [62]), ao afirmar de modo engenhoso que *em todos os reinos e repúblicas do mundo, seja o príncipe o pai supremo do povo ou apenas o legítimo herdeiro desse pai, ou tenha obtido a coroa mediante usurpação ou eleição, ou ainda que uns poucos ou uma multidão governem a república – a autoridade que reside em qualquer um, em muitos ou em todos estes é o direito único e a autoridade natural de um pai supremo;* direito de *paternidade* este que é *autoridade régia e monárquica*, conforme amiúde afirma, particularmente à p. 12 [57], que precede imediatamente ao referido exemplo de Abraão. Essa autoridade monárquica, diz ele, possuem-na aqueles que governam as repúblicas – e se é verdade que essa autoridade régia e monárquica reside naqueles que governam as

---

§ 133 1. "Repúblicas" – no original *common-wealths*, termo pelo qual o autor designa todas as formas não monárquicas de governo.

repúblicas, será igualmente verdadeiro que as repúblicas são governadas por reis: pois, se a autoridade monárquica reside naquele que governa, aquele que governa há de ser necessariamente rei e, portanto, todas as repúblicas nada mais são que rematadas monarquias; e, neste caso, que necessidade haverá de discorrer tanto sobre a questão? Os governos do mundo são como devem ser; não existem nele senão monarquias. Esse, sem dúvida, foi o método mais seguro que nosso A. poderia encontrar para banir da face da terra todos os governos que não sejam monárquicos.

135. Tudo isso, porém, dificilmente poderá provar que Abraão tenha sido rei na qualidade de herdeiro de Adão. Houvesse sido ele rei por herança, Lot, que pertencia a mesma família, deveria ter sido seu súdito, por esse mesmo título, e assim considerado pelos servos da família; vemos, porém, que os dois viveram como amigos e como iguais, e, quando surgiram discórdias entre seus pastores, não houve da parte de nenhum deles pretensão alguma de jurisdição ou superioridade, mas se separaram de comum acordo[1] (Gn 13), razão pela qual Lot é chamado tanto por Abraão como pelo texto *irmão de Abraão*, o epíteto da amizade e da igualdade, e não da jurisdição ou autoridade, embora na realidade fosse apenas seu sobrinho. E, se nosso A. sabe que Abraão era herdeiro de Adão e rei, sabe mais, segundo parece, do que sabia o próprio Abraão ou seu servo, ao qual enviou para escolher uma esposa para seu filho, pois, quando este enumera as vantagens do matrimônio (Gn 24, 35) a fim de persuadir a jovem[2] e os seus, diz ele: *Sou um servo de Abraão, e o Senhor tem abençoado sobejamente meu amo, e grande ele se tornou. Deu-lhe rebanhos*

....
§ 135   1. "Se separaram de comum acordo" – II, § 38; "de comum acordo, como o fizeram Abraão e Lot (...) eles se separaram"; ver nota ali.
2. A jovem era Rebeca.

e manadas, prata e ouro, servos e servas, camelos e jumentos. Sara, a esposa de meu amo, deu a ele um filho quando já era velha, e a ele deu meu amo tudo quanto possui. Será possível imaginar que um servo judicioso, que se põe a descrever com tal minúcia a grandeza de seu amo, haveria de esquecer a Coroa que estava destinada a Isaac, se tivesse conhecimento disso? Será possível imaginar que tivesse esquecido de mencionar a eles, numa ocasião como aquela, que Abraão era rei (título bastante conhecido na época, pois que havia nove deles[3] em sua vizinhança), caso ele ou seu amo tivessem semelhante coisa em mente – o argumento mais persuasivo que tudo o mais para coroar de êxito sua empresa?

136. Ao que parece, porém, essa descoberta estava reservada para nosso A., dois ou três mil anos mais tarde, e deixemo-lo gozar o crédito por ela; entretanto, deveria ter tido o cuidado de fazer com que parte da terra de Adão houvesse sido transmitida a esse seu *herdeiro*, bem como todo o senhorio de Adão, pois, embora esse senhorio que detinha Abraão (a darmos crédito a nosso A.) bem como os demais patriarcas, *a ele transmitido por direito, fosse tão vasto e extenso como o mais absoluto domínio de qualquer monarca que tenha existido desde a criação* [58], suas propriedades, seus territórios e domínios eram exíguos e escassos, porquanto não tinha a posse sequer de um palmo de terra até comprar um terreno e uma cova dos filhos de Hete para ali sepultar Sara[1].

....
3. Esses nove reis estão relacionados em Gn 14, 1-2, e são citados por Filmer, 59.
§ **136** 1. O sepultamento de Sara está narrado em Gn 23; comparar com II, § 36 e nota. Sidney faz a mesma afirmação acerca do território restrito que cabia a Abraão e os demais patriarcas em seus *Discourses*, 1, 8. Segundo a cronologia de Ussher, às margens da Versão Autorizada da Bíblia, o fato teria ocorrido em 1872 a.C., cerca de 2500 anos antes de Locke e Filmer, e a refe-

137. O exemplo de Esaú, acrescido a esse de Abraão, para provar que o *senhorio que detinha Adão sobre o mundo todo o detinham também os patriarcas, por direito transmitido por ele*, é ainda mais risível que o anterior: *Esaú enfrentou seu irmão, Jacó, com quatrocentos homens em armas* [58]; por conseguinte, era rei por direito, como herdeiro de Adão. Quatrocentos homens armados, seja por que meios tenham sido reunidos, são suficientes, pois, para demonstrar que aquele que os lidera é rei e herdeiro de Adão. Existem, na Irlanda (para não falarmos de outra nações), *tories*[1] que renderiam graças a nosso A. por honrosa opinião a seu respeito, especialmente se não houver nas imediações ninguém com um título melhor, de quinhentos homens armados, para pôr em dúvida sua autoridade régia de quatrocentos. É uma lástima que um homem escarneça dessa forma, para dizer o mínimo, numa discussão de tamanha seriedade. Esaú é trazido aqui como prova de que o senhorio de *Adão, seu domínio absoluto, tão vasto quanto aquele de qualquer monarca, foi transmitido por direito aos patriarcas*, e, nesse mesmo capítulo[2] (p. 19 [61]), é mencio-

....
rência mostra que Locke aceitava essa cronologia; comparar com I, § 147; I, § 150 e notas. Muito embora em geral adotasse essa cronologia, ele e Newton consideravam difícil conciliá-la com a cosmologia de ambos e, no caso de Locke, com sua antropologia comparada. O MS c. 27 revela que ele estava debruçado sobre a cronologia do Antigo Testamento no ano de 1680.

§ 137   1. Aparentemente temos aqui a única referência explícita aos oponentes políticos de Locke, os realistas, tradicionalistas ou *tories*, em seu livro, e é tentador enxergá-la como uma chacota aos opositores da Revolução de 1688-9. Mas, embora seja absolutamente possível que a frase entre parênteses, em que "outras nações" obviamente significa a Inglaterra, tenha sido acrescentada em 1689, a sentença em si apenas pode ter sido escrita em 1679-81, quando o termo *tory* era ainda um apelido injurioso que designava os campônios irlandeses, e não ainda se tornara irrevogavelmente associado a uma facção política inglesa.

2. "Nesse mesmo capítulo" – o capítulo 1 do *Patriarcha* (53-63); ver nota a I, § 6. A forma dessa referência sugere que, na sequência perdida do *Primeiro tratado*, Locke teria comentado o segundo e terceiro capítulos da obra de Filmer, tal como editada em 1680; ver Introdução, capítulo III.

nado Jacó como exemplo de quem, por *direito de primogenitura, foi senhor de seus irmãos*. Temos, pois, dois irmãos, ambos monarcas absolutos pelo mesmo título e herdeiros de Adão ao mesmo tempo: o mais velho, herdeiro de Adão por haver enfrentado o irmão com 400 homens, e o mais jovem, herdeiro de Adão por *direito de primogenitura: Esaú detinha o senhorio que tivera Adão sobre o mundo todo, por direito a ele transmitido de modo tão vasto e extenso quanto o mais absoluto domínio de qualquer monarca*; e, ao mesmo tempo, *Jacó, seu senhor pelo direito que têm os herdeiros de serem os senhores dos próprios irmãos. Risum teneatis*[3]? Devo confessar que jamais deparei com homem tão hábil quanto sir Robert nesse gênero de argumentação, mas teve ele a infelicidade de defender uma hipótese que não pode concordar com a natureza das coisas e com os assuntos humanos; é impossível fazer concordar seus princípios com aquela constituição e ordem estabelecida no mundo por Deus e, portanto, eles necessariamente se chocam amiúde com o senso comum e a experiência.

138. Na seção seguinte[1], afirma ele [58] que *esse poder patriarcal prosseguiu não apenas até o dilúvio, como também depois deste, como a denominação "patriarcas" em parte o demonstra*. A denominação "patriarca" presta-se a mais do que *demonstrar em parte* que o *poder patriarcal* continuou no mundo enquanto existiram patriarcas, porquanto é necessário que o poder patriarcal exista enquanto existam patriarcas, da mesma forma que é necessário que exista o poder paterno ou conjugal enquanto existam pais e esposos – todavia, isso não passa de um jogo de pa-

---

3. "*Risum teneatis?*" – "podeis conter o riso?", Horácio, *Ars Poetica*, 5; provavelmente, uma expressão convencional nos debates acadêmicos.
§ **138** 1. "Seção seguinte" – a seção 5 da edição de 1680, correspondente à seção III e parte da seção IV (58-60) da edição de Laslett.

lavras. O que nosso A. pretende insinuar, com falácia, é a questão a ser demonstrada, isto é, que o *senhorio que detinha Adão sobre o mundo*, o suposto domínio universal absoluto de *Adão, detinham-nos os patriarcas por direito transmitido por ele*. Se ele afirma que essa monarquia absoluta prosseguiu no mundo após o dilúvio, gostaria eu de saber de que testemunhos dispõe a esse respeito, pois confesso que não consigo encontrar uma única palavra nesse sentido em minha Bíblia – se por *poder patriarcal* entende ele algo distinto, nada tem a ver com a matéria ora em questão. E confesso não perceber de que modo a denominação *patriarca demonstra em parte* que aqueles que são chamados por esse nome detinham um poder monárquico absoluto e, portanto, creio que não é necessário contestá-lo antes que o argumento seja exposto com um pouco mais de clareza.

139. *Foi o mundo dividido por Noé entre seus três filhos*, diz nosso A., *pois por meio deles foi recoberto o mundo todo* (p. 14 [54]). O mundo poderia ter sido recoberto pela progênie dos filhos de *Noé* sem que ele jamais houvesse dividido o mundo entre eles; porque a *terra* poderia ser *repovoada* sem que fosse dividida, de modo que o argumento de nosso autor está longe de comprovar tal divisão. Contudo, admito que assim tenha sido, e então lhe pergunto: se o mundo foi dividido entre eles, qual dos três era herdeiro de Adão? Se o *senhorio de Adão, sua monarquia*, foi transmitido por direito apenas ao mais velho, os outros dois podiam ser apenas seus *súditos*, seus *escravos*; se foi transmitido por direito aos três irmãos, há de ser transmitido a toda a humanidade pelo mesmo direito; de modo que seria impossível que sua afirmação a pp. 19 [61], de que os *herdeiros são senhores de seus irmãos*, seja verdadeira, mas sim que todos os irmãos e, por conseguinte, todos os homens são iguais e independentes, todos eles her-

deiros da monarquia de Adão e, por conseguinte, todos também monarcas, um tanto quanto o outro. Dir-se-á, porém, que Noé, seu pai, dividiu o mundo entre eles, de modo que nosso A. concede a Noé mais do que ao próprio Deus onipotente, pois (O. 211 [64]) lhe parece difícil que o próprio Deus concedesse o mundo a Noé e seus filhos, em detrimento do direito de primogenitura de Noé; são suas palavras: *Noé restou como o único herdeiro do mundo, pois por que haveríamos de imaginar que Deus o deserdasse de seu direito de primogenitura e fizesse dele, entre todos os homens do mundo, o único a ter posses em comum com os filhos?* – e, no entanto, não vê ele inconveniente algum em que Noé deserde Sem de seu direito de primogenitura e divida o mundo entre ele e os irmãos; de modo que esse *direito de primogenitura* deverá ou não ser sagrado e inviolável, conforme as conveniências de nosso autor.

140. Se Noé de fato dividiu o mundo entre seus filhos e a atribuição que fez dos domínios de cada um foi válida, desaparece a instituição divina e todo o discurso de nosso A. acerca do herdeiro de Adão, e tudo quanto nele está alicerçado, se esvanece e o poder natural dos reis cai por terra; assim, *a forma do poder governante e a pessoa que detém esse poder* não serão (contrariamente ao que ele afirma em O. 254 [289]) *disposições de Deus*, mas *disposições* humanas; pois, se o direito do herdeiro for uma disposição de Deus, um direito divino, nenhum homem, seja ou não pai, poderá alterá-lo; se não for direito divino, é tão somente humano e dependente do arbítrio dos homens, de modo que, ali onde a instituição humana não o autoriza, não terá o primogênito direito algum sobre seus irmãos, e aos homens será facultado depositar o governo nas mãos de quem bem entenderem e sob a forma que mais lhes aprouver.

141. Segue ele dizendo que *a maioria das nações mais civilizadas da Terra se esforça por buscar sua origem em alguns dos filhos ou sobrinhos de Noé* (p. 14 [58]). Quanto soma a maioria das nações mais civilizadas? Temo que os *chineses*, um povo muito numeroso e civilizado, bem como vários outros povos do *Oriente, Ocidente*, do *Norte* e do *Sul* não se ocupem muito com essa questão. Todas as nações que creem na Bíblia – que, segundo creio, são *a maioria das nações mais civilizadas* de que fala nosso A. – devem necessariamente considerar-se descendentes de Noé, mas, quanto ao resto do mundo, pouca importância dá este a seus filhos ou sobrinhos. Mas, ainda que os heraldistas e estudiosos da antiguidade de todas as nações – pois são estes homens que geralmente se empenham em descobrir a origem das nações –, ou se todas as nações mesmas se esforçassem por *buscar sua origem em algum dos filhos ou sobrinhos de Noé*, de que modo comprovaria isso que o *senhorio que detinha Adão sobre o mundo todo detinham-no os patriarcas por direito transmitido por ele*? Se as nações ou raças humanas *se esforçam por buscar sua origem* em quem quer que seja, pode-se concluir que consideram essas figuras homens de renome, célebres para a posteridade pela grandeza de suas virtudes e ações; todavia, não lançam o olhar para mais além, nem especulam acerca de quem são herdeiros, mas veem tais figuras em si mesmas, alçadas por sua própria virtude a uma altura capaz de enaltecer aqueles que, em idades futuras, pretendem descender delas. Mas se fossem Ogiges, Hércules, Brama, Tamerlão, Faramundo, ou mesmo Júpiter e Saturno os nomes daqueles dos quais as diferentes raças humanas, antigas ou modernas, se esforçam para derivar sua origem[1], acaso provaria

....
§ 141 1. Ogiges, o primeiro rei de Tebas, que reinou na época do dilúvio e está relacionado, portanto, a uma nova raça de gregos; Hércules, ou Héracles, de quem os dórios da antiga Grécia se consideravam descendentes; Brama, de quem os brâmanes – a casta dominante da Índia – afirmavam ser seu divino

isso que esses homens *detinham o senhorio de Adão, a eles transmitido por direito?* Se não o prova, temos aqui simplesmente um floreio de nosso A. com o propósito de iludir seu leitor, e que em si mesmo nada significa.

142. É com esse mesmo propósito que ele afirma (p. 15 [59]), com respeito àquela divisão do mundo, que *dizem alguns que foi feita por sorteio, enquanto outros asseveram que Noé navegou pelo Mediterrâneo durante dez anos e dividiu o mundo em* Ásia, África, e Europa, porções estas destinadas a seus três filhos. Ao que parece, portanto, a América foi deixada para quem dela se apoderasse. É difícil conceber por que nosso A. dedica tanto esforço para demonstrar a divisão do mundo por Noé a seus filhos, em vez de omitir uma fantasia que ele poderia encontrar em qualquer parte para sustentá-la, ainda que não tenha mais consistência que um sonho, uma vez que tal *divisão,* se é que prova alguma coisa, deve necessariamente suprimir o título do herdeiro de Adão, salvo se os três irmãos puderem ser, a um só tempo, herdeiros de Adão; portanto, as palavras seguintes: *Por incerto que seja o modo como se deu essa divisão, todavia é absolutamente seguro que a divisão em si foi efetuada por famílias descendentes de Noé e seus filhos, das quais os genitores eram os chefes e príncipes* (p. 15 [59]), ainda que as admitamos como verídicas e válidas para demonstrar que todo poder existente no mundo nada mais é do que a *transmissão por direito* do senhorio de Adão, provarão tão somente que todos os pais são herdeiros desse senhorio de Adão; pois se naqueles idos Cam e Jafé, bem como os outros pais, fossem, ao lado do filho mais velho,

....
ancestral; Tamerlão, ou Timur, o chefe mongol, do qual Locke talvez suponha que os mongóis ou mesmo os russos afirmavam ser descendentes; Faramundo, o lendário rei merovíngio, pode ser incluído como o ancestral fabuloso dos franceses, e Júpiter e Saturno, como os que deram origem aos romanos.

chefes e príncipes de suas famílias e tivessem o direito de dividir a Terra por famílias, o que impede que os irmãos mais jovens, e que são pais, de desfrutarem o mesmo direito? Se Cam e Jafé foram príncipes por direito a eles transmitido, não obstante qualquer título de herdeiro pertencente a seu irmão mais velho, os irmãos mais jovens, pelo mesmo direito a eles transmitido, são agora príncipes, de sorte que todo poder natural dos reis defendido por nosso A. não se estenderá além dos próprios filhos destes e, por esse direito natural, nenhum reinado será maior que uma família. Pois, ou bem esse *senhorio de Adão sobre o mundo todo* é transmitido apenas ao filho mais velho – e, neste caso, não pode haver mais que um herdeiro, conforme as palavras de nosso A. (p. 19 [60-1]) –, ou bem é transmitido por direito a todos os filhos indistintamente e, neste caso, caberá a todo pai de família, tal como aos três filhos de Noé: qualquer alternativa destrói os governos e reinos ora existentes no mundo, pois, caiba a quem couber *esse poder natural dos reis* transmitido por direito, ou bem haverá de deter esse senhorio, como afirma nosso A. que o deteve Caim, e ser senhor de seus irmãos e, assim, único soberano do mundo todo, ou bem – como nos diz aqui que o detinham Sem, Cam e Jafé, três irmãos –, será apenas o príncipe de sua própria família, e todas as famílias serão independentes entre si; ou bem o mundo todo deve constituir um único império, com base no direito do herdeiro próximo, ou bem cada família deve constituir um governo distinto e autônomo com base no *senhorio de Adão transmitido aos pais de família*. E é somente para isso que apontam todas as provas da transmissão do senhorio de Adão aqui aduzidas por ele; pois, na sequência de sua narrativa de tal transmissão, diz ele:

143. *Na dispersão de Babel, devemos por certo encontrar o estabelecimento do poder monárquico em todos os*

reinos do mundo (p. 14 [58]). Aquele que consiga encontrá-lo que o faça, por favor, e nos conduzirá a um novo capítulo da história: contudo, antes que possamos acreditá-lo, será preciso demonstrar que houve o estabelecimento do poder monárquico no mundo segundo seus princípios; pois creio que ninguém haverá de contestar que o poder monárquico tenha sido estabelecido *nos reinos do mundo*, mas que existissem no mundo reinos cujos diversos reis detinham suas coroas *por direito a eles transmitido por Adão* parece-nos, não apenas *apócrifo,* como impossível de todo. Se nosso A. não encontrar para sua monarquia fundamento melhor do que uma suposição quanto ao que se deu quando da dispersão de Babel, a monarquia que erige sobre tal alicerce, e cujo topo pretende alcançar o céu para unir a humanidade, servirá tão somente para dividi-la e fragmentá-la, tal como fez a torre, e, em lugar de estabelecer o governo civil e a ordem no mundo, nada produzirá a não ser confusão.

144. Pois afirma ele que as *nações* em que a Terra foi dividida *correspondiam a famílias distintas, que tinham os pais como governantes, donde se afigura que, mesmo na confusão, Deus teve o cuidado de preservar a autoridade paterna, ao distribuir a diversidade de idiomas segundo a diversidade de famílias* (p. 14 [58]). Seria uma empresa difícil a qualquer um, salvo nosso A., descobrir com tanta clareza, no texto a que se reporta nesse ponto, que, quando da dispersão, todas as nações eram governadas por *pais* e que *Deus* tenha tido o *cuidado de conservar a autoridade paterna.* São as seguintes as palavras do texto: *Estes são os filhos de Sem de acordo com suas famílias, os idiomas de suas regiões e suas nações*[1]; e o mesmo é dito com respeito a Cam e Jafé após a enumeração de suas descendências – em tudo isso, entretanto, sequer uma única palavra é dita

....
§ 144   1. O texto é de Gn 10, 31.

acerca de seus governantes ou formas de governo, acerca de pais ou *autoridade paterna*. Mas nosso A., de olhos muito perspicazes para descobrir a *paternidade* ali onde ninguém mais poderia encontrar a menor sombra da mesma, afirma expressamente que seus *governantes eram pais* e que *Deus teve o cuidado de conservar a autoridade paterna*. E por quê? Porque aqueles que pertenciam a uma mesma família falavam a mesma língua, de modo que, na divisão, mantiveram-se necessariamente juntos. É o mesmo que alguém argumentar que Aníbal em seu exército, composto por diversas nações, manteve juntos aqueles de mesma língua e que, portanto, os pais eram os capitães de cada grupo, de modo que Aníbal se mostrou cauteloso em conservar a *autoridade paterna*. Ou que, ao povoar *a Carolina, os ingleses, franceses, escoceses e galeses*[2] que ali se encontram se estabelecem em conjunto, razão pela qual o país está dividido em suas terras *de acordo com seus idiomas, suas famílias e suas nações* e que, portanto, houve um cuidado em conservar a *autoridade paterna*. Ou que, pelo fato de que em muitas partes da *América* cada pequena tribo era um povo distinto, com um idioma diferente, deveríamos deduzir, por conseguinte, que *Deus teve o cuidado de conservar a autoridade paterna* ou que, por conseguinte, seus governantes *detinham o senhorio de Adão a eles transmitidos por direito*, embora não saibamos quem eram seus governantes e qual era sua forma de governo, mas apenas que se dividiam em pequenas sociedades independentes que falavam línguas diferentes[3].

....
2. "Povoar a Carolina" – comparar com I, § 130 e nota. Não há, nas *Constituições fundamentais da Carolina*, norma ou mesmo referência ao povoamento de "condados" ou fazendas da forma referida por Locke, mas, como era natural, os ingleses, franceses, galeses e escoceses tendiam efetivamente a estabelecer a área da colônia dessa maneira.

3. Isso amplia de forma interessante a concepção do estado de natureza que Locke descreve em seu *Segundo tratado*. Se tinha razão, a América primitiva deveria corresponder exatamente a esse quadro. Comparar com I, § 153.

145. A Escritura não diz uma única palavra acerca de seus governantes ou formas de governo, mas fornece apenas um relato de como a humanidade chegou ao ponto de ser dividida em diferentes línguas e nações. Portanto, afirma expressamente que seus *governantes* eram *pais*, quando o texto nada diz nesse sentido, não é um argumento extraído da Escritura mas uma fantasia extraída do próprio cérebro, pois é afirmar com convicção fatos acerca dos quais nossas fontes guardam absoluto silêncio[1]. É com base no mesmo fundamento – ou seja, absolutamente nenhum – que ele afirma que *não eram multidões confusas sem chefes ou governantes e livres para escolher os governantes ou os governos que bem lhes aprouvessem* [58].

146. Pergunto, pois, se, quando a humanidade usava ainda um único idioma e encontrava-se toda congregada na planície de Senaar, estava submetida toda ela a um único monarca *que detinha o senhorio de Adão, a ele transmitido por direito*. Em caso negativo, é evidente que ninguém pensava no herdeiro de Adão e não se conhecia nenhum direito ao governo facultado por tal título e não havia cuidado algum por parte de Deus ou dos homens em conservar a *autoridade paterna de Adão*. Se quando os homens formavam um único povo, estabelecido em um mesmo lugar, utilizando o mesmo idioma e construindo juntos uma cidade, e quando era claro que não podiam desconhecer o herdeiro legítimo, pois que Sem viveu até o tempo de Isaac, muito depois da divisão de Babel; se, portanto, afirmo, não estavam submetidos ao governo monárquico da paternidade de Adão, transmitida por direito ao herdeiro, é evidente que não se tinha em conta a *paternidade*, tampouco se reconhecia monarquia alguma devida ao *herdeiro de Adão* nem

---
§ 145 1. Comparar com I, § 144; II, § 101.

império de Sem na Ásia e, consequentemente, nenhuma divisão do mundo por Noé tal como é referida por nosso A. Até onde podemos concluir algo com respeito a essa questão com base na Escritura, o trecho em questão dá a entender que, se havia algum governo, é mais provável que se tratasse de uma república e não de uma monarquia absoluta[1]; pois lemos na Escritura (Gn 11): *Disseram eles:* não foi um príncipe que ordenou a construção dessa cidade ou dessa torre, não foi por ordem de um *monarca*, mas pela deliberação de muitos, de um povo livre. *Vamos construir uma cidade*, e construíram-na para si como homens livres e não como escravos para seu amo e senhor. *Para que não sejamos dispersos pelo mundo*, tendo construído a cidade e assinalado as habitações onde estabelecer nossos domicílios e *famílias*. Foi a deliberação e o desígnio de um povo com liberdade para separar-se, mas que desejou manter-se unido num único corpo, o que não seria necessário nem provável em se tratando de homens agregados e submetidos ao governo de um monarca, e que se fossem, como nos diz nosso A., *escravos* submetidos ao domínio absoluto de um monarca, não precisariam preocupar-se tanto em impedir a si próprios de escapar aos limites do domínio desse soberano. Pergunto: isso não está mais claro na Escritura do que qualquer coisa referente ao *herdeiro de Adão ou a sua autoridade paterna*?

....
§ **146** 1. Na 1ª edição (I, § 147) Locke é mais explícito: "O próprio Deus diz que eles formavam uma república" – cf. II, § 133. Em seu *Ensaio sobre o magistrado civil*, escrito muito antes, Locke negava que Deus tivesse estabelecido na Escritura alguma lei de governo ou limite ao poder político, salvo, apenas, no tocante ao governo dos hebreus, que Ele próprio constituíra (Tratado inglês, f. 33). Havia controvérsias acerca da constituição dos hebreus desde meados do século XVI – conferir, por exemplo, as *Vindiciae*. É possível que Locke tenha discutido essa questão mais a fundo na parte que se perdeu, ao tratar do uso dado por Filmer à história monárquica do Antigo Testamento. Comparar com I, § 165 e nota.

147. Contudo, se constituíam um único povo, como Deus o diz (Gn 11, 6), com um único governante, um único rei por direito natural, absoluto e supremo, *que cuidado teve Deus em conservar a autoridade paterna da suprema paternidade* [58], se tolerou de uma só vez que setenta e duas (pois este é o número referido por nosso autor [58]) *diferentes nações* se formassem a partir desse povo, submetidas a governantes distintos e que instantaneamente se furtaram à obediência para com seu soberano? Isso significa dar ao cuidado de Deus a forma e o objeto que nos convêm. Que sentido pode haver na afirmativa de que Deus teve o cuidado de conservar a *autoridade paterna* daqueles que não a possuíam? Pois, se eram súditos de um príncipe soberano, que autoridade tinham eles? Será um exemplo do cuidado de Deus em conservar a *autoridade paterna* o ato de retirar a verdadeira *paternidade suprema* do monarca natural? Será arrazoado dizer que, a fim de conservar a *autoridade paterna*, Deus permite a instauração de vários novos governos com seus governantes, embora seja impossível que todos eles tenham *autoridade paterna*? E não será igualmente arrazoado dizer que Deus tem cuidado de destruir *a autoridade paterna*, quando permite que aquele que está de posse da mesma veja seu governo fragmentado em pedaços e dividido por vários súditos diferentes? Não seria um argumento favorável, exatamente na mesma medida, ao governo monárquico dizermos que, quando uma monarquia qualquer se vê reduzida a pedaços e dividida entre súditos revoltados, Deus teve o cuidado de conservar o poder monárquico, repartindo um império constituído em uma profusão de pequenos governos? Se alguém disser que o que logra ser conservado por obra da Providência o é porque Deus teve o cuidado de conservá-lo como algo a ser, pois, estimado pelos homens como necessário ou útil, estará empregando uma peculiar propriedade retórica que a ninguém parecerá próprio imitar; estou certo, porém, que não pode haver propriedade

ou verdade na afirmativa de que Sem, por exemplo (pois que ele encontrava-se então em vida), tivesse *autoridade paterna* ou soberania por direito de *paternidade* sobre aquele povo único de Babel e que, no momento seguinte, estando o mesmo Sem ainda em vida, setenta e dois outros homens pudessem ter *autoridade paterna* ou soberania baseada no direito de paternidade sobre o mesmo povo, dividido em tantos governos distintos. Ou bem esses setenta e dois pais eram, de fato, governantes pouco antes da confusão – e, neste caso, não se tratava de um único povo, embora o próprio Deus afirme o contrário –, ou bem tratava-se de uma república – e, neste caso, onde estaria a monarquia[1]? –, ou, ainda, estes setenta e dois pais tinham *autoridade paterna* mas ignoravam-no. Estranho que a *autoridade paterna* seja a única origem do governo entre os homens e, no entanto, a humanidade inteira o ignore; mais estranho ainda é que a confusão de línguas de súbito o revelasse a todos os homens; que, de um golpe, aqueles setenta e dois tomassem conhecimento de que tinham *poder paterno*, enquanto todos os demais tomassem conhecimento de que deveriam obedecê-los, e que cada um soubesse de qual *autoridade paterna* particular era súdito. Aquele que for capaz de extrair semelhante argumentação da Escritura será igualmente capaz de basear-se nela para forjar o modelo de *Eutopia*[2] mais conveniente a sua fantasia ou interesse; e essa *paternidade*, dessa forma utilizada, servirá para justificar tanto a um príncipe que pretenda uma monarquia universal quanto a seus súditos, que, sendo pais de família, recusem toda submissão a ele e decidam *cantonear*[3] seu império em go-

....
§ **147** 1. Ver nota em I, § 146.

2. "Eutopia" – referência à *Utopia* de sir Thomas More (1516), termo já corrente como coletivo de todos os modelos políticos excêntricos. *Utopia* era a única obra de More que Locke possuía em duas edições em latim (H. e L., 2048, 2049).

3 "Cantonear" – fragmentar em unidades políticas independentes, ou cantões.

vernos menores para si mesmo. Pois haverá sempre uma dúvida quanto a qual destes pertencia a autoridade paterna, até que nosso A. esclareça se era a Sem[4], que se encontrava ainda em vida, ou a esses setenta e dois príncipes que instituíram igual número de novos impérios nos domínios e sobre os súditos dele, que cabia o direito de governar, uma vez que nosso A. afirma que tanto um como os outros tinham autoridade *paterna*, ou seja, suprema, e são citados por ele como exemplos daqueles que *detinham o senhorio de Adão, a eles transmitido por direito e que era tão vasto e amplo quanto o mais absoluto domínio de qualquer monarca* [58]. No mínimo será inevitável que, *se Deus teve o cuidado de conservar a autoridade paterna nas setenta e duas nações recém-instituídas* [78], tenha necessariamente destruído todas as pretensões do herdeiro de Adão: dado que se mostrou cuidadoso e conservou de fato a autoridade paterna em tantos – setenta e um, no mínimo – que não poderiam de modo algum ser *herdeiros* de Adão, quando era impossível que o herdeiro legítimo (se é que Deus alguma vez determinou tal herança) não fosse conhecido, uma vez que Sem se encontrava então em vida e o povo era um só.

148. *Nemrod*[1] é o exemplo seguinte da posse desse poder patriarcal (p. 16 [59]), mas não percebo por que

....
4. Sem, primogênito de Noé e, portanto, como diria Filmer, herdeiro natural de seu poder e suas posses, viveu 600 anos, de modo que teria presenciado todos esses acontecimentos – ver Gn 11, 11-2. Este é outro exemplo da aceitação por Locke da cronologia bíblica; ver I, § 136 e nota.

§ 148 1. "Nemrod" – a história de Nemrod (Gn 10, 1-10), neto de Noé, porém não pertencente ao ramo principal, era frequentemente utilizada por aqueles que fundavam o poder político, em particular a monarquia, na força ou na conquista. Filmer trata dessa interpretação no parágrafo aqui criticado por Locke, admitindo em "sua conclusão daquele parágrafo" que Nemrod era um usurpador. Sidney segue os intérpretes do século XVI e início do XVII que Filmer tinha em mente, utilizando a tese deles para insinuar, evidentemente, que todos os reis eram usurpadores pela violência infligida aos direitos do povo – ver *Discourses*, 1, 8, sob o título "Nemrod foi o primeiro rei".

razão nosso A. se mostra pouco gentil para com ele, e afirma que *expandiu, contrariamente ao direito, o seu império, apoderando-se violentamente dos direitos de outros senhores de família*. Esses *senhores de família* eram chamados *pais de família* em sua narrativa da dispersão de Babel; mas pouco importa como fossem chamados para que saibamos que são, porquanto essa autoridade paterna neles reside quer enquanto herdeiros de Adão – e, neste acaso, não poderiam ser setenta e dois nem mais de um ao mesmo tempo –, quer como pais naturais sobre os próprios filhos – e, neste caso, todos os pais terão *autoridade paterna* sobre os próprios filhos com base no mesmo direito, e na mesma extensão que tinham aqueles setenta e dois, e serão, pois, príncipes independentes sobre sua progênie. Tomando a expressão *senhores de família* neste último sentido (pois é difícil atribuir qualquer outro significado a essas palavras na passagem em questão), relata-nos ele de modo muito interessante a origem da monarquia, com as seguintes palavras (p. 16[2] [59]): *E, nesse sentido, pode-se considerá-lo o autor e o fundador da monarquia* – ou seja, na medida em que se apoderou de forma violenta, e contrariamente à justiça, dos direitos que tinham os pais sobre os próprios filhos; autoridade paterna a qual, se a possuem por direito de natureza (pois de que outra forma poderiam obtê-la aqueles setenta e dois?), ninguém pode roubar-lhes sem o seu próprio consentimento. Sendo assim, gostaria que nosso A. e seus amigos considerassem até que ponto isso afetará a outros príncipes e se, de acordo com a conclusão do referido parágrafo, não dissolverá todo o poder monárquico daqueles cujos domínios se estendem para além de suas famílias, quer em tira-

---

2. "P. 16" – omitido na 1ª edição. Talvez um indício de que Locke estivesse com seu Filmer à mão ao corrigir a referida edição para a 2ª, em 1694, embora não tenha utilizado o livro ao proceder às correções finais que aparecem no exemplar de Christ Church. Comparar com notas em I, § 157, e I, § 78.

nia e usurpação, quer em eleição e consentimento dos pais de família, o que muito pouco se diferencia do consentimento do povo.

149. Todos os exemplos por ele aduzidos na seção seguinte[1] (p. 17 [59]) – o dos doze duques de Edom, dos nove reis de um pequeno recanto da Ásia nos tempos de Abraão, dos trinta e um reis de Canaã destruídos por Josué – e o empenho que dedica para provar que todos estes eram príncipes soberanos e que cada cidade daqueles tempos possuía um rei são provas que contradizem frontalmente sua tese de que a *soberania de Adão a eles transmitida por direito* era que os fazia reis. Pois, houvessem obtido eles sua soberania com base nesse título, ou bem haveria um soberano único acima de todos, ou bem todo pai de família haveria de ser tão príncipe e possuir tanto direito à soberania quanto eles. Porque, se tinham todos os filhos de *Esaú* indistintamente, o mais moço assim como o mais velho, o direito de *paternidade*, e converteram-se, portanto, em príncipes soberanos após a morte de seu pai, o mesmo direito tinham seus filhos depois deles, e assim sucessivamente por toda a posteridade – o que limitará todo poder natural de paternidade àqueles nascidos de sua própria carne e seus descendentes, poder de paternidade este que morre com o chefe de cada família e dá lugar a que o mesmo poder de paternidade seja depositado em cada um de seus filhos sobre suas respectivas descendências, de modo que o poder de paternidade será de fato conservado e resulta inteligível, mas não terá utilidade alguma para o propósito de nosso A. Nenhum dos exemplos por ele aduzidos é prova de algum poder que teriam eles na qualidade de herdeiros da autori-

....
§ **149** 1. "Seção seguinte" – ver nota em I, § 138: a seção 7 da edição de 1680 começa na p. 17. Aparentemente, Locke considerava ter percorrido duas seções, 5 e 6, do *Patriarcha* nos §§ 138-48.

dade paterna de Adão mediante o título de sua paternidade a eles transmitido, e tampouco de algum poder que teriam por virtude própria. Pois, dado que a *paternidade de Adão* se estende a toda a humanidade, apenas poderia ser transmitida a um único indivíduo de cada vez, e deste para seu legítimo herdeiro apenas, de sorte que não poderia haver, com base nesse título, senão um único rei no mundo de cada vez. E, com base no direito de paternidade não transmitido por Adão, apenas poderiam ser reis aqueles que fossem pai e tão somente sobre sua própria descendência. Assim, como aqueles doze duques de Edom, caso Abraão e os nove reis seus vizinhos, como Jacó e Esaú e os trinta e um reis de Canaã, os setenta e dois reis mutilados por Adonibesec, os trinta e dois reis que vieram a Benadad, os setenta reis da Grécia que guerrearam em Troia tenham sido, todos, como advoga nosso A. [60], príncipes soberanos, é evidente que esses reis obtiveram seu poder de alguma origem que não a *paternidade*, dado que o poder de alguns deles estendiam-se para além de sua própria descendência, o que demonstra que não poderiam ser todos eles herdeiros de Adão. Pois, desafio qualquer homem a reivindicar o poder por direito de *paternidade*, de modo inteligível ou possível, a não ser como herdeiro de Adão ou como progenitor sobre os próprios descendentes nascidos naturalmente dele. E, se nosso A. pudesse mostrar que o poder de qualquer um desses príncipes, dos quais nos oferece tão extenso catálogo, baseava-se em qualquer um desses títulos, penso que poderia reconhecê-lo vitorioso em sua casa; todavia é manifesto que são todos exemplos impróprios e frontalmente contrários à tese que pretende demonstrar por seu intermédio, qual seja, a de que o *senhorio que detinha Adão sobre o mundo foi transmitido por direito aos patriarcas.*

150. Depois de haver-nos dito (p. 16) que *o governo patriarcal prosseguiu em Abraão, Isaac e Jacó até o cativei-*

ro no Egito (p. 17 [60]), afirma ele que *vestígios evidentes permitem-nos identificar esse governo paterno até a ida dos hebreus ao Egito, onde o exército do governo patriarcal supremo foi interrompido pelo fato de terem sido eles submetidos a um príncipe mais forte.* No que toca a esses vestígios de governo paterno, no sentido atribuído por nosso A., *i.e.*, de poder monárquico absoluto herdado de Adão e exercido por direito de *paternidade*, pudemos constatar que não existe exemplo algum no intervalo de 2290 anos[1], porquanto em todo esse tempo não lhe foi possível apontar uma única pessoa que tenha reivindicado ou exercido autoridade monárquica por direito de *paternidade*, ou mostrar alguém que, sendo rei, fosse herdeiro de Adão. Tudo quanto suas provas conseguem demonstrar é que houve pais, patriarcas e reis naquela era do mundo; mas quanto a terem os pais e os patriarcas algum poder absoluto e arbitrário, ou quanto aos títulos em que se baseava o poder desses reis e até onde se estendia este, a Escritura guarda completo silêncio – é evidente que não tinham, nem podiam pretender ter, nenhum título de domínio ou império por direito de *paternidade*.

151. Dizer que *o exercício do governo patriarcal supremo foi interrompido pelo fato de terem sido eles submetidos a um príncipe mais forte* prova somente o que eu antes já suspeitava, ou seja, que a expressão *jurisdição ou governo patriarcal* é falaz e não é sinônimo em nosso A. (ao contrário do que ele pretende insinuar com ela) de *poder paterno e monárquico*, a soberania absoluta que, presume, residia em Adão.

....
§ **150** 1. "2290 anos" – da criação (4004 a.C.) ao exílio no Egito (706 a.C.) segundo a cronologia de Ussher da versão autorizada. Comparar com nota a I, § 136, embora Locke aqui siga a cronologia com surpreendente precisão.

152.[1] Pois como pode ele afirmar que a *jurisdição patriarcal foi interrompida no Egito*, onde havia um rei a cujo governo monárquico estavam submetidos os *hebreus*, se a *jurisdição patriarcal* era *monárquica e absoluta*? E se não o fosse, mas algo diverso, por que alardeia ele de tal modo um poder que não está em questão e nada tem a ver com o tema em pauta? O exercício da jurisdição *patriarcal*, se por *patriarcal* deve-se entender *monárquica*, não foi interrompido no período em que os *hebreus* viveram no *Egito*. É verdade que o exercício do poder *monárquico* não estava então nas mãos de nenhum membro da linhagem prometida de Abraão – tampouco o esteve antes, ao que eu saiba –, mas que relação tem isso com a interrupção da *autoridade monárquica herdada de Adão?* (A não ser que nosso A. alegue que essa linhagem predestinada de Abraão tinha direito de herança ao senhorio de Adão.) Assim, qual a utilidade de seus exemplos dos setenta e dois governantes nos quais foi conservada a autoridade paterna na confusão de Babel? Porque menciona ele os doze príncipes filhos de Ismael, e os duques de Edom, e lhes soma Abraão, Isaac e Jacó, como exemplos do exercício do verdadeiro *governo patriarcal*, se o exercício da *jurisdição patriarcal* esteve interrompido no mundo sempre que os herdeiros de Jacó não detinham o poder supremo? Temo que a *suprema jurisdição patriarcal* não apenas tenha sido interrompida, mas que se tenha perdido por completo no mundo desde o cativeiro no Egito, já que será difícil encontrar a partir de então, no rastro do tempo, qualquer um que a tenha exercido como herança a ele transmitida dos patriarcas Abraão, Isaac e Jacó. Eu imaginaria que o governo monárquico serviria ao propósito de nosso A. nas mãos do *faraó* ou de quem

....
§ **152** 1. Parágrafo amplamente modificado por Locke em 1694: a página foi reimpressa na 2ª edição daquele ano, mas há correções adicionais na Errata e outras ainda no exemplar de Christ Church.

quer que seja. Mas nem sempre é fácil descobrir para onde tende o seu discurso e, particularmente no trecho em questão, não se percebe com clareza o que pretende ao falar no exercício da *suprema jurisdição patriarcal* no Egito ou de que modo isso evidencia a transmissão do senhorio de Adão aos patriarcas ou a quem quer que seja.

153. Pois pensei que ele estivesse apresentando, com base na Escritura, provas e exemplos de governos monárquicos fundamentados na autoridade paterna herdada de Adão, e não uma história dos *hebreus* – entre os quais não se encontram reis, a não ser muitos anos depois de constituírem um povo; e, quando seus governantes foram reis, não há menção ou justificativa alguma de que pretendessem ser herdeiros de Adão ou reis por autoridade paterna. Esperava eu, pelo muito que fala da Escritura, que nela apontasse uma série de monarcas cujos títulos à *paternidade de Adão* fossem claros, que, na qualidade de seus herdeiros, detivessem e exercessem jurisdição paterna sobre seus súditos, e que fosse esse o verdadeiro governo patriarcal. Todavia, nem prova ele que os patriarcas eram reis nem que os reis ou os patriarcas eram herdeiros de Adão, ou sequer pretendesse sê-lo; e seria igualmente possível provar que todos os patriarcas eram monarcas absolutos, que o poder dos patriarcas e dos reis era tão somente paterno, e que tal poder foi transmitido a eles por Adão: afirmo que todas estas proposições poderíamos fundamentar igualmente por citar, de maneira confusa, uma profusão de pequenos reis[1] das Índias Ocidentais baseando-nos em Ferdinando Soto[2] ou em

....
§ **153** 1. "Profusão de pequenos reis" – comparar com I, § 144, e nota.

2. "Ferdinando Soto", *Histories of Northern America*. A menção a Soto pode referir-se a qualquer dos três relatos desse célebre explorador publicados, em várias edições, em francês, espanhol ou português. O mais provável é que se refira a outra obra de Garcilaso (ver nota em I, § 57), a tradução fran-

qualquer um de nossos recentes livros acerca da história da América do Norte, ou nos setenta reis da Grécia extraídos de Homero por nosso A., bem como em qualquer coisa que toma da Escritura para referir aquela profusão de reis por ele computados.

154. Creio, ainda, que deveria deixar de lado Homero e suas guerras de Troia, uma vez que seu grande zelo pela verdade ou pela monarquia produz nele tão extrema aversão aos *filósofos e poetas*, a ponto de dizer em seu prefácio[1] [188] que *muitos há nos dias de hoje que se comprazem em correr atrás das opiniões de filósofos e poetas para descobrir uma origem do governo que possa prometer-lhes algum direito à liberdade, para grande escândalo da cristandade e o benefício do ateísmo*. E, no entanto, esses pagãos, o filósofo *Aristóteles* e o poeta *Homero*, não são rejeitados por nosso zeloso político cristão, sempre que oferecem algo que pareça servir a seus propósitos; e que ele mesmo julgue se tal redundará em grande escândalo da cristandade e o benefício do ateísmo. Mas não posso deixar de observar[2], em autores que (é visível) não escrevem em prol da verdade, que grande zelo pelo interesse e por sua facção é atribuir

....
cesa, por Richelet, de seu *La Florida del Inca*, 1605, *Histoire de la Floride, ou Relation (...) de Ferdinand de Soto*, 1670, que Locke possuía. Os livros de história americana em que se baseou talvez fossem o *Canada*, de Sagard, 1636, ou seu *Voyage des Hurons*, 1632 – e mesmo a *Description of New England*, de John Smith, 1616, todas estas obras sabidamente lidas por Locke ao elaborar este livro. Em sua derradeira forma, sua biblioteca incluía numerosos outros títulos afins.

§ 154 1. "Seu prefácio" (referido aqui e mais adiante, neste mesmo parágrafo) – o prefácio a *Forms* de Filmer; ver nota 4 em I, § 8.

2. Trecho existente no exemplar de Christ Church. O tom algo mordaz talvez traia seu ressentimento pelos ataques que lhe dirigiam nos últimos anos como um inimigo da cristandade – Filmer é classificado aqui ao lado de homens como John Edwards (ver Introdução, pp. 104-6), embora seu ressentimento lembre o de seus mais antigos escritos políticos.

ao *cristianismo* seus próprios desígnios e imputar *ateísmo* àqueles que não pretendem submeter-se a suas doutrinas sem antes examiná-las nem engolir cegamente seus disparates.

Voltando porém, a sua história sagrada, nosso A. nos diz adiante (p. 18 [60]) que, *após o retorno dos hebreus de seu cativeiro, Deus por uma especial atenção para com eles, escolheu sucessivamente Moisés e Josué para governá-los como príncipes no lugar e no posto dos pais soberanos*. Se é verdade que *retornaram de seu cativeiro*, deve ter sido em estado de liberdade[3], e isso implica necessariamente que tanto antes como depois desse *cativeiro* fossem homens livres, a não ser que nosso A. afirme que mudar de amo seja retornar do cativeiro, ou que um escravo *retorna do cativeiro* quando é transferido de uma galera para outra. Se, portanto, *retornaram do cativeiro*, é evidente que naquele tempo – por mais que nosso A. afirme o contrário em seu prefácio [188] –, havia diferença entre um *filho*, um *súdito* e um *escravo* e que nem os *patriarcas* de antes nem os governantes depois desse *cativeiro egípcio contavam seus filhos e súditos entre suas posses* e tampouco dispunham deles com o mesmo domínio absoluto com que dispunham de seus bens.

155. Isso é evidente em Jacó, a quem Ruben ofereceu seus dois filhos como fiança e foi por fim Judá que serviu de garantia de que Benjamin retornaria a salvo do Egito: tudo isso teria sido vão, supérfluo e tão somente uma espécie de arremedo, tivesse Jacó sobre cada membro de sua família o mesmo poder que tinha sobre um boi ou um jumento, o poder de um *proprietário* sobre seus *haveres*; e as ofertas de Ruben ou Judá teriam sido idêntica garantia do re-

---

3. Aparentemente, Locke está jogando com a ambiguidade da palavra "liberdade" – liberdade como independência nacional e como governo por consentimento.

torno de Benjamim à de um homem que tomasse dois cordeiros do rebanho de seu amo e desse um como garantia de que restituiria o outro em segurança[1].

156. *O que se deu quando se libertaram desse cativeiro? Deus, por uma especial atenção para com eles, os hebreus* (...) [60]. É bom que ao menos uma vez em seu livro admita ele que Deus dedicasse alguma atenção ao povo, pois, em outras partes, refere-se à humanidade como se Deus não tivesse preocupação alguma com nenhuma parte dela, salvo com seus monarcas, enquanto o restante do povo, as sociedades humanas, fossem formadas com tantos rebanhos de gado, apenas para o serviço, uso e prazer de seus príncipes[1].

157. *Escolheu sucessivamente Moisés e Josué para governá-los como príncipes* [60]; sagaz argumento encontrado[1] por nosso A. – para demonstrar a atenção de Deus com a autoridade paterna e os herdeiros de Adão – este em que, como expressão de seu desvelo para com seu próprio povo, escolhesse como príncipes a governá-lo aqueles que não tinham a menor pretensão quer no que toca à autoridade paterna, quer à herança de Adão. Os escolhidos foram Moisés, da tribo de Levi, e Josué, da tribo de Efraim, nenhum dos quais tinha direito algum de *paternidade*. Porém, afirma nosso A. que ocuparam o lugar e o posto dos pais supremos. Houvesse Deus declarado em algum lugar sua esco-

....
§ **155** 1. Ver Gn 42-3.
§ **156** 1. Locke compara os súditos das monarquias absolutas a rebanhos de animais em II, § 93; comparar também com II, § 163, e nota em II, § 172.
§ **157** 1. No exemplar de Christ Church, a indicação "p. 18" está apagada, uma referência a Filmer que vinha após as palavras *found out* ("encontrado") e que foi inserida na 2ª impressão. A passagem indicada (Ed. de Laslett, 60) começa na primeira linha de I, § 176, e é completada aqui. Talvez seja um indício de que tudo o que em I, § 156, se segue a *"hebreus"* constitua uma inserção de 1689; comparar com I, §§ 159, 160 e nota.

lha desses *pais* como governantes de maneira tão evidente como o fez nos casos de Moisés e Josué, poderíamos acreditar que Moisés e Josué estivessem *no lugar e no posto* deles, mas, sendo esta a questão em debate e enquanto não fique provado de modo mais satisfatório, o fato de Moisés ter sido escolhido por Deus para governar seu povo não demonstrará que o governo pertencia ao *herdeiro de Adão* ou à *paternidade*, da mesma forma como a escolha divina de Aarão, da tribo de Levi, como sacerdote não demonstrará que o sacerdócio pertencia ao herdeiro de Adão ou aos *pais primordiais*, já que Deus poderia escolher Aarão como sacerdote e Moisés como governante em Israel, mas nenhuma das duas funções estava estabelecida na *herança* de Adão ou pela *paternidade*.

158. Prossegue nosso A.: *E depois deles instituiu igualmente, por um certo tempo, juízes para que defendessem seu povo em tempos de perigo* (p. 18 [60]). Isso demonstra que a autoridade paterna é a origem do governo, e que foi transmitida por Adão a seus herdeiros, tão bem quanto a demonstração precedente: só que nosso A. aqui parece admitir que esses juízes, que foram os únicos governantes que então existiam, nada mais eram do que homens de valor, feitos generais para defendê-los em tempos de perigo[1] – e não pode Deus elevar tais homens, a não ser que a paternidade constitua um título de governo?

159[1]. Mas afirma nosso A. *que quando Deus dotou de reis os hebreus, restabeleceu o antigo e primordial direito de sucessão linear ao governo paterno* (p. 18 [60]).

....
§ **158** 1. A ideia de que os primeiros monarcas, tal como os juízes dos hebreus, eram chefes militares vê-se exposta em detalhe no *Segundo tratado*, §§ 105-10, especialmente o 109.

§§ **159, 160** 1. O número do parágrafo, "159" foi omitido da 2ª e 3ª edições, e Locke não o restituiu em sua correção final – o parágrafo estava impresso como que uma continuação do 158. Na verdade, é claro, o 159 consiste sim-

160. De que modo Deus o *restabeleceu*? Por uma lei, um decreto positivo? Não conseguimos encontrar nada semelhante. Nosso A. pretende dizer, então, que quando Deus dotou-os de um rei, esse ato *restabeleceu o direito etc*. Restabelecer *de fato* o direito de sucessão linear ao governo paterno significa pôr um homem de posse daquele governo que seus pais possuíam e ao qual ele, por sucessão linear, tinha direito. Pois, em primeiro lugar, caso se trate de um governo diverso daquele que possuíam seus antepassados, não se trata da sucessão a um *antigo direito*, mas da instauração de um novo. Porque, se um príncipe conferisse a um homem algo além de seu antigo patrimônio, do qual sua família houvesse sido despojada por um certo tempo, um patrimônio adicional que nunca tivesse pertencido ao cabedal de seus ancestrais, não se poderia dizer que houvesse ele *restabelecido o direito de sucessão linear* a coisa alguma que seus ancestrais não possuíssem anteriormente. Se, portanto, o poder que detinham os reis de Israel era, em alguma proporção, maior do que detinham Isaac ou Jacó, não se tratou de um *restabelecimento* a eles do direito de sucessão a um poder, mais da concessão de um novo poder, quer o chamemos *paterno* ou não; e deixo a cada

....
plesmente na citação extraída de Filmer, da qual o 160 é um comentário, exatamente da mesma forma como o 156 era originalmente uma citação criticada no 157 – ver nota em 157. Parece possível que a intenção fosse deixar essas duas citações isoladas como parágrafos, a fim de manter a continuidade da numeração em um trecho de extensas correções, supressões e, talvez, até mesmo perdas. Os §§ 160 a 169, sobretudo o 161 e o 162, tiveram sua pontuação corrigida em 1694, 1698 e após 1698. Tudo isso revela uma confusão no manuscrito de Locke, e talvez esteja relacionado à iminente conclusão do *Primeiro tratado* ou mesmo às peculiaridades da primeira edição da parte inicial do *Segundo*. Ademais, a essência do texto aparentemente consiste apenas em comentários às sentenças de Filmer, prolongando o capítulo para o dobro da extensão de seus predecessores e afastando-se bastante do título "Quem é o herdeiro?". Talvez represente uma reunião de fragmentos remanescentes da parte perdida do manuscrito original de Locke.

um considerar, com base no que acima foi dito, se Isaac e Jacó tinham o mesmo poder que os reis de Israel, mas não creio que se chegue a conclusão de que Abraão, Isaac ou Jacó tinham qualquer poder monárquico que fosse.

161. Além disso, não pode haver restabelecimento do primitivo e antigo direito de sucessão linear ao que quer que seja, a não ser que aquele que é colocado de posse daquilo tenha direito de sucessão e seja o verdadeiro herdeiro mais próximo daquele a quem sucede. Pode ser um restabelecimento o que começa numa nova família? Ou pode se tratar do *restabelecimento de um antigo direito de sucessão linear* quando uma Coroa é entregue a quem não tem direito de sucessão a ela e que, se prosseguisse a sucessão linear, não teria a menor possibilidade de pretendê-la? Saul, o primeiro rei concedido por Deus aos hebreus, era da tribo de Benjamin. Teria ele o *antigo e primitivo direito de sucessão linear*? O seguinte foi David, o filho mais moço de Jessé, descendente de Judá, o *terceiro* filho de Jacó. Terá sido o *antigo e primitivo direito de sucessão linear ao governo paterno restabelecido* nele? Ou em Salomão, seu filho mais novo e sucessor ao trono? Ou em Jeroboão, sobre as dez *tribos*? Ou em Atália, mulher inteiramente estranha ao sangue real e que reinou durante seis anos? Se o *antigo e primitivo direito de sucessão linear ao governo paterno* foi *restabelecido* em qualquer um deles ou seus descendentes, *o antigo e primitivo direito de sucessão linear ao poder paterno* pertence aos irmãos mais jovens tanto quanto ao mais velho e pode ser restabelecido em qualquer homem vivo; pois a tudo quanto os irmãos mais jovens podem possuir em pé de igualdade com o mais velho, *com base no antigo e primitivo direito de sucessão linear*, qualquer homem vivo pode ter o mesmo direito por sucessão linear, mesmo sir Robert ou outro qualquer. Assim, deixo ao mundo considerar que belo direito de sucessão linear a seu go-

verno *paterno* ou *monárquico restabeleceu* nosso A. a fim de assegurar os direitos e a herança das coroas, quando qualquer um pode tê-las.

162. Todavia, diz nosso A. (p. 19 [60]) que, *quando quer que Deus tenha eleito uma determinada pessoa para ser rei, pretendia Ele que a descendência também se beneficiasse de tal, estando suficientemente compreendida na pessoa do pai, embora apenas este tenha sido designado na concessão.* Mesmo isso em nada contribui para a sucessão, pois se, como afirma nosso A., o benefício da concessão atingisse a *descendência* do eleito, o mesmo não determinaria a sucessão, porquanto se Deus concede algo a um homem e sua *descendência* em geral, o direito não pode pertencer a nenhum de seus descendentes em particular, mas cada um de sua linhagem terá o mesmo direito. Se alguém alegar que nosso A. queria dizer *herdeiro*, direi que nosso A. estaria tão propenso como qualquer um a empregar essa palavra caso a mesma servisse a seu propósito; porém, como Salomão, que sucedeu a Davi no trono, não era mais seu herdeiro do que Jeroboão, que o sucedeu no governo das dez tribos, era seu descendente, nosso A. tem razão em abster-se de dizer que Deus destinara tal direito aos *herdeiros*, dado que o mesmo não se aplicaria a uma sucessão a qual nosso A. não pode negar; de modo que deixou sua sucessão tão indeterminada como se nada tivesse dito a seu respeito. Pois se o poder monárquico foi outorgado por Deus a um homem e sua *descendência*, da mesma forma que a terra de Canaã o foi para Abraão e sua descendência, não terão todos direito a ele? Não estarão todos incluídos nele? E será o mesmo dizer que, pela concessão de Deus a Abraão e sua descendência, a terra de Canaã deveria pertencer unicamente a um de seus descendentes, à exclusão de todos os mais, e dizer que, pela concessão por Deus de domínio a um homem e sua *descendência*, tal domínio de-

veria pertencer a um *descendente* em particular, excluídos de todos os outros.

163. Mas como há de provar nosso A. que quando quer que Deus tenha eleito uma pessoa em especial para ser rei pretendia que a (e supondo que queria dizer *sua*) *descendência também se beneficiasse de tal*? Terá esquecido tão depressa a Moisés e Josué, os quais, segundo afirma nessa mesma *seção*[1] [60], *Deus, por uma atenção especial, escolheu para governar como príncipes*, e aos juízes que Deus instituiu? Não tinha esses príncipes, detentores da autoridade da *suprema paternidade*, o mesmo poder que tinham os reis? E, escolhidos que foram especialmente pelo próprio Deus, não haveria sua *descendência* de se beneficiar dessa escolha, assim como a de Davi ou Salomão? Se receberam estes a autoridade paterna diretamente de Deus, porque não haveriam de receber seus *descendentes* o benefício dessa concessão, sucedendo-os nesse poder? Ou, se a detinham enquanto herdeiros de Adão, por que não haveriam de possuí-la depois deles seus herdeiros, por direito transmitido? Pois não poderiam ser herdeiros uns dos outros. Era o mesmo poder, e provinha da mesma origem, assim no caso de Moisés, Josué e os *juízes* como no de Davi e os *reis,* e era ele hereditário num caso e não no outro? Se não se tratava de *autoridade paterna*, então o próprio povo de Deus foi governado por pessoas que não tinham *autoridade paterna,* e tais governantes se deram muito bem sem ela. Se se tratava de *autoridade paterna* e Deus escolheu as pessoas que haveriam de exercê-la, cai por terra a norma de nosso A. de que *quando quer que Deus eleja uma determinada pessoa para ser governante supremo* (pois presumo que o termo rei não carrega em si dom mágico algum; que não é o título, mas o poder o que faz a diferença) *pretende que a*

....
§ 163   1. "Seção" – seção V da edição de 1680; ver nota em I, § 138.

descendência também se beneficie de tal, pois que desde a saída do Egito até a época de Davi, por 400 anos[2], a *descendência* jamais esteve *suficientemente compreendida na pessoa do pai* [60] de modo que qualquer filho, após a morte de seu pai, a ele sucedesse no governo entre todos os juízes que julgavam Israel. Se, para evitar isso, alguém disser que Deus sempre elogia a pessoa do sucessor e, portanto, ao transmitir a este a *autoridade paterna*, excluía sua descendência da sucessão, o argumento é manifestamente inverídico no que se refere à história de Jefté[3], na qual este firmou um acordo com seu povo, que dele fez seu juiz, como se vê de maneira clara em Jz 11.

164. É inútil, portanto, dizer [60] que *quando quer que Deus eleja uma determinada pessoa* para exercer a *autoridade paterna* (pois se isso não significa ser rei, gostaria de saber a diferença entre um rei e alguém que exerce a *autoridade paterna*), *pretende que a descendência também se beneficie de tal*, pois verificamos que a autoridade que detinham os juízes terminava com eles e não era transmitida a sua *descendência*; e se não tinham os juízes *autoridade paterna* temo que nosso A. ou qualquer um dos partidários de seus princípios se veriam em apuros para explicar quem detinha então a *autoridade paterna*, isto é, o governo e o supremo poder entre os *hebreus*; e suspeito que deverão confessar que o povo escolhido por Deus seguiu sendo um povo por várias centenas de anos sem o menor conhecimento ou ideia acerca dessa *autoridade paterna* e sem o aparecimento de absolutamente nenhum governo monárquico.

....

2. "400 anos" – isto é, de 1491 a.C. a *c.* 1050 a.C. na cronologia de Ussher; ver nota em I, § 136.

3. Sobre a história de Jefté, fundamental para o uso da Escritura por Locke no sentido de sancionar sua teoria política, conferir II, § 21, nota e referências.

165. Para convencer-se disso, basta ler a história do *levita* e a guerra que se seguiu contra os *benjamitas*, nos três últimos capítulos do livro dos *Juízes*[1]; e quando se verificar que o *levita* apela ao povo por justiça, que foram as tribos e a assembleia que discutiram, decidiram e conduziram tudo quanto foi feito naquela ocasião, não haverá como fugir à conclusão de que ou bem *Deus* não teve o *cuidado de preservar a autoridade paterna* em meio a seu próprio povo eleito, ou bem que é possível preservar a *autoridade paterna* ali onde não existe governo monárquico. Caso se admita a segunda hipótese, segue-se que, por mais que se comprove a *autoridade paterna*, é impossível deduzir dela a necessidade de governo monárquico; caso se admita a primeira, parecerá muito estranho e improvável que Deus determinasse que a *autoridade paterna* fosse tão sagrada entre os filhos dos homens a ponto de não poder existir poder ou governo sem ela e que, no entanto, em meio a seu próprio povo, mesmo quando é Ele quem lhes fornece um governo e prescreve, ainda, as normas que devem reger os diversos estados e relações entre os homens, esta que constitui a regra máxima e fundamental, a mais concreta e necessária que todas as demais, permanecesse oculta e fosse negligenciada por 400 anos[2].

166. Antes de concluir este ponto, devo perguntar como sabe o nosso A. que, *quando quer que Deus eleja uma*

---

§ 165 1. Esses capítulos, Jz 19, 20 e 21, tinham grande influência sobre aquela facção do século XVII que sustentava que os hebreus tiveram uma forma representativa de governo; ver *Vindiciae Contra Tyrannos*, bem como *Mare Clausum*, de Selden, e os *Discourses* de Sidney, capítulo II, seção 9, intitulado "O governo instituído por Deus sobre os hebreus era aristocrático", especialmente 1772, 105. Locke alude a essa discussão em I, § 146. O apelo do levita ao povo, por justiça, ocorre em Jz 20, 7.

2. Os 400 anos vão desde os acontecimentos da época dos juízes à unção de Saul – de 1406 a 1095 a.C. na cronologia de Ussher; ver nota em I, § 136.

determinada pessoa para ser rei, pretende Ele que a descendência também se beneficie de tal? [60]. Será pela lei de natureza ou pela revelação que Deus nos dá a conhecer isso? Pela mesma lei, deve dar a conhecer também qual de seus *descendentes* deve possuir a coroa em sucessão, assinalando, assim, o herdeiro, ou deixar que sua descendência divida o governo ou o dispute – duas hipóteses igualmente absurdas e aptas para destruir o benefício de tal concessão aos *descendentes*. Quando se apresentar qualquer declaração semelhante da intenção de Deus, será nosso dever acreditar que Deus assim o pretenda, mas, enquanto isso não ocorrer, será preciso que nosso A. apresente uma garantia mais válida, se quiser obrigar-nos a aceitar a ele como o autêntico revelador das intenções de Deus.

167. *A descendência*, diz nosso A., *está suficientemente compreendida na pessoa do pai, embora somente este tenha sido designado na concessão* [60]; e, no entanto, quando Deus outorgou a Abraão a terra de Canaã (Gn 13, 15), considerou adequado incluir também *sua descendência* na concessão. Da mesma forma, o sacerdócio foi concedido a Aarão *e sua descendência*; e a Coroa Deus outorgou não somente a Davi *mas a sua descendência* também; e por mais que nosso A. assegure que *Deus pretende que a descendência se beneficie de tal, quando elege alguém para ser rei*, vemos que o reino que concedeu a Saul sem mencionar sua *descendência* jamais esteve nas mãos de nenhum de seus *descendentes*; e gostaria de saber por que haveria Deus, ao eleger[1] alguém para ser rei, de pretender que a

....
§ **167** 1. "Eleger" – nessa palavra tem início o caderno P na primeira edição, de 1689. O caderno continha o texto até II, § 8, linha 9; ver nota ali; é possível que a interferência de Locke no processo de impressão, em 1689, tenha afetado o texto em qualquer ponto desde aqui até o fim do caderno S; ver nota a II, § 51.

descendência do eleito se beneficiasse do mesmo direito mais do que quando elege alguém para ser juiz em Israel, ou por que a concessão de *autoridade paterna* a um rei compreende mais a *descendência* do que uma concessão semelhante a um juiz. Haverá a *autoridade paterna* de ser transmitida por direito à *descendência* de um, e não à do outro? Será necessário mostrar alguma razão além do nome para essa diferença, tendo em vista que a coisa concedida é a mesma *autoridade paterna* e o modo de concedê-la, a eleição por Deus da pessoa, igualmente o mesmo; pois presumo que, quando nosso A. diz que *Deus instituiu juízes*, de modo algum pretende admitir que fossem escolhidos pelo povo.

168.[1] Contudo, dado que nosso A. nos assegura, com grande convicção, do cuidado de Deus em preservar a *paternidade* e pretende alicerçar todas as suas afirmações na autoridade da Escritura, é lícito esperarmos que o povo cuja lei, constituição e história está essencialmente contido na Escritura fornecesse a ele os mais claros exemplos do cuidado de Deus em preservar a autoridade paterna junto ao povo para com o qual, todos concordam, teve Ele um desvelo todo especial. Vejamos, pois, em que condições se encontrava essa *autoridade paterna* ou governo entre os *hebreus* desde quando começaram a constituir um povo. Foi interrompida, segundo admite nosso A., desde a ida deles ao Egi-

---

§§ **168, 169** 1. O argumento cronológico converte-se aqui em tema principal; ver I, § 136: provavelmente ocupa a parte inicial da parte que se perdeu.

Há que se observar que o *Primeiro tratado* é interrompido abruptamente no meio de uma frase, obviamente no ponto em que o original de Locke completava uma página. As edições do final do século XIX e posteriores omitiam os asteriscos e, embora sem sentido, a última frase parecia a conclusão de uma sentença. Tarlton, 1978, discorda de que essas frases finais resultassem sem sentido e atribui ao *Tratado* como um todo um significado consideravelmente mais amplo que o habitual o que é atribuído aqui.

to até o seu regresso daquele cativeiro, por mais de 200 anos. Do período que vai dessa época até que Deus concedesse aos *hebreus* um rei, cerca de 400 anos mais, nosso A. fornece parcas notícias, e certamente não se pode encontrar ali o menor vestígio de governo paterno ou monárquico entre eles. Neste ponto, porém, diz nosso A. (60) que *Deus restabeleceu o antigo e primitivo direito de sucessão linear ao governo paterno*.

169. Já vimos qual foi a sucessão *linear ao governo paterno* então estabelecida. Limito-me a considerar agora quanto tempo terá durado – estendeu-se até seu cativeiro, por cerca de 500 anos; desde então até sua destruição pelos romanos, cerca de 650 anos mais tarde, *o antigo e primitivo direito de sucessão linear ao governo paterno* perdeu-se novamente, e seguiram eles sendo um povo na terra prometida sem o mesmo. De modo que, dos 1150 anos em que foram o povo escolhido por Deus, não tiveram eles um governo monárquico hereditário nem por um terço deste período, e não há no mesmo o menor vestígio de um único momento de *governo paterno, nem do restabelecimento do antigo e primitivo direito de sucessão linear a este*, quer se suponha fosse derivado, como de sua fonte, de Davi, Saul e Abraão, quer – o que, segundo os princípios de nosso A., é a verdade única –, de Adão.

THE SECOND TREATISE OF GOVERNMENT

AN ESSAY

Concerning the

True Original, Extent, and End

OF

Civil Government

Título. A página de rosto foi uma inserção efetuada durante o processo de impressão, como demonstrou, argutamente, Gerritsen, 1954. O título original, que no planejamento prévio da impressão não ocupava uma página própria, era, presume-se, apenas a inscrição "Livro II", que aparece no alto da primeira página do texto, sendo o *Primeiro tratado* o "Livro I". Aparentemente, o título da obra como um todo foi alterado de modo a incorporar esse novo título atribuído ao segundo livro. Ver Introdução, p. 72.

O título correto deste segundo livro, portanto, ou é "Segundo tratado sobre o governo", para adequar-se ao da obra como um todo, ou a forma detalhada aqui reproduzida, e abreviada para "Do governo civil" (ou, alternativamente, "Um ensaio referente ao governo civil"). Assim foi intitulado, na tradução francesa, a primeira publicação independente do *Segundo tratado*, talvez com a aprovação de Locke (ver Introdução, p. 14) – "Du gouvernement civil". O título habitualmente adotado é um solecismo: "O segundo tratado sobre (ou do) governo civil". Possivelmente terá surgido pelo fato de as edições reunidas, a partir da primeira (1714), e as edições individuais, a partir da sexta (1764), trazerem o título "Do governo" para o *Primeiro tratado* e "Do governo civil" para o *Segundo* – uma distinção desprovida de sentido ou utilidade.

Livro II

CAPÍTULO I[1]

1. Tendo sido mostrado no discurso precedente,

1º Que Adão não tinha, nem por direito natural de paternidade nem por doação positiva de Deus, autoridade alguma sobre seus filhos ou domínio sobre o mundo, como se pretende;

2º Que, se ele a tivesse, seus herdeiros, contudo, não teriam direito a ela;

3º Que, caso seus herdeiros a tivessem, por não haver lei da natureza ou lei positiva de Deus que determine qual é o legítimo herdeiro em todos os casos que possam surgir, o direito de sucessão, e consequentemente de deter o mando, não poderia ter sido determinado com certeza;

4º Que, mesmo que houvesse sido determinado, ainda assim o conhecimento de qual é a linhagem mais antiga da

....
§ 1 1. Este capítulo obviamente foi escrito por Locke com o propósito de preencher a lacuna entre o *Primeiro tratado* e o *Segundo*, presumivelmente em 1689. Em sua forma original, o livro por certo iniciava-se no § 4 (capítulo II), ou talvez num parágrafo introdutório a este, atualmente suprimido – ver a nota II, § 54. É possível, claro, que Locke tenha modificado consideravelmente essa parte do texto em 1689.

O capítulo foi omitido da versão francesa de 1691 e, por conseguinte, de todas as edições em idiomas que não o inglês até anos recentes. Tampouco consta de uma antiga edição americana, Boston, 1773 – ver Introdução, p. 17.

descendência de *Adão* foi há tanto tempo completamente perdido que em todas as raças da humanidade e famílias do mundo não resta, a nenhuma mais que a outra, a menor pretensão a ser a casa mais antiga e a ter o direito de herança.

Tendo todas essas premissas sido, como me parece, claramente demonstradas, é impossível que os soberanos ora existentes sobre a Terra devam haurir algum benefício ou derivar que seja a menor sombra de autoridade daquilo que é considerado a fonte de todo o poder, o *domínio particular e a jurisdição paterna de Adão*; de maneira que aquele que não queira dar ocasião a que se cogite que todos os governos do mundo são produto apenas da força e da violência, e que os homens vivem juntos apenas segundo as regras dos animais, em meio aos quais o mais forte leva a melhor[2], estabelecendo, assim, o alicerce da desordem, do mal, do tumulto, da sedição e da rebelião intermináveis[3] (males contra os quais os seguidores dessa hipótese bradam tão alto), deve, necessariamente, descobrir outra fonte do governo, outra origem do poder político e outro modo para designar e conhecer as pessoas que o possuem que não aqueles que sir Robert Filmer nos ensinou.

2. Para tal propósito, julgo não ser descabido estabelecer o que considero como poder político – de modo a distinguir o poder de um *magistrado* sobre um súdito do de um *pai* sobre os filhos, de um *amo* sobre seu servidor, do *mari-*

---

2. Embora essa passagem costume ser lida como uma alusão velada a Hobbes, talvez se trate, na verdade, de uma reminiscência do ataque de Filmer ao estado de natureza hobbesiano: "É ilícito pensar que Deus criaria o homem numa condição pior que a de qualquer animal, como se o houvesse feito com nenhum outro propósito natural a não ser o de um destruir ao outro". (Edição de Laslett, 241.) Filmer foi o primeiro crítico de Hobbes, e Locke havia lido essa obra e feito anotações a seu respeito já em 1667 – ver Introdução, p. 45. Comparar com II, § 93.

3. Comparar com I, §§ 3, 83, 106 e 143.

do sobre a esposa e de um *senhor* sobre seus escravos. Por estarem ocasionalmente todos esses diferentes poderes enfeixados num mesmo homem, se este for considerado sob essas diferentes relações, será útil distinguir esses poderes entre si e mostrar a diferença entre o soberano de uma sociedade política, um pai de família e o capitão de uma galera.

3. Considero, portanto, que o *poder político* é o direito de editar leis com pena de morte e, consequentemente, todas as penas menores, com vistas a regular e a preservar a propriedade, e de empregar a força do Estado na execução de tais leis e na defesa da sociedade política contra os danos externos, observando tão somente o bem público[1].

CAPÍTULO II
Do estado de natureza[1]

4. Para entender o poder político corretamente, e derivá-lo de sua origem, devemos considerar o estado em que

....
§ 3 1. Comparar com a definição de *respublica* ou *Epistola de Tolerantia* de Locke (1689, ou seja, mais perto deste capítulo do que do restante do texto): "A república parece-me uma sociedade de homens constituída com o único propósito de perseguir e preservar seus próprios *interesses civis* (*bona civilia*) (...) dessa forma, o magistrado está investido da força e da plenipotência de todos os seus súditos (*toto scilicet subditorum robore*), a fim de punir os que violam os direitos de qualquer concidadão" (ed. de Klibansky e Gough, 1968, 66-7). A segurança externa está omitida aqui, e a propriedade é substituída pelos *bona civilia*, definidos como "a vida, liberdade, saúde e bem-estar do corpo; e a posse de bens externos, como dinheiro, terras, casas, mobiliário e congêneres (*vitam, libertatem, corporis integritatem et indolentiam, et rerum externarum possessiones, ut sunt latifundia, pecunia, supellex* etc.)". Ver Introdução, p. 148; sobre penas capitais, ver I, § 129, e nota a II, §§ 87-9 e 171. Elrington (1798) comenta a distinção deste parágrafo entre poder e direito, sugerindo que Locke confunde os dois conceitos.
§ 4 1. As versões francesa e outras iniciam-se por este capítulo, e é possível que o texto original de Locke contivesse um único parágrafo antes deste ponto,

todos os homens naturalmente estão², o qual é um estado de *perfeita liberdade* para regular suas ações e dispor de suas posses e pessoas do modo como julgarem acertado, dentro dos limites da lei da natureza, sem pedir licença ou depender da vontade de qualquer outro homem.

Um estado também de *igualdade*, em que é recíproco todo o poder e jurisdição, não tendo ninguém mais que outro qualquer – sendo absolutamente evidente que criaturas³ da mesma espécie e posição, promiscuamente nascidas para todas as mesmas vantagens da natureza e para o uso das mesmas faculdades⁴, devam ser⁵ também iguais umas às outras, sem subordinação ou sujeição, a menos que o Senhor e amo de todas elas, mediante qualquer declaração ma-

....

uma introdução à obra toda; ver nota em II, § 54. Muito embora ele tenha sido ampliado quando Locke acrescentou a parte referente a Hobbes (ver §§ 5 e 15) e seguramente corrigido em certa medida, e talvez mesmo bastante alterado, em 1689 – ver, por exemplo, § 14; não há razão para supor que não estivesse completo, em sua substância, já no ano de 1679.

2. "Estão" – como observa Seliger, isso significa que o estado de natureza *não* pertence ao passado.

3. Referência à Criação; comparar com I, §§ 25-7 etc.

4. Citado literalmente por Molyneux, *Case of Ireland*, 1698 (ed. 1720, p. 127).

5. "Devam ser" – compreenda-se como um imperativo da ordem do sentimento, pois Locke reconhecia a desigualdade quanto à capacidade. Ver II, § 54, e *The conduct of understanding*: "existe, é visível, uma grande variedade no entendimento dos homens e em sua constituição natural (...) as florestas da América, bem como as escolas de Atenas, produzem homens de diferentes capacidades na mesma espécie". Na mesma obra, contudo, ele se dispõe a utilizar o exemplo da igualdade natural dos homens com o propósito de ilustrar a necessidade de uma compreensão profunda, que é a descoberta de uma "verdade amplamente consolidada no entendimento" (*Works*, 1801, III, 189 e 259). Comparar com Hobbes, *Elements of Law* (16, 4 – 1928, p. 54): "considerados em sua própria natureza, os homens devem admitir a igualdade entre si", e declarações análogas no *Leviatã* (capítulo 13) e *Do cidadão*, embora o contexto e os fundamentos dessa afirmativa de Locke sejam muito diferentes.

nifesta de Sua vontade, colocasse uma acima de outra e lhe conferisse, por evidente e clara indicação, um direito indubitável ao domínio e à soberania.

5. O judicioso *Hooker*[1] considera essa *igualdade* dos homens por natureza tão evidente por si mesma e acima de qualquer dúvida que a torna o fundamento da obrigação ao amor mútuo entre os homens, na qual faz assentar os deveres que estes têm uns com os outros, e da qual deriva as grandiosas máximas da *justiça* e da *caridade*. Eis suas palavras:

O mesmo impulso natural levou os homens a conhecer que é seu dever amar aos outros não menos que a si mesmos, por verem que tudo quanto é igual deve ter a mesma medida: se não posso senão desejar receber o bem, tanto de todos os homens quanto qualquer um possa desejar para sua própria alma, como poderia eu procurar ter qualquer parte de meu desejo assim satisfeita, a menos que eu mesmo tivesse o cuidado de satisfazer o mesmo desejo, que está sem dúvida em outros homens, sendo todos de uma única e mesma natureza? Fazer que lhes seja oferecida qualquer coisa que repugne a esse seu desejo deve necessariamente, sob todos os aspectos, afligi-los tanto quanto a mim; de modo que, se pratico o mal, devo esperar sofrer, por não haver razão alguma para que outros demonstrem por mim maior medida de amor

---

§ 5 1. Provavelmente terá sido Locke, servilmente seguido por seu amigo Molyneux, quem mais contribuiu para tornar corrente a atribuição do título "judicioso" a Richard Hooker. Ele tinha uma dívida genuína para com Hooker, tanto no que diz respeito à sua filosofia quanto à sua teoria política e, nas listas de livros que recomendava aos mais jovens, refere-se à *Política eclesiástica* como "um dos livro mais comentados" sobre política, e exige um estudo completo do "primeiro livro do judicioso Hooker" (*Works*, 1801, III, 272; X, 308). Entretanto, a referência a ele, aqui e por todo o *Segundo tratado*, também visava emprestar respeitabilidade à sua posição e a atacar de flanco os seus opositores, sobretudo aqueles que eram respeitáveis eclesiásticos.

do que recebem de mim; logo, o meu desejo de ser amado por meus iguais em natureza, tanto quanto possível seja, impõe-me um dever natural de demonstrar por eles plenamente a mesma afeição; dessa relação de igualdade entre nós mesmos e eles, que são como nós, nenhum homem ignora as diversas regras e princípios que a razão natural estabeleceu para a direção da Vida. (Pol. ecl., Liv. I.²)

6. Mas, embora seja esse um *estado de liberdade*, não é um estado de licenciosidade; embora o homem nesse estado tenha uma liberdade incontrolável para dispor de sua pessoa ou posses, não tem liberdade para destruir-se ou a qualquer criatura em sua posse, a menos que um uso mais nobre que a mera conservação desta o exija. O *estado de natureza* tem para governá-lo uma lei da natureza, que a todos obriga; e a razão, em que essa lei consiste, ensina a todos aqueles que a consultem que, sendo todos iguais e independentes, ninguém deveria prejudicar a outrem em sua vida, saúde, liberdade ou posses. Pois sendo todos os homens artefato[1] de um mesmo Criador onipotente e infinitamente sábio, todos eles servidores de um Senhor soberano e único,

....
2. *Política eclesiástica*, Livro 1, cap. VIII, § 7 (ed. de Keble, 1836, I, pp. 288-9), citação não literal. Sobre a Justiça e a Caridade, comparar com I, § 42.

A exemplo de outras citações de Hooker, esta, bem como o restante do parágrafo, provavelmente foi acrescida depois que a parte principal do texto estava escrita (ver Introdução, p. 81 e nota, II, § 239 e nota), provavelmente em 28 de junho de 1681, data em que Locke copiou em seu diário trechos que antecedem a este e que o seguem imediatamente (mas Ashcraft, 1987, 286, rejeita essa interpretação). Todas as citações foram extraídas das pp. 80-2 da *Política eclesiástica*, obra que Locke adquiriu em 13 de junho. Tratava-se, provavelmente, da edição de 1676, e assim é referida nas presentes notas, mas poderia também ser a de 1666; ver Introdução, p. 81.

§ 6 1. Sobre o homem como artefato de Deus, ver I, §§ 30, 52 e 86; II, § 56; e como propriedade de Deus, I, § 85; comparar com II, § 56, e o *Escrito inglês* de 1660, II.

enviados ao mundo por Sua ordem e para cumprir Seus desígnios, são propriedade de Seu artífice, feitos para durar enquanto a Ele aprouver, e não a outrem. E tendo todos as mesmas faculdades, compartilhando todos uma mesma comunidade de natureza, não se pode presumir subordinação alguma entre nós que nos possa autorizar a destruir-nos uns aos outros, como se fôssemos feitos para o uso uns dos outros[2], assim como as classes inferiores de criaturas são para o nosso uso[3]. Cada um está *obrigado a preservar-se*, e não abandonar sua posição por vontade própria; logo, pela mesma razão, quando sua própria preservação não estiver em jogo, cada um deve, tanto quanto puder, *preservar o resto da humanidade*, e não pode, a não ser que seja para fazer justiça a um infrator, tirar ou prejudicar a vida ou o que favorece a preservação da vida, liberdade, saúde, integridade ou bens de outrem.

7. E para que todos os homens sejam impedidos de invadir direitos alheios e de prejudicar uns aos outros, e para que seja observada a lei da natureza, que quer a paz e a *conservação de toda a humanidade*, a responsabilidade pela *execução* da lei da natureza é, nesse estado, depositada nas mãos de cada homem, pelo que cada um tem o direito de punir os transgressores da dita lei em tal grau que impeça sua violação. Pois a *lei da natureza* seria vã, como todas as demais leis que dizem respeito ao homem neste mundo, se não houvesse alguém que tivesse, no estado de natureza, um *poder para executar* essa lei e, com isso, preservar os ino-

---

2. "Feitos para o uso uns dos outros" – Brogan, 1958, propõe um paralelo kantiano para esta ideia.

3. Comparar com I, §§ 86, 87 e 92 e nota; II, § 135. Essas afirmações são geralmente consideradas como uma refutação de Hobbes, especialmente o capítulo XIII do *Leviatã*, embora não haja nenhuma semelhança textual.

centes e conter os transgressores. E se qualquer um no estado de natureza pode punir a outrem, por qualquer mal que tenha cometido, todos o podem fazer, pois, nesse *estado de perfeita igualdade*, no qual naturalmente não existe superioridade ou jurisdição de um sobre outro, aquilo que qualquer um pode fazer em prossecução dessa lei todos devem necessariamente ter o direito de fazer.

8. E desse modo *um homem obtém poder sobre outro* no estado de natureza; não se trata, porém, de um poder absoluto ou arbitrário, para se usar com um criminoso, quando a ele se tem em mãos, segundo as paixões acaloradas ou a ilimitada extravagância da própria vontade, mas apenas para retribuir, conforme dita a razão calma e a consciência, de modo proporcional[1] à transgressão, ou seja, tanto quanto possa servir para a reparação e a restrição; pois estes são os únicos motivos pelos quais um homem pode legalmente fazer mal a outro, que é o que chamamos de castigo. Ao transgredir a lei da natureza, o infrator declara estar vivendo segundo outra regra que não a da *razão* e da equidade comum, que é a medida fixada por Deus às ações dos homens para mútua segurança destes; e, assim, torna-se ele perigoso para a humanidade, afrouxando ou rompendo os laços que servem para guardá-la da injúria* e da violência.

....
§ 8   1. Nesta palavra termina o caderno P e inicia-se o caderno Q, na primeira edição. O caderno existe em diversas variantes (ver Laslett, 1952 (iv), e Bowers, Gerritsen e Laslett, 1954 (ii)). Mais ainda que a parte final do caderno P (ver I, § 167 e nota), qualquer parte dele pode ter resultado de modificações de última hora do próprio Locke. Termina na última palavra do § 21.

* Sempre que foi necessário, traduziu-se por *injúria* o original *injury*: a ofensa, transgressão ou agressão *a um direito* (lat. *jus*). Quando possível, empregou-se *mal*, mas no mesmo sentido. Não deve confundir-se esse sentido mais literal de *injúria* com o uso corrente desse termo em nossa língua, na acepção de *insulto*. Note-se, no cap. IV, § 23, penúltima frase, que é possível causar dano (*harm*) ou mal a um escravo, sem com isso lhe fazer *injúria*, já que ele perdeu todo direito. (N. R. T.)

Tratando-se assim de uma agressão contra toda a espécie e contra sua paz e segurança proporcionadas pela lei da natureza, todo homem pode, por essa razão e com base no direito que tem de preservar a humanidade em geral, restringir ou, quando necessário, destruir o que seja nocivo a ela; pode assim fazer recair sobre qualquer um que tenha transgredido essa lei um mal tal que o faça arrepender-se de o ter praticado e, dessa forma, impedi-lo – e por seu exemplo a outros – de praticar o mesmo mal. E neste caso, com base no mesmo fundamento, *todo homem tem o direito de punir o transgressor e de ser o executor da lei da natureza.*

9. Não duvido que para alguns homens esta parecerá uma doutrina muito estranha[1]. Antes que a condenem, porém, gostaria que me respondessem por qual direito pode qualquer príncipe ou Estado condenar à morte, ou *punir a um estrangeiro*, por qualquer crime que este cometa em seus domínios. É certo que suas leis, em virtude de qualquer sanção que recebam pela vontade promulgada do legislativo, não atingem o estrangeiro. Não lhe dizem respeito e, se dissessem, ele não estaria obrigado a observá-las. A autoridade legislativa, pela qual elas têm força junto aos súditos desse Estado, não tem poder sobre ele. Aqueles que detêm o poder supremo de elaborar leis na Inglaterra, França ou Holanda estão para um índio[2] como o resto do mundo: homens

---

§ 9 1. "Doutrina muito estranha": parece ser este o modo de Locke anunciar que sua doutrina do castigo era, ou pretendia ser, novidade; comparar com II, §§ 13 e 180, e Introdução, p. 140. Não há dúvida de que ela contrasta sutilmente com a doutrina exposta por Hobbes no capítulo 28 do *Leviatã*, à qual costuma ser comparada. A *Segunda carta sobre a tolerância*, de Locke (1690), está inteiramente dedicada ao castigo como meio de *reparação* e *restrição*.

2. Em outras palavras, o índio, provavelmente o ameríndio, encontra-se em estado de natureza em face de todo o poder estabelecido, o que implica a inexistência de uma lei internacional (ver Cox, 1960, 138).

desprovidos de autoridade. Se, portanto, pela lei da natureza, nem todo homem tem o poder de punir as transgressões contra ela tal como julgar ponderadamente que o caso requer, não vejo como os magistrados de qualquer comunidade poderiam *punir a um estrangeiro* de outro país, visto que, com relação a ele, não podem ter mais poder que aquele que qualquer homem pode ter naturalmente sobre outro.

10. Além do crime que consiste em violar a lei e desviar-se da correta regra da razão, em virtude do que um homem torna-se degenerado e declara seu rompimento com os princípios da natureza humana e ser uma criatura nociva[1], há comumente a *injúria* feita por uma pessoa ou outra, causando com tal transgressão prejuízo a uma terceira; neste caso, aquele que sofreu qualquer prejuízo tem, além do direito de punição comum a todos os demais homens, um direito particular de buscar uma *reparação* junto àquele que a causou. E qualquer outra pessoa que considere isso justo pode unir-se àquele que foi prejudicado e assisti-lo a recobrar do transgressor tudo quanto possa compensá-lo pelo dano sofrido[2].

11. Desses *dois direitos distintos* – um de punir o crime para restringir e evitar o mesmo delito, direito este que cabe a todos; o outro, de obter reparação, que cabe somente à parte prejudicada –, segue-se que o magistrado, que por ser magistrado tem o direito comum de punir depositado em suas mãos, pode amiúde, onde quer que o bem público não

---

§ **10** 1. Comparar com II, § 172, nota e referências.

2. Sobre o § 10, Erlington comenta (1798) que, ao longo de todo o seu tratado, o "zelo de Locke pela liberdade leva-o com grande frequência a referir-se aos *deveres* dos homens como *direitos*, os quais eles podem exercer ou dos quais podem abdicar a seu bel-prazer".

exija a execução da lei, *relevar* a punição dos delitos criminais por sua própria autoridade[1], mas não pode *relevar* a reparação devida a qualquer homem particular pelo dano sofrido. Tal reparação, aquele que sofreu o dano tem o direito de exigir em seu próprio nome, e apenas ele o pode *relevar*: a pessoa prejudicada tem o poder de apropriar-se dos bens ou serviços do transgressor, por *direito de autoconservação*, assim como todo homem tem o poder de punir o crime para evitar que este seja cometido novamente, em *virtude do direito que tem de conservar a toda a humanidade* e de fazer tudo o que for razoável para atingir tal fim. E assim ocorre que, no estado de natureza, todo homem tem o poder de matar um assassino, tanto para impedir que outros cometam o mesmo mal, que nenhuma reparação pode compensar, pelo exemplo do castigo que lhe cabe da parte de todos, como para *guardar* os homens dos intentos de um criminoso que, tendo renunciado à razão, à regra e à medida comuns concedidas por Deus aos homens, pela violência injusta e a carnificina por ele cometidas contra outrem, declarou guerra a toda a humanidade e, portanto, pode ser destruído como um leão ou um tigre, um desses animais selvagens com os quais os homens não podem ter sociedade ou segurança[2]. Eis a máxima em que se baseia a grande lei da natureza: *aquele que derramar o sangue do homem, pelo homem terá seu sangue derramado*[3]. E Caim estava tão plenamente convicto de que todos assim tinham o direito de destruir um criminoso que, após o assassínio de seu irmão, exclamou: *"Aquele que me encontrar*

....
§ 11 1. Comparar com II, § 159. O poder do perdão era o quarto sinal de soberania (Bodin, *Methodus*, 1945, 173; ver I, § 129, nota e referência; II, § 88) e é possível que aqui Locke esteja seguindo a argumentação tradicional.
  2. Comparar com II, § 172 (paralelo textual), nota e referências.
  3. Gn 9, 6 – um decreto divino é equiparado aqui a uma lei da natureza.

me matará"⁴, tão claramente estava isso inscrito no coração dos homens.

12. Pela mesma razão, um homem no estado de natureza pode *punir as violações menores* a essa lei. Talvez se pergunte: Com a morte? Respondo que cada transgressão pode ser *punida* a um tal grau e com tal severidade que baste, para transformá-la em mau negócio para o transgressor, dar-lhe causas de arrependimento e aterrorizar a outros para que não procedam da mesma forma. Cada delito passível de ser cometido no estado de natureza é também passível de ser punido da mesma forma e no mesmo grau que numa sociedade política; pois, embora esteja fora dos meus propósitos entrar aqui nas particularidades da lei da natureza ou de suas *medidas punitivas*¹, é no entanto certo que tal lei existe, sendo também tão inteligível e clara para uma criatura racional e para um estudioso dessa lei² quanto as leis positivas das sociedades políticas, e possivelmente ainda mais clara, tanto quanto a razão é mais fácil de ser entendida do que as fantasias e as intricadas maquinações dos homens, que seguem interesses contrários e ocultos formulados por

---

4. Gn 4, 14. A última frase é a ilustração mais flagrante em todo esse livro da determinação de Locke a valer-se da crença nas ideias inatas e nos princípios práticos inatos, a qual ele mesmo atacara violentamente no Livro I de seu *Ensaio sobre o entendimento humano*. As palavras "inscrito no coração dos homens" são típicas do que Yolton (1956, seção II) chama de forma ingênua de crença, e não é possível explicar de modo satisfatório o princípio em tela como sendo uma exceção, como no caso de uma passagem semelhante em I, § 86 – ver nota e referências naquele local. Locke parece sugerir, aqui, que toda a sua "doutrina muito estranha" acerca do castigo faria parte do conhecimento inato, possibilidade esta que ele rejeitara já em 1659--64; ver Von Leyden, 1954.

§ 12 1. Sobre a atitude de Locke com respeito à lei da natureza, e a afirmação de que estava fora de seus propósitos entrar aqui em seu pormenor, ver Introdução, p. 121.

2. Comparar II, § 124: paralelo textual.

meio de palavras, visto que assim é verdadeiramente uma grande parte das leis municipais dos países, as quais só são verdadeiras se baseadas na lei da natureza[3], mediante a qual são reguladas e interpretadas[4].

13. A esta estranha doutrina, isto é, a de que no *estado de natureza todos têm o poder executivo da lei da natureza*[1], não duvido que se objetará que não é razoável que os homens sejam juízes em causa própria, que o amor-próprio os fará agir com parcialidade em favor de si mesmos e de seus amigos. E, por outro lado, a natureza vil, a paixão e a vingança os levarão longe demais na punição dos demais, da qual nada resultará além de confusão e desordem e, portanto, Deus certamente designou o governo para conter a parcialidade e a violência dos homens. Admito sem hesitar que o *governo civil* é o remédio adequado para as inconveniências do estado de natureza, que certamente devem ser grandes quando aos homens é facultado serem juízes em

....
3. Passagem indicativa da hostilidade de Locke aos que multiplicam as leis – ou seja, ao direito, às cortes de justiça e aos advogados, sobretudo de modo geral os que praticam o direito consuetudinário (comparar com I, § 90, nota e referências). Repartia essa predisposição com o primeiro conde de Shaftesbury: ver as 79ª e 89ª *Constituições fundamentais da Carolina*, que preveem que toda lei promulgada deveria caducar ao termo de um século e que nenhum comentário sobre as *Constituições* deveria ser permitido. Elrington (1798) comenta que essa avaliação das leis de uma nação em termos da lei natural, e não da vontade da maioria, "revela os verdadeiros princípios do governo civil".

4. Comparar com II, § 135, e os surpreendentes paralelos apontados por Von Leyden em *Essays on the Laws of Nature*, às pp. 118-9, 188-9, de sua edição de 1954.

§ **13** 1. Ver II, § 9, nota e referências. Pollock, 1904, 241-2, observa um "estranho paralelo textual com aquela estranhíssima extravagância medieval, o *Espelho dos magistrados* (...) 'A jurisdição inclui todo aquele que dela não foi privado por pecado, pois que cada um pode julgar seu semelhante segundo as sagradas normas da justiça'; Livro IV, cap. II." Sobre o *Espelho*, ver II, § 239 e nota.

suas próprias causas, pois é fácil imaginar que aquele que foi injusto a ponto de causar injúria a um irmão dificilmente será justo o bastante para condenar a si mesmo por tal. Mas desejo lembrar àqueles que levantem tal objeção que os *monarcas absolutos* são apenas homens, e, se o governo há de ser o remédio aos males que necessariamente se seguem de serem os homens juízes em suas próprias causas, razão pela qual o estado de natureza não pode ser suportado, gostaria de saber que tipo de governo é esse e em que é ele melhor que o estado de natureza, no qual um homem, no comando de uma multidão, tem a liberdade de ser juiz em causa própria e pode fazer a todos os seus súditos o que bem lhe aprouver, sem que qualquer um tenha a mínima liberdade de questionar ou controlar aqueles que executam o seu prazer. Em que todos devem submeter-se a ele no que quer que faça, sejam os seus atos ditados pela razão, pelo erro ou pela paixão? Muito melhor é o estado de natureza, no qual os homens não são obrigados a se submeterem à vontade injusta de outrem e no qual aquele que julgar erroneamente em causa própria ou na de qualquer outro terá de responder por isso ao resto da humanidade[2].

14. Pergunta-se muitas vezes, como objeção importante, *onde* estão, ou em algum tempo estiveram, os homens em tal estado de natureza. Ao que bastará responder, por enquanto[1], que, dado que todos os príncipes e chefes de governos independentes no mundo inteiro encontram-se num estado de natureza, claro está que o mundo nunca esteve nem jamais estará sem um certo número de homens nesse estado. Referi-me a todos os governantes de sociedades políticas independentes, estejam ou não elas em ligação com

---

2. Modificado por Locke em suas correções finais.
§ 14 1. Comparar com II, § 101, em que é dada uma resposta completa, talvez como uma ampliação posterior – ver nota ali.

outras², pois não é qualquer pacto que põe fim ao estado de natureza entre os homens, mas apenas o acordo mútuo e conjunto de constituir uma comunidade e formar um corpo político; os homens podem celebrar entre si outros pactos e promessas e, mesmo assim, continuar no estado de natureza. As promessas e acordos de troca etc. entre dois homens numa ilha deserta mencionados por *Garcilaso de la Vega* em sua *História do Peru*, ou entre um suíço e um índio nas florestas da *América*, comprometem a ambos, embora em referência um ao outro eles estejam num perfeito estado de natureza³. Pois a verdade e observância da palavra dada ca-

....

2. Os governos encontram-se em estado de natureza entre si: comparar com II, § 183, e II, § 184 (observação incidental, em ambos os casos). Frequentemente se supõe que Locke estaria seguindo aqui a doutrina de Hobbes, talvez conscientemente: comparar com o *Leviatã*, capítulo 13 (1904, p. 85), em que a linha de pensamento é muito parecida. Contudo, Gierke assinala que tal concepção constituía lugar-comum entre os teóricos da lei natural daquele tempo (1934, i, 97), e cita dez fontes que tratam da questão (ii, 188), incluindo os *Elementa* e *De Jure Natura* de Pufendorf. Se Locke tinha algum autor específico em mente, o mais provável, parece, é que se tratasse de Pufendorf. Ver Introdução, p. 105.

3. Na primeira versão da 1ª edição, esta passagem aparece diferente, e é esta a variação mais importante entre as duas versões. Os acordos de troca que ali se mencionam são "entre os dois homens em *Soldânia*, ou entre um *suíço* e um *índio*", e não há menção à ilha deserta de Garcilaso. É evidente que Locke não se limitou a incluir, na segunda versão, uma frase omitida na primeira, pois não ocorre menção a Soldânia (a baía de Saldanha, na África do Sul) em Garcilaso, que trata da América. Aparentemente, Locke decidiu suprimir por completo sua referência imperfeita a Soldânia, e substituí-la por uma passagem do Livro I, capítulo 8, dos *Commentarios Reales* de Garcilaso (34-43 em sua tradução francesa de 1633; ver nota em I, § 57, e comparar com I, § 153 e nota). Lemos a seguinte anotação em seu diário, a 8 de fevereiro de 1687: "Pedro Serrano, que viveu sozinho numa ilha deserta durante três anos, ao fim dos quais outro náufrago ali aportou; e, sendo apenas dois, não podia haver concordância entre eles. Garcilaso de la Vega, *Histoire des Incas* I.I. c.8". Tal correção, portanto, levanta a possibilidade de que Locke tenha escrito o trecho em questão em 1687, a qual é considerada na Introdução, p. 78.

A referência original aos hotentotes de Soldânia era bastante legítima, pois Locke citava-os amiúde como exemplo de um povo desprovido de toda e qual-

bem aos homens como homens, e não como membros da sociedade⁴.

15. Àqueles que afirmam que nunca houve homens em estado de natureza não apenas oporei a autoridade do judicioso Hooker (*Pol. ecl.*, Livro I, Seção 10), que afirma que *as leis até aqui mencionadas, ou seja, as leis da natureza, obrigam absolutamente aos homens, mesmo que apenas como homens, embora não tenham tido jamais nenhuma associação assentada e nenhum acordo solene entre si sobre como proceder ou não. Dado que não somos capazes de nos prover por nós mesmos de uma quantidade conveniente das coisas necessárias para viver a vida que nossa natureza deseja, uma vida adequada à dignidade do homem, somos naturalmente induzidos, a fim de suprir esses defeitos e imperfeições que portamos quando vivemos isolados e somente por nossos próprios meios, a buscar a comunhão e a associação com outros. Foi por essa razão que os homens começaram a unir-se em sociedades políticas*[1], como afirmarei que todos os homens encontram-se naturalmente nesse estado e nele permanecem até que, por seu próprio consentimento, se tornam membros de alguma sociedade política; e não tenho dúvidas de que, na continuação deste discurso, poderei deixar isto bem claro.

....

quer fé em Deus – tais referências (no *Ensaio* e alhures) estão relacionadas em Von Leyden, 1954, 65, 81, pois Locke citara a referida região, bem como o Brasil, já em seu quinto *Ensaio sobre a lei da natureza* (início da década de 1660, *op. cit.* 174). Suas informações provavelmente provinham da *Viagem à Índia Oriental*, de Terry, 1655, que estava entre os seus livros em 1681.

4. Passagem comparada por Von Leyden com o primeiro e o sétimo *Ensaios sobre a lei da natureza* (1954, 81).

§ **15** 1. Hooker, ed. de Keble, 1836, volume I, pp. 298-9, citado com bastante precisão, com alterações de pontuação. Vem da p. 85 do exemplar de Locke, edição de 1676, logo após um trecho copiado em seu diário a 2 de junho de 1681; ver nota a II, § 5.

CAPÍTULO III
*Do estado de guerra*¹

16. O estado² de guerra é um estado de inimizade e destruição; portanto, aquele que declara, por palavra ou ação, um desígnio firme e sereno, e não apaixonado ou intempestivo, contra a vida de outrem, coloca-se em *estado de guerra* com aquele contra quem declarou tal intenção e, assim, expõe sua própria vida ao poder dos outros, para ser tirada por aquele ou por qualquer um que a ele se junte em sua defesa ou adira a seu embate. Pois é razoável e justo que eu tenha o direito de destruir aquilo que me ameaça de destruição, já que, pela *lei fundamental da natureza*, como o homem deve ser preservado tanto quanto possível³, quando nem todos podem ser preservados, a segurança do inocen-

....
§ 16   1. A exemplo do capítulo II (ver nota no § 4), presume-se que este tenha sido escrito substancialmente em 1679, mas sem dúvida foi revisto e ampliado em 1689 (ver, por exemplo, § 17 e nota), e seu texto não ficou imune às confusões de impressão daquele ano.

2. o corpo grande do tipo, a característica mais evidente a distinguir o primeiro e o segundo estados da 1ª edição, tem início neste ponto e vai até a linha 17 do § 17. É bem possível que isso resulte da supressão de parte do texto durante o processo de impressão, mas não é possível confirmá-lo bibliograficamente e, mesmo que isso tenha ocorrido, não é imperativo que a passagem excluída pertencesse a essa passagem de corpo grande – ver Introdução, p. 8, Laslett, 1952 (iv) e Bowers, Gerritsen e Laslett, 1954. No segundo estado da 1ª edição, o tipo dessa parte do texto tem corpo normal, mas é apresentado em duas versões variantes neste parágrafo.

3. Comparar com II, §§ 6, 7, 128, 129, 135, 149, 159, 171 etc., e Tyrrell, 1681, 15. Sobre a tendência de Locke a considerar essa lei da preservação universal como a lei natural fundamental, ver nota à Introdução, p. 140. Em seu escrito sobre a *Educação* (1695), afirma ele: "E em verdade, se a preservação de toda a humanidade, no que dela depende, fosse convicção de cada um – assim como é o dever de cada um – e o verdadeiro princípio regulador de nossa religião, política e moralidade, o mundo seria muito mais tranquilo e benévolo do que é" (*Works*, 1801, IX, 113).

te deve ter precedência. E pode-se destruir um homem que promove a guerra contra nós ou manisfestou inimizade a nossa existência, pela mesma razão por que se pode matar um lobo ou um leão; porque tais homens não estão submetidos à lei comum da razão e não têm outra regra que não a da força e da violência, e, portanto, podem ser tratados como animais de presas, criaturas perigosas e nocivas[4] que seguramente nos destruirão se cairmos em seu poder.

17. Disso resulta que aquele que tenta colocar a outrem sob seu poder absoluto põe-se consequentemente em *estado de guerra* com ele, devendo-se entender isso como a declaração de um propósito contrário à sua vida, pois há razões para se concluir que aquele que pretenda colocar-me sob seu poder sem meu consentimento haverá de usar-me como bem lhe aprouver quando o conseguir, e também me destruirá se tal for o seu capricho. Pois ninguém pode desejar *ter-me em seu poder absoluto*, a menos que seja para obrigar-me, pela força, àquilo que contraria meu direito à liberdade, ou seja, para fazer de mim seu escravo. Estar livre de tal força é a única garantia da minha preservação, e a razão leva-me a enxergar um inimigo de minha preservação naquele que desejaria tomar de mim a *liberdade* que a assegura; de modo que aquele que *procure escravizar-me* colocar-se-á, por tal ato, em estado de guerra comigo. Aquele que, no estado de natureza, *subtrai a liberdade* que cabe a qualquer um em tal estado[1] deve necessariamente ser visto como imbuído da intenção de subtrair todo o resto, sendo tal *liberdade* o fundamento de tudo o mais, assim como se deve presumir que aquele que, no estado de sociedade, subtrai a *liberdade* que

....
4. Comparar a referência aos "animais de presa" com II, § 172, nota e referências; é possível que o trecho que vai de "e, portanto," até o fim do parágrafo seja um acréscimo de 1689.
§ 17 1. Fim do corpo grande no primeiro estado da 1ª edição; ver II, § 16, 1.

cabe aos membros dessa sociedade ou Estado tem a intenção de subtrair a estes todas as demais coisas, devendo ser considerado, portanto, como em estado de guerra[2].

18.[1] Isso torna legítimo um homem *matar um ladrão* que não lhe tenha causado nenhum ferimento nem tenha declarado contra sua vida intenção alguma além da de colocá-lo sob seu poder mediante o uso da força para tirar-lhe o dinheiro ou o que mais lhe aprouver; pois, se ele faz uso da força, quando não tem direito algum, para colocar-me sob seu poder – seja por que pretexto for –, não tenho razão alguma para supor que aquele que me *toma a liberdade* não me tomaria todo o resto, quando me tivesse sob seu poder. Logo, é legítimo para mim tratá-lo como alguém que se colocou em *estado de guerra* comigo, ou seja, matá-lo se disso for capaz – pois a tal perigo se expõe, justamente, todo aquele que introduz um estado de guerra e nele é o *agressor*.

19. Eis aí a clara *diferença entre o estado de natureza e o estado de guerra*, os quais, por mais que alguns homens os tenham confundido, tão distantes estão um do outro quanto um estado de paz, boa vontade, assistência mútua e preservação está de um estado de inimizade, malignidade, violência e destruição mútua[1]. Quando homens vivem jun-

....
2. É possível que essa última frase seja uma interpolação de 1689, deixando implícito que Jaime II se encontrara "em estado de guerra" com os ingleses. Na verdade, o § 18 é uma sequência mais natural ao 16, e pode ser que todo o § 17 constitua um acréscimo datado dessa época.
§ 18 1. Comparar com II, § 207.
§ 19 1. Embora não exista no original, cabe uma vírgula após "os quais" (*which*). Locke alterou a última oração desta sentença, mas depois lhe restituiu seu sentido original. Os "alguns homens" só podem ser os hobbesianos. Sobre a posição geral, comparar com II, §§ 6 e 7, e com os *Ensaios sobre a lei da natureza*, de Locke, *c*. 1661. Em seu quinto *Ensaio*, admite ele a possibilidade de que "exista no estado de natureza uma guerra generalizada e um ódio perpétuo e mortal entre os homens", tal como é sustentado por alguns

tos segundo a razão e sem um superior comum sobre a Terra com autoridade para julgar entre eles, manifesta-se propriamente o estado de natureza. Mas a força, ou um propósito declarado de força sobre a pessoa de outrem, quando não haja um superior comum sobre a Terra ao qual apelar em busca de assistência, constitui o *estado de guerra*. E é a falta de tal apelo que dá ao homem o direito de guerra até contra um *agressor*, mesmo estando este em sociedade e seja igualmente súdito. Desse modo, um *ladrão*, ao qual não posso fazer mal sem apelar para a lei por me ter furtado tudo quanto tenho de valor, poderá ser morto por mim quando quiser roubar apenas meu cavalo ou meu sobretudo, pois a lei, criada que foi para a minha preservação, sempre que não puder interpor-se para garantir contra a força presente minha vida, que se for perdida não será passível de qualquer reparação, permite-me minha própria defesa e o direito de guerra, com a liberdade de matar o agressor, pois este não me concede tempo algum para apelar ao nosso juiz comum, ou à decisão da lei, para remediar um caso em que o mal pode ser irreparável[2]. *A ausência de um juiz comum dotado de autoridade coloca todos os homens em estado de natureza; a força sem direito sobre a pessoa de um homem causa o estado de guerra*, havendo ou não um juiz comum.

20. Mas, quando a força atual desaparece, cessa o estado de guerra entre os que estão em sociedade e igualmen-

....

(*quod aliqui volunt*) – edição de Von Leyden, 1954, 162-3. Em seu oitavo *Ensaio*, todavia, ele se manifesta contra esses "alguns". Pois, se pela lei da natureza os homens se encontram num estado de guerra, "toda sociedade é abolida, bem como toda fé, que é o liame da sociedade" (*tollitur omnis societas et societatis vinculum fides*); ver II, § 212, e a Introdução. A condição pacífica do estado de natureza deve ser comparada com os perigos e outros fatores mencionados em II, §§ 13, 92, 101, 123-4 etc.

2. Comparar com II, § 182.

te sujeitos, em ambos os lados[1], à justa determinação da lei, pois então se torna possível o remédio do apelo quanto à injúria passada e evitar danos futuros. Quando, porém, não existe tal apelo, como no estado de natureza, por falta de leis positivas e de juízes com autoridade a quem apelar, *uma vez deflagrado, o estado de guerra continua*, tendo a parte inocente o direito de destruir a outra quando puder, até que o agressor proponha a paz e deseje a reconciliação em termos tais que possam reparar quaisquer males por ele já cometidos e que assegurem o inocente no futuro. Mais ainda, quando há a possibilidade de apelo à lei e a juízes constituídos, mas é negado o remédio por uma perversão manifesta da justiça e uma descarada deturpação das leis, para proteger ou indenizar a violência ou os males cometidos por alguns homens ou partido de homens, torna-se difícil imaginar outra coisa além de um *estado de guerra*. Isso porque, onde quer que a violência seja usada e a injúria praticada, embora por parte daqueles designados para administrar a justiça, não deixa de haver violência e injúria, por mais que estejam dissimuladas sob o nome, as pretensões ou as formas

....
§ 20 1. Inicia-se neste ponto a passagem que consta do segundo estado da 1ª edição, mas que está ausente do primeiro – ver Introdução, p. 8, Laslett, 1952 (iv), e Bowers, Gerritsen e Laslett, 1954. No primeiro estado, o texto salta diretamente para "Em tais controvérsias, portanto, (...)" no início da linha 16 do § 21, da seguinte maneira: "20. Mas quando a força efetiva desaparece, cessa o estado de guerra entre os que estão em sociedade e igualmente sujeitos, em ambos os lados, à justiça; portanto, em tais controvérsias (...)" (e assim por diante, identicamente ao texto do segundo estado até o final do parágrafo, iniciando-se o seguinte como § 22. Não há sinal de um § 21). Tal anomalia foi tratada de diferentes maneiras pelos editores do texto; ver nota 2 à p. 342 de Laslett, 1952 (iv), e nota 1 à p. 83 de Laslett, 1954 (iv). W. S. Carpenter, o editor do texto da edição *Everyman* (c. 1924, com várias edições subsequentes) cometeu um erro de numeração em todos os parágrafos a partir deste ponto até II, §§ 36 e 37; ver nota à linha 17 de II, § 36. Elrington (1789) foi o primeiro a atentar para essa peculiaridade, e sua edição traz uma nota a esse respeito neste ponto.

da lei, cujo fito é proteger e desagravar o inocente mediante sua aplicação imparcial a todos quantos sob ela estejam; sempre que a *bona fides* não esteja presente nisso, faz-se a guerra contra os sofredores, que, por não terem na Terra a quem apelar para lhes fazer justiça, têm como único remédio, em tais casos, apelar aos céus[2].

21. Evitar esse estado de guerra (no qual não há apelo senão aos céus, e para o qual pode conduzir a menor das diferenças, se não houver juiz para decidir entre os litigantes) é a grande *razão pela qual os homens se unem em sociedade* e abandonam o estado de natureza[1]. Ali onde existe autoridade, um poder sobre a Terra, do qual se possa obter amparo por meio de *apelo*, a continuação do estado de guerra se vê excluída e a controvérsia é decidida por esse poder. Caso houvesse existido um tal tribunal, ou qualquer forma de jurisdição superior sobre a Terra, para determinar o direito entre o *Jefté* e os *amonitas*, estes nunca teriam chegado ao estado de guerra. Vemos, porém, que ele foi forçado a apelar aos céus. *Que o Senhor Juiz* (disse ele) *julgue neste dia entre os filhos de Israel e os filhos de Amon* (Jz 11, 27). Prosseguindo, e confiando em seu *apelo*, conduz seu exército para

....
2. É bem possível que esta passagem seja um acréscimo de 1689, com referência direta aos acontecimentos da revolução, e sendo o "apelo aos céus" do final o seu elemento mais significativo. O parágrafo contém a frase ("onde quer que a violência seja usada...") que mais tarde levaria Elrington a protestar contra a teoria lockeana da resistência; mas talvez a causa de seu protesto tenha sido a interpretação, da mesma frase, por Thomas Paine e outros.

"Mas o que diremos de uma teoria que investe dessa forma o indivíduo no direito de lançar uma sociedade inteira em confusão, no propósito de só reparar um agravo particular?"

§ 21   1. Hobbes também via no estado social um remédio para o estado de guerra, e essa sentença pode ser lida como a que mais se aproxima dele em toda a teoria política de Locke. É interessante que ela ocorra num trecho que estava omitido de um dos estados da 1ª edição (ver Laslett, 1952 (iv)), mas não podemos afirmar que os dois fatos estejam relacionados.

a batalha. Em tais controvérsias, portanto[2], quando se coloca a questão: *Quem há de ser o juiz?*, não se está perguntando quem decidirá a controvérsia; todos sabem a que se referia Jefté[3] nesse caso: que o *Senhor Juiz* julgará. Quando não há juiz sobre a Terra, cabe dirigir um apelo a Deus no céu. Logo, essa pergunta não pode significar: quem julgará se alguém se pôs em estado de guerra comigo e se posso fazer como fez *Jefté*, apelar aos céus. Disso apenas eu posso ser juiz em minha própria consciência, uma vez que responderei por isso, no grande dia, ao Juiz Supremo de todos os homens.

CAPÍTULO IV[1]
Da escravidão

22.[2] A *liberdade natural* do homem consiste em estar livre de qualquer poder superior sobre a Terra e em não estar submetido à vontade ou à autoridade legislativa do homem, mas ter por regra apenas a lei da natureza. *A liberdade*

----

2. Fim da passagem desaparecida; ver II, § 20 e nota.

3. Evidentemente, Locke atribuía à história de Jefté uma importância capital em seu esforço para fundamentar nas Escrituras sua teoria da sociedade civil e da justiça. Ver I, § 163; II, §§ 109 e 176, e comparar com nota em II, § 168 e referências. Grócio e, antes dele, Sto. Agostinho usaram a história de Jefté em suas análises políticas, e é possível que Locke tivesse em mente a posição calvinista, expressa por Jurieu (1689, 365), segundo a qual os juízes, entre eles Jefté, representaram um estágio entre a anarquia da inocência primitiva e a soberania estabelecida, um estágio inevitável em decorrência do pecado original.

§ 22 1. Ao contrário dos capítulos II e III, em cujo caso apenas podemos levantar suposições, o presente capítulo contém elementos seguros que permitem datar sua composição de 1679 (ver nota 3 neste capítulo), e a revisão de 1689.

2. Neste ponto tem início o caderno R da 1ª edição; comparar notas a II, § 8; não há outras peculiaridades óbvias de impressão, a partir daqui, na 1ª edição.

do homem em sociedade consiste em não estar submetido a nenhum outro poder legislativo senão àquele estabelecido no corpo político mediante consentimento, nem sob o domínio de qualquer vontade ou sob a restrição de qualquer lei afora as que promulgar o legislativo, segundo o encargo a este confiado. A *liberdade*, portanto, não corresponde ao que nos diz sir R. F. (O. A. 55 [224])³, ou seja, *uma liberdade para cada um fazer o que lhe aprouver, viver como lhe*

---

3. Esta é a única referência às obras de Filmer no *Segundo tratado*, embora seu nome seja mencionado em II, §§ 1 e 61. A afirmação é repetida em II, § 57; ver nota nele e em II, § 236. É um dos vários sinais de que esta obra, bem como o *Primeiro tratado*, foi escrita com o objetivo de refutar Filmer, em particular seus pequenos tratados, ao passo que o *Primeiro* se voltava contra o *Patriarcha*. Na Introdução, pp. 84-9, apresentamos essa forma anômala de referência a Filmer – pois se verá que difere largamente daquela utilizada no *Primeiro tratado* – como um dos indícios de que o *Segundo tratado* foi, em alguma forma, escrito em 1679-80, e como a indicação-chave de que o *Segundo* tenha sido elaborado antes do *Primeiro*, muito embora Ashcraft discorde. O registro no *Bloco* de anotações de Locke que permite deduzir a data em que foi escrito este parágrafo é relevante: refere-se a uma passagem das *Formas* de Filmer (edição de Laslett, 2:6): "dentre todos aqueles que defendem a necessidade do consentimento do povo, nenhum jamais abordou essas doutrinas tão necessárias [isto é, acerca da forma de obtê-lo]; trata-se, aparentemente, de uma tarefa por demais difícil, do contrário não haveria de ser negligenciada, considerando-se o quanto é necessária para a resolução da consciência no que toca à maneira de os povos darem seu consentimento".

Esta, portanto, era a proposição que Locke tinha em mente quando escreveu em seu *Bloco* "Filmer, para a resolução da consciência", e se pôs a escrever esta parte do *Segundo tratado*. A mesma questão acerca da lei e da liberdade aparece igualmente em seu *Ensaio sobre o entendimento humano*, IV, iii, 18: "'Nenhum governo permite liberdade absoluta.' Sendo a ideia de governo o estabelecimento de uma sociedade com base em certas normas ou leis que exigem conformidade a elas, e sendo a ideia de liberdade absoluta, para cada um, o agir conforme lhe apraz, sou capaz de convencer-me da verdade desta proposição como de qualquer proposição matemática" (ed. Nidditch, 550) – ver Introdução, p. 118. As implicações deste parágrafo causam incômodo em Elrington (1798), que o considera contraditório e conclui que o grande *desideratum* é uma definição aceita de liberdade: "O leitor julgará se Locke apresentou tal definição".

agradar e não estar submetido a lei alguma. Mas *a liberdade dos homens sob um governo* consiste em viver segundo uma regra permanente, comum a todos nessa sociedade e elaborada pelo poder legislativo nela erigido: liberdade de seguir minha própria vontade em tudo quanto escapa à prescrição da regra e de não estar sujeito à vontade inconstante, incerta, desconhecida e arbitrária de outro homem. Assim como a *liberdade da natureza* consiste em não estar sujeito a restrição alguma senão à da *lei da natureza*.

23. Esta *liberdade* em relação ao poder absoluto e arbitrário é tão necessária à preservação do homem, e a ela está tão intimamente unida, que ele não pode abrir mão dela, a não ser por meio daquilo que o faz perder, ao mesmo tempo, o direito à preservação e à vida*. Isso porque o homem, por não ter poder sobre a própria vida, *não* pode, nem por pacto nem por seu consentimento, *escravizar-se* a qualquer um nem colocar-se sob o poder absoluto e arbitrário de outro que lhe possa tirar a vida quando for de seu agrado. Ninguém pode ceder mais poder que o que ele mesmo detém; e, assim como não pode tirar a própria vida, tampouco pode colocá-la sob o poder de outrem. Quando alguém, por sua própria culpa, perdeu o direito à própria vida, por algum ato que mereça a morte, aquele para quem ele perdeu esse direito pode (quando o tiver em seu poder) demorar-se em tomá-la e fazer uso dessa pessoa para seu próprio serviço, sem lhe inflingir com isso injúria alguma. Pois sempre que julgar que os sofrimento de sua escravidão superam o valor

---

* "Perder o direito" traduz o verbo *to forfeit*. Este verbo (como o substantivo *forfeiture*) refere-se aos efeitos daqueles crimes, inicialmente de traição ao senhor, que acarretam uma perda integral de direito. Na Idade Média inglesa, eles implicavam a pena de morte, o confisco dos bens, a perda dos títulos de nobreza, uma vez que a traição "tingia" o sangue e assim o corrompia. É essa forte carga semântica que o termo expressa. (N. R. T.)

de sua vida, estará em poder dessa pessoa, resistindo à vontade de seu senhor, atrair para si mesma a morte desejada[1].

24. Tal é a perfeita condição de *escravidão* que nada *é senão o estado de guerra continuado entre um conquistador legítimo e um cativo*, pois, uma vez que se celebre entre eles um *pacto*, fazendo um acordo de poder limitado por um lado e obediência pelo outro, cessam o estado de guerra e a *escravidão* enquanto durar o pacto. Isso porque, como já foi dito, homem nenhum pode, mediante acordo, ceder a outrem aquilo que ele próprio não possui – um poder sobre sua própria vida[1].

Confesso que encontramos entre os *hebreus*, bem como em outras nações, homens que se vendiam; porém, e isso está claro, apenas para o *trabalho servil*, não para a escravidão,

....
§ 23 1. Este parágrafo pede uma comparação e um confronto com o *Leviatã* de Hobbes, capítulo 20, em especial pp. 142-3 (edição de 1904). Hobbes efetivamente sustentava que um homem pode autoimpor-se uma escravidão, mediante pacto ou consentimento, pois pode desfazer-se do poder sobre sua própria vida. Locke, todavia, parece contradizer a si mesmo na última frase, ao justificar o suicídio indireto; comparar também com II, §§ 6, 135 (uma passagem paralela) e 178, nota e referência. Elrington (1798) opõe-se veementemente a isso e também condena o "prosseguimento indefinido de um direito de tirar a vida de outrem". Dunn, 1969 (i) (ver especialmente nota 2, p. 108, e referências) insiste em que Locke sempre respeitou o tabu do suicídio.

§ 24 1. Ver § 23 e comparar com § 85. Ao avaliar-se a atitude de Locke com respeito à escravidão, convém ter em mente que, como apontou Leslie Stephen (1902, II, 139), a *Constituição fundamental da Carolina* garante a cada homem livre "poder e autoridade absolutos sobre seus escravos negros" (ex); comparar com notas em I, §§ 130 e 144. As instruções ao governador Nicholson da Virgínia, as quais Locke tanto se empenhou para esboçar em 1698 (ver Laslett, 1957 (i)), consideram justificada a escravização dos negros por serem cativos de guerra justa e terem sido privados do direito à vida "por algum ato merecedor de morte" (§ 23; comparar com Tyrrell, 1681). Locke parece convencido de que as pilhagens da Real Companhia da África não passassem de guerras dessa natureza, e de que os negros capturados houvessem cometido tais atos. As concepções de Locke sobre a escravidão são discutidas por Polin, 1960, 277-81, e Dunn, 1969; 175 etc.

pois é evidente que a pessoa vendida não estava submetida a um poder absoluto, arbitrário e despótico. O senhor não podia ter o poder de matá-la a qualquer momento, e estava obrigado a libertá-la de seu serviço depois de um certo tempo; e o senhor de tal servo estava tão longe de ter poder arbitrário sobre a vida dele que não podia mutilá-lo a seu bel-prazer, e a perda de um olho ou dente acarretava sua libertação (Ex 23)[2].

CAPÍTULO V[1]
Da propriedade

25. Quer consideremos a razão natural – que nos diz que os homens, uma vez nascidos, têm direito à sua preservação e, portanto, à comida, bebida e a tudo quanto a natureza lhes fornece para sua subsistência[2] – ou a *revelação* – que nos relata as concessões que Deus fez do mundo para Adão, Noé e seus filhos –, é perfeitamente claro que Deus,

....
2. Em Ex 21, a lei mosaica regulamenta o tratamento dispensado aos servos comprados: estes devem ser libertos no sétimo ano, o ano do jubileu, e não podem ser mortos; e terão alforria se o senhor os mutilar. Hobbes atenta para tal lei, e Grócio chama-a de "imperfecta servitus", II, V, 30 (1712, 264).
§ 25   1. Obviamente, este importante capítulo é essencial para a argumentação de Locke e, também obviamente, faz parte de sua polêmica contra Filmer – ver notas neste parágrafo e em II, § 38 etc. Olivecrona lê de outro modo as linhas 9-17 e a datação do capítulo. Nada existe, contudo, a indicar que ele tenha sido escrito em 1689 ou em qualquer época posterior à forma inicial do livro, muito embora talvez tenha sido revisado posteriormente. Cabe lembrar que esse capítulo está incluído naquela parte da 1ª edição que pode ter sido modificada durante o processo de impressão. Afora isso, parece-me lícito supor que o capítulo deva ser datado do período compreendido entre 1679 e 1681.
2. Essa discussão acerca da propriedade é mencionada em I, § 87, enquanto a linguagem de I, § 86, é semelhante àquela empregada aqui. Kendall, 1941, 77, mostra que falta lógica na passagem do termo "homens", aqui utilizado, no sentido de indivíduos, para "humanidade", que aparece na linha 8.

como diz o rei Davi (Sl 115, 61), *deu a terra aos filhos dos homens*, deu-a para a humanidade em comum³. Supondo-se isso, porém, parece ser da maior dificuldade, para alguns, entender como pode alguém chegar a ter a *propriedade* de alguma coisa. Não me contentarei em responder que, se é difícil conceber a *propriedade* com base na suposição de que Deus deu o mundo a Adão e à sua descendência em comum, é impossível que qualquer homem, a não ser um monarca universal, tenha qualquer *propriedade* baseando-se na suposição de que Deus tenha dado o mundo a Adão e seus herdeiros e sucessores, excluindo-se todo o resto de sua descendência⁴. Contudo, esforçar-me-ei por mostrar de que maneira os homens podem vir a ter uma *propriedade* em diversas partes daquilo que Deus deu em comum à humanidade, e isso sem nenhum pacto expresso por parte de todos os membros da comunidade⁵.

26. Deus[1], que deu o mundo aos homens em comum, deu-lhes também a razão, a fim de que dela fizessem uso

....
3. As referências bíblicas a um comunismo original, ou melhor, contra a primazia da propriedade privada, são amplamente discutidas no *Primeiro tratado*; ver I, §§ 21 e seguintes. O texto extraído de Sl 115 está citado em I, § 31, como parte de uma alusão à teoria de Filmer.
4. Comparar com o *Primeiro tratado*. Olivecrona, 1975, sustenta que esta frase e a anterior foram incluídas posteriormente e que o parágrafo e o capítulo foram escritos sem que Locke conhecesse a posição de Filmer, tese esta com a qual não posso concordar – ver nota seguinte.
5. Esta frase confirma que o presente parágrafo e todo o capítulo sobre a propriedade foram escritos tendo Locke as obras de Filmer em mente e com vistas a uma refutação cabal delas. Isso porque foi Filmer quem levantou a dificuldade de que o comunismo original não poderia dar lugar à propriedade privada sem o consentimento universal da humanidade. As discussões em Hobbes (a *Epistola Dedicatoria* de *De Cive*, 1647, expõe a questão com mais clareza), Grócio (1625, II, ii, 2) e Pufendorf (1672, IV, 3) não dão a esse ponto o caráter nodal que só Filmer lhe atribui.
§ 26   1. Comparar e confrontar a discussão dos bens da natureza, neste parágrafo, com Pufendorf, *De Jure Naturae*, 1672, IV, iv, 13, e as ideias que o próprio Locke expusera, mais moço, em seu oitavo *Ensaio sobre a lei da natureza*, marcadamente diferentes destas: Von Leyden, 1954, 210-1.

para maior benefício e conveniência da vida. A Terra, e tudo quanto nela há, é dada aos homens para o sustento e o conforto de sua existência. E embora todos os frutos que ela naturalmente produz e os animais que alimenta pertençam à humanidade em comum, produzidos que são pela mão espontânea da natureza, e ninguém tenha originalmente um domínio particular sobre eles à exclusão de todo o resto da humanidade, por assim estarem todos em seu estado natural, é, contudo, necessário, por terem sido essas coisas dadas para uso dos homens, haver um meio de apropriar parte delas de um modo ou de outro para que possam ser de alguma utilidade ou benefício para qualquer homem em particular. O fruto ou a caça que alimenta o índio selvagem, que desconhece o que seja um lote* e é ainda possuidor em comum, deve ser dele, e de tal modo dele, ou seja, parte dele, que outro não tenha direito algum a tais alimentos, para que lhe possam ser de qualquer utilidade no sustento de sua vida[2].

27. Embora a Terra[1] e todas as criaturas inferiores sejam comuns a todos os homens, cada homem tem uma *proprie-*

* No original, *inclosure*, que também pode ser *enclosure*, literalmente, *cercamento*. Termo que usualmente refere o processo pelo qual, no fim da Idade Média e por todos os séculos XVI, XVII e XVIII, as terras comunais foram sendo privatizadas, na Inglaterra, de maneira bastante desigual. (N. R. T.)

2. Comparar com II, § 28, nota e referências.

§ 27 1. Compare-se como Locke introduz a tese da relação entre trabalho e propriedade neste parágrafo, no anterior e nos seguintes, com o modo de Tyrrell: "Ainda que suponhamos haverem sido a terra e seus frutos inicialmente concedidos em comum a todos os seus habitantes, dado que o primeiro mandamento de Deus ao homem foi 'crescei e multiplicai-vos', tinha ele seguramente um direito aos meios de sua preservação e à propagação da espécie, de modo que – ainda que os frutos da terra ou os animais para sua alimentação fossem todos comuns –, uma vez que algum homem adquirisse, por seu próprio trabalho, uma porção de qualquer um dos dois que pudesse atender a suas necessidades e às de sua família, tal porção tornava-se de tal modo propriedade sua que homem algum poderia, sem cometer flagrante

....

injustiça, roubá-lo de tais necessidades" (1681, segunda paginação). Tyrrell menciona, a seguir, "esse tipo de comunidade", preservada entre os americanos, o animal selvagem morto pelo índio (comparar com II, § 30), o peixe por ele pescado (*ibid.*), o fruto de suas árvores e sua carne de cervo (II, § 26). A despeito dos paralelismos, contudo, a exposição de Tyrrell se dá em outro contexto.

Seguindo o exemplo de Grócio, ele refere-se ao axioma estoico acerca dos assentos no teatro e enumera uma série de outros argumentos referentes à propriedade ignorados por Locke: para ele, a tese do trabalho não é o único método racional para se fazer uso dos frutos da terra, mas sim uma justificativa para se preservar a propriedade adquirida. Tyrrell não fala do homem como proprietário de si mesmo (comparar com nota em II, § 32. Tais pontos, bem como o conhecido relacionamento entre eles (ver acima), permitem supor que Locke talvez tenha sugerido essa linha de pensamento a Tyrrell, que a terá adotado sem se dar exatamente conta de seu significado para Locke. Não é impossível, porém, que eles tivessem chegado a essa posição de forma independente, pois numa obra publicada em 1680, mas descrita no título como tendo sido "escrita em sua maior parte muito anos atrás", Richard Baxter afirma, em termos mais vagos, porém similares: "*A propriedade antecede naturalmente ao governo*, o qual não a *concede*, mas *regulamenta-a* em nome do *bem comum*: todo homem nasce proprietário de seus *próprios membros*, e a natureza torna-o proprietário de *seus filhos*, seu *alimento* e outras justas *aquisições* de seu esforço. Por conseguinte, governante algum pode privar os homens de sua *propriedade*, salvo por alguma *lei de Deus* (como na execução da justiça por meio de seu confisco) ou pelo *próprio consentimento deles*, diretamente ou através de seus delegados ou *progenitores*; e a *vida* dos homens e sua *liberdade* constituem a parte principal de sua propriedade. É esta a justa *propriedade* e a *liberdade reservadas* aos povos e as quais não lhes são *tomadas por Deus* (pelo poder que Suas próprias leis conferem ao governante) nem *abandonadas* pelo *próprio* consentimento deles referido acima" (Baxter, 1680, 54-5; ver Schlatter, 1957, 39, e comparar com o trecho da *Holy Commonwealth*, de Baxter, citado por Gough, 1950, 80).

O que Baxter aqui afirma sobre a vida, a liberdade e a propriedade revela que tinha a mesma definição híbrida de propriedade que Locke, uma definição ao mesmo tempo ampla e específica; ver Introdução, p. 147, e nota em II, § 87. Podemos encontrar várias outras alusões mais vagas ao que é chamado, de forma muito genérica, a teoria do valor baseado no trabalho (em Petty, 1662, por exemplo, de quem Locke tinha a edição de 1667 (H. e L. 2839) ou mesmo em Hobbes; ver Gough, 1950, 81) mas estas são as únicas passagens em livros que ele possa ter lido, segundo meu conhecimento, a revelar alguma semelhança sistemática. Ver também a indicação em I, § 42.

dade em sua própria *pessoa*². A esta ninguém tem direito algum além dele mesmo. O *trabalho* de seu corpo e a *obra* de suas mãos, pode-se dizer, são propriamente dele. Qualquer coisa que ele então retire do estado com que a natureza a proveu e deixou, mistura-a ele com o seu trabalho e junta-lhe algo que é seu, transformando-a em sua *propriedade*. Sendo por ele retirada do estado comum em que a natureza a deixou, a ela agregou, com esse trabalho, algo que a exclui do direito comum dos demais homens. Por ser esse *trabalho* propriedade inquestionável do trabalhador, homem nenhum além dele pode ter direito àquilo que a esse *trabalho* foi agregado, pelo menos enquanto houver bastante e de igual qualidade deixada em comum para os demais.

28. Aquele que se alimenta das bolotas que apanha debaixo de um carvalho ou das maçãs que colhe nas árvores do bosque com certeza delas apropriou-se para si mesmo. Ninguém pode negar que o alimento lhe pertença¹. Pergun-

---

2. Repetido em II, § 173, cf. Walwyn, o partidário do igualitarismo citado por Macpherson, 1962, 140.

§ 28 1. Comparar com Pufendorf, *De Jure Naturae*, 1672, IV, iv, 13: "Quercus erat nullius; quae deciderant glandes ejus fiebant, qui legisset." Gough, 1950, chama a atenção para esse paralelo e para a interpretação que Blackstone propõe do conflito entre Locke, de um lado, e Pufendorf e Grócio, do outro, em suas teses sobre a origem da propriedade. Isso porque, a despeito da coincidência acima referida quanto às bolotas, Pufendorf segue o exemplo de Grócio ao atribuir a origem da propriedade a um acordo universal e não ao trabalho. Em sua edição do *De Jure Naturae*, de Pufendorf, Barbeyrac registra sua concordância com os pontos de vista de Locke nessa questão, e sustenta ter sido ele o primeiro a formulá-los, antes mesmo do único outro autor citado por ele, C. G. Titius, de Leipzig (1661-1714). Observa, também, que a análise de Locke teve origem em sua refutação de Filmer: Barbeyrac, 1734, 1, 576-7. Barbeyrac correspondia-se com Locke (ver Introdução p. 108, nota 27), e nenhum homem do início do século XVIII estava em melhores condições, de modo geral, do que ele para conhecer a relação de seus escritos com os juristas da lei natural e com toda a tradição da teoria social e política.

to então quando passou a pertencer-lhe: Quando o digeriu? Quando o comeu? Quando o ferveu? Quando o levou para casa? Ou quando o apanhou? Fica claro que, se o fato de colher o alimento não o fez dele, nada mais o faria. Aquele *trabalho* imprimiu uma distinção entre esses frutos e o comum, acrescentando-lhes algo mais do que a natureza, mãe comum de todos, fizera; desse modo, tornaram-se direito particular dele. E poderá alguém dizer que não tinha direito algum a essas bolotas ou maçãs, de que assim se apropriou, por não ter tido o consentimento de toda a humanidade para fazê-las suas? Terá sido um roubo tomar desse modo para si o que pertencia a todos em comum? Fosse tal consentimento necessário, o homem teria morrido de fome, não obstante a abundância com que Deus o proveu. Vemos nas terras *comuns*, que assim permanecem em virtude de um pacto, que é o tomar qualquer parte daquilo que é comum e retirá-la do estado em que a deixa a natureza que dá início *à propriedade*; sem isso, o comum não tem utilidade alguma. E o tomar esta parte ou aquela não depende do consentimento expresso de todos os membros da comunidade. Desse modo, o pasto que meu cavalo comeu, a relva que meu servidor cortou e o minério que retirei da terra em qualquer lugar onde eu tenha um direito a ele em comum com outros homens tornam-se minha *propriedade*, sem a cessão ou o consentimento de quem quer que seja. O *trabalho* que tive em retirar essas coisas do estado comum em que estavam *fixou* a minha *propriedade* sobre elas[2].

....
2. Locke emprega nestas quatro últimas sentenças a linguagem do processo da *enclosure* dos campos, do loteamento das terras comuns do tradicional solar em propriedades particulares, característica extremamente marcante da história econômica inglesa no século XVI, no XVII até certo ponto, e que se acentuou no XVIII; ver também II, §§ 32, 35, 37 e 42. Isso não é muito coerente com sua afirmação sobre os lotes e os índios em II, § 26, pois eles viviam no estado de natureza, antes de ocorrer um pacto. O termo "*comuns*" deve significar aqui a terra comum do tradicional sistema senhorial, assim

29. Se se tornar o consentimento explícito de todo membro da comunidade necessário para qualquer um que se aproprie de qualquer parte daquilo que é dado em comum, os filhos ou os servidores não poderiam cortar a carne que seu pai ou senhor lhes concedeu, em comum, sem atribuir a cada um seu pedaço particular. Embora a água que corre da fonte seja de todos, quem poderia duvidar que a que está no jarro é daquele que a retirou? O *trabalho* dele tomou-a das mãos da natureza, onde era comum e pertencia igualmente a todos os seus filhos, e, com isso, dela apropriou-se.

30. Assim, essa lei da razão torna o cervo propriedade do *índio* que o abateu; permite-se que os bens pertençam àqueles que lhes dedicou seu trabalho, mesmo que antes fossem direito comum de todos[1]. E entre aqueles que se consideram a parte civilizada da humanidade, que fizeram e multiplicaram leis positivas para determinar a propriedade, essa lei original da natureza que determina o início da *propriedade* sobre aquilo que era antes comum continua em vigor. E, em virtude dela, qualquer peixe que alguém pesque no oceano, esse grande bem comum ainda remanescente da humanidade, ou qualquer âmbar que alguém nele apanhe, é, pelo *trabalho* que o retira desse estado comum em que o deixou a natureza, *transformado* em propriedade daquele que para tal dedicou seus esforços. E mesmo entre nós, a lebre que alguém caça é considerada *propriedade* daquele que a está perseguindo. Pois, sendo um animal ainda tido por comum, que não é *propriedade* particular

....
permanecendo "por pacto". Como Locke deixa claro em II, § 35, somente os homens da propriedade senhorial, e não qualquer um, podiam normalmente pastorear, gramar e escavar a terra, e, mesmo estes, somente se o costume do lugar o permitisse. Um pobre exemplo de comunismo. As linhas 24-6 contêm o único exemplo que aparece em Locke da transferência de trabalho de um homem para outro. Ver a discussão em Macpherson, 1962, e Laslett, 1964.
§ **30** 1. Comparar com I, § 86, Tully, 1980, e Wood, 1984.

de homem algum, quem quer que tenha o trabalho de encontrá-lo e persegui-lo, removeu-o, com isso, do estado de natureza, no qual era comum, e *dá início a uma propriedade*.

31. Talvez a isso se objete que, se o ato de colher uma bolota ou outros frutos da terra etc. dá direito a eles, qualquer um poderá *açambarcar* tanto quanto queira. Ao que eu respondo que não. A mesma lei da natureza que por este meio nos concede a propriedade, também *limita* essa *propriedade*. *Deus deu-nos de tudo em abundância*[1] (1 Tm 6, 17) é a voz da razão confirmada pela revelação. Mas até que ponto ele no-lo deu? *Para usufruirmos*. Tanto quanto qualquer pessoa possa fazer uso de qualquer vantagem da vida antes que se estrague, disso pode, por seu trabalho, fixar a propriedade. O que quer que esteja além disso excede sua parte e pertence aos outros. Nada foi feito por Deus para que o homem estrague ou destrua. E assim, considerando-se a abundância de provisões naturais que por muito tempo houve no mundo e quão poucos havia para gastá-las, e a que pequena parte dessa provisão o esforço de um único homem poderia estender-se e açambarcá-la para prejuízo dos demais, especialmente mantendo-se nos *limites* fixados pela razão do que poderia servir para seu *uso*, pouco espaço poderia haver para querelas ou contendas acerca da propriedade assim estabelecida.

32. Mas, sendo agora a *principal questão da propriedade* não os frutos da terra e os animais que destes subsistem, e sim *a própria terra*, como aquilo que tem em si e carrega consigo todo o resto, creio que está claro que, também neste caso, a *propriedade* é adquirida como no caso anterior. *A extensão de terra* que um homem pode arar, plantar, melhorar e cultivar e os produtos dela que é capaz de usar cons-

....
§ 31   1. Comparar com I, § 40.

tituem sua *propriedade*. Mediante o seu trabalho, ele, por assim dizer, delimita para si parte do bem comum[1]. Nem lhe invalidará o direito dizer que todos têm a ela igual título e que, portanto, ele não pode apropriar-se, não pode delimitar sem o consentimento de todos os membros da comunidade, de toda a humanidade[2]. Quando deu o mundo em comum para toda a humanidade, Deus ordenou também que o homem trabalhasse, e a penúria de sua condição assim o exigia. Deus e sua razão ordenaram-lhe que dominasse a Terra, isto é, que a melhorasse para benefício da vida, e que, dessa forma, depusesse sobre ela algo que lhe pertencesse, o seu trabalho. Aquele que, em obediência a essa ordem de Deus, dominou, arou e semeou qualquer parte dela, acrescentou-lhe com isso algo que era de sua *propriedade*, ao que os demais não tinham qualquer título, nem poderiam tomar-lhe sem causar-lhe injúria.

33. Tampouco seria essa *apropriação* de qualquer parcela de *terra*, mediante a melhoria desta, prejudicial a qualquer outro homem, uma vez que restaria ainda bastante e de boa qualidade, e mais do que poderiam usar os que ainda não possuíam um lote. De modo que, na verdade, nunca houve menos para os outros pelo fato de ter ele delimitado parte para si, pois aquele que deixa para outro tanto quanto este possa usar faz como se não houvesse tomado absolutamente nada. Ninguém poderia julgar-se prejudicado pelo fato de outro homem beber, mesmo que tenha tomado um bom gole, se houvesse todo um rio da mesma água sobran-

....
§ 32   1. Tyrrell estende a teoria do trabalho à posse de terra da mesma forma que Locke, mas com a mesma diferença. O trabalho confirma a propriedade do homem sobre aquilo que possui legitimamente – "uma vez que o proprietário tenha se apossado dessa terra e a ela concedido seu trabalho e esforço", homem algum pode tomá-la (1681, 112, 2ª paginação). Ver nota em II, § 27.
   2. A linguagem do loteamento rural; ver II, § 28 e referências.

do para saciar sua sede. E o caso da terra e da água, quando há bastante de ambos, é perfeitamente o mesmo.

34. Deus deu o mundo aos homens em comum; mas uma vez que lhes deu o mundo para benefício deles e para a maior conveniência da vida que dele fossem capazes de extrair, não se pode supor que tivesse Ele a intenção de que permanecesse comum e inculto para sempre. Deu-o para o uso dos diligentes e racionais (e o *trabalho* haveria de ser o seu *título* de propriedade), e não para a fantasia e a cobiça dos rixentos e litigiosos. Aquele que tivesse para melhorar terra tão boa quanto aquela que já estivesse tomada não precisaria queixar-se nem deveria meter-se com a que já estivesse melhorada pelo trabalho alheio; caso o fizesse, ficaria claro que desejava o benefício dos esforços alheios, ao qual não tem direito, e não ao solo que Deus lhe dera em comum com outros para trabalhar e do qual haveria tanto sobrando quanto o que já fosse possuído, e mais do que ele poderia usar ou do que seu esforço poderia abarcar.

35. É certo[1] que nas *terras* que são *comuns* na *Inglaterra* ou em qualquer outro país onde haja, sob um governo, uma multidão de pessoas que dispõem de dinheiro e comércio, ninguém pode cercar ou apropriar-se de nenhuma parte delas sem o consentimento de todos os membros da comunidade, pois são deixadas em comum por pacto, ou seja, pela lei da terra, que não deve ser violada. E embora tais terras sejam comuns com respeito a alguns homens, não o são em relação a toda a humanidade, mas constituem

....
§ 35   1. Locke parece reconhecer aqui a impropriedade do loteamento rural para sua argumentação (ver nota em II, § 28), mas insiste. Suas afirmações são precisas porém vagas, e é interessante que sejam empregadas as palavras "país" (presumivelmente com o significado mais antigo de "localidade") e "paróquia", onde se poderia esperar que falasse em "terra senhorial".

propriedade[2] conjunta deste país ou daquela paróquia. Além disso, o que sobrasse, depois desse cercamento, não seria tão bom para o resto dos membros da comunidade quanto o todo, quando todos podiam fazer uso do todo, ao passo que, no início e no primeiro povoamento do grande bem comum do mundo, o caso era bem diferente. A lei sob a qual o homem estava antes era favorável à *apropriação*. Deus ordenou, e seus desejos forçaram-no ao *trabalho*. Este era a sua *propriedade*, que dele não poderia ser tirada onde quer que a tivesse fixado. Logo, vemos que o tratar ou cultivar a terra e o ter domínio sobre ela estão intimamente ligados. Uma coisa dá título à outra. De modo que Deus, ao ordenar o cultivo, deu com isso autorização para a *apropriação*. E a condição da vida humana, que requer trabalho e materiais com os quais trabalhar, introduz necessariamente a *propriedade particular*.

36. A natureza fixou bem a medida da propriedade pela extensão do *trabalho e da conveniência de vida* dos homens. O trabalho de nenhum homem seria capaz de dominar ou apropriar-se de tudo nem poderia o seu desfrute consumir mais que uma pequena parte. De modo que era impossível a qualquer homem usurpar dessa forma os direitos de outro ou adquirir uma propriedade em prejuízo do vizinho, que ainda teria espaço para uma posse tão boa e tão grande (depois que o outro houvesse tomado a sua) quanto a que havia antes da apropriação. Tal *medida* confinava a *posse* de cada homem a uma proporção bastante moderada, tanta quanto ele pudesse apropriar para si sem causar injúria a quem quer que fosse, nas primeiras eras do mundo, quando os homens estavam mais em perigo de se perde-

---

2. "Propriedade": no original, "*property*" – alteração feita por Locke do termo "*propriety*" em 1698; comparar com o título do capítulo VII do *Primeiro tratado*.

rem por se afastarem da companhia dos demais, nos vastos ermos da Terra de então, do que de serem pressionados pela falta de espaço no qual plantar[1]. E a mesma *medida* pode ainda ser admitida, sem o prejuízo de quem quer que seja, por mais repleto que o mundo pareça estar. Pois suponhamos um homem, ou uma família, no estado em que se encontravam quando o mundo começou a ser povoado pelos filhos de Adão ou de Noé; caso ele plantasse em alguma das terras incultas do interior da *América*, veríamos que as *posses* que poderia amealhar para si mesmo segundo as *medidas* que apresentamos não seriam muito grandes e tampouco, mesmo nesses dias, prejudicariam o resto dos homens ou lhes dariam motivo para se queixarem ou se julgarem lesados pela usurpação desse homem, embora a raça dos homens se tenha hoje espalhado para todos os cantos do mundo e exceda infinitamente o pequeno número [que] havia no princípio[2]. Além disso, *sem trabalho*, a extensão de *terra* é de tão pouco valor que ouvi afirmar que na própria Espanha permite-se que um homem are, semeie e colha sem ser perturbado em terras sobre as quais ele não tem outro direito além do de fazer uso delas. Ao contrário, os habitantes sentem-se obrigados para com aquele que, com seu esforço em terras abandonadas e consequentemente incultas, tenha aumentado o volume de grãos de que eles tinham necessidade. Contudo, seja como for isso, a que não quero dar maior importância[3], uma coisa ouso afirmar: que a mesma

....
§ 36   1. O texto da edição *Everyman*, em que há um erro na numeração dos parágrafos a partir de II, § 20, abre um novo parágrafo (de número 36) após "plantar", omitindo o "E" – ver nota em II, § 20.

2. A exiguidade das posses humanas no início dos tempos bíblicos é comentada em I, § 136. A presente passagem afirma com todas as letras o pressuposto de Locke segundo o qual o estado de natureza na América de seu tempo se assemelharia à condição dos tempos patriarcais; comparar com nota em I, § 130.

3. A apropriação particular de terras incultas nesses moldes era possível por toda a Espanha ao tempo de Locke e, aparentemente, ainda é costume

regra de propriedade segundo a qual cada homem deve ter tanto quanto possa usar estaria ainda em vigor no mundo, sem prejuízo para ninguém, conquanto há terra bastante no mundo para o dobro dos habitantes, se a *invenção do dinheiro* e o acordo tácito dos homens no sentido de lhe acordar um valor não houvesse introduzido (por consenso) posses maiores e um direito a estas. Mostrarei mais detalhadamente, no decorrer deste escrito, como isso se deu[4].

37. É certo que, no princípio, antes que o desejo de ter mais que o necessário houvesse alterado o valor intrínseco das coisas, que depende apenas da utilidade destas para a vida do homem, ou antes que os [homens][1] houvessem *acordado que um pedacinho de metal amarelo* que se conserva sem se perder ou apodrecer valeria um pedaço grande de carne ou todo um monte de grãos, embora os homens tivessem o direito de apropriar-se, mediante o seu trabalho e cada um para si, de tantas coisas da natureza quantas pudessem usar, isso não poderia ser muito, nem em detrimento de outros, se restasse ainda a mesma abundância para aqueles que usassem do mesmo esforço[2]. Ao que eu gostaria

....

na Andaluzia. Em Aragão, era necessário que o terreno situado em uma área montanhosa fosse desmatado em sessenta dias, para tornar-se propriedade do agricultor; na Catalunha, tal título de propriedade tornava-se definitivo tão logo o terreno houvesse sido lavrado, mas caducava caso ele permanecesse inculto por três anos; em Castela, o trabalhador apenas podia tomar o suficiente para si e sua família. Ver Costa, 1898, 250-63. Devo essa referência e informações ao dr. J. H. Elliott. Comparar com II, § 184.

4. Ver II, § 45 e nota, e II, §§ 46 ss.

§ 37   1. "Homens": acréscimo do editor.

2. Daqui até o fim do parágrafo ("...bem cultivadas"), a passagem foi acrescentada em duas partes ao exemplar de Christ Church, para recordar, mais uma vez, ou mesmo justificar o cercamento das terras comunais; ver nota em II, § 28. Macpherson (1951, 559; e 1962, 212 em diante) considera que esse trecho terá sido acrescentado por Locke a fim de eliminar a "limitação de suficiência" na aquisição de propriedade, que vigia antes da introdução do dinheiro.

de acrescentar que aquele que se apropria de terra mediante o seu próprio trabalho não diminui, mas aumenta as reservas comuns da humanidade, pois as provisões que servem ao sustento da vida humana produzidas por um acre de terra cercada e cultivada são (para falar moderadamente) dez vezes maiores que as que rende um acre de terra em comum inculta de igual riqueza. Portanto, pode-se dizer verdadeiramente, daquele que cerca terra e tem mais abundância das conveniências da vida em dez acres do que teria em cem deixados à natureza, que dá noventa acres à humanidade, pois seu trabalho fornece-lhe agora, de dez acres, as provisões que antes eram produto de cem acres em comum. Avaliei, porém, a produção da terra melhorada muito por baixo, em apenas dez para um, quando é mais aproximadamente de cem para um. Pergunto-me se nas florestas selvagens e nas vastidões incultas da América deixadas à natureza, sem nenhuma melhoria, lavoura ou cultivo, mil acres rendem aos habitantes necessitados e miseráveis tanto quanto dez acres de terra igualmente fértil em Devonshire, onde são bem cultivadas.

Antes da apropriação da terra, aquele que colhesse tantos frutos selvagens, matasse, apanhasse ou domasse tantos animais quantos pudesse[3]; aquele que empregasse seus esforços em qualquer dos produtos espontâneos da natureza, bem como qualquer maneira de alterá-los em relação ao estado em que ela os deixou, colocando nisso qualquer parte de seu *trabalho*, adquiria dessa forma *uma propriedade sobre eles*. Porém, se eles perecessem na posse dele sem serem devidamente usados; se os frutos ou a caça apodrecessem antes que pudesse consumi-los, ele estaria ofendendo

....
3. A passagem até o fim do parágrafo é citada por Kendall, 1941, 72, como exemplo notório do "direito 'público' de interferência na liberdade e propriedade de particulares", contradizendo, pois, a leitura individualista da teoria lockeana da propriedade; ver Introdução, p. 153.

as leis comuns da natureza, e tornava-se passível de punição; teria usurpado a parte de seu vizinho, pois não tinha *nenhum direito, além daqueles ditados por seu uso,* a qualquer deles, para que pudessem proporcionar-lhe as conveniências da vida.

38. As mesmas *medidas* regiam também a *posse da terra*: o que quer que ele plantasse, colhesse, armazenasse e usasse antes que se estragasse era de seu direito particular; o gado e os produtos do que quer que ele cercasse e pudesse alimentar e usar também eram dele. Mas se a relva dentro de seu cercado apodrecesse no solo, ou se o fruto de seu plantio perecesse sem ser colhido e armazenado, esse pedaço da terra, não obstante sua cercadura, seria ainda visto como abandonado, e poderia ser a posse de qualquer outro. Portanto, no princípio, Caim poderia tomar tanto solo quanto pudesse arar, torná-lo propriedade sua e, mesmo assim, deixar bastante para alimentar as ovelhas de Abel[1]; uns poucos acres serviriam para as posses de ambos. À medida, porém, que aumentavam as famílias e o esforço fazia crescer as reservas destas, suas *posses cresciam* com suas necessidades. Contudo, isso se dava sem haver ainda *nenhuma propriedade fixa do solo* de que se utilizavam, até que se uniram, assentaram-se em conjunto e construíram cidades; então, mediante consentimento, vieram, com o tempo, a fixar os *limites de seus diferentes territórios* e a concordar acerca dos limites entre eles e os vizinhos, e, por meio de leis em seu próprio seio, fixaram as *propriedades* dos que viviam na mesma sociedade. Pois vemos que na parte do mundo que foi habitada em primeiro lugar e que é portanto, provavelmente, a mais bem povoada, ainda no tempo de Abraão os

....
§ 38   1. A sentença, até aqui, é a paráfrase de uma citação que Filmer faz do *Mare Clausum*, de Selden; ver edição de Laslett, 63-4. O trecho aparece na íntegra, e comentado, em I, § 76; ver nota ali.

homens vagavam com seus rebanhos e manadas, que eram suas posses, livremente de um lado para outro; e assim procedia Abraão num país onde era estrangeiro. Logo, fica claro que pelo menos uma grande parte da *terra era comum*; que seus habitantes não lhe davam valor nem reivindicavam a propriedade sobre qualquer parte além daquela que usavam. Mas, quando não houve mais espaço suficiente no mesmo lugar para suas manadas se alimentarem juntas, eles separaram-se, por consentimento, tal como fizeram Abraão e Lot (Gn 13, 5)[2], e expandiram seus pastos na direção que mais lhes conveio. Pela mesma razão, Esaú afastou-se do pai e do irmão e foi plantar em *Monte Seir* (Gn 36, 6)[3].

39. Portanto, sem supor nenhum domínio particular ou propriedade de Adão sobre todo o mundo, à exclusão de todos os demais homens, o que de modo algum pode ser provado nem pode fundar a propriedade de pessoa alguma, mas supondo-se que o *mundo* foi dado aos filhos dos homens *em comum*, vemos como o *trabalho* podia conferir aos homem títulos a diversas partes dele para seus usos particulares; do que não poderia haver dúvida alguma quanto ao direito, nem ocasião para disputas[1].

40. Tampouco é estranho, como talvez possa parecer antes de se considerar o assunto, que a *propriedade do trabalho* seja capaz de superar a comunidade da terra, pois é o *trabalho*, com efeito, que estabelece a *diferença de valor*

----

2. Ver I, § 135: paralelo literal.
3. Ver I, § 117. Os paralelos deixam evidente que o presente parágrafo foi escrito com a argumentação e o texto de Filmer em mente. Locke aqui esboça sua interpretação da passagem do estado de natureza para o de sociedade em termos da história bíblica.
§ 39 1. Parágrafo também claramente dirigido contra Filmer: sua argumentação ocupa grande parte do *Primeiro tratado*, o qual seguramente seria mencionado neste ponto, caso já estivesse escrito na época.

de cada coisa. Considere alguém qual é a diferença entre um acre de terra em que se plantou tabaco ou açúcar, semeou-se trigo ou cevada, e um acre da mesma terra em comum, sem cultivo algum, e verá que a melhoria do *trabalho forma*, de longe, a maior parte do valor. Penso que seria um cálculo bem modesto dizer que, dos *produtos* da terra úteis para a vida do homem, 9/10 *decorrem do trabalho*; ainda mais, se estimarmos corretamente as coisas como chegam para o nosso uso e computarmos as diversas despesas que nelas há, tanto o que nelas é puramente devido à *natureza* e o que decorre do *trabalho*, verificaremos que na maioria delas 99/100 serão devidos ao *trabalho*.

41. Não pode haver demonstração mais clara disso do que a feita pelas diversas nações *americanas*, que são ricas em terra e pobres em todos os confortos da vida; às quais a natureza abasteceu tão generosamente quanto a qualquer povo com os materiais da fartura, ou seja, um solo fecundo, apto a produzir em abundância o que poderia servir de alimento, agasalho e deleite. E contudo, por não ser melhorado pelo trabalho, não tem um centésimo das conveniências de que desfrutamos. E o rei de um território largo e fértil de lá alimenta-se, veste-se e mora pior que um trabalhador diarista na *Inglaterra*.

42. Para deixar isso um pouco mais claro, acompanhemos em suas várias alterações algumas das várias provisões ordinárias da vida antes que cheguem para o nosso uso, e vejamos quanto de seu *valor advém do esforço humano*. Pão, vinho e vestuário são coisas de uso diário e muito abundantes; no entanto, bolotas, água e folhas ou peles seriam nosso pão, nossa bebida e vestuário, se o *trabalho* não nos proporcionasse estes artigos mais úteis. Pois aquilo que no *pão* vale mais que as bolotas, no *vinho*, mais que a água e no *vestuário* ou na *seda*, mais que as folhas, peles ou musgo é *inteiramente devido ao trabalho* e ao esforço, sendo uns o

alimento e o agasalho que a natureza sem assistência nos fornece, e os outros as provisões que nosso esforço prepara para nós, e aquele que calcular o quanto estas excedem àquelas em valor verá que *o trabalho forma a maior parte do valor das coisas* de que desfrutamos neste mundo. E o solo que produz os materiais é escasso demais para ser levado em conta em qualquer parte desse valor; pode no máximo representar uma pequena parte dele, tão pequena que, mesmo entre nós, a terra que é deixada inteiramente à natureza, que não tem melhorias como pastagem, lavoura ou plantação, é chamada, como de fato é, de "inculta"; e veremos que os benefícios que rende são pouco mais que nada¹. Isso mostra o quanto se deve preferir a abundância de homens à vastidão dos domínios, e que a grande arte de governar consiste na ampliação das terras e no uso correto destas. E o príncipe que seja sábio e divino o bastante para estabelecer leis de liberdade que garantam proteção e estímulo ao honesto esforço da humanidade, contra a opressão do poder e a estreiteza de partido, tornar-se-á em pouco tempo duro demais para seus vizinhos; mas isso seja dito somente de passagem. Voltemos ao argumento em questão².

....

§ 42   1. Outra referência ao cultivo em campo aberto na Inglaterra; ver II, § 28, nota e referências. A terra "inculta" [no original, *wast* (*waste*)] da linha 22 era a extensão senhorial situada fora dos campos, normalmente uma área de pastoreio com algum valor, e a crítica implícita de Locke ao sistema está, novamente, um pouco deslocada neste contexto, muito embora seja interessante o fato de ele fazê-la.

2. Da nota anterior a esta, temos um acréscimo às margens do exemplar de Christ Church e datado do final da década de 1690 (provavelmente posterior a 1698), pertencendo, portanto, ao período de atividade de Locke na Junta Comercial – ver Laslett, 1957 (i). Altamente indicativa de sua atitude nessa instituição, e da política que defendia para ela e para o rei Guilherme III em sua luta contra a França, é sua insistência numa população numerosa (comparar com I, § 33 e nota) como fonte de poder, em oposição à ideia de que seria o território que o proporcionaria, e também sua crítica à "estreiteza de partido". A referência a um príncipe "sábio e divino (*godlike*)" (comparar com II, § 166) revela o sentido em que Locke, o inimigo da monarquia divina, aceitava a metáfora da divindade para o governante que correspondia a suas ideias.

43. Um acre de terra que produz aqui vinte alqueires de trigo e outro na *América* que, com o mesmo trabalho agrícola, produza o mesmo, têm, sem dúvida, o mesmo valor intrínseco natural. Contudo, o benefício que os homens recebem de um, num ano, vale uma *libra*, enquanto do outro não vale possivelmente nem mesmo um pêni, se todo o lucro que um índio dele obtivesse fosse avaliado e vendido aqui; pelo menos, posso dizer, em verdade, nem 1/1000. É, portanto, o *trabalho* que *confere a maior parte do valor à terra*, sem o qual ela mal valeria alguma coisa. É a ele que devemos a maior parte de seus produtos úteis; por tudo isso a palha, o farelo e o pão desse acre de terra valem mais que o produto de um acre de terra igualmente boa, mas abandonada – sendo tudo efeito do trabalho. Pois não devemos contar no pão que comemos apenas os esforços do lavrador, a labuta do trilhador e do ceifeiro e o suor do padeiro. O trabalho daqueles que domaram o boi, que escavaram e forjaram o ferro e as pedras, que derrubaram e prepararam a madeira empregada no arado, no moinho, no forno ou em qualquer outro utensílio, que são em vasto número necessários para que esse grão fosse semeado, colhido e transformado em pão, tudo deve ser *lançado à conta do trabalho*, e recebido como efeito deste a natureza e a terra forneceram apenas os materiais, quase valor em si mesmos. Seria espantoso *o catálogo das coisas que o esforço fornece e usa em cada pão* antes que este chegue a nossas mãos, se pudéssemos determiná-las: ferro, madeira, couro, casca, tábuas, pedras, tijolos, carvão, cal, tecidos, tinturas, piche, alcatrão, mastros, cordas e todos os materiais usados na construção do barco que trouxe qualquer dos artigos usados por qualquer dos trabalhadores em qualquer fase do trabalho; seria quase impossível, ou pelo menos longo demais, computar tudo.

44. De tudo isso fica evidente que, embora as coisas da natureza sejam dadas em comum, o homem (sendo senhor

de si mesmo e *proprietário de sua própria pessoa* e de suas ações ou de seu *trabalho*) tinha já em si mesmo o grande *fundamento da propriedade*, e que o que formava a maior parte do que ele empregava para o sustento ou conforto do seu próprio ser, quando a invenção e as artes aperfeiçoaram as conveniências da vida, era perfeitamente dele, e não pertencia em comum aos demais.

45. O *trabalho*[1], portanto, no princípio, *deu um direito de propriedade* sempre que qualquer um houve por bem empregá-lo no que era comum, que durante muito tempo foi a maior parte e ainda é mais do que a humanidade pode utilizar. No princípio, os homens, em sua maioria, contentavam-se com aquilo que a natureza desassistida oferecia às suas necessidades. E embora depois, em algumas partes do mundo (onde o aumento da população e da riqueza, com o *uso do dinheiro*, tornou a terra rara, e portanto de algum valor), as diversas *comunidades* estabelecessem os limites de seus diferentes territórios e, por meio de leis em seu seio, regulassem as propriedades dos homens particulares de sua sociedade – assim, por meio de *pacto* e acordo, *estabelecendo a propriedade* que o trabalho e o esforço haviam começado –, e as ligas que se haviam formado entre diversos Estados e reinos, rejeitando expressa ou tacitamente qualquer reivindicação ou direito à terra em posse de outros, abandonassem por consentimento comum suas pretensões ao direito natural comum, que tinham originalmente a tais territórios, e desse modo, por meio de um *acordo positivo, estabelecessem uma propriedade* entre si próprios em diferentes partes e parcelas da Terra, mesmo assim, há ainda *grandes extensões de solo* disponíveis (cujos habitantes não se uniram ao resto da humanidade no consentimento ao uso de

....
§ **45** 1. Início da argumentação prometida em II, § 36, e que se estende até o § 51; comparar com II, § 184.

seu dinheiro comum²), que estão *incultas* e são mais do que as pessoas que nelas vivem usam ou podem usar e, portanto, ainda são comuns, embora isso dificilmente possa acontecer naquela parte da humanidade que consentiu no uso do dinheiro.

46. A maior parte das *coisas realmente úteis* à vida do homem, como as que a necessidade de sobreviver fez os primeiros membros das comunidades do mundo buscarem, como hoje fazem os *americanos, são* em geral coisas de *curta duração* que, se não forem consumidas pelo uso, apodrecem e perecem por si mesmas. O ouro, prata e diamantes são coisas a que a imaginação ou um acordo atribuíram o valor, mais que o uso real e o necessário sustento da vida[1]. Ora, dessas boas coisas que a natureza forneceu em comum qualquer homem tinha direito (como já foi dito) a tanto quanto pudesse usar, e tinha propriedade sobre tudo quanto pudesse afetar com seu trabalho; a ele pertencia tudo aquilo que seu esforço pudesse abarcar para alterar do

....
2. É a humanidade toda e não um grupo ou sociedade particulares que consente no uso do dinheiro, isto é, dos metais preciosos. Locke já o afirmara em seu primeiro escrito acerca do dinheiro (ver nota no § 46), mas o fato é utilizado no presente parágrafo, de forma um tanto obscura, no intuito de relacionar a origem da propriedade dos indivíduos sobre objetos e terras com a posse de regiões da terra por nações ou Estados. Era tradicional considerar, lado a lado, essas duas formas de posse, como fizeram, por exemplo, Grócio e Pufendorf.

§ 46 1. Comparar com II, § 184 e nota, bem como *Considerações sobre juros e dinheiro*, de Locke, obra esboçada em 1668 e publicada em 1692 (ver Introdução, p. 40 e nota). "Pois que a humanidade, tendo consentido em atribuir um valor imaginário ao ouro e a prata, em razão de sua durabilidade, escassez e dificuldade em serem falsificados, converteu-os, por consenso geral, em penhores comuns." Trata-se de um consentimento universal, que abarca o mundo todo, pois se insiste nos estrangeiros (*Works*, 1801, V, 22). Há alguma semelhança entre a interpretação lockeana da origem e das funções do dinheiro e a de Matthew Wren em *Afirmação da monarquia*, 1660 (ver p. 22 em diante). Locke possuía esse livro (H. e L., 3188).

estado em que a natureza o deixara. Aquele que *colhesse* cem alqueires de bolotas ou de maçãs tinha, por conseguinte, a *propriedade* delas; eram seus bens assim que fossem colhidas. Era necessário tão somente cuidar para que não se estragassem antes que as usasse, do contrário teria colhido mais que a sua parte e roubado a parte alheia. E era com efeito uma tolice, bem como uma desonestidade, acumular mais que o que se era capaz de usar. Se cedesse uma parte a outra pessoa, de modo que não se estragasse inutilmente em suas mãos, essa parte também teria sido usada. E também, se trocasse algumas ameixas que se teriam estragado em uma semana por nozes de que se poderia alimentar durante um ano, não causaria dano algum; não desperdiçaria a reserva comum nem destruiria uma parte dos bens pertencentes aos outros, conquanto nada perecesse inutilmente em suas mãos. Mais uma vez, se trocasse suas nozes por um pedaço de metal cuja cor lhe agradasse, ou sua lenha por uma pedra brilhante ou um diamante, e as guardasse consigo por toda a vida, não estaria invadindo o direito alheio e poderia acumular tantas dessas coisas duráveis quanto lhe aprouvesse; o exagero *nos limites de sua* justa *propriedade* não residia na extensão de suas posses, mas no perecimento inútil de qualquer parte delas.

47. Desse modo[1] *instituiu-se o uso do dinheiro*, um instrumento durável que o homem pudesse guardar sem se estragar e que, por consentimento mútuo, os homens aceitassem em troca dos sustentos da vida, verdadeiramente úteis mas perecíveis.

....
§ 47 1. Comparar com as *Considerações*: o dinheiro tem um valor, na medida em que é capaz, por meio da troca, de prover nossas necessidades, proporcionar-nos os confortos da vida e, nesse sentido, tem a natureza de uma mercadoria (1801, 5, 34).

48. E assim como os diferentes graus de esforço lograram conferir aos homens posses em proporções diferentes, essa *invenção do dinheiro* deu-lhes a oportunidade de continuá-las e aumentá-las. Suponha-se uma ilha, separada de todo comércio possível com o resto do mundo, onde vivessem apenas cem famílias, mas houvesse ovelhas, cavalos e vacas juntamente com outros animais úteis, frutos saudáveis e terra bastante para fornecer grãos para cem mil vezes mais pessoas, mas nada houvesse que servisse – seja por sua abundância, seja por seu caráter perecível – para ser usado como *dinheiro*: que motivos teria qualquer pessoa para aumentar suas posses além do necessário ao uso de sua família em provisões abundantes para o consumo desta, fosse naquilo que seu próprio esforço produzisse, fosse no que pudesse trocar com outros por artigos úteis e perecíveis do mesmo tipo? Onde não há nada que seja ao mesmo tempo escasso e durável, e tão valioso que possa ser acumulado, os homens não são capazes de aumentar suas *posses de terra*, por mais ricas que estas sejam ou por maior liberdade que tenham para tomá-las. Pergunto, pois, que valor daria alguém a dez mil, ou a cem mil acres de *terra* excelente, já cultivada e também bem abastecida de gado, em pleno interior da *América*, onde não tivesse esperanças de comércio com outras partes do mundo que lhe trouxessem *dinheiro* pela venda dos produtos? Tal terra não valeria a pena cercar, e veríamos como essa pessoa devolveria à selva comum da natureza o que quer que excedesse o suprimento das conveniências da vida em tal lugar para si e sua família.

49. Portanto, no princípio, o mundo inteiro era a *América*[1], ainda mais que hoje, pois nada semelhante ao *dinheiro* era conhecido em parte alguma. Descubra-se qualquer coisa que tenha o *uso e o valor do dinheiro* entre os vizinhos e

....
§ **49** 1. Comparar com II, § 108.

ver-se-á que o mesmo homem começará logo a *ampliar* suas *posses*.

50. Como, porém, o ouro e a prata, por terem pouca utilidade para a vida humana em comparação com o alimento, as vestimentas e o transporte, derivam o seu *valor* apenas do consentimento dos homens, enquanto o trabalho ainda dá em grande parte sua *medida*[1], vê-se claramente que os homens concordaram com a posse desigual e desproporcional da terra, tendo encontrado, por um consentimento tácito e voluntário, um modo pelo qual alguém pode possuir com justiça mais terra que aquela cujos produtos possa usar, recebendo em troca do excedente ouro e prata que podem ser guardados sem prejuízo de quem quer que seja, uma vez que tais metais não se deterioram nem apodrecem nas mãos de quem os possui. Essa partilha das coisas em uma desigualdade de propriedades particulares foi propiciada pelos homens fora dos limites da sociedade e sem um pacto, apenas atribuindo-se um valor ao ouro e à prata e concordando-se tacitamente com o uso do dinheiro. Pois, nos governos, as leis regulamentam o direito de propriedade, e a posse da terra é determinada por legislações positivas.

51. Desse modo[1], penso eu, torna-se muito fácil conceber sem a menor dificuldade de que modo *pôde o trabalho,*

....
§ 50 1. Daqui até o fim do parágrafo, o texto foi amplamente corrigido no exemplar de Christ Church, a ponto de tornar ininteligível o texto das linhas 7-11, exceto por comparação com o texto da 1ª edição reunida, de 1714, e da 4ª edição, de 1713. A versão original impressa é muito estranha, contendo construções como "o consentimento dos homens concordou", que foi objeto do comentário de alguns estudiosos – por exemplo, Kendall, 1941, 84. Macpherson, 1962, expressa algumas observações incisivas sobre esse trecho, enquanto justificação implícita ou declarada da acumulação capitalista; ver 209-10.
§ 51 1. Von Leyden compara este parágrafo e os 31 e 36 com as teses sobre a propriedade formuladas no oitavo *Ensaio sobre a lei da natureza*, também de Locke (1954, 204-15).

*no princípio, dar início a um título de propriedade*² sobre as coisas comuns da natureza, e de que modo o gasto das mesmas para nosso uso limitava essa propriedade. De maneira que não podia haver nenhum motivo para controvérsia acerca desse título nem sombra de dúvida quanto à extensão das posses que ele conferia. O direito e a conveniência andavam juntos, pois o homem tinha direito a tudo em que pudesse empregar seu trabalho, e por isso não tinha a tentação de trabalhar para obter além do que pudesse usar. Isso não deixava espaço para controvérsias acerca do título nem para a violação do direito alheio. A porção que o homem tomava para seu uso era facilmente visível e seria inútil, bem como desonesto, tomar demasiado, ou mais do que o necessário³.

CAPÍTULO VI[1]
Do poder paterno

52. Talvez se possa censurar como uma crítica impertinente, num discurso desta natureza, apontar improprieda-

....
2. Essa frase, curiosamente repetitiva, pode também resultar de uma confusão no manuscrito de Locke, não corrigida aqui.

3. Com o fim deste parágrafo e capítulo encerra-se também a parte da 1ª edição que pode ter sofrido problemas de impressão em 1689; comparar com nota em I, § 167, e Laslett, 1952 (iv), 1954 (ii).

§ **52** 1. Este capítulo está obviamente dirigido contra Filmer, mencionado pelo nome no § 61; portanto, parece claramente pertencer à redação original de 1679. Sua argumentação é apresentada com mais detalhe no *Primeiro tratado*: há repetições de frases e de citações bíblicas. É notável o quanto Locke é evasivo, ao longo de todo o capítulo, com respeito ao 5º mandamento. Não há como duvidar de que o referido mandamento fornecia uma sólida base bíblica para o patriarcalismo tradicional e de modo geral para a sujeição social. Ver Laslett, 1965, cap. 8; Schochet, 1969; Dunn, 1969 (i), especialmente pp. 74-6.

des em palavras e nomes que se impuseram no mundo². No entanto, talvez não seja incorreto sugerir expressões novas quando as antigas são passíveis de induzir os homens ao engano; isso provavelmente se deu com a expressão *poder paterno*, que parece atribuir o poder dos pais sobre os filhos inteiramente ao *pai*, como se a *mãe* não tivesse dele parte alguma – ao passo que, se consultarmos a razão ou a revelação, veremos que ela tinha igual título a ele³. Pode-se perguntar se não seria mais apropriado chamar tal título de *pátrio poder*⁴, pois qualquer obrigação que a natureza e o direito de geração⁵ impõem aos filhos deve certamente subordiná-los por igual a ambas as causas nela concorrentes. Consequentemente, vemos que a lei de Deus por toda a parte os une sem distinção quando ordena a obediência dos filhos: *Honra a teu pai e tua mãe* (Ex 20, 12); *Todo aquele que amaldiçoar seu pai ou sua mãe* (Lv 20, 9); *Tema cada homem sua mãe e seu pai* (Lv 19, 3); *Filhos, obedecei a vossos pais* etc. (Ef 6, 1) é o estilo do Velho Testamento e do Novo.

53. Fosse bem considerada essa única questão, sem nenhum exame mais aprofundado, talvez os homens pudes-

....
2. Comparar com I, § 23, nota e referências. Strauss, 1953, vê aqui uma indicação de Locke sobre o estatuto deste "discurso"; ver Introdução, p. 125, e nota 51.

3. O argumento de que a autoridade materna se equipara à paterna é extensamente desenvolvido no *Primeiro tratado*, no qual ocorre uma remissão recíproca no § 6, e, novamente, no § 11 – ver, em geral, o capítulo VI do referido tratado (§§ 50-73). O apelo à razão aparece em I, § 55, e à revelação em I, § 61, onde esses quatro textos são citados.

4. "Pátrio poder" [no original, *parental*, ou seja, "dos pais"] – ver II, § 69 e nota.

5. O "direito de geração" é particularmente contestado em I, § 52; em I, § 18, e I, § 50, Grócio é criticado indiretamente, uma vez que Filmer faz uso dele, mas não há razão para se supor que Locke tivesse em mente qualquer um além de Filmer. O argumento análogo de Hobbes no *Leviatã*, capítulo 20, parece ser uma coincidência; aliás, foi atacado por Filmer, 245.

sem ter evitado incorrer nos grandes erros que cometeram com respeito a esse pátrio poder, que embora pudesse sem grande rigor ser chamado domínio absoluto e autoridade régia, quando sob o título de *poder paterno* parecia apropriado para o pai, o que teria parecido estranho e mostraria na própria denominação o absurdo se esse suposto poder absoluto sobre os filhos houvesse sido chamado *pátrio poder*, revelando, assim, pertencer também à *mãe*. Pois serviria muito mal o propósito daqueles homens que tanto se batem pela autoridade e poder absolutos da *paternidade*, como dizem eles, tivesse a mãe qualquer parcela dele, e seria um frágil sustentáculo da monarquia pela qual se batem, quando pelo próprio nome ficasse evidente que aquela autoridade fundamental de que eles gostariam de fazer derivar o seu governo de uma única pessoa não recaísse em uma apenas, mas em duas conjuntamente. Mas deixemos para trás essa questão das denominações.

54. Embora tenha dito acima (cap. II)[1] que *todos os homens são iguais por natureza*, não se pode supor que eu me referisse com isso a toda sorte de *igualdade*: a *idade* ou *virtude* podem conferir aos homens uma justa precedência; *a excelência de capacidades ou o mérito* podem colocar outros acima do nível comum; o *berço* pode sujeitar alguns, enquanto outros, a *aliança* ou os *benefícios*, a prestar obediência àqueles a quem seja devido pela natureza, pela gratidão ou por outras razões. No entanto, tudo isso é coerente com a *igualdade* em que vivem todos os homens com respeito à jurisdição ou domínio de um sobre o outro, aquela *igualdade* a que acima me referi como apropriada ao assunto em questão, sendo esta o *direito igual* que todo homem

---

§ 54 1. "Cap. II" – uma correção tardia de "(2)". Originalmente, talvez se referisse a um parágrafo, e não a um capítulo, mais especificamente a II, § 4; ver nota ali. Sobre o que diz Locke da igualdade, comparar com II, § 4.

tem *à sua liberdade natural*, sem estar sujeito à vontade ou autoridade de nenhum outro homem.

55. Os *filhos*, confesso, não nascem nesse estado pleno de *igualdade*, embora nasçam para ele. Quando vêm ao mundo, e por algum tempo depois, seus pais têm sobre eles uma espécie de domínio e jurisdição, mas apenas temporários. Os laços dessa sujeição assemelham-se aos cueiros em que são envoltos e que os sustentam durante a fraqueza da infância. Quando crescem, a idade e a razão os vão afrouxando até caírem finalmente de todo, deixando o homem à sua própria e livre disposição.

56. Adão[1] foi criado um homem feito, com o corpo e a mente em plena posse de sua força e razão, de sorte que foi capaz, desde o primeiro instante, de prover seu próprio sustento e sua própria conservação, e governar suas ações de acordo com os ditames da lei da razão que Deus nele implantara. Desde então, o mundo está povoado de seus descendentes, todos nascidos crianças, fracas e impotentes, sem conhecimento ou entendimento. Porém, para suprir os defeitos desse estado imperfeito até que os melhoramentos que advêm do crescimento e a idade os removam, Adão e Eva, e depois deles todos os *pais*, estiveram, pela lei da natureza, *obrigados a conservar, alimentar e educar os filhos* que gerassem, não como sua própria obra e sim como obra de seu Criador, o Todo-Poderoso, a quem deveriam responder por eles[2].

57. A lei[1] que deveria governar Adão seria a mesma que viria a governar toda a sua descendência, a *lei da razão*.

....
§ 56   1. Comparar com I, § 86 e nota.
2. Comparar com II, § 6, nota e referências.
§ 57   1. Visivelmente, este célebre parágrafo foi dirigido contra Filmer e não Hobbes, apesar da semelhança textual apontada na linha 19. O fato é indicado pelos outros pormenores aqui registrados. Locke fez minuciosas correções no parágrafo, porém nenhuma delas lhe alterou o sentido.

Mas, tendo sua progênie outro modo de entrar no mundo, por um nascimento natural que a produzia ignorante e sem o uso da *razão*, não estava ela *submetida* de imediato a *essa lei*, pois ninguém pode ser submetido a uma lei que não lhe seja promulgada. E sendo essa lei promulgada e dada a conhecer apenas pela *razão*, não se pode dizer que aquele que ainda não acedeu ao uso da sua *razão* esteja *sujeito a essa lei*; e por não estarem os filhos de *Adão* imediatamente, assim que nasciam, *submetidos a essa lei da razão*, não estavam imediatamente *livres*[2]. Pois a lei, em sua verdadeira concepção, não é tanto uma limitação quanto *a direção de um agente livre e inteligente* rumo a seu interesse adequado, e não prescreve além daquilo que é para o bem geral de todos quantos lhe estão sujeitos. Se estes pudessem ser mais felizes sem ela, a *lei* desapareceria por si mesma como coisa inútil; e mal mereceria o nome de restrição a sebe[3] que nos protegesse apenas de pântanos e precipícios. De modo que, por mais que possa ser mal interpretado, *o fim da lei* não é abolir ou restringir, mas *conservar e ampliar a liberdade*, pois, em todos os estados de seres criados capazes de leis, *onde não há lei, não há liberdade*. A liberdade consiste em estar livre de restrições e de violência por parte de outros, o que não pode existir onde não existe lei. Mas não é, como já nos foi dito[4], *liberdade para que cada um*

---

2. As referências a Adão e sua descendência constituem uma crítica a Filmer, segundo o qual todos os filhos de Adão estavam submetidos à vontade dele, e todos os filhos à vontade do pai, com razão ou sem. Comparar com II, § 60, e com o sétimo *Ensaio sobre a lei da natureza* (Von Leyden, 1954, 202-3).

3. Comparar com o *Leviatã*, capítulo 30: "Pois que a finalidade das Leis é (...) conduzir e manter [o povo] em tal movimento que não se machuquem (...) da mesma forma que as sebes são colocadas, não para deter os viajantes, mas para mantê-los em seu caminho". É de se presumir que fosse uma coincidência verbal ou repetição inconsciente – mas ver Gough, 1950, 32.

4. "Como já nos foi dito", isto é, por Filmer, o autor da afirmação citada, a qual também aparece em II, § 22; ver nota ali e referências.

faça o que bem quiser (pois quem poderia ser livre quando o capricho de qualquer outro homem pode dominá-lo?), mas uma *liberdade* para dispor e ordenar como se quiser a própria pessoa, ações, posses e toda a sua propriedade, dentro dos limites das leis às quais se está submetido; e, portanto, não estar sujeito à vontade arbitrária de outrem, mas seguir livremente a sua própria[5].

58. Portanto[1], o *poder* que *os pais têm* sobre os filhos origina-se do dever que lhes cabe de cuidar de sua prole durante o imperfeito estado da infância. Formar a mente e governar as ações dos menores ainda ignorantes, até que a razão ocupe seu lugar e os liberte desse incômodo – é disso que os filhos precisam e disso que os pais estão obrigados a fazer. Pois Deus, ao conferir ao homem um entendimento para governar suas ações, concedeu-lhe uma liberdade de vontade e de ação como a estas pertinente, dentro dos limites da lei à qual está submetido. Mas[2], enquanto ele estiver

---

5. Elrington, 1798, usa a afirmação acerca da lei e da liberdade para sustentar que os homens são livres se governados por leis justas, ainda que não tenham sido consultados quando de sua elaboração, e cita Platão para criticar as "incertas fantasias dos teóricos modernos".

§ 58 1. A interpretação de Tyrrell para a origem e natureza do poder dos pais assemelha-se muito à de Locke; ver 1681, 15 e adiante. Ambos os autores enfatizam o dever educacional dos pais, embora Tyrrell seja bem mais específico do que Locke. Em seu diário referente a 1679, Locke fez uma anotação a esse respeito extraída do *Canadá*, de Sagard (1636), sob o título *Pietas*: a educação, e não a geração, constituíam a obrigação, escreveu ele, e comparava os hurões aos janíssaros, marcando a anotação como sua (comparar com II, § 106 e nota). A discussão clássica desse ponto encontra-se em Grócio (*De Jure Belli*, II, V), e é rejeitada por Filmer, mas, caracteristicamente, mostra-se bastante perceptível em Tyrrell; é bem possível que Locke tivesse em mente o comentário de Pufendorf sobre a posição de Grócio – ver especialmente *De Jure Naturae* (1672), VI, ii, *De Potestate Patria*.

2. Elrington (1798) usa essa frase sobre o entendimento e a vontade para justificar a inferioridade política dos adultos que não contam com realizações intelectuais.

numa situação em que não tenha *entendimento* próprio para governar sua *vontade*, não terá nenhuma vontade própria para seguir: aquele que *entende* por ele deve também *querer* por ele; deve prescrever sua vontade e governar suas ações; mas, quando chegar à situação que fez de seu *pai um homem livre*, o *filho* será um *homem livre* também.

59. Isso é válido para todas as leis a que um homem esteja sujeito, sejam naturais ou civis. Está um homem sob a lei da natureza? *O que o tornou livre nessa lei?* O que lhe facultou dispor livremente de sua propriedade segundo sua própria vontade, dentro dos limites dessa lei? Respondo: o estado de maturidade em que se pode supô-lo capaz de conhecer essa lei, para que possa manter suas ações dentro dos limites dela. Quando alcança esse estado, presume-se que saiba até que ponto essa lei deve ser seu guia e até que ponto pode fazer uso de sua *liberdade*, e assim chega a obtê-la. Até então, outra pessoa deve guiá-lo, pessoa esta que se presume saber até que ponto a lei permite uma liberdade. Se tal estado de razão, tal idade do discernimento *tornou-o livre*, o mesmo tornará seu filho livre também. Está um homem sob a lei da *Inglaterra*? *O que o tornou livre nessa lei* – isto é, deu-lhe a liberdade de dispor de suas ações e posses segundo sua própria vontade, dentro do que essa lei permite? Uma capacidade de conhecer tal lei. Que essa mesma lei supõe chegar à idade de vinte e um anos, e em alguns casos antes. Se isso *tornou* o pai *livre*, deverá *tornar* livre também o filho. Até então, veremos que a lei não concede ao filho vontade alguma, mas fá-lo ser guiado pela vontade de seu pai ou guardião, que deverá entender por ele. E se o pai morrer deixando de indicar um substituto nesse encargo, se não houver apontado um tutor para governar seu filho durante a menoridade, durante sua falta de entendimento, a lei incumbe-se de o fazer. Outra pessoa deverá governá-lo e

ser uma vontade para ele, até que ele tenha *atingido um estado de liberdade* e seu entendimento seja adequado para assumir o governo de sua própria vontade. Depois disso, porém, pai e filho são igualmente *livres*, tanto quanto tutor e pupilo após a menoridade; igualmente sujeitos à mesma lei juntos, sem que reste no pai domínio algum sobre a vida, a liberdade ou os bens do filho, quer estejam apenas no estado de natureza e sob sua lei, quer sob as leis positivas de um governo estabelecido.

60. Se, no entanto, em razão de defeitos que podem ocorrer fora do curso normal da natureza, qualquer pessoa não chegar a esse grau de razão, no qual se possa supô-la capaz de conhecer a lei e, portanto, de viver segundo as regras desta, *nunca será capaz de ser um homem livre*, nunca será deixada à disposição de sua própria vontade (porque não conhece limites para ela, não possui o entendimento, que é seu guia apropriado), mas continuará sob a tutela e o governo de outrem por todo o tempo em que seu próprio entendimento seja incapaz desse encargo. Por isso os loucos e os idiotas nunca estão livres do governo de seus pais. *As crianças que não atingiram ainda aquela idade na qual podem ser livres; e os inocentes que estão para sempre impedidos de o ser por defeito natural;* em terceiro lugar, *os loucos, que enquanto não tiverem a possibilidade de usar a razão certa para conduzir-se terão por guia a razão que conduz a outros homens, que são seus tutores, para procurar e proporcionar-lhes o seu próprio bem*, diz Hooker[1] (*Pol. ecl.*, Livro I, Sec. 7). Tudo isso não parece ser mais que o dever que Deus impôs aos homens, e a outras criaturas, de conservar sua progênie até que esta seja capaz de cuidar de si própria,

....
§ 60 1. "Hooker", ed. Keble, 1836, I, 267-7: 1676, 78, algumas linhas após um trecho copiado no diário de Locke em 26 de junho de 1681. Provavelmente acrescentado depois da redação do parágrafo; ver nota em II, § 5.

e dificilmente constituiria um exemplo ou prova da autoridade régia dos pais[2].

61. Portanto *nascemos livres*, assim como nascemos racionais; não que tenhamos de fato o exercício de uma coisa ou de outra: a idade que traz uma traz também a outra. Vemos, desse modo, como a *liberdade natural e a submissão aos pais* são compatíveis entre si, e ambas fundadas no mesmo princípio. O *filho* é livre por conta do direito do pai, do entendimento do pai, que deverá governá-lo até que tenha o seu próprio. A *liberdade de um homem na idade do discernimento* e a *submissão* de um filho a seus *pais* até que alcance essa idade são tão compatíveis e tão fáceis de distinguir que nem os mais cegos defensores da monarquia *por direito de paternidade* deixam de enxergar essa diferença, e mesmo os mais obstinados não conseguem deixar de admitir sua coerência. Pois se a doutrina deles fosse inteiramente verdadeira, se o herdeiro legítimo de Adão fosse hoje conhecido e por tal título colocado no trono como monarca, investido de todo o poder absoluto e ilimitado de que nos fala sir R. F.[1]; se esse monarca morresse assim que seu herdeiro nascesse, não deveria o *filho*, não obstante haver sido sempre livre, sempre soberano, estar submetido a sua mãe e sua ama, a tutores e regentes, até que a idade e a educação lhe trouxessem a razão e a capacidade de governar a si mesmo e aos demais? As necessidades de sua vida, a saúde de seu corpo e a formação de sua mente exigiriam que fosse conduzido pela vontade de outrem, e não pela sua própria. No entanto, poderia alguém pensar que tal restrição e tal sub-

....
2. Comparar com I, § 56.
§ **61** 1. "Sir R. F." – sir Robert Filmer, uma indicação inequívoca de que Locke está escrevendo especificamente contra ele aqui; ver nota em II, § 52 (capítulo VI) e II, § 22 e nota. O trecho tem grande semelhança com grande parte do *Primeiro tratado*.

missão fossem incompatíveis com a liberdade e a soberania a que ele tinha direito, que delas o despojariam ou que isso entregaria o seu império àqueles que tivessem o governo de sua menoridade? Tal governo a que estivesse submetido apenas o prepararia melhor e mais rápido para o seu próprio. Se alguém me perguntasse quando terá o seu filho *idade para ser livre*, eu responderia: quando o monarca dele tiver idade para governar. *Mas em que momento*, diz o judicioso Hooker[2] (*Pol. ecl.*, Livro I, Sec. 7), *pode-se dizer que um homem atingiu um suficiente uso da razão que baste para torná-lo capaz de aprender as leis segundo as quais ele estará então obrigado a guiar suas ações? É muito mais fácil ao senso discernir isso do que alguém por habilidade ou saber o determine.*

62. As próprias sociedades políticas reconhecem e admitem que *existe um momento em que os homens* devem *começar a agir como homens livres* e que, portanto, até esse momento, não precisam de juramentos de fidelidade ou de vassalagem, tampouco de nenhum outro reconhecimento ou submissão pública ao governo de seus países.

63. Portanto, a *liberdade* do homem e a liberdade de agir conforme sua própria vontade *baseiam-se* no fato de ser ele possuidor de *razão*, que é capaz de instruí-lo sobre a lei pela qual ele se deverá governar e de fazer com que saiba até que ponto pode dar-se à liberdade de sua própria vontade. Deixá-lo em liberdade irrestrita antes que tenha a razão para guiá-lo não é garantir-lhe o privilégio de sua natureza, o de ser livre, mas sim atirá-lo entre os animais e aban-

....
2. *Hooker*, ed. Keble, 1836, I, 273. No original de Hooker lê-se "bom senso" e "que qualquer um (...) o determine". Ver 1676, 77, algumas linhas após uma passagem citada no *Ensaio sobre o entendimento humano* (1894, 1, 402-3). Evidentemente inserido após a redação do parágrafo; ver nota em II, § 5 (e, sobre o termo "judicioso", nota em II, § 5).

doná-lo a um estado tão miserável e tão abaixo do de um homem quanto o deles. É isso que coloca nas mãos dos *pais* a *autoridade* para governar a *menoridade* de seus filhos. Deus fez com que fosse obrigação deles empregar esse cuidado com sua progênie e concedeu-lhes as inclinações apropriadas de ternura e de zelo para moderar esse poder e aplicá-lo conforme concebido por Ele em Sua sabedoria, para o bem dos filhos enquanto estes necessitem estar sujeitos a ele.

64. Mas por que razão poderia esse cuidado devido pelos *pais* a seus filhos converter-se em *domínio absoluto e arbitrário* do pai, cujo poder não vai além da disciplina que ele julgar mais eficaz para proporcionar a seus corpos a força e a saúde e a suas mentes o vigor e a retidão que mais convenham a que seus filhos sejam o mais úteis para si mesmos e para os demais? E, se tal for necessário para sua condição, o poder de fazer com que trabalhem, quando forem capazes, para sua própria subsistência? Mas nesse poder a *mãe* também tem seu quinhão, juntamente com *o pai*[1].

65. Mais ainda, esse *poder* não pertence ao *pai* por nenhum direito peculiar da natureza, mas apenas por ser ele o guardião de seus filhos, tanto que, quando deixa de cuidar deles, perde o poder que sobre eles detém, o qual se vai juntamente com a alimentação e a educação às quais está indissoluvelmente ligado, e que pertence tanto ao *pai adotivo* de uma criança sem pais quanto ao pai natural de outra[1].

....
§ 64 1. Esses conceitos lembram o escrito de Locke sobre a *Educação* (já formulado, embora não escrito, quando da elaboração do presente texto; ver Introdução, p. 38), e mesmo sua insistência, no relatório para a Junta Comercial, em que os filhos dos pobres deveriam trabalhar (Introdução, p. 60) – comparar com Tyrrell, 1681, 19.
§ 65 1. Comparar com I, § 100, e Tyrrell, 1681, 16: em I, § 100, Locke faz referência ao *Segundo tratado*, evidentemente com essas passagens do presente capítulo em mente.

Do mesmo modo, pouco poder concede o mero *ato de gerar* ao homem sobre sua progênie, se todo o seu cuidado aí terminar e for este o único título que tenha o nome e autoridade de pai. E que sucederá ao *poder paterno* nas partes do mundo em que uma mulher tem mais de um marido ao mesmo tempo? Ou naquelas partes da *América* em que, quando o marido e a mulher se separam, o que acontece com frequência, os filhos são todos deixados com a mãe, seguem-na e ficam inteiramente sob o seu cuidado e provisão? Se o pai morrer enquanto os filhos ainda forem jovens, não deverão estes naturalmente, e em todos os aspectos, a mesma obediência à *mãe* durante a menoridade que deveriam ao pai se estivesse vivo? E poderá alguém dizer que a *mãe* tem um poder legislativo sobre seus filhos? Que ela pode determinar regras válidas às quais os filhos estarão perpetuamente obrigados, pelas quais deverão regular todos os interesses de sua propriedade e que limitarão sua liberdade durante todo o curso de suas vidas? Ou será que ela pode obrigar à observância delas mediante punições capitais? Pois tal é o *poder que compete ao magistrado*, do qual o pai não tem nem a sombra[2]. Seu comando sobre os filhos é apenas temporário e não abarca a vida ou a propriedade deles. Trata-se apenas de uma assistência para a debilidade e a imperfeição de sua menoridade, de uma disciplina necessária para sua educação. E embora o *pai* possa dispor de suas propriedades como lhe aprouver, quando seus filhos não correrem o perigo de perecer por falta delas, o poder paterno não se estende à vida ou aos bens de que o esforço deles próprios ou a generosidade alheia os fez possuidores; tampouco se

---

2. As referências de Locke aqui implicam a negação dos sinais de soberania política identificados por Filmer no poder paterno; ver I, § 129 e nota, II, § 3 e nota. Sobre o direito dos filhos à propriedade dos pais, comparar com Grócio, 1625, II, V, 2, e Pufendorf, 1672, VI, ii, 8: toda a argumentação de Locke aqui e em II, § 69 (q.v), se assemelha à de Pufendorf.

Comparar, ainda, com I, § 129 e nota.

estende à liberdade deles, à qual acedem quando alcançam a emancipação chegando à idade de discernimento. O *império do pai* cessa então e, a partir desse momento, não poderá ele dispor da liberdade de seu filho mais que da de qualquer outro homem. E tal poder deve diferir largamente de uma jurisdição absoluta e perpétua, já que é facultado a um homem afastar-se dele, tendo da autoridade divina *a permissão de deixar pai e mãe e unir-se a sua mulher*[3].

66. Contudo, embora chegue um momento em que o filho passa a ser tão *livre* da sujeição à vontade e ao comando do pai quanto o próprio pai está livre da sujeição à vontade de qualquer outra pessoa, e ambos ficam apenas sob as restrições do que é comum aos dois, seja a lei da natureza ou a lei municipal de seu país; todavia, essa liberdade não isenta o filho do *respeito* que deve *prestar*, pela lei de Deus e da natureza, a seus pais[1]. Tendo Deus feito dos pais instrumentos no seu grandioso projeto de perpetuar a raça humana[2] e os propiciadores da vida para os filhos, assim como impôs aos pais a obrigação de alimentar, preservar e criar sua progênie, também impôs aos filhos uma perpétua obrigação de *honrar os pais*, obrigação esta que, trazendo em si uma estima e reverência internas que devem ser demonstradas por todas as expressões externas, afasta o filho de tudo quanto possa vir a prejudicar ou afrontar, perturbar ou colocar em perigo a felicidade ou a vida daqueles a quem deve a sua própria; e o obriga a todas as ações de defesa, alívio, assistência e conforto daqueles por cujo intermédio passou a existir e tornou-se capaz de usufruir todos os deleites da vida. De tal obrigação nenhum estado, nenhuma liberdade,

....
3. Gn 2, 24, citado em Mt 19, 5 etc., e usado por Tyrrell, 1681, 31.
§ 66   1. Comparar com I, §§ 63 e 66, e Tyrrell, 1681, 19 etc., seguindo o exemplo de Grócio e Pufendorf.
2. Comparar com I, § 54, paralelo literal.

pode isentar os filhos. Mas isso está muito longe de conferir aos pais um poder ou comando sobre os filhos, ou uma autoridade para elaborar leis e dispor como quiserem da vida ou da liberdade destes. Uma coisa é dever honra, respeito, gratidão e assistência; outra é exigir obediência e submissão absolutas. O *respeito aos pais* deve-o o monarca em seu trono à própria mãe, o que não diminui sua autoridade nem o sujeita ao governo dela.

67. A submissão do menor confere ao pai um governo temporário, que termina juntamente com a menoridade do filho; e o *respeito devido pelo filho* confere aos pais um perpétuo direito ao respeito, reverência, sustento e também à transigência, mais ou menos na medida do cuidado, custo e bondade expressos pelo pai na sua educação. Isso não termina com a menoridade, mas continua válido em todas as fases e condições da vida de um homem. O fato de não se distinguir esses dois poderes, a saber, o que o pai tem no direito de *tutela*, durante a menoridade, e o direito ao *respeito* durante toda a vida, talvez tenha sido a causa de grande parte dos enganos acerca dessa questão. Pois, falando propriamente, o primeiro deles é antes um privilégio dos filhos e dever dos pais do que uma prerrogativa do poder paterno. A alimentação e educação dos filhos é um encargo que de tal modo cabe aos pais para o bem dos filhos que nada pode isentá-los de o levarem a cabo. E embora *o poder de comandá-los e castigá-los* o acompanhe, Deus teceu nos princípios da natureza humana uma tal ternura pela progênie que pouco há que temer que os pais usem de seu poder com demasiado rigor; raramente o excesso ocorre no lado da severidade, sendo a forte inclinação da natureza mais para a direção contrária[1]. E, portanto, Deus Todo-Poderoso, quando pretendeu expressar a brandura de seu trato para com os

....
§ 67   1. Comparar com I, § 56.

israelitas, disse-lhes que, embora os estivesse castigando, *castigava-os como um homem castiga seu filho* (Dt 8, 5), ou seja, com ternura e afeto, e mantinha-os sob uma disciplina não mais severa que a absolutamente melhor para eles, que teria sido menos benévolo afrouxar. É este o poder ao qual se ordena que os *filhos obedeçam*, para que os esforços e os cuidados dos pais não sejam aumentados nem mal recompensados.

68. Por outro lado, o *respeito* e o apoio, tudo quanto a gratidão exige como recompensa pelos benefícios por eles recebidos, são o indispensável dever do filho e o justo privilégio dos pais. Destina-se um ao benefício dos pais, assim como o outro ao benefício dos filhos, embora a educação, dever dos pais, pareça ter o maior poder, dado que a ignorância e as debilidades da infância requerem limites e correção – o que é um evidente exercício de governo e uma espécie de domínio. E o dever implícito na palavra *respeito* requer menos obediência, embora a obrigação seja mais forte para os filhos mais velhos que para os mais jovens. Pois quem poderia pensar que o mandamento *Filhos, obedecei aos pais* exige de um homem que tem filhos a mesma submissão para com seu pai que a que lhe devem seus filhos ainda jovens? E que por tal preceito ele esteja obrigado a obedecer a todas as ordens de seu pai, se este, por uma presunção de autoridade, tivesse a falta de discernimento de tratá-lo como um menino?

69. Portanto, a primeira parte do poder paterno[1] ou, antes, do dever, que é a *educação*, cabe ao pai de maneira tal que se encerra numa certa época. Quando o encargo da educação termina, cessa por si mesmo, e é também alienável

---

§ **69** 1. "Poder paterno" – Locke dá a impressão de já ter esquecido sua determinação, expressa em II, § 52, de chamá-lo "pátrio" ou "dos pais"; comparar com II, § 170.

antes. Isso porque um homem pode colocar a tutela de seu filho em outras mãos; e aquele que faz de seu filho um *aprendiz*[2] de outrem, dispensa-o, durante esse tempo, de grande parte da obediência devida por ele tanto ao pai quanto à mãe. Mas todo o *dever de respeito*, a outra parte, permanece, apesar disso, inteiro; nada pode cancelá-lo. Tal *dever* é tão inseparável de ambos que a autoridade do pai não pode despojar a mãe desse direito, nem pode homem algum dispensar o filho do dever de *respeitar* aquela que o deu à luz[3]. Mas tanto uma coisa como outra estão muito longe de constituir um poder de elaborar leis e de impô-las com penalidades que possam atingir os bens, a liberdade, a integridade física e a vida. O poder de ordenar termina juntamente com a menoridade; e embora após esse período o *respeito* e a reverência, o sustento e a defesa e tudo aquilo a que a gratidão pode obrigar um homem para os mais altos benefícios de que for naturalmente capaz constituam sempre o dever de um filho para com os pais, nada disso, todavia, põe um cetro nas mãos do pai, nenhum poder soberano de comandar. O pai não tem domínio algum sobre as propriedades ou as ações dos filhos nem direito algum a que sua vontade deva conduzir os filhos em todas as coisas, embora convenha ao filho, em muitas coisas que não sejam inconvenientes para este e sua família, prestar deferência à vontade do pai[4].

70. Um homem pode dever *honra* e respeito a um ancião ou um sábio; defesa a seu filho ou amigo; alívio e apoio aos aflitos; e gratidão a um benfeitor em um tal grau que tudo

---

2. "Aprendiz" – é muito significativa essa associação do relacionamento filial com o vigente entre mestre e aprendiz para a estrutura social da Inglaterra seiscentista; comparar com II, § 85, e Laslett, 1965.
3. Comparar com I, § 62.
4. Comparar com II, § 65 e referências, especialmente Pufendorf.

quanto possua e tudo quanto possa fazer não bastem para tal paga. Mas nada disso confere a ninguém autoridade, nenhum direito de elaborar leis destinadas àqueles que a ele estejam obrigados. E está claro que tudo isso é devido não apenas ao título de pai – não apenas porque, como já foi dito, é devido também à mãe, mas porque essa obrigação para com os pais, e os graus em que é exigida dos filhos, podem variar de acordo com as diferenças em cuidado e bondade, em cômodos e gastos que, muitas vezes, são dispensados a um filho mais que a outro.

71. Isso mostra a razão pela qual veio a suceder que os *pais em sociedade*, na qual eles próprios são súditos, tenham conservado um *poder sobre seus filhos* e tenham tanto direito à submissão destes quanto os que vivem no estado de natureza, o que não poderia de modo algum acontecer se todo o poder político fosse apenas paterno e se, na verdade, os dois fossem uma única e mesma coisa. Pois se assim fosse, ao recair todo o poder paterno no príncipe, seria natural que ao súdito não restasse parcela alguma do mesmo[1]. Mas esses dois *poderes, o político e o paterno, são tão perfeitamente distintos e separados*; erguem-se sobre bases tão diferentes e dados a fins tão diversos que cada súdito que seja pai tem tanto *poder paterno* sobre seus filhos quanto o príncipe tem sobre os dele. E todo príncipe que tenha pais deve-lhes a mesma deferência e obediência filiais que o mais insignificante de seus súditos deve aos seus próprios. Portanto, o poder paterno não contém nenhuma parte ou grau do tipo de domínio que um príncipe ou magistrado tem sobre seus súditos.

72. Embora a obrigação dos pais de *criar* seus filhos e a obrigação dos filhos de *honrar* os pais contenham todo o

---
§ 71   1. Comparar com I, § 65.

poder de um lado e toda a submissão do outro, o que é apropriado para essa relação, há *outro poder*, ordinariamente *nas mãos do pai*, pelo qual ele tem um vínculo com a obediência dos filhos; poder este que, embora seja comum a outros homens, tem ocasião de ser demonstrado quase constantemente aos pais em suas famílias particulares, sendo raros e menos evidentes os exemplos dele em outros lugares, razão pela qual figura no mundo como parte da jurisdição paterna. Trata-se do poder que os homens costumam ter de *conferir seus bens* a quem desejarem. As posses do pai, comumente e em certas proporções, de acordo com a lei e o costume de cada país, são a expectativa e herança dos filhos, embora em geral o pai possa distribuí-la com mão mais comedida ou mais generosa, conforme o comportamento deste ou daquele filho tenha se adequado à sua vontade e disposição.

73. Não é este um vínculo de somenos importância com a obediência dos filhos. E, tendo sempre estado ligada ao gozo da terra uma certa submissão ao governo do país a que pertence essa terra, presume-se de ordinário que um *pai* possa *obrigar seus descendentes a se submeterem ao governo* do qual ele mesmo foi súdito, e que seu pacto seja válido para eles; ao passo que, por ser apenas uma condição necessária ligada à terra, a herança de uma propriedade submetida a esse governo é válida apenas para aqueles que a recebam mediante tal condição: portanto, não se trata de um vínculo ou compromisso natural, mas de uma submissão voluntária. Pois sendo *os filhos de todo homem tão livres* por natureza quanto ele ou qualquer de seus ancestrais tenham sido, os filhos podem, enquanto gozarem dessa liberdade, escolher a qual sociedade se juntarão, a que corpo político se submeterão. Mas se quiserem gozar da *herança* de seus ancestrais, devem recebê-la nos mesmos termos em que estes a possuíam, e submeter-se a todas as con-

dições ligadas a tal posse. Por esse poder os pais de fato obrigam os filhos a uma obediência para com eles, mesmo após a menoridade, e muito amiúde sujeitam-nos também a este ou àquele poder político. Mas nada disso em virtude de nenhum direito peculiar da *paternidade*, e sim pelo fato de terem em mãos os meios para recompensar e impor tal aquiescência; e não é um poder maior que aquele que um *francês* tem sobre um *inglês* que, na esperança de uma propriedade que aquele lhe deixará, tem certamente para com ele um forte vínculo de obediência. E quando essa propriedade lhe for deixada, para dela usufruir ele com certeza deverá recebê-la mediante as condições ligadas à *posse da terra* no país em que se localiza, seja este a *França* ou a *Inglaterra*[1].

74. Para concluir, portanto, embora o *poder de mando do pai* não se estenda para além da menoridade dos filhos e seja de um grau apenas adequado para a disciplina e o governo dessa idade, e embora o *respeito*, a reverência e tudo o que os *latinos* chamavam de *piedade*, que os filhos devem indispensavelmente aos pais durante toda a vida destes e em todas as situações, com todo o apoio e a defesa [que[1]] lhes são devidos, não confiram ao pai nenhum poder de governar, ou seja, de elaborar leis e aplicar penalidades a seus filhos; embora por tudo isso ele não tenha domínio algum sobre as propriedades e as ações do filho, mesmo assim é óbvio conceber como era fácil, nos primeiros tempos do mundo, e ainda o é nos lugares em que a escassez da popu-

....

§ 73   1. Possivelmente este parágrafo represente o ponto mais frágil da argumentação de Locke contra Filmer. Elrington, 1798, se apega à negação, por Locke, de um "vínculo natural" para sustentar que "não se pode concluir que nenhum grau de obrigação em absoluto é imposto a um homem pelos atos de seus ancestrais", e aqui reside o foco central da crítica de Burke à política lockeana, especialmente do modo como foi interpretada na França revolucionária.

§ 74   1. "Que" – inserido pelo editor para fazer sentido.

lação possibilita às famílias separarem-se por lugares sem dono e espaço para mudarem-se e instalarem-se em habitações ainda vagas, que o *pai de família* se torne o príncipe dela(*)²; tinha sido ele governante desde o início da infância de seus filhos e, desde que seria difícil para eles viverem sem algum tipo de governo, o mais provável é que este recaísse, por consentimento tácito ou expresso dos filhos depois de crescidos, no pai, onde pareceria apenas continuar sem nenhuma alteração; quando, de fato, nada mais seria necessário para isso que a permissão para que o *pai* fosse o único a exercer em sua família o poder executivo da lei da natu-

(*) Não é uma opinião improvável, portanto, aquela sustentada pelo arquifilósofo, segundo a qual a pessoa mais importante em cada família era sempre, por assim dizer, um rei; de modo que quando um grande número de famílias uniu-se em sociedades civis, os reis foram o primeiro tipo de governantes entre elas, o que é também, parece, a razão pela qual o nome de pais continua sendo atribuído a eles, que de pais foram feitos governantes; como também o antigo costume dos governantes de fazer como Melquidesec e, sendo reis, exercer o ofício de sacerdotes, tal como faziam os pais no princípio, surgiu talvez na mesma ocasião. Seja como for, este não é o único regimento recebido no mundo. As inconveniências de um tipo fizeram com que muitos outros fossem concebidos, de modo que, numa palavra, todo regimento público, qualquer que seja o seu tipo, parece ter surgido evidente e deliberadamente do conselho, consulta e composição entre os homens que o julgaram conveniente e aceitável; pois não há impossibilidade alguma na natureza considerada em si mesma, de que o homem vivesse sem qualquer regimento público (Hooker, *Pol. ecl.*, P. 1. I, Sec. 10).

....

2. O número de remissão foi inserido pelo editor neste ponto a fim de indicar onde, provavelmente, Locke pretendia chamar a atenção do leitor para a citação de Hooker, impressa sem sinal remissivo nas margens da 1ª edição e edições posteriores. Todas as citações subsequentes de Hooker aparecem, da mesma forma, nas margens, o que as caracteriza, de modo mais evidente ainda, como acréscimos posteriores, talvez datados de junho de 1681, depois de concluído o texto original (ver nota II, § 5 e referências). A passagem encontra-se às pp. 303-4 das obras de Hooker editadas por Keble, 1836, vol. I, e à p. 86 de Hooker, 1676, na edição utilizada por Locke. O "arquifilósofo" é, naturalmente, Aristóteles; ver os trechos em *Política* I, em especial 1252b, de que Filmer se utilizara.

reza³ que todo homem livre naturalmente exerce, transferindo-lhe, mediante tal permissão, um poder monárquico enquanto nele permanecessem. Mas que tal não decorria de nenhum *direito paterno*, porém apenas do consentimento dos filhos, fica evidente pelo seguinte: ninguém há de duvidar que, se um estranho que o acaso ou os negócios houvesse trazido ao seio da sua família viesse a matar qualquer de seus filhos, ou a cometer qualquer outro fato, ele poderia condená-lo e matá-lo, ou castigá-lo de algum outro modo como a qualquer filho; o que seria impossível fazer em virtude de qualquer autoridade paterna a alguém que não fosse seu filho, mas apenas em virtude do poder executivo da lei da natureza, ao qual ele tinha direito como homem; e apenas ele poderia castigá-lo em sua família, onde o respeito de seus filhos havia deixado de lado o exercício de um tal poder para dar lugar à dignidade e à autoridade que desejavam permanecesse com ele, acima do resto da família⁴.

75. Portanto, era fácil e quase natural para os filhos, por um consentimento tácito e dificilmente evitável, ceder à *au-*

---

3. "Poder executivo da lei da natureza" – ver II, § 9, nota e referências.

4. Esse trecho, e os dois parágrafos que se seguem (comparar com II, §§ 105-12 e § 62), fazem consideráveis concessões ao patriarcalismo e representam a influência direta de Filmer e das atitudes tradicionais sobre Locke. A argumentação de Locke, todavia, assemelha-se muito não apenas à de Tyrrell (1681) como também à de Pufendorf, *De Jure Naturae* (1672), VII, iii, *De Generatione Summi Imperii Civilis* – ver especialmente § 7 (904-5). Tyrrell cita "o sr. Pufendorf, um judicioso escritor, já falecido, de grande discernimento e erudição" neste ponto (p. 37, palavras acrescentadas no exemplar que Tyrrell corrigiu para Locke; ver p. 88 e nota 40), bem como o *Ensaio sobre o governo* de sir William Temple (publicado em *Miscellanea*, 1680), pois Temple era o grande expoente do patriarcalismo moderado pelo consentimento e desvinculado do direito divino. Não há indícios de que Locke tivesse lido ou possuísse o livro de Temple, e essas noções parecem resultar de suas considerações sobre Filmer e talvez de seu conhecimento de Pufendorf.

toridade e ao governo do pai. Desde a infância tinham eles se acostumado a seguir suas instruções e a recorrer a ele em suas pequenas diferenças, de modo que, depois de crescidos, quem seria mais adequado para governá-los? Suas pequenas propriedades e, menos ainda, a ambição raramente se prestavam a grandes controvérsias; e caso surgisse alguma, onde encontrariam um árbitro mais adequado que aquele por cujos cuidados haviam sido sustentados e criados, e que tinha ternura por todos eles? Não é de se estranhar que não fizessem distinção alguma entre a menoridade e a idade adulta; tampouco esperavam pela idade de vinte e um anos ou qualquer outra que lhes permitisse dispor livremente de si mesmos e de suas propriedades, quando não tinham desejo algum de sair de sua pupilagem. O governo sob o qual haviam estado durante essa idade continuava ainda a ser mais uma proteção que uma restrição. E em parte alguma poderiam eles encontrar uma segurança maior para sua paz, liberdade e propriedades do que no *governo de um pai*.

76. Desse modo, os *pais de família* naturais, por uma mudança imperceptível, tornaram-se também seus *monarcas políticos*. E se por acaso vivessem por muito tempo e deixassem herdeiros capazes e valorosos por várias gerações sucessivas, por outra via, lançavam as bases de reinos hereditários ou eletivos, sob diversas constituições e costumes, conforme os moldassem o acaso, o engenho ou a ocasião. Porém, se os príncipes derivam seu título do direito dos pais e este é prova suficiente do *direito dos pais* à autoridade política por serem aqueles em cujas mãos costuma se encontrar, de fato, o exercício do governo, afirmo que, se for válido, esse argumento prova de maneira igualmente cabal que todos os príncipes, ou ainda só os príncipes, deveriam ser sacerdotes, pois é igualmente certo que, no princípio, *o pai da família era sacerdote, assim como era o governante de sua família*.

CAPÍTULO VII[1]
Da sociedade política ou civil

77. Tendo Deus feito o homem uma criatura tal que, segundo seu próprio juízo, não lhe era conveniente estar só[2], colocou-o sob fortes obrigações de necessidade, conveniência e inclinação para conduzi-lo para a *sociedade*[3], assim como o proveu de entendimento e linguagem para perpetuá-la e dela desfrutar. A *primeira sociedade* foi entre o homem e sua mulher, que deu início à que há entre pais e filhos; à qual, com o tempo, veio a juntar-se a que há entre senhor e servidor. E embora todas estas sociedades pudessem juntar-se, e em geral o tenham feito, para formar uma única família, cujo senhor ou senhora tinha uma espécie qualquer de governo apropriado a uma família, cada uma delas, ou todas, estavam ainda longe de constituir uma *sociedade política*, tal como veremos se considerarmos os diferentes fins, vínculos e limites de cada uma delas[4].

78. A *sociedade conjugal* é formada por um pacto voluntário entre homem e mulher. E embora consista sobretudo na comunhão e no direito ao corpo um do outro, necessá-

....
§ 77   1. Todos os indícios atestam que o presente capítulo fazia parte da crítica original a Filmer; comparar nota ao capítulo VI, II, § 52. Há referências a homens que só podem ser Filmer e seus seguidores (§ 90) e argumentos voltados diretamente para o texto de Filmer (§§ 92 e 93) – é estreito o paralelismo com a discussão de Tyrrell explicitamente dirigida contra Filmer. Não há indicação positiva alguma de inserções ou revisões em 1689, embora a remissão recíproca no § 84 talvez sugira uma revisão em alguma data anterior.

2. Gn 2, 18: "Deus disse: 'Não é bom que o homem esteja sozinho'."

3. Comparar com o quarto *Ensaio sobre a lei da natureza* – O homem "sente-se (...) premido a viver em sociedade por uma certa propensão da natureza, e a estar preparado para a manutenção desta pelo dom da palavra e através do intercâmbio da linguagem" (Von Leyden, 1954, 156-7).

4. Comparar com II, § 2, e também com *Política*, de Aristóteles, I, especialmente 1252a e b.

rios para seu fim principal, a procriação, traz consigo apoio e assistência mútuos, bem como uma comunhão de interesses, necessária não só para unir seus cuidados e afeto, mas também para sua progênie comum, que tem o direito de ser alimentada e sustentada por eles, até que seja capaz de prover às próprias necessidades[1].

79. Pois não sendo o fim da *união entre macho e fêmea* meramente a procriação, mas a perpetuação da espécie, tal conjunção entre macho e fêmea deve durar, mesmo depois da procriação, o tempo necessário para a alimentação e sustento dos jovens, que devem ser mantidos por aqueles que os geraram, até que sejam capazes de mover-se e prover-se por si mesmos. A esta regra, que o Criador infinitamente sábio estabeleceu para as obras de suas mãos, vemos que as criaturas inferiores obedecem prontamente. Naqueles animais vivíparos que se alimentam de gramíneas, a *união entre macho e fêmea* não dura mais que o próprio ato da cópula, pois, sendo o úbere da fêmea suficiente para alimentar os filhotes até que estes sejam capazes de se alimentarem de gramíneas, o macho apenas gera, não se ocupando da fêmea e do filhote, para cujo sustento não pode contribuir com coisa alguma. Nos animais de presa, porém, a *união* dura mais tempo, pois, não sendo a fêmea muito capaz de sustentar-se e alimentar sua numerosa progênie unicamente com o produto de sua caça, o que é um modo de vida mais laborioso, bem como mais perigoso, que alimentar-se de gramíneas, a assistência do macho faz-se necessária para a manutenção de sua família comum, que não é capaz de subsistir até poder caçar sozinha, mas apenas mediante o cuidado conjunto do macho e da fêmea. O mesmo

---
§ 78   1. Comparar com Tyrrell, 1681, 14: "O casamento, que é um pacto mútuo entre um homem e uma mulher para sua coabitação, geração de filhos, e o cuidado e aprovisionamento destes por ambos conjuntamente".

se observa em todas as aves (exceto nas domésticas, porque a abundância de alimentos dispensa o galo de alimentar e cuidar da ninhada), cujos filhotes, por precisarem de alimento no ninho, fazem que o galo e a galinha continuem acasalados até que eles sejam capazes de usar asas e de prover às próprias necessidades[1].

80. E nisso reside, penso eu, a principal razão, se não a única, *pela qual, na raça humana, macho e fêmea permanecem unidos mais tempo* do que entre as outras criaturas, a saber, porque a mulher é capaz de conceber e, de fato, muitas vezes fica de novo grávida e dá à luz muito antes que o rebento anterior tenha saído da dependência da ajuda dos pais para o seu sustento e seja capaz de mover-se por si mesmo, recebendo a assistência que lhe é devida de seus pais; pelo que o pai, que está obrigado a cuidar daqueles que gerou, está sob a obrigação de continuar em sociedade conjugal com a mesma mulher por mais tempo que as outras criaturas, cujos filhotes são capazes de subsistir por seus próprios meios antes que o momento da procriação chegue novamente; o laço conjugal dissolve-se por si mesmo, deixando-as em liberdade até que o *himeneu*, em sua época costumeira, as convoque mais uma vez a escolher novos companheiros. No que não se pode deixar de admirar aí a sabedoria do grande Criador que, tendo dado ao homem a capacidade de previsão e de planejar para o futuro, bem como de suprir as necessidades presentes, tornou necessário que *a sociedade entre homem e mulher fosse mais duradoura* do que entre os machos e as fêmeas de outras criaturas, de modo que seu esforço seja estimulado e seus interesses mais bem unidos, para fazer provisões e acumular

....
§ 79 1. Esse tipo de história natural foi uma preocupação constante de Locke, que possuía diversas obras de referência. O sistema de classificação pré-lineano e pré-darwiniano aparece claramente aqui, tal como no *Primeiro tratado*.

bens para sua progênie comum, que uma mistura incerta ou interrupções fáceis e frequentes da sociedade conjugal poderiam grandemente perturbar.

81. Mas, embora essas obrigações impostas à *humanidade* tornem os *laços conjugais* mais sólidos e duradouros no homem que nas outras espécies de animais, nem por isso se deixaria de perguntar por que esse *pacto* pelo qual se asseguram a procriação e a educação e se cuida da herança não pode ser determinável, seja por consenso, seja por uma certa época ou mediante certas condições, do mesmo modo que qualquer outro pacto voluntário[1], não havendo necessidade alguma na natureza da coisa nem nos seus fins de que seja sempre por toda a vida; quero dizer, para aqueles que não estejam sob restrição alguma de nenhuma lei positiva que ordene que todos os contratos desse tipo sejam perpétuos.

82. Mas o marido e a mulher, embora tenham uma única preocupação comum, terão entendimentos diferentes, de modo que haverá, inevitavelmente, ocasiões em que terão vontades diferentes também – sendo, portanto, necessário que a determinação última, ou seja, o governo, recaia em alguma parte, caberá naturalmente ao homem[1], por ser o mais

....
§ 81 1. Essa cautelosa insinuação de uma possível justificação do divórcio era excessiva para o bispo Elrington, que afirma: "Fazer a união conjugal determinável por consentimento é introduzir um promíscuo concubinato". Locke estava disposto a ir bem adiante, como se constata das anotações em seu diário referentes a 1678, 1679 e 1680, sob o título *Atlantis*. Sugere ele que "aquele que já está casado pode desposar outra mulher com sua mão esquerda (...) Os vínculos, duração e condições do matrimônio da mão esquerda serão exatamente aqueles expressos no contrato de casamento entre as partes" (*Diário*, 1678, 199). Sobre essas anotações de Locke sob o título de *Atlantis*, ver De Marchi, 1955.

§ 82 1. Segundo Elrington, isso implica que o direito do marido procede unicamente de um poder superior, como de fato sucede no *Leviatã*, de Hobbes, capítulo 20, com o qual essa passagem de Locke mostra semelhanças até certo ponto.

capaz e mais forte. Mas isso, abrangendo apenas as coisas de seu interesse e propriedade comuns, deixa a mulher na posse plena e livre daquilo que, por contrato, é seu direito particular, e não confere ao marido mais poder sobre a vida dela que a ela sobre a dele. O *poder do marido* está tão longe do de um monarca absoluto que a *esposa* tem, em muitos casos, liberdade para *separar-se* dele, se o direito natural ou o contrato entre eles o permitir, seja este contrato celebrado entre eles no estado de natureza, seja segundo os costumes e as leis do país em que vivem; e, no evento de tal separação, os filhos ficarão com o pai ou com a mãe, conforme determine o contrato.

83. Pois, devendo todos os fins do *matrimônio* ser atingidos tanto sob o governo político quanto no estado de natureza, o magistrado civil não limita o direito ou o poder de um ou outro naturalmente necessários para tais fins, a saber, a procriação e o apoio e o auxílio mútuos enquanto estiverem juntos, mas apenas decide acerca de qualquer controvérsia que a respeito deles possa surgir entre marido e mulher. Fosse de outro modo e a soberania absoluta e o poder de vida e morte pertencessem naturalmente ao marido e fossem *necessários para a sociedade entre marido e mulher*, não poderia haver matrimônio nos países em que não se permitisse ao marido essa autoridade absoluta. Porém, como os fins do matrimônio não exigem que o marido esteja investido de tal poder, a condição da *sociedade conjugal* não lho concede, por não ser de modo algum necessário para esse estado. A *sociedade conjugal* pode subsistir e alcançar seus fins sem ele; mais ainda, a comunidade de bens e o poder sobre estes, a assistência mútua, o sustento e outros aspectos relativos à *sociedade conjugal* podem variar e ser regulados por esse contrato que une o marido e a mulher nessa sociedade, enquanto isso for coerente com a procriação e a formação dos filhos até que estes possam prover às pró-

prias necessidades[1], nada sendo necessário a nenhuma sociedade que não seja necessário aos fins para o qual ela foi formada.

84. A *sociedade entre pais e filhos* e os distintos direitos e poderes que lhes cabem respectivamente foram por mim tratados com extensão no capítulo precedente[1], de modo que nada terei de dizer aqui. E penso que está claro ser ela bem diferente de uma sociedade política.

85. *Senhor e servidor* são nomes tão antigos quanto a própria História, mas aplicados a pessoas de condição bem diferente; pois um homem livre faz-se servidor de outro vendendo-lhe por um certo tempo o serviço que se dispõe a fazer em troca da remuneração que deverá receber; e embora isso de hábito o introduza na família de seu senhor e o submeta à disciplina ali vigente, cabe ao senhor um poder apenas temporário sobre ele, e não maior que o estabelecido no *contrato* entre ambos. Há, porém, outro tipo de servidores, a que por um nome peculiar chamamos *escravos*, os quais, por serem prisioneiros capturados em uma guerra justa, estão, pelo direito de natureza, sujeitos ao domínio absoluto e poder arbitrário de seu senhor. Tendo esses homens, tal como digo, perdido o direito à vida e com ela as liberdades, bem como suas propriedades, e estando no estado de escravidão, não sendo capazes de posse nenhuma, não podem pois ser considerados parte da *sociedade civil*, uma vez que o principal fim desta é a preservação da propriedade[1].

....
§ 83   1. Trecho reescrito para a 2ª edição, com pouca mudança de sentido, salvo a introdução da referência à "comunidade de bens".
§ 84   1. "Capítulo precedente" – o capítulo VI; ver nota em II, § 77 (capítulo VII).
§ 85   1. Sobre a escravidão, comparar com II, § 24 e referências. Aqui, Locke acrescenta a ideia de que os escravos estão à margem da sociedade civil. Não se pode esquecer que os "servidores" mencionados neste parágrafo incluíam várias categorias atualmente classificadas como trabalhadores agrícolas ou in-

86. Consideremos, portanto, o *chefe de uma família* com todas essas relações subordinadas de *esposa, filhos, servidores* e *escravos*, unidas sob o governo doméstico de uma família; e quaisquer que sejam as semelhanças que possa ter, em sua ordem, ofícios e também em número, com uma pequena sociedade política, está muito longe de sê-lo, tanto em sua constituição como em seu poder e seu fim; ou, caso se considere a ela como uma monarquia, e ao *pater familias* o seu monarca absoluto, a monarquia absoluta terá apenas um *poder* muito fragmentado e restrito, pois é evidente, conforme foi dito antes, que o *chefe da família* tem um *poder* muito diferente e diversamente limitado, tanto em relação ao tempo como à extensão sobre as várias pessoas que dele fazem parte; pois, com exceção do escravo (e a família é tão família, e o poder dele como *pater familias* é igualmente grande, haja ou não nela quaisquer escravos), ele não tem nenhum poder legislativo de vida e morte sobre nenhum dos membros da família, e nenhum a mais que o que a *senhora da família* poderia ter em igualdade com ele. E com certeza não pode ter um poder absoluto sobre toda a *família* aquele que tem apenas um poder limitado sobre cada indivíduo que dela faz parte. De que maneira, porém, uma *família*, ou qualquer outra sociedade de homens, difere do que é propriamente chamado *sociedade política* se perceberá melhor ao considerarmos em que consiste a própria sociedade política[1].

....

dustriais, e o fato de Locke e todos os seus contemporâneos considerarem-nos sob autoridade doméstica revela a existência de pressupostos sociais muito diferentes; comparar com II, § 69 ("aprendiz").

§ 86 1. Sobre este parágrafo, comparar com a *Terceira carta sobre a tolerância* (*Works*, 1801, VI, 213). A unidade doméstica descrita pode ser prontamente reconhecida como a que predominava nos tempos de Locke por todo o mundo de língua inglesa – ver Laslett e Wall, 1972. É notável que a presença de um escravo fosse tida como uma característica usual de tais grupos familiares.

87. Tendo o homem nascido, tal como se provou, com título à liberdade perfeita e a um gozo irrestrito de todos os direitos e privilégios da lei da natureza, da mesma forma que qualquer outro homem ou grupo de homens no mundo, tem ele por natureza o poder não apenas de preservar sua propriedade, isto é, sua vida, liberdade e bens[1] contra as injúrias e intentos de outros homens, como também de julgar e punir as violações dessa lei por outros, conforme se convença merecer o delito, até mesmo com a morte, nos casos em que o caráter hediondo do fato, em sua opinião, assim exija. Mas, como nenhuma *sociedade política* pode existir ou subsistir sem ter em si o poder de preservar a propriedade e, para tal, de punir os delitos de todos os membros dessa sociedade, apenas existirá *sociedade política* ali onde cada qual de seus membros renunciou a esse poder natural, colocando-o nas mãos do corpo político em todos os casos que não o impeçam de apelar à proteção da lei por ela estabelecida. E assim, tendo sido excluído o juízo particular de cada membro individual, a comunidade passa a ser o árbitro mediante regras fixas estabelecidas, imparciais e idênticas para todas as partes, e, por meio dos homens que derivam sua autoridade da comunidade para a execução dessas regras, decide todas as diferenças que porventura ocorram entre quaisquer membros dessa sociedade[2] acerca de qualquer questão de direito; e pune com penalidades impostas em lei os delitos que qualquer membro tenha cometido contra a sociedade. Desse modo, é fácil distinguir quem está e quem não está em *sociedade política*. Aqueles que estão unidos em um corpo único e têm uma lei estabelecida comum e uma judicatura à qual apelar, com autoridade para decidir so-

....
§ **87** 1. "Isto é, sua vida, liberdade e bens": comparar esta definição ampliada de propriedade com I, § 9; II, §§ 57, 59, 85, 123, 131, 135, 137, 171, 173, 209, 221 e 222, e ver Introdução. Confrontar também com I, § 90.

2. Trecho reescrito para a 2ª edição.

bre as controvérsias entre eles e punir os infratores, *estão em sociedade civil* uns com os outros. Aqueles, porém, que não têm em comum uma tal possibilidade de apelo, explico-me, na Terra, vivem ainda em estado de natureza, sendo cada qual, onde não houver outro, juiz por si mesmo e executor – o que, como antes demonstrei, constitui o perfeito *estado de natureza*.

88. E, assim, a sociedade política passa a ter o poder de estabelecer qual punição, segundo seu julgamento, caberá às diversas transgressões cometidas entre os membros dessa sociedade (o que é o *poder* de *elaborar leis*), assim como tem o poder de punir qualquer dano cometido contra qualquer um de seus membros por alguém que não pertence a ela (o que é o *poder de guerra e paz*[1]), e tudo isso para a conservação da propriedade de todos os membros dessa sociedade, tanto quanto seja possível. Mas embora todo homem que entrou numa sociedade civil e se tornou membro de qualquer corpo político tenha renunciado, com isso, a seu poder de punir os delitos contra a lei da natureza segundo seu juízo particular, ele[2], juntamente com o julgamento dos delitos que colocou nas mãos do legislativo em todos os casos em que possa apelar para o magistrado, também cedeu ao corpo político o direito de usar a força dele para a execução dos julgamentos desse mesmo corpo político, sempre que seja ele convocado para tal. Julgamentos estes que, na verdade, são seus próprios, tendo sido pronunciados por ele mesmo ou por seu representante[3]. Temos aqui a origem

---

§ **88** 1. Os dois poderes definidos entre parênteses constituem nova alusão às marcas da soberania; ver II, § 11 e referências.

2. Elrington (1798) critica severamente esse trecho por deixar facultativa, aos homens, a renúncia de seu poder em favor da autoridade política.

3. Passagem utilizada por Kendall para demonstrar o "coletivismo" de Locke, juntamente com II, § 120; ver nota ali e, sobre o "representante", em II, § 151.

dos poderes *legislativo* e *executivo* da sociedade civil, que julgam, segundo as leis vigentes, em que medida devem ser punidos os delitos cometidos no seio do corpo político e também determinam, mediante julgamentos ocasionais baseados nas atuais circunstâncias presentes no fato, em que medida as injúrias externas deverão ser vingadas; e em ambos os casos empregam a força integral de todos os membros quando houver necessidade.

89. Portanto, sempre que qualquer número de homens estiver unido[1] numa sociedade de modo que cada um renuncie ao poder executivo da lei da natureza e o coloque nas mãos do público, então, e somente então, haverá uma *sociedade política ou civil*. E tal ocorre sempre que qualquer número de homens no estado de natureza entra em sociedade para formar um povo[2], um corpo político sob um único governo supremo, ou então quando qualquer um se junta e se incorpora a qualquer governo já formado. Pois, com isso, essa pessoa autoriza a sociedade ou, o que vem a ser o mesmo, o legislativo desta a elaborar leis em seu nome segundo o exija o bem público, a cuja execução sua própria assistência (como se fossem decretos de sua própria pessoa) é devida. E isso *retira os homens* do estado de natureza e os coloca no de uma *sociedade política*, estabelecendo um juiz na Terra, investido de autoridade para resolver todas as controvérsias e reparar os danos que possam advir a qualquer membro dessa sociedade – juiz este que é o legislativo ou os magistrados por ele nomeados. E sempre que qualquer número de homens, seja qual for sua maneira de associação, não tiver recurso a um tal poder decisivo

....
§ 89 1. "Homens estiver unido" – na 1ª edição é utilizado o modo ativo "homens unirem-se".
  2. Primeira ocorrência da palavra "povo" – cf. Polin, 1960, 156.

de apelo, tais homens se encontrarão ainda no estado de natureza[3].

90. Fica, portanto, evidente que a *monarquia absoluta*, que alguns[1] consideram o único governo no mundo, é de fato *incompatível com a sociedade civil*, e portanto não pode ser, de modo algum, uma forma de governo civil. Pois sendo o fim da *sociedade civil* evitar e remediar aquelas inconveniências do estado de natureza que necessariamente decorrem do fato de cada homem ser juiz em causa própria, estabelecendo uma autoridade notória à qual cada membro dessa sociedade possa apelar, a todo dano recebido ou a qualquer controvérsia surgida, e a que cada um deve obedecer(*)[2]; sempre que houver pessoas desprovidas de uma tal autoridade à qual apelar para a decisão de quaisquer diferenças entre elas, essas pessoas se encontrarão ainda no *estado de natureza*, do mesmo modo qualquer *príncipe absoluto* em relação àqueles que estiverem sob o seu domínio.

91. Pois supondo-se que ele enfeixe tudo, tanto o poder legislativo como o executivo, unicamente em si pró-

(*) O poder público de toda sociedade está acima de cada alma nela contida, e o uso principal de tal poder é outorgar leis a todos quantos sob ele estejam, leis estas a que em tais casos devemos obediência, a menos que seja demonstrada alguma razão pela qual necessariamente a lei da razão ou de Deus determine o contrário (Hooker, *Pol. ecl.*, L. 1, Sec. 16).

....

3. Locke fala aqui do poder legislativo, quando seria de se esperar que se referisse ao judiciário; comparar com II, § 88, e Introdução. Será proveitoso confrontar o parágrafo todo com o *Leviatã*, de Hobbes, capítulo 18.

§ 90 1. "Alguns", ou seja, Filmer e seus seguidores, mas seguramente não Hobbes, para quem a monarquia não era, decididamente, a única forma de governo. Ver II, § 77 (capítulo VII).

2. Número remissivo da citação de Hooker inserido pelo editor; ver a nota em II, § 74. Trecho à p. 353 da edição de Keble das obras de Hooker, 1836, I, e pp. 101-2 da edição de 1676 utilizada por Locke, ligeiramente modificado na presente transcrição.

prio, não existirá nenhum juiz nem haverá apelo algum possível para qualquer pessoa, capaz de decidir com equidade, imparcialidade e autoridade, e de cuja decisão se possa esperar alívio e reparação por qualquer injúria ou inconveniência causados pelo príncipe ou por ordem deste. De maneira que um homem assim, seja como for denominado, *czar*, *grão-senhor* ou como se queira, encontra-se tanto *em estado de natureza* com respeito a todos aqueles sob seu domínio quanto com respeito ao resto da humanidade. Pois sempre que houver dois homens que não tenham uma regra estabelecida e um juiz comum a quem apelar na Terra, para determinar as controvérsias de direito entre eles, esses homens se encontrarão no *estado de natureza* e sob todos os inconvenientes deste(*)[1], apenas com esta infeliz diferença para o súdito, ou antes, escravo, de um príncipe absoluto: enquanto no estado de natureza ordinário tem ele a liber-

(*) Para eliminar todos esses mútuos agravos, injúrias e males, ou seja, tais como assediam os homens no estado de natureza, não tiveram eles outro meio a não ser entrar em combinação e acordo entre si, estabelecendo algum tipo de governo público e sujeitando-se a ele, ao qual concederam autoridade para mandar e governar, a fim de obterem paz, tranquilidade e uma condição feliz para todos os demais. Os homens sempre souberam que, onde a força e a injúria se apresentam, podem defender a si mesmos. Sabiam que, por mais que os homens busquem a própria comodidade, se tal acarretasse prejuízo aos demais, não poderia ser suportado por todos, que resistiriam a tal com todos os meios válidos a seu dispor. Finalmente, sabiam que homem algum poderia com razão chamar a si a determinação de seu próprio direito, e passar a sustentá-lo de acordo com sua própria determinação, na medida em que cada um é parcial para consigo mesmo e para com aqueles a quem dedica grande afeto. Por conseguinte, as lutas e os problemas seriam infindáveis se não dessem seu consentimento comum a que tudo fosse ordenado por alguns, sobre os quais concordariam, sem o qual consentimento não haveria razão para que um chamasse a si senhor ou juiz de outro. (Hooker, *Pol. ecl.*, L. I, Sec. 10.)

....

§ 91 1. Número remissivo da citação de Hooker inserido pelo editor; ver nota em II, § 74. Ver *Hooker*, edição de Keble, 1836, I, p. 302, e a edição de 1676 utilizada por Locke, p. 86, ligeiramente modificada. Comparar com o tratado inglês de 1660 e nota de Abrams: Polin, 1961, 105.

dade de julgar seu próprio direito e, de acordo com o que estiver a seu alcance, sustentá-lo, neste caso, sempre que sua propriedade for invadida por vontade ou ordem de seu monarca, ele não só não tem a quem apelar, tal como devem ter os que vivem em sociedade, mas é como se fosse degradado do estado comum das criaturas racionais, sendo-lhe negada a liberdade de julgar e defender seu próprio direito, de modo que fica exposto a todas as misérias e inconvenientes que um homem possa temer por parte de alguém que, além de encontrar-se num estado irrestrito de natureza, é ainda corrompido pela adulação e está armado com o poder.

92. Pois aquele que pensa que o *poder absoluto purifica o sangue dos homens* e corrige a baixeza da natureza humana precisa apenas ler a história desta ou de qualquer outra época para convencer-se do contrário. Aquele que tivesse sido insolente e injurioso nas florestas da *América* provavelmente não seria muito melhor, num trono, onde talvez o saber e a religião sejam usados para justificar tudo quanto ele faça aos súditos, com a espada[1] silenciando de pronto a todos quantos se atrevam a questionar tal situação. Vê-se facilmente o que é a *proteção da monarquia absoluta*, em que espécie de pais de suas pátrias converte seus príncipes e a que grau de felicidade e segurança conduz a sociedade civil, onde quer que este tipo de governo tenha atingido a perfeição, quando se examina a recente relação sobre o Ceilão[2].

....
§ 92 1. Costuma-se supor que essa condenação do poder absoluto se dirija contra Hobbes (por exemplo, *Leviatã*, capítulo 18, 1904, p. 128), mas ela é igualmente apropriada contra Filmer – sendo que a expressão "pais de suas pátrias" confirma que era o monarca patriarcal e absoluto de Filmer que Locke tinha em mente.
   2. *Relato histórico da ilha do Ceilão*, de Robert Knok, 1680, adquirido por Locke em 29 de agosto de 1681; ver Introdução.

93. Nas *monarquias absolutas*, com efeito, bem como em outros governos do mundo, os súditos podem apelar à lei e a juízes para decidir quaisquer controvérsias e conter toda violência que possa ocorrer entre os próprios súditos. Todos julgam tal recurso necessário e acreditam que mereça ser tido por um inimigo declarado da sociedade e do gênero humano quem pretenda eliminá-lo. Mas há razões para duvidar de que isso se deve a um verdadeiro amor pela humanidade e pela sociedade ou à caridade que devemos todos uns aos outros. Pois não é mais que aquilo que todo homem que preza seu próprio poder, lucro ou grandeza pode e naturalmente deve fazer para impedir que se firam ou se destruam os animais que trabalham e labutam apenas para o prazer e a vantagem dele mesmo, os quais são, portanto, cuidados, não por algum amor que o senhor nutra por eles, mas por amor deste a si mesmo e ao lucro que lhe proporcionam[1]. Pois se quisermos saber que segurança, que defesa existe em tal estado *contra a violência e a opressão deste governante absoluto*, nem mesmo poderá ser formulada essa pergunta. Estarão prontos a dizer-nos que é merecedor de morte o simples indagar pela segurança. Entre súdito e súdito, concederão, deve haver medidas, leis e juízes para sua paz e segurança mútuas. Quanto ao *governante*, porém, deve ser *absoluto*, e está acima de todas essas circunstâncias. Porque tem ele poder para causar mais danos e males, está certo quando assim procede. Perguntar como é possível proteger-se contra males e injúrias da parte em que a mão mais forte os causará é levantar a voz da dissensão e da rebelião, como se, quando os homens, ao abandonarem o estado de natureza para entrar em sociedade, houvessem concordado em que todos eles, menos um, deveriam colocar-se sob as restrições das leis, e que

---

§ 93   1. Comparar essas duas sentenças com I, § 156, nota e referências.

este um conservaria ainda toda a liberdade do estado de natureza, acrescida do poder e tornada licenciosa pela impunidade. Tal equivale a considerar os homens tolos o bastante para tomarem o cuidado de evitar os prejuízos que possam cometer os *furões* ou as *raposas*, mas contentarem-se e ainda julgarem seguro ser devorados por *leões*[2].

94. Mas o que quer que digam os aduladores para confundir o entendimento das pessoas, tal não impedirá que os homens sintam; e quando eles percebem que qualquer homem, seja qual for sua posição, está fora dos limites da sociedade civil de que fazem parte e que não têm eles a quem apelar na Terra contra qualquer malefício que dele possam receber, cabe que se julguem em estado de natureza com relação a ele, a quem constatam estar nesse estado, e que, logo que possam, tomem providências para obter a *segurança e a salvaguarda na sociedade civil*, para as quais esta foi instituída e sendo esse o motivo pelo qual nela entraram[1]. E, portanto, embora talvez no início (como será demonstrado com mais detalhes na parte seguinte deste discurso[2]) algum homem bom e excelente, tendo obtido uma preeminência entre os demais, tivesse tal deferência prestada à sua bondade e virtude como a uma espécie de autoridade natural que o mando principal, com a arbitragem das diferenças deles,

---

2. Todo este parágrafo, e particularmente esta última declaração (comparar com II, § I), são citados frequentemente como um julgamento de Hobbes por Locke; ver, por exemplo, Gough, 1950, 36. Talvez isso se deva à insistência de Hobbes em que a ideia da não sujeição da soberania à lei conduziria à dissolução da sociedade civil; ver *Leviatã*, capítulo 29. Contudo, parece bem mais provável que se refira a Filmer, que sustenta repetidas vezes que "um rei sujeito à lei não é governo algum", edição de Laslett, 304. Locke tece uma afirmação semelhante em linhas gerais, no seu primeiro *Ensaio sobre a lei da natureza*; Von Leyden, 1954, 118-9.

§ 94 1. A primeira menção ao revolucionismo; comparar com II, §§ 168, 210.

2. Possivelmente o autor se refere aos §§ 105-12 (ver Seliger, 1968, 249) ou mesmo ao capítulo XIV, "Da prerrogativa".

passasse, por consentimento tácito, às suas mãos, sem nenhuma outra precaução além da garantia que tinham de sua probidade e sabedoria; e no entanto, quando o tempo, conferindo a autoridade e (segundo gostariam de convencer-nos alguns homens) caráter sagrado aos costumes a que a inocência negligente e imprevidente dos primeiros tempos dera início, trouxe sucessores de outro feitio, as pessoas, não vendo suas propriedades em segurança sob o governo tal como então era (conquanto tenha o governo não outro fim além da preservação da propriedade[3]), não puderam mais sentir-se seguras ou tranquilas, e tampouco considerar-se em *sociedade civil* até que a legislatura[4] fosse depositada em corpos coletivos de homens, sejam estes chamados Senado, Parlamento ou o que bem nos aprouver(*)[5]. Desse modo,

(*) No início, uma vez estabelecido algum tipo de regimento, é possível que nada mais então se houvesse cogitado acerca da maneira de governar, mas tudo fosse permitido à sabedoria e discernimento daqueles que deveriam governar, até que a experiência mostrou a grande inconveniência de tal para ....

3. Temos aqui a mais enfática afirmação por Locke da conservação da propriedade como sendo a meta do governo, muito embora possa tratar-se de uma interpolação posterior: ver a discussão na Introdução, em especial p. 148 e referências. Tyrrell, como lhe é característico, afirma uma tese parecida no contexto de uma discussão prévia: "Espero que essa grande dificuldade, a qual intrigou alguns teólogos, acerca do que é *anterior na natureza*, se a propriedade ou o governo civil, esteja agora dissipada, porquanto é manifesto que a propriedade, quer no sentido da aplicação das coisas naturais para o uso de homens particulares, quer como o acordo geral de muitos homens quanto à divisão de um território ou reino, deve preceder o governo, que tem por uma de suas principais metas manter o domínio ou propriedade previamente determinados mediante acordo" (1681, 2ª paginação, 116).

4. "Legislatura": termo modificado por Locke (inicialmente "legislativo"). Significa o poder de elaborar leis e não o corpo elaborador de leis; comparar com II, §§ 153 e 154.

5. Número remissivo da citação de Hooker inserido pelo editor; ver nota em II, § 74; *Hooker* na edição de Keble, 1836, i, 304-5; a edição de Locke, 1676, 86-7, um pouco depois do trecho apresentado na nota em II, § 74. Merece ser assinalado que o mesmo trecho reaparece na nota em II, § 111.

cada pessoa ficou sujeita, igualmente com os homens de mais baixa condição, a essas leis que ela mesma, como parte do legislativo, estabelecera; não poderia qualquer pessoa, por sua própria autoridade, evitar a força da lei uma vez promulgada nem, por qualquer alegação de superioridade, pleitear isenção, para com isso sancionar seus próprios desvios ou os de seus dependentes. *Nenhum homem, na sociedade civil, pode estar isento de suas leis*(*)⁶. Pois se qualquer homem puder agir conforme lhe pareça adequado e não houver sobre a Terra a quem apelar, em busca de reparação ou de segurança, contra quaisquer malefícios que ele causar, pergunto se não se encontraria ainda no estado de natureza, não podendo, portanto, ser *parte ou membro dessa sociedade civil*, a menos que alguém alegue que o estado de natureza e a sociedade civil são uma e a mesma coisa, o que nunca encontrei nenhum patrono tão grande da anarquia que afirme.

---

todas as partes, de modo que aquilo que haviam concebido como remédio em verdade apenas agravava o mal que deveria curar. Perceberam que viver segundo a vontade de um único homem convertera-se na causa da miséria de todos os homens. Isso obrigou alguns deles a adotar leis pelas quais todos os homens pudessem conhecer antecipadamente seu dever e as penalidades decorrentes de sua transgressão (Hooker, *Pol. ecl.*, L. I, Sec. 10).

(*) Sendo a lei civil um ato de todo o corpo político, prevalece, por essa mesma razão, sobre cada uma das diversas partes desse mesmo corpo (Hooker, *ibid.*).

....

6. Número remissivo inserido da mesma forma que o anterior; Keble, 314; 1676, 90, uma ligeira variante. Elrington, 1798, compara o trecho em questão e a referência de Locke ao mesmo com II, § 12, e reclama que conduza clara e diretamente ao governo por vontade do povo. Seguramente essa passagem implica que "os homens de mais baixa condição" tenham propriedade e, portanto, personalidade política.

CAPÍTULO VIII[1]
Do início das sociedades políticas

95. Sendo todos os homens, como já foi dito, naturalmente livres, iguais e independentes, ninguém pode ser privado dessa condição[2] nem colocado sob o poder político de outrem sem o seu próprio *consentimento*. A única maneira pela qual uma pessoa qualquer pode abdicar de sua liberdade natural e *revestir-se dos elos da sociedade civil* é concordando com outros homens em juntar-se e unir-se em uma comunidade, para viverem confortável, segura e pacificamente uns com outros, num gozo seguro de suas propriedades e com maior segurança contra aqueles que dela não fazem parte. Qualquer número de homens pode fazê-lo[3], pois tal não fere a liberdade dos demais, que são deixa-

....
§ **95** 1. Este capítulo, sem dúvida alguma, formava parte da crítica original a Filmer, cujas posições são citadas e cuja linguagem é parafraseada; ver notas em II, §§ 95, 98, 101, 103, 112, 114 etc.; comparar com nota em II, § 77, capítulo VII. Entretanto, parece possível que os §§ 100-22 não pertençam à redação original, mas tenham sido acrescentados um pouco mais tarde, após a redação do *Primeiro tratado*, talvez no verão de 1681, quando, ao que parece, Locke teria incluído as citações de Hooker (ver nota em II, § 111), ou mesmo depois disso. Os indícios nessa direção são o fato de que o § 132 pareça seguir-se ao 99, e de que o capítulo IX (§§ 123-31) seja um acréscimo ainda mais tardio, talvez de 1689; ver nota ali. Não há provas de que qualquer parte deste capítulo VIII tenha sido escrita em 1689, embora seja possível, é claro, que tais descontinuidades tenham surgido em decorrência de um remanejamento bem mais radical do texto ocorrido, talvez, naquele ano.

2. "Dessa condição" – na terceira impressão, não alterada por Locke no exemplar-padrão de Christ Church, lê-se "sua condição" – corrigida pelo presente editor, com o aval das edições posteriores.

3. Aqui temos contraditada uma tese bem típica de sir Robert Filmer (ver Laslett, 1949), e é contra Filmer que são formulados os argumentos de Locke sobre a maioria. Embora seja tentador confrontá-los com o célebre parágrafo de Hobbes acerca da "geração de uma sociedade política" (*Leviatã*, capítulo 17, 1904, pp. 118-9), era Filmer, e não Hobbes quem Locke tinha em mente.

dos, tal como estavam, na liberdade do estado de natureza. Quando qualquer número de homens *consentiu desse modo em formar uma comunidade ou governo*, são, por esse ato, logo incorporados e formam *um único corpo político*, no qual a *maioria* tem o direito de agir e deliberar pelos demais[4].

96. Pois quando um número qualquer de homens formou, pelo consentimento de cada indivíduo, uma *comunidade*, fizeram eles de tal comunidade, dessa forma, um corpo único, com poder de agir como um corpo único, o que se dá apenas pela vontade e determinação da *maioria*. Pois sendo aquilo que leva qualquer comunidade a agir apenas o consentimento de seus indivíduos, e sendo necessário àquilo que é um corpo mover-se numa certa direção, é necessário que esse corpo se mova na direção determinada pela força predominante, que é o *consentimento da maioria*; do contrário, torna-se impossível que aja ou se mantenha como um corpo único, uma *comunidade única*, tal como concordaram devesse ser os indivíduos que nela se uniram – de modo que todos estão obrigados por esse consentimento a decidir pela *maioria*. E, portanto, vemos que, nas assembleias que têm poder para agir segundo leis positivas em que nenhum número é fixado por essa lei positiva que lhes confere o poder, *o ato da maioria* passa por ato do todo e, é claro, determina, pela lei da natureza e da razão, o que é o poder do corpo inteiro[1].

....
Elrington (1798) objeta que não está em questão o que os homens podem fazer, mas o que estão sob "uma direta obrigação", uma obrigação moral, de fazer, e contesta a tese lockeana das maiorias, alegando que o raciocínio numérico é fantasioso. O fundamento do direito, para ele, reside no poder.

4. Para uma análise exaustiva dessa passagem, por ele considerada a mais concisa das profissões "de fé dos democratas que acreditam na lei da maioria", ver Kendall, 1941, capítulo VII.

§ 96 1. A relação genérica entre as concepções de Locke e as de George Lawson aparece claramente na semelhança do conteúdo, embora com argu-

97. Por conseguinte, todo homem, ao consentir com outros em formar um único corpo político sob um governo único, assume a obrigação, perante todos os membros dessa sociedade, de submeter-se à determinação da *maioria* e acatar a decisão desta. Do contrário, esse *pacto original*, pelo qual ele, juntamente com outros, se incorpora a *uma sociedade*, não teria nenhum significado e não seria pacto algum, caso ele fosse deixado livre e sob nenhum outro vínculo além dos que tinha antes no estado de natureza. Pois que aparência haveria de qualquer pacto? Que novo compromisso, se ele não estivesse mais vinculado, a quaisquer decretos dessa sociedade que o que julgasse conveniente e nos quais consentisse? Tal liberdade seria ainda tão grande como a que ele dispunha antes do pacto e como tem qualquer um no estado de natureza, que pode submeter-se e consentir a quaisquer atos que julgar conveniente[1].

98. Pois[1] se *o consentimento da maioria* não for aceito pela razão como um *ato do todo* a deliberar por cada indivíduo, nada, a não ser o consentimento de cada indivíduo, pode fazer de qualquer coisa um ato de todos. Mas tal consentimento é quase impossível de se obter se considerar-

....

mentações totalmente diversas, da atitude de ambos com respeito ao princípio da maioria. Em seu *Exame de Hobbes*, 1657, Lawson afirma que, em todas as assembleias e sociedades, a parte majoritária delibera e determina pelo todo, a fim de evitar a confusão e a discordância, e preservar a ordem (p. 25). É bem possível que uma fonte comum para as concepções de ambos, bem como as de Tyrrell, tenha sido a análise sobejamente conhecida de Grócio, em *De Jure Belli*, Prolegomena (1712, p. x), e II, V, 17.
§ 97   1. O efeito, se não o sentido da fraseologia do presente parágrafo, se assemelha muito ao do *Leviatã*, de Hobbes, capítulo XVIII, intitulado "Homem algum pode, sem cometer uma injustiça, protestar contra a Instituição da Soberania declarada pela parte majoritária" (1904, 122). Ver nota em II, § 98.
§ 98   1. Parágrafo amplamente modificado por Locke no exemplar de Christ Church, embora não chegando a alterar-lhe o sentido.

mos as enfermidades de saúde e as ocupações de negócios, que em certo número, embora bem menos que numa sociedade política, necessariamente manterão muitos afastados das assembleias públicas. Ao que, se acrescentarmos a variedade de opiniões e a oposição de interesses que inevitavelmente se apresentam em todas as reuniões de homens, o ingresso em sociedade em tais termos seria tão somente como a entrada de *Catão* no teatro, apenas para tornar a sair[2]. Uma tal constituição faria o poderoso *Leviatã* durar menos que a mais frágil das criaturas, e não viveria ele além do dia de seu nascimento[3]. Não se pode supor, tanto quanto sabemos, que criaturas racionais desejariam constituir sociedades apenas para serem dissolvidas. Pois, quando a *maioria* não pode decidir pelos demais, não pode agir como um corpo único e, consequentemente, tornará de pronto a ser dissolvida.

99. Deve-se entender, portanto, que todos aqueles que abandonam o estado de natureza para se unirem a uma *comunidade* abdicam, em favor da *maioria* da comunidade, a todo o poder necessário aos fins pelos quais eles se uni-

....
2. Marcial, *Epigrammaton*, I, Pref.:
"Cur in theatrum, Cato severe, venisti,
An ideo tantum veneras, ut exires?"
Um episódio bastante conhecido de Catão de Utica; informação do sr. E. J. Kenney.
3. Uma deliberada alusão à linguagem de Hobbes, claramente sarcástica e que não pretende constituir uma crítica à doutrina do *Leviatã* e tampouco a qualquer trecho em particular dessa obra; ver Introdução, p. 103. Locke e Hobbes concordavam quanto à necessidade de que o consentimento da maioria fosse tomado como ato do todo, e era Filmer quem o negava; ver passagens citadas na nota em II, § 95. A defesa lockeana do princípio da maioria, contra Filmer, deve ser julgada insatisfatória, pois Locke responde ao desafio de provar, "por alguma lei da natureza, que a parte majoritária tem o poder de governar a multidão" (Filmer, 82), com a mera afirmação de que isso ocorre "pela lei da natureza e da razão" (II, § 96); comparar com Allen, 1928.

ram à sociedade, a menos que tenham expressamente concordado em qualquer número superior à maioria. E isso ocorre simplesmente pela concordância em *unir-se em uma sociedade política, em que consiste todo pacto* existente, ou que deve existir, entre os indivíduos que ingressam num *corpo político* ou o formam. Por conseguinte, o que inicia e de fato *constitui qualquer sociedade política* não passa do consentimento de qualquer número de homens livres capazes de uma maioria no sentido de se unirem e incorporarem a uma tal sociedade. E é isso, e apenas isso, que dá ou pode dar *origem* a qualquer *governo legítimo* no mundo.

100. Duas objeções[1], ao que vejo, se fazem ao que foi exposto acima: em primeiro lugar, *que na história não se encontram exemplos de um agrupamento de homens independentes e iguais entre si que se tenham reunido e, desse modo, iniciado e estabelecido um governo.*

Em segundo lugar, *que é por direito impossível que os homens assim procedessem, pois, tendo nascido todos eles sob um determinado governo, a ele devem submeter-se e não têm liberdade para iniciar outro*[2].

101. À primeira objeção cabe a seguinte resposta[1]: não é absolutamente de se estranhar que a *História* nos apre-

---

§ **100** 1. É possível que os parágrafos, deste até o de número 131, tenham sido acrescentados após a composição original, talvez em 1681, pois o 132 parece seguir-se diretamente ao 99. Ver nota em II, §§ 95 (cap. VIII), 101, 111, 123 (cap. IX) e 132 (cap. X).

2. Ver II, § 112. Ambas as óbvias objeções aqui registradas ocorrem em Filmer, por exemplo em 81 e 232.

§ **101** 1. Tem início neste parágrafo a resposta mais completa acerca da efetiva existência de um estado de natureza que precedesse o estabelecimento das sociedades civis, sugerida em II, § 14. Parece possível que, em 1681, Locke tenha decidido elaborar sua argumentação a esse respeito, razão pela qual teria ampliado seu texto neste ponto – ver nota em II, § 100 e referências.

sente apenas um relato muito breve acerca dos homens *que viviam juntos em estado de natureza*. Os inconvenientes de tal condição, e o amor e a falta de sociedade fizeram que, tão logo se reuniam alguns deles, prontamente eles se uniam e constituíam um corpo, se pretendiam continuar juntos. E se é possível supormos que os homens jamais tenham vivido *no estado de natureza* porque não ouvimos falar muito deles em semelhante estado, podemos igualmente supor que os soldados dos exércitos de *Salmanasser*[2] ou de *Xerxes* nunca foram crianças, porque muito pouco ouvimos falar deles antes que fossem homens e estivessem incorporados em exércitos. O governo é, por toda parte, anterior aos registros[3], e raramente a escrita se introduz num povo antes que um longo período de sociedade civil tenha provido, por outras artes mais necessárias, segurança, conforto e abundância. E então começam os povos a estudar a história de seus *fundadores* e a procurar suas *origens*, após terem sobrevivido à lembrança de tais fatos – pois passa-se com as comunidades o mesmo que com as pessoas particulares, que costumam *ignorar seu próprio nascimento e infância*. E, caso saibam alguma coisa a respeito de suas origens, obtiveram-na em registros acidentais que outros mantiveram. E os que possuímos acerca do início de quaisquer políticas no mundo, com exceção da dos *hebreus*, em que o próprio Deus interferiu diretamente e não favorece em absoluto o domínio paterno, são todos exemplos claros de um início tal como o que mencionei ou, pelo menos, têm manifestos vestígios do mesmo[4].

....
2. "Salmanasser" – o conquistador assírio (século IX a.C.); "Xerxes" – o conquistador persa (derrotado em Salamina em 480 a.C.).

3. Comparar com I, §§ 144 e 145.

4. Estas frases demonstram que Locke tinha em mente Filmer, sendo que a expressão "manifestos vestígios" é do próprio (60), sendo ridicularizada em I, § 150.

102. Revela uma estranha inclinação a negar a evidência dos fatos, quando não concordam com sua hipótese, aquele que não admite que o início de *Roma* ou de *Veneza*[1] deu-se mediante a união de vários homens livres e independentes uns dos outros, entre os quais não havia nenhuma superioridade ou sujeição naturais. E se pudermos aceitar a palavra de *José Acosta*, ele nos diz que em muitas partes da *América* não havia absolutamente nenhum governo. *Há grandes e manifestos indícios*, diz ele, *de que esses homens*, referindo-se àqueles do *Peru, por muito tempo não conheceram nem reis nem sociedades políticas, mas viviam em tropas, como fazem hoje em dia* na Flórida *os* cheriquanas, *os do* Brasil *e de muitas outras nações que não têm reis determinados, mas, conforme se lhes ofereça a ocasião na guerra ou na paz, escolhem seus capitães como lhes agradar* (L I, c. 25)[2]. Se for dito que ali todo homem nascia sujeito ao pai[3] ou ao chefe da família, e que a sujeição de um filho ao pai não lhe tirava a liberdade de unir-se à sociedade política que julgasse conveniente, tal já foi provado. Mas, seja como for, esses homens, evidentemente, eram de fato *livres* e qualquer que seja a superioridade que alguns políticos atribuiriam hoje a qualquer deles, eles mesmos não a alegavam, mas eram, por consentimento, todo *iguais*, até que, pelo mesmo consentimento, estabeleceram governantes. De modo que todas as suas *sociedades políticas tiveram início* a partir de uma união voluntária e no mútuo acordo de homens que agiam livremente na escolha de seus governantes e formas de governo.

....
§ **102** 1. Locke contradiz Filmer neste ponto; ver 206 s. e 220 s.

2. Citação extraída da tradução, por Edward Grimestone, de *The naturall and morall historie of the Indies*, de Acosta, 1604, livro muito apreciado por Locke e que ele tinha em mãos em 1681. O trecho encontra-se em I, 72 da reedição de 1880. No original o nome "cheriquanas" aparece escrito com "g" – "uma tribo selvagem das florestas ao leste dos Andes".

3. Reminiscência de Filmer; ver trecho citado em nota em II, § 114.

103. E espero que se admita que todos aqueles que saíram de *Esparta* com *Palanto*[1], mencionados por *Justino* (L. 3, c. 4), eram *homens livres, independentes* uns dos outros, e estabeleceram um governo sobre si por seu próprio consentimento. Portanto, apresentei diversos exemplos tirados da História de *pessoas livres e no estado de natureza*, as quais, tendo-se juntado, incorporaram-se e *deram início a uma sociedade política*. E, se a falta de exemplos tais fosse um argumento para provar que o *governo* não começou nem poderia ter *começado* assim, suponho que seria melhor os defensores do império paterno deixarem isso de lado, em vez de o utilizarem contra a liberdade natural. Pois, se pudessem tirar da História tantos exemplos de *governos iniciados* com base no direito paterno (embora um argumento baseado no que foi, em vez de naquilo que deveria por direito ser, não tenha muita força), creio que se poderia, sem grande perigo, dar-lhes ganho de causa. Mas se me fosse permitido aconselhá-los neste caso, fariam bem em não investigar demasiado a *origem dos governos*, tal como começaram *de fato*, para não encontrarem, na base da maioria deles, algo muito pouco favorável à causa que promovem[2] e a um poder tal como o que defendem.

104. Para concluir, porém, estando a razão claramente do nosso lado quando afirmamos que os homens são naturalmente livres, e mostrando os exemplos da História que os *governos* do mundo, que começaram em paz[1], tiveram seu início apoiado nessa base e foram *formados pelo con-*

....
§ 103   1. Palanto chefiava os espartanos que fundaram a cidade de Tarento, na Itália, no século VIII a.C. O relato a respeito, de Trogo Pompeu, é conhecido apenas com base no resumo de sua história universal, elaborado por Justino no século II ou III d.C. A referência aqui provavelmente remete à edição parisiense de 1543.

2. Outra referência ao "direito paterno" defendido por Filmer e seus seguidores.

§ 104   1. Sobre a limitação dos governos iniciados em paz, ver II, § 112.

sentimento do povo, não pode haver muito espaço para dúvidas, quer sobre onde reside o direito, quer sobre qual tenha sido a opinião ou a prática da humanidade quanto ao *estabelecimento dos primeiros governos*.

105. Não negarei[1] que se olharmos para trás, tão longe quanto o permita a História, para a *origem das sociedades políticas*, vê-las-emos em geral sob o governo e a administração de um único homem. Estou disposto também a acreditar que onde quer que uma família fosse numerosa o bastante para subsistir por si mesma e continuar completa e reunida, sem misturar-se com outras, tal como sucede amiúde onde quer que haja muita terra e pouca gente, o governo teve início comumente com o pai. Pois tendo este, pela lei da natureza, o mesmo poder que todos os demais homens para punir, como julgasse conveniente, quaisquer delitos contra essa lei, poderia assim punir seus filhos transgressores mesmo quando fossem homens e houvessem saído de sua pupilagem; e muito provavelmente eles se submeteriam ao seu castigo e se juntariam todos a ele contra o infrator, dando-lhe, com isso, poder para executar suas sentenças contra qualquer transgressão, fazendo dele efetivamente o legislador e o governante de todos quantos permanecessem unidos a sua família[2]. Era ele quem merecia maior confian-

....
§ 105 1. Inicia-se com este parágrafo um trecho que se estende até o de número 112, no qual se repetem e se ampliam as concessões de Locke ao patriarcalismo; comparar com II, § 74 e nota. Também neste caso a argumentação se assemelha à de Tyrrell (por exemplo, 1681, 83 em diante) e talvez mais ainda com a de Pufendorf – ver *De Jure Naturae*, 1672, VII, i, sob o título *De Causa Impulsitiva Instituendae Civitatis*, em especial o § 5. O autor segue os passos de Edward Gee, o primeiro crítico de Filmer (1658, p. 150), nesses comentários acerca do patriarcalismo deste.

2. Elrington (1798) observa, aqui, que os homens tinham o *dever* de confiar nos chefes de família e nenhum direito arbitrário de rejeitá-los; com respeito a II, § 106, afirma que Locke não sustenta terem os homens um direito arbitrário sobre suas ações morais mais importantes.

ça dos filhos; o afeto paterno garantia-lhes a propriedade e os interesses sob os cuidados dele; e o costume de obedecer-lhe na infância tornava mais fácil submeter-se a ele que a qualquer outro. Se, portanto, precisavam de alguém que os governasse, dado que dificilmente se pode evitar um governo entre homens que vivem juntos, quem seria mais adequado para exercê-lo que aquele que era o pai comum de todos, a menos que a negligência, a crueldade ou qualquer outro desvio de mente ou corpo o tornasse inadequado para tal? Mas ou quando o pai morria e deixava um herdeiro menos adequado para o governo – por falta de idade, sabedoria, coragem ou quaisquer outros atributos –, ou quando diversas famílias se uniam e consentiam em permanecer juntas, não há dúvidas de que, em tais casos, as pessoas usavam sua liberdade natural para estabelecer aquele a quem julgassem mais adequado e mais capaz de governar a todos. Conforme o que foi dito, encontramos os povos da *América*, que (vivendo fora do alcance das espadas conquistadoras e do domínio expansionista dos grandes impérios do *Peru* e do *México*) gozavam sua liberdade natural, muito embora, *coeteris paribus*, comumente prefiram o herdeiro do rei falecido; contudo, se de qualquer modo o consideram fraco ou incapaz, deixam-no de lado e estabelecem como governante o homem mais forte e corajoso.

106. Portanto, embora olhando para trás tão longe quanto os registros nos apresentem quaisquer relatos do povoamento do mundo e da história das nações, encontremos comumente o *governo* nas mãos de um único homem, tal não invalida o que afirmo, a saber, que o *início da sociedade política* depende do consentimento dos indivíduos em juntarem-se e formarem uma única sociedade – os quais, estando assim incorporados, poderiam estabelecer a forma de governo que julgassem mais adequada. Mas, tendo isso dado aos homens ocasião para se enganarem e acharem que

por natureza o governo era monárquico e cabia ao pai, talvez não seja demasiado considerar aqui por que no início as pessoas escolhiam em geral esta forma, a qual, embora talvez a preeminência do pai pudesse ter feito surgir na instituição de alguma sociedade política, colocando, no começo, o poder em uma só mão, fica claro, contudo, que a razão para que a continuação da forma de *governo numa única pessoa* não se devia a nenhuma consideração ou respeito à autoridade paterna, uma vez que todas as pequenas monarquias, ou melhor, quase todas as *monarquias*, foram comumente em sua origem, pelo menos de vez em quando, *eletivas*[1].

107. Primeiramente, portanto, no princípio das coisas, o governo do pai sobre a infância daqueles que dele brotavam – acostumando-os ao *mando de um só homem* e ensinando-lhes que, quando fosse exercido com cuidado e habilidade, com afeto e amor por aqueles que estão sob ele – bastava para obter e conservar para os homens toda a felicidade política que buscavam através da sociedade. Não é de admirar que escolhessem e continuassem naturalmente nessa forma de governo, à qual desde a infância já haviam sido acostumados e a qual, por experiência, haviam considerado ao mesmo tempo fácil e segura. Se acrescentarmos a isso que a *monarquia*, por ser simples e muitíssimo óbvia para os homens, aos quais nem a experiência instruíra acer-

....
§ **106** 1. Comparar com II, § 132. Nas anotações referentes ao dia 25 de março de 1679 (ver Introdução, p. 47) Locke cita em seu diário, sob o título *Politia*, um trecho extraído do *Canada* de Sagard (1636: comparar com II, § 58 e nota) que trata da monarquia eletiva daquela região, que, não obstante, permitia amiúde que o filho sucedesse ao pai no trono. "A obrigação de seus reis decorre mais do consentimento e da persuasão que da compulsão, sendo o bem público a razão de sua autoridade (...) e parece ser este o estado da autoridade monárquica em sua origem toda aquela parte do mundo", escreve ele, rubricando a anotação com suas iniciais (B. M. Add. MSS.15642).

ca de formas de governo nem a ambição ou a insolência de império haviam ensinado a precaver-se contra as usurpações de prerrogativa e os inconvenientes do poder absoluto que a monarquia, em sucessão, poderia reivindicar ou trazer-lhes, não era de modo algum estranho que não se incomodassem muito em conceber métodos para restringir quaisquer exorbitâncias por parte daqueles a quem haviam conferido autoridade sobre si e para equilibrar o poder de governo depositando suas diversas partes em diferentes mãos. Não haviam eles conhecido a opressão do domínio tirânico nem lhes haviam a maneira da época ou suas posses e seu modo de vida (que lhes proporcionavam poucas ocasiões de cobiça ou ambição) dado razão alguma para temê-lo ou precaver-se contra ele; logo, não é de admirar que se colocassem sob tal forma de *governo*, que não apenas, conforme afirmei, era a mais óbvia e simples, como também mais adequada ao estado e condição em que então se achavam – que tornava mais necessária a defesa contra invasões e ataques externos –, do que o seria uma multiplicidade de leis. A igualdade de um modo de vida simples e pobre, limitando-lhes os desejos aos exíguos confins da pequena propriedade de cada um, poucas controvérsias gerava e, portanto, não se fazia necessário um grande número de leis para decidi-las e tampouco estavam privados de justiça, dado que eram poucas as transgressões e poucos os ofensores[1]. Portanto, uma vez que é impossível deixar de presumir que aqueles que estimavam tanto uns aos outros a ponto de se reunirem em sociedade tivessem uma familiaridade e amizade entre si, bem como alguma confiança mútua, somente poderiam eles temer mais aos inimigos externos do que um ao outro. Por conseguinte, não se pode supor que seu

....
§ 107 1. Frase reescrita por Locke no exemplar de Christ Church, mas com diferenças irrelevantes. O texto em questão apresenta consideráveis modificações em detalhes mínimos, quase exclusivamente em termos de pontuação.

cuidado e pensamento primordiais fosse outro senão o de como guardar-se das forças estrangeiras. Era natural, pois, que adotassem a *forma de governo* que mais se adequasse a tais fins e escolhessem o homem mais sábio e mais corajoso para conduzi-los em suas guerras e liderá-los contra seus inimigos e, principalmente, para ser seu *governante*.

108. Vemos assim[1] que os *reis* dos *índios* da *América*, que é ainda um modelo do que foram os primeiros tempos da *Ásia* e da *Europa*, quando os habitantes eram demasiado escassos para o país e a falta de pessoas e de dinheiro não dava aos homens tentação alguma de aumentar suas posses de terra nem de competir por maiores extensões de solo, são pouco mais que *generais de seus exércitos*[2]; e, embora

§ **108** 1. Comparar com II, § 49.

2. "Generais de seus exércitos" – Locke compartilhava com Tyrrell a ideia de que frequentemente o exercício do poder monárquico se originava no chefe militar, e que o domínio de tal líder poderia constituir um estágio de transição entre o estado de natureza e o de sociedade. Ver Tyrrell, 1681, 85 (os primeiros reis dos godos, vândalos e de "nossos saxões") e 92-3, onde trata dos "caciques" das ilhas caribenhas e do Brasil. Tyrrell chegou a fazer, inclusive, uma anotação a esse respeito no diário de Locke referente a 1680, sobre o rei entre os habitantes da região da baía de Hudson, que era "apenas o capitão de tão grande número de famílias". Provavelmente terão sido Acosta Jean de Lery as outras fontes de ambos, porém a relação mais direta pode ser encontrada na *Histoire Naturelle et Morale des Îles Antilles* (H. e L. 2491a, provavelmente de autoria de Rochefort, mas também atribuída a Du Tertre e De Poincy), Roterdã, 1658, que Locke possuía. É possível estabelecer uma comparação e um confronto com a discussão em Grócio, 1625, I, iii, 8.

O argumento é repetido nas *Cartas acerca da tolerância*: "Existem nações na *Índias Ocidentais* cuja sociedade não tem outro fim que não a mútua defesa contra seus inimigos comuns. Ali, seu capitão, ou príncipe, é o comandante supremo em tempos de guerra, mas, em tempos de paz, nem ele nem nenhum outro indivíduo tem autoridade alguma sobre membro algum da sociedade" (*Segunda carta*, 1690, *Works*, 1801, VI, 121). "Permita-me indagar-lhe se não será possível que os homens – a quem os rios e matas propiciaram as provisões espontâneas da vida, e que por isso, sem nenhuma posse privada da terra, não tinham nenhum anseio expandido por riquezas ou poder – deve-

comandem de modo absoluto na guerra, quando estão em seu território e em tempos de paz exercem um domínio muito reduzido e têm uma soberania muito moderada, ficando as resoluções de paz e de guerra ordinariamente nas mãos ou do povo ou de um conselho. Embora a própria guerra, que não admite uma pluralidade de dirigentes, devolva naturalmente o comando à autoridade única do rei.

109. E assim[1], mesmo em *Israel, a principal ocupação dos juízes e dos primeiros reis* parece ter sido a de *comandantes na guerra* e chefes dos exércitos; o que (além do que se quer dizer com *sair e entrar à frente* do povo[2], ou seja, marchar para a guerra e retornar à pátria no comando de suas forças) se vê com clareza na história de *Jefté*[3]. Fazendo os *amonitas* guerra contra *Israel*, os *galaaditas*, temerosos, propuseram a *Jefté, que era* um bastardo de sua família a

....

riam viver numa mesma sociedade, formar um mesmo povo, que falasse uma mesma língua, estivesse submetido a um mesmo chefe, sem que houvesse outro poder a comandar esses homens em tempos de guerra comum contra seus inimigos comuns, sem leis municipais, juízes ou quem quer que fosse com superioridade estabelecida entre eles, mas que decidiram todas as suas diferenças particulares, caso surgisse alguma, através da determinação extemporânea de seus vizinhos, ou de árbitros escolhidos pelas partes. Pergunto-lhe se numa tal sociedade política o chefe, que seria o único indivíduo com autoridade entre esses homens, teria algum poder para empregar a força da sociedade política para qualquer outro fim que não defendê-la de qualquer inimigo, embora outros benefícios pudessem ser alcançados mediante essa força" (*Terceira carta*, 1692, *Works*, 1801, VI, 223). A segunda passagem, escrita em defesa da primeira, é uma interessantíssima exposição das ideias de Locke acerca do estado de natureza, ou de tal estado misturado com um estado de sociedade. Comparar com Seliger, 1968, p. 870.

§ **109** 1. Essa assimilação da história bíblica à história dos povos primitivos é típica de Locke; comparar com I, § 158, e ver II, § 36 e referências.

2. "Sair e entrar à frente do povo" – frase comum no Antigo Testamento, para conduzir os israelitas à guerra; ver, por exemplo, Nm 27, 17.

3. Para "a história de *Jefté*", ver II, § 21, com nota e referências.

quem haviam expulsado de seu seio, que o indicariam como seu governante se ele os ajudasse a combater os *amonitas*, o que fizeram com estas palavras: *E o povo fê-lo chefe e comandante deles* (Jz 11, 11), o que, aparentemente, era a mesma coisa que fazer dele um *juiz*. *E ele julgou Israel* (Jz 12, 7), isto é, foi seu *capitão-general por seis anos*. Assim, quando *Joatão* censurou os *homens de siquém* pela obrigação que tinham para com *Gedeão*, que fora seu *juiz* e *governante*, disse-lhes: *Ele combateu por vós, e muito arriscou sua vida e livrou-vos das mãos do Midian* (Jz 9, 17). Nada dele se menciona além do que fez como *general* e, com efeito, isso é tudo o que se encontra na história dele ou na de qualquer dos demais juízes. E *Abimelec* é particularmente chamado *rei*, embora fosse sobretudo apenas *general*. E quando, cansados da má conduta dos filhos de *Samuel*, os filhos de *Israel* desejaram um rei *como todas as nações para julgá-los, sair à frente deles e combater em suas batalhas* (1 Sm 8, 20), Deus, satisfazendo-lhes o desejo, disse a *Samuel*: *Enviar-te- ei um homem, e sagrá-lo-ás como capitão do meu povo de Israel, para que ele possa salvar o meu povo das mãos dos filisteus* (c. 9, v. 16), como se a única *ocupação de um rei* fosse a de conduzir os exércitos e lutar em defesa deles; e, em conformidade com isso, no dia da investidura, derramando sobre ele um frasco de óleo, [Samuel] declara a *Saul* que *o Senhor o sagrou capitão de sua herança* (c. 10, v. 1). E, portanto, aqueles que, após ter sido *Saul* solenemente escolhido e saudado como *rei* pelas *tribos* de *Mispê*, não estavam dispostos a tê-lo como rei, não fizeram outra objeção além desta: *Como poderá este homem salvar-nos?* (v. 27), como se estivessem dizendo: *Este homem não serve para ser nosso rei, por não ter habilidade e conduta suficientes na guerra para ser capaz de defender-nos*. E quando Deus resolveu transferir o governo para *Davi*, foi com estas palavras: *Mas agora o teu reinado não continuará: o Senhor buscou um homem conforme fosse de seu agrado e o Senhor ordenou-lhe que fosse capitão de seu povo* (c. 13, v. 14). É como se toda a autoridade régia se resumisse tão somente na condição de *general*. E, portanto, quando as *tribos* que haviam permanecido fiéis à família de *Saul* e se tinham oposto ao reinado de *Davi* foram a *Hebron* com os termos da submissão a ele, disseram-lhe, entre outros argumentos, que tinham de submeter-se a ele como rei, que ele era de fato *rei* no tempo de *Saul* e que, portanto, não tinham razões senão para recebê-lo como rei então. *Também* (disseram), *em tempos passados, quando Saul era nosso rei, tu foste o que saiu e entrou com Israel, e o Senhor disse-te: alimentarás o meu povo de Israel, e serás o capitão de Israel*[4].

110. Portanto, quer uma *família* tenha crescido gradativamente até tornar-se uma sociedade política e, sendo a autoridade paterna transmitida ao filho mais velho, todos a seu tempo cresceram sob ela e submeteram-se tacitamente a ela, e não sendo ofensiva a ninguém sua facilidade e equidade, todos aquiesceram, até que o tempo pareceu tê-la confirmado, estabelecendo um direito de sucessão por prescrição; quer diversas famílias, ou os descendentes de diversas famílias a quem o acaso, a vizinhança ou os negócios haviam juntado e unido em uma sociedade, fazendo-se necessário um general cuja condução pudesse defendê-los contra os inimigos na guerra, e a grande confiança, inocência e sinceridade que aquela idade pobre mas virtuosa (tal como são quase todas as que dão origem a governos que vêm a perdurar no mundo), deu aos homens uns em relação aos outros, fez que os primeiros iniciadores de sociedades políticas conferissem de modo geral o mando a um único homem[1], sem nenhuma outra limitação ou restrição expressas a não ser as que a natureza da coisa e os fins do governo

....
4. 2 Sm 5, 2.
§ **110** 1. Daqui até "bem público", a passagem está modificada e parcialmente reescrita no exemplar de Christ Church. Com respeito aos "pais zelosos" e outras afirmações quase patriarcais, ver II, § 105, nota e referências.

exigiam. Quem quer que tenha sido o primeiro que pôs o governo nas mãos de uma única pessoa, o certo é que a ninguém jamais o confiaram senão para o bem e segurança do público e para tais fins aqueles que o detinham na infância das sociedades políticas geralmente o usavam[2]. Não fosse assim, as jovens sociedades políticas não poderiam ter subsistido; sem pais zelosos que cuidassem com ternura e atenção do bem público, todos os governos teriam sucumbido sob a fraqueza e as enfermidades de sua infância; e logo príncipe e povo teriam perecido juntos.

111. Mas embora a *idade de ouro* (antes que a vã ambição e *o amor sceleratus habendi*[1], a perversa concupiscência, houvessem corrompido os espíritos dos homens numa contrafração do verdadeiro poder e honra) tivesse maior virtude e, consequentemente, melhores governantes, bem como súditos menos corrompidos; e não houvesse então *nenhum*

....
2. Sobre a doutrina lockeana da confiança, ver Introdução, p. 164 em diante, e comparar esse trecho em particular com as primeiras palavras de seu *Ensaio sobre a tolerância*, de 1667: "Toda confiança, poder e autoridade do magistrado são nele investidos sem nenhum outro propósito senão o de que faça uso dos mesmo para o bem, preservação e paz dos homens da sociedade a cuja testa foi colocado e, por conseguinte, tal deveria ser o padrão e medida pelos quais ele deveria ajustar e proporcionar suas leis, moldar e constituir seu governo" (Fox Bourne, 1876, 1, 174).

§ 111   1. A citação latina é extraída de Ovídio, *Metamorfoses*, I, 131. A ideia de uma idade de ouro é um elemento altamente tradicional, e considerado com frequência como paradigma do estado de natureza lockeano; ver Leslie Stephen, 1876 (1902), II, 137, bem como, por exemplo, Strauss, 1953, 216. Se a intenção é essa, tal modelo contrasta fortemente com a concepção hobbesiana do estado de natureza, embora, como ressalta Strauss, seja extremamente difícil conciliá-lo com a interpretação que o próprio Locke propõe, por exemplo, do pecado original – em I, §§ 44 e 45. Lamprecht, 1918, 127, contudo, opina que aqui não se refere Locke ao estado de natureza, mas aos virtuosos anos primevos do governo estabelecido. Como sempre, a linguagem de Locke é imprecisa, porém uma leitura atenta e cuidadosa do presente parágrafo e de II, §§ 107 e 110, parece confirmar a correção desta leitura.

abuso de prerrogativas por um lado para oprimir o povo nem, consequentemente, por outro lado, nenhuma *controvérsia sobre privilégios* para diminuir ou restringir o poder do magistrado(*)² e, portanto, nenhum embate entre governantes e povo acerca de governos ou governantes; entretanto, quando a ambição e o fausto de idades ulteriores quiseram reter e aumentar o poder sem desempenhar as funções pelas quais este lhes havia sido concedido e, ajudados pela adulação, ensinaram os príncipes a ter interesses distintos e separados dos de seus povos, os homens julgaram necessário examinar com mais cuidado as origens e os direitos do governo, e encontrar maneiras de restringir os excessos e de evitar os abusos desse poder que haviam confiado às mãos de outrem apenas para o próprio bem deles e que viam estar sendo usados para prejudicá-los.

112. Podemos ver, assim, o quanto era provável que pessoas naturalmente livres, e que, por seu próprio consenti-

---

(*) No início, uma vez estabelecido algum tipo de regimento, é possível que nada então se houvesse mais cogitado acerca da maneira de governar, mas tudo fosse permitido à sabedoria e ao discernimento daqueles que deveriam governar, até que a experiência mostrou a grande inconveniência de tal para todas as partes, de modo que aquilo que haviam concebido como remédio na verdade apenas agravava o mal que deveria curar. Perceberam que viver segundo a vontade de um único homem se convertera na causa da miséria de todos. Isso obrigou alguns deles a adotar leis pelas quais todos os homens pudessem conhecer antecipadamente seu dever e as penalidades decorrentes da sua transgressão (Hooker, *Pol. ecl.*, L. I, Sec. 10).

....
2. Número remissivo correspondente à citação de Hooker, inserido pelo editor; ver nota em II, § 75. A mesma citação também é utilizada para ilustrar II, § 94; ver nota ali. Talvez sua repetição aqui se deva ao fato de os §§ 100-31 terem sido acrescentados após a composição original (ver nota em II, § 95 (capítulo VIII) e referências), embora também possa indicar alguma confusão no original de Locke ou um equívoco, não corrigido posteriormente, por parte do linotipista da 1ª edição. A citação é bastante apropriada em ambos os locais e revela algumas modificações do texto de Hooker, incluindo o fato de Locke sublinhar uma frase decisiva, e entre as duas ocorrências da passagem.

mento, quer se submetiam ao governo do pai, quer se uniam a partir de diferentes famílias para formar um governo, depositassem geralmente *o mando nas mãos de um único homem* e escolhessem submeter-se à condução de uma *única pessoa*, sem nenhuma condição expressa a limitar ou regular seu poder, que consideravam estar bastante assegurado pela honestidade e prudência de tal pessoa. Embora nunca houvessem sonhado que a monarquia fosse *de direito divino*, do que nunca ouvimos falar entre os homens até que nos fosse revelada pela teologia destes últimos tempos, nem jamais admitissem que o poder paterno tivesse direito ao domínio ou que fosse o fundamento de todo governo[1]. E tudo isso deve bastar para mostrar que, tanto quanto possa elucidar-nos a História, temos razões para concluir que todos os inícios pacíficos de governos *basearam-se no consentimento do povo*[2]. Digo *pacíficos* porque terei ocasião de falar, em outra parte, da conquista, que alguns estimam ser o modo de dar início a governos[3].

A outra objeção que encontro ao início das sociedades políticas do modo que mencionei é a seguinte[4]:

113. *Que, tendo todos os homens nascido sobre um governo ou outro, é impossível que qualquer deles fosse jamais livre e tivesse a liberdade de unir-se a outros e dar início a um novo governo, ou fosse jamais capaz de fundar um governo legítimo*[1].

....
§ 112   1. A "teologia destes últimos tempos" era a doutrina patriarcal de Filmer, adotada publicamente pelo púlpito e convertida na "teologia corrente de nossos tempos"; ver o Prefácio, pp. 45-6. É possível que as linhas 9-20 do presente parágrafo sejam um acréscimo de 1689.
2. Comparar com II, § 104.
3. "Em outra parte": capítulos XVI e XVII, §§ 175-98.
4. Ver II, § 100. É evidente a intenção de que essas duas linhas se destacassem do corpo do parágrafo, o que explica o estranho início do § 113.
§ 113   1. Comparar com nota em II, § 100. Essa objeção não é formulada por Filmer em termos tão genéricos, mas decorre necessariamente de suas ideias – ver especialmente suas *Forms* (Laslett, 1949, 185-229).

Se tal argumento for válido, pergunto como terão surgido tantas monarquias legítimas no mundo. Pois se qualquer um, com base nesta suposição, puder mostrar-me um único homem, em qualquer época do mundo, *livre* para iniciar uma monarquia legítima, sentir-me-ei obrigado a mostrar-lhe dez outros *homens livres* ao mesmo tempo com liberdade para se unirem e iniciarem um novo governo, sob a forma monárquica ou qualquer outra – o que demonstra que se qualquer um que, tendo *nascido sob o domínio* de outrem, pode ser *livre* a ponto de ter o direito de comandar a outros num império novo e diferente, todo aquele que tenha *nascido sob o domínio* de outrem pode ser igualmente *livre* e tornar-se governante ou súdito de um governo distinto e separado. De modo que, de acordo com este princípio deles mesmos, ou bem todos os homens, como quer que tenham *nascido*, são *livres*, ou bem existe apenas um príncipe legítimo, um único governo legítimo no mundo. E então nada mais lhes compete fazer senão mostrar-nos qual seria este. E, depois que o façam, não duvido que toda a humanidade concordará em prestar-lhe obediência.

114. Embora seja resposta suficiente à objeção deles mostrar-lhes que ela os envolve nas mesmas dificuldades que aqueles contra quem a empregam, esforçar-me-ei por revelar mais a fundo a fragilidade desse argumento.

Todos os homens, dizem eles, *nascem sob um governo e, portanto, não podem ter a liberdade de iniciar outro. Todo homem nasce súdito de seu pai ou de seu príncipe, e encontra-se, portanto, sob o vínculo perpétuo da sujeição e da vassalagem*[1].

....

§ 114   1. Paráfrase de Filmer (edição de Laslett, 232): "Todo homem que nasce está tão longe de ser livre de nascença que se torna, por seu simples nascimento, súdito daquele que o engendra, e sob tal submissão há de viver para sempre, a menos que, por designação direta de Deus, ou por concessão ou morte de seu pai se torne detentor daquele poder ao qual estava submetido" – frase ridicularizada no *Primeiro tratado*; comparar com II, § 102.

Está claro que a humanidade nunca confessou nem considerou nenhuma sujeição natural dessas, como aquela em que teriam nascido, a uma outra, que os vinculasse, sem seu próprio consentimento, a uma sujeição a eles e a seus herdeiros.

115. Pois não há na História, sagrada ou profana, exemplos tão frequentes quanto os de homens que se retiraram, e à sua obediência, da jurisdição sob a qual nasceram e da família ou comunidade na qual foram criados, *estabelecendo novos governos* em outras partes; donde surgiram todas as pequenas sociedades políticas do princípio dos tempos, as quais sempre se multiplicaram enquanto houve espaço suficiente, até que as mais fortes, ou mais prósperas, engolissem as mais fracas. E estas grandes, ao fragmentarem-se novamente, dissolveram-se em domínios menores. Eis tantos testemunhos contra a soberania paterna, a provar claramente que não foi o direito natural do pai transmitido aos herdeiros o que formou os governos no princípio, uma vez que era impossível que, com base nisto, tenha havido tantos pequenos reinados; todos deveriam ter sido uma única monarquia universal, não tivessem os homens a *liberdade de se separarem* de suas famílias e do governo, fosse qual fosse, que estivesse estabelecido, e de ir formar sociedades políticas distintas e outros governos, conforme julgassem adequado.

116. Tem sido esta a prática do mundo desde os primórdios até os nossos dias. Tampouco é agora um empecilho para a liberdade dos homens o terem *nascido em sociedades políticas constituídas e antigas*, com leis estabelecidas e formas fixas de governo, mais que se tivessem nascido nas florestas, entre os habitantes que por elas, sem estarem sujeitas a quaisquer limites, transitam livremente. Pois aqueles que gostariam de persuadir-nos de que, *por termos nascido sob um governo, somos naturalmente seus súditos* e não temos mais nenhum direito ou pretensão à liberdade do es-

tado de natureza, não têm nenhuma outra razão (além da do poder paterno, à qual já respondemos[1]) para defender a sua tese senão apenas a de que nossos pais ou progenitores renunciaram à sua liberdade natural e, com isso, obrigaram a si mesmos e à sua descendência a uma perpétua sujeição ao governo ao qual eles próprios se submeteram. É certo que alguém que por si mesmo firma compromissos ou faz promessas assume, dessa forma, uma obrigação, mas *não pode* por nenhum *pacto* que seja obrigar *seus filhos* ou descendentes. Quanto ao filho, ao se tornar homem, sendo em tudo tão livre quanto o pai, nenhum ato deste pode dispor da liberdade do filho mais que da de qualquer outra pessoa. Pode, somente, vincular à terra de que gozou como súdito de qualquer sociedade política determinadas condições que obrigarão o filho a fazer parte dessa mesma comunidade se quiser gozar das posses que foram de seus pais; pois, pertencendo tais imóveis ao pai, este pode dispor deles ou legá-los como lhe aprouver.

117. O acima exposto muitas vezes deu ocasião a equívocos nesta questão, pois, por não permitirem as sociedades políticas que qualquer parte de seus domínios seja desmembrada nem usufruída por ninguém além dos que dela fazem parte, o filho ordinariamente não pode usufruir as posses do pai a não ser sob os mesmos termos em que usufruía o pai, tornando-se um membro da mesma sociedade, pelo que se submete imediatamente ao governo que nela encontra estabelecido, tanto quanto qualquer outro súdito desse corpo político. E assim, é apenas *o consentimento de homens livres, nascidos sob um governo, que os torna membros deste*, sendo dado separadamente por cada um a seu

....
§ **116** 1. Esses parênteses demonstra que Locke ainda está argumentando contra Filmer (comparar com § 115): aparentemente, "já respondemos" refere-se ao texto imediatamente anterior e não ao *Primeiro tratado*.

turno, no momento em que cada qual atinge a maioridade, e não por todos reunidos em uma multidão; as pessoas nem atentam para isso e, pensando que não se dá de modo algum, ou que não é necessário, concluem que são naturalmente súditos, quando são homens.

118. Está claro, porém[1], que os próprios *governos* o interpretam de outro modo: não *reivindicam poder algum sobre o filho em virtude do poder que tinham sobre o pai,* nem veem nos filhos seus súditos pelo fato de os pais o serem. Se um súdito da *Inglaterra* tiver um filho de uma *inglesa* na França, de quem será ele súdito?[2] Não do rei da *Inglaterra*, pois precisa ter licença para ser admitido aos privilégios de tal condição[3]. Tampouco do rei da *França*, pois, neste caso, como teria o pai liberdade para levá-lo embora e criá-lo como quisesse? E aquele que em alguma ocasião foi julgado como *desertor* ou *traidor* se abandonasse um país ou contra ele guerreasse, tendo apenas nascido nele de pais estrangeiros? É evidente, portanto, pela prática dos próprios governos, bem com pela lei da razão reta, que *filho nenhum nasce súdito de país ou governo algum*[4]. Está sob a tutela e

....
§ **118** 1. Leslie Stephen comenta que este parágrafo "conduz diretamente à anarquia" – 1902, II, 140. A elaboração das notas que seguem contou com a colaboração do dr. Parry, do Downing College, Cambridge.

2. No tempo de Locke, assim como no nosso, o filho de dois súditos britânicos nascido na França era cidadão britânico, segundo a lei *De natis ultra mare*, do 25º ano do reinado de Eduardo III; um processo de 1627 determinou que bastaria, para tal, que um dos dois progenitores fosse britânico.

3. Aparentemente não se tratava de uma regra geral, mas houve casos de filhos de pais britânicos, nascidos no exterior, que foram formalmente naturalizados no século XVII; ver Parry, 1954.

4. Pollock comenta ser esta uma "opinião que nenhum jurista moderno poderá aceitar, muito menos um do continente", 1904, 244. Dado, porém, que não havia nenhum direito de nacionalidade na lei do tempo de Locke, sua afirmação não está necessariamente equivocada. Com base em razões sociais e econômicas, ele era altamente favorável à naturalização de estrangeiros – ver Laslett, 1957 (i), 393.

a autoridade dos pais até chegar à idade do discernimento; torna-se então homem livre, com liberdade para escolher o governo sob o qual pretende viver, a qual corpo político se unirá. Pois se o filho de um *inglês*, nascido na *França*, tem essa liberdade e pode assim proceder, é evidente que não pesa sobre ele vínculo algum decorrente do fato de seu pai ser súdito desse reino, nem está obrigado por nenhum pacto de seus ancestrais. E por que, então, não teria o filho, pela mesma razão, a mesma liberdade, apesar de ter nascido em qualquer outro lugar? Dado que o poder que o pai tem naturalmente sobre os filhos é o mesmo, onde quer que estes tenham nascido, e os vínculos das obrigações naturais não estão sujeitos aos limites positivos dos reinos e repúblicas.

119. Sendo *todo homem*, tal como foi demonstrado, *naturalmente livre*, sem que nada possa colocá-lo em sujeição a qualquer poder terreno a não ser o seu próprio consentimento, deve-se considerar agora o que entenderemos por *uma declaração suficiente do consentimento de um homem*, para sujeitá-lo às leis de qualquer governo. Existe uma distinção corrente entre consentimento expresso e tácito, que vale para o caso em tela. Ninguém duvida que o *consentimento expresso* de qualquer homem, ao ingressar numa sociedade, faz dele um membro perfeito dessa mesma sociedade, súdito de seu governo[1]. A dificuldade está naquilo que deve ser considerado um *consentimento tácito*, e até que ponto este obriga a quem o formula, isto é, até que ponto alguém deve ser considerado como tendo consentido, e com isso tendo-se submetido a algum governo, nos casos em que não o tenha expressado de modo algum. Respondo que todo homem que tenha alguma posse ou usufrua de qualquer parte

---

§ 119 1. As *Constituições fundamentais de Carolina*, artigos 117-8, preveem exatamente esse tipo de declaração expressa, mas Seliger, 1968, p. 276, nega a relevância do fato.

dos domínios de um governo dá, com isso, o seu *consentimento tácito* e está tão obrigado à obediência às leis desse governo, durante esse usufruto, quanto qualquer outro que viva sob o mesmo governo; quer consista tal posse em terras, para si e seus herdeiros para sempre, ou num alojamento por apenas uma semana; ou mesmo que esteja apenas viajando livremente por uma estrada. Com efeito, isso alcança até o meramente estar alguém nos territórios desse governo.

120. Para compreendê-lo melhor[1], convém considerar que todo homem, quando primeiro se incorpora a qualquer sociedade política, também incorpora e submete à sociedade, por esse ato, as posses que tenha ou venha a adquirir e que já não pertençam a algum outro governo. Pois seria uma franca contradição qualquer pessoa entrar em uma sociedade com outras para a segurança e a regulamentação da propriedade e, não obstante, supor que sua terra, cuja propriedade deverá ser regulamentada pelas leis dessa sociedade, deva estar isenta da jurisdição do governo do qual o proprietário da terra é súdito. Portanto, pelo mesmo ato mediante o qual alguém une a sua pessoa, que era antes livre, a qualquer sociedade política, une também a esta suas posses, que eram antes livres; e ficam ambas, pessoas e posses, sujeitas ao governo e ao domínio dessa sociedade, enquanto ela existir. Portanto, *quem quer* que, desse momento em diante, por heran-

....
§ **120** 1. Kendall deduz desse trecho que a sociedade concede ao indivíduo a propriedade. Comparar com II, § 139, e o que está dito nas obras sobre a tolerância. Com efeito, a *Primeira carta* de Locke, de 1689, sugere que o magistrado poderá "mudar a propriedade entre os concidadãos", enquanto o *Ensaio* de 1667 afirma: "O magistrado, detentor que é do poder de *designar meios* para se transferir propriedades de um indivíduo para outro, pode estabelecer qualquer meio, de modo que sejam eles universais, equânimes, livres de violência e adequados para o bem-estar da sociedade" (citado aqui a partir do MS de Huntington. As palavras em itálico foram omitidas na edição de Fox Bourne (1876, I, 183)).

ça, compra, permissão ou outras vias, *usufrua de qualquer parte da terra*, assim anexada a tal sociedade política e sob o seu governo, *deve recebê-la com as condições* às quais está submetida; isto é, submetê-la ao *governo da sociedade* sob cuja jurisdição ela se encontra, tanto quanto qualquer súdito desta.

121. Como, porém, o governo tem jurisdição direta apenas sobre a terra, e alcança o seu proprietário (antes que este se tenha de fato incorporado à sociedade) apenas enquanto nela more e dela usufrua, a *obrigação* sob a qual se encontra a pessoa, em virtude de tal usufruto, *de submeter-se ao governo, começa e termina com esse usufruto*; de modo que, sempre que o dono, que nada deu ao governo além desse *consentimento tácito*, quiser, por doação, venda ou qualquer outro meio, abandonar a dita posse, tem a liberdade de ir incorporar-se a qualquer outra sociedade ou de concordar com outros em iniciar uma nova, *in vacuis locis*, em qualquer parte do mundo que encontrar livre e desocupada. Ao contrário, aquele que, por um acordo de fato e declaração *expressa*, deu o seu *consentimento* em fazer parte de alguma sociedade política está perpétua e indispensavelmente obrigado a ser e permanecer inalteravelmente súdito desta, e nunca mais poderá voltar à liberdade do estado de natureza, a menos que, por uma calamidade qualquer, o governo sob o qual vivia venha a ser dissolvido, ou então que algum decreto público impeça-o de continuar sendo membro dela[1].

122. Porém, submeter-se às leis de qualquer país, viver tranquilamente e usufruir dos privilégios e da proteção deste, *não faz de um homem um membro dessa sociedade*. Trata-se apenas de uma proteção local e de uma homenagem

---

§ **121** 1. Sobre a dissolução do governo e estado de natureza, ver II, § 219, nota e referência – a oração final, desde "ou então", foi acrescentada na 2ª edição, em 1694.

devida por todos aqueles que, não se encontrando em estado de guerra, ingressam nos territórios pertencentes a qualquer governo, em todas as partes às quais se estende a força de suas leis. Isso, contudo, não *torna o homem membro dessa sociedade*, súdito perpétuo desse corpo político, mais do que faria um homem sujeitar-se a outro em cuja família julgasse conveniente viver durante algum tempo, embora enquanto ali estivesse fosse obrigado a concordar com as leis e submeter-se ao governo nela vigente. Vemos assim que os *estrangeiros*, ao passarem a vida inteira sob outro governo e usufruírem dos privilégios e da proteção deste, embora estejam obrigados, mesmo em consciência, a submeter-se à sua administração, tanto quanto qualquer outro habitante, não passam por isso a ser *súditos ou membros dessa sociedade política*. Nada pode fazer com que um homem o seja, a não ser sua efetiva entrada nela, por um compromisso positivo, e promessa e pacto expressos. Eis o que penso a respeito do início das sociedades políticas e do *consentimento que faz, de qualquer um, membro* de um corpo político.

CAPÍTULO IX
Dos fins da sociedade política e do governo[1]

123. Se o homem no estado de natureza é livre como se disse, se é senhor absoluto de sua própria pessoa e suas pró-

....
§ 123 1. Nada há neste pequeno capítulo a relacioná-lo com o que o precede ou o que o sucede, parecendo ser ele uma continuação do texto original a partir do § 99 – ver notas em II, § 95 (capítulo VIII), II, § 100, e II, § 132 (capítulo X). Não há referências a ligá-lo à crítica a Filmer, a despeito de alguns paralelos (ver §§ 124, 125 e 129) com outras afirmações existentes no *Segundo tratado*. Em termos formais, trata-se de uma breve recapitulação de sua posição como um todo, em parágrafos curtos, que convergem, sem exceção, para um julgamento de Jaime II – ver § 131. Portanto, tudo leva a crer que se trate, a exemplo do capítulo XV (ver nota em II, § 169), de uma interpolação de 1689.

prias posses², igual ao mais eminente dos homens e a ninguém submetido, por que haveria ele de se desfazer dessa liberdade? Por que haveria de renunciar a esse império e submeter-se ao domínio e ao controle de qualquer outro poder? A resposta evidente é a de que, embora tivesse tal direito no estado de natureza, o exercício do mesmo é bastante incerto e está constantemente exposto à violação por parte dos outros, pois que sendo todos reis na mesma proporção que ele, cada homem um igual seu, e por não serem eles, em sua maioria, estritos observadores da equidade e da justiça, o usufruto que lhe cabe da propriedade é bastante incerto e inseguro. Tais circunstâncias o fazem querer abdicar dessa condição, a qual, conquanto livre, é repleta de temores e de perigos constantes. E não é sem razão que ele procura e almeja unir-se em sociedade com outros que já se encontram reunidos ou projetam unir-se para a *mútua* conservação de suas vidas, liberdades e bens, aos quais atribuo o termo genérico de *propriedade*³.

124. O *fim maior* e principal para os homens unirem-se em sociedades políticas e submeterem-se a um governo é, portanto, a *conservação de sua propriedade*¹. Para tal fim, o estado de natureza carece de uma série de fatores.

....
2. Comparar com II, § 6, e Strauss, 1953, 227.
3. Sobre a definição mais ampla de propriedade aqui apresentada, ver II, § 87, nota e referências. Será proveitoso comparar e confrontar o capítulo todo com o primeiro parágrafo do *Leviatã*, capítulo 17, e com II, § 19 e referências.
§ 124 1. Aqui está o *locus classicus* da ideia lockeana da propriedade em relação ao governo. Viner (ver Introdução, p. 148) insiste em que é preciso entender a propriedade, aqui, não apenas no sentido de posses materiais mas em sua acepção mais ampla, como "a vida, a liberdade e os bens" mencionados em II, § 123. Em sua *Epistola de Tolerantia*, Locke expressa a mesma ideia de forma algo diferente, com uma proeminência maior das posses materiais: "Mas sendo tal a depravação dos homens que preferem eles roubar injuriosamente os frutos do trabalho alheio (*alieno labore partis frui*) a penar por prover a própria subsistência, a necessidade de manter os homens em posse daquilo que o

Em primeiro lugar, carece de uma *lei estabelecida*, fixa e conhecida, recebida e aceita mediante o consentimento comum enquanto padrão da probidade e da improbidade, e medida comum para solucionar todas as controvérsias entre eles. Isso porque, embora a lei da natureza seja clara e inteligível a todas as criaturas racionais[2], contudo, por serem os homens influenciados por seus interesses próprios e ignorarem-na por falta de estudo, não conseguem reconhecê-la como uma lei a ser obrigatoriamente aplicada em seus casos particulares.

125. *Em segundo lugar*, carece o estado de natureza de um *juiz conhecido e imparcial*, com autoridade para solucionar todas as diferenças de acordo com a lei estabelecida[1]. Pois sendo cada um, nesse estado, juiz e executor da lei da natureza ao mesmo tempo[2], e por serem os homens parciais em favor de si próprios, a paixão[3] e a vingança tendem a levá-los muito longe, e com ardor demasiado, em seus próprios pleitos, da mesma forma que a negligência e a in-

---
....

esforço honesto já adquiriu, e também de preservar-lhes a liberdade e a força por cujo intermédio possa adquirir o mais de que necessitem, obriga os homens a entrar em sociedade uns com os outros (*ideo homini parta, ut opes et facultates; vel ea quibus parantur, ut corporis libertatem et robur, tuendi gratia, ineunda est cum aliis societas*), de modo que, através da assistência mútua e do esforço conjunto, possam assegurar a cada um a propriedade das coisas que contribuem para o conforto e felicidade desta vida (*ut mutuo auxilio et junctis viribus harum rerum ad vitam utilium sua cuique privata et secura sit possessio*)" (Klibansky e Gough, 1968, 124). Comparar com Macpherson, 1951, 551.

2. Comparar com II, § 12 – paralelo literal.

§ 125   1. Comparar com II, § 136.

2. Comparar com II, § 7.

3. A referência à "paixão" remete a Hobbes, *Leviatã*, capítulo 17 (1904, p. 115 etc.), e a insistência na parcialidade remete a Hooker (1836, I, 305; comparar II, § 91, e o breve tratado inglês de 1660, 10). Não temos como provar que Locke tivesse um dos dois filósofos em mente.

diferença os tornam demasiado descuidados quando se trata de terceiros.

126. *Em terceiro lugar*, o estado de natureza frequentemente carece de um *poder* para apoiar e sustentar a sentença quando justa e dar a ela a devida *execução*. Aqueles que cometeram alguma injustiça dificilmente deixarão, quando lhes for possível, de fazer valer, pela força, sua injustiça: tal resistência torna a punição amiúde perigosa e não raro destrutiva aos que tentam aplicá-la.

127. É assim que os homens – não obstante todos os privilégios do estado de natureza –, dada a má condição em que nele vivem, rapidamente são levados a se unirem em sociedade. Donde se segue que raramente encontramos algum grupo de homens vivendo nesse estado. As inconveniências a que se veem expostos em razão do exercício irregular e incerto do poder que cada um detém de castigar as transgressões de terceiros impelem-nos a se refugiarem sob as leis estabelecidas de um governo e a nele buscarem a *conservação de sua propriedade*. É isso o que leva cada qual a renunciar a seu poder individual[1] de castigar para que este passe a ser exercido por um único indivíduo, designado para tal fim entre eles – e segundo as regras que a comunidade, ou aqueles por ela autorizados para tal fim, concordem devam vigorar. E aí encontramos o *direito* original e a *origem* dos poderes *legislativo e executivo*, bem como dos governos e das sociedades mesmos.

128. Pois no estado de natureza, para omitir sua liberdade no que toca aos prazeres inocentes, tem o homem dois poderes:

....
§ **127** 1. "Individual" – é este, e não "exclusivo", o sentido atribuído por Kendall, 1941, 103, ao termo *"single"* do original.

O primeiro consiste em fazer tudo quanto considere oportuno para a preservação de si mesmo e de outros dentro dos limites permitidos pela *lei da natureza*, por cuja lei, comum a todos, ele e todo o resto do *gênero humano formam uma única comunidade*, constituem uma única sociedade, distinta de todas as outras criaturas. E, não fosse a corrupção e a perversidade de homens degenerados, não haveria necessidade de nenhum outro poder – não seria preciso que os homens se afastassem dessa grande comunidade natural e se unissem, mediante acordos positivos, em sociedades menores e separadas.

O outro poder de que dispõe o homem no estado de natureza é o *poder de castigar os crimes* cometidos contra a lei. A ambos esses poderes ele renuncia quando se agrega a uma sociedade política privada, ou, se assim pudermos chamá-la, particular, e incorpora-se numa comunidade distinta do resto da humanidade.

129. Ao primeiro *poder*, ou seja, o de *fazer tudo quanto considere adequado para a preservação de si* e do resto da humanidade, ele *renuncia* para que seja regulado por leis elaboradas pela sociedade, na proporção que o exijam a conservação de si mesmo e do restante da sociedade[1] – leis da sociedade essas que, sob vários aspectos, limitam a liberdade de que gozava segundo a lei da natureza[2].

130. *Em segundo lugar, renuncia* por completo ao *poder de castigar* e empenha sua força natural (que anteriormente poderia empregar na execução da lei da natureza, me-

----
§ 129   1. Esta limitação é detalhada em II, § 149.

2. Elrington, 1798, comenta, com respeito a este trecho, que o homem é obrigado a abdicar de seu poder; é compelido pela própria lei da natureza a abandonar o estado de natureza, e com isso não pode perder nada de sua liberdade, dado que tal perda implicaria uma distinção entre a lei civil e a lei natural.

diante sua autoridade individual, conforme julgasse conveniente) para assistir o poder executivo da sociedade, segundo a lei desta o exija. Pois encontrando-se agora em um novo estado – no qual haverá de usufruir muitas vantagens oriundas do trabalho, da ajuda e associação de terceiros na mesma comunidade, bem como de proteção pela sua força integral –, deverá igualmente abdicar da liberdade natural de que dispunha para prover a si mesmo, na proporção em que o exijam o bem, a prosperidade e a segurança da sociedade, o que não apenas é necessário mas também justo, uma vez que os demais membros da sociedade procedem da mesma forma.

131. Contudo, embora quando entrem em sociedade os homens entreguem a igualdade, a liberdade e o poder executivo que possuíam no estado de natureza nas mãos da sociedade, para que deles disponha o legislativo segundo o exija o bem da sociedade, contudo, como cada qual o faz apenas com a intenção de melhor conservar a si mesmo, a sua liberdade e propriedade – pois não se pode supor que uma criatura racional mude propositadamente sua condição para pior –, o poder da sociedade ou o *legislativo* por esta constituído *jamais pode supor-se estenda-se para além do bem comum*. Ao contrário, ele é obrigado a assegurar a propriedade de cada um, através de medidas contra os três inconvenientes, acima mencionados, que tornam o estado de natureza tão inseguro e incômodo. Assim, todo aquele que detenha o poder legislativo, ou supremo, de qualquer sociedade política está obrigado a governá-la segundo as *leis vigentes* promulgadas pelo povo, e de conhecimento deste, e não por meio de decretos extemporâneos; por *juízes* imparciais e probos, a quem cabe solucionar as controvérsias segundo tais leis; e a empregar a força da comunidade, no solo pátrio, *apenas na execução de tais leis*, e externamente, para evitar ou reprimir injúrias estrangeiras e garantir a co-

munidade contra incursões ou invasões. E tudo isso não deve estar dirigido a outro *fim* a não ser a *paz*, a *segurança* e o *bem público* do povo[1].

CAPÍTULO X
Das formas de uma sociedade política[1]

132. Tendo a maioria naturalmente em suas mãos, conforme demonstrado, todo o poder da comunidade desde o momento em que os homens originalmente se uniram em sociedade, pode empregar tal poder para baixar leis para a comunidade de tempos em tempos e fazer executar essas mesmas leis por meio de funcionários por ela mesma designados – caso em que a *forma* de governo que se tem é uma perfeita *democracia*. Ou, ainda, pode depositar o poder de elaborar leis nas mãos de um pequeno número de homens seletos e de seus herdeiros ou sucessores, quando então se tem uma *oligarquia*. Ou, ainda, nas mãos de um único homem, quando se tem uma *monarquia* – se nas mãos dele e de seus herdeiros, tem-se uma *monarquia hereditária*; se para ele apenas durante sua vida, mas, quando de sua morte, o poder apenas de designar um sucessor retorna à maioria, tem-se uma *monarquia eletiva*[2]. Assim, conforme todos

....

§ 131 1. Parece provável que tais afirmações, em especial a exigência de respeito às "leis vigentes", se refiram às ações de Jaime II e ao modo como ele enxergava sua posição, pois são menos apropriadas do que outras passagens deste Tratado aos atos de Carlos II. Possivelmente isso indique que o parágrafo, e talvez o capítulo inteiro, sejam uma interpolação de 1689; ver nota em II, § 123, capítulo IX, e comparar com a nota de Abrams ao *Tratado inglês* de 1660, p. 19.

§ 132 1. O capítulo pode ser datado de um período anterior a 1685 (ver nota no § 133) e, uma vez que se segue ao § 99, o que se pode inferir das palavras de sua primeira linha, presume-se que fosse a continuação e a conclusão do capítulo VIII (ver notas nos §§ 77 e 100), escrito como parte da crítica original a Filmer.

2. Comparar com II, § 106.

esses modos, a comunidade pode adotar formas compostas e mistas de governo, segundo julgar conveniente³. E se o poder legislativo foi inicialmente conferido pela maioria a uma ou mais pessoas somente durante a vida destas, ou por um período limitado de tempo, após o que o poder supremo deve retornar a ela, quando ele assim retorna a comunidade pode dispor do mesmo novamente, depositando-o nas mãos de quem quiser e, dessa forma, constituir uma nova forma de governo. Pois uma vez que a *forma de governo depende de quem é o depositário* do poder supremo, que é o legislativo, e sendo impossível conceber que um poder inferior possa regular um superior, ou que outro senão o poder supremo elabore as leis, *a forma da sociedade política* depende de quem é o depositário do poder de elaborar leis⁴.

133. Sempre que me refiro a *sociedade política* deve-se compreender que designo não uma democracia ou qualquer forma de governo, mas *qualquer comunidade independente* referida pelos *latinos* através do vocábulo *civitas*¹, a que, em nosso vocabulário, o termo que melhor corresponde, e que com mais adequação expressa tal sociedade de homens, é *sociedade política* [*commonwealth*], o que não ocorre com nossos termos *comunidade* [*community*] ou *cidade* [*city*], uma vez que podem existir comunidades subordinadas em um governo e, entre nós, o termo *cidade* carrega uma noção muito diversa da de uma sociedade políti-

....
3. Essas afirmativas contestam frontalmente teses de Filmer e também de Hobbes (*Leviatã*, capítulo XIX). De certa forma, ignoram a aguda crítica de Filmer ao governo misto em sua *Anarquia de uma monarquia limitada ou mista* (edição de Laslett, 277-313), embora Locke e Filmer adotassem a mesma análise tradicional da soberania; comparar com nota em I, § 129 e referências.
4. Comparar com II, § 150.
§ 133 1. Comparar com "aquele grande LEVIATÃ chamado uma SOCIEDADE POLÍTICA ou ESTADO (em latim, CIVITAS)" (Hobbes, *Leviatã*, cap. XVIII) – talvez uma influência, talvez uma coincidência; ver II, § 212 e nota.

ca. A fim de evitar ambiguidades, portanto, peço permissão para empregar o termo *sociedade política*, ou *corpo político* [*commonwealth*], no sentido em que o vejo ser utilizado pelo rei Jaime I², e considero ser este o seu significado genuíno; e se a alguém não agradar, estou pronto a substituí-lo por um termo melhor*.

CAPÍTULO XI
*Da extensão do poder legislativo*¹

134. Sendo o principal objetivo da entrada dos homens em sociedade eles desfrutarem de suas propriedades em paz e segurança, e estando o principal instrumento para tal nas leis estabelecidas naquela sociedade, *a lei positiva primeira e fundamental* de todas as sociedades políticas é o estabe-

....
2. "Rei Jaime I" – 1ª edição, modificado em 1694 para "pelo próprio R. *Jaime*", uma notável indicação de que escreveu esse trecho antes da ascensão de Jaime II, em 1685; ver Introdução, comparar com um segundo exemplo, em II, § 200, e com "qualquer uma de nossas rainhas", em I, § 47. Provavelmente, Locke está se referindo aos discursos de 1603 e 1609 citados em II, § 20, pois o termo "sociedade política" ocorre em ambos (II, § 200). Ele cita uma máxima do "rei Jaime", *i.e.*, Jaime I, em uma carta de 17 de março de 1684 (de Beer, 2, 612).

* O problema é que *commonwealth* (literalmente, o bem comum ou a coisa pública) queria dizer "República", e como tal fora utilizado no governo de Cromwell, na década de 1650, após a execução do rei e a abolição da monarquia. Daí a insistência de Locke em legitimar o emprego tradicional desse termo, já pelo rei Jaime I, o grande doutrinário do direito divino dos reis. Nota-se que Hobbes também empregava *commonwealth*. (N. R. T.)

§ 134 1. Não há nenhuma evidência interna que permita datar este capítulo. Ele está muito menos vinculado à polêmica contra Filmer do que outras partes do texto, mas suas afirmações são coerentes com a atitude assumida por Locke nessa controvérsia, e provavelmente será mais correto considerá-lo como fazendo parte da primeira versão do texto, escrita anteriormente a 1681. Não existe elemento algum a indicar que qualquer parte do mesmo seja um acréscimo de 1689.

lecimento do poder legislativo – já que a *lei natural primeira e fundamental*, destinada a governar até mesmo o próprio legislativo, consiste na conservação da sociedade e (até onde seja compatível com o bem público) de qualquer um de seus integrantes. Esse *legislativo* é não apenas o *poder supremo* da sociedade política, como também é sagrado e inalterável nas mãos em que a comunidade o tenha antes depositado[2]; tampouco pode edito algum de quem quer que seja, seja de que forma concebido ou por que poder apoiado, ter força e obrigação de *lei* se não for *sancionado pelo legislativo* escolhido e nomeado pelo público. Pois, não fosse assim, não teria a lei o que é absolutamente necessário à *lei*, *o consentimento da sociedade*, sobre a qual ninguém pode ter o poder de elaborar leis salvo por seu próprio consentimento(*)[3], e pela autoridade dela recebida. Portanto, toda *obediência* a que alguém pode estar obrigado pelos vínculos

---

(*) O poder legítimo de elaborar leis para o comando de sociedades políticas inteiras de homens pertence com tal propriedade às mesmas sociedades inteiras que quando um príncipe ou potentado de qualquer espécie sobre a Terra o exerce por si mesmo, e não por mandato expresso recebido direta e pessoalmente de Deus ou pela autoridade derivada originalmente do consentimento de todos aqueles sobre os quais se impõem as leis, não será melhor

2. Comparar com o trecho muito semelhante da *Epístola de Tolerantia*, de Locke, 1689, traduzido do latim para o inglês por Popple na *Carta sobre a tolerância* (*Works*, 1801, VI, 43): "Eis a origem, eis a função, eis os limites do legislativo, que é o poder supremo em toda sociedade política. Ou seja: que se providencie a segurança das posses privadas de cada homem; que se garanta a paz, as riquezas e os confortos públicos de todo o povo e, na medida do possível, o seu fortalecimento interno contra os inimigos estrangeiros". Sobre a prioridade do legislativo, comparar com II, § 212; no tratado latino sobre o magistrado civil (1661), Locke já insiste em que o poder supremo reside sempre no legislativo – ver p. 12.

3. Número remissivo referente às citações de Hooker, inserido pelo editor; ver nota em II, § 74. Os trechos de Keble, 1836, II, 307-8, e da edição de 1676 de Locke, 87-8, foram transcritos com bastante precisão. Molyneux (1698) cita a primeira parte desse trecho exatamente com a mesma finalidade que Locke.

os mais solenes termina finalmente nesse *poder supremo* e é regida pelas leis que ele promulga. Não pode um juramento a um poder externo qualquer ou a algum poder interno subordinado dispensar nenhum membro da sociedade de sua *obediência ao legislativo*, que delibera segundo seu encargo, nem obrigá-lo a nenhum tipo de obediência contrária às leis assim promulgadas ou mais além do que o admitido por estas, pois é ridículo imaginar alguém definitivamente obrigado a *obedecer a* qualquer *poder* dessa sociedade que não seja o *supremo*.

135. Embora o *legislativo*, quer colocado nas mãos de um, quer de mais, quer esteja sempre em função, quer funciona em intervalos, constitua o poder *supremo* de cada sociedade política, não obstante:

Em primeiro lugar, não é, nem pode ser em absoluto, *arbitrário* sobre a vida e os haveres do povo. Pois, sendo ele apenas o poder conjunto de cada membro da sociedade, concedido à pessoa ou assembleia que legisla, não pode exceder o poder que tinham essas pessoas no estado de natureza, antes de entrarem em sociedade e cederem-no à comunidade. Pois ninguém pode transferir a outrem mais poder do que ele próprio possui; e ninguém dispõe de um poder arbitrário absoluto sobre si mesmo, ou sobre quem quer que

---

que a mera tirania. Não constituem leis, portanto, aquelas que a aprovação pública não fez como tais (Hooker, *Pol. ecl.*, L. 1, Sec. 10). Sobre essa questão, portanto, cumpre observar que tais homens não detêm naturalmente nenhum poder pleno e perfeito de comandar multidões políticas inteiras de homens; por conseguinte, não poderíamos, na ausência total de nosso consentimento, viver desse modo sob o comando de homem nenhum. E consentimos em ser comandados quando a sociedade da qual fazemos parte consentiu nisso, em qualquer ocasião anterior, sem revogá-lo depois através de um semelhante acordo universal.

Portanto, as leis humanas, seja de que natureza forem, são validadas pelo consentimento (*ibid.*).

seja, para destruir sua própria vida ou tomar a vida ou a propriedade de outrem[1]. Um homem, tal como já se provou, não pode submeter-se ao poder arbitrário de outrem; e por não dispor, no estado de natureza, de nenhum poder arbitrário sobre a vida, a liberdade ou as posses de outrem, mas tãosomente o poder que a lei de natureza lhe concedeu para a conservação de si mesmo e do resto da humanidade, isso é tudo quanto cede ou pode ceder à sociedade política e, por intermédio desta, ao *poder legislativo* e, portanto, não pode ter o legislativo um poder maior que esse. O poder do legislativo, em seus limites extremos, *limita-se ao bem público* da sociedade. Trata-se de um poder desprovido de qualquer outro fim senão a preservação e, portanto, jamais pode conter algum direito de destruir, escravizar ou empobrecer deliberadamente os súditos(*)[2,3]. As obrigações da lei de natureza

(*) São dois os fundamentos em que se baseiam as sociedades políticas: o primeiro, uma inclinação natural, pela qual os homens desejam a vida social e o companheirismo; o outro, uma ordem, objeto de um acordo expresso ou tácito, com respeito ao modo de sua união para viverem congregados. O segundo é o que denominaríamos a lei do bem público (*Common-weal*), a verdadeira alma de uma sociedade política, por cuja obra as partes são animadas, mantidas em coesão e postas a trabalhar nas ações exigidas pelo bem comum. As leis políticas, estabelecidas para a ordem externa e o regimento dos homens, nunca são constituídas como deveriam ser, a menos que, presumindo-se ser a vonta-

§ 135 1. Comparar com II, § 6; os dois parágrafos têm grande semelhança em termos de conteúdo e expressão.

2. Comparar com a *Terceira carta sobre a tolerância* (1692), (*Works*, 1801, VI, 214): "O poder que reside no soberano civil é a força de todos os súditos da sociedade política, mas – ainda que se presuma suficiente para outros fins além da preservação dos membros da sociedade política em paz e a salvo de injúrias e violência –, se aqueles que lhe conferiram tal poder limitaram sua aplicação a essa única finalidade, nenhuma opinião acerca de outros benefícios quaisquer que esse poder possa proporcionar haverá de autorizar o soberano a utilizá-lo de outra forma".

3. Número remissivo referente à citação de Hooker, inserido pelo editor; ver nota em II, § 74, 15. Ver *Hooker*, ed. de Keble, 1836, 1, 299, e a edição de 1676 de Locke, 85, que se segue imediatamente ao trecho citado em II, § 15, e transcrito com bastante precisão.

não cessam na sociedade, mas, em muitos casos, apenas se tornam mais rigorosas e, por meio de leis humanas, a ela se acrescem penalidades conhecidas a fim de forçar sua observância[4]. Assim, a lei de natureza persiste como uma eterna regra para todos os homens, sejam eles *legisladores* ou não. As *regras* que estabelecem para as ações de outros homens devem, a exemplo de suas próprias ações e as dos outros homens, estar de acordo com a lei da natureza, ou seja, com a vontade de Deus, da qual são a manifestação; e, sendo a *lei fundamental da natureza a conservação da humanidade*, nenhuma sanção humana pode ser válida contra ela.

136. *Em segundo lugar*, a autoridade legislativa, ou suprema, não pode arrogar-se o poder de governar por meio de decretos arbitrários extemporâneos(*)[1], mas está obrigada

de do homem inteiramente obstinada, rebelde e avessa a qualquer obediência às sagradas leis de sua natureza, em uma palavra, a menos que, presumindo-se o homem, no que toca a seu próprio espírito depravado, pouco melhor que um animal selvagem, as leis conseguem, não obstante, moldar-lhe de tal forma as ações exteriores que estas não constituem obstáculos ao bem comum, em cujo nome se instituem as sociedades. Se não cumprirem essa função, as leis não serão perfeitas (Hooker, *Pol. ecl.*, L. 1, Sec. 10).

(*) As leis humanas constituem medidas em relação ao homem, cujas ações elas devem reger, embora sejam tais que devam ser medidas por regras

....

4. Comparar com II, § 12, nota e referências.

§ **136** 1. Número remissivo referente à citação de Hooker, inserido pelo editor; ver nota a II, § 74. O primeiro trecho se encontra no vol. 1, p. 483, do *Hooker* de Keble, e à p. 142 da edição de 1676 de Locke. Trata-se da única referência a qualquer livro da *Política eclesiástica* afora o I e o Prefácio; é uma das poucas indicações, em qualquer escrito de Locke, a mostrar que ele tenha lido além do Livro I – ver Introdução, p. 81. É mais notável ainda, portanto, o fato de Hooker reconhecer essa passagem como uma citação da *Summa Theologiae*, de Tomás de Aquino, I, ii, 95, Conclusio (1624, 624 B) Quaest. 95 Art. 3, onde se encontram as seguintes palavras: "Lex autem humana (...) est quaedam regula vel mensura regulata vel mensurata quaedam superiori mensura; quae quidem est duplex, scilicet divina lex, et lex naturae." O segundo trecho é extraído de Keble, I, 306, e 1676, 87; os dois são transcritos com variações insignificantes.

a *dispensar justiça* e a decidir acerca dos direitos dos súditos *por intermédio de leis promulgadas e fixas, e de juízes conhecidos e autorizados*. Pois, desde que a lei de natureza não é escrita e que, portanto, não se pode encontrá-la senão no espírito dos homens, não será possível, na ausência de um juiz estabelecido[2], convencer com facilidade de seu equívoco aqueles que – movidos pela paixão ou interesse – venham a citá-la ou aplicá-la erroneamente[3]. Por conseguinte, não serve ela, tal como deveria, para determinar os direitos e delimitar as propriedades daqueles que vivem sob sua égide, sobretudo quando todos são também – e em causa própria – juízes, intérpretes e executores da mesma; e aquele que tem o direito a seu lado, sem possuir de ordinário senão sua própria força individual, não dispõe de força o suficiente para defender-se de danos ou castigar transgressores. Para evitar essas inconveniências que perturbam as propriedades dos homens no estado de natureza, eles se reúnem em sociedades, de modo que possam dispor da força reunida da sociedade como um todo para garantir e defender suas propriedades, e para disporem de *regras fixas* a delimitá-las e por cujo meio cada qual possa saber o que lhe pertence. É para esse fim que os homens renunciam a todo o seu poder natural em favor da sociedade em que ingressam, e a comunidade deposita o poder legislativo nas mãos que considera convenientes, confiando-lhes o encargo de que a sociedade seja governada por *leis expressas*. Do

---

ainda mais elevadas, regras estas que são duas: a lei de Deus e a lei de natureza, de sorte que as leis humanas devem ser elaboradas de acordo com as leis gerais de natureza e sem contradizer nenhuma lei positiva da Escritura; do contrário, não terão sido bem elaboradas (*ibid*. L. 3, Sec. 9).

Obrigar os homens a qualquer coisa inconveniente parece irracional (*ibid*. L. 1, Sec. 10).
....
2. Comparar com II, § 125; Locke recapitula neste ponto o que ali escreveu.

3. Comparar com II, § 124.

contrário, sua paz, tranquilidade e propriedade estarão entregues à mesma incerteza em que se encontravam no estado de natureza.

137. Tanto o poder absoluto e arbitrário como o governo sem *leis e estabelecidas e fixas* não podem ser compatíveis com os fins da sociedade e do governo. Os homens não se disporiam a abdicar da liberdade do estado de natureza e a se submeter (à sociedade e ao governo), não fosse para preservarem suas vidas, liberdades e bens – e, através de *regras estabelecidas* de direito e propriedade, assegurar sua paz e tranquilidade. Não cabe supor que pudessem pretender, tivessem eles poder para tal, conferir a uma ou mais pessoas *poder absoluto e arbitrário* sobre suas pessoas e haveres, e depositar, nas mãos do magistrado, uma força para impor arbitrariamente sobre eles sua ilimitada vontade. Isso significaria colocarem-se em situação pior que a do estado de natureza, no qual gozavam de liberdade para defender seu direito contra as injúrias causadas por terceiros e encontravam-se em termos iguais de força para sustentá-lo, fosse ele violado por um único homem ou por muitos conjuntamente. Ao passo que, supondo que se tenham oferecido ao *poder absoluto e arbitrário* e à vontade de um legislador, teriam desarmado a si mesmos e armado a este, para se tornarem sua presa quando bem lhe aprouvesse. Muito pior é a condição de quem está exposto ao poder arbitrário de um só homem a comandar cem mil outros, do que a de quem que está exposto ao poder arbitrário de cem mil homens isolados, porquanto ninguém pode estar seguro de que a vontade daquele que detém tal comando seja melhor que aquela dos outros homens, embora sua força seja cem mil vezes mais poderosa. Por conseguinte, seja qual for a forma da sociedade política, o poder que exerce o mando deve governar segundo *leis expressas e acatadas*, e não por ditames extemporâneos e resoluções indeterminadas. Do

contrário, os homens se encontrarão em condição muito pior do que no estado de natureza, por terem armado um ou alguns homens com o poder conjunto de uma multidão, para forçá-los a obedecer a seu bel-prazer aos ilimitados e exorbitantes decretos de seus pensamentos repentinos ou suas vontades desenfreadas e até então desconhecidas, sem terem estabelecido quaisquer medidas capazes de orientar e justificar-lhes as ações. Pois, destinado que é todo o poder que o governo possui tão somente para o bem da sociedade, assim como não deve ele ser *arbitrário* ou caprichoso, deve também ser exercido por leis estabelecidas e promulgadas; de sorte que tanto o povo possa conhecer o seu dever e viver a salvo e em segurança dentro dos limites da lei, como também os governantes se mantenham em seus devidos limites sem que se vejam tentados, pelo poder que têm nas mãos, a empregá-lo para fins, e por meios, ignorados pelos homens e que não seriam aceitos voluntariamente por estes[1].

138. *Em terceiro lugar, o poder supremo não pode tomar* de homem algum nenhuma parte de sua *propriedade* sem o seu próprio consentimento[1]. Pois, sendo a preservação da propriedade o fim do governo e a razão por que os homens entram em sociedade, isso pressupõe e necessariamente exige que o povo *tenha propriedade*, sem o que será forçoso supor que todos percam, ao entrarem em sociedade, aquilo que constituía o objetivo pelo qual nela ingressaram

....
§ **137** 1. Este argumento é irrelevante para Filmer, tendo em vista que ele negara a possibilidade de um estado de natureza, muito embora Locke seja coerente, a seu modo, ao ignorar essa posição de Filmer, em que consiste um dos fundamentos do patriarcalismo. Contudo, o argumento é relevante para Hobbes e lembra mesmo as próprias críticas de Filmer a Hobbes, 239-50, embora não esteja exatamente vinculada a nenhuma proposição hobbesiana. Temos aqui um aspecto típico da relação Hobbes/Locke – ver Introdução, pp. 97-8.
§ **138** 1. Elrington, 1798, assinala aqui o dever, de cada indivíduo, de pagar seus impostos.

– um absurdo por demais flagrante para ser admitido por qualquer um[2]. Portanto, dado que *os homens em sociedade possuem propriedade*, têm eles sobre os bens que, com base na lei da comunidade, lhes pertencem, um direito tal que a ninguém cabe o direito de tolher seus haveres, ou partes destes, sem o seu próprio consentimento; sem isso, não teriam *propriedade* nenhuma. Pois não tenho nenhuma *propriedade* sobre aquilo que outro pode tomar-me quando o desejar e contra o meu consentimento. Donde é um equívoco pensar que o *poder legislativo* ou supremo de qualquer sociedade política possa proceder como bem entenda e dispor *arbitrariamente* dos haveres dos súditos ou tomar qualquer parte destes a seu bel-prazer[3]. Não é preciso temê-lo em demasia nos governos em que o *legislativo* consiste, no todo ou em parte, em assembleias variáveis, cujos membros, quando da dissolução da assembleia, estão sujeitos às leis comuns do país em igualdade com o resto[4]. Todavia, nos governos em que o *legislativo* é uma mesma assembleia permanente, em função perpétua, ou está nas mãos de um único homem, tal como nas monarquias absolutas, existe ainda

---

2. Comparar com *Jura Populi Anglicani*, 1701, 30: "O poder supremo não pode subtrair a nenhum homem parte alguma de sua propriedade sem o consentimento do mesmo (...) (tal como o afirma um autor de grande engenho e erudição)", com uma nota de rodapé remetendo ao "autor dos *Dois tratados sobre o governo*, p. 277". É de se presumir que a referência, na verdade, seja à p. 274 da edição de 1694 ou de 1698, onde está localizado este parágrafo. A autoria do pequeno tratado é atribuída de modo geral a lorde Somers, amigo íntimo e patrono de Locke; seu tom é altamente lockeano, e ainda mais incisivo no tocante à propriedade e ao consentimento, uma vez que Locke deixa em aberto a possibilidade de se supor que o consentimento seja coletivo, e não individual.

3. Confrontar com Hobbes: "O *meu*, o *teu* e o *dele*, numa palavra, a *propriedade*, (...) pertence, em todos os tipos de sociedade política, ao poder supremo", *Leviatã*, 1904, 176; comparar com 240.

4. A referência é, obviamente, ao governo da Inglaterra; comparar com II, § 143.

o risco de julgarem-se eles dotados de um interesse distinto do resto da comunidade[5] e, em consequência, de se disporem a aumentar suas próprias riquezas e poder, tomando do povo o que considerarem conveniente. Pois a *propriedade* de um homem de modo algum está segura, embora existam leis boas e equitativas para estabelecer os limites desta entre ele e seus concidadãos, se aquele que exerce o mando sobre esses súditos tiver o poder de tomar de qualquer indivíduo particular a parte de sua *propriedade* que lhe aprouver, e dela se sirva e disponha segundo lhe convenha.

139. Todavia, porquanto ao *governo*, seja em que mãos estiver, o poder foi confiado – conforme demonstrei anteriormente –, sob essa condição e *para esse fim*, que os homens pudessem ter e garantir *suas propriedades*, o príncipe ou o senado, por mais que possam dispor do poder de elaborar leis destinadas a regular a *propriedade* entre os súditos entre si[1], jamais poderão dispor de um poder de tomar para si, no todo ou em parte, a *propriedade* dos súditos sem o consentimento destes. Pois isso equivaleria, na verdade, a deixá-los sem *propriedade* nenhuma. E para constatarmos que mesmo um *poder absoluto*, ali onde necessário, *não é arbitrário* por ser absoluto, mas é igualmente limitado pela razão e restrito aos fins que exigiram fossem absoluto em certos casos, não será preciso lançar o olhar para mais além do que a prática comum da disciplina marcial. Pois a preservação do exército, e com ele de toda a sociedade política, exige *absoluta obediência* ao comando de cada oficial superior, e a desobediência ou contestação até aos mais perigosos ou irracionais destes comandos implica a morte justa do infrator; vemos, todavia, que nem o sargento, que poderia or-

---

5. Comparar com II, §§ 143, 163 e 164.
§ **139** 1. Comparar com II, § 120, notas e referências, para a regulamentação da propriedade por parte do governo.

denar a um soldado marchar até a boca de um canhão ou postar-se em uma brecha, onde quase certamente perecerá, pode ordenar ao soldado que lhe dê um vintém de seu dinheiro, nem o *general*, que pode condená-lo à morte por desertar seu posto ou por não obedecer às ordens mais desesperadoras, pode, não obstante seu poder absoluto de vida e morte, dispor ainda que de tostão dos haveres daquele soldado ou apoderar-se de uma ínfima parte de seus bens. No entanto, podem ordenar o que quer que seja e punir com enforcamento a menor desobediência. Pois tal obediência cega é necessária ao fim para o qual o comandante detém seu poder, qual seja, a preservação do resto, o que nada tem a ver com o dispor dos bens de seus subalternos.

140. É verdade que os governos não podem sustentar-se sem grandes encargos, e é adequado que todo aquele que usufrui uma parcela de proteção pague, de seus próprios haveres, uma parte proporcional necessária para mantê-la. Contudo, será ainda mediante o seu próprio consentimento, ou seja, o consentimento da maioria, dado diretamente ou através dos representantes por ela escolhidos[1]. Pois, se alguém arrogar-se um *poder de impor* e coletar tributos junto ao povo por sua própria autoridade, e sem esse consentimento do povo, estará violando, com esse ato, a *lei fundamental da propriedade* e subvertendo o fim do governo. Pois que propriedade tenho eu sobre aquilo que outrem pode tomar por direito quando julgar conveniente?

....
§ **140** 1. Neste ponto, a doutrina de Locke sobre a propriedade e sua tese acerca das maiorias e da representação se encontram com o tradicional constitucionalismo inglês. Como de hábito, Elrington, 1798, comenta que "somente parte dos cidadãos" deve ter direito à tributação condicionada no consentimento, de modo que "a propriedade dos indivíduos possa tornar-se mais segura". Sobre os representantes, comparar com nota em II, § 158.

141. *Em quarto lugar, não pode o legislativo transferir o poder de elaborar leis* para outras mãos, pois, não sendo ele senão um poder delegado pelo povo, aqueles que o detêm não podem transmiti-lo a outros. Somente ao povo é facultado designar a forma da sociedade política, que se dá através da constituição do legislativo, e indicar em que mãos será depositado. E quando o povo disser: submeter-nos-emos às regras e seremos governados pelas *leis* estabelecidas por tais homens e sob tais formas, ninguém mais poderá dizer que outros homens devam *elaborar* leis para o povo, e tampouco pode ser este submetido a nenhuma *lei*, senão àquelas promulgadas pelos indivíduos escolhidos e autorizados para formular as leis da sociedade. Uma vez que o poder do legislativo deriva do povo, por uma concessão ou instituição positiva e voluntária, não pode ser ele diverso do poder transmitido por tal concessão positiva, que é apenas o de elaborar *leis* e não de fazer *legisladores*, de sorte que não pode ter o *legislativo* nenhum poder de transferir sua autoridade de elaborar leis e colocá-la em mãos de terceiros[1].

142. Tais são os *limites* que o encargo a ele confiado pela sociedade e pela lei de Deus e da natureza *impuseram ao poder legislativo* de cada sociedade política.

Em primeiro lugar, ele deve governar através de *leis promulgadas e estabelecidas*, que não poderão variar nos casos particulares, mas segundo uma mesma regra para ricos e pobres, para o favorito na corte e o camponês no arado.

Em segundo lugar, tais *leis* não devem destinar-se a outro fim que não, em última análise, *o bem do povo*.

Em terceiro lugar, não se devem *impor tributos* sobre a propriedade do povo *sem o seu consentimento*, dado dire-

....
§ 141 1. Acrescentado na 2ª edição, de 1694: Locke alterou algumas palavras no trecho inicial do parágrafo após 1698. Sobre concessões, comparar com I, §§ 25 e 85: Pareyson, 1948, comenta que a visão de Locke lembra a teoria medieval da *concessio*.

tamente por ele ou através de seus deputados. E isso apenas se refere aos governos em que o *legislativo* está sempre em função ou, pelo menos, em que o povo não reservou porção alguma do legislativo para deputados, a serem por ele escolhidos de tempos em tempos.

Em quarto lugar, o *legislativo* não deve *nem pode transferir o poder de elaborar leis* a quem quer que seja ou depositá-lo em quaisquer outras mãos, senão naquelas em que o povo o depositou.

CAPÍTULO XII
Do poder legislativo, executivo e federativo da sociedade política[1]

143. O poder legislativo é aquele que tem o direito de *fixar as diretrizes* de como a *força da sociedade política* será empregada para preservá-la e a seus membros. No entanto, como essas leis devem ser constantemente executadas e sua força deve vigorar para sempre, podem ser elaboradas em pouco tempo e, portanto, não é preciso que o legislativo se mantenha para sempre, uma vez que nem sempre terá ocupação. E – porque pode constituir uma tentação demasiado grande para a fragilidade humana capaz de assenhorear-se do poder que as mesmas pessoas que têm o poder de elaborar leis tenham também em mãos o de execu-

---

§ **143** 1. Embora, tal como no caso do capítulo XI (ver nota em II, § 134), não exista elemento algum no texto que permita datar a composição do presente capítulo, provavelmente será mais acertado considerá-lo parte do texto original, anterior a 1681. A separação dos poderes é sugerida, diversas vezes, em outros lugares: em II, § 91; em II, § 107, em que faz parte da argumentação antipatriarcal, e em II, § 127; a posição lógica indicando a existência de um Poder Federativo é estabelecida em II, § 14. Não há indícios de interpolação ou revisão em 1689 e, por conseguinte, nenhum fundamento textual para a suposição de que esteja historicamente relacionado à posição constitucional de Guilherme III no tocante à política externa.

tá-las, com o que podem isentar-se da obediência às leis que fazem e adequar a lei, tanto no elaborá-la como no executá-la, à sua própria vantagem particular, passando com isso a ter um interesse distinto daquele do resto da sociedade política, contrário aos fins dessa sociedade e desse governo – nas sociedades políticas bem ordenadas, em que o bem do todo recebe a consideração devida, o poder *legislativo* é depositado nas mãos de diversas pessoas que, devidamente reunidas em assembleia, têm em si mesmas, ou conjuntamente com outras, o poder de elaborar leis e, depois de as terem feito, separando-se novamente, ficam elas próprias sujeitas às leis que formularam[2]; o que para elas é uma obrigação nova e mais restritiva, para que tenham o cuidado de elaborá-las visando ao bem público.

144. Porém, como as leis elaboradas de imediato e em pouco tempo têm força constante e duradoura, e requerem uma perpétua *execução* ou assistência, é necessário haver um *poder permanente*, que cuide da *execução* das leis que são elaboradas e permanecem vigentes[1]. E assim acontece, muitas vezes, que sejam separados os poderes *legislativo* e *executivo*.

145. Existe em todo Estado um outro *poder*, que pode ser chamado de *natural*, por se tratar daquele que corresponde ao poder que todo homem tinha naturalmente antes de entrar em sociedade. Pois, muito embora os membros de uma sociedade política sejam ainda pessoas distintas umas das outras e, como tais, sejam governadas pelas leis da sociedade, com referência ao resto da humanidade eles for-

....
2. As disposições constitucionais da Inglaterra são as da "sociedade política bem ordenada" que Locke tem em mente; comparar com II, §§ 138, 151, 167 e 213.
§ 144 1. Comparar com II, § 153.

mam um único corpo, que está, como antes estava cada um de seus membros, ainda no estado de natureza em relação ao resto da humanidade[1]. Donde as controvérsias que surgem entre qualquer homem da sociedade com aqueles que estão fora dela sejam amiúde tratadas pelo público; e uma injúria causada a um membro de seu corpo empenha o todo na sua reparação. De modo que, segundo esta consideração, a sociedade política como um todo constitui um corpo único em estado de natureza com respeito a todos os demais estados ou pessoas externas a esse corpo.

146. Este contém, portanto, o poder de guerra e paz, de firmar ligas e promover alianças e todas as transações com todas as pessoas e sociedades políticas externas e, se alguém quiser, pode chamá-lo de *federativo*. Sendo entendida a questão, o nome é-me indiferente[1].

147. Esses dois poderes, o *executivo* e o *federativo*, embora sejam realmente distintos entre si, compreendendo um a *execução* das leis municipais da sociedade *dentro* de seus próprios limites sobre todos os que dela fazem parte, e o outro, a gestão da *segurança e do interesse* do público externo, com todos aqueles de que ela pode receber benefícios ou injúrias, quase sempre estão unidos. E embora esse *poder federativo*, bem ou mal gerido, possa ser de grande im-

....
§ 145 1. Comparar com II, §§ 14 e 183.
§ 146 1. Sobre o poder federativo, ver Introdução, p. 172, nota e referências. Como Lawson, *Política sacra* (1660), 1689, 63, reconhece algo desse caráter, imagina-se que tenha sido a fonte de Locke. De modo geral, contudo, sua doutrina da separação dos poderes difere largamente da de Locke e é bem mais específica. Lawson fundamenta-a na Escritura (*Exame de Hobbes*, 1657, 56) e reconhece os três poderes ora considerados habituais: o legislativo, o judiciário e o executivo; ver 1689, 72, 93, 97 etc.; 1657, 8. Seu interesse reside, talvez, mais na gradação e na natureza do que na independência desses poderes, muito embora, como Locke e todos os demais, insistisse na independência do Judiciário.

portância para a sociedade política, é muito menos passível de ser dirigido por leis antecedentes, fixas e positivas que o *executivo* e, por isso, deve necessariamente ser deixado à prudência e à sabedoria daqueles em cujas mãos se encontra, para ser gerido em favor do bem público. Pois as *leis* que dizem respeito aos súditos entre si, existindo para dirigir suas ações, podem muito bem *precedê-las*. Mas o que é preciso ser feito com relação a *estrangeiros*, por depender muito de suas ações e da variedade de seus propósitos e interesses, deve ser *deixado* em grande parte à prudência daqueles a quem tal poder foi entregue, a fim de que o conduzam de acordo com o melhor de suas capacidades, para vantagem da sociedade política.

148. Embora, como já disse, os *poderes executivo* e *federativo* de toda sociedade política sejam realmente distintos entre si, dificilmente podem ser separados e depositados, ao mesmo tempo, nas mãos de pessoas diferentes. Como o exercício de ambos requer a força da sociedade, é quase impraticável depositar a força do corpo político em mãos diferentes e não subordinadas, ou que os *poderes executivo* e *federativo* sejam *depositados* em pessoas que podem agir separadamente, com o que a força do público estaria sob comandos diferentes, o que poderia causar, num momento ou outro, desordem e ruína.

CAPÍTULO XIII
Da subordinação dos poderes da sociedade política[1]

149. Embora, numa sociedade política constituída, assentada sobre suas próprias bases e agindo de acordo com

....
§ **149** 1. No entender do editor, este capítulo fazia parte da primeira versão, mas pertence a 1680-1, e não a 1679. Apesar de relevante para a controvérsia

sua própria natureza, ou seja, para a preservação da comunidade, não possa haver mais de *um único poder supremo*, que é o *legislativo*[2], ao qual todos os demais são e devem ser subordinados, contudo, sendo ele apenas um poder fiduciário para agir com vistas a certos fins, cabe *ainda ao povo um poder supremo* para remover ou *alterar o legislativo*[3] quando julgar que este age contrariamente à confiança nele depositada[4]. Pois, como todo poder concedido em confiança para se alcançar um determinado *fim* está limitado por esse mesmo fim, sempre que este é manifestamente negligenciado, ou contrariado, o encargo confiado deve necessariamente ser *retirado* [*forfeited*] e voltar o poder às mãos daqueles que o concederam, que podem depositá-lo de novo onde quer que julguem ser melhor para sua garantia e segurança. E, portanto, a sociedade política *conserva* perpetuamente um *poder supremo* de salvaguardar-se das tentativas e propósitos de qualquer pessoa, mesmo de seus próprios

....

envolvendo Filmer, é-o mais ainda para o programa e as atividades políticas de Shaftesbury. Trata da eleição, da convocação, colocação em recesso e dissolução do parlamento e termina com um apelo em favor da reforma parlamentar – temas, todos estes, de suma importância para Shaftesbury e seus *whigs*, sobretudo em 1680 e 1681; ver notas nos §§ 156 e 157. É possível que algumas observações tenham sido acrescentadas em 1689, em referência a Jaime II, mas, em geral, parece tratar-se de um apelo por mudanças constitucionais, até mesmo revolucionárias, em oposição a Carlos II.

2. A supremacia do legislativo é uma característica da teoria de Locke, tão típica da linha de pensamento por ele representada que parece desnecessário buscar uma fonte para esse conceito em Lawson (e.g. 1657, 30), como o pretende Maclean (1947, 70).

3. A aparente contradição entre o "*poder supremo*" referido aqui e na linha 4 é assim explicada por Lamprecht, 1918, 145: "a supremacia do legislativo é completa mediante uma determinada condição, e desaparece por completo se muda essa condição".

4. Essas frases, bem como a doutrina toda do parágrafo, apresentam nítido contraste com o capítulo 18 do *Leviatã*, de Hobbes, revelando uma diferença sistemática. É difícil acreditar que Locke tivesse Hobbes em mente ao escrever o parágrafo.

legisladores, sempre que estes sejam tolos ou perversos o bastante para conceber e levar a cabo planos contrários às liberdades e propriedades dos súditos. Pois, não tendo homem algum ou sociedade alguma de homens o poder de ceder a própria *conservação*, ou, consequentemente, os meios para tal, à vontade absoluta e ao domínio arbitrário de outrem, sempre que qualquer um tente conduzi-los a uma tal condição de escravidão, terão sempre o direito de conservar aquilo que não tinham o poder de ceder e de livrar-se daqueles que transgridam essa lei fundamental, sagrada e inalterável da *autoconservação*, pela qual entraram em sociedade[5]. Pode-se dizer, portanto, que a sociedade política, nesse sentido, é *sempre o poder supremo*, mas não enquanto considerada sob qualquer forma de governo, pois esse poder do povo nunca pode ter lugar antes que o governo seja dissolvido[6].

150. Em todos os casos, enquanto subsistir o governo, o *legislativo é o poder supremo*. Pois o que pode legislar para outrem deve por força ser-lhe superior; e como o legislativo o é tão somente pelo direito de elaborar leis para todas as partes e para cada membro da sociedade, prescrevendo regras para suas ações e concedendo poder de execução onde quer que sejam transgredidas, deve por força ser o poder supremo, e todos os demais poderes depositados em quaisquer membros ou partes da sociedade devem derivar dele ou ser-lhe subordinados[1].

151. Em algumas sociedades políticas nas quais o *legislativo* não está em função e o *executivo* está investido nu-

....
5. Comparar com II, § 129.
6. Ver capítulo XIX (§§ 211-43); comparar com II, § 132, nota e referências; II, § 157.
§ 150 1. Comparar com II, §§ 132 e 134; com respeito às linhas 1-2, comparar com II, § 153 (tomado por Bastide, 1907, 236, como típico das contradições textuais de Locke).

ma única pessoa que também faz parte do legislativo, num sentido muito tolerável essa única pessoa pode também ser chamada de *suprema*, não por deter em si todo o poder supremo, que é o de legislar, mas porque nela recai a *execução suprema*, da qual todos os magistrados inferiores derivam todos os seus vários poderes subordinados ou, pelo menos, a maior parte deles; não tendo, também, nenhum legislativo acima de si e não havendo lei que se possa elaborar sem seu consentimento, que não se deve supor deva jamais sujeitá-lo à outra parte do legislativo, *ele é*, propriamente, nesse sentido, *supremo*. Porém, deve-se observar ainda que, embora os *juramentos de fidelidade e lealdade* sejam dirigidos a ele, não o são por ser ele o legislador supremo, mas sim o *supremo executor* da lei formulada por um poder conjunto dele próprio com outros. Não sendo a *fidelidade* nada além da *obediência segundo a lei*, que, quando violada por ele, leva-o a perder todo direito à obediência, tampouco pode ela exigi-la a não ser como a pessoa pública investida com o poder da lei, devendo, portanto, ser considerado como a imagem, o espectro ou o representante do corpo político, agindo pela vontade da sociedade, declarada em suas leis. E, portanto, não tem ele nenhuma vontade ou poder a não ser o da lei. Quando, porém, deixa essa representação[1], essa vontade pública, e passa a agir segundo sua própria vontade particular, degrada-se e não é mais que uma pessoa particular sem poder e sem vontade, sem direito algum à obediência, pois que não devem os membros obediência senão à vontade pública da sociedade.

....
§ 151 1. Nesta frase, e antes dela, os termos "representante" e "representação" são utilizados no sentido técnico hobbesiano – ver Gierke, 1934, 82-3 –, embora para finalidades antitéticas, o que é típico da relação entre os dois autores. Também neste caso Locke claramente se refere à monarquia inglesa, seus direitos e poderes.

152. O *poder executivo*, quando não estiver depositado numa pessoa que também participe do legislativo, estará visivelmente subordinado a este e a ele responde, podendo ser trocado e deslocado à vontade; de modo que não é o *poder executivo supremo* que está isento de subordinação, mas *o poder executivo supremo* investido numa única pessoa que, fazendo parte do legislativo, não divise nenhum poder legislativo superior e distinto ao qual subordinar-se e responder além daquele a que ele mesmo se junte e com o qual consinta. Não ficará assim mais subordinado do que ele próprio julgar adequado, o que, pode-se concluir com certeza, será muito pouco. De outros *poderes ministeriais* e *subordinados* numa sociedade política não precisamos falar; são de tal modo multiplicados pela infinita variedade dos diferentes costumes e constituições de sociedades políticas distintas que é impossível descrever detalhadamente cada um deles. Apenas um ponto, necessário para o nosso presente propósito, podemos observar relativamente a eles: o não ter nenhum deles autoridade alguma além da que lhes é delegada por concessão e comissionamento positivos, e responderem todos a algum outro poder do corpo político.

153. Não é necessário, nem tão conveniente, que o *legislativo* esteja *sempre em função*. Mas é absolutamente necessário que o *poder executivo* esteja[1], pois, se nem sempre é preciso elaborar novas leis, sempre há necessidade de execução das leis já elaboradas. Quando o *legislativo* confia a *execução* das leis que elabora a outras mãos, mantém o poder de retirá-lo dessas mãos se encontrar causas para tanto ou a fim de punir qualquer má administração contrária às leis. O mesmo vale também em relação ao poder *federativo*, sen-

....
§ 153 1. Comparar com II, § 144.

do este e o executivo ambos *ministeriais e subordinados ao legislativo*, que, tal como demonstramos, é supremo numa sociedade política constituída. Neste caso o legislativo pode também, supondo-se que seja composto por diversas pessoas (pois, se for uma única pessoa, não poderá senão existir sempre e, desse modo, como supremo, terá naturalmente o poder executivo supremo, juntamente com o legislativo), *reunir-se e exercer sua legislatura*[2] nos momentos designados por sua constituição original ou por seus próprios adiamentos, ou quando o desejar, caso nem aquela nem estes tenham determinado uma época específica ou não haja nenhuma outra maneira prescrita para a sua convocação. Pois, tendo sido o poder supremo nele depositado pelo povo, está sempre nele e pode exercê-lo quando lhe aprouver, a menos que, por sua constituição original, esteja limitado a determinadas épocas ou tenha, por um ato de seu poder supremo, adiado a sessão para um certo momento e, quando este chegar, tenha o direito de *reunir-se e agir novamente.*

154. Se o legislativo, ou qualquer parte dele, for constituído por representantes escolhidos pelo povo para esse período e que depois voltam ao estado ordinário de súditos, sem nenhuma participação na legislatura a não ser se forem novamente escolhidos, tal poder de escolha também deve ser exercido pelo povo em determinadas épocas designadas ou, então, ao ser convocado para tal; e, neste último caso, o poder de convocar o legislativo está comumente nas mãos do executivo e tem uma destas duas limitações com respeito ao tempo: ou bem a constituição original exige que se *reúna* e *aja* a intervalos certos e, neste caso, o exe-

....
2. "Legislatura" – o poder de criar leis: modificação feita por Locke, após 1698, do termo original, "legislativo"; comparar com II, § 94 e referências.

cutivo não faz senão emitir ministerialmente instruções para a eleição e a reunião, de acordo com as formas devidas; ou bem é deixado à sua prudência convocá-lo mediante novas eleições, quando a ocasião ou as exigências do público demandarem o aperfeiçoamento das velhas leis, a elaboração de novas ou a reparação ou prevenção de quaisquer inconvenientes que pesem ou ameacem pesar sobre o povo.

155. Neste ponto, pode-se perguntar o que sucederá se o poder executivo, de posse da força da sociedade política, fizer uso dessa força para impedir a *reunião* e a *atuação do legislativo*[1] quando a constituição original[2] ou as exigências do público assim o exigirem. Digo que o uso da força sobre o povo, sem autoridade e contrariamente ao encargo que lhe foi confiado, coloca aquele que assim age em estado de guerra com o povo, que tem o direito de *reempossar o legislativo no exercício* de seu poder. Pois, tendo instalado um legislativo com a intenção de que este exerça o poder de elaborar leis, seja em certos momentos determinados, seja quando houver necessidade, se alguma força impedir esse poder de fazer o que é tão necessário para a sociedade e de que depende a segurança e a preservação do povo, este tem o direito de removê-la pela força. Em todos os estados e condições, o verdadeiro remédio para a *força* sem autoridade é opor-lhe a força. O uso da *força* sem autoridade põe sempre aquele que a emprega em *estado de guerra*[3], como agressor, e sujeita-o a ser tratado nos mesmos termos.

....
§ **155** 1. Comparar com II, § 215 – paralelo textual; ver nota em II, § 156 e referências.

2. "Constituição original": ver II, §§ 154, 156 e 218; os únicos casos do emprego do termo Constituição no sentido atribuído por nós: em outras partes, significa uma lei dominante.

3. "Estado de guerra" – aqui e mais acima neste parágrafo: ver capítulo III do *Segundo tratado*.

156. O poder de *reunir e dispensar o legislativo*, depositado no executivo, não confere a este uma superioridade sobre aquele, mas é apenas um encargo fiduciário que lhe é confiado para a segurança do povo, nos casos em que a incerteza e a inconstância dos negócios humanos não comportariam uma regra fixa. Pois, não sendo possível que os primeiros organizadores de governos, mediante algum tipo de previsão, fossem de tal modo senhores dos acontecimentos futuros a ponto de poderem prefixar períodos tão próprios de reconvocação e duração das *assembleias do legislativo* em todos os tempos por vir, que pudessem responder exatamente a todas as exigências da sociedade política, o melhor remédio que se pôde encontrar para tal imperfeição foi confiar a questão à prudência de alguém que estivesse sempre presente e cuja tarefa fosse a de cuidar do bem público. Constantes e *frequentes reuniões do legislativo* e a longa duração de suas assembleias sem necessidade não poderiam deixar de ser incômodas para o povo e, com o tempo, produziriam necessariamente inconvenientes mais perigosos; no entanto, o rápido desenrolar dos acontecimentos poderia às vezes ser tal que exigisse sua ajuda imediata e qualquer atraso na sua convocação poderia pôr o público em perigo; às vezes, também, o assunto a tratar pode ser de tal monta que o tempo limitado das sessões seja curto demais para os trabalhos, privando o público de um benefício que só poderia ser obtido mediante uma deliberação amadurecida. Neste caso, o que mais poderia ser feito, para evitar que a sociedade política se exponha de um momento para outro a um perigo iminente, de um lado ou de outro, devido aos períodos e intervalos fixos estabelecidos para a *reunião e a atuação do legislativo*, senão confiar tal à prudência de alguém que, estando presente e a par do estado dos negócios públicos, pudesse fazer uso de sua prerrogativa em prol do bem público? E em que outras mãos essa prerrogativa estaria mais bem depositada do que nas daquele a

quem foi confiada a execução das leis para o mesmo fim? Desse modo, supondo-se que a regulação dos momentos para a *reunião e as sessões do legislativo* não tenha sido estabelecida pela constituição original, tal atribuição naturalmente recairá nas mãos do executivo, não como poder arbitrário dependente de sua boa vontade, mas com o encargo de sempre exercê-lo em prol do bem público, conforme o exijam as ocorrências dos tempos e as mudanças dos negócios. Se o menor inconveniente está em ter *períodos estabelecidos para a sua reunião*, ou na *liberdade* deixada ao príncipe para a *convocação do legislativo*, ou talvez numa mistura de ambos, não me cabe inquirir aqui, mas apenas mostrar que, embora o poder executivo possa ter a prerrogativa de *convocar* e *dissolver* tais *convenções* do *legislativo*, nem por isso se torna superior a ele[1].

157. As coisas deste mundo estão num fluxo de tal modo constante que nada permanece por muito tempo no mesmo estado. Desse modo, as pessoas, as riquezas, o comércio e o poder mudam de lugar; cidades poderosas e florescentes se arruínam e tornam-se, com o correr do tempo, rincões desolados, ao passo que outros lugares pouco frequentados crescem até se tornarem países populosos, repletos de riqueza e habitantes. Como, porém, nem sempre as coisas mudam por igual e amiúde os interesses particulares conservam costumes e privilégios quando as razões para tal cessaram de existir, ocorre com frequência, nos governos em que parte do legislativo consiste de *representantes* escolhi-

....
§ 156 1. Os §§ 154 e 155 tratam da eleição e dissolução dos parlamentos ingleses, enquanto este aborda a sua convocação e a colocação em recesso. Tudo indica que Locke tem em mente os repetidos adiamentos, cancelamentos e convocações frustradas que caracterizaram o reinado de Carlos II e constituíram o primeiro objeto das atividades de Shaftesbury na oposição, especialmente durante a controvérsia da exclusão – ver notas em II, §§ 167 e 213, e Introdução, p. 81.

dos pelo povo, que, com o passar do tempo, essa *representação* se torne muito *desigual* e em desproporção com as razões pelas quais fora originalmente estabelecida. Podemos considerar a que rematados absurdos pode levar o seguir os costumes quando a razão os abandonou quando vemos o simples nome de uma cidade, da qual nada resta senão ruínas e onde mal se encontra um casebre ou um pastor, enviar *tantos representantes* à grande assembleia dos legisladores quanto todo um condado numeroso em habitantes e poderoso em riquezas. Tal costume causa espanto aos estrangeiros, e é imperativo admitir que necessita de um remédio, embora a maioria considere difícil encontrar algum, pois, sendo a constituição do legislativo o ato original e supremo da sociedade que antecede a todas as leis positivas que nela há, e dependendo por completo do povo, nenhum poder inferior pode alterá-la. E, portanto, como, uma vez constituído o *legislativo*, o *povo* não tem nesse tipo de governo, tal como vimos, *poder algum* para agir enquanto dure o governo, tal inconveniente é tido como irremediável[1].

158. *Salus populi suprema lex** é, com certeza, uma regra tão justa e fundamental que aquele que a segue com sin-

---

§ 157 1. Sob o reinado de Carlos II, a reforma dos distritos eleitorais fazia parte do programa político de Shaftesbury e dos *whigs*, que apresentaram um projeto de lei a esse respeito no primeiro parlamento por eles controlado, o de março de 1679; ver Ogg, *Charles II*, 1955, II, 480-2. O plano de reforma atribuído a Shaftesbury (*Escritos de Somers*, 1812) incluía a retirada do direito de voto de alguns "burgos podres", como os mencionados nas linhas 15-22, o qual seria, supõe-se, Old Sarum, perto de Salisbury, bastante conhecido de Locke por ser residência de seu amigo David Thomas; ver Introdução, p. 92. Muito provavelmente, portanto, o presente parágrafo foi escrito como parte do original, em 1679, embora também possa ter sido acrescentado em 1681. Sir James Fitzjames Stephen, 1892, 154-5, considera este "o mais singular exemplo do caráter fantasioso dos resultados a que os princípios abstratos de Locke o conduziam em relação ao governo civil".

* "A salvação (ou o bem) do povo é a suprema lei." (N. T.)

ceridade não pode errar perigosamente¹. Se, portanto, o executivo, que tem o poder de convocar o legislativo observando mais a verdadeira proporção que os usos da *representação*², regula, não segundo os velhos costumes, mas pela verdadeira razão, *o número de membros* em todos os lugares que têm o direito de ser distintamente representados – ao qual nenhuma parte do povo, seja como tenha sido incorporada, pode jamais pretender, a não ser em proporção à assistência que proporciona ao público –, não se poderá julgar que tenha instituído um novo legislativo, mas sim restaurado o antigo e verdadeiro, e retificado as desordens que o passar do tempo terá insensível e inevitavelmente introduzido. Pois, sendo do interesse do povo, bem como sua intenção, contar com uma *representação equânime* e justa, quem quer que mais o aproxime disso é um indubitável amigo e estabelecedor do governo, e não pode deixar de obter o consentimento e a aprovação da comunidade. Não sendo a *prerrogativa* senão um poder que detém o príncipe de promover o bem público³, nos casos em que, dependendo de ocorrências imprevistas e incertas, leis certas e inalteráveis não possam orientar com segurança, tudo quanto for feito manifestamente para o bem do povo e o estabelecimento do governo sobre suas legítimas bases é e sempre

....
§ 158 1. Ao solucionar a dificuldade da reforma eleitoral em conformidade com a lei suprema do bem do povo (§§ 157 e 158), Locke está lidando com um problema que ele próprio criou. Seliger, 1968, p. 365, é de outro ponto de vista.

2. "Representação" – aqui empregado em sua acepção não hobbesiana; comparar com nota em II, § 151. Elrington, 1798, comenta que Locke "não tinha a menor ideia de que seria interpretado como atribuindo esse poder à multidão", que Locke teria excluído do sufrágio aqueles que não dispunham de propriedade, que suas observações acerca da representação proporcional nos distritos excluem o sufrágio universal. Esta frase e o § 140 são citados por aqueles que acreditam que Locke pretendia claramente restringir o direito de voto, *e.g.* Seliger, 1963 (i).

3. Comparar com capítulo XIV.

será uma *prerrogativa* justa. O poder de erigir novas corporações e, com isso, *novos representantes*, traz em si a suposição de que, com o tempo, as *medidas de representação* podem mudar e esses lugares passam a ter um justo direito à representação quando antes não tinham nenhum. E, pela mesma razão, outros deixam de ter direito e passam a ter pouca importância para merecer o privilégio de que gozaram no passado. Não se trata de mudança em relação ao estado presente, que talvez a corrupção ou a decadência tenha introduzido e que avança sobre o governo: tal mudança estará, ao contrário, na tendência deste a prejudicar ou oprimir o povo e a elevar uma parte ou um partido, distinguindo-os e sujeitando-lhes os demais. Tudo quanto não se possa deixar de reconhecer como vantajoso para a sociedade e o povo em geral, baseado em medidas justas e duradouras, sempre se justificará. E sempre que o povo escolher seus *representantes com base em* medidas justas e inegavelmente equânimes, adequadas à forma original do governo, não se poderá duvidar que tal seja a vontade e o ato da sociedade, seja quem for que o tenha permitido ou proporcionado.

CAPÍTULO XIV
Da prerrogativa[1*]

159. Onde quer que os poderes legislativo e executivo estejam em mãos distintas (como ocorre em todas as mo-

....
§ **159** 1. No juízo do editor, este capítulo pertence à composição original de Locke, de 1679; comparar com nota em II, § 149, capítulo XIII. É possível que tenha sido modificado em alguns pontos em 1689, especialmente no parágrafo final, de número 168, mas o prof. K. H. D. Haley comenta que Locke dificilmente teria escrito sobre o poder discricionário tal como o fez no § 161 após a controvérsia acerca das dispensas de Jaime II.

* Trata-se do uso da prerrogativa régia, por esse rei católico, para suspender na prática a aplicação de todas as leis que barravam os "papistas" de cargos politicamente influentes. (N. R. T.)

narquias moderadas e nos governos bem constituídos), o bem da sociedade exige que diversas questões sejam deixadas à discrição daquele que detenha o poder executivo. Pois não sendo os legisladores capazes de prever e providenciar, por meio das leis, tudo quanto possa ser proveitoso para a comunidade, o executor das leis, tendo nas mãos o poder, possui, pela lei comum da natureza, o direito de dele fazer uso para o bem da sociedade, nos muitos casos em que a lei municipal não fornece diretrizes, até que o legislativo possa ser devidamente reunido para deliberar sobre a questão. Muitas questões há que a lei não pode em absoluto prover e que devem ser deixadas à discrição daquele que tenha nas mãos o poder executivo, para serem por ele reguladas, conforme o exijam o bem e a vantagem do público; mais ainda, é conveniente que as próprias leis, em alguns casos, cedam lugar ao poder executivo, ou, antes, a essa lei fundamental da natureza e do governo, a saber, que, tanto quanto seja possível, *todos* os membros da sociedade devem ser *conservados*. Pois, visto que muitos acidentes podem ocorrer em situações em que a observância estrita e rígida das leis pode causar danos (como não demolir a casa de um homem inocente para deter um incêndio quando a casa vizinha esteja em chamas) e visto que por vezes alguém pode cair na alçada da lei, que não faz distinções entre as pessoas, por uma ação que pode merecer recompensa e perdão, é conveniente que o governante tenha o poder, em muitos casos, de atenuar a severidade da lei e perdoar alguns infratores[2]. Pois, sendo *o fim do governo a conservação de todos* tanto quanto possível, mesmo os culpados de-

---

Este aspecto, juntamente com as alusões ao conflito de Shaftesbury com Carlos II, acerca da convocação do Parlamento (ver § 167), parecem constituir fundamentos suficientes para situar o capítulo na referida data.

2. Sobre o direito do governante a perdoar, comparar com II, § 11 e nota.

vem ser poupados sempre que não resulte daí nenhum prejuízo para os inocentes.

160. Esse poder de agir conforme a discrição em prol do bem público, sem a prescrição da lei e por vezes até contra ela, é o que se chama *prerrogativa*. Isso porque, como em alguns governos o poder legislativo nem sempre está em função e é, em geral, por demais numeroso e lento para a presteza exigida pela execução, e também porque é impossível prever e, consequentemente, prover pelas leis todos os acidentes e necessidades que possam interessar ao público ou elaborar leis tais que não causem danos se executadas com rigor inflexível em todas as ocasiões e sobre todas as pessoas que caiam sob a sua alçada, deixa-se ao poder executivo uma certa liberdade de ação para deliberar a seu critério acerca de muitas questões não previstas nas leis.

161. Esse poder, enquanto for empregado para benefício da comunidade e conforme aos encargos e fins do governo, *é uma prerrogativa acima de qualquer dúvida*, e nunca é questionado. Pois as pessoas raramente, ou nunca, são escrupulosas ou justas neste ponto; estão longe de examinar a *prerrogativa* quando esta é empregada, em qualquer grau tolerável, para o uso a que foi destinada; ou seja, para o bem do povo e não manifestamente contra ele. Porém, se chega a haver uma controvérsia entre o poder executivo e o povo, *acerca* de alguma questão que se pretenda prerrogativa, ela facilmente se resolverá conforme tenda o exercício de tal *prerrogativa* para o bem ou para o mal do povo.

162. É fácil conceber que, na infância dos governos, quando as sociedades políticas pouco diferiam das famílias em número de pessoas, também pouco diferiam delas em número de leis; e, sendo os governantes como pais para

elas[1], zelando pelo seu bem, o governo era quase todo *prerrogativa*. Um pequeno número de leis estabelecidas cumpria a função, e a discrição e o zelo do governante supriam o resto. Mas, quando o engano ou a adulação prevaleceram sobre príncipes fracos no sentido de fazerem uso desse poder para seus próprios fins privados e não para o bem do público, o povo decidiu-se a determinar a prerrogativa por leis expressas nos pontos em que a julgou desvantajosa. Assim, o povo se viu necessitado de declarar *limites de prerrogativa*, em casos que eles ou seus ancestrais tinham deixado, com a mais ampla liberdade de ação, à sabedoria dos príncipes, que dela faziam uso correto e para o bem do povo.

163. E, portanto, têm noção muito equivocada do governo aqueles que afirmam que o povo *usurpou a prerrogativa* ao fazer que as leis positivas definissem qualquer parte dela. Pois, em o fazendo, não tomou o povo do príncipe coisa alguma que por direito pertencesse a este, mas apenas declarou que o poder que antes fora deixado indefinidamente nas mãos dele ou de seus ancestrais para ser exercido para o bem do povo não era algo que se pretendesse conferir ao príncipe para que o utilizasse com vistas a qualquer outro fim. Pois, sendo o bem da comunidade o fim do governo, quaisquer alterações nele feitas visando favorecer tal fim não podem ser consideradas uma *usurpação* de quem quer que seja, dado que ninguém no governo pode ter um direito que favoreça qualquer outro fim. São *usurpações* apenas os atos que prejudiquem ou obstruam o bem público. Aqueles que dizem outra coisa falam como se o príncipe tivesse um interesse distinto e separado do bem da comunidade e não fosse feito para ela – raiz e

....
§ 162   1. Comparar com as referências na nota em II, § 74: concessões de Locke ao patriarcalismo. Pareyson compara a análise lockeana da prerrogativa à de Filmer (edição de Laslett, 105-6).

fonte de que brotam quase todos os males e desordens que acontecem nos governos monárquicos. E, com efeito, se assim fosse, as pessoas sob um tal governo não formariam uma sociedade de criaturas racionais que tivessem ingressado numa comunidade para seu próprio bem mútuo; não teriam estabelecido governantes para proteger e promover esse bem, mas antes deveriam ser vistas como um rebanho de criaturas inferiores, sob o domínio de um senhor que as manteria e faria trabalhar para seu próprio prazer ou proveito[1]. Fossem os homens tão desprovidos de razão e embrutecidos a ponto de entrar em sociedade nesses termos, a *prerrogativa* poderia de fato ser, como a querem alguns, um poder arbitrário de proceder de forma prejudicial para o povo.

164. Como, porém, não se pode supor que, se for livre, uma criatura racional se submeta a outra para seu próprio prejuízo (embora, se encontrar um governante bom e sábio, talvez não julgue necessário ou proveitoso fixar limites precisos para o poder dele em todas as coisas), a *prerrogativa* só pode ser a permissão dos povos para que seus governantes pratiquem diversos atos por sua livre escolha, onde quer que a lei silencie e, por vezes, até contrariamente à letra expressa da lei, para o bem público e, ainda, a aquiescência do mesmo povo nisso quando praticado. Pois, assim como um príncipe bom, consciente do encargo a ele confiado e que zele pelo bem de seu povo, não pode ter demasiada *prerrogativa*, isto é, poder para fazer o bem, um príncipe fraco e vil que reivindicasse o poder exercido por seus predecessores, sem a direção da lei, como uma *prerrogativa* que lhe coubesse por direito de seu ofício e que pudesse exercer como lhe aprouvesse para atender ou pro-

....
§ **163** 1. Comparar com I, § 156, nota e referências.

mover um interesse distinto daquele do público, daria ao povo oportunidade de reivindicar seu direito e limitar esse poder, o qual, enquanto fora exercido em seu nome, os súditos se compraziam em conceder tacitamente.

165. Portanto, todo aquele que examinar a *história da Inglaterra* verá que a prerrogativa foi sempre *maior* nas mãos de nossos mais sábios e melhores príncipes; porque o povo, ao observar que a tendência geral de suas ações era no sentido do bem público, não contestava aquilo que para tal fim fosse feito sem lei; ou se qualquer fraqueza ou equívoco humanos (pois os príncipes não são senão homens, feitos como os demais) surgisse em algum pequeno desvio desse fim, mesmo assim era visível que o principal de sua conduta tendia somente para o zelo do público. O povo, portanto, encontrando razões para estar satisfeito com esses príncipes sempre que agissem sem a letra da lei ou contrariamente a ela, aquiescia no que faziam e, sem a menor queixa, permitia-lhes ampliar sua *prerrogativa* como lhes aprouvesse, julgando, com razão, que não faziam com ela nada que fosse em prejuízo de suas leis, uma vez que agiam conforme ao fundamento e ao fim de todas as leis, o bem público.

166. Tais príncipes semelhantes a Deus tinham[1], com efeito, certo direito ao poder arbitrário, segundo o argumento que provaria ser a monarquia absoluta o melhor governo, sendo aquele pelo qual Deus governa o universo; pois tais reis compartilhariam de Sua sabedoria e bondade. Nisso se funda o ditado de que os reinos dos bons príncipes sempre foram os mais perigosos para as liberdades de seu povo. Pois – quando seus sucessores, administrando o governo com

---

§ 166 1. Comparar com nota em II, § 42 – paralelo textual.

outro pensamento, transformavam as ações desses bons governantes em precedentes, fazendo deles o padrão de sua *prerrogativa*, como se o que fora feito somente para o bem do povo fosse um direito que lhes coubesse para prejuízo do povo, se assim quisessem – isso muitas vezes provocou controvérsias e, por vezes, desordens públicas antes que o povo conseguisse recuperar seu direito original e fizesse com que se declarasse não ser *prerrogativa* aquilo que na verdade nunca o fora. Porque é impossível que qualquer pessoa da sociedade venha alguma vez a obter o direito de causar dano ao povo, embora seja bem possível e razoável que o povo não deva dedicar-se a fixar limites à *prerrogativa* de reis ou governantes que não tenham transgredido os limites do bem público. Pois a *prerrogativa não é senão o poder de fazer o bem público independentemente de regras.*

167. Na *Inglaterra*, o *poder de convocar o parlamento*, quanto à ocasião, local e duração, é certamente uma *prerrogativa* do rei, mas sempre ditada pelo encargo de que seja usada para o bem da nação, conforme o requeiram as exigências dos tempos e a variedade de ocasiões. Pois, sendo impossível prever qual será sempre o melhor local para que se reúnam parlamentares e qual a melhor ocasião, a escolha foi deixada ao poder executivo, segundo seja mais apropriado para o bem público e melhor convenha aos fins dos parlamentos[1].

....
§ 167 1. Essa evidente referência à Constituição da Inglaterra, que claramente está no espírito de Locke por toda essa obra (comparar com II, § 143, nota e referências), sobretudo no tocante à convocação do Parlamento (ver nota a II, § 149, capítulo XIII), possivelmente se reporta à situação do final de 1680 e início de 1681. Carlos II nessa ocasião exerceu sua prerrogativa de convocar o parlamento no lugar onde desejasse (ver linha 1) e fê-lo em Oxford, como uma manobra contra Shaftesbury e seus exclusionistas. Sobre Locke e o parlamento de Oxford, ver Introdução, p. 44.

168. Sobre este ponto da *prerrogativa*, será levantada a velha pergunta de quem *há de ser o juiz* do uso correto desse poder[1]. Respondo: entre um poder executivo em função com uma tal prerrogativa e um legislativo que dependa da vontade desse poder para sua reunião, não pode haver *juiz sobre a Terra*, assim como não pode haver nenhum entre o legislativo e o povo caso o executivo ou o legislativo, quando em suas mãos tiverem o poder, pretendam ou se dediquem a escravizar ou destruir o povo. Nesses casos e em todos aqueles em que não há juiz sobre a Terra, não tem o povo outro remédio além do *apelo aos céus*. Pois os governantes, exercendo em tais tentativas um poder que o povo

....
§ 168   1. "A velha pergunta (...) quem há de ser o juiz?" – uma questão fundamental para o *Segundo tratado* – ver §§ 13, 19, 20, 89, 93, 125, 131, 136, 181, 240 e 241, e comparar com as referências a Jefté na nota em II, § 21. A questão é levantada de forma muito parecida na *Epistola de Tolerantia*: caso haja uma discórdia entre o magistrado e os súditos, "quis erit inter eos judex? Resp. solus Deus: qui inter legislatorem et populum nullus in terris est judex" (Klibansky e Gough, 1968, 128; na tradução para o inglês, "*legislatorem*" converteu-se em "*supreme magistrate*" [magistrado supremo]).

McIlwain, 1935, entende que Locke aqui alude à doutrina do *Tratado da monarquia*, de Hunton, 1643, pois também este pergunta repetidas vezes: "Quem há de ser, com essa tranquilidade, juiz dos excessos do senhor soberano nas monarquias?". Sua conclusão é que "não pode haver nenhum juiz legal e constituído no âmbito de tal estrutura de governo (...) é preciso dirigir um apelo *ad conscientiam generis humani* (...) As leis fundamentais dessa monarquia devem julgar e pronunciar sentenças na consciência de cada homem". Hunton, como se verá, referia-se a uma forma particular de governo, uma monarquia mista, ao passo que Locke aparentemente se refere a todas as formas possíveis de governo. O apelo de Hunton dirige-se à consciência de todos, o que Filmer declara, triunfante, tratar-se de pura e simples anarquia, enquanto o apelo final de Locke se dirige a Deus, muito embora ele ocasionalmente chegue a mencionar a consciência nesse contexto (ver II, § 21). Locke possuía o livro de Hunton (H. e L. 2013) e é possível que tenha sido influenciado por ele. Parece, porém, muito mais provável que a crítica de Filmer a Hunton (ver, por exemplo, a edição de Laslett, 294-5) é que estivesse em questão, o que demonstra que o parágrafo data de 1679. Em II, § 240, Locke contradiz o que se lê aqui na linha 5; ver Polin, 1960, 225.

jamais colocara em suas mãos (e não se pode supor que o povo consinta jamais que qualquer um o governe para seu prejuízo), fazem o que não têm direito algum de fazer. E onde quer que o corpo do povo ou cada homem individualmente[2] for privado de seu direito ou estiver submetido ao exercício de um poder sem direito e não tiver a quem apelar sobre a Terra, todos têm a liberdade de apelar aos céus sempre que julguem ter a causa suficiente importância. Portanto, embora o *povo* não possa ser *juiz*, de modo a ter, segundo a constituição dessa sociedade, qualquer poder superior para determinar e passar uma sentença efetiva no caso, ele contudo reserva para si, por uma lei anterior e superior a todas as leis positivas dos homens, uma suprema decisão última, que pertence a toda a humanidade onde não houver a quem apelar sobre a Terra, de julgar se tem ou não justa causa para dirigir seu apelo aos céus. E a esse julgamento não se pode renunciar, não estando em poder de homem algum submeter-se a outro de maneira a dar-lhe a liberdade de o destruir, pois Deus e a natureza nunca permitiriam que um homem abandonasse a si mesmo a ponto de descuidar de sua própria preservação. E, já que não pode tirar a própria vida, tampouco pode dar a outro o poder de lha tirar. E que ninguém pense ver nesse direito o fundamento de uma desordem perpétua, pois ele não opera, até que o inconveniente seja tão grande que a maioria o sinta e dele se canse, julgando necessário remediá-lo. Desse perigo, porém, o poder executivo e os príncipes sábios devem guardar-se; e é a coisa, dentre todas as demais, que mais precisam evitar, pois é a mais perigosa.

....
2. "Cada homem individualmente" – Locke em seu momento mais anárquico; ver Kendall, 1941, 89, e Strauss, 1953, 237.

CAPÍTULO XV
Dos poderes paterno, político e despótico, considerados em conjunto[1]

169. Embora eu tenha tido antes a ocasião de falar em separado destes [poderes], mesmo assim, tendo os grandes equívocos recentes sobre o governo surgido, como suponho, da confusão entre esses poderes distintos, talvez não seja despropositado considerá-los em conjunto.

170. *Em primeiro lugar*, pois, o *poder paterno* ou *pátrio poder*[1] é somente aquele que os pais têm sobre os filhos, para governá-los para bem deles até chegarem ao uso da razão ou a um estado de conhecimento em que se possa supor serem capazes de entender a lei, seja esta a lei da natureza ou a lei municipal de seu país, pela qual terão de governar a si mesmos. Capazes, digo, de entendê-la tão bem quanto vários outros que vivem como homens livres sob essa mesma lei. O afeto e a ternura para com os filhos que Deus implantou no peito dos pais tornam evidente que não se pretende seja um governo arbitrário e severo, mas apenas para a assistência, instrução e conservação de sua progênie. Porém, aconteça o que acontecer, não existe, tal como provei, razão alguma para que se pense que tal poder deva estender-se à vida e morte, em qualquer momento, sobre os filhos, mais que sobre qualquer outro, nem pode haver pretensão algu-

....
§ 169 1. Muito semelhante ao capítulo IX; ver nota em II, § 123. É repetitivo e recapitulatório, usa o argumento geral para refletir sobre Jaime II (ver nota em II, § 172), lembra II, §§ 2 e 3, e seus parágrafos introdutórios foram claramente escritos em 1689 (ver, por exemplo, os §§ 169 e 171). Traz todos os indícios de ter sido escrito em 1689 e é interessante observar Locke, sobretudo no § 174, relacionar sua controvérsia com Filmer e sua teoria da propriedade com a situação política imediatamente posterior à Revolução.
§ 170 1. Ver II, § 69, I, nota e referências; com respeito a este parágrafo como um todo, comparar com o capítulo VI do *Segundo tratado* (§§ 52-76).

ma de que esse poder paterno deva manter o filho, depois de haver-se ele tornado um homem, submetido à vontade dos pais, mais que a obrigação ao respeito, à honra, à gratidão, à assistência e ao sustento, tanto do pai como da mãe, por ter deles recebido a vida e a educação[2]. Portanto, é verdade que o *paterno* é um *governo* natural, mas não se estende, absolutamente, aos fins e à jurisdição daquele que é político. O *poder do pai não alcança*, absolutamente, a *propriedade* do filho[3], de que apenas a este cabe dispor[4].

171. *Em segundo lugar*, o *poder político* é aquele que todo homem, possuindo-o no estado de natureza, passa às mãos da sociedade, e desta forma aos governantes que a sociedade estabeleceu, com o encargo expresso ou tácito de que seja utilizado para o bem desta e a preservação de suas propriedades[1]. Ora, esse *poder*, que todo homem tem *no estado de natureza* e cede à sociedade em todos os casos em que ela possa garanti-lo, é o de usar, para a preservação de sua propriedade, os meios que julgar convenientes e que a natureza lhe permita, e de punir a transgressão da lei da natureza em outros de modo (de acordo com o melhor de sua razão) a conduzir da maneira mais acertada possível a conservação de si mesmo e do resto da humanidade. De modo que, sendo *o fim e a medida desse poder*, quando nas mãos de todos os homens no estado de natureza, a conservação de toda a sua sociedade, isto é, da humanidade em geral, ele não pode ter outro *fim ou medida*, quando estiver nas mãos do magistrado, que o de conservar os membros dessa socieda-

---

2. "Educação" etc. – ver nota em II, § 58.
3. "Propriedade do filho" – ver nota em II, § 65.
4. Parágrafo corrigido em detalhe por Locke no exemplar de Christ Church; ver Cotejo na segunda edição (reimpressão de 1988) – ao reescrever as linhas 16-9, omite uma afirmação acerca do "perfeito uso da razão" e a chegada à idade adulta.
§ 171   1. Comparar com II, § 3, nota e referências.

de em suas vidas, liberdades e posses². E, portanto, não pode ser um poder arbitrário e absoluto sobre suas vidas e haveres, que devem ser preservados tanto quanto possível, e sim um *poder de elaborar leis* e de anexar a elas *penalidades* tais que favoreçam a conservação do todo suprimindo aquelas partes, e apenas aquelas, que sejam corruptas a ponto de ameaçar as partes boas e saudáveis, sem o que nenhuma severidade é legítima. E esse *poder tem sua origem apenas no pacto*, no acordo e no consentimento mútuo daqueles que formam a sociedade política.

172. *Em terceiro lugar*, o *poder despótico* é o poder absoluto e arbitrário que um homem tem sobre outro, para tirar-lhe a vida quando quiser. Trata-se de um poder que nem a natureza concede, pois não fez tais distinções entre um homem e outro, nem pode um pacto conferir, pois, não tendo o homem um tal poder arbitrário sobre sua própria vida, não pode dar a outrem um tal poder sobre ela: ele *é efeito apenas da perda do direito* à própria vida que o agressor ocasiona, ao colocar-se em estado de guerra com outrem. Pois, tendo renunciado à razão concedida por Deus para ser a regra entre um homem e outro, e o vínculo comum pelo qual o gênero humano se une numa única irmandade e sociedade; e tendo renunciado ao caminho da paz que essa razão ensina e feito uso da força de guerra para impor seus injustos fins a outrem, a que não tem direito algum, revertendo assim de seu próprio gênero para o dos animais ao fazer, da força que a estes é própria, sua regra de direito, ele torna-se passível de ser destruído pela pessoa prejudicada e pelo resto da humanidade, que se juntará a ela na execução da justiça, como qualquer outro animal selvagem[1] ou fera nociva

---

2. Comparar com II, § 87, nota e referências, e, com respeito ao parágrafo como um todo, com II, §§ 87-9.

§ 172 1. Trecho reescrito e ampliado nas margens do exemplar de Christ Church e impresso nas edições lançadas durante a vida de Locke. O objetivo é enfa-

com a qual a humanidade não pode ter sociedade ou segurança. E portanto os *cativos* feitos em uma guerra justa e legítima, e apenas eles, estão *sujeitos a um poder despótico*, o qual, por não ter origem num pacto e, portanto, não ser capaz de concluir um, é apenas a continuação do estado de guerra. Pois que pacto pode ser estabelecido com um homem que não é sequer senhor de sua própria vida? Que condições pode ele cumprir? E, se lhe for permitido ser senhor de sua própria vida, o *poder despótico e arbitrário* de seu senhor deixa de existir. Aquele que é senhor de si mesmo e de sua própria vida tem também direito aos meios para preservá-la, de modo que *tão logo se estabelece um pacto, cessa a escravidão* e, com isso, renuncia ao seu poder absoluto e põe fim ao estado de guerra aquele que estabeleça condições com seu cativo.

....

tizar e fortalecer a ideia de que o déspota, por exemplo, o rei que usa da força contra seu povo, é um "animal selvagem ou fera nociva" – comparar com a citação de Lívio sobre a ferocidade, incluída na página de rosto do exemplar de Christ Church, ao tempo em que foram feitas essas correções.

Mesmo na versão original, parece ser esta uma clara referência a Jaime II e a suas atividades, em termos muito hostis, rancorosos mesmo, o que é uma das indicações de que o presente parágrafo e o capítulo como um todo datem de 1689; ver nota em II, § 169, capítulo XV. Há diversas afirmações semelhantes por todo o *Segundo tratado*; comparar com §§ 10, 11 (paralelo textual), 16 (paralelo textual), 181 (paralelo textual), 182 e 230, e é possível que, da mesma forma, alguns destes tenham sido incluídos ou revisados em 1689. Contudo, o tom assemelha-se muito à descrição dos súditos das monarquias absolutas como rebanhos (ver I, § 156, nota e referências), e emerge com naturalidade da teoria geral de Locke; ver Introdução, p. 137. Consideradas em conjunto, essas citações parecem expressar o modo lockeano de descrever o despotismo, enfatizado e tornado mais incisivo em 1689 e, aqui, também no final da década de 1690.

A passagem que vai, no texto, desta nota até o fim da frase tem uma versão alternativa, a saber, "que é destrutiva do seu ser". Sobre sua autenticidade e qualificação, ver Cotejo: trata-se, aparentemente, de uma reflexão posterior de Locke que, ao que tudo indica, decidiu retornar à versão original, e é de suma importância no que se refere à relação entre os dois *exemplares-padrão* e os textos baseados neles; ver Nota Editorial.

173. A *natureza* concede o primeiro desses poderes, a saber, o *poder paterno, aos pais*, para benefício de seus filhos durante a menoridade destes, de modo a suprir sua falta de capacidade e entendimento sobre como gerir suas propriedades. (Por *propriedade* deve-se entender aqui, como em outros lugares, a propriedade que os homens têm sobre suas pessoas[1] e bens[2].) O *acordo voluntário* concede o segundo, ou seja, o *poder político aos governantes*, para o benefício de seus súditos, de modo a garantir-lhes a posse e o uso de suas propriedades. E *a perda do direito [forfeiture] concede* o terceiro, o *poder despótico aos senhores*, para seu próprio benefício, sobre aqueles que são privados de toda propriedade[3*].

174. Aquele que considerar a diferença da ascensão e extensão, bem como os diferentes fins desses diversos poderes, verá claramente que o *poder paterno* está aquém do poder do *magistrado* na mesma medida em que o *poder despótico* está além; e que o *domínio absoluto*, onde quer que esteja situado, está tão longe de ser uma espécie de sociedade civil que é incompatível com ela, na mesma medida em que a escravidão o é com a propriedade. O *poder paterno* existe apenas enquanto a menoridade torna o filho incapaz de gerir sua propriedade; o *político*, quando os homens têm a propriedade à sua disposição; e o *despótico*, sobre aqueles que não possuem propriedade alguma.

....

1. Comparar com II, § 27.
2. Comparar com II, § 87, nota e referências.
3. Comparar com II, § 138, e Cícero, *ejus* (a saber, da sociedade) *autem vinculum est ratio et oratio*.

* Ver também, para a tradução, nossa nota ao cap. IV do *Segundo tratado*. (N. R. T.)

CAPÍTULO XVI
Da conquista[1]

175. Embora os governos não possam ter outra origem senão a mencionada acima, nem possam os *Estados ter por fundamento* senão o *consentimento do povo*, tamanhas foram as desordens com que a ambição encheu o mundo que, no fragor da guerra – que tão grande parte tem na história da humanidade –, esse consentimento é pouco relevado. E, portanto, muitos confundiram a força das armas com o consentimento do povo e consideram a *conquista* uma das origens do governo[2]. Mas a *conquista* está tão longe do

....
§ 175 1. É impossível determinar com um mínimo de segurança a época de composição do presente capítulo; segundo parecer do editor, entretanto, pertence aos estágios iniciais de elaboração e provavelmente foi escrito em 1681 ou 1682; comparar com Martyn Thompson, 1976. Embora esteja ligado ao restante do texto (ver referência a ele em II, § 112) a relação é com o suposto acréscimo de 1681 (§§ 100-23; ver notas no § 100 e no § 95, capítulo VIII). A exemplo dos capítulos IX e XV, este tem um caráter de recapitulação, e, assim como eles, leva a uma reflexão acerca da origem, os direitos e poderes de uma monarquia que só pode ser inglesa. É lícito concluir que se trate de uma inserção, mas há algumas dúvidas quanto à sua data, se 1681 ou 1689. Goldie, 1977, prova que o argumento da conquista foi empregado pela facção tradicionalista em 1688-90. Houve, porém, uma discussão acerca da conquista normanda em 1681 e 1682; ver Pocok, 1957, capítulo VII, "The Brady Controversy". Portanto, é lícito considerar o presente capítulo como o comentário de Locke sobre a controvérsia da conquista, em termos de sua teoria política; talvez o mesmo tenha sofrido ampliações e revisões em 1689, muito embora seja impossível identificá-las na atualidade.

2. Não fica exatamente claro quem eram os muitos que consideravam a "conquista uma das origens do governo". Como mostrou Pocok (1957, ver especialmente 53-4, 148-50; comparar com Zagorin, 1954, 67-70), os autores populistas ingleses do século XVII, incluindo Milton, Locke e Sidney, escreviam, sem exceção, como se os partidários da monarquia e do absolutismo houvessem baseado seus argumentos na conquista, o que não corresponde à verdade. Filmer jamais se utilizou desse argumento, especialmente da forma que será combatida por Locke, embora seu defensor contra Sidney, Edmund Bohun, terminasse aprovando a justificação do título de Guilherme III, em

estabelecimento de qualquer governo quanto demolir uma casa está de construir uma nova no lugar dela. Na verdade, ela amiúde abre caminho para uma nova constituição da sociedade política, pela destruição da antiga; mas, sem o consentimento do povo, nunca se pode exigir uma nova.

176. Que o *agressor* que se põe em estado de guerra com outrem e *viola injustamente* o direito alheio não pode *jamais*, com uma tal guerra injusta, chegar a *ter direito sobre os conquistados*, será objeto de fácil acordo entre todos os homens, que não pensarão que ladrões e piratas têm um direito de império sobre quem quer que tenham tido força bastante para dominar; ou que os homens sejam obrigados por promessas que a força ilegítima deles extorque. Se um ladrão entrasse em minha casa e, com uma adaga na minha garganta, me fizesse assinar documentos que lhe transferissem minha propriedade, teria ele, por esse intermédio, algum direito[1]? Pois tal é o direito por que, com sua espada, um *con-*

1688, com base na conquista, como meio para pôr fim às dúvidas dos *tories* (Bohun, *Diário*, 1853, 67, 101-13). Grócio é o único dos grandes juristas naturais que chegou a esboçar a posição demolida por Locke (*De Jure Belli*, III, viii, 8). Resta Hobbes, que associa governo patriarcal e despotismo, afirmando que ambos se baseiam na força e, presumivelmente em alguns casos, na conquista, tal como é discutida por Locke, e apresenta-a como alternativa a sua "sociedade política por instituição" (*Leviatã*, capítulos 19 e 20). Hobbes também se refere a Guilherme I como conquistador e a seus sucessores como exercendo o direito dele por conquista, em seu *Dialogue of the Common Laws* e no *Beemoth*. Goldie, 1977, deixa claro que Grócio foi usado pelos teóricos da conquista em 1688-9, e é possível, embora não provável, que Locke estivesse se referindo estritamente a eles.

§ 176 1. Comparar com II, § 186, em que a adaga se converte em uma "pistola em meu peito". Tudo indica que, ao parafrasear esse trecho, Molyneux, 1698, fundiu os dois contextos (1720, 16). Hobbes acreditava que "são válidos os pactos extorquidos pelo medo" (1904, 94), mas é possível que neste ponto, e no capítulo como um todo, Locke esteja reproduzindo o pensamento de Pufendorf (ver especialmente 1672, VII, vii, 3), que, por sua vez, comenta o pensamento de Grócio, 1625, II, 3, 4.

quistador injusto me força à submissão. A injúria e o crime são iguais, sejam cometidos por quem porta uma coroa ou por um vilão desprezível. O título do ofensor e o número de seus seguidores não fazem diferença alguma no delito, a menos que seja para agravá-lo. A única diferença é que os grandes ladrões punem os pequenos para mantê-los em obediência, mas os primeiros são recompensados com louros e triunfos, pois são grandes demais para as débeis mãos da justiça deste mundo, e têm em suas próprias mãos o poder de punir os ofensores. Qual é o meu remédio contra o ladrão que assim invadiu minha casa? O *apelo* à lei por justiça. Mas talvez me seja negada a justiça, ou eu esteja aleijado e não me possa mexer, roubado e sem meios de o fazer. Se Deus tomou de mim todos os meios de buscar remédio, não me resta senão a paciência. Mas o meu filho, quando capaz, pode buscar o amparo da lei que a mim é negado; ele ou o filho dele podem renovar o *apelo* até recuperarem o seu direito. Mas o conquistado, ou seus filhos, não dispõe de um tribunal, nenhum árbitro sobre a Terra a quem apelar. Pode então *apelar*, como o fez *Jefté* [2], aos céus, e repetir seu *apelo* até ter recuperado o direito natural de seus ancestrais, que era o de ter acima de si o legislativo que a maioria aprovasse e com o qual concordasse livremente. Se alguém objetar que isso causaria problemas infindáveis, responderei que não mais que a justiça, quando está aberta a todos quantos a ela apelem. Aquele que perturba o vizinho sem motivo é punido por tal pela corte de justiça a quem este apelar. E aquele que *apela aos céus* deve estar certo de se encontrar do lado do direito; e que este vale o incômodo e as custas do apelo, pois responderá diante de um tribunal a que não se pode enganar e que certamente retribuirá a todos segundo os malefícios que houverem causado a seus concidadãos [*fellow-subjects*], ou seja, a qualquer parte da humanidade. Disso se evi-

---

2. "Jefté" – ver nota em II, § 21 e referências.

dencia que aquele que *conquista numa guerra injusta não poderá*, com isso, ter *nenhum direito à sujeição e obediência dos conquistados.*

177. Supondo, porém, que a vitória favoreça o lado justo[1], consideremos um *conquistador numa guerra justa* e vejamos que poder obtém ele e sobre quem.

Em primeiro lugar, é evidente que, com sua conquista, *não obtém poder algum sobre aqueles que conquistaram com ele*. Os que lutaram ao seu lado não podem sofrer com a conquista, mas devem ser pelo menos tão livres quanto eram antes. E, na maior parte das vezes, eles servem sob termos e a condição de dividirem com seu chefe e usufruir uma parte dos espólios e outras vantagens que acodem à espada conquistadora; ou, pelo menos, de terem uma parte do país dominado entregue a eles[2]. E o *povo conquistador não há*, espero, de ser *escravo por obra da conquista* e portar louros apenas para mostrar que ele é um sacrifício oferecido aos triunfos de seus chefes. Aqueles que fundamentam a monarquia absoluta no título da espada fazem de seus heróis, os fundadores de tais monarquias, notórios *Draw-can-Sirs*[3] e esquecem-se de que tinham eles oficiais e soldados que lutaram a seu lado nas batalhas que venceram, ou auxiliaram-nos na sujeição ou, ainda, compartilharam da possessão dos países que dominaram. Dizem-nos alguns que a monarquia *inglesa* está fundamentada na conquista *norman-*

....
§ 177 1. Molyneux, 1698, sintetiza este parágrafo; faz uma citação literal das linhas 4-7 e utiliza frases das linhas 25-30; 1720, 16.

2. Comparar com Tyrrell, 1681, 85: "Embora alguns governos tenham sido iniciados através de conquista", aqueles que combatiam ao lado dos conquistadores "não tinham obrigação alguma de servi-los, a não ser com base em seus próprios acordos, que incluíam uma parcela das conquistas".

3. "*Draw-can-Sirs*" – personagens que matam os combatentes de ambos os lados. Proverbial expressão da peça *O ensaio*, do duque de Buckingham, escrita em 1663-4, representada em 1671 e com frequência após esta data.

da e que nossos príncipes têm, por esse motivo, direito ao domínio absoluto. Se isso fosse verdade (pois a História parece contradizê-lo), e *Guilherme* tivesse o direito de fazer a guerra contra esta ilha, mesmo assim o seu domínio por conquista não poderia ir além dos saxões e dos bretões, que então habitavam o país[4]. Os *normandos* que vieram com ele e o ajudaram a conquistar, e todos os que deles descendem são livres e não são súditos por conquista; que isso dê o domínio que der. E se eu, ou qualquer outro, reivindicar a liberdade como descendente deles, será muito difícil provar o contrário. E é claro que, se a lei não fez distinções entre um e outro, não pretende deva haver diferenças em suas liberdades e privilégios.

178. Mas supondo-se que, como raramente acontece, os conquistadores e os conquistados nunca se incorporem num único povo sob as mesmas leis e liberdade, vejamos em seguida *que poder um conquistador legítimo tem sobre os dominados*, o qual, afirmo, é puramente despótico. Tem ele um poder absoluto sobre a vida daqueles que, por lhe travarem uma guerra injusta, perderam o direito a ela[1] – mas não sobre a vida ou a fortuna daqueles que não se envolveram na guerra e nem mesmo sobre as posses daqueles que de fato se envolveram nela.

179. *Em segundo lugar*, digo, então, que o *conquistador* somente obtém poder sobre aqueles que de fato auxiliaram, concorreram para ou consentiram nessa força injusta que contra ele foi usada. Pois, não tendo o povo dado a seus governantes o poder de cometer um ato injusto, tal

---

4. A única menção à conquista normanda – ver nota em II, § 175 (capítulo XVI); os "alguns" que fizeram dela o fundamento da monarquia inglesa são discutidos na nota em II, § 175.
§ 178   1. Comparar com II, § 23, e nota em II, § 24, em que Locke discorre sobre a escravidão. Molyneux, 1698, parafraseia os dois trechos; 1720, 18.

como empreender uma guerra injusta (por nunca ter tido esse poder), não deve ser considerado culpado da violência e da injustiça cometidas numa guerra injusta, a não ser na medida em que de fato a instigue. Tampouco deve ser considerado culpado de qualquer violência ou opressão que seus governantes pratiquem contra o próprio povo ou contra qualquer parte dos súditos, pois não lhes deu poder nem para uma coisa nem para a outra. Os conquistadores, é certo, raras vezes dão-se ao incômodo de fazer a distinção, mas permitem de bom grado que a confusão da guerra a tudo varra; tal, porém, não altera o direito, pois, devendo-se o poder do conquistador sobre a vida dos conquistados apenas ao fato de terem eles usado a força para cometer ou manter uma injustiça, o conquistador só pode ter esse poder sobre aqueles que concorreram para tal força, sendo inocentes todos os demais. E não tem mais título sobre o povo desse país, que não lhe causou injúria alguma e, portanto, não perdeu o direito à vida, do que sobre qualquer outro que, sem nenhuma injúria ou provocação, tenha vivido com ele em termos equitativos.

180. *Em terceiro lugar, o poder que obtém o conquistador* sobre aqueles a quem vence *em uma guerra justa é perfeitamente* despótico: tem ele um poder absoluto sobre a vida daqueles que, pondo-se em estado de guerra, perderam o direito a ela; mas não tem com isso título e direito às posses deles. Não duvido de que esta, à primeira vista, parecerá ser uma estranha doutrina, tão contrária que é à prática do mundo, desde que nada há de mais familiar que, ao falar do domínio de países, dizer que este ou aquele o conquistou. Como se a conquista, por si só, conferisse direito de posse. Mas, quando consideramos que a prática dos fortes e poderosos, por universal que seja, raramente é a regra do direito, vê-se que, no entanto, faz parte da sujeição dos conquistados não discutir as condições que lhes são impostas pela espada conquistadora.

181. Embora em toda guerra[1] seja costumeiro haver uma combinação de força e dano, e raramente o agressor deixe de causar prejuízo à propriedade quando usa a força contra as pessoas a quem faz a guerra, é apenas o uso da força que põe um homem em estado de guerra. Pois, quer tenha ele iniciado a injúria pela força ou, tendo-a em silêncio e por fraude, recuse-se a repará-la e pela força a mantenha (o que é o mesmo que tê-la praticado pela força desde o início), é o uso injusto da força que constitui a guerra. Pois aquele que arromba minha casa e com violência me atira fora, ou que, tendo entrado pacificamente, pela força me mantém fora, procede na verdade da mesma forma. Supondo estarmos em tal estado que não temos nenhum juiz comum sobre a Terra[2] a quem apelar e ao qual temos ambos de nos submeter, pois é disto que estou falando, é o *uso injusto da força*, que *coloca um homem em estado de guerra* com outro; logo, aquele que é culpado por esse estado perde o direito à própria vida. Pois, deixando de lado a razão, que é a regra concedida entre homem e homem, e usando a força à maneira dos animais, torna-se passível de ser destruído por aquele contra quem usa a força, como qualquer animal selvagem e furioso que é perigoso para a sua existência[3].

182. Como, porém, os extravios do pai não são culpa dos filhos e como estes podem ser racionais e pacíficos não obstante a brutalidade e a injustiça do pai, este, por seus extravios e violência, só pode perder o direito à sua própria

....
§ **181**   1. A versão francesa (1691 etc.; ver Introdução, p. 15) difere mais do original inglês neste parágrafo do que em outras partes, embora as variações, que talvez tenham contado com a aprovação de Locke, não alterem o sentido.

2. "Nenhum juiz comum sobre a Terra" – comparar com nota em II, § 168 e referências.

3. Ver nota em II, § 172 e referências. Após copiar uma frase de II, § 178, Molyneux, 1698, parafraseia o presente parágrafo até este ponto e depois reproduz essas últimas frases quase literalmente; 1720, 20-1.

vida, sem envolver os filhos em sua culpa ou destruição. Os bens dele, que a natureza, desejosa da conservação de toda a humanidade tanto quanto possível, fez pertencer aos filhos para impedir que pereçam, continuam a pertencer-lhes[1]. Pois, supondo que não tenham aderido à guerra, seja pela pouca idade, ausência ou escolha, não fizeram coisa alguma que os levasse a perder o direito à propriedade deles; *tampouco tem o conquistador o direito* de tomar-lhos pelo mero título de ter vencido aquele que pela força tentou destruí-lo; embora talvez possa ter algum direito a eles para reparar os prejuízos que tenha sofrido com a guerra e na defesa de seus direitos; logo veremos até onde esses direitos alcançam as posses dos conquistados. De modo que aquele que, *por conquista, tem direito sobre a pessoa de um homem para destruí-la* se assim quiser, não tem com isso direito *aos bens* desse homem para tomá-los e usá-los. Pois é a força bruta que o agressor usou que dá ao adversário o direito de tirar-lhe a vida e, se quiser, destruí-lo como a uma criatura nociva[2]; mas são apenas os danos sofridos que lhe dão direito aos bens de outrem. Pois, embora eu possa matar um ladrão que me assalte na estrada, não posso (mesmo que pareça menos) tomar o dinheiro dele e deixá-lo ir; isso seria um roubo de minha parte. A força dele e o estado de guerra em que se coloca fazem com que perca o direito à própria vida, mas não me dão um título sobre seus bens[3]. Portanto, *o direito de conquista estende-se apenas às vidas* daqueles que tomaram parte na guerra e não às suas propriedades, a não ser para reparar eventuais danos causados e cobrir os custos da guerra, resguardando-se, ainda assim, o direito da esposa e dos filhos inocentes.

....
§ 182   1. Sobre a interpretação geral dada por Locke aos direitos dos filhos à propriedade dos pais, ver I, § 89 em diante, e II, § 72 em diante, e comparar com Molyneux (1698), 1720, 21 e 23.
    2. Ver II, § 172, nota e referências.
    3. Ver II, §§ 18, 19 e 176 e nota.

183. O *conquistador* pode ter do seu lado tanta justiça quanta se possa supor, mas, mesmo assim, *não tem nenhum direito* de tomar mais do que aquilo a que o vencido perdeu o direito. Sua vida está à mercê do vitorioso e este pode apropriar-se de seus serviços e seus bens a título de reparação, mas não pode tomar os bens de sua esposa ou filhos; estes também têm um título sobre os bens de que ele desfrutava e sua parte nas propriedades que possuía. Por exemplo, eu, no estado de natureza (e todas as sociedades políticas se encontram em estado de natureza umas com relação às outras[1]), prejudiquei outro homem e, negando-me a dar satisfações, provoco um estado de guerra, no qual, defendendo pela força o que obtive injustamente, torno-me o agressor. Sou vencido: minha vida, é certo, como pena, está à mercê do vitorioso, mas não a de minha esposa e meus filhos. Eles não fizeram guerra nem contribuíram para ela. Não poderia levá-los a perder o direito à vida deles, que não era minha para que o fizesse. Minha esposa tinha uma parte da minha propriedade e isso tampouco poderia eu expor ao confisco. E meus filhos também, nascidos de mim, tinham o direito de ser sustentados pelo meu trabalho ou recursos. Essa é a questão, pois: o conquistador tem direito a uma reparação pelos danos sofridos e os filhos têm direito à propriedade do pai para sua subsistência. Pois, quanto à parte da esposa, fosse o seu direito a ela devido ao seu trabalho ou a um pacto, está claro que o marido não podia perder o que a ela pertencia. O que deve ser feito nesse caso? Respondo: sendo a lei fundamental da natureza que todos, na medida do possível, devem ser conservados, segue-se que, se não houver o bastante para *satisfazer* plenamente a ambos, ou seja, para reparar as perdas do conquistador e para a manutenção dos filhos, aquele que tiver de sobra deve renunciar à parte de sua satisfação completa e ceder ao direi-

....
§ 183   1. Ver II, § 141, notas e referências.

to premente e preferencial daqueles que estiverem em perigo de perecer sem isso.

184. Supondo-se, porém, que o *custo e os danos da guerra* devam ser ressarcidos ao conquistador até o último vintém e que os filhos dos vencidos, despojados de todos os bens dos pais, devam ser deixados à míngua e perecer, nem assim a satisfação daquilo que por essa conta for devido ao conquistador dá a ele um *título sobre qualquer país que ele conquiste*. Pois dificilmente os danos de guerra serão equivalentes ao valor de qualquer *pedaço de terra* considerável, em qualquer parte do mundo, onde toda a terra seja possuída e nenhuma se encontre desabitada. E se eu não tiver tomado a terra do conquistador, o que, tendo eu sido vencido, não me teria sido possível fazer, dificilmente qualquer dano que lhe tenha causado chegará ao valor de minha terra, supondo-se que esteja igualmente cultivada e seja de extensão equivalente à dele que eu houvesse invadido. A destruição da produção de um ou dois anos (pois raramente chega a quatro ou cinco) é o máximo de estrago que em geral se pode causar. Pois, quanto ao dinheiro e outras riquezas e tesouros que são tomados, não são bens da natureza e têm apenas um valor representativo e imaginário, que a natureza não atribuiu a eles[1]; pelos padrões dela, não têm valor maior que o *wampompeque*[2] de um *americano* para um príncipe *europeu* ou que o dinheiro de prata da *Europa* teria antigamente para um *americano*. E cinco anos de produção não valem a herança perpétua da terra em que tudo é possuído e nada está abandonado para ser tomado por aquele que foi esbulhado; com o que facilmente se concordará se não for levado em conta o valor imaginário do dinheiro, sendo

---
§ **184**   1. Comparar com II, § 46, nota e referências.
   2. "*Wampompeque*" – contas de búzios utilizadas como moeda pelos índios algonquianos.

a desproporção maior que a de cinco para quinhentos³. Embora, ao mesmo tempo, a produção de meio ano valha mais que a herança, onde quer que, havendo mais *terra* que a que os habitantes possuem e usam, qualquer um tenha a liberdade de fazer uso da que estiver vazia; neste caso, porém, os conquistadores não fazem muita questão de se apoderar das *terras dos vencidos*. Logo, nenhum dano que possam causar uns aos outros os homens em estado de natureza (como estão todos os príncipes e governos em relação uns aos outros)⁴ pode conferir a uma potência conquistadora o direito de despojar a descendência dos vencidos e privá-los de sua herança, a qual deveria ser a posse deles e de seus descendentes por todas as gerações. O conquistador poderá, com efeito, ver-se como senhor, e é próprio da condição dos vencidos o não serem capazes de lhe contestar esse direito. Se isso for tudo, porém, não concede outro título além daquele que a força bruta confere ao mais forte sobre o mais fraco. E, por esta razão, aquele que for mais forte terá direito a tudo quanto lhe aprouver tomar.

185. Portanto, o conquistador, ainda que em uma guerra justa, não tem, *por sua conquista*, nenhum direito de domínio sobre aqueles que a ele se juntaram na guerra, sobre aqueles que a ele não se opuseram no país vencido e até sobre a descendência dos que o fizeram: estes estão livres de toda sujeição a ele e, se o antigo governo deles houver sido dissolvido, estão em liberdade para iniciar e estabelecer um novo para si mesmos.

186. É certo que, em geral, o conquistador, pela força que tem sobre eles, obriga-os, com a espada ao peito, a curva-

---
3. "Quinhentos" – "cinco mil" na 1ª edição. A desproporção é entre o valor da produção de cinco anos e o valor perpétuo da terra. Comparar com o capítulo V, especialmente do § 40 em diante, e nota no § 45.

4. Comparar com II, §§ 183, 14, nota e referências.

rem-se às suas condições e a submeterem-se ao governo que lhe aprouver conceder-lhes. Contudo, a pergunta é: que direito tem ele de o fazer? Se for dito que se submetem por seu próprio consentimento, estar-se-á admitindo que o consentimento deles é *necessário para dar ao conquistador o direito de governá-los*. Resta apenas considerar se as *promessas extorquidas à força*, sem direito, podem ser tidas como consentimento e *até que ponto obrigam*. Ao que responderei que *a nada obrigam*, pois a tudo quanto outro de mim obtenha pela força continuarei a ter direito e ele está obrigado a restituir-me prontamente. Aquele que toma o meu cavalo pela força deve logo devolver-mo e continuo tendo o direito de retomá-lo. Pela mesma razão, aquele que *me forçou a uma promessa* deve logo devolvê-la, ou seja, livrar-me da obrigação dela; ou eu mesmo posso retomá-la, isto é, decidir se a cumprirei ou não. Pois, obrigando-me a lei da natureza apenas às regras por ela prescritas, não pode obrigar-me pela violação de suas regras, e tal é a extorsão de qualquer coisa de mim pela força. Tampouco altera a questão dizer-se que *fiz uma promessa*, assim como não escusa a força e concede o direito de enfiar a mão no bolso e entregar eu mesmo minha bolsa a um ladrão, que a exige com uma pistola no meu peito[1].

187. De tudo quanto foi dito segue-se que o *governo de um conquistador* imposto pela força aos vencidos, contra os quais ele não tinha nenhum direito de guerra e que não se juntaram à guerra contra ele, na qual ele tinha direito, *não tem obrigação* alguma sobre eles.

188. Suponhamos, contudo, que seja possível considerar que todos os homens dessa comunidade, sendo todos

---

§ **186** 1. Molyneux, 1698, reproduz este parágrafo quase na íntegra e transcreve as palavras exatas de Locke nas linhas 2-9, 14-6, 19-21. Ver II, § 176 e referências.

membros do mesmo corpo político, aderiram a essa guerra injusta na qual foram vencidos e que, desse modo, suas vidas estejam à mercê do conquistador.

189. Afirmo[1] que tal não diz respeito aos filhos deles que ainda são menores. Pois, como um pai não tem em si o poder sobre a vida ou a liberdade de seu filho, nenhum ato dele pode de modo algum acarretar a perda do direito deles. De maneira que os filhos, o que quer que aconteça aos pais, são livres, e o poder absoluto do *conquistador* não vai além das pessoas dos homens por ele vencidos, e com eles se extingue; e mesmo que os governe como a escravos, sujeitos a seu poder arbitrário e absoluto, *não cabe a ele* um tal *direito de domínio sobre os filhos*. Não pode ter sobre eles poder algum, a não ser mediante o próprio consentimento destes, seja o que for que ele os force a dizer ou fazer; e não tem nenhuma autoridade legítima enquanto a força, e não a escolha, os obrigue à submissão.

190. Todo homem nasce com um duplo direito: *em primeiro lugar, o direito à liberdade de sua pessoa*, sobre a qual ninguém mais tem nenhum poder, cabendo a ele dispor de si mesmo como quiser. *Em segundo lugar, um direito*, acima de qualquer outro homem, a *herdar*, com seus irmãos, os bens de seu pai.

191. Pelo primeiro destes, o homem é *naturalmente livre* de sujeição a qualquer governo, mesmo tendo nascido num lugar sob sua jurisdição. Se ele, porém, repudiar o governo legítimo do país em que nasceu, deverá também re-

....
§ **189** 1. Locke retoma aqui alguns princípios fundamentais; sobre a herança, ver I, § 88; sobre a liberdade natural, ora ligada à herança, ver II, § 4; e sobre a liberdade natural com respeito à submissão a qualquer governo, ver II, §§ 72, 73 e 116.

nunciar ao direito que lhe cabe segundo as leis deste, e às posses que lhe foram transmitidas por seus ancestrais, caso se trate de um governo estabelecido pelo consentimento deles.

192. Pelo segundo, os *habitantes* de qualquer país que descendem e derivam um título às suas propriedades daqueles que foram vencidos, e tiveram um governo a eles imposto contra seu livre consentimento, *conservam um direito às posses de seus ancestrais*, mesmo não consentindo livremente no governo cujas duras condições foram impostas pela força aos possuidores do referido país.

Pois, não tendo o primeiro *conquistador* tido *jamais nenhum direito sobre a terra* desse país, as pessoas que são ou alegam ser descendentes daqueles que foram forçados a se submeter ao jugo de um governo por constrangimento têm sempre o direito de se desembaraçar dele e se libertar da usurpação ou tirania que a espada lhes impôs, até que seus governantes estabeleçam uma forma de governo na qual de bom grado e por sua própria escolha consintam. Quem duvida de que os gregos cristãos, descendentes dos antigos possuidores daquele país, podem com justiça deitar fora o jugo turco sob o qual há tanto gemem, se jamais tiverem o poder de o fazer? Pois nenhum governo pode ter o direito à obediência de um povo que nele não consentiu livremente[1]; o que não se pode supor sejam capazes de fazer enquanto não estejam num estado de plena liberdade para escolher seu governo e seus governantes, ou pelo menos até disporem de leis estabelecidas às quais, por si mesmos ou por intermédio de seus representantes, tenham dado seu livre consen-

....
§ 192   1. Locke modificou este parágrafo no exemplar de Christ Church, inserindo aqui o trecho sobre os gregos cristãos que, nas edições impressas, aparecia no final. Rau, 1987, utiliza de maneira eficaz esse trecho em relação aos regimes do final do século XX.

timento, e também até que lhes seja permitida a propriedade a eles devida, que consiste em serem de tal modo proprietário de que têm que ninguém possa tomar parte alguma disso sem o seu consentimento. Sem isso os homens, sob qualquer governo, não são livres, e sim meros escravos submetidos à força da guerra.

193. Admitindo, entretanto, que o *vencedor* de uma guerra justa tenha direito às propriedades e poder sobre as pessoas dos vencidos – o que claramente *não* tem –, nenhum poder absoluto decorre disso na continuação do governo. Pois sendo os descendentes deles todos livres, se ele lhes concede posses para habitar seu país (sem o que este não valeria nada) confere a eles *propriedade* sobre o que quer que lhes conceda. A natureza dessa propriedade é que, *sem o consentimento do dono, não lhe pode ser tomada.*

194. Suas *pessoas* são *livres* por direito natural e suas *propriedades,* grandes ou pequenas, *a eles pertencem para delas disporem*, e não a ele – do contrário, não seriam propriedades. Supondo-se que o conquistador dê mil acres a um homem, a ele e seus herdeiros para sempre; que a outro arrende mil acres por toda a vida, pelo valor de cinquenta ou quinhentas libras por ano. Não tem o primeiro destes um direito a seus mil acres para sempre e o outro durante toda a vida, sendo pago o valor do arrendamento? E não tem o arrendatário por toda a vida a *propriedade* de tudo quanto obtiver além e acima do arrendamento por seu trabalho e esforço durante o dito prazo, supondo-se que seja o dobro do valor? Pode alguém dizer que o rei, ou o conquistador, após sua concessão, pode, mediante seu poder de conquistador, tomar toda a terra ou parte dela dos herdeiros do primeiro ou do segundo durante a vida dele, tendo este pago o arrendamento? Ou poderá então tomar de qualquer um deles os bens ou o dinheiro que tenham obtido na dita terra, quan-

do quiser? Se assim for, todos os *contratos* livres e voluntários cessam e são nulos no mundo; nada é necessário para dissolvê-los a qualquer momento, senão poder suficiente; e todas as *concessões* e promessas de *homens no poder* não seriam mais que zombaria e fraude. Pois pode haver algo mais ridículo que dizer: "Dou-te e aos teus isto para sempre", do modo de concessão mais seguro e solene que se conceba, mas entendendo-se que tenho o direito, se assim quiser, de tomá-lo de volta no dia seguinte[1]?

195. Não discutirei agora se os príncipes estão ou não isentos do cumprimento das leis de seu país, mas tenho certeza de que devem sujeição às leis de Deus e da natureza. Ninguém, nenhum poder, pode isentá-los das obrigações dessa lei eterna. Estas são tão grandes e rigorosas, no caso das *promessas*, que a própria Onipotência está sujeita a elas. *Concessões, promessas e juramentos* são vínculos que *obrigam o Todo-Poderoso*[1], não importa o que digam os aduladores aos príncipes do mundo que, todos juntos, com seus povos unidos a eles, nada mais são, se comparados com o grande Deus, que uma gota d'água no oceano ou um grão de pó na balança, um nada desprezível!

196. O resumo da *questão da conquista* é o seguinte: o conquistador, se tiver uma causa justa, tem um direito despótico sobre as pessoas de todos aqueles que de fato ajudaram e concorreram para a guerra contra ele, e um direito de

....
§ 194 1. Neste parágrafo, Locke, como de hábito, se utiliza da lei fundiária de sua época e país a fim de ilustrar o que, para ele, era um princípio universal. Mostra-se ainda ligeiramente ambíguo quanto a ser necessário o consentimento do indivíduo a cada ato de alienação; cf. II, § 139 e nota.
§ 195 1. Comparar com I, § 6; Hobbes (1904, 93) negava a possibilidade de um pacto com Deus "sem uma revelação especial", muito embora fossem Filmer e seus seguidores a quem Locke considerava aduladores de príncipes; ver, por exemplo, I, § 3.

compensar seus danos e custos com o trabalho e haveres deles, de modo a não prejudicar o direito de ninguém mais. Sobre o resto do povo, se houve quem não consentisse na guerra, e sobre os filhos dos próprios cativos, ou sobre as posses de uns e outros, não tem ele poder algum. De modo que ele próprio não pode ter, *em virtude da conquista, nenhum título legítimo ao domínio* sobre eles nem transmiti-lo à sua descendência; mas será um agressor, se atentar contra as propriedades deles, colocando-se assim em estado de guerra contra eles, não tendo, nem ele nem seus sucessores, mais direito de principado do que os *dinamarqueses Hingar* ou *Hubba*[1] tinham aqui na *Inglaterra*; ou *Espártaco*[2], caso houvesse conquistado a *Itália*; devendo ter seu próprio jugo repelido assim que Deus desse, àqueles a quem submetessem, coragem e oportunidade de o fazerem. Desse modo, qualquer que fosse o título que tivessem os reis da *Assíria* sobre *Judá*, mediante a espada, Deus ajudou Ezequias a repelir o domínio do império conquistador. *E o Senhor estava com Ezequias e ele prosperou onde quer que fosse; e rebelou-se contra o rei da Assíria e não o serviu* (2 Rs 18, 7). Donde fica claro que o repúdio a um poder que a força e não o direito instalou sobre alguém, embora tenha o nome de *rebelião*, não constitui contudo ofensa a Deus, mas é o que Ele permite e aprova, mesmo que intervenham promessas e alianças, quando obtidas pela força. Pois parecerá bem provável, para todo aquele que leia atentamente a história de Acaz e de Ezequias, que os *assírios* dominaram Acaz e o depuseram, e fizeram de Ezequias rei, encontrando-se o pai

....
§ **196** 1. "Hingar" e "Hubba" – supostamente Ingware e Ubba, referidos na Crônica Anglo-saxônica como os chefes dinamarqueses originais da primeira invasão (distinta das incursões que antes houvera) da Inglaterra, na década de 860; ver Stenton, *Anglo-Saxon England*, 1943, 244.

2. "Espártaco" – o gladiador fugitivo que por pouco não conquistou a Itália na oitava década a.C.

em vida; e que Ezequias, por acordo, prestou-lhes homenagem e pagou-lhes tributo todo esse tempo[3].

CAPÍTULO XVII
Da usurpação[1]

197. Assim como a conquista pode ser chamada de usurpação estrangeira, a *usurpação* é uma espécie de conquista interna, com a diferença de que o usurpador não pode jamais ter o direito do seu lado, pois só existe *usurpação* quando alguém *se apodera daquilo a que outro tem direito*. Isso, por ser uma *usurpação*, constitui uma mudança apenas de pessoas, mas não das formas e regras do governo. Pois, se o usurpador estender seu poder para além daquilo que, por direito, pertencia aos príncipes legítimos ou governantes da sociedade política ter-se-á uma *tirania*, somada à usurpação.

198. Em todos os governos legítimos, a designação das pessoas que hão de exercer o mando é parte tão necessária e natural quanto a própria forma de governo, e é o que originariamente foi estabelecido pelo povo. Assim, todas as sociedades políticas com uma forma de governo estabelecida têm também regras para a nomeação daqueles que terão qualquer participação na autoridade pública, e métodos fi-

....
3. Sobre Acaz, Ezequias e os assírios, ver 2 Reis 16, 18, 19, e 1 Cr 28, 29 e 32. A interpretação alternativa de Locke a esse episódio não parece ser bem aceita pelos historiadores bíblicos de nosso tempo.
§ 197 1. Sem sombra de dúvida este capítulo constitui um adendo ao capítulo XVI e, por conseguinte, provavelmente data de 1681 ou 1682 – ver nota em II, § 175. Tem caráter recapitulatório, e é possível encontrar paralelos a suas afirmações no *Primeiro tratado*, §§ 71, 72, 78, 111, 119, 121 e 122, mas não parece constituir o exame do "título dos usurpadores" de Filmer, prometido em I, § 121; ver nota ali.

xos de se lhes transferir o direito. Pois a anarquia¹ muito se assemelha à ausência total de governo; ou ao concordar em que este será monárquico, mas sem apontar nenhum meio para se conhecer ou designar a pessoa que terá o poder e será o monarca. Todo aquele que alcance o exercício de qualquer parte do poder por qualquer meio que não o prescrito pelas leis da comunidade não tem direito a ser obedecido, mesmo que a forma da sociedade política seja conservada – já que não se trata da pessoa que as leis designaram e, consequentemente, não é a pessoa a quem o povo consentiu. Tampouco pode tal *usurpador,* ou qualquer outro dele derivado, ter jamais um título, até que o povo tenha a liberdade de consentir, e tenha de fato consentido em permitir e confirmar nele o poder que até então usurpara.

CAPÍTULO XVIII
Da tirania¹

199. Assim como a usurpação é o exercício de um poder a que outro tem direito, a *tirania é o exercício do poder*

....
§ 198   1. Trecho de difícil interpretação: as palavras "Pois a anarquia" aparentemente não se encaixam no que vem antes, embora façam sentido no contexto do que se segue. É possível que tudo se deva à confusão de um impressor, não devidamente corrigida por Locke. Infelizmente o autor deixou incompleta sua correção no exemplar de Christ Church: tendo decidido remanejar de uma posição anterior o trecho que aqui aparece às linhas 7-12, deixou de cancelá-lo, com o resultado de que as 4ª, 5ª e 6ª edições das *Obras reunidas* apresentam o texto em ambas as posições, o que torna o texto sobremodo ininteligível.

§ 199   1. Até o final do § 202, o presente capítulo pertence nitidamente à série iniciada no capítulo XVI, e presume-se que tenha sido escrito em 1681 ou, talvez, 1682 (ver notas no § 197, capítulo XVII, e § 175, capítulo XVI), o que é confirmado pela referência ao "rei Jaime" no § 200. Após o § 202, entretanto, o tema da tirania é deixado de lado, e Locke passa a discutir a questão correlata, porém muito mais interessante, da resistência – é possível que todo esse trecho até o § 210 constitua uma inserção posterior. Segundo o parecer do editor, é bastante improvável que date de 1689, pois tudo dá a impressão de aplicar-se

além do direito, a que ninguém pode ter direito. Consiste ela em fazer uso do poder que alguém tenha nas mãos não para o bem daqueles que estiverem submetidos a esse poder, mas para sua vantagem própria, distinta e privada[2]; quando o governante, seja lá que título tenha, não faz da lei, mas de sua vontade, a regra, e suas ordens e ações não estão dirigidas à conservação das propriedades de seu povo, mas à satisfação de sua própria ambição, vingança, cobiça ou qualquer outra paixão irregular.

200. Caso alguém duvide da verdade e fundamento de tal, por vir da mão obscura de um súdito, espero que a autoridade de um rei faça com que seja aceito. O rei Jaime I[1], em seu discurso ao parlamento, em 1603, diz o seguinte: *Sempre preferirei o bem do público e de toda a sociedade, ao elaborar boas leis e constituições, a quaisquer fins privados e particulares meus. Vendo sempre na riqueza e no bem da sociedade o meu maior bem e felicidade terrena – ponto em que um rei legítimo difere frontalmente de um tirano. Pois*

....
à resistência por ocorrer, e não àquela que já ocorreu. Além disso, suas afirmações muitas vezes são de todo incondizentes com as ações de Jaime II: as referências à religião, por exemplo, nos §§ 209 e 210 – ver Introdução, p. 78. Descrevem, todavia, as ações de Carlos II, ao menos tal como as interpretavam Shaftesbury e os *whigs* exclusionistas. Há frases, e talvez passagens mais longas, que podem ter sido incluídas em 1689, sendo o § 205 um exemplo evidente, porém, de modo geral, tudo faz parecer que essa parte do texto tenha sido escrita antes da partida de Locke para a Holanda em 1683, e é possível que estivesse diretamente vinculada aos projetos de uma franca resistência a Carlos II por parte dos *whigs* naqueles anos; comparar com Ashcraft, 1986, 1987.

2. A tese de que um governo jamais deve gozar de "vantagem própria, distinta e privada" é reiterada repetidas vezes; ver II, §§ 138, 143, e 163 ("interesse distinto e separado"); § 164.

§ 200 1. "Rei Jaime I": "I", acrescentado em errata à 3ª edição, 1698, e inserido no exemplar de Christ Church; comparar com II, § 133, e ver nota e referências ali.

reconheço que o ponto principal e essencial de diferença entre um rei legítimo e um tirano usurpador é que enquanto o tirano orgulhoso e ambicioso pensa de fato que seu reino e povo se destinam tão somente à satisfação de seus desejos e apetites desarrazoados, o rei justo e legítimo, ao contrário, reconhece ser ordenado para promover a riqueza e a propriedade de seu povo. E mais uma vez, em seu discurso ao Parlamento de 1609, pronunciou as seguintes palavras: *O rei obriga-se, por um duplo juramento, à observância das leis fundamentais de seu reino. Tacitamente, por sua condição de rei – e, portanto, obrigado a proteger igualmente bem ao povo e às leis de seu reino –, e expressamente, por seu juramento quando da coroação. De modo que todo rei justo, num reino bem estabelecido, é obrigado a observar o pacto feito com seu povo por intermédio de suas leis, conformando seu governo a elas, de acordo com o pacto que Deus fez com Noé depois do dilúvio. Doravante, o tempo de semear e o de colher, o frio e o calor, o verão e o inverno, o dia e a noite não cessarão enquanto a Terra existir. E, portanto, um rei que governa num reino estabelecido deixa de ser rei e degenera em tirano tão logo deixa de governar de acordo com suas próprias leis.* E, pouco depois: *Portanto, todos os reis que não são tiranos ou perjuros ficarão satisfeitos por se restringirem aos limites de suas leis. E aqueles que os convencem do contrário são víboras e pragas contra eles e contra toda a sociedade*[2]. Assim estabeleceu esse douto rei a diferença en-

....
2. Ver McIlwain, 1918 (uma reprodução exata dos *Works* do rei Jaime, 1616), 277, 278, 309-10, citada com bastante fidelidade, embora com diferenças de grafia e pontuação, além de uma interessante alteração: em lugar do termo "propriedade", linha 16, lê-se "prosperidade" no original. Filmer cita exaustivamente o rei Jaime, em especial sua *Trew Law of Free Monarchies* [Verdadeira lei das monarquias livres] e, no *Patriarcha*, seção 21, 103, também usa a frase sobre o tirano e a lei que aqui aparece nas linhas 30-1. Aparentemente, Locke não possuía nenhuma obra de Jaime I, mas esses pronunciamentos de 1603 e 1609 foram utilizados por outros na controvérsia do início da década de 1680 – ver, por exemplo, *Vox Regis, ou a diferença entre um rei a governar segun-*

tre um rei e um tirano, que consiste apenas nisto: o primeiro faz das leis os limites de seu poder e, do bem público, a meta de seu governo; o segundo faz que tudo ceda à sua própria vontade e apetite.

201. É um equívoco pensar que tal imperfeição ocorre apenas nas monarquias; outras formas de governo a ela estão igualmente sujeitas. Pois, sempre que o poder que é depositado em quaisquer mãos para o governo das pessoas e a preservação de suas propriedades se vê aplicado para outros fins e usado para empobrecê-las, persegui-las ou submetê-las às ordens arbitrárias e irregulares dos que o detêm, tal poder logo se torna *tirania*, pouco importando que aqueles que o usam, sejam um ou muitos. É assim que lemos sobre os trinta tiranos de Atenas, bem como sobre um de Siracusa[1]; e o intolerável domínio dos decênviros romanos em nada era melhor.

202. *Onde termina a lei, começa a tirania*, se a lei for transgredida para prejuízo de outrem. E todo aquele que, investido de autoridade, exceda o poder que lhe é conferido por lei e faça uso da força que tem sob seu comando para impor ao súdito o que a lei não permite, deixa, com isso, de ser magistrado e, agindo sem autoridade, pode ser combatido, como qualquer outro homem que pela força invade o direito alheio. Tal é reconhecido nos magistrados subalternos. Aquele que tem autoridade para prender a minha

....
do a Lei e um Tirano segundo seu próprio arbítrio (...) em dois pronunciamentos do rei Jaime ao parlamento em 1603 (...) 1609 (...) um Apêndice ao Vox Populi, Londres, 1681. Este parágrafo foi evidentemente escrito em 1679-81 – ver nota em II, § 199, capítulo XVIII; comparar com Polin, 1960, 216.
§ **201** 1. Os trinta tiranos governaram Atenas entre 404 e 403 a.C., e os tiranos de Siracusa tiveram como conselheiro o próprio Platão; os *decênviros* eram uma junta de dez homens, expulsa do governo da República Romana em 449 a.C. por comportamento tirânico.

pessoa na rua pode ser combatido como ladrão e assaltante, se tentar invadir-me a casa para executar um mandado, não obstante eu saiba ter ele permissão e autoridade legal para prender-me fora de casa. E gostaria muito que me informassem por que não seria válido para o mais graduado magistrado o que o é para o mais baixo. É razoável que o irmão mais velho, por ter a maior parte dos bens do pai, tenha com isso o direito de tomar qualquer parte da porção de seu irmão mais moço[1]? Ou que um homem rico que possuísse todo um país, devesse por isso ter o direito de tomar, quando lhe aprouvesse, a choupana ou a horta de seu vizinho pobre[2]? Ser o legítimo possuidor de grande poder e de riquezas sobremodo maiores que aqueles da maior parte dos filhos de Adão está tão longe de ser uma desculpa, e muito menos razão, para a rapinagem e a opressão, em que consiste o prejudicar outrem sem autoridade – aliás, longe de ser uma escusa, isso constitui uma grande agravante. Pois exceder os limites da autoridade não é mais direito no grande que no pequeno funcionário; não é mais justificável num rei que num guarda. Mas é sempre pior naquele, pois é maior a confiança nele depositada e já tem ele parte muito superior à do resto de seus semelhantes, e supõe-se que[3], dadas as vantagens de sua educação, função e conselheiros, tenha mais discernimento para julgar o certo e o errado[4].

203. Podem, então, *ser contrariadas as ordens de um príncipe*? Será possível resistir a ele tantas vezes quantas al-

....
§ 202   1. Os direitos mais amplos do irmão mais velho são discutidos, em detalhes, no *Primeiro tratado*; ver, por exemplo, §§ 114 e 115.

2. Sobre as limitações aos poderes dos ricos, comparar com I, § 42. O exemplo aqui apresentado, do rico proprietário de terras que oprime o dono de uma choupana e uma horta, é diretamente extraído da Inglaterra rural do tempo de Locke.

3. Locke reformulou o trecho da frase que aqui começa.

4. Essa ideia está repetida em II, § 231.

guém se julgue agravado e imagine não ser direito o que se lhe faz? Isso desequilibra e subverte qualquer sociedade, e, em vez de governo e ordem, não deixa senão anarquia e confusão[1].

204. A isso respondo que a *força* não se deve *opor* a coisa alguma, além da *força* injusta e ilegítima; quem quer que faça qualquer oposição em qualquer outro caso chama a si uma justa condenação, tanto de Deus como do homem. Assim, não resultará nenhum perigo ou confusão, tal como se alega com frequência, porque:

205. *Em primeiro lugar*, tal como ocorre em alguns países[1], a pessoa do príncipe é sagrada por lei; logo, o que quer que ele ordene ou faça, sua pessoa continua livre de todo questionamento ou violência e não pode ser submetida à força nem à censura ou condenação judicial de espécie alguma. No entanto, pode-se fazer oposição aos atos ilegais de qualquer funcionário subalterno ou outro comissionado por ele, a menos que o príncipe, pondo-se verdadeiramente em estado de guerra com seu povo, dissolva o governo, deixando ao povo apenas a defesa que é direito de todos no estado de natureza. Pois quem pode dizer que fim têm essas situações? E um reino vizinho ofereceu ao mundo um estranho exemplo. Em todos os demais casos, o *caráter sagrado* da pessoa *isenta-a de todo inconveniente*, com o que fica segura, enquanto durar o governo, de qualquer violência ou dano[2]. Não pode haver constituição mais sen-

---

§ 203   1. É possível que o trecho compreendido entre este parágrafo e o final do capítulo constitua um acréscimo ao original, talvez de 1681-2, talvez mesmo de 1689 – ver nota ao § 199 (capítulo XVIII), onde se mostra que teria sido escrito antes de 1683.

§ 205   1. "Alguns países" – refere-se à Inglaterra; comparar com I, § 90.

2. Este trecho parece uma inserção de 1689 em referência direta a Jaime II, aqui acusado de haver se colocado em estado de guerra contra seu povo e

sata que esta, pois, sendo pouco provável que o mal que o príncipe possa causar por sua própria pessoa aconteça muito amiúde ou se estenda muito longe, e tampouco sendo ele capaz de, apenas com sua própria força, subverter as leis ou oprimir o corpo do povo – fosse algum príncipe tão fraco e de natureza tão má que o quisesse fazer –, o inconveniente de alguns malefícios particulares que podem acontecer por vezes quando um príncipe impetuoso chega ao trono seria amplamente compensado pela paz do público e pela segurança do governo na pessoa do supremo magistrado, assim colocado fora do alcance do perigo. Porque é mais seguro para o público um pequeno número de homens particulares ficar por vezes expostos ao perigo do que o chefe da república [*Republick*] expor-se facilmente e em ocasiões de pouca importância.

206. *Em segundo lugar*, tal privilégio, pertencente apenas à pessoa do rei, não impede que se questione e se faça oposição e se resista àqueles que usem de força injusta, mesmo que aleguem ter dele uma incumbência, o que a lei não autoriza. Tal como está claro no caso daquele que tem o mandado do rei para prender um homem, que é um encargo pleno do rei, mas não pode arrombar a casa do referido homem para o fazer nem executar essa ordem régia em certos dias ou lugares, mesmo que o mandado não mencione tais exceções, porque se trata de limitações da lei, as quais, se transgredidas, não aceitam o mandado real como desculpa. Pois, se a autoridade do rei lhe é dada apenas pela lei, não pode ele conceder a homem algum o poder de agir

---

de ter dissolvido o governo. O "reino vizinho" mencionado logo acima também é a Inglaterra, numa referência mais indireta ainda, porém típica de Locke – comparar com nota acima e ver Introdução, p. 113. Cabe observar que, aqui, é a dissolução do *governo*, e não da *sociedade*, que traz de volta o estado de natureza; ver Introdução, p. 166.

contra ela, nem justificá-lo com sua incumbência quando tal ocorrer. Pois a *incumbência* ou *a ordem de qualquer magistrado, nos casos em que este não dispõe de autoridade alguma,* é tão *nula* e insignificante quanto a de qualquer homem particular. A diferença entre um e outro é que o magistrado dispõe de autoridade até certo ponto, para certos fins, e o homem particular não dispõe de nenhuma. Porque não é o encargo, mas sim a *autoridade*, que dá o direito de agir; e *contra as leis não pode haver autoridade.* Não obstante essa resistência, porém, tanto a pessoa como a autoridade do rei são garantidas e, desse modo, não há *perigo algum para o governante ou para o governo**.

207. *Em terceiro lugar,* supondo-se um governo em que a pessoa do supremo magistrado não seja assim sagrada, essa doutrina da legitimidade de se *resistir* a todo exercício ilegítimo de seu poder *não* o colocará em perigo em qualquer ocasião insignificante *nem atrapalhará o governo.* Pois, quando a parte que sofreu a injúria puder ser compensada e seus prejuízos, reparados mediante o apelo à lei, não haverá pretexto para a força, que só deve ser usada quando alguém for impedido de recorrer à lei. Pois nenhuma força deverá ser considerada hostil, a menos que não permita o remédio de tal apelo. E é apenas essa *força* que *põe* quem a usa *em estado de guerra* e torna legítimo resistir-lhe. Um homem de espada na mão exige minha bolsa na estrada, quando eu talvez não tenha nem um xelim no bolso[1] – é legítimo que eu mate esse homem. A outro entrego cem libras para que as guarde enquanto apeio do cavalo e ele se recusa a devolver-me quando monto novamente, sacando da espada para defender pela força sua posse

----

* Neste parágrafo, o original *commission* foi traduzido ora como "incumbência", ora como "encargo", sempre do rei. (N. R. T.)

§ 207   1. Comparar com II, § 18.

delas, se eu tentar retomá-las. O malefício que esse homem me faz é cem vezes maior, talvez mil vezes, que o que o pretendia o outro (ao qual matei antes que mo fizesse) e, no entanto, posso legalmente matar o primeiro, mas não posso sequer ferir o segundo legalmente. A razão para tal é clara: como o primeiro usou de *força* para ameaçar-me a vida, eu não poderia ter tido *tempo de apelar* à lei para que a garantisse. E, tendo-a perdido, seria tarde demais para apelar. A lei não poderia devolver a vida à minha carcaça morta. A perda teria sido irreparável. Para evitar isso, a lei da natureza concedeu-me o direito de *destruir* àquele que se puser em estado de guerra comigo e ameaçar destruir-me. No segundo caso, porém, não estando minha vida em perigo, posso ter *o benefício de apelar à lei* e, desse modo, obter a reparação por minhas cem libras.

208. *Em quarto lugar*[1], se os atos ilegais cometidos pelo magistrado forem mantidos (pelo poder que ele detém) e a solução que me é devida pela lei for obstruída pelo mesmo poder, o *direito de resistir*, mesmo em tais atos manifestos de tirania, *não perturbaria o governo* subitamente ou em ocasiões de pouca importância. Pois, se tais atos não forem além do caso de alguns homens particulares[2], embora tenham estes o direito de defender-se e de retomar pela força o que pela força ilegal lhes for arrebatado, o direito de assim proceder não os envolverá facilmente em uma controvérsia na qual com certeza perecerão. Sendo tão impossível

---

§ **208**   1. Comparar com II, § 230, e ver Seliger, 1963 (ii), que fala em *raison d'état*.

2. A este respeito, Elrington (1798) observa que há casos em que é impossível corrigir uma injustiça, quando isso puder causar injúria a inocentes, e que ninguém "tem o direito de perturbar a paz da sociedade em que vive e reduzir seus concidadãos ao estado de natureza, pelo simples propósito de corrigir uma injustiça (*obtaining redress*)".

que um ou mais homens oprimidos *perturbem o governo* se o corpo do povo não o julgue de interesse, quanto a um louco furioso ou um descontente obstinado é derrubar um Estado bem estabelecido, pois é tão pouco provável que o povo siga tanto um quanto o outro.

209. Se, porém, qualquer desses atos ilegais se estender à maioria do povo, ou se o malefício e a opressão recaírem apenas sobre uns quantos, mas em casos tais que os precedentes e as consequências pareçam ameaçar a todos e estes se convençam de que suas leis, e com elas seus haveres, liberdades e vidas, correm perigo, e talvez até sua religião, não sei dizer como poderiam ser impedidos de resistir à força ilegal usada contra eles. Trata-se de um *inconveniente*, devo confessar, que *toca a todo governo*, qualquer que seja, quando os governantes levam as coisas ao ponto em que são objeto da desconfiança geral do povo, o estado mais perigoso em que se podem colocar. Tal estado não deve ser motivo para que se tenha piedade por eles, pois é facilmente evitado, sendo impossível a um governante, se de fato deseja o bem do povo e a preservação conjunta deste e de suas leis, não demonstrá-lo de alguma forma, assim como é impossível a um pai de família não deixar transparecer para os filhos que os ama e por eles vela[1].

210. Se todo o mundo, entretanto, observar pretextos de um tipo e ações de outro, artimanhas usadas para eludir

---

§ **209** 1. Considera-se normalmente que as afirmações deste parágrafo e do seguinte se referem diretamente a Jaime II, sendo que ambos parecem mais específicos que o restante da passagem iniciada no § 203; ver nota ali. A nota no § 199 (capítulo XVIII) e a Introdução, p. 79, mostram que são, de fato, mais apropriados à situação do início da década de 1680 do que de 1688-9, e talvez seja digno de nota o fato de terminar o parágrafo, novamente, com o "pai de família".

a lei, e o encargo [*trust*]¹ da prerrogativa (que é um poder arbitrário, deixado em certas questões nas mãos do príncipe, para promover o bem do povo e não para o prejudicar) empregado contrariamente ao fim para o qual foi concedido; se o povo vir os ministros e magistrados subalternos escolhidos conforme esses fins sendo favorecidos ou afastados em proporção à sua capacidade de os promover ou contrariá-los; se testemunhar diversas tentativas de poder arbitrário e perceber que a religião favorece sub-repticiamente (embora em público se proclame contra) aquilo que mais prontamente o introduz, e os que trabalham para esse fim apoiados tanto quanto possível e, quando isso não puder ser feito, mesmo assim aprovados e mais ainda apreciados; se uma longa *série de atos*² *mostra que todos os conselhos* tendem para essa direção, como pode alguém deixar de persuadir-se intimamente do rumo que os acontecimentos estão tomando ou de procurar saber como poderá salvar-se, da mesma forma como não poderia deixar de acreditar que o capitão de um navio em que navegasse o estaria levando, juntamente com o resto de seus companheiros, para a *Argélia*³ quando o visse sempre rumando nessa rota, mesmo que ventos contrários, buracos no casco e falta de homens e provisões o obrigassem por vezes a desviar-se da rota por algum tempo, retomando-a constantemente assim que lhe permitissem o vento, o clima e outras circunstâncias?

....
§ 210 1. "Encargo (*trust*) da prerrogativa" – comparar com capítulo XIV, especialmente os §§ 163 e 168; a definição de prerrogativa admitida aqui é a mesma, porém a frase é nova. Sobre as concepções da primeira parte deste parágrafo, comparar com II, § 94.
    2. "Longa série de atos (...)" – ver nota a II, § 225.
    3. "Argélia" – o mercado de escravos cristãos capturados pelos piratas mouros.

CAPÍTULO XIX
Da dissolução do governo[1]

211. Aquele que quiser falar com alguma clareza da *dissolução do governo* deveria, antes de mais nada, distinguir entre a *dissolução da sociedade* e a *dissolução do governo*[2]. O que faz a comunidade e tira os homens do estado livre de natureza e os leva a formar uma *mesma sociedade política* é o acordo que cada um firmou com o resto para incorporarem-se e agirem como um só corpo, tornando-se assim uma sociedade política distinta. A maneira mais comum, quase a única, pela qual essa *união é dissolvida* é a invasão de uma força estrangeira que empreende uma conquista. Pois, neste caso (por não ser capaz de manter-se e sustentar-se como um *corpo único, integral e independente*), a união pertencente a esse corpo e em que este consistia deve necessariamente cessar e, portanto, todos retornam ao estado em

§ 211   1. Este capítulo contém as afirmações de Locke que mais estreitamente vinculam seu livro aos acontecimentos de 1688-9. Sua estrutura é deficiente e sem dúvida resultante de sucessivas correções e acréscimos, mas tudo indica que pertença ao texto original de Locke, embora talvez não date de antes de 1681 ou 1682. A primeira parte do capítulo, até o § 218, dá a clara impressão de ter sido escrita bem antes de 1688, em especial o próprio § 218, que parece por demais hipotético para um comentário *whig* acerca da Revolução, mesmo em se tratando de Locke. Depois disso, temos dois parágrafos que foram acrescidos em 1689 (os de número 219 e 220), seguidos por um trecho pertencente, em sua essência, ao texto original. Aparentemente a extensa crítica a Barclay (§§ 232-9) data de 1681 ou 1682, sem dúvida depois de haver incluído as citações de Hooker. Tudo leva a crer que os últimos parágrafos pertencessem ao original, mas evidentemente eles foram modificados e ampliados após a Revolução.

2. Sobre a dissolução do governo, em oposição à dissolução da sociedade, e sobre a sociedade política que subsiste ao colapso do governo, ver Introdução, p. 169. Maclean, 1947, aponta um interessante paralelo neste ponto com as noções de George Lawson – comparar com *Política sacra* (1660), 1689, 24, 27, 59, 95, 217 etc., e seu *Exame de Hobbes*, 1657, 15 etc. Tal como no caso da separação dos poderes (ver nota em II, § 146), Lawson é bem mais específico e difere muito em suas concepções. Afirmou ele que, quando o governo fosse dissolvido, os condados manteriam a sociedade política da Inglaterra.

que se encontravam antes, com a liberdade de agir por si mesmos e prover à própria segurança como julgarem mais adequado em alguma outra sociedade[3]. Sempre que a *sociedade é dissolvida*, é certo que o governo dessa sociedade não pode continuar. Desse modo, com frequência a espada conquistadora corta os governos pela raiz e faz em pedaços uma sociedade, afastando a multidão vencida e dispersa da proteção e da dependência da sociedade que a deveria ter protegido contra a violência. O mundo está demasiadamente bem instruído nessa maneira de dissolver governos e avançado demais para a permitir, de modo que não será necessário falar mais a respeito. E não são precisos muitos argumentos para provar que, quando a *sociedade é dissolvida*, o governo não pode continuar, sendo isso tão impossível quanto a estrutura de uma casa subsistir quando seus materiais são espalhados ou dissipados por um turbilhão, ou transformados num confuso amontoado por um terremoto.

212. Além de serem subvertidos a partir do exterior, *podem os governos ser dissolvidos de dentro*[1].

Em primeiro lugar, quando o *legislativo* é *alterado*. Sendo a sociedade civil um estado de paz entre os que dela fazem

....
3. Comparar com II, §§ 175 e 185, e o *Leviatã*, de Hobbes, capítulo 29: "Quando numa guerra (externa ou intestina) os inimigos obtêm uma vitória final, de modo que (...) não haja mais proteção aos súditos em sua lealdade, então a sociedade política está dissolvida e cada homem se vê livre para proteger-se como o ditar seu próprio discernimento" (1904, 242). Em II, § 218, Locke equaciona, de modo semelhante, rebelião e conquista estrangeira.

§ 212 1. Comparar com Hobbes, *Leviatã*, capítulo 29, continuação do trecho citado na nota no § 211: "Pois o soberano é a alma pública, o que dá vida e movimento à sociedade política", cuja partida acarreta a morte. Locke, ao que parece, está deliberadamente colocando seu legislativo no lugar do soberano, e, embora haja trechos muito semelhantes a este do *Leviatã* acerca da soberania e da alma de uma sociedade política em Grócio (1625, II, ix, I, 1712, 322) e Pufendorf (1672, VII, iv, I, 906), é possível que Locke estivesse aludindo especificamente às palavras de Hobbes neste ponto.

parte, da qual o estado de guerra está excluído pela arbitragem que estes previram em seu legislativo para a solução de todas as diferenças que entre eles possam surgir, é no *legislativo* que os membros de uma sociedade política se unem e se compõem num só corpo vivo e coerente. Ele *é a alma que dá forma, vida e unidade* à sociedade política e de que os diversos membros extraem sua influência, simpatia e conexão mútuas. Por conseguinte, quando o *legislativo* é interrompido ou *dissolvido*, seguem-se a dissolução e a morte. Pois, consistindo a *essência e a união da sociedade* em ter uma só vontade, ao legislativo, uma vez estabelecido pela maioria, cabe expressar e, por assim dizer, sustentar essa vontade. A *constituição do legislativo* é o primeiro e fundamental ato da sociedade[2], pelo qual se provê à *continuação de sua união*, sob a direção das pessoas e dos vínculos das leis elaboradas por pessoas autorizadas a tal mediante o consentimento e nomeação por parte do povo, sem o que nenhum homem ou grupo de homens, entre si, pode ter autoridade de elaborar leis que obriguem a todos os demais. Quando qualquer pessoa, ou pessoas, empreendem a elaboração de leis sem que o povo as tenha designado para tal, fazem leis sem autoridade, às quais, portanto, o povo não está obrigado a obedecer. Dessa forma, o povo se vê novamente livre da sujeição, podendo constituir um *novo legislativo*, tal como julgar melhor, dispondo de plena liberdade para resistir à força daqueles que, sem autoridade, tentassem impor-lhe qualquer coisa. Todos estão à disposição de sua própria vontade quando aqueles a quem, por delegação da sociedade, cabia expressar a vontade pública se veem impedidos de tal, e outros, desprovidos dessa autoridade ou delegação, vêm usurpar-lhes o lugar.

....
2. Comparar com II, § 134, e nota, e o capítulo XI de maneira geral.

213. Sendo tais ocorrências em geral causadas numa sociedade política por aqueles que fazem mau uso do poder que têm, é difícil considerá-las corretamente e saber a quem cabe a responsabilidade sem conhecer a forma de governo em que se dão. Suponhamos, pois, que o legislativo esteja sob a competência de três pessoas distintas[1]:

1. Uma única pessoa hereditária que detenha o poder executivo constante e supremo, e com ele o poder de convocar e dissolver os outros dois em períodos determinados de tempo[2].
2. Uma assembleia da nobreza hereditária.
3. Uma assembleia de representantes escolhidos *pro tempore* pelo povo.

Supondo-se tal forma de governo, é evidente o que se segue.

214. *Em primeiro lugar*, quando tal pessoa ou príncipe único coloca sua própria vontade arbitrária no lugar das leis, que são a vontade da sociedade expressa pelo legislativo, o *legislativo é alterado*. Pois, com efeito, sendo as regras e leis do legislativo que são postas em execução e das quais se exige obediência, quando outras leis são estabelecidas e outras regras são pretendidas e aplicadas que não as que foram elaboradas pelo legislativo constituído pela sociedade, fica claro que o *legislativo foi alterado*. Todo aquele que introduzir novas leis sem ter sido a tanto autorizado pela esco-

---

§ 213   1. O autor está obviamente descrevendo aqui as medidas constitucionais aplicadas à legislatura inglesa; comparar com II, § 167, nota e referências, e II, § 223.

2. "Períodos determinados de tempo" – Locke aqui modifica sua anterior análise da convocação do parlamento, a qual ele deixara a critério do executivo – ver, por exemplo, § 156; talvez tenhamos aqui um indício de que o presente parágrafo foi escrito mais tarde. Seliger, 1968, 343, discorda de que haja uma mudança de posição por parte de Locke neste ponto.

lha fundamental da sociedade, ou subverte as antigas, renega e derruba o poder pelo qual foram elaboradas e, desse modo, estabelece um *novo legislativo*.

215. *Em segundo lugar*, quando o príncipe impede que o legislativo se reúna no momento devido ou aja livremente conforme os fins para os quais foi constituído, *o legislativo é alterado*[1]. Pois não é em um certo número de homens nem a reunião deles, a menos que tenham também a liberdade de debater e tempo livre para aperfeiçoar o que concorre para o bem da sociedade, que consiste o legislativo; quando tal liberdade é suprimida ou alterada de maneira a privar a sociedade do devido exercício de seu poder, *o legislativo* é de fato alterado, porquanto não são os nomes que constituem os governos, mas o uso e o exercício dos poderes que se pretende os acompanhem. De modo que aquele que tira a liberdade, ou obstrui a atuação do legislativo em seus devidos momentos, na verdade *suprime o legislativo e põe fim ao governo*.

216. *Em terceiro lugar*, quando, pelo poder arbitrário do príncipe, os eleitores ou os procedimentos eleitorais são alterados sem o consentimento e contrariamente aos interesses comuns do povo, também o *legislativo é alterado*. Pois, se outros escolherem que não aqueles que a sociedade a tal autorizou ou o fizerem de outra maneira que não a prescrita pela sociedade, aqueles escolhidos não são o legislativo designado pelo povo[1].

....
§ **215**   1. Comparar com II, § 155, 3.
§ **216**   1. Aparentemente, este parágrafo se refere às tentativas, tanto por parte de Carlos II como de Jaime II, para alterar os procedimentos eleitorais do parlamento através da reformulação das cartas de direitos políticos das municipalidades; ver Thomson, *Constitutional History*, 1938, 452-3. Muito embora a Carta de Direitos de 1689 declarasse que Jaime II tinha "violado a liberdade de eleição dos parlamentares" e sustentasse que a "eleição dos membros do

217. *Em quarto lugar*, também quando se entrega o povo à sujeição de um poder estrangeiro, seja por obra do príncipe ou do legislativo, certamente se verifica uma *alteração do legislativo* e, portanto, uma *dissolução do governo*. Pois, sendo o fim pelo qual as pessoas entraram em sociedade o serem conservadas numa única sociedade integral, livre e independente, e governadas por suas próprias leis, tudo isso se perde sempre que elas forem entregues ao poder de outrem[1].

218. É evidente[1] a razão pela qual, numa constituição como esta[2], a *dissolução do governo* em tais casos deve ser imputada ao príncipe: porque, tendo ele a força, o tesouro e os cargos do Estado para empregar, e muitas vezes persuadindo a si mesmo, ou pela adulação de outros, de que, como magistrado supremo, não é passível de controle, apenas ele está em condições de promover grandes avanços no sentido de tais mudanças, sob pretexto da autoridade legítima, e tem nas mãos o poder de aterrorizar ou suprimir os oponentes como facciosos, revoltosos e inimigos do go-

....

Parlamento deve ser livre", as palavras e o sentido das afirmações de Locke não parecem tão calcados nesse documento quanto de hábito se admite.

§ 217 1. Comparar com II, § 239 (inclusão de 1694) e nota 3, Introdução, p. 66: é possível que Locke tivesse em mente aqui a possibilidade de um rei católico submeter seu país ao papa. Providências contra isso foram tomadas pela Carta de Direitos. Não existe, entretanto, nenhum paralelo estreito entre esse texto e a Carta; o mais provável é que Locke estivesse considerando o tipo de ação condenado num rei, até mesmo por William Barclay; ver II, § 238.

§ 218 1. Parece altamente improvável que mesmo o cauteloso e esquivo Locke pudesse ter escrito este parágrafo após os acontecimentos de 1688-9 – ver nota em II, § 211, capítulo XIX.

2. "Numa constituição como esta" – isto é, a Constituição inglesa; ver nota em II, § 213, e, sobre o uso da palavra "Constituição" no sentido atribuído por nós, II, § 155.

verno. Ao passo que nenhuma outra parte do legislativo ou do povo é capaz, por si só, de tentar qualquer alteração do legislativo sem uma franca e manifesta rebelião, própria para ser notada, a qual, se prevalecer, produz efeitos bem pouco diferentes dos da conquista estrangeira[3]. Além disso, tendo o príncipe, em tal forma de governo, o poder de dissolver as outras partes do legislativo e, assim, de transformá-las em pessoas particulares[4], elas jamais podem, em oposição a ele ou sem o seu concurso, alterar o legislativo mediante uma lei, sendo o consentimento dele necessário para sancionar qualquer decreto delas. Na medida, porém, em que as demais partes do legislativo contribuam em qualquer intento contra o governo e quer promovam, quer, na medida de seus poderes, não tentem impedir tais planos, são culpadas e participam deste que é com certeza o maior crime de que os homens podem ser culpados uns em relação aos outros.

219. Há ainda outra maneira pela qual um tal governo pode ser dissolvido, que é quando aquele que detém o poder executivo supremo negligencia e abandona seu cargo, de maneira que as leis já elaboradas não possam ser postas em execução. Pode-se demonstrar que tal ato equivale a reduzir todos à anarquia e, portanto, efetivamente, a *dissolver o governo*. Porque, não sendo as leis feitas para si mesmas, mas, mediante sua execução, para serem os vínculos da sociedade, com vistas a manter cada parte do corpo político em seu devido lugar e em sua devida função, quando isso cessa por inteiro, o *governo* visivelmente *cessa* e o povo torna-se uma multidão confusa, destituída de ordem ou conexão. Onde não mais existe a administração de justiça para a garantia dos direitos dos homens e tampouco nenhum poder restante no seio da comunidade para dirigir a força ou

....
3. Ver II, § 211 e nota.
4. Comparar com II, § 154.

prover às necessidades do público, com certeza *não resta governo algum*. Onde as leis não podem ser executadas é como se não houvesse leis, e um governo sem leis é, suponho, um mistério político, inconcebível para a capacidade humana e incompatível com a sociedade humana[1].

220. Neste caso e em outros análogos, *quando o governo é dissolvido*, o povo se vê livre para prover por si mesmo instituindo um novo legislativo, diferente do outro pela mudança das pessoas ou da forma, ou de ambas, conforme julgar mais adequado à sua segurança e bem. Pois a *sociedade* não pode jamais, por culpa de terceiros, perder o direito natural e original de preservar-se, o que só pode ser feito por um legislativo estabelecido e uma execução justa e imparcial das leis por este elaboradas. Mas o estado da humanidade não é tão miserável que não seja capaz de usar esse remédio antes que seja tarde demais para procurar outro. Dizer ao *povo* que pode *prover por si mesmo* instituindo um novo legislativo, quando – por opressão, artimanhas ou por ter sido entregue a um poder estrangeiro – o antigo já não existe, é dizer-lhe que pode esperar alívio quando for tarde demais e o mal estiver além de toda cura. Na verdade, não é mais que pedir-lhe que primeiro seja escravo para só então cuidar de sua liberdade; e, quando estiver sob o peso dos grilhões, dizer-lhe que pode agir como se fosse

....
§ **219** 1. Este parágrafo e provavelmente o seguinte devem ter sido escritos em 1689, para se referirem a Jaime II como tendo "abdicado do governo (...) e tendo-se afastado do reino", de modo que "o trono, em consequência, está vago", para lembrar as palavras usadas nas resoluções parlamentares – comparar com nota 3, Introdução, p. 65. A dificuldade de se conciliar essas afirmações com o que Locke diz em outro lugar sobre a dissolução do governo, enquanto distinta de dissolução da sociedade (ver Introdução, p. 166), talvez indique ser o trecho uma inserção posterior. Entretanto, em II, § 121, e em II, § 205, ele também parece sugerir que a dissolução do governo coloca os súditos "na liberdade do estado de natureza".

livre. Tal procedimento é, no mínimo, mais uma zombaria que um alívio, e os homens nunca poderão estar protegidos da tirania se não houver meios para escapar dela até a ela estarem inteiramente submetidos. E, portanto, é por isso que eles têm não só o direito de se livrarem dela, como também o de evitá-la.

221. Há, portanto, em segundo lugar[1], outra maneira pela qual os *governos são dissolvidos*, quando quer o legislativo, quer o príncipe, agem contrariamente ao encargo que lhes foi confiado.

Em primeiro lugar, o legislativo age contrariamente ao encargo a ele confiado quando tenta violar a propriedade do súdito e fazer a si, ou a qualquer parte da comunidade, senhor ou árbitro da vida, liberdade ou bens do povo.

222. A razão pela qual os homens entram em sociedade é a preservação de sua propriedade[1]; e o fim para o qual elegem e autorizam um legislativo é a formulação de leis e o estabelecimento de regras como salvaguarda e defesa da propriedade de todos os membros da sociedade, para limitar o poder e moderar o domínio de cada parte ou membro desta. Pois, como não se pode jamais supor ser a vontade da sociedade que o legislativo tenha o poder de destruir aquilo que todos têm o propósito de proteger ao entrar em sociedade, e em nome de que o povo se submete aos legisladores por ele próprio instituídos, sempre que tais *legisladores tentarem violar ou destruir a propriedade do povo* ou reduzi-lo à escravidão sob um poder arbitrário, colocar-se-ão

....
§ 221 1. "Em segundo lugar" – supostamente a sequência ao *"primeiro lugar"* do § 212, porém a numeração confusa aqui talvez indique a existência de sucessivas correções em toda essa região do texto – não existe, por exemplo, nenhum "segundo lugar" ao *"primeiro"* da linha 5 do presente parágrafo (embora Hinton, 1974, sugira que o "também" do § 222, 29 corresponde a tal).
§ 222 1. Comparar com II, § 138.

em estado de guerra com o povo, que fica, a partir de então, desobrigado de toda obediência e deixado ao refúgio comum concedido por Deus a todos os homens contra a força e a violência[2]. Logo, sempre que o *legislativo* transgrida essa regra fundamental da sociedade e, seja por ambição, seja por medo, insanidade ou corrupção, busque *tomar para si* ou *colocar nas mãos de qualquer outro um poder absoluto* sobre a vida, as liberdades e as propriedades do povo[3], por tal transgressão ao encargo confiado ele *perde o direito ao poder* que o povo lhe depôs em mãos para fins totalmente opostos, revertendo este ao povo[4], que tem o direito de resgatar sua liberdade original e, pelo estabelecimento de um novo legislativo (tal como julgar adequado), de prover à própria segurança e garantia, que é o fim pelo qual vive em sociedade[5]. O que disse aqui a respeito do legislativo em geral é válido também para o *executor supremo* que, sendo depositário de um duplo encargo a ele confiado, o de fazer parte do legislativo e o da suprema execução da lei, age contra ambos quando busca estabelecer sua própria vontade arbitrária como lei da sociedade. *Age também contra o encargo a ele confiado* quando ou emprega a força, o tesouro e os cargos da sociedade para corromper os *representantes* e conquistá-los para seus propósitos, ou quando abertamente empenha de antemão os *eleitores* e prescreve à escolha

....
2. Comparar, do começo do parágrafo até aqui, com II, § 135.

3. Comparar com II, § 87, nota e referências.

4. Comparar com Lawson, *Política sacra* (1660), 1689, 62 (a soberania pode, "em alguns casos", reverter "para a comunidade") e o que ele diz da confiança de modo geral (79, 217 etc.). Ver Maclean, 1947.

5. Daqui até o fim do parágrafo, provavelmente temos um acréscimo ou acréscimos sucessivos. Locke parece aludir especificamente, neste ponto, às tentativas de Jaime II para controlar o eleitorado (comparar com nota em II, § 216); ver Burnet, 1724, 1, 719. As últimas linhas apenas podem referir-se a Jaime II, e parece provável que o trecho todo tenha sido acrescido em 1689, fazendo deste o parágrafo mais extenso do livro.

deles alguém a quem, por meio de solicitações, ameaças, promessas ou de outro modo, conquistou para seus próprios desígnios, e os emprega para eleger os que tenham prometido de antemão em que votar e o que decretar. Assim, o que é o regular candidatos e *eleitores*, e remodelar os procedimentos *eleitorais* senão cortar o governo pela raiz e envenenar a própria fonte da segurança pública? Pois seria possível que o povo, tendo-se reservado a escolha de seus *representantes*, como proteção de suas propriedades, fizesse-o para outro fim que não o de serem estes livremente escolhidos e, assim escolhidos, agirem e decidirem livremente conforme julguem mais adequado, após maduro exame e debate, para a necessidade do Estado e do bem público? Aqueles que dão seus votos antes de ouvirem o debate e terem ponderado as razões de todos os lados não são capazes de fazê-lo. Preparar uma assembleia como essa e tentar estabelecer os cumpridores declarados de sua própria vontade como verdadeiros *representantes* do povo e legisladores da sociedade constitui, com certeza, tão grande *abuso do encargo confiado* e tão perfeita declaração de um propósito de subverter o governo quanto se pode encontrar. Se a isso se acrescentarem as recompensas e punições manifestamente empregadas para o mesmo fim, e todas as artimanhas da lei pervertida usadas para afastar e destruir todos quantos estiverem no caminho de um tal propósito, os que não se curvam ou consentem em trair as liberdades de seu país, não restará dúvida alguma sobre o que se está fazendo. É fácil determinar que poder deveriam ter na sociedade aqueles que assim o empregam, contrariamente ao encargo que lhe foi confiado em sua primeira instituição; e não se pode deixar de ver que aquele que tenha uma vez tentado proceder dessa forma não pode mais merecer confiança alguma.

223. A isso talvez se replique que, sendo o povo ignorante e sempre descontente, depositar o fundamento do go-

verno na sua inconstante opinião e no seu instável humor é expô-lo à ruína certa. E que *nenhum governo será capaz de subsistir por muito tempo* se o povo puder estabelecer um novo legislativo sempre que se sinta ofendido com o antigo[1]. Ao que eu respondo: muito pelo contrário. O povo não abandona com tanta facilidade suas antigas formas, como alguns pretendem sugerir. Mal se pode convencê-lo a remediar as falhas reconhecidas na constituição a que se acostumou[2]. E, se houver imperfeições de origem ou adventícias, introduzidas pelo tempo ou pela corrupção, não é empresa fácil conseguir que sejam mudadas, mesmo quando o mundo todo vê que há oportunidades de o fazer. Essa lentidão e essa aversão do povo a abandonar suas antigas constituições nos têm mantido, ao longo das muitas revoluções a que este reino[3] assistiu nesta época e em outras, ou nos têm trazido de volta, após algum intervalo de tentativas infrutíferas, ao nosso velho legislativo composto pelo rei, os lordes e os comuns. E, quaisquer que tenham sido as provocações que tenham feito com que a coroa fosse arrancada da cabeça de alguns de nossos príncipes, nunca levaram o povo tão longe a ponto de colocá-la em outra linhagem[4].

224. Será dito, porém, que esta *hipótese* é uma *incitação* a frequentes *rebeliões*. Ao que respondo:

....

§ 223 1. Elrington, 1798, discorda neste ponto, afirmando que o direito de mudar o governo não depende da vontade do povo, mas sim da razão que a ele dite a necessidade de fazê-lo.

2. "Na constituição (*frame*) a que se acostumou" – há uma frase semelhante, talvez mera coincidência, na *Declaração Americana de Independência*, ed. Becker, 1922, 10, "as formas a que se acostumaram".

3. "Este reino" – Locke novamente se refere expressamente aqui à Inglaterra e sua Constituição; ver I, § 213, nota e referências.

4. Talvez seja esta uma referência aos acontecimentos de 1688-9 e, portanto, um acréscimo posterior, mas é possível, igualmente, que se refira a 1640-60 e às manobras dinásticas do século XV.

Em primeiro lugar, não mais que qualquer outra *hipótese*. Pois quando o *povo* é levado à miséria e se encontra *exposto ao abuso do poder arbitrário*, podem seus governantes ser exaltados quanto se quiser como filhos de *Júpiter*, podem ser sagrados ou divinos, descendentes do céu ou por este autorizados; que sejam apresentados como quem ou o que quiserem, o mesmo sucederá. *O povo geralmente maltratado*, e isso contrariamente ao direito, estará disposto, em qualquer ocasião, a livrar-se de uma carga que lhe pese em demasia. Desejará e buscará a oportunidade que, nas mudanças, fraquezas e acasos dos negócios humanos, raramente demora em se oferecer. Deve ter vivido muito pouco tempo no mundo aquele que ainda não viu exemplos disso em sua própria época; e deve ter lido muito pouco aquele que não possa apresentar exemplos disso em todos os tipos de governo do mundo.

225. Em segundo lugar, respondo que tais *revoluções* não *acontecem* a cada menor desgoverno dos negócios públicos. *Grandes equívocos* por parte dos governantes, muitas leis erradas e inconvenientes, e todos os *desvios* da fraqueza humana serão *tolerados pelo povo* sem motim ou murmúrios. Mas quando uma longa série de abusos, prevaricações e ardis[1], tendendo na mesma direção, torna o propósito visível para o povo, que não pode deixar de perceber a que está submetido e de ver para onde está indo, não é de estranhar que ele então se levante e trate de depositar o mando em mãos que possam garantir-lhe os fins para os quais o governo foi originariamente constituído. Sem isso, os nomes antigos e as formas solenes não só estão longe de ser melhores, como são ainda piores que o estado de natu-

---

§ **225**   1. Comparar com II, § 210 (paralelo textual), e II, § 230. Na Declaração Americana de Independência lê-se: "Mas quando uma longa série de abusos e usurpações perseguindo invariavelmente o mesmo objetivo (...)" (ed. Becker, 1922, 10).

reza ou a anarquia pura; os inconvenientes são igualmente grandes e próximos, mas o remédio está mais afastado e mais difícil[2].

226. Em terceiro lugar, respondo que *esta doutrina* de um poder do povo de prover novamente à própria segurança por meio de um novo legislativo, quando seus legisladores agirem contrariamente ao encargo a eles confiado violando a propriedade alheia, é a *melhor defesa contra a rebelião* e o meio que mais provavelmente a evita. Pois, não sendo a rebelião uma oposição a pessoas, e sim à autoridade, a qual está fundamentada apenas nas constituições e leis do governo, aqueles que, seja lá quem for, pela força abram caminho e pela força justifiquem sua violação dessas constituições e leis são, verdadeira e propriamente, *rebeldes*. Pois quando os homens, ao entrarem em sociedade e no governo civil, excluíram a força e introduziram as leis para a conservação da propriedade, da paz e da unidade entre eles, aqueles que novamente estabeleceram a força em oposição às leis são os que *rebellant**, ou seja, que promovem novamente o estado de guerra e são propriamente rebeldes. E os que mais provavelmente podem fazê-lo são aqueles que estão no poder (por sua pretensão à autoridade, pela tentação de força que detêm e pela lisonja daqueles que os rodeiam) e a maneira mais apropriada de evitar o mal é mostrar o seu perigo e a sua injustiça àqueles que estão sob a maior tentação de nele incorrer.

227. Em ambos os casos acima mencionados, quando ou o legislativo é alterado ou os legisladores agem contra-

---

2. Comparar com II, § 137.

* No original, "do *rebellare*", em que o verbo "*do*", no sentido de fazer, enfatiza o verbo latino assim usado no infinitivo. Na tradução, é preciso marcar a ênfase de outro modo e conjugar no presente o verbo latino. (N. T.)

riamente ao fim para o qual foram constituídos, os culpados são *culpados de rebelião*. Pois, se alguém suprime pela força o legislativo estabelecido de qualquer sociedade e as leis por este formuladas conforme o encargo recebido, suprime com isso a arbitragem na qual todos consentiram para uma decisão pacífica de todas as suas controvérsias, e como obstáculo ao estado de guerra entre si. Aqueles que suprimem ou alteram o legislativo tomam esse poder decisivo que ninguém pode ter, a não ser pela designação e com o consentimento do povo; e assim, destruindo a autoridade que o povo constituiu e que nenhum outro pode estabelecer, e introduzindo um poder que o povo não autorizou, na verdade *introduzem um estado de guerra*, que é o da força sem autoridade. E, portanto, suprimindo o legislativo estabelecido pela sociedade (em cujas decisões o povo aquiesceu e uniu-se como se fora à sua própria vontade), desfazem o vínculo e *expõem novamente o povo* ao *estado de guerra*. E, se aqueles que suprimem o legislativo pela força são *rebeldes*, não se pode estimar que não o sejam os próprios legisladores, tal como foi mostrado, quando eles, que foram instituídos para a proteção e a preservação do povo e de sua liberdade e propriedades, pela força as transgridam e tentem tomá-las; e assim, colocando-se em estado de guerra com aqueles que fizeram deles guardiães e protetores de sua paz, são propriamente, e com os maiores agravantes, *rebellantes*, rebeldes.

228. Mas, se aqueles que dizem que isso *estabelece um fundamento para a rebelião* querem afirmar que pode ocasionar guerras civis ou lutas intestinas dizer ao povo que está desobrigado da obediência quando se fazem intentos ilegais contra sua liberdade e propriedades, e que ele tem o direito de se opor à violência ilegal daqueles que são seus magistrados quando estes violarem suas propriedades, contrariamente ao encargo a eles confiado, e que, portanto, essa

doutrina não pode ser permitida por ser tão destrutiva à paz no mundo, também poderiam dizer, com o mesmo fundamento, que os homens honestos não se podem opor aos ladrões ou aos piratas porque tal pode ocasionar desordem ou derramamento de sangue. Se de tais casos qualquer *malefício* sobrevir, não *deverá ser creditado* àquele que defende seu próprio direito e sim àquele que *invade* seu vizinho. Se o homem honesto e inocente deve ceder em silêncio tudo quanto possui, em nome da paz, àquele que se apodera violentamente de sua propriedade, quero que se considere que tipo de paz seria esta no mundo que consiste apenas em violência e rapinagem, e que deve ser mantida apenas para o benefício de ladrões e opressores. Quem não veria uma paz admirável entre os poderosos e os fracos o cordeiro oferecer, sem resistência, a garganta para ser destroçada pelo lobo imperioso? O covil de *Polifemo* mostra-nos um perfeito exemplo de semelhante paz e de semelhante governo, em que *Ulisses* e seus companheiros não tinham alternativa a não ser submeterem-se pacificamente a serem devorados. E sem dúvida *Ulisses*, que era homem prudente, pregava a *obediência passiva* e exortava-os a uma tranquila submissão, mostrando-lhes quanta importância tinha a paz para a humanidade, e que inconvenientes poderiam advir caso oferecessem resistência a *Polifemo*, que então tinha poder sobre eles[1].

229. O fim do governo é o bem da humanidade, e o que seria *melhor* para esta, que o povo estivesse sempre exposto à vontade ilimitada da tirania ou que os governantes tivessem por vezes de enfrentar oposição, quando exorbitassem no uso de seu poder e o empregassem para a destruição, e não a preservação das propriedades do povo?

230. Tampouco diga alguém que daí pode decorrer malefício, tantas vezes quantas queira um cabeça quente ou

....
§ 228   1. Ver *Odisseia*, livro IX.

um espírito turbulento que deseje a alteração do governo. É certo que tais homens podem agitar-se sempre que o quiserem, mas isso será apenas para sua justa ruína e destruição. Pois enquanto o malefício não estiver generalizado e os maus propósitos dos governantes não se tornarem manifestos ou perceptíveis para a maior parte, é pouco provável que o povo, mais disposto a sofrer que a corrigir os agravos pela resistência, comece a agitar-se[1]. Os exemplos de injustiça ou opressão particular aqui e ali a um homem desafortunado não o comovem[2]. Se, porém, baseado em indícios manifestos, estiver universalmente persuadido de que se nutrem propósitos contrários a sua liberdade, e o curso geral e a tendência dos acontecimentos não puderem deixar de suscitar fortes suspeitas acerca das más intenções de seus governantes, quem deverá ser culpado por tal? O que se há de fazer se aqueles que o poderiam evitar colocam-se sob suspeita? Deverá o povo ser culpado por ter o sentido de criaturas racionais e não poder julgar os fatos senão como os vê e percebe? E não será antes *culpa daqueles* que conduzem as coisas a tal ponto que não se teria pensado serem como são? Admito que o orgulho, a ambição e a turbulência de homens particulares causaram por vezes grandes desordens em algumas sociedades políticas e que facções houve fatais para Estados e reinos. Mas, se o *malefício* começou *mais amiúde* com a *temeridade do povo* e o desejo de alijar a autoridade legítima de seus governantes, ou com a *insolência* e os esforços destes por obter e exercer um poder arbitrário sobre o povo; se a opressão ou a desobediência deram origem à desordem, deixo à decisão da História imparcial. De uma coisa, porém, estou certo: todo aquele que, governante ou súdito, pela força empreende invadir os di-

....
§ 230 1. Paralelo na *Declaração Americana de Independência*, ed. Becker, 1922, 10: "a humanidade está mais disposta a sofrer, enquanto os males são toleráveis, do que a corrigir os agravos".
2. Comparar com II, § 208.

reitos do príncipe ou do povo e lança as bases para a *derrubada* da constituição e da estrutura de *qualquer governo justo*, é culpado do maior crime[3], penso eu, que um homem é capaz de cometer, devendo responder por todos os malefícios de sangue, rapinagem e desolação que o desmoronamento de um governo traz a um país. E aquele que o faz deve com justiça ser considerado inimigo comum e praga da humanidade[4], devendo ser tratado como tal.

231. Todos concordam que, aos *súditos* ou *estrangeiros* que atentem pela força contra as propriedades de qualquer povo, pode-se *resistir* pela força. Mas que se possa *resistir* aos *magistrados* que procederem da mesma forma vem sendo negado nesses últimos tempos – como se aqueles que detêm os maiores privilégios e vantagens da lei tivessem, por isso, o poder de violar as leis que são o único motivo pelo qual foram colocados em uma posição melhor que a de seus semelhantes, quando o seu delito é, justamente por isso, maior, tanto por ser uma ingratidão pela maior parte que pela lei lhes cabe, como por ser também um abuso do encargo a eles confiado por seus semelhantes[1].

232. Todo aquele que usa de *força sem direito,* assim como todos aqueles que o fazem na sociedade contra a lei, coloca-se em *estado de guerra* com aqueles contra os quais a usar e, em tal estado, todos os antigos vínculos são rompidos, todos os demais direitos cessam e cada qual tem o

---
3. "É culpado do maior crime." Tanto a 4ª edição, 1713, como a 1ª edição reunida, 1714, e a 6ª edição, 1764, apresentam "é altamente culpado do maior crime", talvez com base no hipotético segundo exemplar-guia – ver Nota Editorial.
4. Ver II, § 172, nota e referências. É possível, entretanto, que as referências aqui sejam a outra figura que não um monarca, e Hinton, 1974, sugere um ou outro ministro de Carlos II, ou mesmo um súdito de Carlos I.
§ 231 1. Comparar com II, § 202.

direito de defender-se e de *resistir ao agressor*. Isso é tão evidente que o próprio *Barclay*, o grande defensor do poder e do caráter sagrado dos reis, é forçado a admitir que é legal o povo, em alguns casos, resistir ao rei[1]; e admite-o inclusive num capítulo no qual pretende demonstrar que a lei divina veda ao povo todo tipo de rebelião. Com o que fica evidente, mesmo em sua doutrina, que, desde que em alguns casos é permitido *resistir*, nem toda resistência aos *príncipes* é *rebelião*. Suas palavras são as seguintes: *Quod siquis dicat, Ergone populus tyrannicae crudelitati et furori jugulum sempre praebebit? Ergone multitudo civitates suas famae ferro, et flammâ vastari, seque, conjuges, et liberos fortunae ludibrio et tyranni libidini exponi, inque omnia vitae pericula omnesque miserias et molestias à Rege deduci patientur? Num illis quod omni animantium generi est à naturâ tributum, denegari debet, ut sc. vim vi repellant, seseq; ab injuriâ tueantur? Huic brevitur responsum sit, Populo universo non negari defensionem, quae juris naturalis est, neque ultionem quae praeter naturam est adversus Regem concedi debere. Quapropter si Rex non in singularis tantum personas aliquot privatum odium exerceat, sed corpus etiam Reipublicae, cujus ipse caput est, i.e. totum populum, vel insignem aliquam ejus partem immani et intolerandâ saevitiâ seu tyrannide divexet; populo, quidem hoc casu resistendi ac tuendi se ab in-*

....

§ **232** 1. Sobre o objetivo de Locke ao escolher Barclay para um tratamento tão detalhado, ver nota em II, § 239. Locke menciona o uso desse autor por Filmer em I, §§ 4 e 67, sem mais comentários, mas possuía as duas principais obras de William Barclay (*De Regno et Regali Potestati adversus Buchananum, Brutum, Boucherium et reliquos Monarchomachos*, 1600, e *De Potestate Papae*, 1609, duas das obras absolutistas mais influentes, a primeira parcialmente dirigida contra o *Vindiciae*) numa edição de 1612 de um só volume (H. e L. 203). Estava em suas prateleiras em 1681 e, em 15 de julho de 1680, comprou outro exemplar, para o conde de Shaftesbury. Registrou o livro em 1680 (II, § 236 e nota), e parece provável que o trecho que vai deste parágrafo até o de número 239 tenha sido escrito em 1681; ver II, § 211, capítulo XIX.

juriâ potestas competit, sed tuendi se tantum, non enim in principem invadendi: et restituendae injuriae illatae, non recedendi à debitâ reverentiâ propter acceptam injuriam. Praesentem denique impetum propulsandi non vim praeteritam ulciscendi jus habet. Horum enim alterum à naturâ est, ut vitam scilicet corpusque tueamur. Alterum vero contra naturam, ut inferior de superiori supplicium sumat. Quod itaque populus malum, antequam factum sit, impedire potest, ne fiat, id postquam factum est, in Regem authorem sceleris vindicare non potest: Populus igitur hoc ampliùs quam privatus quisquam habet: Quod huic, vel ipsis adversariis judicibus, excepto Buchanano, nulum nisi in patientia remedium superest. Cùm ille si intolerabilis tyrannis est (modicum enim ferre omnino debet) resistere cum reverentiâ possit (Barclay contra Monarchom, livro 3, cap. 8)[2].

Que assim se traduz:

233. *Se alguém perguntar: deve então o povo estar sempre aberto à crueldade e à ira da tirania? Deve ver suas cidades pilhadas e vertidas em cinzas, suas mulheres e crianças expostas à fúria e luxúria do tirano, e suas famílias reduzidas pelo rei à ruína e a todas as misérias da carência e da opressão, e, mesmo assim, continuar calado? Deve apenas aos homens ser vedado opor a força à força, o que a natureza com tanta liberalidade permite a todas as demais criaturas para se protegerem da injúria? Respondo: a defesa de si mesmo faz parte da lei da natureza e não pode ser negada à comunidade, nem mesmo contra o próprio rei; vingar-se dele, porém, não deve ser permitido de modo algum, pois não está de acordo com essa lei. Logo, se o príncipe demonstrar ódio, não apenas para com algumas pessoas particulares, mas contra todo o corpo político de que é o chefe*

....
2. Trecho à p. 375 da edição de 1612 de Locke, transcrito por ele com imperfeições, corrigidas na errata à 3ª edição, de 1698.

e, com intolerável abuso, tiranizar cruelmente o conjunto ou uma parte considerável do povo, este tem o direito de resistir e defender-se contra qualquer injúria. Mas deverá fazê-lo com o cuidado de apenas defender-se, sem atacar o seu príncipe. Pode reparar os danos recebidos, mas não deve, sob provocação alguma, exceder os limites da reverência e do respeito devidos. Pode repelir o intento presente, mas não vingar as violências passadas. Pois é natural para nós defender a vida e o corpo, mas que um inferior puna um superior é contrário à natureza. O malefício contra ele projetado o povo pode evitar antes que seja cometido, mas, uma vez consumado, não deve vingá-lo na pessoa do rei, mesmo que seja ele o autor da vilania. Tal é, portanto, o privilégio do povo em geral, além do que qualquer pessoa particular tem: que até nossos adversários (com exceção de Buchanan) admitem que os homens particulares não têm outro remédio senão a paciência, mas que o corpo do povo pode, com respeito, resistir à tirania intolerável; pois, sendo esta moderada, deve suportá-la.

234. Até este ponto o grande advogado do poder monárquico admite a *resistência*.

235. É certo que acrescenta duas limitações, sem nenhum propósito:
Em primeiro lugar, diz que deve ser com reverência.
Em segundo lugar, que seja sem retribuição nem punição; e a razão que apresenta é que o *inferior não pode punir o superior*.
Primeiramente, será preciso uma certa habilidade para tornar inteligível como seria possível *resistir à força sem golpear de volta*, ou *golpear com reverência*. Aquele que se opuser a um ataque apenas com um escudo para receber os golpes ou em qualquer postura mais respeitosa, sem uma espada na mão para abater a confiança e a força do agres-

sor, chegará prontamente ao final de sua *resistência* e verá que sua defesa lhe serve apenas para chamar a si mais abusos. Essa maneira de resistir é tão ridícula quanto a julgava *Juvenal* para combater; *ubi tu pulsas, ego vapulo tantum*. E o sucesso do combate será inevitavelmente tal como ele descreve:

> —— *Libertas pauperis haec est:*
> *Pulsatus rogat, et pugnus concisus, adorat,*
> *Ut liceat paucis cum dentibus inde reverti*[1].

Será sempre este o desfecho de tal *resistência* imaginária, na qual os homens não podem revidar os golpes. Portanto, àquele que *pode resistir deve ser facultado golpear*. Depois disso, que nosso autor, ou qualquer outro, receba pancadas na cabeça e estocadas no rosto com tanta *reverência* e *respeito* como julgar apropriado. Aquele que for capaz de conciliar golpes e reverência pode merecer por suas penas, pelo que sei, uma surra civil e respeitosa onde quer que a possa encontrar.

Em segundo lugar, diz a segunda limitação dele, *um inferior não pode punir um superior*. Isso é certo, de maneira geral, enquanto ele for superior. Sendo, porém, o resistir à força pela força *o estado de guerra* que *nivela as partes*, que cancela todas as antigas relações de reverência, respeito e *superioridade*, a desigualdade que então resta é que aquele que se opõe ao agressor injusto tem sobre ele esta *superioridade*, a de possuir o direito, caso prevaleça, de punir o ofensor, tanto pela violação da paz quanto por todos os males decorrentes dessa violação. *Barclay*, portanto, em

....
§ 235 1. Juvenal, *Sátiras*, III, 289-90, 299-301: "Açoito-me com os golpes que em mim desferes (...) Eis a liberdade do pobre: quanto mais é golpeado, mais implora, e, quando é derrubado na luta, no chão se prostra para que possa voltar um pouco com seus dentes".

outra parte, mais coerente consigo mesmo, nega ser legítimo *resistir* a um rei em qualquer caso. No entanto, assinala dois casos em que o rei, por suas próprias ações, deixa de ser rei. Suas palavras são[2]:

Quid ergo nulline casus incidere possunt quibus populo sese erigere atque in Regem impotentius dominantem arma capere et invadere jure suo suâque authoritate liceat? Nulli certe quamdiu Rex manet. Semper enim ex divinis id obstat, Regem honorificato; et qui potestati resistit, Dei ordinationi resistit: *Non aliàs igitur in eum populo potestas est quam si id committat propter quod ipso jure rex esse desinat. Tunc enim se ipse principatu exuit atque in privatis constituit liber: Hoc modo populus et superior efficitur, reverso ad eum sc. jure illo quod ante regem inauguratum in interregno habuit. At sunt paucorum generum commissa ejusmodi quae hunc effectum pariunt. At ego cum plurima animum perlustrem, duo tantum invenio, duos, inquam, casus quibus rex ipso facto ex Rege non regem se facit et omni honore et dignitate regali atque in subditos potestate destituit; quorum etiam meminit* Winzerus[3]. *Horum unnus est, Si regnum [et rempublicam evertere conetur, hoc est, si id ei propositum, eaque intentio fuerit ut] disperdat, quemadmodum de* Nerone *fertur, quod is nempe senatum populumque Romanum, atque adeo urbem ipsam ferro flammaque vastare, ac novas sibi sedes quaerere decrevisset. Et de* Caligula, *quod palam denunciarit se neque civem neque principem senatui amplius fore, inque animo habuerit, interempto utrisque or-*

....
2. Daqui até o fim do § 236, Locke usa a edição de 1612 que possuía de Barclay, às pp. 440-1. O trecho está transcrito com imprecisões, e também foi corrigido em errata à 3ª edição: as palavras "*et rempublican (...) fuerit*" (51-2) estão omitidas nas edições impressas, embora tenham sido traduzidas por Locke.

3."Winzerus" – transcrição equivocada de Winzetus, isto é, Ninian Winzet, Winget ou Wingate, polemista escocês que escreveu contra Knox e Buchanan. Locke, obviamente, jamais ouvira falar dele.

dinis Electissimo quoque Alexandriam *commigrare, ac ut populum uno ictu interimeret, unam ei cervicem optavit. Talia cum rex aliquis meditatur et molitur serio, omnem regnandi curam et animum illico abjicit, ac proinde imperium in subditos amittit, ut dominus servi pro derelicto habiti, dominium.*

236. *Alter casus est, Si rex in alicujus clientelam se contulit, ac regnum quod liberum à majoribus et populo traditum accepit, alienae ditione mancipavit. Nam tunc quamvis forte non eâ mente id agit populo plane ut incommodet: Tamen quia quod praecipuum est regiae dignitatis amisit, ut summus scilicet in regno secundum Deum sit, et solo Deo inferior, atque populum etiam totum ignorantem vel invitum, cujus libertatem sartam et tectam conservare debuit, in alterius gentis ditionem et potestatem dedidit; hâc velut quadam regni ab alienatione effecit, ut nec quod ipse in regno imperium habuit retineat, nec in eum cui collatum voluit, juris quicquam transferat; atque ita eo facto liberum jam et suae potestatis populum relinquit, cujus rei exemplum unum annales Scotici suppeditant (Barclay contra Monarchom,* livro 3, cap. 16)[1].

O que, traduzido, vem a ser o seguinte:

237. *Não pode haver então caso algum em que o povo possa por direito, e por sua própria autoridade, socorrer-se, tomar armas e lançar-se contra o rei que imperiosamente o*

....

§ **236** 1. Esta referência a Barclay aparece à pp. 73 do *Bloco* de Locke (MS. f. 28 – ver nota em II § 22 e referências) da seguinte maneira:

80
Liberdade
Barclay l 3 c 16

O número 80 sem dúvida designa 1680, e provavelmente indica que este trecho pertence àquele ano.

domina? De modo algum, enquanto este continuar sendo rei. Honrai o rei *e* Quem resiste ao poder resiste ao mandamento de Deus *são oráculos divinos que nunca o permitirão. O povo, portanto, não poderá jamais obter um poder sobre o rei, a menos que este faça alguma coisa pela qual deixe de ser rei. Pois então ele se desfaz de sua coroa e de sua dignidade e volta ao estado de homem particular, e o povo se torna livre e superior, retornando-lhe o poder que detinha no interregno, antes de coroá-lo rei. Contudo, poucas são as faltas que levam a questão a tal estado. Após ponderá-la com atenção sob todos os pontos de vista, só pude encontrar duas delas. Dois casos há, afirmo, em que o rei,* ipso facto, *deixa de ser rei e perde todo o poder e a autoridade régia sobre o povo, também apontados por* Winzerus.

O primeiro se dá quando ele procura derrubar o governo, ou seja, quando tem o propósito e o projeto de arruinar o reino e a sociedade, tal como se registra de Nero, *que decidiu pôr fim ao senado e ao povo de Roma, devastar a cidade pelo fogo e pela espada, e mudar-se depois para outro lugar. E de* Calígula, *que declarou abertamente que não queria ser mais chefe do povo e do senado e que tinha em mente eliminar os homens mais valorosos de todas as classes e retirar-se depois para* Alexandria. *E que gostaria que o povo tivesse um único pescoço, para poder liquidá-lo por completo com um único golpe. Quando qualquer rei nutre em seus pensamentos e promove seriamente projetos como esses, renuncia imediatamente a todo cuidado e pensamento da sociedade e, consequentemente, perde todo poder de governar seus súditos, tal como o perde sobre seus escravos o senhor que os abandona.*

238. *O outro caso se dá quando um rei torna-se dependente de outro e sujeita o reino que seus ancestrais lhe deixaram e o povo, confiado às suas mãos em liberdade, ao domínio de outro. Pois, mesmo que talvez não seja intenção*

dele prejudicar o povo, ainda assim ele perde a parte principal de sua dignidade régia, a saber, a de ser, depois e imediatamente abaixo de Deus, supremo em seu reino; e também porque, pela força ou traição, entregou o povo, cuja liberdade deveria ter preservado zelosamente, ao poder e o domínio de uma nação estrangeira. Por esta alienação, por assim dizer, de seu reino, ele próprio perde o poder que antes detinha sobre esse reino, sem transferir sequer o menor direito a esse poder àqueles aos quais o teria conferido. E desse modo, por esse ato, deixa o povo livre e à disposição de si mesmo. Um exemplo disso pode ser encontrado nos anais escoceses.

239. Nestes casos, Barclay, o grande defensor da monarquia absoluta, é forçado a admitir que é possível *resistir* a um rei que deixa de ser rei. Para não multiplicar os casos, em resumo trata-se do seguinte: naquilo que não tem nenhuma *autoridade* ele não é *rei* e é possível resistir-lhe. Pois *onde quer que a autoridade cessa, o rei cessa também* e torna-se como os outros homens que não têm autoridade. E esses dois casos que ele apresentou como destrutivos do governo pouco diferem daqueles acima mencionados[1], exceto por ter ele omitido o princípio que dá origem à sua doutrina, ou seja, a quebra da confiança, ao não ser preservada a forma de governo acordada e ao não se perseguir o fim do próprio governo, que é o bem público e a preservação da propriedade. Seria conveniente que Barclay e os que compartilham a mesma opinião[2] que eles nos dissessem o

---
§ **239** 1. "Acima mencionados" – presumivelmente nos §§ 212-24, em especial o 217.

2. Os que compartilham da mesma opinião que Barclay incluem Bilson e talvez até mesmo Hooker (ver abaixo). Sem dúvida, Locke escolheu Barclay como um típico representante da escola absolutista como um todo, insistindo em suas concessões à resistência. Grócio fizera o mesmo já em 1625 em seu *De Jure Belli*, onde (I, iv, II) cita o trecho transcrito na íntegra por Locke no § 232. Salmon demonstra (1959) que esse exemplo foi seguido por um consi-

que poderia impedir, quando um rei destrona a si mesmo e se põe em estado de guerra com seu povo, que este o processe como fazia a qualquer outro homem que se tivesse posto em estado de guerra com ele. Desejo ainda que se considere o que Barclay diz com as seguintes palavras: *O malefício contra ele planejado pode o povo evitar antes que seja cometido*, admitindo com isso a resistência quando a tirania está ainda apenas em projeto. *Quando qualquer rei* (diz ele) *nutre em seus pensamentos e promove seriamente projetos como esses, renuncia imediatamente a todo cuidado e pensamento da sociedade*, de maneira que, de acordo com ele, a negligência para com o bem público deve ser vista como prova de um tal *projeto*, ou pelo menos como causa suficiente para a *resistência*. E a razão para tudo isso é dada por ele com as palavras, *porque, pela força ou traição, entregou o povo, cuja liberdade deveria ter conservado zelosamente*. O que ele acrescenta, *ao poder e o domínio de uma nação estrangeira*, não significa coisa alguma, estando a falta e a perda de seu direito na *liberdade* que ele deveria ter conservado e não em qualquer distinção das pessoas a cujo domínio o povo foi submetido. O direito do povo é igualmente invadido, e sua liberdade perdida, seja ele feito escravo de um dos seus ou de uma *nação estrangeira*; e nisso reside a injúria, e contra isso apenas tem ele o direito de defesa. E em todos os países podem ser encontrados exemplos que demonstram não ser a mudança de nações nas pessoas de seus governantes, mas a mudança de governo, que promo-

....

derável número de autores que insistiam em tomar as concessões de Barclay como justificativas da ação contra os déspotas, homens como Samuel Ruthrford, William Prynne, John Canne, Richard Baxter, Pierre Jurieu e James Tyrrell (*Bibliotheca Politica*, 1691-2, ed. de 1718, 106, que cita o mesmo trecho apresentado no § 233, porém com diferenças de tradução). Fica claro, portanto, que Locke estava apenas seguindo uma convenção largamente estabelecida, embora tenha dedicado mais atenção a Barclay do que qualquer outro. Apesar de citado na literatura política de 1689, o nome de Barclay é mais típico do período de Filmer, isto é, tanto a década de 1640 quanto o início da de 1680.

ve a ofensa[3]. *Bilson*, bispo da nossa igreja e grande altercador em favor do poder e da prerrogativa dos príncipes[4], reconhece, se não me engano, em seu tratado sobre *A sujeição cristã*, que os *príncipes podem perder o direito a seu poder*, e seu título à obediência dos súditos. E, se fosse necessária a força da autoridade em um caso em que a razão é tão evidente, poderia remeter meus leitores a *Bracton*, a *Fortescue* e ao autor do Espelho[5], além de outros autores que não podem ser suspeitos de ignorar nosso governo ou de ser seus inimigos. Mas considerei que *Hooker*[6] bastaria

....
3. Desde "Desejo ainda..." até aqui, trata-se de passagem inserida em 1694, típica do modo como Locke ampliou seu texto, tornando muito difícil distinguir original e acréscimo. Comparar com II, § 217.
4. Thomas Bilson (1547-1616, diretor do Winchester College, bispo sucessivamente de Worcester e Winchester), *The True Difference between Christian Subiection and Unchristian Rebellion* (A verdadeira diferença entre a submissão cristã e a rebelião não cristã), 1585 – livro frequentemente citado pelos opositores do absolutismo, exatamente pela mesma razão que Barclay, e amiúde ao lado deste (por Prynne, por exemplo), pois, embora sendo um absolutista, admitia a resistência em casos extremos. Ao que parece, Locke não possuía a obra de Bilson, e a forma das palavras aqui empregadas sugere que não tivesse conhecimento direto dela.
5. "Bracton" – juiz (falecido em 1268) e autor de *De Legibus et Consuetudinibus Angliae*. "Fortescue": sir John Fortescue (1394? - 1476?) presidente do Supremo Tribunal de Justiça e autor de *De Laudibus Legum Angliae*. O "autor do Espelho" talvez seja Andrew Home (falecido em 1328), que escreveu uma obra muito popular junto aos constitucionalistas do século XVII, porém que constitui fonte de valor altamente duvidosa, *O livro de nome O espelho dos magistrados*, editado na década de 1640. Comparar com nota em II, § 13, 1-2. Locke recomenda a leitura de Bracton e do Espelho em suas *Considerações sobre a leitura e o estudo*, 1703, e em sua carta ao reverendo Richard King, 170 (*Works*, 1801, III, 272; XI, 306); em seu escrito sobre a *Educação* (*ibid.*, IX, 177), afirma que é necessário a um fidalgo "examinar nossa Constituição inglesa, nos antigos volumes do direito consuetudinário". Todavia, não há indício algum de que ele jamais houvesse possuído ou lido qualquer um desses livros, fato este relacionado a sua indiferença para com a história e o desenvolvimento constitucionais; ver Introdução, p. 111 e nota.
6. "Hooker" – ver nota a II, § 5, 7-23 – essa frase indica que o parágrafo foi escrito quando Locke decidira incluir as citações de Hooker, ou pouco depois disso, talvez em 1681; ver nota em II, § 211, capítulo XIX.

para satisfazer aqueles que, baseando-se nele para a constituição eclesiástica que defendem, são, por estranha sina, levados a negar os princípios sobre os quais ele a constrói. Seria prudente examinar com cuidado se não estão sendo usados como instrumentos por obreiros mais astutos, para deitarem por terra a sua própria construção. Disso estou certo: a política civil que advogam é tão recente, tão perigosa e destrutiva para os governantes e para o povo, que, assim como as eras passadas não suportaram sequer a menção dela, pode-se esperar que as vindouras, redimidas das imposições desses subfeitores *egípcios*, abominarão a lembrança de tais servis aduladores que, enquanto lhes pareceu servir a seus fins, reduziram todo o governo à tirania absoluta e gostariam que todos os homens nascessem para aquilo a que os destinavam suas mesquinhas almas, a escravidão.

240. É neste ponto, provavelmente, que se coloca a questão comum sobre *quem há de ser juiz*[1], se o príncipe ou o legislativo agem contrariamente ao encargo confiado? É possível que homens de má índole e facciosos espalhem [essa tese] entre o povo, quando o príncipe está apenas fazendo uso da prerrogativa que lhe é devida. A tal respondo que *o povo será o juiz*. Pois quem mais poderá *julgar* se tal depositário ou deputado age corretamente e segundo o encargo a ele confiado, senão aquele que os designou e que deve, por esse motivo, conservar o poder de afastá-lo quando falharem em seu encargo? Se tal é razoável nos casos particulares de homens particulares, por que deveria ser diferente naqueles de maior importância, em que o bem de milhões está em jogo e também onde o mal, se não for evitado, é maior e a reparação muito difícil, custosa e arriscada?

....
§ 240   1. "Quem há de ser juiz" – ver II, § 168, nota e referências. Locke se ocupa dessa questão até o final do livro, e tudo leva a crer que o trecho pertencesse ao texto original, talvez em seguida ao § 231, porém bastante modificado e ampliado em 1689 – ver nota em II, § 211, capítulo XIX.

241. Mais ainda, porém, essa pergunta (*Quem há de ser o juiz*) não pode significar que não haverá juiz algum. Pois, quando não houver judicatura sobre a Terra para decidir as controvérsias entre os homens, *Deus* no céu será o *juiz*. Só Ele, é verdade, é juiz do que é direito. Mas *todo homem é juiz* por si próprio, em todos os demais casos assim como neste, para decidir se outro se pôs em estado de guerra com ele e se deve apelar ao juiz supremo, tal como fez *Jefté*[1].

242. Caso surja uma controvérsia entre o príncipe e alguém do povo acerca de uma questão sobre a qual a lei não se pronuncia ou é obscura, e se trate de coisa de grande importância, creio que o *árbitro* apropriado em tal caso deva ser o corpo do *povo*. Pois, nos casos em que se tenha confiado um encargo ao príncipe e ele esteja dispensado das regras comuns e ordinárias da lei, se qualquer homem se julgar lesado e achar que o príncipe age contrariamente a esse encargo ou além dele, quem mais apropriado que o corpo do *povo* (que foi quem lhe confiou esse encargo) para *julgar* até que ponto deveria estender-se? Mas, se o príncipe ou quem quer que esteja na administração recusar esse meio de determinação, somente aos céus resta apelar. Sendo a força, quer entre pessoas que não têm nenhum superior conhecido sobre a Terra, quer que não permite nenhum apelo a um juiz sobre a Terra, a bem dizer, um estado de guerra em que somente aos céus se pode apelar, nesse estado *a parte que sofreu a injúria deve julgar* por si mesma quando achará conveniente fazer uso desse apelo e confiar-se a ele.

243. Para concluir, *o poder que cada indivíduo deu à sociedade* quando nela ingressou não pode jamais retornar aos indivíduos enquanto durar essa sociedade, permanecendo para sempre na comunidade. Pois, sem isso, não pode-

---

§ 241   1. "Jefté" – ver nota em II, § 21, 17 e referências.

rá haver comunidade nem sociedade política, o que é contrário ao acordo original. Assim também, quando a sociedade colocou o legislativo em qualquer assembleia de homens para continuar neles e em seus sucessores, com instruções e autoridade para indicar tais sucessores, *o legislativo não pode jamais retornar ao povo* enquanto durar esse governo, pois o povo, tendo conferido ao legislativo um poder de continuar para sempre, cedeu-lhe o seu poder político e não pode retomá-lo. Mas, se fixou limites para a duração desse legislativo e tornou apenas temporário esse poder supremo em qualquer pessoa ou assembleia, ou então, se por faltas por parte dos que detêm a autoridade, o direito a esse poder é perdido, com a perda do direito dos governantes a esse poder ou ao terminar o prazo estabelecido, *retorna este poder à sociedade*, e o povo tem o direito de agir como supremo e continuar o legislativo em si mesmo, ou instituir uma nova forma[1], ou ainda, sob a forma antiga, colocá-lo em novas mãos, conforme julgar adequado.

FINIS

....
§ 243 1. Daqui para o final, a frase foi ligeiramente modificada por Locke. A referência às "novas mãos" e talvez boa parte, ou mesmo a íntegra, dos §§ 242 e 243 parecem pertencer a 1689.

Leituras sugeridas

LEITURAS SUGERIDAS: A seguinte lista de títulos tem a intenção de encaminhar os estudantes para leituras essenciais sobre Locke. Portanto, trata-se inevitavelmente de uma seleção. Todas as obras foram publicadas em Londres, salvo indicação em contrário.

AARSLEFF, Hans. *The State of Nature and the Nature of Man in Locke. In* Yolton, 1969.

ABRAMS, P. *John Locke: Two Tracts on Government*. Cambridge, 1967.

APPLEBY, Joyce O. Locke, Liberalism and the Natural Law of Money, *Past and Present*, LXXI, 1976.

ASHCRAFT, Richard. The Two Treatises and the Exclusion Crisis. *In* Pocock, J. G. A. e Ashcraft, R., editores, *John Locke*. Los Angeles, 1980.

_____. *Revolutionary Politics and Locke's Two Treatises of Government*. Princeton, 1986.

_____. *Locke's Two Treatises of Government*, 1987.

AXTELL, J. L. *The Educational Writings of John Locke*. Cambridge, 1968.

BATZ, William G. The Historical Anthropology of John Locke, *Journal of the History of Ideas*, XXXV, 4.

BECKER, Carl. *The Declaration of Indepedence*. Nova York, 1922.

BLUHM, W. T., Wintfeld, N. e TEGER, S. Locke's Idea of God: Rational Truth or Political Myth?, *The Journal of Politics*, XLII, 2, 1980.

BRANDT, R., editor. *John Locke Symposium*. Wolfenbüttel, 1981.

BUTLER, M. A. Early Liberal Roots of Feminism: John Locke and the Attack on Patriarchy, *American Political Science Review*, LXXII, 2, 1978.

CLARK, J. C. D. *English Society*, 1688-1832. Cambridge, 1985.

_____. *Revolution and Rebellion: State and Society in England in the Seventeenth and Eighteenth Centuries*. Cambridge, 1986.

COLIE, Rosalie. John Locke and the Publication of the Private, *Philological Quarterly*. XLV, 1966.

COLMAN, John. *John Locke's Moral Philosophy*. Edimburgo, 1983.

COX, Richard, H. *Locke on War and Peace*. Oxford, 1960.

CRANSTON, Maurice. *John Locke, a Biography*, 1957.

DALY, James. *Sir Robert Filmer and the English Political Thought*. Toronto, 1979.

DE BEER, Esmond. *The Correspondence of John Locke*. Oxford, 1976-82.

DICKINSON, H. T. *Liberty and Property: Political Ideology in Eighteenth Century Britain*, 1977.

DRURY, S. B. Locke e Nozick. *Property Political Studies*, XXX, 1, 1982.

DUNN, John. Consent in the Political Theory of John Locke, *Historical Journal*, X, 3, 1967. Reimpresso em Schochet, 1971.

_____. (i). *The Political Thought of John Locke*. Cambridge, 1969.

_____. (ii). The Politics of Locke in England and America in the Eighteenth Century. *In* Yolton, 1969.

_____. (i). *John Locke*. Oxford, 1984.

_____. (ii). The Concept of Trust in the Politics of John Locke. *In* Rorty, R. *et. al.*, editores, *Philosophy in History*. Cambridge, 1984.

FARR, J. e ROBERTS, C. John Locke on the Glorious Revolution, a Rediscovered Document, *Historical Journal*, XXVIII, 2, 1985.

FILMER, Sir Robert. *Patriarcha and Other Political Works*, editado por Laslett, P. Oxford, 1949.

FOX BOURNE, H. R. *The Life of John Locke*, 2 vols., 1876.

GOLDIE, Mark. Edmund Bohun and *ius gentium* in the Revolution Debate, 1689-83, *Historical Journal*, XX, 3, 1977.

_____. The Revolution of 1689 and the Structure of Political Argument, *Bulletin of Research in the Humanities*, 83, 1980.

_____. John Locke and Anglican Royalism, *Political Studies*, XXXI, 1, 1983.

GOLDWIN, R. A. John Locke. *In* Strauss, L. e Cropsey, J., editores, *History of Political Philosophy*. Chicago, 1963.
_____. Locke's State of Nature in Political Society, *The Western Political Quarterly*, XXIX, 1, 1976.
GOUGH, J. W. *John Locke's Political Philosophy. Eight Studies*. 2ª edição. Oxford, 1973 (1950).
HALEY, K. H. D. *The First Earl of Shaftesbury*. Oxford, 1968.
HARRISON, John e LASLETT, Peter. *The Library of John Locke*. 2ª edição. Oxford, 1971 (1965).
HOBBES, Thomas. *De Cive*, ed. Warrender, H. Oxford, 1984 (1651).
HOOKER, Richard. *Works*, ed. Keble, 3 vols. Oxford, 1836 (1632 etc.).
HUNDERT, E. J. The Making of Homo Faber: John Locke Between Ideology and History, *Journal of the History of Ideas*, XXXIII, 1, 1972.
_____. Market Society and Meaning in Locke's Political Philosophy, *Journal of the History of Philosophy*, XV, 1977.
JOLLEY, N. Leibniz on Hobbes, Locke's *Two Treatises* and Sherlock's *Case of Allegiance*, *Historical Journal*, XVIII, 1, 1975.
KELLY, P. *The Economic Writings of John Locke*. Dissertação, University of Cambridge, 1969.
_____. Locke and Filmer: Was Laslett so Wrong After All? *The Locke Newsletter*, VIII, 1977.
KENDALL, Willmoore. John Locke and the Doctrine of Majority Rule, *Illinois Studies in the Social Sciences*, XXVI; 2, 1941.
KENYON, J. P. *Revolution Principles: The Politics of Party, 1689--1720*. Cambridge, 1977.
LASLETT, Peter. The English Revolution and Locke's *Two Treatises of Government*, *Cambridge Historical Journal*, XII, 1, 1956.
_____. John Locke, the Great Recoinage and the Board of Trade, 1695-1698. *In* Yolton, 1969 (1957).
_____. Market Society and Political Theory – Resenha de Macpherson, 1962. *Historical Journal*, VII, 1964.
_____. *The World We Have Lost...* 3ª edição, 1965 (1983).
_____. Ver Harrison, John, 1965.
LOCKE, John. *An Essay Concerning Human Understanding*, ed. Nidditch, P. Oxford, 1690 (1975).
_____. *The Educational Writings*, ed. Axtell, J. L. Cambridge, 1968.
_____. *The Economic Writings*, ver Kelly, P., 1969.

_____. *Epistola de Tolerantia*, ed. Klibansky, R. e Gough, J.W. Oxford, 1968.

MACLEAN, A. H. George Lawson and John Locke, *Cambridge Historical Journal*, IX, 1, 1947.

MACPHERSON, C. B. *The Political Theory of Possessive Individualism*. Oxford, 1962.

MENAKE, G. T. Research Note and Query on the Dating of Locke's *Two Treatises*, *Political Theory*, IX, 1981.

MENAKE, G. T. (...) a sequel, *Political Theory*, 1982.

MOLYNEUX, William. *The Case of Ireland's being Bound by Acts of Parliament in England*. Dublin, 1698 (1720).

NOZICK, R. *Anarchy, State, and Utopia*. Oxford, 1987.

RAU, Zbigniew. Some Thoughts on Civil Society in Eastern Europe and the Lockean Contractary Approach, *Political Studies*, XXXV, 1987.

SIDNEY, Algernon. Discourses Concerning Government. *In*: *The Works of Algernon Sydney, a New Edition* [editado por Joseph Robertson, publicado por Thomas Hollis], 1698 (1772).

SKINNER, Quentin. *The Foundations of Modern Political Thought*, 2 vols. Cambridge, 1978.

SNOW, Vernon, F. The Concept of Revolution in Seventeenth-century England, *Historical Journal*, v. 2, 1962.

STRAUSS, Leo. *Natural Right and History*. Chicago, 1953.

TARCOV, Nathan. *Locke's Education for Liberty*. Chicago, 1984.

TARLTON, Charles D. Rope of Sand: Interpreting Locke's *First Treatise of Government*, *Historical Journal*, XXI, 1, 1978.

_____. The Exclusion Controversy, Pamphleteering, and Locke's *Two Treatises*, *Historical Journal*, XXIV, 1, 1981.

THOMPSON, Martyn P. The Reception of Locke's *Two Treatises of Government*, *Political Studies*, XXIV, 2, 1976.

TUCK, Richard. *Natural Rights Theories: Their Origin and Development*. Cambridge, 1979.

TULLY, James. *A Discourse on Property: John Locke and his Adversaries*. Cambridge, 1980.

TYRRELL, James. *Patriarcha non Monarcha*, 1681.

_____. Whig Historian and Friend of John Locke, *Historical Journal*, XIX, 3, 1976.

VINER, Jacob. Possessive Individualism as Original Sin, *The Canadian Journal of Economics and Political Science*, III, 1963.

VON LEYDEN, Wolfgang. *John Locke, Essays on the Law of Nature*. Oxford, 1954.
WALDRON, Jeremy. Locke, Tully, and the Regulation of Property, *Political Studies*, XXXII, 1, 1984.
WARRENDER, J. *The Political Philosophy of Hobbes: His Theory of Obligation*. Oxford, 1957.
WESTERN, J. R. *Monarchy and Revolution: The English State in the 1680s*, 1972.
WOLIN, Sheldon. *Politics and Vision*. Boston, Massachussets, 1960.
WOOD, Neal. *The Politics of Locke's Philosophy: A Social Study of an Essay Concerning Human Understanding*. Califórnia, 1983.
_____. *John Locke and Agrarian Capitalism*. Califórnia, 1984.
YOLTON, J. W. *John Locke and the Way of Ideas*. Oxford, 1956.
_____. *John Locke: Problems and Perspectives*. Cambridge, 1969.

Bibliografia

(Todas as obras foram publicadas em Londres, salvo indicação em contrário.)

AARON, R. I., 1936. *An Early Draft of Locke's Essay, Together with Excerpts from his Journals* (com Gibb, J.). Oxford.
_____, 1937 (2ª edição, 1955). *John Locke*. Oxford.
AARSLEFF, Hans, 1969. *The State of Nature and the Nature of Man in Locke. In* Yolton,.
ABRAMS, P., 1961. *John Locke as a Conservative: An Edition of Locke's First Writings on Political Obligation*. Dissertação inédita realizada na Cambridge University Library. (A paginação do original em latim e o texto em inglês foram mantidos nessa versão.)
_____, 1967. P. *John Locke: Two Tracts on Government*. Cambridge.
ACOSTA, José de, 1608 (1880). *The Naturall and Morall Historie of the East and West Indies* [tradução de E. Grimstone]. Ed. Markham, C.R., 2 vols.
AINSWORTH, Henry, 1662 (1639). *Annotations upon the Five Books of Moses...*
ALBRITTON, R. R., 1976. The Politics of Locke's Philosophy, *Political Studies*, XXIV, 3.
ALLEN, J. W., 1928. Sir Robert Filmer. *In* Hearnshaw, F. J. C., editor, *Social and Political Ideas of the Augustean Age*.
_____, 1938. *English Political Thought, 1603-1660*, vol. 1, 1603--44.

ANGLIM, John, 1978. On Locke's State of Nature, *Political Studies*, XXVI, 1.
APPLEBY, Joyce O., 1976. Locke, Liberalism and the Natural Law of Money, *Past and Present*, LXXI.
_____, 1978. *Economic Thought and Ideology in Seventeenth Century England*. Princeton.
AQUINO, São Tomás de, 1624. *Summa Theologica*. Lyons.
ARENILLA, L., 1961. The Notion of Civil Disobedience According to Locke, *Diogenes*, XXXV.
ASHCRAFT, Richard, 1968. Locke's State of Nature: Historical Fact or Moral Fiction? *American Political Science Review* LXII.
_____, 1969 (i). Faith and Knowledge in Locke's Philosophy. *In* Yolton.
_____, 1969 (ii). John Locke's Library: Portrait of an Intellectual, *Transactions of the Cambridge Bibliographical Society*.
_____, 1972. John Locke Belimed: The Case for Political Philosophy, *Political Studies*, XX, 2.
_____, 1980. The Two Treatises and the Exclusion Crisis. *In* Pocock, J. G. A. e Ashcraft, R., editores, *John Locke*. Los Angeles.
_____, 1986. *Revolutionary Politics and Locke's Two Treatises of Government*. Princeton.
_____, 1987. *Locke's Two Treatises of Government*.
ASHCRAFT, R. e GOLDSMITH, M. M., 1983. Locke, Revolution Principles and the Formation of Whig Ideology, *Historical Journal*, XXVI, 4.
AXTELL, J. L., 1968. *The Educational Writings of John Locke*. Cambridge.
BAGSHAW, Edward, Junior, 1660. *The Great Question Concerning Things Indifferent in Religious Worship*.
BARBEYRAC, Jean, 1734. *Ver* Pufendorf, Samuel von.
BARCLAY, William, 1600 (1612). *De Regno et Regali Potestate*. Hanover.
_____, 1609 (1612). *De Potestate Papae*. Hanover.
BARKER, Sir Ernest, 1934. *Ver* Gierke, O. von.
BASNAGE DE BEAUVAL, Henri, 1691. Resenha de Du Gouvernement Civil (*Histoire des Ouvrages des Sçavans*, 457).
BASTIDE, CH., 1907. *John Locke, ses Théories Politiques et leur Influence en Angleterre*. Paris.

BATZ, William G., 1974. The Historical Anthropology of John Locke, *Journal of the History of Ideas*, XXXV, 4.
BAXTER, Richard, 1680. *The Second Part of the Nonconformist's Plea for Peace*.
BAYLE, Pierre, 1725-7. *Oeuvres Diverses*. 4 vols. Haia.
BECKER, Carl, 1922. *The Declaration of Independence*. Nova York.
BERLIN, Sir Isaiah, 1964. Hobbes, Locke and Professor Macpherson, *Political Quarterly*, XXXV.
BESUSSI, A., 1985. Studi Lockiani, *Teoria Politica*, I, 1.
BILSON, Thomas, 1585. *The True Difference Between Christian Subjection and Unchristian Rebellion*.
[BLACKBURNE, Francis], 1780. *Memoirs of Thomas Hollis*, Esq.
BLUHM, W. T, WINTFELD, N. e TEGER, S., 1980. Locke's Idea of God: Rational Truth or Political Myth?, *The Journal of Politics*, XLII, 2.
BODIN, Jean, 1566 (1945). *Methodus and Facilem Historiarum Cognitionem* [Method for the Easy Comprehension of History, traduzido e editado por Reynolds, B.]. Nova York.
_____, 1576 (1606). *Les Six Livres de la République* [The Six Bookes of a Commonweale, tradução de Knolles, Richard].
BOHUN, Edward, 1684. *A Defence of Sir Robert Filmer, Against Algernon Sidney*.
_____, 1685. Edição de *Patriarcha*, *ver* Filmer, Sir Robert.
_____, 1853. *Diary and Autobiography*. Beccles.
BOWERS, Fredson, 1953. *The Dramatic Works of Thomas Dekker*, vol. 1, Cambridge.
_____, 1954 (ii). Com Gerritsen e Laslett, *ver* Laslett.
BRACTON, 1569, 1649, etc. *De Legibus et Consuetudinibus Angliae*.
BRANDT, R., 1981, editor. *John Locke Symposium*. Wolfenbüttel.
BRENNAN, Theresa e PATEMAN, C., 1979. "Mere Auxiliaries to the Commonwealth"; Women and the Origins of Liberalism, *Political Studies*, XVII, 2.
BROGAN, R. P., 1959. John Locke and Utilitarianism, *Ethics*, LXVIII, 1.
BROWN, L. F., 1933. *The First Earl of Shaftesbury*. Nova York.
BUCKINGHAM, George Villiers, 2º Duque de. *The Rehearsal*.
BURNET, Gilbert, 1724, 1734. *History of His Own Time*. 2 vols.

BUTLER, M. A., 1978. Early Liberal Roots of Feminism: John Locke and the Attack on Patriarchy, *American Political Science Review*, LXXII, 2.

CARDAN, Jerome, 1640 (1663). Encomium Neronis. *In Opera*. Leyden.

CARY, John, 1698. *A Vindication of the Parliament of England in Answer to W. Molyneux*.

CASINELLI, W., 1959. The Consent of the Governed, *Western Political Quarterly*, XII.

CHAMBERLAYNE, Edward, 1700. *Anglia Notilia, or The Present State of England...* 19ª edição.

CHERNO, M., 1957. Locke on Property, *Ethics*.

CHRISTIE, W. D., 1871. *A Life of... [the] First Earl of Shaftesbury*, 2 vols..

CHRISTOPHERSON, H. O. *A Bibliographical Introduction to John Locke*, Skriffter utgitt av der Norske Videnskaps-Akademi, Oslo, II, Hist. Filos. Klasse, 1930, nº 8, Oslo.

CLARENDON, 1676. Edward Hyde, 1º Conde de. *A Brief View... Mr Hobbes Book Entitled Leviathan*. Oxford.

CLARK, J. C. D., 1985. *English Society, 1688-1832*. Cambridge.

_____, 1986. *Revolution and Rebellion: State and Society in England in the Seventeenth and Eighteenth Centuries*. Cambridge.

CLARK, L. M. G., 1977. Woman and John Locke, or Who Owns the Apples in the Garden of Eden? *Canadian Journal of Philosophy*, VII, 4.

CLEMENT, Simon, 1698. *An Answer to Mr Molyneux, his Case of Ireland*.

COHEN, J., 1986. Structure, Choice and Legitimacy: Locke's Theory of the State, *Philosophy and Public Affairs*.

COLELLA, E. P., 1984. The Commodity Form and Socialization in Locke's State of Nature, *International Studies in Philosophy*, XXVI.

COLIE, Rosalie, 1955-6. Publicação da carta de Lady Masham para Jean Le Clerc de 12 de janeiro de 1705. *History of Ideas News Letter* (mimeografada), vols. I e II, Nova York.

_____, 1965. The Social Language of John Locke, *Journal of British Studies*, IV, 2.

_____, 1966. John Locke and the Publication of the Private, *Philological Quarterly*, XLV.
COLMAN, John, 1983. *John Locke's Moral Philosophy*. Edimburgo.
COSTA Y MARTINEZ Joaquin, 1898. *Colectivismo Agrario en España*. Madri.
COX, Richard H., 1960. *Locke on War and Peace*. Oxford.
CRANSTON, Maurice, 1957. *John Locke, a Biography*.
CUMBERLAND, Richard, 1672. *De Legibus Nature Disquistio Philosophica*.
CVEK, P. P., 1984. Locke's Theory of Property: A Re-examination, *Auslegung*, XI.
CZAJOWSKI, C. J., 1941 *The Theory of Private Property in Locke's Political Philosophy*. Notre Dame, Indiana, EUA.
DALY, James, 1979. *Sir Robert Filmer and the English Political Thought*. Toronto.
DAY, J. P., 1966. Locke on Property, *Philosophical Quarterly*, XVI, 64.
DE BEER, Esmond, 1969. *Locke and English Liberalism: The Second Treatise of Government in Its Contemporary Setting. In* Yolton.
_____, 1976-82. *The Correspondence of John Locke*. Oxford.
DE MARCHI, E., 1953. Le Origine Dell'idea Della Toleranza Religiosa nel Locke, *Occidente*, IX, 6.
_____, 1955. Locke's Atlantis, *Political Studies*, III, 2.
DE ROCHEFORT, Cesar, 1658. *Histoire Naturelle et Morale des Isles Antilles*. Roterdã. (Também atribuído a DE POINCY, L. e DU TERTRE, J. B.)
DEWHURST, Kenneth, 1963. *John Locke, Physician and Philosopher. A Medical Biography*.
DICKINSON, H. T., 1977. *Liberty and Property: Political Ideology in Eighteenth Century Britain*.
DRIVER, C. H., 1928. John Locke. *In* Hearnshaw, F. J. C., editor, *Social and Political ideas of the Augustean Age*.
DRURY, S. B., 1980. Natural Law and Innate Ideas, *Dialogue*, XIX, 4.
_____, 1982. Locke and Nozick on Property, *Political Studies*, XXX, 1.
DUNN, John, 1967 (i). Consent in the Political Theory of John Locke, *Historical Journal*, X, 3.

_____, 1968. Justice and the Interpretation of Locke's Political Theory, *Political Studies*, XVI.

_____, 1969 (i). *The Political Thought of John Locke*. Cambridge.

_____, 1969 (ii). The Politics of Locke in England and America in the Eighteenth Century. *In* Yolton.

_____. 1980. *Political Obligation in its Historical Context, Essays in Political Theory*. Cambridge.

_____, 1981. Individuality and Clientage in the Formation of Locke's Social Imagination. *In* Brandt.

_____, 1984 (i). *John Locke*. Oxford.

_____, 1984 (ii). The Concept of Trust in the Politics of John Locke. *In* Rorty, R. *et. al.*, editores, *Philosophy in History*. Cambridge.

EDWARDS, Stewart, 1969. Political Philosophy Belimed: The Case of Locke, *Political Studies*, XVII.

ELRINGTON, Thomas, 1798. Edição anotada do *Second Treatise*.

ENSAIO, 1705. [Anônimo] *An Essay upon Government, wherein the Republican Schemes Revived by Mr Locke, Dr Blackal etc are Fully Considered and Refuted*.

EUCHNER, Walter, 1962. Zum Streit und die Interpretation der politischen Philosophie John Lockes. *Politische Vierteljahrschrift*, III, 3. Colônia.

_____, 1979. *Naturrecht und Politik bei John Locke*. Frankfurt.

EZELL, Margaret, 1987. *The Patriarch's Wife*. Chapel Hill.

FAGIANI, F., 1983. *Nel Crepusculo Della Probabilità: Ragione ed Esperienza nella Filosofia Sociale di John Locke*. Nápoles.

FARR, J. e ROBERTS, C., 1983. John Locke on the Glorious Revolution, a Rediscovered Document, *Historical Journal*, XXVIII, 2.

FERGUSON, Robert, 1681. *A Just and Modest Vindication of the Two Last Parliaments*.

_____, 1684. *A Enquiry into the Administration of Affairs in England*.

_____, 1688. *A Brief Justification of the Prince of Orange's Descent into England*.

_____, 1688. *A Representation of the Threatening Dangers*.

FILMER, Sir Robert, 1653 (1679, 1680). Advertência. *An Advertisement to the Jurymen of England Concerning Witches*.

_____, 1648 (1679, 1680, 1949). Anarquia. *The Anarchy of a Limited or Mixed Monarchy.*
_____, Coletâneas:
1679. *The Freeholders Grand Inquest.*
1680. *The Freeholders Grand Inquest.*
1684. *The Freeholders Grand Inquest.*
1696. *Observations Concerning the Original and Various Forms of Government* [reimpressão da edição de 1684].
1949. *Ver* Laslett, 1949.
(*Ver* Laslett, 1949, 47-8. Concise Bibliography of the Works of Sir Robert Filmer.)
_____, 1652 (1679, 1680, 1949). Formas. *Observations upon Aristotles Politiques Touching Forms of Government.*
_____, 1652 (1679, 1680, 1949). Instruções. *Directions for Obedience to Governors.*
_____, 1648 (1680, 1949). Necessidade. *The Necessity of the Absolute Power of All Kings.*
_____, 1652 (1679, 1680, 1949) Origem. *Observations Concerning the Original Government upon Mr Hobs* Leviathan, *Mr Milton against Salmasius, H. Grotius* De Jure Belli.
_____, Patriarcha:
1680. *Patriarcha, or the Natural Power of Kings.*
1685 (1959). [Ed. Bohun, Edmund].
_____, 1648 (1679, 1680, 1949). Propriedade Aboluta. *The Freeholders Grand Inquest.*
FITZHUGH, George, 1960. *Cannibals All! or Slaves Without Masters* (1857), ed. C. Vann Woodward, Harvard.
FORTESCURE, 1616, etc. Sir John. *De Laudibus Legum Angliae.*
FOWLER, Thomas, 1880. *Locke* (English Men of Letters).
FOX BOURNE, H. R., 1876. *The Life of John Locke*, 2 vols..
FRANKLIN, Julian H., 1978. *John Locke and the Theory of Sovereignty.* Cambridge.
FURLEY, O. W., 1957. The Whig Exclusionists: Pamphlet Literature 1679-81, *Cambridge Historical Journal*, XIII, 1.
FURLEY, Benjamin, 1714. *Bibliotheca Furleiana... Catalogus Librorum B. Furly.* Roterdã.
GARCILASO DE LA VEGA, 1633. *Le Commentaire Royale, ou L'Histoire des Yncas, Roys du Peru...* traduitte sur la version espagnolle par I. Baudouin. Paris.

_____, 1670 *Histoire de la Florida, ou Relation de ce que s'est passé au Voyage de Ferdinand de Soto.* Paris.
GAROTTI L. R., 1961. *Locke e i Suoi Problemi.* Urbino.
GEE, Edward, 1658. *Divine Right and Original of the Civil Magistrate.*
GERRITSEN, Johan, 1954. Ver Laslett, 1954 (ii).
GETTEL, R. R., 1970. *History of Political Thought*, ed. L. C. Wanlass.
GIERKE, Otto von, 1934. *Natural Law and the Theory of Society.* Traduzido e editado por Barker, Sir Ernest. 2 vols. Cambridge.
GOLDIE, Mark, 1977. Edmund Bohun and *ius gentium* in the revolution debate, 1689-83, *Historical Journal*, XX, 3.
_____, 1980. The Revolution of 1689 and the Structure of Political Argument, *Bulletin of Research in the Humanities*, 83.
_____, 1983. John Locke and Anglican Royalism, *Political Studies*, XXXI, 1.
GOLDWIN, R. A., 1963. John Locke. *In* Strauss, L. e Cropsey, J., editores, *History of Political Philosophy.* Chicago.
GOUGH, J. W., 1973 (1950). *John Locke's Political Philosophy. Eight Studies.* 2ª ed. Oxford.
_____, 1976. James Tyrrell, "Whig historian and friend of John Locke", *Historical Journal*, XIX, 3.
GREEN, T. H., 1895 (1931). *Lectures on the Principles of Political Obligation.*
GREENLEAF, W. H., 1966. Filmer's Patriarchal History, *Historical Journal*, IX, 2.
GRÓCIO, Hugo, 1625 (1712). *De Jure Belli ac Pacis, Libri tres... Editio Novissima.* Amsterdã.
GWYN, W. B., 1965. The Meaning of the Separation of Powers. An Analysis of the Doctrine from its Origins to the Adoption of the United States Constitution. *Tulane Studies in Political Science.* IX.
HALEY, K. H. D., 1968. *The First Earl of Shaftesbury.* Oxford.
HALL, R. e WOOLHOUSE, R., 1983. *Eighty Years of Locke Scholarship: A Bibliographical Guide.* Edimburgo.
HAMPSHIRE-MONK, I., 1978 *Resistance and Economy*, Dr. Anglim's Locke, *Political Studies*, XXVI.
HARRISON, John e LASLETT, Peter, 1971 (1965). *The Library of John Locke.* Oxford. (Segunda edição de uma obra publicada em 1965

pela *Oxford Bibliographical Society*, New Series, volume XIII. Oxford.)

HINTON, R. W. K., 1968. Husbands, Fathers and Conquerors. Patriarchalism in Hobbes and Locke, *Political Studies*, XVI, 1.

____, 1974. A Note on the Dating of Locke's Second Treatise, *Political Studies*, XXII, 4.

____, 1977. On Recovering the Original of the Second Treatise, *The Locke Newsletter*, VIII.

HOBBES, Thomas, (1904). *Leviatã*. [Reimpressão em fac-símile, ed. Waller, A. R., Cambridge, 1651.]

____, 1647 (1651). *De Cive. In* Molesworth, W., *English Works*, vol. II.

____, (1651). *De Cive*, ed. Warrender, H. Oxford, 1984.

HOLLIS, Thomas. *Ver* BLACKBURNE, Francis.

HOOKER, Richard, 1632. *Of the Lawes of Ecclesiasticall Politie.*

____, 1666. *The Works of Mr. R. Hooker.*

____, 1836 (1632, etc.) *Works*, nova edição de Keble, 3 vols. Oxford.

HUNDERT, E. J., 1972. The Making of Homo Faber: John Locke Between Ideology and History, *Journal of the History of Ideas*, XXXIII, 1.

____, 1977. Market Society and Meaning in Locke's Political Philosophy, *Journal of the History of Philosophy*, XV.

HUNTON, Philip, 1643. *A Treatise of Monarchie.*

JAIME I. *Ver* McIlwain, C. H.

JENKINS, J. J. 1967. Locke and Natural Rights, *Philosophy*.

JOHNSON, Mervyn S., 1978. *Locke on Freedom, an Incisive Study of the Thought of John Locke.* Austin.

JOHNSTON, Mrs C. M. (*née* Ware), 1954. A Note on an Early Draft of Locke's, *Essay, Mind*, nº 250.

____, (*née* Ware), 1956. Tese inédita para D. Phil., Bibliography of Locke's Philosophical Works, Bodleian Library, Oxford.

JOLLEY, N., 1972. Leibniz's critique of Locke. Dissertação de PhD, Cambridge.

____, 1975. Leibniz on Hobbes, Locke's *Two Treatises* and Sherlock's *Case of Allegiance*, *Historical Journal*, XVIII, I.

JOLLEY, N., 1984. *Leibniz and Locke: A Study of the New Essays on Human Understanding*. Oxford.

JONES, J. R., 1961. *The First Whigs: The Politics of the Exclusion Crisis, 1678-1683*.

_____, 1978. *Country and Court: England 1658-1714*. Harvard.

JURIEU, Pierre, 1689. *Lettres Pastorales, Adressées aux Fidèles de France qui Gémissent sous la Captivité de Babylone*. Amsterdam.

JUSTINUS, 1543. *Ex Trogi Pompei, historiis, libri XXXIIII*. Paris.

KELLY, P., 1969. The economic writings of John Locke. Dissertação, University of Cambridge.

_____, 1977. Locke and Filmer: was Laslett so wrong after all?, *The Locke Newsletter*, VIII.

KENDALL, Willmoore, 1941. John Locke and the doctrine of majorityrule, *Illinois Studies in the Social Sciences*, XXVI, 2, Urbana, Ill., EUA.

_____, 1966. John Locke Revisited, *The Intercollegiate Review*, II, 4, pp. 217-34.

KENYON, J. P., 1974. The Revolution of 1688, resistance and contract. In McKendrick, N., ed., *Historical Perspectives, in Honour of J. H. Plumb*.

_____, 1977, *Revolution Principles: The Politics of Party 1689-1720*. Cambridge.

KING, Peter (7th Lord King), 1829 (1830). *The Life of John Locke, with Extracts from his Correspondence, Journals and Commonplace Books*. 1830 ed., 2 vols.

KLIBANSKY, R. e GOUGH, J. W., 1968. *John Locke, Epistola de Tolerantia*. Oxford.

KNOX, Robert, 1681. *An Historical Relation of the Island of Ceylon*.

LAMPRECHT, S. P., 1918. *The Moral and Political Philosophy of John Locke* (Archives of Philosophy, nº II). Nova York.

LARKIN, P., 1930. *Property in the 18th Century, with Special Reference to England and Locke*. Cork.

LASLETT, Peter, 1948 (i). The Gentry of Kent in 1640, *Cambridge Historical Journal*, IX, 2.

_____, 1948 (ii). Sir Robert Filmer, *William and mary Quarterly*, 3ª sér. V, 4, outubro.

_____, 1949. Patriarcha *and other Political Works of Sir Robert Filmer* (Blackwell's Political Texts). Oxford.

_____, 1952 (i). Locke and the first Earl of Shaftesbury, *Mind*, nº 241, janeiro.
_____, 1952 (ii). Carta em *Times Literary Supplement*, julho.
_____, 1952 (iii). Lord Masham's Library at Otes. Carta em *Times Literary Supllement*, agosto.
_____, 1952 (iv). The 1690 Edition of Locke's *Two Treatises of Government*, Transactions of the Cambridge Bibliographical Society, I, 4.
_____, 1954 (i). Masham of Otes. *In* Quennell, P. ed., *Diversions of History*[1].
_____, 1954 (ii). Further Observations on Locke's *Two Treatises of Government*, 1690. With Bowers, Fredson, and Gerritsen, Johan, *Transactions of the Cambridge Bibliographical Society*, II, I.
_____, 1956. The English Revolution and Locke's *Two Treatises of Government*, *Cambridge Historical Journal*, XII, I.
_____, 1957 (i). John Locke, the Great Recoinage and the Board of Trade, 1695-1698, *William and Mary Quarterly*, 3ª sér. XIV, 3, julho. [*Ver* Laslett, 1969.]
_____, 1957 (ii). The Library of John Locke. With Harrison, J. R. *Times Literary Supplement*, dezembro.
_____, 1964. *Market Society and Political Theory* Review of Macpherson, 1962. *Historical Journal* VII.
_____, 1983. (1965). *The World we have lost, English Society before and after the Coming of Industry*.
_____, 1965. *Ver* Harrison, John.
_____, 1969. [Republicação com algumas correxões de Laslett, 1957 (i). *In* Yolton, 1969.]
_____, 1977. The Conversation Between the Generations. *In* Laslett, P. e Fishkin, J. eds., *Philosophy, Politics and Society*, 5ª série.
LAWRENCE, William, 1680, 1681. *Marriage by the Moral Law of God Vindicated*. [Publicado em duas partes nestes anos (a segunda intitulada *The Right of Primogeniture in Succession to the Kingdoms of England and Scotland*), mas em uma obra.]

---

1. Reimpresso da *History Today*, III, 8, ago. 1953.

LAWSON, George, 1657. *An Examination of the Political Part of Mr Hobbs his* Leviathan.
_____, 1660 (1689). *Politica Sacra et Civilis*.
LE CLERC, Jean, 1686. [Editor] *La Bibliothèque Universelle*, Amsterdam, Wolfgang.
_____, 1705. Eloge du Feu Mr Locke. *Bibliothèque Choisie*, VI, V.
LEITES, E., 1981. Locke's liberal Theory of Parenthood. *In* Brandt, 1981.
LERY, Jean de, 1578. *Histoire d'un Voyage fait en la Terre du Bresil*. La Rochelle.
[LESLIE, Charles,] 1698. *Considerations of Importance to Mr Molyneux's late Book*.
LETWIN, William, 1963. *The Origins of Scientific Economics: English Economic Thought 1660-1776*.
LEWIS, H. D., 1940. Is there a Social Contract? *Philosophy*.
LOCKE, John
  Collected Works
    1714. 3 vols., Fo. 1801. 10 vols., 8 vo.
    1720. *A Collection of Several Pieces of Mr. John Locke*, publicada pelo sr. Desmaiseaux sob a direção de Anthony Collins.
  Individual Works, Separate Publications
    Essay (1690)
    1706. 5ª edição, Fo.
    1894. (Ed. Fraser, A. C., 2 vols.) Oxford.
    1961. *Everyman Edition*, por Yolton, J. W.
    1975. (ed. Nidditch, P.) Oxford.
  Two Treatises (1690)
  Toleration
    Epistola de Tolerantia (1689) 1968 (ed. Klibansky, R. and Gough, J. W.) Oxford.
    Education (1693)
    1968. Critical edition, *ver* Axtell, J. L.
  Economic Writings
    1969. Critical edition, *ver* Kelly, P.
  Todas as outras obras publicadas foram citadas de edições reunidas.
    (*Ver* Aaron, Abrams, Rand, Von Leyden, para obras publicadas de manuscrito.)

LONG, P., 1959. A Summary Catalogue of the Lovelace Collection of the Papers of John Locke in the Bodleian Library, *Oxford Bibliographical Society*, novas séries, VIII.

LUTHER, Martin, 1520 (1888). Sermon von den guten Werken. In *Werke*, VI. Weimar.

MABBOT, J. D., 1948. *The State and the Citizen*.

MACE, George., 1979. *Locke, Hobbes, and the Federalist Papers: An Essay on the Genesis of the American Political Heritage*. Illinois.

MCILWAIN, C. H., 1918. *The Political Works of James I*. Cambridge, Mass., EUA.

_____, 1935 (1939). A Forgotten Worthy: Philip Hunton. Reimpresso em *Constitutional and the Changing World*. Cambridge.

MCKERROW, R. B., 1939. *Prolegomena for the Oxford Shakespeare: A Study in Editorial Method*. Oxford.

MACLEAN, A. H., 1947 (i). Dissertação de PhD. não publicada sobre Locke como escritor político, Cambridge University Library.

_____, 1947 (ii). George Lawson and John Locke, *Cambridge Historical Journal*, IX, I.

MACPHERSON, C. B., 1951. Locke on Capitalist Appropriation, *Western Political Quarterly*, IV, 4.

_____, 1954. The Social Bearing of Locke's Political Theory, *Western Political Quarterly*, VII, I.

_____, 1962. *The Political Theory of Possessive Individualism*. Oxford.

_____, 1967. Natural Rights in Hobbes and Locke. *Political Theory and the Rights of Man*, ed. Raphael, D. D.

MANWARING (ou MAYNWARING), Roger, 1627. *Religion and Allegiance in Two Sermons*.

MARINI, F., 1969. John Locke and the Revision of Classical Liberalism, *Western Political Quarterly*, XXVII.

MARVELL, Andrew, 1672. *The Rehearsal Transposed*.

MASHAM, Damaris, 1705 (1955-6). Letter to Jean le Clerc on Locke's Life, University of Amsterdam MSS. J. 57[a] (*ver* Colie, Rosalic, para publicação).

MEDICK, H., 1973. *Naturzustand und Naturgeschichte der bürgerliche Gesellschaft. Die Ursprung der bürgerliche Sozialtheorie als Geschichtsphilosophie und Sozialwissenschaft bei Samuel Pufendorf, John Locke und Adam Smith*. Göttingen.

MENAKE, G. T., 1981. Research note and query on the daring of Locke's *Two Treatises, Political Theory*, IX.

MENAKE, G. T., 1982.... a sequel, *Political Theory*, X.

MILAM, Max, 1967. The Epistemological Basis of Locke's Idea of Property, *Western Political Quarterly* XXI.

MIRROR, The, 1642. *Mirroir des Justices* [? by Horne, Andrew].

MOLYNEUX, William, 1698 (1720). *The Case of Ireland's being Bound by Acts of Parliament in England*. Dublin (1720 ed. Londres).

MONSON, C. H., 1958. Locke and his Interpreters, *Political Studies*, VI, 2.

MORE, Sir THOMAS, 1663. *Utopiae Libri Duo*. Oxford.

MOULDS, H., 1961. John Locke's Four Freedoms, *Ethics*, LXXI, 2.

____, John Locke and Rugged Individualism. *American Journal of Economics and Sociology*, XXIV.

MOYLE, Walter, 1698 (1727). An Essay on the Lacedaemonian Government Addressed to Anthony Hammond, Esq. *In The Whole Works of Walter Moyle, Esq.* [editado por] Anthony Hammond, Esq. 1727. (*Ver* Robbins, 1968).

MURRAY, J. G., 1969. A Paradox in Locke's Theory of Natural Rights, *Dialogue*, VIII.

NELSON, J., 1978. Unlocking Locke's *Legacy*: a Comment, *Political Studies*.

NOZICK, R., 1974. *Anarchy, State and Utopia*. Oxford.

OGG, David, 1934 (2ª ed. 1955). *England in the Reign of Charles II*. 2 vols. Oxford.

OLIVECRONA, Karl, 1974 (i). Locke on the origin of property, *Journal of the History of Ideas*, XXXV, 2.

____, 1974 (ii). Locke's theory of appropriation, *Philosophical Quarterly*, XXIV e XCVI.

____, 1975 (i). An insertion in para. 25 of the Second Treatise of Government?, *The Locke Newsletter*, VI.

____, 1975 (ii). The term "property" in Locke's Two Treatises of Government, *Archiv für Rechts-und Sozialphilosophie*, LXI.

____, 1976. A note on Locke and Filmer, *The Locke Newsletter*, VII.

OSLER, Sir William, 1914. [Editor da carta de Locke para Thomas Herbert, 8º conde de Pembroke, com comentário sobre Locke's cure of the Ist Earl of Shaftesbury, *Oxford Magazine*, 1914, março.]

OXFORD UNIVERSITY, Judgment of, 1683 (1812). The Judgment of the University of Oxford ... against Certain Pernicious Books and Damnable Doctrines. *In Somers Tracts*, 2ª edição por Walter Scott, VIII.

PAREYSON, L., 1948. [Edição crítica de *Two Treatises* em italiano].

PARKER, Samuel, 1670. *A Discourse of Ecclesiastical Politie.*

PARRY, Clive, 1954. British Nationality Law and the History of Naturalization. Milan. *Communicazione e Studi* of the Institute of International Law in the University of Milan.

PARRY, Geraint, 1964. Individuality, Politics and the Critique of Paternalism in John Locke, *Political Studies.*

_____, 1978. *John Locke.*

PEMBROKE, Thomas Herbert, 8º Conde de, 1683. Carta a Locke de 3 de dezembro. *Ver* Osler, Sir William.

PETTY, Sir WILLIAM, 1662. *A Treatise of Taxes and Contributions.*

PIETRANEA, Giulio, 1957. Le teoria del valore di Locke e di Petty, *Societá.*

PITKIN, Hanna, 1965, 1966. Obligation and Consent, *American Political Science Review.*

PLAMENATZ, J. P., 1936. *Consent, Freedom and Political Obligation*, Oxford.

_____, 1963. *Man and Society*, Vol. I, cap. 6.

POCOCK, J. G. A., 1957. *The Ancient Constitution and the Feudal Law.* Cambridge.

_____, 1986. The Myth of John Locke and the Obsession with Liberalism. *In* Pocock, J. G. A. e Ashcraft, R., eds., *John Locke.* Los Angeles.

POLIN, Raymond, 1960. *La Politique Morale de John Locke.* Paris.

_____, 1963. Justice in Locke's Philosophy. *In* Friedrich, C. H. e Chapman, J. W. eds. *Nomos VI Justice*, Nova York.

_____, 1969. *John Locke's Conception of Freedom. In*: Yolton, 1969.

POLLOCK, Sir Frederick, 1890 etc. *Introduction to the History of the Science of Politics.*

_____, 1904. Locke's Theory of the State, *Proceedings of the British Academy*, I.

POOLE, Ross, 1980. Locke and the Bourgeois State, *Political Studies*, XXVIII, 2.

POST, D. M., 1986. Jeffersonian Revisions of Locke; Education, Property-Rights, and Liberty, *Journal of the History of Ideas*.

PRIDEAUX, Humphrey, 1875. *Letters ... to John Ellis*, ed. Thompson, E. M. (Camden Society).

Proposals humbly offered to the Lords and Commons in the Present Convention, *State Tracts*, 1693, Vol. II, pp. 455-7.

PUFENDORF, Samuel Von, 1660 (1672). *Elementa, Elementorum Jurisprudentia Universalis Libri Duo*. (1672 editio novissima, Cambridge.)

_____, 1672. *De Jure Naturae et Gentium Libri Octo*. Lund.

_____, 1688 (1934). *De Jure Naturale et Gentium Libri Octo*. Edição inglesa e latina, 2 vols., tr. C. H. Oldfather e W. A. Oldfather. Oxford.

_____, 1706 (1734). *Le Droit de la Naturae et des Gens ...*, par le baron de Pufendorf, traduit du Latin avec des notes par Jean Barbeyrac (5ª ed., 2 vols., Amsterdã).

RAND, Benjamin, 1927. *The Correspondence of John Locke and Edward Clarke*. Oxford.

_____, 1931. *An Essay Concerning the Understanding, Knowledge, Opinion and Assent*. Cambridge, Mass., EUA (Rascunho B do Ensaio de Locke.)

RAU, Zbigniew, 1987. Some Thoughts on Civil Society in Eastern Europe and the Lockean Contractarian Approach, *Political Studies*, XXXV.

RILEY, Patrick, 1974. On Finding an Equilibrium Between Consent and Natural Law in Locke's Political Philosophy, *Political Studies*, XXII.

ROBBINS, Caroline, 1950. Thomas Hollis. *The William and Mary Quarterly*.

_____, 1968. *Two English Republican Tracts*. [Nevile, Plato Redivivus; Moyle, Roman Government.] Cambridge.

RONALDS, Francis, S. 1937. *The Attempted Whig Revolution of 1678-1681*. Illinois Studies in Social Studies.

RUSSELL, Paul, 1986. Locke on Express and Tacit Consent: Misinterpretations and Inconsistencies, *Political Theory*, XIV, 2.

RYAN, Alan, 1965. Locke and the Dictatorship of the Bourgeoisie, *Political Studies*.
SABINE, George, H., 1961. *A History of Political Theory*. Nova York.
SADLER, John, 1649 (1682). *Rights of the Kingdom*.
SAGARD, Gabriel, 1636. *Histoire du Canada*. Paris.
____, 1632. *Le Grand Voyage du Pays des Hurons*. Paris.
SALMON, J. H. M. 1959. *The French Religious Wars in English Political Thought*. Oxford.
____, 1982. An Alternative Theory of Popular Resistance: Buchanan, Rossaeus and Locke. *In: Diritto es Potere nella Storia Europea*. Florença.
SANDERSON, Robert, 1660 (1696). *De Obligatione Conscientiae Praelectiones Decem*.
SCHLATTER, R. B. 1951. *Private Property: The History of an Idea*.
____, 1957. *Richard Baxter and Puritan Politics*. New Brunswick, N. J., EUA.
SCHOCHETT, G. J., 1966. The Patriarchal Content of Stuart Political Thought. Dissertação de PhD não publicada, University of Minnesota.
____, 1969. *The Family and the Origins of the State in Locke's Political Philosophy*. *In* Yolton, 1969.
____, ed. 1971. *Life, Liberty and Property: Essays on Locke's Political Ideas*. Belmont, Califórnia.
____, 1975. *Patriarchalism in Political Thought*. Oxford.
SELDEN, John, 1635 (1652). *Mare Clausum, Seu de Dominio Maris Libri Duo* (tr. Nedham, Marchamont, 1652).
SELIGER, M., 1963 (i). Locke's Theory of Revolutionary Action, *Western Political Quarterly*.
____, 1963 (ii). Locke's Natural Law, *Journal of the History of Ideas*.
____, 1968. *The Liberal Politics of John Locke*.
____, 1969. *Locke, Liberalism and Nationalism*. *In*: Yolton, 1969.
Shaftesbury, Papéis de. Repartição de Registro Público: Número de classe antigo 6D 24, número de classe atual P.R.O. 30. (São feitas referências a P.R.O. 30, número do pacote em romano, número do item em arábico.)
SHAFTESBURY, Anthony Ashley Cooper, Ist Earl of, 1689 (1812). Some Observations Concerning the Regulation of Elections for

Parliament, encontrado entre os papéis do conde de Shaftesbury. In: *Somers Tracts*, 2ª ed. por Walter Scott, 396-402. (Nenhuma indicação de autoria de Shaftesbury.)

_____, 3º Conde de, 1705 (1851). Letter of February 1705, to Jean Le Clerc, *Notes and Queries*, 1st ser. 1851, 1.

SHANLEY, M. L., 1979. Marriage Contract and Social Contract in Seventeenth Century English Political Thought, *The Western Political Quarterly*, XXXII, I.

SHIMOKAWA, Kiyoshi, 1986. A Critique of Laslett's Treatment of the *Two Treatises*, *The Locke Newsletter*, XVI.

SIBTHORPE (or SYBTHORPE), Robert, 1627. *Apostolike Obedience Shewing the Duty of Subjects ... Sermon*.

SIDNEY, Algernon, 1698 (1772). *Discourses Concerning Government*. In: *The Works of Algernon Sydney, a New Edition* [ed. by Joseph Robertson, pub. por Thomas Hollis], 1772.

SIMON, W. M., 1951. John Locke, Philosophy and Political Theory, *American Political Science Review*, XLV, 2, junho.

SINGH, R., 1961. John Locke and the Theory of Natural Law, *Political Studies*, IX, 2.

SKINNER, Quentin, 1965 (i). Hobbes on Sovereignty: An unknown discussion, *Political Studies*, XIII, 2.

_____, 1965 (ii). History and Ideology in the English Revolution, *Historical Journal*, VIII, 2.

_____, 1966 (i). The Ideological Context of Hobbes's Political Thought, *Historical Journal*, IX, 3.

_____, 1966 (ii). Thomas Hobbes and His Disciples in France and England, *Comparative Studies in Society and History*, VIII, 2.

_____, 1978. *The Foundations of Modern Political Thought*, 2 vols., Cambridge.

SMITH, Constance, J., 1963. Filmer and the Knolles Translation of Bodin, *Philosophical Quarterly*, XIII.

SMITH, John, 1616. *Description of New England*.

SMYRNIADES, L., 1921. *Les Doctrines de Hobbes, Locke et Kant sur le Droit de l'Insurrection*. Paris.

SNOW, Vernon F., 1962. The Concept of Revolution in Seventeenth-century England, *Historical Journal*, V, 2.

SYNDER, D. C., 1986. Locke on Natural Law and Property Rights, *Canadian Journal of Philosophy*, XVI.

SOMERS, John (Lord Somers), 1701. *Jura Populi Anglicani, or The Subject's Right of Petitioning*.

STATE TRACTS, 1692. *State Tracts, being a Farther Collection of Several Choice Treatises Relating to the Government 1660--1689*.

STEPHEN, Sir JAMES FITZJAMES, 1892. *Horae Sabbaticae*, 2ª sér. (Artigos reimpressos de *The Saturday Review*).

STEPHEN, Sir LESLIE, 1876 (1902). *History of English Thought in the Eighteenth Century*, 2 vols. (3ª ed. 1902).

STILLINGFLEET, Edward, 1681. *The Unreasonableness of Separation*.

STRAKA, G. M., 1962. The Final Phase of Divine Right Theory in England, 1688-1702, *English Historical Review*, LXXVII.

_____, 1962. *Anglican Reaction to the Revolution of 1688*. Madison.

STRAUSS, Leo, 1953. *Natural Right and History*. Chicago. (202-51 on Locke.)

STUBBE, Henry, 1659. *An Essay in Defence of the Good Old Cause*.

_____, 1659. *A Light Shining Out of Darkness*.

TARCOV, Nathan, 1984. *Locke's Education for Liberty*. Chicago.

TARLTON, Charles D., 1978. Rpe of Sand: Interpreting Locke's *First Treatise of Government, Historical Journal*, XXI, I.

_____, 1981. The Exclusion Controversy, Pamphleteering, and Locke's *Two Treatises, Historical Journal*, XXIV, I.

_____, 1985. The Rulers Now on Earth: Locke's Two Treatises and the Revolution of 1688, *Historical Journal*, XXVIII.

TEMPLE, Sir William, 1680 (1757). *An Essay upon the Original and Nature of Government*. (Publicado em *Miscellanea*, 1680: no vol. I de *Works* (4 vols.), 1757.)

TENISON, Thomas, 1670. *The Creed of Mr Hobbes Examined*.

TERRY, Edward, 1655. *A Voyage to East-India*.

THOMPSON, Martyn P., 1976 (i). The Reception of Locke's *Two Treatises of Government, Political Studies*, XXIV, 2.

_____, 1976 (ii). On Dating Chapter XVI of the Second Treatise of Government, *The Locke Newsletter*, VII.

_____, 1979. Reception and Influence: A Reply to Nelson on Locke's *Two Treatises of Government, Political Studies*, XXVII.

THOMSON, M. A., 1938. *Constitutional History of England, 1642-1801*.

TUCK, Richard, 1979. *Natural Rights Theories: Their Origin and Development*. Cambridge.

_____, 1986. A New Date for Filmer's Patriarcha, *Historical Journal*, XXIX, I.

TUCKER, Josiah, 1781. *A Treatise Concerning Civil Government*.

TULLY, James, 1980. *A Discourse Property: John Locke and his Adversaries*. Cambridge.

TYNDALE, William, 1528 (1848). The Obedience of a Christian Man. (*In Doctrinal Treatises*, Parker Society, Cambridge.)

TYRRELL, James, 1681. *Patriarcha non Monarcha*.

_____, 1691/2 (1718). *Bibliotheca Politica*.

_____, 1692. *A Brief Disquisition of the Law of Nature, According to the Principle and Method Laid Down in Dr Cumberland ... as Also his Confutation of Mr. Hobs Principles Put into Another Method*.

VAUGHAN, C. E., 1925. *Studies in the History of Political Philosophy Before and After Rousseau*. 2 vols. Manchester. (I, 130--204: *The Social Contract*, Locke.)

VAUGHAN, K. I., 1980. *John Locke. Economist and Social Scientist*. Chicago.

VIANO, C. A., 1960. *John Locke, dal Razionalismo all'Illuminismo*. Turin. *Vindiciae contra Tyrannos* (por Brutus, pseud.), 1579. Edimburgo [Basel].

VINER, Jacob, 1963. Possessive Individualism as Original Sin, *The Canadian Journal of Economics and Political Science*.

VON LEYDEN, Wolfgang, 1954. *John Locke, Essays on the Law of Nature*. Oxford.

_____, 1956. John Locke and Natural Law, *Philosophy*, XXXI, janeiro.

_____, 1981. *Hobbes and Locke*.

VOX REGIS, 1681 (1808). [Anon.] *Vox Regis, or the Difference betwixt a King Ruling by Law and a Tyrant by His own Will ... in Two Speeches of King James to the Parliaments in 1603 ... 1609 ... Appendix to Vox Populi*. (*In: Harleian Miscellany*, vol. III.)

VOX POPULI, 1681. [Anôn.] *Vox Populi, or the People's Clain to their Parliament's Sitting*.

WAINWRIGHT, Arthur, 1987. *John Locke, A Paraphrase and Notes on the Epistles of St Paul*. Oxford.

WALDMANN, M., 1959. A Note on John Locke's Theory of Consent, *Ethics*, LXVIII, I.

WALDRON, Jeremy, 1984. Locke, Tully, and the Regulation of Property, *Political Studies*, XXXII, I.

WALLACE, J., 1957. *The Political Philosophy of Hobbes: his theory of Obligation*. Oxford.

WALLACE, John, M., 1980. The Date of Sir Robert Filmer's *Patriarcha, Historical Journal*, XXIII, I.

WARRENDER, J., 1957. *The Political Philosophy of Hobbes: His Theory of Obligation*. Oxford.

WESTERN, J. R., 1972. *Monarchy and Revolution: The English State in the 1680s*.

WESTON, C. C. e GREENBERG, J. R., 1981. *Subjects and Sovereigns: The Grand Controversy over Legal Sovereignty in Stuart England*. Cambridge.

WHITEHOUSE COLLECTION (papéis de Locke em posse de J. Howard Whitehouse, mais tarde aos cuidados de Bembridge School, Isle of Wight, agora na Bodleian Library, Oxford, MS Locke b. 8).

WILLIS, Richard, 1697. [Anôn.] *The Occasional Paper*, n°s 1-6.

WINDSTRUP, George, 1980. Locke on Suicide, *Political Theory*, May.

WOLIN, Sheldon, 1960. *Politics and Vision*. Boston, Mass.

WOOD, Neal, 1983. *The Politics of Locke's Philosophy: A Social Study of* An Essay Concerning Human Understanding. Califórnia.

____, 1984. *John Locke and Agarian Capitalism*. Califórnia.

WOODHOUSE, A. S. P. 1951 (1938). *Puritanism and Liberty, being the Army Debate* (1647-9).

WREN, Matthew, 1659. *Monarchy Asserted*.

YOLTON, J. W., 1955. Locke and the Seventeenth Century Logic of Ideas, *Journal of the History of Ideas*, XVI, 4, outubro.

____, 1956. *John Locke and the Way of Ideas*. Oxford.

____, 1958. Locke on the Law of Nature, *Philosophical Review*, outubro.

____, 1961. Ver Locke, *Essay*.

____, ed. 1969. *John Locke: Problems and Perspectives*. Cambridge.

____, 1970. *Locke and the Compass of the Understanding*. Cambridge.

ZAGORIN, P., 1954. *A History of Political Thought in the English Revolution*.

Cronologia

	História	Vida intelectual
1603	Morte de Elizabeth I. Jaime I torna-se rei.	Os jesuítas em Paris. Arminius na Universidade de Leyde. Champlain no Canadá.
1604	Paz entre Espanha e Inglaterra.	
1605	Conspiração da Pólvora contra Jaime I.	CERVANTES: *Dom Quixote*. SHAKESPEARE: *Rei Lear*; *Macbeth*.
1607	Leis de exceção contra os católicos na Inglaterra.	
1608		Nascimento de Milton.
1610	Assassinato de Henrique IV.	
1618	Defenestração de Praga.	
1620	Início da Guerra dos Trinta Anos.	F. BACON: *Novum Organum*.
1621		Nascimento de La Fontaine.
1622		Nascimento de J.-B. Poquelin (Molière).
1623	Dieta de Regensburg.	GALILEU: *Saggiatore*. Nascimento de Pascal.
1624	Richelieu no Conselho. Casamento de Henriqueta	MERSENNE: *L'Impiété des Déistes*.

	da França com Carlos I da Inglaterra.	
1625	Morte de Jaime I; Carlos I lhe sucede.	GRÓCIO: *De Jure Belli ac Pacis*.
1627	Cerco a La Rochelle. Derrota da frota inglesa de Buckingham.	Nascimento de R. Boyle. Nascimento de Bossuet.
1628	Capitulação de La Rochelle. O *Bill of Rights*.	
1629	Ruptura entre Carlos I e o Parlamento. Carlos I governa como soberano absoluto. Início de uma grande corrente emigratória inglesa para a América.	Nascimento de Huyghens.
1630	Dieta de Regensburg.	A peste na Itália: um milhão de mortos. Morte do cardeal Pierre de Bérulle. Morte de Kepler.
1631		GALILEU: *Dialogo*.
1632		Condenação de Galileu. Nascimento de Spinoza. *Nascimento de John Locke*.
1633		Laud, arcebispo de Canterbury.
1634	Absolutismo de Carlos I: ele deixa o *ship money* sem voto do Parlamento.	
1635		Fundação da *Académie Française*.
1636		FERMAT: teoria dos números. CORNEILLE: *O Cid*.

1637		DESCARTES: *Discurso do Método; Dióptrica.* VAN DYCK: retrato de Carlos I. GALILEU: lei do pêndulo.
1638	Nascimento de Luís XIV. Processo de Hampden. Sublevação da Escócia.	Nascimento de Malebranche. Morte de Jansênio.
1639		Nascimento de Racine.
1640	Início da revolução inglesa: o *Parlamento Curto* e o *Longo*.	O *Augustinus* de Jansênio.
1641	Processo e execução de Strafford. Revolta da Irlanda. Advertência solene do Parlamento a Carlos I.	DESCARTES: *Meditações metafísicas.* CORNEILLE: *Polyeucte.*
1642	Morte de Richelieu. Sublevação de Londres em 4 de janeiro; Carlos I deixa Londres em 10 de janeiro. Acordo entre parlamentares ingleses e presbiterianos escoceses. Morte de Pym.	Nascimento de Newton. HOBBES: *De Cive.* Morte de Galileu.
1643	Morte de Luís XIII. Ana da Áustria regente. Mazarino ministro.	A. ARNAULD: *De la Fréquente Communion.* Morte de Monteverdi.
1644	Os Cabeças Redondas de Cromwell distinguem-se em Marston-Moor.	DESCARTES: *Principia Philosophiae.* TORRICELLI: o barômetro.
1645	14 de junho: batalha de Naseby: derrota do exército real inglês. O exército entra em cena na revolução inglesa.	
1646		Nascimento de Leibniz.

1647	Na Inglaterra, guerra entre o exército e o Parlamento.	Nascimento de Denis Papin. Nascimento de Pierre Bayle. VAUGELAS: *Considerações sobre a língua francesa*.
1648	Na Inglaterra, depuração do Parlamento pelo exército. Na França, a Fronda parlamentar (1648-1652). Tratado de Vestfália.	Primeira grande crise universal.
1649	Execução de Carlos I em 9 de fevereiro; a República. As matanças de Drogheda na Irlanda. A Fronda dos Príncipes na França.	
1650	Cromwell guerreia contra a Escócia, cujo rei é Carlos II.	Morte de Descartes.
1651	Derrota de Carlos II em Worcester; Ato de Navegação. Confiscação dos bens dos irlandeses católicos.	HOBBES: *Leviatã*. Nascimento de Fénelon.
1652	Fim da Fronda. Luís XIV em Paris.	
1652-1654	Primeira guerra naval anglo-holandesa.	
1653	Golpe de Estado de Oliver Cromwell; dissolução do Parlamento sem representatividade. Protetorado de Cromwell.	Primeira condenação do jansenismo.
1655	Johan de Witt chefe do executivo na Holanda.	

1656		Spinoza excluído da comunidade judaica.
1657		PASCAL: *Provinciais*. Nascimento de Fontenelle. HUYGUENS: a teoria do pêndulo.
1658	Morte de Oliver Cromwell (setembro); Richard Cromwell lhe sucede.	
1659	Abdicação de R. Cromwell (maio). Paz dos Pireneus.	Último sínodo da Igreja reformada em Loudun, França.
1660	Restauração dos Stuart na Inglaterra: Carlos II.	As *Provinciais* condenadas à fogueira. Fundação da *Royal Society* (novembro). Nascimento de Daniel de Foe.
1661	Morte de Mazarino. Início do reinado pessoal de Luís XIV. Colbert.	
1662	24 de agosto: a noite de São Bartolomeu dos puritanos.	Morte de Pascal.
1664		DESCARTES: *O tratado do homem* (póstumo).
1665	Segunda guerra anglo--holandesa (até 1667).	
1665-1666	A grande peste de Londres.	Criação do *Journal des Savants*.
1666	2-6 de setembro: o incêndio de Londres.	Fundação da *Académie des Sciences* em Paris.
1667	Guerra de devolução. Desmantelamento dos Países Baixos espanhóis.	Observatório de Paris. Nascimento de Bernouilli. RACINE: *Andrômaca*. MILTON: *O paraíso perdido*. Nascimento de Swift.

1668	Tríplice aliança de Haia: nações protestantes contra a França.	Nascimento de J.-B. Vico.
1670	Tratado de Dover: Carlos II se compromete a se converter ao catolicismo.	SPINOZA: *Tractatus theologico-politicus*. Publicação dos *Pensamentos* de Pascal.
1671	Conversão do duque de York ao catolicismo.	MILTON: *O paraíso reconquistado*.
1672	Queda dos irmãos De Witt; os partidários de Orange no poder. Ato de Tolerância referente a puritanos e católicos ingleses.	PUFENDORF: *De jure naturae et gentium*.
1673	Abandono da tolerância na Inglaterra: o *Bill of Test*.	MOLIÈRE: *O doente imaginário*. Morte de Molière.
1674	A Inglaterra assina a paz com a Holanda.	Morte de Milton. MALEBRANCHE: *Procura da verdade*. BOILEAU: *Arte poética*.
1675		Newton e Leibniz descobrem o cálculo infinitesimal. Nascimento de Saint-Simon.
1677	Maria Stuart (II) desposa o Stathouder Guilherme de Orange.	Morte de Spinoza. SPINOZA: *Ética* (póstumo). RACINE: *Fedra*.
1678	Aliança anglo-holandesa. Frente protestante contra a França.	O caso Titus Oates: o novo *Bill of Test*. Endurecimento anticatólico na Inglaterra. Madame de LA FAYETTE: *A princesa de Clèves*. RICHARD SIMON: *História crítica do Velho Testamento*.

1679	Dissolução do Parlamento inglês por Carlos II. O novo Parlamento vota o *Bill of Habeas Corpus*. Paz de Nijmegen: hegemonia francesa sobre a Europa.	Revolta do papel timbrado na Inglaterra. Fim da proteção judiciária aos protestantes, na França.
1681	William Penn, chefe da seita dos Quakers.	Fundação da Pensilvânia.
1682		NEWTON: lei da atração universal.
1683	Execução do chefe do partido *whig*. Morte de Colbert.	
1684		LEIBNIZ: *Nova Methodus*. Nascimento de Berkeley.
1685	Morte de Carlos II: ascensão de Jaime II, rei católico. Repressão contra Monmouth e seus partidários.	Revogação do Edito de Nantes. Início da "crise de consciência europeia".
1686		JURIEU: *Lettres Pastorales* (1686-1689). FONTENELLE: *Colóquios sobre a pluralidade dos mundos*. NEWTON: *Philosophiae Naturalis Principia Mathematica*.
1687	Declaração de Indulgência de Jaime II. Oposição dos protestantes. Na França, deportação dos huguenotes refratários.	
1688	Nascimento do filho de Jaime II. Novembro: G. de Orange desembarca em Torbay. Jaime II foge. Revolução Gloriosa.	Nascimento de Swedenborg. Charles PERRAULT: *Paralelos dos Antigos e Modernos*. LA BRUYÈRE: *Caracteres*. Nascimento de Pope.

1689	O Parlamento-Convenção (janeiro). Declaração de Direitos (fevereiro). Guilherme III e Maria II. Devastação do Palatinado pelas tropas de Luís XIV.	Revolta da Irlanda. *Les Soupirs de la France Esclave.* DOMAT: *Traité des Lois Civiles.* Nascimento de Montesquieu. LOCKE: *Cartas sobre a tolerância.*
1689--1691	Guerra da Inglaterra e da Irlanda.	
1690	Jaime II perde a Irlanda.	LOCKE: *Um ensaio sobre o entendimento humano.* LOCKE: *Os dois tratados do governo civil.*
1693--1694	Crise da economia francesa.	
1694	Morte da rainha Maria.	Nascimento de Jussieu. Nascimento de Voltaire. Morte de Racine.
1695	Liberdade de imprensa na Inglaterra.	BAYLE: *Dicionário histórico e crítico.*
1696		LOCKE: *Reasonableness of Christianity.* TOLAND: *Christianity not Mysterious.*
1699		FÉNELON: *As aventuras de Telêmaco.*
1700		Fundação da *Academia de Ciências* de Berlim.
1701	Morte de Jaime II. *Atos de Estabelecimento* (regulamento da sucessão protestante).	
1702	Morte de Guilherme III. Ascensão da rainha Ana.	*The Daily Courant*: o primeiro cotidiano na Inglaterra.
1703	Tratado de Methuen: a Inglaterra tem metade de Portugal e do Brasil.	LEIBNIZ: *Novos ensaios sobre o conhecimento humano.*

Cronologia

1704		*Morte de John Locke.* MANDEVILLE: *La Fable des Abeilles.* Morte de Bossuet.
1706		Morte de Bayle.
1707	Ato de união Escócia/Inglaterra: o Reino Unido da Grã-Bretanha.	
1708		BERKELEY: *Teoria da visão.*
1710	Conferência de Geertruydenberg. Grave crise na França. Filipe V senhor da Espanha.	Destruição de Port--Royal-des-Champs.
1711		Nascimento de David Hume.
1712		Nascimento de Jean-Jacques Rousseau. Nascimento de Denis Diderot.
1713	Paz de Utrecht.	Abade de SAINT-PIERRE: *Projet de Paix Perpétuelle.*